Hamburger Edition
Institut für Sozialforschung

Ulrike Jureit

Das Ordnen von Räumen

Territorium und Lebensraum
im 19. und 20. Jahrhundert

Hamburger Edition

Diesem Buch liegt ein Extraheft bei, in dem die im Text beschriebenen Karten und Abbildungen abgedruckt sind. Auf die entsprechenden Korrespondenzen wird direkt am Seitenrand verwiesen.

Hamburger Edition HIS Verlagsges. mbH
Mittelweg 36
20148 Hamburg
www.hamburger-edition.de

Umschlag- und Innengestaltung: Wilfried Gandras
Typographie und Herstellung: Jan und Elke Enns
Satz aus der Aldus von Dörlemann Satz, Lemförde
Druck und Bindung: CPI– Clausen & Bosse, Leck
Printed in Germany
ISBN 978-3-86854-248-6
1. Auflage September 2012

Inhalt

I
»Raumbilder sind die Träume der Gesellschaft«.[1] Zur Organisation des Nebeneinanders

Am 31. Oktober 2011 lebten nach Angaben der Vereinten Nationen sieben Milliarden Menschen auf der Erde. Zuletzt waren 1987 und 1999 Milliardengrenzen überschritten worden. In vierzig Jahren wird die Weltbevölkerung voraussichtlich neun Milliarden Menschen zählen. Angesichts von Hungerkatastrophen, Klimawandel und explodierenden Nahrungsmittelpreisen überrascht die Expertenprognose, dass selbst eine solche Bevölkerungsdichte tragfähig wäre, wenn nur der vorhandene Raum nachhaltiger als bisher genutzt werden würde. Wissenschaftler verweisen in diesem Zusammenhang auf eine intensivere Bodenbewirtschaftung, auf eine ökologisch verträgliche Erschließung neuer Anbauflächen, auf die Züchtungserfolge klimaresistenter Nutzpflanzen bei gleichzeitiger Drosselung des weiterhin steigenden Fleischkonsums. Wie immer man diesen Maßnahmenkatalog bewerten will, eines demonstriert die Welternährungsdebatte bis heute: Das Verhältnis von Raum und Bevölkerung ist sowohl eines der zentralen wie auch eines der umstrittensten Phänomene ökonomischer, politischer und sozialer Verflechtungszusammenhänge. Seit der britische Ökonom und Theologe Robert Malthus 1798 mit seinem antirevolutionären »Essay on the Principle of Population«[2] die vorindustrielle Vorstellung popularisierte, Einwohnerzahl und Nahrungsraum müssten durch bevölkerungs- und sozialpolitische Maßnahmen im Gleichgewicht gehalten werden, um eine ausreichende Versorgung zu gewährleisten, steht die Variable Raum mit der demographischen Bevölkerungsentwicklung einer Region oder eines Staates in einem durchaus ambivalent bewerteten Abhängigkeitsverhältnis. Während sich mit einer daraus abgeleiteten, oftmals jedoch eher behaupteten

1 Kracauer, Über Arbeitsnachweise, S. 186.

2 Vgl. Malthus, Eine Abhandlung über das Bevölkerungsgesetz. Zu ergänzen wäre, dass bereits am Ende des 18. Jahrhunderts durchaus kontroverse Positionen zur Bevölkerungsregulierung existierten.

als diagnostizierten Übervölkerung bis heute diffuse Bedrohungsszenarien verbinden können oder aber im umgekehrten Fall ein statistischer Bevölkerungsrückgang Ängste vor Überfremdung anzuheizen vermag, wird die Kategorie Raum als materielle Substanz und damit als eine Ressource verstanden, die sich spätestens seit dem Durchbruch des Industriekapitalismus stetig zu verringern scheint. Modernisierung gilt in dieser Logik als raumgreifender Verdichtungsprozess, durch den vorhandener Naturraum kultiviert und zerstört wird. Oder anders gesagt: In der Moderne geht nicht nur alles schneller, es wird auch zunehmend enger. Wie der Beschleunigungsbegriff seit dem 18. Jahrhundert eine für die Moderne signifikante Verzeitlichung beschreibt, qualifiziert Verdichtung eine veränderte Raumwahrnehmung, die nicht nur, aber im Kern einen gefühlten Verlust von Raum suggeriert. Der Mensch meint in einer tendenziell zu engen Welt zu leben – zumindest für Europa handelt es sich dabei kulturgeschichtlich um eine gesättigte Erfahrungskategorie mit verhängnisvollen Folgen.[3]

Das Verhältnis von Raum und Bevölkerung ist in der Forschung als demographisches wie auch als bevölkerungswissenschaftliches Phänomen intensiv erörtert und analysiert worden.[4] Bevölkerung erwies sich dabei als ein soziales Konstrukt, das seit dem 18. Jahrhundert zu einer neuen politischen Figur und damit zum Objekt regulierenden Handelns aufstieg. Das moderne Herrschaftsgefüge Regierung/Bevölkerung korrespondierte dabei eng mit den Dynamiken politischer Kollektivität, folglich stehen die bis heute wirkungsmächtigen Vergemeinschaftungs- und Zugehörigkeitsversprechen wie Nation, Volk und Rasse im Kontext eines sich allmählich herausbildenden Regierungshandelns, das Michel Foucault mit Verweis auf die beginnende Formierung eines Gattungskörpers als Biopolitik charakterisiert hat.

---

[3] Hierfür zentral der von Koselleck geprägte Begriff des Erfahrungswandels, den er anhand von Verzeitlichungsphänomenen entwickelt hat. Vgl. Koselleck, Zeitschichten, vor allem S. 27–77. Zu Beschleunigungs- und Verdichtungsprozessen vgl. Großklaus, Medien-Zeit sowie Rosa, Beschleunigung.

[4] Hier nur einige Hinweise zur umfangreichen Literatur: Mackenroth, Bevölkerungslehre; Köllmann/Marschalck (Hg.), Bevölkerungsgeschichte; Köllmann, Bevölkerung in der industriellen Revolution; Marschalck, Bevölkerungsgeschichte Deutschlands; Mackensen/Thill-Thouet/Stark (Hg.), Bevölkerungsentwicklung; Haupt/Marschalck (Hg.), Städtische Bevölkerungsentwicklung; Heim/Schaz, Berechnung und Beschwörung; Ferdinand, Das Malthusische Erbe; Wehler, Gesellschaftsgeschichte, Bd. 2, S. 7–24; ders., ebenda, Bd. 3, S. 7–37; Ehmer, Bevölkerungsgeschichte; Etzemüller, Ein ewigwährender Untergang.

Dabei bilden die Disziplinierung des individuellen Körpers wie auch die regulierende Kontrolle der Bevölkerung »die beiden Pole, um die herum sich die Macht zum Leben organisiert«.[5] Obgleich Foucault in anderen Zusammenhängen die Kategorie Raum historisch differenzierte, mit Galilei den Wandel räumlicher Muster vom Ort zur Ausdehnung nachvollzog und die Figur der räumlichen Lagerung unterstrich, blieb diese Dimension in seinen biopolitischen Arbeiten erstaunlich unspezifisch.[6] Während er die Herausforderungen des modernen Regierungshandelns daran festmachte, die mit dem liberalen Freiheitsdenken einsetzenden Zirkulationsprozesse zu organisieren und zu regulieren, blieb seine räumliche Figuralität darauf reduziert, die Reichweiten von Souveränitäts-, Disziplinierungs- und Sicherheitsdispositiven zu vermessen. Raum war für Foucault vor allem eine für die staatliche Souveränitätsausübung relevante Bezugsgröße, ein variables Ordnungsprinzip, mit dem aus der Gemengelage sozialer Beziehungen gesellschaftsspezifische Platzierungen mit bestimmten Öffnungs- und Schließungsmechaniken entstehen. Dabei bleibt allerdings die Variabilität der räumlichen Verfasstheit relativ unverbunden mit dem biopolitischen Paradigma, das zu entscheiden beansprucht, »leben zu machen oder in den Tod zu stoßen«.[7] In seiner Herrschaftsanalyse droht folglich der Raum trotz eines konstruktivistischen Lagerungsbegriffs zum Geltungs- und Wirkungsrahmen zu verkümmern, da die von Foucault ansonsten fast schon überdehnten Zirkulationsfreiheiten auf die Dynamiken und Praktiken des räumlichen Ordnens wenig Anwendung finden.[8]

---

[5] Foucault, Die Geburt der Biopolitik, S. 465, FN 70 sowie ders., Der Wille zum Wissen, S. 136.

[6] Vgl. Foucault, Andere Räume, S. 34–46.

[7] Foucault, Der Wille zum Wissen, S. 166.

[8] So ist doch fraglich, ob Foucaults Verständnis von Territorialität den Dynamiken des räumlichen Wandels in der Moderne gerecht wird. Seine Kopplung von Territorium und Souveränität bezeichnet zweifellos einen grundlegenden Mechanismus moderner Herrschaftsarchitektur, gleichwohl bleibt in Foucaults Entwicklungsmodell, das er als eine Akzentverschiebung von territorialen Sicherungsregimen zu Steuerungspolitiken gegenüber Bevölkerungen beschreibt, die Variabilität räumlicher Verfasstheit außen vor. Für Foucault besteht die neuzeitliche Herausforderung darin, »die Zirkulationen gewähren zu lassen, die Zirkulationen kontrollieren, die guten und schlechten aussortieren, bewirken, dass all dies stets in Bewegung bleibt […]. Nicht mehr Sicherung des Fürsten und seines Territoriums, sondern Sicherheit der Bevölkerung und infolgedessen derer, die es regieren.« Dass sich aber mit diesem Epochenwandel auch das Verständnis von Territorialität an sich sowie die Vorstellungen, Konzepte und Praktiken räum-

Gleichwohl gehört Foucault zu den Theoretikern, die für die seit Mitte der 1990er Jahre konstatierte »Wiederentdeckung des Raumes«[9] regelmäßig beansprucht und zitiert werden, wenn es gilt, eine konstruktivistische Sicht auf Raum abzustützen. Hinzu treten die klassischen Referenztexte von Georg Simmel, Henri Lefebvre, Ernst Cassirer oder Michel de Certeau. Wer es noch philosophischer oder gar physikalischer mag, greift zu Immanuel Kant, Gaston Bachelard oder Albert Einstein.[10] Dass der Transfer des philosophischen Raumdiskur-

---

lichen Ordnens verändern, gerät dabei aus dem Blick. Foucaults Mechanismen der Biopolitik umfassen folglich keine Strategien räumlichen Ordnens, die in Gesellschaften seit dem 18. Jahrhundert »der grundlegenden biologischen Tatsache Rechnung getragen haben, dass das menschliche Wesen eine menschliche Art bildet«. Vgl. Foucault, Sicherheit, Territorium, Bevölkerung, S. 13 und 101. Vgl. zu Foucaults Vorlesungen die beiden Sammelbände: Stingelin (Hg.), Biopolitik und Rassismus; Krasmann/Volkmer (Hg.), Michel Foucaults »Geschichte der Gouvernementalität«. Die wiederkehrende Projektion des Gesellschaftlich-Sozialen auf räumliche Gegebenheiten kritisieren Roland Lippuner und Julia Lossau auch an Pierre Bourdieus Theorie des sozialen Raums, vgl. dies., In der Raumfalle, S. 47–63.

9 Für die Geschichtswissenschaft betont vor allem Osterhammel die Bedeutung räumlicher Forschungsperspektiven: Osterhammel, Die Wiederkehr des Raumes; ähnlich: ders., Raumbeziehungen; ders., Die Verwandlung der Welt, vor allem das Kapitel »Raum«, S. 129–180. Allgemein zur Kategorie Raum in der Geschichtswissenschaft vgl.: Blackbourn, A Sense of Place; für die Relevanz von *multiple geographies* argumentieren: Müller/Torp, Conceptualising Transnational Spaces in History.

10 Fragt man nach Klassikern, darf natürlich Kants Transzendentale Ästhetik nicht fehlen, die immer wieder als Geburtsstunde des räumlichen Konstruktivismus gefeiert wird. Kant verstand Räumlichkeit als Prinzip der Erkenntnis und eröffnete damit einen Horizont für die Vielfalt von Beschreibungssystemen. Zum Apriori von Raum und Zeit vgl. Kant, Kritik der reinen Vernunft. Der soziologische Klassiker ist hingegen: Simmel, Soziologie des Raumes; ders., Über räumliche Projektionen sozialer Formen. Das berühmte Zitat, das alle soziologisch orientierten Raumforscher lieben: »Die Grenze ist nicht eine räumliche Tatsache mit soziologischen Wirkungen, sondern eine soziologische Tatsache, die sich räumlich formt«, findet man in: Simmel, Der Raum und die räumlichen Ordnungen der Gesellschaft, S. 697. In den Sozial- und Kulturwissenschaften bisher weniger rezipiert: Cassirer, Mythischer, ästhetischer und theoretischer Raum; Heidegger, Die Räumlichkeit des Daseins; zur Verbindung von Cassirer und Heidegger vgl.: Ferrari, Cassirer und der Raum; als Belegstelle beliebt: Einstein, Raum, Äther und Feld in der Physik; neuerdings stärker beachtet: Certeau, Kunst des Handelns, darin vor allem der dritte Teil zu den Praktiken im Raum, S. 179–238. Für die Entwicklung einer marxistisch orientierten Raumtheorie war hingegen einschlägig: Lefebvre, La production de l'espace; dazu: Schmid, Stadt, Raum und Gesellschaft. Lefebvres Raumtheorie beeinflusste vor allem die marxistisch-geographische Forschung, für die zugleich die Arbeiten von David Harvey bahnbrechend waren, vgl. Harvey, Between Space and Time. Lesenswert die Artikel zu den disziplinären

ses in die vom *spatial turn* erfassten Sozial- und Kulturwissenschaften gelungen ist, lässt sich indes wohl kaum behaupten. Mit Blick auf die gegenwärtig zu beobachtenden Globalisierungsprozesse versprechen raumorientierte Sozial- und Kulturwissenschaftler zwar, das bisher nationalstaatlich geformte Behältermodell zu überwinden, um den komplexen Zusammenhängen ökonomischer, politischer und kultureller Vernetzungen und Zirkulationen analytisch Rechnung zu tragen, doch im Ergebnis zeigt sich häufig eine irritierende Gleichzeitigkeit von konstruktivistisch argumentierenden Raumbekenntnissen und einer relativ konventionellen Forschungspraxis, die die Materialität und Kontinuität politischer Räume zwar handlungstheoretisch zerlegen will, sie aber letztlich als Form eher reproduziert statt analysiert. Die besonders von gesellschaftstheoretisch informierten Humangeographen vorgebrachte Kritik an diesen von einer gewissen Ahnungslosigkeit geleiteten Raumbeobachtungen arbeitet sich nicht nur an dem offenbar unerschöpflichen *spacing and placing* der Soziologie ab, sie nimmt auch raumemphatische Historiker wie Karl Schlögel ins Visier.[11] Bewirkt haben die Warnungen vor überholten Landschafts- und Raumbildern bisher allerdings relativ wenig. Gerade mit Verweis auf Karl Schlögels Buch »Im Raume lesen wir die Zeit« setzt sich unter der leichtsinnigen Inanspruchnahme geographischer Altbestände eine Raumkonjunktur fort, die es den selbsternannten Raumpionieren zu erlauben scheint, zur Materialität der Dinge, Orte und Geschehnisse zurückzukehren. Ob es nun gilt, die brutale Weite des russischen Raumes oder aber die Poesie des amerikanischen Highways zu entdecken,[12] die neuen Land- und Raumvermesser suchen

---

und historischen Verwendungsweisen des Begriffs Raum im Historischen Wörterbuch der Philosophie, Bd. 8, Spalte 67–122.

11 Jörg Döring und Tristan Thielmann haben mit ihrem brillanten Sammelband zum *spatial turn* und ihrer lesenswerten Einleitung die längst überfällige Kontroverse mit der Geographie eröffnet. Eine konstruktive Fortsetzung des Dialogs wäre nicht nur für die Raumdebatte wünschenswert. Vgl. Döring/Thielmann (Hg.), Spatial Turn, darin vor allem die Beiträge von: Hard, Der Spatial Turn, von der Geographie her beobachtet, S. 263–315; Redepenning, Eine selbst erzeugte Überraschung. Die Kritik der sozialwissenschaftlich arbeitenden Geographie bezieht sich unter anderem auf: Löw, Raumsoziologie; Schroer, Räume, Orte, Grenzen; Schlögel, Im Raume lesen wir die Zeit. Gegen einen strengen Konstruktivismus argumentieren: Dipper/Raphael, Raum in der Europäischen Geschichte.

12 Vgl. hierzu: Schlögel, Im Raume lesen wir die Zeit, S. 379–408. Der von Schlögel so beeindruckend beschriebene »sowjetische Raum« zeigt die theoretisch fragwürdige Reproduktion hochgradig aufgeladener Landschaftsbilder sicherlich am deutlichsten. Dass das Ende der Sowjetunion »die Kapitulation der Macht vor

und finden selbst in Wagners »Parsifal« die für angemahnte Paradigmenwechsel so unverzichtbaren Belegstellen: »Ich schreite kaum, doch wähn ich mich schon weit – Du siehst, mein Sohn, zum Raum wird hier die Zeit.« Der so vehement eingeforderte, oftmals mit hochkarätigen Gewährsmännern dekorierte Perspektivwechsel erschöpft sich dann aber häufig darin, bisherige Begrifflichkeiten wie Stadt, Territorium oder Region durch das Etikett Raum zu ersetzen. Jenseits der alltagspraktischen Orientierungsleistung, für die wir die Illusion kontinuierlicher Raumverhältnisse benötigen, versperren solche Raumvorstellungen allerdings den Blick, wenn es darum geht, Entstehung, Wandel und Transformationen räumlicher Ordnungen sichtbar zu machen. Nicht nur politische und soziale Räume, sondern auch ihre Ordnungssysteme sind keine starren natürlichen Größen, sondern Ergebnisse gesellschaftlicher und politischer Zuschreibungsprozesse. In ihnen spiegeln sich folglich Strukturprinzipien wie beispielsweise soziale Schichtung, Gender und Ethnizität wider. Dabei drückt sich in der jeweiligen Ordnung eine spezifische Raumvorstellung aus, denn »jeder typische Raum wird durch typische gesellschaftliche Verhältnisse zustande gebracht, die sich ohne störende Dazwischenkunft des Bewußtseins in ihm ausdrücken.« Raumbilder – so Kracauer 1929 – sind »die Träume der Gesellschaft«.[13]

Einer solchen konstruktivistischen Sicht auf Raum, wie sie seit der Frühen Neuzeit in Abgrenzung zum heilsgeschichtlichen Verständnis des Mittelalters entstanden und bis heute – trotz aller Differenzen im Detail – für moderne Raumtheorien im Sinne einer Organisation des Nebeneinanders maßgeblich geblieben ist, stehen Konzepte oder deren Überreste gegenüber, die auf eine *Natur des Raumes* rekurrieren und denen mit Verweis auf (natur)wissenschaftliche Gesetzmäßigkeiten ihre Legitimationsbasis stets vorauszugehen scheint. Aktuell begegnet einem diese Variante weniger in Gestalt überzeugter Raummaterialisten, sondern eher als eine Art Spurensuche nach dem stahlharten Gehäuse des physikalischen Raumes. Fast schon trotzig verweisen mittlerweile selbst Systemtheoretiker auf die

---

dem Raum, das sowjetische Scheitern vor der Übermacht des Raumes« gewesen sei, darf bezweifelt werden (S. 394). Die Rede vom »unendlichen Raum der Sowjetunion« tut so, als wenn es sich hierbei um objektive Darstellungen geographischer Gegebenheiten handelt. Gerade die räumliche Figur des »weiten Raumes« ist ein zentraler Topos kolonialer/imperialer Raumproduktionen. Zur »Übermacht des sowjetischen Raumes« vgl. auch Schlögel, Terror und Traum, S. 31.

[13] Kracauer, Über Arbeitsnachweise, S. 186.

»kausalen Wirkungen räumlicher Unterschiede«, die unabhängig davon, ob die Gesellschaft von ihnen weiß, wirkungsmächtig seien.[14] Daher kennzeichnet die wechselseitige Durchdringung materialistischer und konstruktivistischer Raumkonzepte den gegenwärtigen Zustand raumtheoretisch argumentierender Forschungen wohl am ehesten. Als problematisch erweist sich dabei weniger der oftmals heftige Schlagabtausch zwischen den einzelnen Fachvertretern als vielmehr die schleichende Revitalisierung dezidiert biologistischer Geschichtstheorien. Denn lässt man sich von den kursierenden Raumbildern einmal weniger beeindrucken, ist es der Geograph Friedrich Ratzel, der Ende des 19. Jahrhunderts eine zwischen Geo- und Biowissenschaften vermittelnde Biogeographie konzipierte, in der der politische Raum nicht mehr nur als Lebensform verstanden wurde, sondern sich zu eine Kategorie des Lebens selbst und damit zu einer Kategorie der Substanz wandelte. Diesen Transfer vollzog Ratzel mittels einer geographisch begründeten Evolutions- und Bewegungstheorie, in der er die Kräfte des kapitalistisch-industriellen Weltmarktes zu Dynamiken des Lebens naturalisierte und somit Weltgeschichte als Naturgeschichte zu entwerfen begann. Solche biologistischen Vorstellungen vom Raum haben seit der Aufklärung enorme Wirkungskräfte entfaltet, was auf die potenzielle Verfügbarkeit beider Raumkonzepte sowie auf ihr Wechselverhältnis aufmerksam macht. Analytisch ist es daher auch wenig sinnvoll, danach zu fragen, welche Vorstellung vom Raum die richtige ist oder war, sondern es gilt herauszuarbeiten, wann, von wem und mit welchen Interessen welche Raumkonzepte in Anspruch genommen werden. In Anlehnung an den von Marc Redepenning entwickelten kommunikations- und systemtheoretischen Ansatz soll somit Raum als eine Selbstbeschreibungsformel von Gesellschaften verstanden werden,[15] die als Ordnungs-, Kommunikations- und Beobachtungsform mithilfe der Differenz hier/dort gesellschaftsspezifische Unterscheidungen zu markieren ermöglicht. Die Kategorie Raum fungiert in dieser Logik als Kontingenzunterbrecher und bedient das ungebrochene Verlangen nach Übersichtlichkeit, Ordnung und Harmonie. Vor allem in Krisensituationen kann die Rede vom Raum eine Art Bewältigungsstrategie sein, die Komplexität reduzieren, Unsi-

---

[14] Stichweh, Die Weltgesellschaft, S. 192.

[15] Vgl. Redepenning, Wozu Raum?, auch: Sack, Conceptions of Space in social Thought; Werlen, Gesellschaftliche Räumlichkeit; ders., Sozialgeographie alltäglicher Regionalisierungen; Lippuner, Raum – Systeme – Praktiken.

cherheiten einebnen und stabile Ordnungen suggerieren hilft. Geordnete Räume scheinen im modernen Durcheinander »irgendwie immer glücklich zu machen«.[16]

Mittlerweile hat der Buchmarkt die Sättigungsgrenzen raumbezogener Sammelbände ausgelotet.[17] Doch trotz der Anstrengungen seines selbsternannten Mentors konnte sich der *spatial turn* bislang nicht als Großparadigma durchsetzen.[18] Dem Rausch der ersten Jahre folgte die nüchterne Zwischenbilanz, dass die Ordnungen des Raumes nicht nur beschrieben, sondern in ihren historischen Dynamiken auch empirisch untersucht werden wollen, wenn man sich nicht mit Etikettierungen zufriedengeben möchte. *Space building* ist zwar mittlerweile ein dekoratives Schlagwort in den von diversen *culture turns* erschütterten Geschichts-, Kultur- und Sozialwissenschaften, die mühsame Analyse raumordnender Konzepte, Strategien und Praktiken kann eine euphorische Rede vom Raum gleichwohl nicht ersetzen. Während in anderen Fachdisziplinen soziale, gesellschaftliche und ästhetische Räume in den Mittelpunkt des Interesses gerückt sind oder aber die Kategorie Raum im metaphorischen Sinne gebraucht und analysiert wird, haben sich in der deutschen Geschichtswissenschaft zunächst drei größere Forschungsfelder etabliert. Ein erstes und gewissermaßen naheliegendes Terrain bildet die kritische Auseinandersetzung mit der Geopolitik.[19] Die unter Historiker/-innen nicht unumstrittene Wiederentdeckung des Raumes seit den 1990er Jahren machte eine Vergewisserung über die historische Kontamination des Räumlichen unerlässlich. Hierbei galt es zu überprüfen, ob und inwiefern der Raumbegriff jenseits seiner historischen Deformierungen eine sinnvolle und lohnende Kategorie für die Analyse gesellschaft-

---

16 Redepenning, Renaissance von Raum, S. 333.

17 Neben den Sammelbänden von Döring/Thielmann sowie von Belina/Michel vgl. zum Beispiel: Thabe (Hg.), Räume der Identität – Identität der Räume; Maresch/Werber (Hg.), Raum – Wissen – Macht; Krämer-Badoni/Kuhm (Hg.), Die Gesellschaft und ihr Raum; Borsó/Görling (Hg.), Kulturelle Topographien; Geppert/Jensen/Weinhold (Hg.), Ortsgespräche; Stockhammer (Hg.), TopoGraphien der Moderne; Böhme (Hg.), Topographien der Literatur; Schröder/Höhler (Hg.), Welt-Räume; Günzel (Hg.), Topologie; Frank/Gockel/Hauschild/Kimmich/Mahlke (Hg.), Räume; Lehnert (Hg.), Raum und Gefühl.

18 Vgl. Soja, Vom »Zeitgeist« zum »Raumgeist«.

19 Stellvertretend für die umfangreiche Literatur zu diesem Thema: Tuathail, Critical Geopolitics; ders./Dalby (Hg.), Rethinking Geopolitics; Sprengel, Kritik der Geopolitik; Diekmann/Krüger/Schoeps (Hg.), Geopolitik; Kritische Geographie (Hg.), Geopolitik.

licher Wandlungsprozesse darstellen kann. Die daraufhin einsetzende Konjunktur des Räumlichen reagierte damit auch auf den aktuellen Trend, geopolitisches und geostrategisches Denken angesichts der seit 1989 veränderten Machtbalancen zu reaktivieren und vor dem Hintergrund globaler Verflechtungszusammenhänge neu zu überdenken. Nicht zufälligerweise konturieren daher transnationale beziehungsweise globalgeschichtliche Forschungsansätze das zweite größere Forschungsgebiet, das den Raumbegriff als historiographisch relevante Größe integriert hat.[20] Hierfür ist es zunächst relativ unerheblich, zwischen Welt- und Universalgeschichte, zwischen Makrohistorie, *histoire croisée* und Geohistorie, zwischen *entangled* und *transnational history* zu differenzieren – entscheidender ist die Beobachtung, wie gegenwärtige Wandlungsprozesse das begriffliche Arsenal historiographischen Arbeitens erneuern und der räumlichen Dimension von Geschichte zu neuer Aufmerksamkeit verhelfen. Diesem Gegenwartsbezug kommt auch im dritten Forschungskomplex eine zentrale Bedeutung zu, schließlich illustriert gerade die europäische Integration, wie sich die räumliche Verfasstheit von Nationalstaaten transformiert, ohne dass schon absehbar wäre, welche neuen Formen sich letztlich als tragfähig oder als politisch durchsetzbar erweisen werden. Neben den staats- und ordnungspolitischen Herausforderungen spielt dabei die Veränderung von Grenzregimen eine entscheidende Rolle.[21] Die Geschichtswissenschaft verdankt es vor allem den Impulsen der Frühneuzeitforschung, dass sich eine theoretisch reflektierte, kultur- und sozialgeschichtlich orientierte Grenzforschung herausgebildet hat, die mittlerweile über Epochengrenzen hinweg und mit transna-

---

[20] Auch hierzu mittlerweile umfangreiche Forschungsaktivitäten: Tenbruck, Gesellschaftsgeschichte oder Weltgeschichte?; Geyer/Bright, Globalgeschichte und die Einheit der Welt; Osterhammel, Geschichtswissenschaft jenseits des Nationalstaates; Werner/Zimmermann, Vergleich, Transfer, Verflechtung; Conrad/Osterhammel (Hg.), Das Kaiserreich transnational; Conrad/Eckert/Freitag (Hg.), Globalgeschichte.

[21] Zur historischen Grenzforschung vgl. Weisbrod (Hg.), Grenzland, darin wiederum besonders lesenswert: Medick, Grenzziehungen und die Herstellung des politisch-sozialen Raumes; Marchal (Hg.), Grenzen und Raumvorstellungen; Bauer/Rahn (Hg.), Die Grenze; Schmale/Stauber (Hg.), Menschen und Grenzen in der Frühen Neuzeit; Lemberg (Hg.), Grenzen in Ostmitteleuropa; François/Seifarth/Struck (Hg.), Die Grenze als Raum. Die internationale Grenzforschung ist mittlerweile so spezialisiert wie umfangreich: Newman, Population, Settlement and Conflict; Martinez, US-Mexico Borderlands; Braig/Ette/Ingenschay/Maihold (Hg.), Grenzen der Macht – Macht der Grenzen.

tionalen Verklammerungen die Konstruktion politischer Räume von ihren Außenmarkierungen her betrachtet. Dabei sind die jeweiligen Zugriffe wie auch die bearbeiteten Themen ebenso vielfältig wie die theoretischen Anleihen bei den Nachbardisziplinen.[22] Historische Grenzforschung gehört heute zu den profiliertesten Forschungsfeldern einer raumorientierten Geschichtswissenschaft.

Die Grenzforschung, wie sie sich in den letzten zwanzig Jahren entwickelt und ausdifferenziert hat, unterhält ein spezifisches und naheliegenderweise enges Verhältnis zur historischen Territorialitätsforschung. Wer die Herstellung, die Veränderungen sowie die Um- und Neudeutungen von politischen Grenzen im diachronen wie im transnationalen Vergleich untersucht und sich dabei von einem Raumbegriff leiten lässt, der die Konstruktionsmechanismen und -bedingungen als grenzstiftende wie auch als grenzregulierende Praktiken einbezieht, der beschäftigt sich nahezu zwangsläufig auch mit Fragen des territorialen Wandels. Unter Territorialisierung kann allgemein die Herstellung politischer Räume verstanden werden, die historisch zwar nicht durchgängig, aber häufig mit Staatsbildungsprozessen verknüpft und manchmal auch mit ihnen identisch ist. Für diesen Vorgang sind einerseits Grenzherstellungsverfahren konstitutiv, andererseits gilt es, die unterschiedlichen Formen der administrativen, ökonomischen, institutionellen wie auch infrastrukturellen Raumaneignung als Territorialisierungspraktiken herauszuarbeiten und zu analysieren.[23] Territorialisierung erweist sich dann als ein komplexer Vorgang der inneren oder äußeren Landnahme, der sich an historisch wandelbaren Leitbildern der räumlichen Verfasstheit orientiert, ohne jedoch Territorialität im Sinne staatlicher Gebietshoheit zwingend zum Ziel haben zu müssen. Entscheidend ist vielmehr, dass Territorialisierungsprozesse sowohl symbolische wie auch machtpolitische Aneignungsvorgänge darstellen, die sich in Europa zwar vor allem an Konzepten nationalstaatlicher wie auch imperialer Herrschaft ausgebildet und konkretisiert, die sich aber keinesfalls ausschließlich auf diese beiden Ordnungssysteme bezogen haben oder aktuell beziehen. Ein politischer Raumbegriff, wie er für die Beobachtung von Territorialisierungsvor-

---

22 Einschlägig: Eigmüller/Vobruba (Hg.), Grenzsoziologie; Eigmüller, Grenzsicherungspolitik.

23 Vgl. Gottmann, The Significance of Territory; Sack, Human Territoriality; Badie, La fin des territories; Delaney, Territory; Maier, Transformations of Territoriality 1600–2000; Marung, Vom Eisernen Vorhang zur EU-Nachbarschaft.

gängen grundlegend ist, setzt vielmehr kulturgeschichtlich das Wissen und die Fähigkeit voraus, ein bestimmtes Gebiet als geschlossene geometrische Fläche mit einheitlichem Größenmaßstab zu erfassen und zu projizieren. Die Kartographie stellt daher nicht nur irgendeine Kulturtechnik dar, sondern ist *das* zentrale Leitmedium räumlicher Repräsentation. Historisch hängt diese Abstraktionsleistung wiederum mit der Ausdifferenzierung einer staatlichen Herrschafts- und Verwaltungspraxis zusammen, die seit dem 17. Jahrhundert zentral gesteuerte Zugriffe auf jeden Punkt im Raum zu organisieren erlaubt.[24] Erst der institutionelle Flächenstaat brachte geschlossene politische Räume hervor und entwickelte ein modernes Verständnis von Grenze und Territorium.[25]

Obgleich Territorialisierung sowohl zeitlich als auch institutionell nicht zwingend mit den europäischen Nationalstaatsbildungen zusammenfällt, besteht zwischen beiden Prozessen zweifellos eine enge Korrelation. *Nation building* gehört inzwischen zu den ertragreichsten Forschungsfeldern der Geschichts-, Kultur- und Sozialwissenschaften.[26] Neue Impulse erhielt die Analyse politischer Kollektivität vor allem durch Benedict Andersons Erfindung der Nation und durch Eric J. Hobsbawms »Invention of Tradition«.[27] Anderson deutet Nation als eine *imagined community* und beschreibt ihre Realisierung als sinnstiftenden und integrativen Vergemeinschaftungsprozess. Während sich der Nationenbegriff daraufhin mit einer bemerkenswerten Durchschlagskraft dynamisierte, blieben Untersuchungen zur räumlichen Verfasstheit lange Zeit auf die rechtliche Vereinheitlichung zum Staatsgebiet konzentriert. Dieser Stillstand geriet erst in Bewegung, als Charles S. Maier in seinem ebenso instruktiven wie viel rezipierten Aufsatz Territorialität zum Schlüsselbegriff für die Periodisierung des letzten Jahrhunderts erklärte.[28] Zwischen 1860 und 1970 habe – so Maier – Territorialität die Organisation von Gesell-

---

[24] Vgl. Köster, Raum, politischer.

[25] Vgl. Balibar/Wallerstein, Rasse – Klasse – Nation.

[26] Hier nur eine kleine Auswahl der umfangreichen Literatur: Lepsius, Nation und Nationalismus in Deutschland; Jeismann, Das Vaterland der Feinde; Berding (Hg.), Mythos und Nation; ders. (Hg.), Nationales Bewusstsein; Echternkamp, Der Aufstieg des deutschen Nationalismus; Hobsbawm, Nationen und Nationalismus; Jureit (Hg.), Politische Kollektive; Bielefeld, Nation und Gesellschaft.

[27] Vgl. Anderson, Die Erfindung der Nation; Hobsbawm/Ranger (Hg.), Invention of Tradition.

[28] Vgl. Maier, Consigning the Twentieth Century.

schaften so nachdrücklich geprägt, dass ihre fundamentale Rolle erst im Zuge der Globalisierung und der damit einhergehenden Transformation nationalstaatlicher Ordnung erkannt wurde.[29] Dabei versteht Maier Territorialität nicht als zeitloses Attribut, sondern als historisch gewachsene Formation, die sich seit dem Westfälischen Frieden allmählich als europäisches Raumordnungsprinzip entwickelt habe. Ab etwa der Mitte des 19. Jahrhunderts sieht Maier das Konzept der Territorialität nicht nur durch die Verfestigung von Grenzsystemen realisiert, sondern er will darunter auch eine neue Beschaffenheit nach innen verstanden wissen. Der politische Raum sei nun durch die Ausbildung einer zentralen Regierungsgewalt, durch industrielle Erschließung, Infrastrukturprojekte und Ressourcenabbau sowie durch den Aufstieg neuer Eliten anders »gefüllt« als jemals zuvor und habe sich erst aufgrund dieser neuen Qualitäten zu einem »identity space« entwickeln können. Territorialität »meint schlicht die auf Kontrolle eines umgrenzten politischen Raumes beruhenden Eigenschaften, inklusive Macht, die bisher zumindest den Rahmen für nationale und häufig ethnische Identität schufen«.[30]

Den Argumenten Maiers, warum gerade Territorialität für den Zeitraum zwischen 1860 und 1970 von signifikanter Bedeutung und als Periodisierungstheorem anderen Schlüsselbegriffen wie Industrialisierung oder Nationalisierung vorzuziehen sei, soll hier nicht weiter nachgegangen werden. Wie das 20. Jahrhundert überzeugend periodisiert werden kann oder ob es überhaupt sinnvoll ist, Jahrhunderte in dieser Weise voneinander abzugrenzen, mögen andere diskutieren, hier interessiert Maiers Argumentation vor allem bezüglich der Fragestellung, wie Territorialität als historisch gewachsene Formation konzipiert und analysiert werden kann. Maier versteht Territorialität als eine Herrschaftsstrategie, die sich nach einer relativ langen Konstituierungs- und Erprobungsphase in der Mitte des 19. Jahrhunderts zu einer konsistenten Form räumlicher Verfasstheit entwickelt habe. Nicht nur, aber vor allem in Europa und in den USA sei dieses Ord-

[29] Ob es sich hierbei um die Ablösung oder aber um eine Transformation des Nationalstaates handelt, hält Maier noch für offen. Seiner These, dass »die sehr technischen Transformationen der letzten dreißig Jahre dazu tendiert haben, den physikalischen Raum als eine weniger relevante Ressource anzusehen«, ist bereits deutlich widersprochen worden. Im Zuge der Globalisierung lassen sich eben nicht nur De- sondern auch Reterritorialisierungsprozesse ausmachen. Vgl. Maier, Consigning the Twentieth Century, S. 824.

[30] Ebenda, S. 808.

nungsprinzip überaus wirkungsmächtig, und darüber hinaus noch für andere Entwicklungs- und Modernisierungsdynamiken wie beispielsweise für die Ausbildung staatlicher Souveränität absolut grundlegend gewesen. »Territorialität [...] ist eine wirksame Strategie, mit der durch räumliche Kontrolle zugleich Menschen und Dinge kontrolliert werden.«[31] Obgleich Maier diesen epochalen Vorgang sowohl in seiner Außen- wie auch in seiner Binnendifferenzierung andeutet und Territorialität quasi zur räumlichen Grundstruktur moderner Gesellschaften erklärt, bleibt sein Periodisierungsnarrativ nicht ganz widerspruchsfrei. So ist weiterhin offen, ob und wie sich Territorialität seit den 1970er Jahren im Zuge globaler Vernetzungen signifikant verändert hat, während es gleichzeitig zweifelhaft scheint, ob es sich bei der von Maier vertretenen Epochengrenze von 1860 tatsächlich um eine räumliche oder doch eher um eine modernisierungstheoretische Zäsur handelt.[32] Streng territorialgeschichtlich wäre dieser Zeitpunkt zumindest für Europa deutlich früher anzusetzen, wenn man ihn nicht auf den Durchbruch des Industriekapitalismus verengen möchte. Gleichzeitig erweist es sich bei genauerer Betrachtung als nicht unproblematisch, dass Maiers Periodisierungsvorschlag den Eindruck vermittelt, Territorialität stelle über einen Zeitraum von etwa einhundert Jahren ein konstantes Prinzip dar, das sich zudem vom Nationalstaat als quasi territorialer Normgröße kaum mehr differenzieren ließe. Hier wird Kontinuität unterstellt, die doch zunächst einmal zu überprüfen wäre. Denn Territorialität als solche lässt sich historisch weder beobachten noch analysieren, sie ist nur in ihren kulturellen Ausprägungen räumlicher Verfasstheit zugänglich, die sich zwar in spezifischen Ordnungskonzepten manifestieren und realisieren, die aber trotz allem vielschichtig und historisch wandelbar bleiben.

---

[31] Ebenda, S. 816. Maier rekurriert in diesem Kontext auf das Buch von Sack, Human Territoriality, S. 21.

[32] In seinem Aufsatz »Transformations of Territoriality« aus dem Jahr 2006 scheint Maier die Epochengrenze von 1860 zugunsten eines Stufenmodells aufzuweichen. Er unterscheidet nun bestimmte Phasen territorialer Entwicklung, die aber zum einen inhaltlich unspezifisch bleiben, zum anderen auch den Zeitraum zwischen 1860 und 1970 nicht spezifizieren: »Das Schema schlägt vor, dass etwa in der Mitte des 17. Jahrhunderts ein Zeitalter intensiver Territorialität begann, das im 18. und 19. Jahrhundert einige entscheidende Modifikationen erfuhr und sich dann, so glaube ich, vor etwa einer Generation aufzulösen begann.« Auch die Abgrenzung von imperialen und postterritorialen Konzepten führt nicht dazu, Territorialität zwischen 1860 und 1970 eingehender zu historisieren. Vgl. Maier, Transformations of Territoriality, S. 37.

Geht es somit allgemein um die konsequente Historisierung politischer Räumlichkeit, dann gehört der Wandel von Territorialität zweifellos zu den zentralen Forschungsgegenständen einer raumorientierten Geschichtswissenschaft. Für das späte 19. Jahrhundert liegen hierzu bereits erste Studien vor, die sich vor allem auf die von Gilles Deleuze und Felix Guattari vertretene Dialektik globaler De- und Reterritorialisierungsprozesse berufen.[33] Sebastian Conrad beispielsweise verschlagwortet seine Kernthese zum Deutschen Kaiserreich in diesem Sinne als »Globalisierung des Nationalstaates«. Im Zuge der vor allem ökonomischen Komplexitätssteigerungen zwischen 1880 und 1914 habe sich der deutsche Staat sowohl nationalstaatlich konstituiert als auch global vernetzt. Mit der akzentuierten Gleichzeitigkeit beider Prozesse kann Conrad überzeugend zeigen, dass Globalisierungsvorgänge keineswegs zwangsläufig Nationalstaatlichkeit unterminieren oder gar aushebeln. Sein Plädoyer zielt darauf ab, nicht von einer binär codierten Struktur fortschreitender De- und Reterritorialisierungen auszugehen, wie sie in global- und weltgeschichtlichen Debatten immer wieder mitschwingt, sondern von »Regimen der Territorialität« zu sprechen, »also von sich verändernden Beziehungen zwischen Nation und Staat, Bevölkerung und Infrastruktur, Territorium und globaler Ordnung«.[34] Eine solche Dynamisierung territorialer Verfasstheiten liest sich auch als Kritik an Maiers Entwicklungsnarrativ, mit dem er die Entstehung nationalstaatlich geformter Territorialität, ihre Hochphase zwischen 1860 und 1970 sowie ihren Niedergang seit den 1970er Jahren als klassisches Drama komponiert. Globalisierung wird dabei als eine Art postmoderne Kraft ausgegeben, deren Wirkungsmächtigkeit erst in den letzten dreißig Jahren greift, während die globalen Vernetzungen beispielsweise um 1900 keinerlei Auswirkungen auf Territorialisierungsprozesse in Europa gehabt zu haben scheinen. Es bedarf kaum einer Anstrengung, sich über die begrenzte Reichweite einer solchen Periodisierung zu verständigen. Conrad zieht daraus die Konsequenz, die Territorialisierung der Nation sowie die Nationalisierung des Territorium[35] nicht nur als poli-

---

[33] Vgl. Deleuze/Guattari, Tausend Plateaus; zur Frage der gegenwärtigen De- und Reterritorialisierung vgl. auch: Behr, Transnationale Politik und die Frage der Territorialität; Schroer, Politik und Raum; ders., Räume, Orte, Grenzen, Zum Begriff Transterritorialität vgl. Spiliotis, Das Konzept der Transterritorialität.

[34] Conrad, Globalisierung und Nation, S. 324.

[35] Vgl. Marung/Naumann, Territorialisierung in Ostmitteleuropa.

tik- und gesellschaftshistorisches, sondern auch als globalgeschichtliches Phänomen zu betrachten. Mobilität, Arbeitsmigration, Weltwirtschaft – dieses sind nur einige Untersuchungsfelder, an denen Conrad die »Effekte der Globalisierung auf nationale Parameter« auslotet.[36] Im Ergebnis kann jedoch die Feststellung, dass »die Stabilisierung und Territorialisierung des Nationalstaates [...] einer der zentralen Effekte der globalen Vernetzung vor dem Ersten Weltkrieg« war, nicht wirklich überraschen.[37] Das Ineinandergreifen regionaler, nationaler sowie globaler Verflechtungszusammenhänge stellt *das* zentrale Bedingungsgefüge dar, in dem sich das Deutsche Kaiserreich sowohl als Nationalstaat wie auch als imperiale Macht vor dem Ersten Weltkrieg konstituierte. Der von Conrad zugleich formulierte Anspruch, die Formveränderung des Nationalen nicht mehr nur als zeitlichen, sondern auch als räumlichen Prozess zu analysieren,[38] folgt allerdings der eindimensionalen Annahme, dass sich Territorialität mit der Differenz national/global ausreichend beobachten lässt. Sicherlich bleibt die Konsolidierung der Nationalstaaten ohne »die Vernetzung der Welt durch kapitalistische Produktions-, Konsumtions- und Handelskreisläufe, ohne die politische Formatierung der Welt im Kontext von Imperialismus und Völkerrecht« unvollständig, allerdings sollte eine Historisierung politischer Räumlichkeit weitere Parameter der Handlungsrelevanz von Raum berücksichtigen.[39] In dem Maße, wie von der »Vorstellung eines stabilen Referenzgegenstandes Raum Abschied genommen würde, ließen sich [...] die Mechanismen in den Blick nehmen, die ihn als Realität wirksam werden lassen«.[40] Um derlei Transformationen für das 19. und 20. Jahrhundert beobachten und analy-

---

[36] Conrad, Globalisierung und Nation, S. 24.
[37] Ebenda, S. 26.
[38] Ebenda, S. 21.
[39] So lese ich auch den einschlägigen Beitrag von Weigel, Zum »topographical« turn.
[40] Sandl, Bauernland, Fürstenstaat, Altes Reich, S. 147. Eine solche Arbeit am politischen Raum hat Peter Haslinger in Anlehnung an Benedict Anderson als *imagined territory* bezeichnet und mit seiner Studie über »Nation und Territorium im tschechischen politischen Diskurs 1889–1938« für Ostmitteleuropa konkretisiert. Territorium fungiert demnach gleichberechtigt neben Vergemeinschaftungsangeboten wie Volk und Nation, symbolisiert im Unterschied zu ihnen jedoch »den materialisierten Anspruch auf Authentizität und dauerhafte Existenz als Gruppe in Raum und Zeit«. Wenn auch im Falle der Tschechoslowakei von einer besonderen Argumentationslage ausgegangen werden muss, nimmt Haslinger damit gerade für die Zwischenkriegszeit einen wirkungsmächtigen Territorialisierungsprozess in den Blick, der über das empirische Beispiel weit hinausweist. Vgl. Haslinger, Nation und Territorium.

sieren zu können, wird im Folgenden nach der Herstellung und Variabilität von Raumvorstellungen, nach spezifischen Erscheinungsformen politischer Territorialität, nach der Verklammerung wissenschaftlicher Theoriebildung und politischer Handlungspraxis sowie nach den zentralen Semantiken, Konzepten und Praktiken räumlichen Ordnens gefragt.

Fokussiert man auf diese Weise den Wandel politischer Territorialitätsvorstellungen vom 19. zum 20. Jahrhundert, wie dies für Deutschland versucht werden soll, ist es zunächst unerlässlich, signifikante Veränderungen der Raumkonstituierung im Übergang zur Moderne in Erinnerung zu rufen. Die Frühneuzeitforschung hat in den letzten Jahren intensiv zum Territorialisierungsschub zwischen dem 16. und dem 18. Jahrhundert gearbeitet und durch zahlreiche Studien aufzeigen können, dass es im Übergang zur modernen Nationalstaatsbildung im Wesentlichen drei Praktiken der territorialen Markierung waren, die sich in diesem Zeitraum veränderten.[41] Topographische Vermessung des Raumes, seine statistische und kartographische Erfassung sowie die mit der Aufklärung entstehende Vorstellung, dass politische Territorialität staatlicherseits herstellbar ist, verdichteten sich bis ins 19. Jahrhundert zu einem komplexen System raumbezogener Praktiken der inneren und äußeren Landnahme. Dabei setzte sich der durch eindeutig definierte Grenzen geschlossene Flächenstaat in seiner nationalstaatlichen Variante als europäisches Raummodell durch, auch wenn weiterhin Großreiche wie das Zaren- und das Habsburgerreich fortbestanden und zudem – insbesondere in Deutschland – nationale Zugehörigkeitsfragen offen und strittig blieben. Neben diesem überwiegend am Nationalstaat vermessenen Territorialkonzept verfestigte sich im 19. Jahrhundert darüber hinaus das Wahrnehmungsmuster eines sich verringernden Raumes, das seine Dynamik aus den gravierenden Modernisierungs- und Technisierungsprozessen bezog. Die enge Verzahnung von Industrialisierung, Bevölkerungszunahme, Arbeitsmigration und Urbanisierung korrespondierte dabei mit einem zirkulären Verflechtungsgeschehen, das seine Stabilität aus der Dichte der ihm zugrundeliegenden Austauschprozesse gewann. Dieses Beziehungsgeflecht wurde als ein raumgreifender Strukturwandel wahrgenommen, der sich immer stärker zu

[41] An dieser Stelle nur der Verweis auf: Landwehr, Erschaffung Venedigs; zur Kartographie einschlägig: Gugerli/Speich, Topographien der Nation.

verdichten schien, sodass Metaphern wie die vom Raumschwund die räumliche Dimension industriellen Wandels akzentuierten. In der zweiten Hälfte des 19. Jahrhunderts bezog sich Raumschwund zwar noch nicht auf Konzepte politischer Territorialität, aber der gefühlte Verlust von Raum gehörte in Deutschland zu den entscheidenden Antriebskräften einer nun immer vehementer geforderten kolonialen Landnahme.

Mit den kolonialen Eroberungen exportierten die europäischen Großmächte nicht nur ihre Vorstellungen vom Staat, sondern sie übertrugen auch ihre territorialen Ordnungskonzepte vor allem nach Afrika. Koloniale Landnahme am Ende des 19. Jahrhunderts vollzog sich zumindest in den deutschen Schutzgebieten als ein Territorialisierungsprozess, der zwar im Ergebnis als weitgehend gescheitert betrachtet werden muss, der aber mithilfe ritualisierter Praktiken des räumlichen Ordnens wie Vermessen, Zählen und Kartographieren deutsche Herrschaft über koloniales Land stabilisieren sollte. Was aber geschieht, wenn afrikanischer Raum in koloniales Territorium transferiert wird? Am Beispiel von bi- und multilateralen Grenzherstellungsverfahren in Deutsch-Südwest soll empirisch nachvollzogen werden, wie souveräne Nationalstaaten ihr territoriales Ordnungsmodell in internationales Recht überführten und mithilfe standardisierter Grenzherstellungsverfahren kolonialen Raum untereinander aufteilten und territorialisierten. Dass die räumliche Erschließung der Kolonien dabei oft im Ungefähren verblieb, stellte eine ebenso schwere Hypothek dar wie die Installation einer Territorialordnung, die nicht selten auf allenfalls »vorgedachten« Grenzführungen basierte. Koloniale Grenzziehung war zu einem nicht unerheblichen Teil ein auf Karten vollzogener Akt der Inbesitznahme. Die Diskrepanz von kolonialem Herrschaftsanspruch, fiktiver Grenzziehung und faktischer Territorialisierung schlug sich in den Grenzkommissionen auf signifikante Weise nieder. Die Kommissionen waren Orte der räumlichen Wissensproduktion, dort wurden Reiseberichte, Tagebücher, Vermessungsdaten, Forschungsberichte gesammelt und ausgewertet. Doch die diskursive Verdichtung und Operationalisierung dieses Wissens war am Ende des 19. Jahrhunderts noch nicht vollständig ausgereift und erreichte nur für bestimmte Regionen Afrikas ein tragfähiges Niveau. Die binäre Codierung von *Hier* und *Dort* setzt hingegen ein gesichertes Wissen über den geographischen Raum voraus, das im kolonialen Kontext jedoch nur unter Einsatz erheblicher finanzieller, technischer und personeller Mittel zu erlangen war.

Gerade die begrenzten Ressourcen machten die kartographische Visualisierung zu einer Art Ersatzhandlung der ansonsten allenfalls oberflächlichen Raumerfassung.[42]

Doch trotz dieser erheblichen Defizite brachte die koloniale Landnahme ein weiteres, in seiner Wirkung bisher eher unterschätztes Raumbild hervor: die Vorstellung vom leeren Raum. Die rechtliche Architektur der kolonialen Territorialisierung korrespondierte mit den Anschauungs-, Beobachtungs- und Erschließungsformen der Kolonisierenden in signifikanter Weise. Die Europäer erkundeten Afrika entlang von Routen und deren kartographische Verarbeitung erzeugte ein von weißen Flächen und schmalen Linien dominiertes Kartenbild. Der leere Raum war somit auch das Resultat eines europäischen Raumaneignungsprozesses. Diese Fiktion wurde nicht nur zu einem zentralen Wahrnehmungsmuster kolonialer Expansion, sie unterfütterte auch den Anspruch, bevölkerungsstarke, kulturell hoch entwickelte Staaten verfügten allein schon wegen ihres hohen Nahrungs- und Ressourcenbedarfs über ein natürliches Recht auf koloniale Landnahme. Die Verkoppelung von politischen Territorialitätskonzepten mit der Erfahrungskategorie eines sich durch Modernisierungs- und Industrialisierungsprozesse verringernden Raumes organisierte sich daraufhin wissenschaftlich wie semantisch um den Lebensraumbegriff. Die Vorstellung vom Lebensraum war dabei eng mit der Objektkonstituierung des damals noch jungen Faches Geographie sowie mit dessen Ausformung als Politische Geographie verbunden. Im Zuge der Biologisierung geographischer Wissensbestände wurden organizistische Staats- und Territorialitätsauffassungen mit einem physiologisch-biologischen Vokabular ausgestattet, das es erlauben sollte, imperiale Politik mithilfe von räumlichen Gesetzmäßigkeiten wissenschaftlich zu legitimieren und vor allem zu prognostizieren. Profiliertester Vertreter dieser evolutions- und migrationstheoretischen Raumkonzeption war der bereits erwähnte Geograph Friedrich

---

[42] Für den Prozess der Raumbildung ist die kartographische Repräsentation konstitutiv, sie ist eben kein abbildendes Verfahren von allein illustrativem Wert, sondern stets eine in bestimmte Wissenssysteme und Machtrelationen eingebundene Kulturtechnik der Raumkonstituierung. So kommt den Karten daher auch in der vorliegenden Studie eine besondere Bedeutung zu, dieser Bedeutung wird durch ein Extraheft, in dem die Karten und Abbildungen abgedruckt sind, Ausdruck verliehen. Die Verweise auf die entsprechenden Korrespondenzen zwischen Text und Abbildung finden sich direkt am Seitenrand.

Ratzel, der mithilfe des Lebensraumprinzips die für das 19. Jahrhundert signifikanten Verdichtungsdynamiken in das politische Feld staatlicher Territorialisierungsprozesse transferierte. Obgleich der Erste Weltkrieg und somit auch die deutsche Herrschaft in Ober Ost weitgehend einem imperialen Raumparadigma verpflichtet blieben, markierte das nur für einen historisch kurzen Moment aufscheinende deutsche Ostimperium, wie sich koloniale Territorialisierungskonzepte nach Ost- und Ostmitteleuropa verlagerten. Ähnlich wie zuvor in Afrika griffen die Eroberer dabei auf die Fiktion vom leeren Raum zurück, mit der die vor Ort gewachsenen Ordnungen als koloniales Inventar ausgeblendet wurden. Raum wurde hierbei zu einer Art Beschreibungsformel, die fremdes Land in eigenes Territorium umzudeuten half. Bemerkenswert ist dabei, wie sich trotz detaillierter Wahrnehmung des Vorhandenen die Vorstellung vom leeren Raum entfalten konnte. Die Imagination eines unberührten, unerschlossenen Terrains erwies sich in den Visionen eines deutschen Ostens als nahezu übermächtig.

Für die Frage der Neuordnung Europas sowie für das spezifisch deutsche Verständnis der eigenen territorialen Ordnung erwies sich der Versailler Vertrag als dramatischer Tief- und Wendepunkt. Völkischer Herkunftsglaube, nationale Ungleichzeitigkeiten, kulturelle Überlegenheitsgefühle, historische Referenzerzählungen sowie handfeste ökonomische Interessenlagen prägten die räumlichen Rechtfertigungs- und Legitimationsmuster, nach denen Europa neu geordnet wurde. Gerade die mit völkischen Zugehörigkeitskonstruktionen untermauerten Territorialansprüche offenbarten in Versailles ihre politische Brisanz, was sich an der Oberschlesienfrage exemplarisch nachzeichnen lässt. Dabei erwies sich das völkische Einmaleins als eine relativ beliebige und für durchaus unterschiedliche Interessen instrumentalisierbare Grundrechenart. Territoriale Ordnungsfragen ließen sich damit jedenfalls nicht vereindeutigen. Räumlich gesehen stand Europa vor der unlösbaren Aufgabe, völkische Zugehörigkeitskonstruktionen und nationale Grenzziehungen in Gebieten zur Deckung zu bringen, in denen eine solche Homogenisierung nur durch massiven Bevölkerungsaustausch hätte hergestellt werden können. Im Unterschied zu den Regelungen, wie sie beispielsweise nach den Balkankriegen 1912/13 getroffen worden waren, setzte der Versailler Vertrag jedoch nicht auf Bevölkerungstransfers als regulierendes Prinzip, sondern etablierte eine territoriale Ordnung, die sich unter Inkaufnahme erheblicher Minderheitenproblematiken an völkischen Mehrheitsverhältnissen ausrichtete, ohne sie überall konsequent umzusetzen. Die Vorstellung des völkisch homogenen und von international anerkannten Grenzen umschlossenen Nationalstaates erwies sich dabei als ein europäisches Idealbild, das zwar in den Pariser Verhandlungen handlungsleitend war, dort aber bereits seine politische Sprengkraft unter Beweis stellte. Gerade die Grenzherstellung in Oberschlesien erwies sich als ein komplizierter, widersprüchlicher und zudem extrem gewalthafter Territorialisierungsprozess, in dem nicht nur die Fallstricke, sondern bereits das Scheitern homogen gedachter Raumordnungen sichtbar wurden. In Deutschland verkehrte sich daraufhin das eigene imperiale Selbstverständnis in die klaustrophobisch aufgeladene Panik, infolge der auferlegten Gebietsabtretungen einen existenzbedrohenden Raumverlust zu erleiden.

Die Delegitimierung der eigenen Territorialkonzepte gehörte zu den Schlüsselerlebnissen einer sich in den 1920er Jahren formierenden Deutschtumsforschung. Nachdem nicht nur der Krieg, sondern auch der Frieden verloren war, standen Politiker und Wissenschaftler vor der Herausforderung, belastbare Konzepte der territorialen Verfasstheit zu entwickeln, mit denen sich Deutschland jenseits seiner aktuellen Territorialordnung konzipieren ließ. Unter dem Schlagwort »Deutscher Raum« versammelten sich Theorien, Konzepte und Ideen, die verschiedene Szenarien jenseits der seit 1919 international festgelegten Grenzen propagierten. Die als Fortschrittsnarrativ arrangierte Kulturbodentheorie ermöglichte es beispielsweise, relativ unabhängig von den aktuellen Besiedlungsverhältnissen räumliche Besitzansprüche zu rechtfertigen. Damit fügte sie sich vortrefflich in den politischen Diskurs des Grenz- und Auslandsdeutschtums ein und empfahl sich einer revisionistischen, den aktuellen politischen Kräfteverhältnissen gleichwohl angepassten Außenpolitik. Nicht mehr nationalstaatliche, sondern am Volks- und Kulturboden vermessene Grenzen verwiesen auf einen zukünftigen deutschen Staat, den es alsbald zu realisieren galt. Der politische Raumdiskurs der Weimarer Republik unterschied sich dadurch eklatant vom imperialen Getöse des Kaiserreiches, da sich Raum nun zu einer existenziellen Größe radikalisierte. Nach verlorenem Krieg, nach Gebietsabtretungen und dem Verlust der staatlichen Einheit aktualisierte sich die Wahrnehmung, Deutschland leide unter einer unerträglichen Raumenge. Dabei korrespondierten die Gebietsverluste seit 1919 mit latenten Verdichtungserfahrungen und beförderten ein klaustrophobisches Lebensgefühl, das für den Raumdiskurs der 1920er und 1930er Jahre symptomatisch wurde. Die *Zeitschrift für Geopolitik* war nur *ein* zentraler Ort, an dem sich dieses Raummuster manifestierte und wo es sich zudem mit wissenschaftlicher Legitimität versorgte. Hier wie an anderen Kontexten transformierte sich ein existenzielles Bedrohungsgefühl in einen ideologisierten Affekt, der sich schließlich mit der Formel *Volk ohne Raum* zu einer Art historischem Phantomschmerz steigerte.

Die Vorstellung vom Lebensraum erfuhr seit der Jahrhundertwende sowohl semantische wie auch konzeptionelle Umarbeitungen. Friedrich Ratzel verstand darunter eine auf natürlichen Daseinsgrundlagen basierende Raumordnung von Staaten, die aufgrund biologischer Bewegungsantriebe nahezu zwangsläufig zu einem erbitterten »Kampf um Raum« führen müsse. Territorialisierung war nach seiner Logik eine natürliche Bewegungsdynamik moderner Gesellschaften. Da mit dieser evolutionstheoretischen Raummechanik vor allem koloniale Landnahmen legitimiert werden sollten, gehörte Lebensraum schon bald zum Grundwortschatz imperialer Rechtfertigungsdiskurse, die sich jedoch nach dem verlorenen Weltkrieg und den erzwungenen Gebietsverlusten radikal wandelten. Vor allem in den 1920er Jahren lässt sich eine klaustrophobische Anreicherung des Lebensraumprinzips beobachten, die anhand des geopolitischen und nationalökonomischen Diskurses sowie am Beispiel des 1926 von Hans Grimm verfassten Romans »Volk ohne Raum« nachgezeichnet werden kann. Auch Hitlers »Mein Kampf« liest sich im Kontext dieses Transformationsprozesses nochmals anders. Bemerkenswert ist nämlich, dass Hitler noch Ende der zwanziger Jahre den Lebensraumbegriff keineswegs zum Dreh- und Angelpunkt seines außenpolitischen Programms deklarierte, sondern ihn wohl aufgrund seiner geopolitisch-bürgerlichen Konnotation eher noch vermied und stattdessen eine nationalsozialistische Bodenpolitik propagierte. An der unmittelbar nach 1933 einsetzenden rassischen Homogenisierung des »Deutschen Raumes« änderten diese Nuancen indes wenig. Am rasanten Aufstieg der Raumplanung lässt sich vielmehr exemplarisch verdeutlichen, wie der zunächst ideologisch bevorzugte Terminus Boden tendenziell auf die Bedeutung einer agrarwirtschaftlichen Germanisierung vorhandener und später eroberter Gebiete konzentriert blieb, während sich Lebensraum zu einem nach rassenbiologischen Kriterien homogenisierten Ordnungskonzept entwickelte, das vorrangig auf die Eroberung, Besiedlung und Beherrschung von Großräumen ausgerichtet war. Der

Beginn des Zweiten Weltkrieges markierte in diesem Umschreibungsprozess eine Zäsur: Mit dem Hitler-Stalin-Pakt vom 23. August 1939 begann sich nicht nur der räumliche Horizont nationalsozialistischer Eroberungspolitiken zu konkretisieren, Lebensraum kennzeichnete nun die Totalität eines Zerstörungs- und Neuordnungswillens, der die eroberten Gebiete nicht mehr im kolonialen Sinne als *leer* phantasierte, sondern sie im Sinne rassischer Auslese zu *leeren* und neu zu sortieren beabsichtigte. Konkret verwirklichte sich diese Programmatik bereits bei der territorialen Einverleibung Westpolens. Allein durch Grenzziehung waren rassisch homogene Räume, wie sie die deutschen Besatzer anstrebten, nicht herstellbar. Die ins Reich eingegliederten Gebiete sollten daher umgehend durch Bevölkerungsaustausch germanisiert werden. Dieses territoriale Grundprinzip verkoppelte von Anbeginn an die im Hitler-Stalin-Pakt vereinbarten Umsiedlungen mit den Aussiedlungs- und Vertreibungspraktiken in Westpolen. Im Spannungsfeld zwischen einem rassenbiologischen Selektionsverfahren, einer politisch-kulturellen Assimilations- und Eindeutschungspolitik gegenüber Teilen der polnischen Bevölkerung, einer kriegsbedingten Leistungsmobilisierung sowie dem Aufbau einer völkischen Gesellschafts- und Sozialordnung vollzog sich eine auf Segregation zielende Territorialordnung, deren Scheitern einen der wohl folgenschwersten Schritte auf dem Weg zum Holocaust darstellte.

Raumtheoretisch gehört der Konflikt um Großraum versus Lebensraum zu den aufschlussreichsten während des Zweiten Weltkrieges, denn in ihm gipfelte eine begriffliche »Karriere«, an deren Ende Lebensraum zum Leitbegriff einer territorialen Homogenisierungs- und Vernichtungspolitik avancierte. In der Umarbeitung der »völkerrechtlichen« zur »völkischen« Großraumordnung vollzog sich der semantische wie auch der faktische Übergang von einer rechtlichen zu einer biologischen Territorialordnung. Die Homogenisierung des vormals polnischen Staatsgebietes diente hierfür als Experimentierfeld, ab Juni 1941 übertrugen dann die Planungsstäbe das bisherige Territorialprinzip der »Umvolkung« mit gewissen Modifikationen auf die neu besetzten Ostgebiete. Die rassische Homogenisierung der eroberten Räume blieb im Kern das territoriale Leitbild der nationalsozialistischen Eroberungspolitik, auch wenn die räumlichen Verhältnisse in der Sowjetunion gewisse Übergangskonzepte notwendig machten und eine rassische Selektion der polnischen Bevölkerungen nicht flächendeckend durchsetzbar war. Die Entscheidung zum systematischen Massenmord an den europäischen Juden fiel indes nicht zufälligerweise genau in dem historischen Moment, als die Besiedlungs- und Territorialisierungspolitiken im Osten Größenordnungen von vorher unvorstellbarem Ausmaß annahmen.

II

Ordnungen des Raumes: Nationalstaat und Modernisierung

Vom Ort zum Territorium

Als der Maler und Kartograph Melchior Lorichs am 3. Dezember 1567 in Lübeck vor den kaiserlichen Gerichtskommissaren als Zeuge erschien, präsentierte er zur Überraschung der dort Anwesenden eine insgesamt zwölf Meter lange Karte, mit der er ganz im Sinne seines Auftraggebers – dem »radt der stadt hamburgk« – den genauen Verlauf der von der Handelsschifffahrt stark frequentierten Elbe nachzuweisen suchte. Die damals hoch verschuldete Stadt Hamburg führte zu diesem Zeitpunkt bereits seit mehreren Jahren einen langwierigen Rechtsstreit vor dem Reichskammergericht in Speyer, um ihr althergebrachtes Privileg des Stapelrechtes gegen die von den Herzögen Heinrich und Wilhelm zu Braunschweig-Lüneburg, dem Herzog Otto von Harburg sowie den Städten Lüneburg, Buxtehude und Stade erhobenen Ansprüche bestätigt zu bekommen.[1] Entgegen der Widerklage durch die benachbarten Elbanlieger bestand Hamburg auf sein alleiniges Recht, dass jeder, der die Elbe befuhr, in der Hansestadt anlegen, Zoll zahlen und seine Waren auf dem Markt anbieten müsse. Aber auf welche Teile der Elbe bezog sich dieses Privileg? War es auch für den südlichen Elblauf sowie für andere Nebenarme uneingeschränkt gültig?

Dass die Hansestadt seit jeher viel Geld in die Sicherung und Instandhaltung *ihrer* Elbe investierte, war unbestritten. Für Markierungstonnen, Fahrrinnenvertiefungen und Deichbau sowie für den

---

1 Zu diesem Rechtsstreit sowie zu der Elbkarte von Melchior Lorichs vgl. Bolland, Die Hamburger Elbkarte; zu Lorichs Werdegang vgl. Harbeck, Melchior Lorichs; eine für das 19. Jahrhundert zeitgenössische Interpretation bietet: Lappenberg, Die Elbkarte des Melchior Lorichs. Die mit 12,5 m Länge und 1,09 m Höhe außergewöhnliche Elbkarte gehört zu den interessantesten kartographischen Sammlungsstücken des Hamburger Staatsarchivs und ist dort in einem separaten Ausstellungsraum zu bewundern. Ich danke den Mitarbeitern des Staatsarchivs für ihre freundliche Unterstützung.

Kampf gegen Piraterie mussten erhebliche Mittel aufgebracht werden, von denen die Elbnachbarn zwar profitierten, an denen sie sich aber nicht beteiligten. Ganz im Gegenteil: Sie reklamierten den südlichen Elbarm als eigenständigen Schifffahrtsweg und lotsten Frachtschiffe auf dieser Route an der Hansestadt vorbei. Als Hamburg diese *Vorbeifuhr* mit bewaffneten Fregatten zu unterbinden begann, eskalierte der Konflikt. Vor dem Reichskammergericht klagte der Hamburger Rat die volle Zoll- und Stapelgerechtigkeit auf der Elbe ein. Nach umfangreicher Beweisaufnahme und Zeugenvernehmung sollte Lorichs Elbkarte 1567 den entscheidenden Durchbruch erwirken und kartographisch beglaubigen, dass die Süderelbe kein »eigen stromb sey und iren eigen ufer und alveum habe«.[2] Der Hamburger Vertreter vor Gericht, der Ratsherr Nicolaus Vogeler, bekräftigte mit Verweis auf Lorichs kartographische Arbeit, »das nur ein Elbe sey und das solche Elbe oder Elbstrom durch etzliche Insulen in der Elb, an mehr orteren belegen, in etzliche arme oder strangen sive brachia ausgetheilet werde, welchere arme oder streng alle, keinen ausgenommen, widerumb zusammen kommen und in einander lauffen in die wilde Sehe und das offene Meer«.[3]

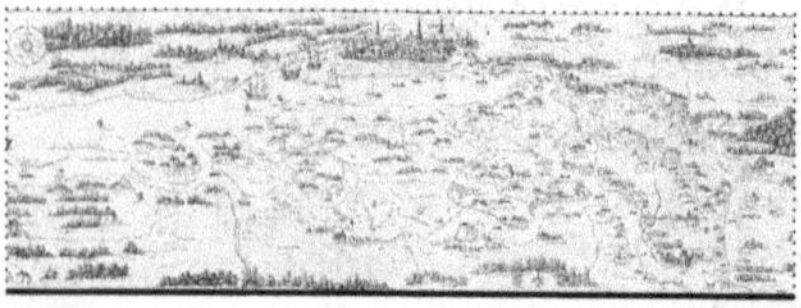

1

Lorichs entwarf seine Elbkarte als Panorama. Vom Sachsenwald im Osten bis Scharhörn an der Nordseemündung zeigt sie den Verlauf der Elbe mit ihren verästelten Nebenarmen. Doch nicht allein der häufige Zusatz »Hamborgisch« sollte die Stapelrechtsansprüche der Hansestadt unterstreichen, Lorichs Elbansicht setzte kartographisch genau das um, was seine Auftraggeber gerichtlich durchzusetzen versuchten: Das Kartenbild zeigt zwar ein Stromspaltungsgebiet, aber trotz der detailliert ausgearbeiteten Verzweigungen und Gabelungen des Flusses kann selbst der skeptische Betrachter nicht umhin festzustellen, dass am Ende alles wieder zusammenfließt und daher »nur ein Elb und ein Elb-

[2] Hamburg Stadt contra Herzöge zu Braunschweig-Lüneburg, auch Städte Lüneburg, Stade und Buxtehude betr. Zoll- und Stapelgerechtigkeit auf der Elbe, 1567, Protokoll der Kommissare, in: Staatsarchiv Stade, Rep. 27, H 751, Bd. VII, Bl. 41–43. Zu dem gesamten Verfahren vor dem Reichskammergericht vgl. Sta Stade, Rep. 27, H 744–747; H 751 Bd. I–XVII.

[3] Schreiben des Hamburger Prozessbevollmächtigten, präsentiert am 11. II. 1569, in: Sta Stade, Rep. 27, H 751, Bd. V, Quadrangel 95; vgl. auch Bolland, Die Hamburger Elbkarte, S. 17.

strom und nicht zwen sein«.[4] Die »sonderliche herrliche mappa« verfehlte ihre Wirkung nicht. 1569 erlangte Hamburg ein kaiserliches Mandat, das den Prozessgegnern die Behinderung der Elbschifffahrt »auffm freyen Elbstrom« erneut untersagte. Zwar wurden Hamburgs Stapelrechtsansprüche auf der Süderelbe 1618 vom Reichskammergericht nicht in vollem Umfang bestätigt, der Stadt war es aber insgesamt gelungen, ihre Hoheitsrechte auf der Elbe zu behaupten.[5]

Lorichs Elbkarte ist ein visuelles Meisterwerk der Renaissance, sie ist aber auch ein Dokument, das über das zeitgenössische Territorialverständnis dezidiert Auskunft gibt. Im 16. Jahrhundert wurden Karten bereits als Beweismittel genutzt, um Rechtsansprüche gerichtlich durchzusetzen. Auch die Konkurrenten aus Braunschweig und Lüneburg hatten von dieser Möglichkeit Gebrauch gemacht und bereits 1555 eine Karte vorgelegt, auf der die Süderelbe und nicht der zu Hamburg gehörende nördliche Arm als Hauptschifffahrtsweg ausgewiesen war. Solche Beweisführungen gingen oft mit gewissen geographischen Verzerrungen einher, die mal mehr und mal weniger ins Auge sprangen. Die von den Elbanliegern eingebrachte Karte beispielsweise war nach Süden ausgerichtet und karikierte den nördlichen Elbarm – im Unterschied zur überdimensional breiten Niederelbe – als kleines Rinnsal und brachte damit bereits gestalterisch die Intentionen ihrer Auftraggeber zum Ausdruck. Auch Lorichs' kartographische Gegendarstellung ist in ihren Proportionen zu breit geraten, allerdings schlägt bei ihr der professionelle Anspruch stärker zu Buche, das »was auf der Carten stehe, das sei dem rechten eigentlichen situi gemeeß, wie er anders nicht wisse oder gesehen habe«.[6] Die Elbkarte beruhte nicht auf Messdaten im heutigen Sinne, sondern Lorichs bereiste das Elbegebiet per Wagen und Schiff. Von Kirchtürmen aus nahm er Maß, visierte markante Punkte mit Kompass und Meßscheibe und machte sich Skizzen zur Landschaft, zu den angrenzenden Städten und Dörfern sowie zum gesamten Elbverlauf. Darüber hinaus befragte er Anwohner vor Ort und nutzte ihr geographisches Wissen für die Kartengestaltung. Lorichs enge Freundschaft mit dem berühmten Kartographen Abraham Ortelius in Antwerpen und seine

---

[4] Staatsarchiv Hamburg, Reichskammergericht T Nr. 33, Quadrangel 22 und 26, zit. n. Bolland, Die Hamburger Elbkarte, S. 18.

[5] Vgl. Bolland, Die Hamburger Elbkarte, S. 38.

[6] Hamburg Stadt contra Herzöge zu Braunschweig-Lüneburg, auch Städte Lüneburg, Stade und Buxtehude betr. Zoll- und Stapelgerechtigkeit auf der Elbe, 1567, Protokoll der Kommissare, in: Sta Stade, Rep. 27, H 751, Bd. VII, Bl. 41–43.

langen Aufenthalte in Italien und Konstantinopel lassen den Schluss zu, dass er mit den damaligen Techniken kartographischer Arbeit bestens vertraut war. Doch die Kartographie begann sich seit dem 16. Jahrhundert erst allmählich zu verändern, und von der modernen Vorstellung eines wirklichkeitsgetreuen Bezugs zwischen geographischem Ort und kartographischer Projektion war Lorichs Elbansicht noch weit entfernt.

In mancherlei Hinsicht veranschaulicht die Elbkarte den Übergang von der spätmittelalterlichen Kartenherstellung hin zur modernen, an wissenschaftlichen Standards orientierten Kartographie, wie sie sich im Zuge des frühneuzeitlichen Territorialisierungsschubes entwickelte. Zweifellos war es Lorichs Bestreben, das Gebiet zwischen Geesthacht und Neuwerk so wirklichkeitsgetreu wie nur möglich abzubilden, schon allein um der Gegenseite vor Gericht keine Angriffsfläche zu bieten. Doch ist dieser Wirklichkeitsbezug nicht gleichzusetzen mit einem modernen Verständnis von Maßstabstreue und Raumprojektion. Die Kartengestaltung orientierte sich vielmehr an den zeitgenössischen Voraussetzungen der Datenerhebung sowie an den üblichen Herstellungsverfahren, darüber hinaus aber auch an den spezifischen Gebrauchsanforderungen eines gerichtlichen Beweismittels.[7] Sinn und Zweck der Elbkarte war es, gewohnheitsrechtliche Ansprüche aufseiten Hamburgs gegen die wirtschaftlichen Interessen der Prozessgegner durchzusetzen. Lorichs wählte dafür einen Kartenausschnitt, der mit Verweis auf die *natürlichen* Gegebenheiten des Elbverlaufs das entscheidende Argument zur Darstellung brachte: Die Elbe verzweigt sich zwar in zahlreiche Nebenarme, sie ist aber trotzdem *ein* zusammenhängender Fluss, und dieser Tatsache kommt auch im Hinblick auf ihre wirtschaftliche Nutzung rechtliche Bedeutung zu. Der Verweis auf die *natürlichen* Gegebenheiten diente also als entscheidende Begründung für die eigene Rechtsauffassung. Verstärkt wurde diese Argumentation durch die detailgenaue Präsentation des hamburgischen Engagements auf der Elbe. Kein anderer Elbanlieger hatte sich bisher in dieser Weise für die Sicherung und Unterhaltung der Elbschifffahrt eingesetzt. Neben den als *natürlich* ausgewiesenen Gegebenheiten, die als gottgewollt gedeutet wurden, war es die bisherige Rechtspraxis, die Lorichs kartographisch herausarbeitete, um Hamburgs Stapelrechtsansprüche zu unterstreichen. Daher wird er es auch als legitim erachtet

---

[7] Zur Herstellung der Karte, ihrer Kolorierung und Überlieferungsgeschichte vgl. Bolland, Die Hamburger Elbkarte, S. 28–30.

haben, die für seine Argumentation unerheblichen topographischen Objekte allenfalls anzudeuten oder ganz zu vernachlässigen.

Die Notwendigkeit, ein bestimmtes Gebiet kartographisch darzustellen, es zu untergliedern, abzustecken und zu repräsentieren, war in diesem Falle primär durch das Interesse geleitet, bestimmte Hoheitsrechte, die nicht mehr widerspruchsfrei akzeptiert wurden, zu regeln, in anderen Fällen konnte es auch um umstrittene Besitzansprüche oder Kontributionen gehen. Vereinbarungen, die festzulegen versuchten, wo ein Gebiet anfing oder endete, richteten sich nach ihren zweckgebundenen Kontexten. Um unzugängliche oder abgelegene Regionen, die ökonomisch uninteressant waren oder zur Klärung der aktuellen Streitfrage nichts beizutragen hatten, kümmerte man sich daher auch nicht. Hier reichte es vollkommen aus, ungefähr zu wissen, wo das eine Gebiet endete und das andere begann. Die Auffassung, dass Rechtsfragen durch die territoriale Zugehörigkeit eines Gebietes zu vereindeutigen wären, ist diesem Denken noch vollkommen fremd. Lorichs wäre nie auf die Idee gekommen, die Stapelrechtsansprüche Hamburgs kartographisch dadurch zu begründen, dass er die Elbe innerhalb eines durch lineare Grenzen fixierten Hamburger Territoriums platzierte. Auf der gesamten Elbkarte existieren keinerlei Grenzmarkierungen, auch nicht – was ja naheliegend gewesen wäre – gegenüber den Konkurrenten in Braunschweig, Lüneburg, Stade oder Winsen. Es gehörte nicht zum räumlichen Vorstellungsreservoir, ein durch eindeutig markierte Grenzen umschlossenes Territorium zu fixieren, sondern es ging primär darum, rivalisierende Rechtsansprüche abzuwägen. Und diese waren gerade nicht durch räumliche Zugehörigkeiten bestimmt, sondern lehens- und gewohnheitsrechtlich verfasst. Auf ein und demselben Gebiet überlagerten sich verschiedenste Rechtstitel, die sich eben (noch) nicht auf eine zentrale Gewalt zurückführen ließen, sondern parallel und häufig genug in Konkurrenz zueinander existierten. Die Vorstellung eines geschlossenen politischen Raumes mit einheitlichen und zentralisierten Rechtsverhältnissen war noch ein Zukunftsprojekt.

Dass die Menschen im Spätmittelalter den Raum deutlich anders wahrnahmen als dreihundert Jahre später, ist bis heute für unser Raum- und Territorialverständnis von zentraler Bedeutung. Der fundamentale Wandel politischer Raumvorstellungen in der Frühen Neuzeit lässt sich mit der Formel *Vom Ort zum Territorium* auf den Begriff bringen. Liest man Reiseaufzeichnungen aus dem 16. und 17. Jahrhundert, dann zeugen sie von einer Raumwahrnehmung, die zwar nicht mehr so punktuell fixiert war wie noch im Mittelalter, die aber den bereisten Raum vornehmlich als ein Nacheinander von Orten und nicht als räumliche Fläche entwarf.[8] Während bis etwa 1500 die »aggregativ nebeneinander liegenden, qualitativ verschiedenen Räume« hervorstechen, zwischen denen die wichtigste Form der Verbindung der Sprung war[9] und die daher von einer Inselstruktur zu sprechen erlauben, enthalten frühneuzeitliche Berichte schon detaillierte Angaben zu den besuchten Orten, den zurückgelegten Entfernungen und den territorialen Zugehörigkeiten der einzelnen Reisestationen. Doch das, was beispielsweise zwischen Celle und Braunschweig lag, konstituierte sich bis ins 17. Jahrhundert hinein nicht zu einem räumlichen Ganzen, dem man sich womöglich auch noch in irgendeiner Form verbunden glaubte. Der Reisende der Vormoderne wollte »ein Ziel erreichen, nicht unterwegs sein«.[10]

Im 17. Jahrhundert wurden die Reisestationen schon durch ausführliche Beschreibungen der Wegstrecke, durch präzise politische Zuordnungen der durchquerten Regionen sowie durch mancherlei touristisch anmutende Information miteinander verbunden. So hielt ein anonymer Reisender 1661 über seinen Weg von München nach Augsburg fest: »Zu Fürstenfeldbrück aßen wir zu Mittag, ein nettes Städtchen, das hübsch an das Ufer eines Flusses namens Amper hingebaut ist. Bis ganz in die Nähe des Ortes, wo wir anhielten um zu essen, war die Straße den ganzen Vormittag über ziemlich ruinös [...]. Mittwoch, 27. Juli. Wir langten früh zu Augsburg an, nachdem wir den ganzen Morgen über schlecht angebautes ebenes Gelände durchreist hatten. Eine Viertelmeile vor der Stadt überschritten wir auf einer Holzbrücke den Lechfluß, der schön und breit ist.«[11] Auf der Route existierten nun Zwischenräume, eine Wahrnehmung in der Fläche begann sich allmählich auszudifferenzieren. Das macht die Berichte nicht in jedem Fall abwechslungsreicher, kennzeichnet aber eine veränderte Sicht auf den Raum. Die Orte begannen nun in Verbindung miteinander zu treten und ließen einen räumlichen Zusammenhang erkennen, der jedoch kleinteilig und oft noch fragmentiert blieb.

---

[8] Zur Raumwahrnehmung im Mittelalter und in der Frühen Neuzeit hier folgende Hinweise: Jahn, Raumkonzepte; Gotthard, In der Ferne; Landwehr, Erschaffung Venedigs.

[9] Czerwinski, Gegenwärtigkeit, S. 58.

[10] Gotthard, In der Ferne, S. 111.

[11] Französisch schreibender Anonymus (1661), in: Dussler, Reisen und Reisende, Bd. 2, S. 127–134, Zitat S. 128.

Die Kriterien, nach denen die nun entdeckte Landschaft bewertet wurde, blieben angesichts der zeitgenössischen Lebens- und Reisebedingungen pragmatisch: Kultivierung und Reisetauglichkeit. Unkultivierte, dünn besiedelte oder unzugängliche Regionen wurden als hässlich empfunden, die man schnellstmöglich hinter sich lassen wollte. Der Philologe Charles de Brosses vermerkte auf seinem Weg nach Rom über die Campagna Romana: »Das ist eine nicht endenwollende Ansammlung von kleinen Hügeln, die unfruchtbar sind, unbebaut, absolut verlassen, traurig und im Grunde einfach nur schrecklich. Etwas Abscheulicheres lässt sich nicht denken. Romulus muss betrunken gewesen sein, als er auf den Gedanken verfiel, in einem derart hässlichen Gelände eine Stadt zu gründen.«[12] Aber diese Reise fand eben nicht im 16., sondern Mitte des 18. Jahrhunderts statt. Mit dem Bild der *räumlichen Inseln* lassen sich solche Wahrnehmungsmuster jedenfalls nicht mehr zutreffend beschreiben. Vielmehr dynamisierte sich zu dieser Zeit bereits ein Verräumlichungsprozess, der ohne den Territorialisierungsschub zum modernen Flächenstaat weder zu denken noch zu erklären ist.

Eines der eindrücklichsten Beispiele frühneuzeitlicher Territorialisierung hat jüngst Achim Landwehr vorgelegt. In seiner Studie zur venezianischen Staatsbildung zwischen dem 16. und dem 18. Jahrhundert konzentriert er sich auf Raum, Bevölkerung und Mythos, um mit diskursanalytischem Instrumentarium das Werden des venezianischen Staates herauszuarbeiten. Ein solcher Zugriff eröffnet nicht nur für eine Kulturgeschichte des Staates, wie Landwehr sie vertritt, weitreichende Erkenntnismöglichkeiten, sondern auch für eine Wahrnehmungsgeschichte räumlicher Ordnungen. Folgt man dieser Perspektive, umfasst *Territorialisierung* zunächst einmal, »aus einer chaotischen und unförmigen Landmasse ein Territorium zu formen, das ›Sinn‹ macht, von dem seine Einwohner mit Überzeugung behaupten können, dies sei ihr Land, und zwar in exakt diesen Grenzen«.[13] Am Beispiel venezianisch-habsburgischer Grenzstreitigkeiten im Friaul kann Landwehr überzeugend nachzeichnen, wie sich die Konstituierung des venezianischen Staatesgebietes in enger Wechselwirkung mit veränderten Grenzfindungs- und Festlegungspraktiken

---

12 Brosses, Lettres familières, S. 391, zit. n. der Übersetzung von Gotthard, In der Ferne, S. 116.

13 Landwehr, Erschaffung Venedigs, S. 18.

vollzog.[14] Während sich nämlich noch im 16. Jahrhundert – als Zuarbeit zu den politischen Verhandlungen der beteiligten Mächte – entsprechende Gesandte und Diplomaten in ökonomisch relevante Regionen aufmachten, um die umstrittenen Grenzverläufe vor Ort aufzufinden, etablierte sich seit Mitte des 17. Jahrhunderts eine zunehmend wissenschaftlich legitimierte Raumerfassung, die den staatlichen Souveränen als Grundlage für *ihre* Grenzherstellungsverfahren diente.

Die Frühneuzeitforschung hat in den letzten Jahren durch zahlreiche Studien aufzeigen können, dass es im Übergang zur modernen Nationalstaatsbildung im Wesentlichen drei Praktiken der territorialen Markierung waren, die sich zwischen dem 16. und 18. Jahrhundert veränderten. Als Erstes ist die Raumerfassung im Sinne einer vollständigen Vermessung des Herrschaftsgebietes mit exakter Fixierung einer linearen Grenze zu nennen, denn im Lauf des 18. Jahrhunderts wurden »Maß und Zahl zu entscheidenden Kategorien der Wahrnehmung«.[15] Das Herrschaftsgebiet wurde nunmehr von ausgebildeten Experten detailliert vermessen, statistisch erfasst, systematisch kategorialisiert und tabellarisch geordnet. Und auf den Ergebnisse solcher, zunehmend an wissenschaftlichen Kriterien orientierten Raumaneignungen beruhte fortan staatliches Handeln und ökonomische Planung.[16] Mit der Statistik, der Landvermessung, mit der administrativen Erhebung und Verwertung von raumbezogenen Daten – um nur einige Beispiele zu nennen – etablierte sich ein ganzes Arsenal von Verfahrensweisen, das für die Konstituierung absolutistischer Herrschaftsformen grundlegend wurde und durch das sich die Entstehung und Entwicklung des institutionellen Flächenstaates erheblich dynamisierte.

---

14 Das empirische Beispiel ist komprimiert nachzulesen in einem Aufsatz von Landwehr, Der Raum als »genähte« Einheit.

15 Behrisch, Vermessen, Zählen, Berechnen, S. 7–25, Zitat S. 7. Vgl. zu den kulturellen Techniken der Raumerfassung besonders diese Einleitung wie auch den Aufsatz von Behrisch: »Politische Zahlen«.

16 Mit der Formel »to govern territories, one must know them« brachte der Kartographiehistoriker Matthew H. Edney die neuen Herausforderungen der kartographischen Repräsentation im 18. Jahrhundert auf den Begriff. Dass nicht nur militärische, sondern vor allem machtpolitische und administrative Gründe im Sinne eines rationalen Regierungshandelns ausschlaggebend waren, wenn im 18. Jahrhundert staatlicherseits verstärkt vermessen und kartographiert wurde, zeigt Christoph Fieseler am Beispiel nordwestdeutscher Territorialstaaten besonders eindrücklich. Vgl. Fieseler, Der vermessene Staat.

Johann Heinrich Gottlob von Justi – Kaiserlicher Bergrat, Ökonom und einer der bekanntesten Kameralwissenschaftler des 18. Jahrhunderts – definierte »Policey« als »eine Wissenschaft, die innerlichen Verfassungen des Staats solchergestalt einzurichten, dass die Wohlfarth der einzelnen Familien mit dem allgemeinen Besten beständig in einer genauen Verbindung und Zusammenhange sich befindet. [...] Denn das allgemeine Vermögen des Staats bestehet in den Kräften und Vermögen der einzelnen Familien, und dasselbe zu erhalten, zu vermehren und zu Beförderung der gemeinschaftlichen Glückseligkeit einzurichten, will im Grunde eben das ausdrücken, als wenn man saget, die Wohlfarth der einzeln Familien mit dem gemeinschaftlichen Besten zu verbinden.«[17] Justi sah allerdings nicht mehr nur in der Kräfte- und Vermögenssteigerung des absolutistischen Staates das wichtigste Ziel der Policey, sondern in einem Verwaltungs- und Regierungshandeln, das ein Zusammenwirken und ein Zirkulieren der Kräfte zwischen Staat und Familien zu befördern vermochte. Endzweck der bürgerlichen Gesellschaft sei es, dass Bevölkerung, Raum und ökonomische Ressourcen in einer »genauen Verbindung und Zusammenhange sich befindet«, um die »gemeinschaftliche Glückseeligkeit« zu erreichen.[18] Und auch in der Oekonomischen Enzyklopädie von D. Johann Georg Krünitz wird zwar die »Stärke eines Reiches [...] nicht so sehr durch den Umfang seines Flächenraums, als durch die Masse seiner Bevölkerung bestimmt«, gleichzeitig galt aber gerade das richtige Verhältnis von Raum und Bevölkerung als Schlüssel für eine florierende *Oeconomie*.[19] Raum war für Justi dabei eine der entscheidenden Größen, auf die sich policeyliche Gemeinwohlpraktiken zu beziehen hatten, denn das Verhältnis der Bevölkerung zu Größe, Klima und Kultivierung des Territoriums galt ihm als Ordnungsfeld policeylicher

[17] Justi, Grundveste zu der Glückseeligkeit, S. 4; speziell zu den Kameralwissenschaften: Maier, Die ältere deutsche Staats- und Verwaltungslehre; Stollberg-Rilinger, Der Staat als Maschine; Stolleis, Geschichte des öffentlichen Rechts in Deutschland, Bd. 1; Sandl, Ökonomie des Raumes; Simon, »Gute Policey«. Zur Gesamtdynamik von staatlicher Souveränität, Sicherheitspolitiken und der Kunst des Regierens vgl. Foucault, Sicherheit, Territorium, Bevölkerung.

[18] Justi, Grundveste zu der Glückseeligkeit, S. 4; dazu: Bohlender, Metamorphosen des Gemeinwohls; einen guten Überblick bietet: Iseli, Gute Policey.

[19] »Policey«, in: Oekonomische Encyklopädie, Bd. 114, S. 174–278, Zitat S. 221, vgl. dort auch den Artikel »Bevölkerung« (1774), Bd. 4, S. 359–376.

Steuerungspolitik.[20] Ein Staat setze voraus, dass das Volk »eine gewisse Oberfläche des Erdbodens zu seinen Wohnplätzen innen haben, die es vorzüglich mit Ausschließung aller anderen Völker als sein Eigenthum betrachtet. Eine dergleichen Oberfläche der Erden [...] wird ein Land genennet; und ein solches Land ist ein nothwendiger Grund zu dem Wesen eines jeden Staats, so dass man sich ohne denselben keinen Staat vorstellen kann.«[21]

Jenseits der Sonderstellung, die den Kameralwissenschaften im Übergang zur modernen Ökonomie zukam, lässt sich an den mit ihr aufkommenden und zunehmend standardisierten Verfahren eine räumliche Vereindeutigung ausleuchten, deren Bedeutung für den Übergang zur Neuzeit wohl kaum hoch genug eingeschätzt werden kann. Statistik, Demographie, Vermessungswesen waren drei zentrale Wissenssysteme, die für diese Entwicklung grundlegend wurden.[22] Erst die Vorstellung eines von Grenzen umschlossenen Territoriums schaffte die materiellen und ideellen Voraussetzungen, um souveräne Macht auszubilden, das Gewaltmonopol durchzusetzen und zu legitimieren. Staatliche Souveränität zielt auf die Grenzen eines Territoriums und setzt diese daher notwendigerweise voraus. Nur so ist der Staat in der Lage, jederzeit einen zentral gesteuerten Zugriff auf jeden Punkt im politischen Raum zu organisieren. Damit entsteht das, was wir den in seiner Herrschafts- und Verwaltungspraxis ausdifferenzierten, modernen Staat nennen, der über ein eindeutig definiertes, durch lineare Grenzen abgestecktes Hoheitsgebiet verfügt. Erst der institutionelle Flächenstaat revolutionierte Raumgrößen wie Grenzen und Territorium.[23]

Der zweite Aspekt, der den frühneuzeitlichen Wandel territorialer Markierung kennzeichnet, besteht in der Differenz zwischen Grenzfindung und Grenzherstellung. Für die Vormoderne war die Vorstellung prägend, dass Grenzen als Teile der göttlichen Ordnung immer schon existierten, die Schwierigkeit vielmehr darin bestehe, sie aufzu-

---

[20] Allerdings ist zu ergänzen, dass im 18. Jahrhundert der Begriff Raum noch keine Verbreitung hatte. Justi sprach von Boden, wenn er das Zusammenwirken ökonomischer Kräfte beschrieb.

[21] Justi, Grundveste zu der Glückseeligkeit, S. 11.

[22] Den Zusammenhang von Statistik und Literatur im 18. Jahrhundert thematisieren: Buschmeier/Fieseler, Ästhetische Zahlen.

[23] Vgl. den präzisen Überblick von Köster, Raum, politischer. Zur Soziogenese des Staates und der damit verbundenen Monopolbildung vgl. Elias, Über den Prozeß der Zivilisation, Bd. 2; ebenso: Reinhard, Geschichte der Staatsgewalt.

finden. Um festzustellen, wo eine Grenze verlief, suchte man erstens nach Zeichen der Natur, die auf die Unterscheidung von *Hier* und *Dort* zu verweisen schienen, zweitens befragte man die ansässige Bevölkerung und drittens wurden die Konfliktparteien aufgefordert, ihre Besitzansprüche nachzuweisen, wobei es insbesondere darauf ankam, möglichst weit zurückreichende Anrechte glaubhaft machen zu können.[24] Diesen Praktiken der Wissensproduktion stand seit dem 18. Jahrhundert eine veränderte Handhabung gegenüber. Eine staatlich beauftragte Kommission prüfte zwar weiterhin die überlieferten Akten, sie tat aber vor allem eines: Sie entsandte einen Landvermessungstrupp, der das entsprechende Gebiet topographisch verzeichnete. Auf der Grundlage dieses Wissens wurde daraufhin am Verhandlungstisch über Grenzverläufe entschieden, die dann vor Ort auch umgesetzt wurden, indem nicht nur Grenzzeichen und Wappen der Souveräne aufgestellt, sondern Demarkationen vorgenommen wurden. Die ansässige Bevölkerung und ihr überliefertes Wissen über die entsprechenden Grenzabschnitte spielten in diesen Verfahren kaum noch eine Rolle, ganz im Gegenteil: Die Grenzbevölkerung wurde nun durch schriftliche und mündliche Belehrungen über den staatlicherseits festgelegten Grenzverlauf unterrichtet. Das mündlich tradierte Wissen verlor seine juristische Tragweite und mit ihm die Vorstellung, Grenzen als Teile der Schöpfung zu verstehen. Im Übergang zur Moderne wurden Grenzen nun nicht mehr gesucht und gefunden (oder eben auch nicht gefunden), sondern von Experten hergestellt.[25]

Wie sich vormoderne Praktiken der Grenzfindung allmählich in ein System staatlicher Grenzkonstituierung wandelten, verdeutlichen die einschlägigen Beiträge in dem für das 18. Jahrhundert einzigartigen Universal-Lexicon von Johann Heinrich Zedler. Ein 1735 verfasster Artikel definiert noch und sicherlich nicht zufällig im Plural den Be-

---

24 Vgl. Landwehr, Der Raum als »genähte« Einheit, S. 50–56; ebenso: Landwehr, Erschaffung Venedigs, S. 90–130. Interessant auch die Ausführungen von Landwehr zur Einsetzung und Funktion von staatlichen Kommissionen, vgl. ebenda, S. 71–89.

25 Vgl. ebenda, S. 131–166. Es bleibt entscheidend, die genannten Veränderungen in der Konstituierung von politischen Räumen und Grenzen nicht als zielgerichteten und durch Entwicklungsgesetze determinierten Wandel zu verstehen. Der Prozess war langwierig, diffus, uneinheitlich und in mancherlei Hinsicht auch chaotisch. Dass er einer Fortschrittslogik folgte, darf daher zu Recht bezweifelt werden.

griff Grenzen als »öffentliche Zeichen und sichtbare Gemercke, dadurch die Landschaften und liegende Güter erkenntlich und ordentlich von einander unterschieden werden. Sie werden auch Marcken und Untermarcken genennet, darum, dass sie Gemerck und Andeutung geben, wie weit sich ein Land oder Gut erstrecke.«[26] Davon werden im zweiten Schritt politische Grenzziehungen abgesetzt: »Heutiges Tages wird dieser Unterschied in Acht genommen, dass man die Grenzen allein denen Land-Marcken, die man mit einem besondern Namen Frontiere nennet, welche die Herrschaft und Gebiete von ein ander unterscheiden, und die Marck-Steine gemeiniglich nur denen privat-Gütern zugeeignet.« Die anschließend aufgezählten Varianten unterschiedlichster Marck-Steine lassen nicht nur erkennen, wie voraussetzungsvoll und differenziert das zeitgenössische Markierungssystem ausfiel, sie kennzeichnen auch ein gewandeltes Verständnis von Grenzfixierung im geographischen Raum, denn die »von Menschen-Hand aufgerichtet, das sind gesetzte Marck-Steine« und die »von der Natur an die Hand gegebene Grenzen und Marcken von einander unterschieden, das sind selbst gewachsene Marcken«.[27] Allerdings, und hier manifestiert sich der Übergang zur modernen Grenzkonstituierung in einer bemerkenswerten Präzisierung, »wiewohl diese natürlichen gewachsenen Gemercke an und vor sich selbst keine rechtmäßigen Grenzen und Marcken sind, so werden sie doch durch die Einwilligung derer Völcker und aufgerichteten Verträge dazu legitimiret, geordnet, und mit sonderbaren Zeichen oder Mapen bemercket«.[28] Die geographischen Gegebenheiten gelten nicht per se als *natürliche* Grenzen, sondern werden erst durch vertragliche Übereinkunft zu Grenzen gemacht. Und ebenso, wie man zeitgenössische Grenzherstellung kaum exakter benennen könnte, charakterisiert der anonyme Autor auch die damit verbundene territoriale Ordnung, denn »alle Reiche, Fürstenthüme, Graf- und Herrschafften haben ihren gewissen Bezirck und bestimmte Landschafften, welche mit öffentlichen bekannten Grenzen und Marcken unterschieden sind, und was innerhalb solchen Bezirck gelegen, so nicht besonders befreyet und ausgenommen, ist dem Herrn selbiges Landes mit aller Obrigkeit

[26] »Grenzen«, in: Zedler, Grosses vollständiges Universal-Lexicon, Bd. 11 (1735), Spalte 831–843, Zitat Spalte 831. Interessant ist zudem die Unterscheidung zum Begriff »Grenze« (im Singular), dem ein eigener Artikel gewidmet ist. Vgl. ebenda, Spalte 828–831.

[27] Ebenda, Spalte 831–832.

[28] Ebenda, Spalte 832.

unterworffen, dass er darinnen zu gebieten und zu verbieten hat, daher es ein Gebiete genennet wird«.[29] Doch so monopolisiert, wie es sich anhört, war es dann doch (noch) nicht gemeint. Denn zu der Bezeichnung Territorium wird in dem gleichnamigen Artikel aus dem Jahre 1744 ausgeführt, dass man »verstehet nehmlich durch Territorium clausum nichts anders, als ein Gebiete, welches nach seinem ganzen Umfange nicht mehr, als einen einzigen Oberherrn hat; wie hingegen durch ein Territorium non clausum ein solches, darinnen auch noch anderen Herrschaften die Landeshoheit zustehet«.[30] Denn selbst wenn ein Dorf oder ein Gut in dem Gebiet eines Fürsten liege, folge daraus »nicht nothwendig, dass solche auch zu dessen Gerichtsbarkeit (de territorio) gehören, oder seiner obrigkeitl. Herrschaft unterworffen sind«.[31] Hier hatte sich der souveräne Staat mit Gewaltmonopol und geschlossenem Staatsgebiet noch nicht ausgebildet, vielmehr wird deutlich, wie sich räumliche Ordnungen in Deutschland erst allmählich aus den Territorialstaaten heraus entwickelten.[32] Oder wie Johann Oettinger, württembergischer Kartograph im 17. Jahrhundert, ausführte: »Und zwar nach jetzigen Gebrauch im Teutschen Reich, ist der vornembst und höchste Grad, die Landesfürstliche: oder Lands-Ober und Herrlichkeit, welcher ist ein hoher völliger Gewalt eines Fürsten oder Herren, vermittelst dessen er über alle in seinem Land gesessene Unterthanen und Persohnen, in allen zutragenden Fällen,

---

[29] Ebenda.

[30] »Territorium«, in: Zedler, Grosses vollständiges Universal-Lexicon, Bd. 42 (1744), Spalte 1139–1140, Zitat Spalte 1139.

[31] Ebenda. Vgl. hierzu auch Knichen, De iure territorii. Zu frühen Formen rechtlicher Territorialisierung vgl. Willoweit, Rechtsgrundlagen der Territorialgewalt; Mohnhaupt, Rechtliche Instrumente der Raumbeherrschung; Medick, Grenzziehungen und die Herstellung des politisch-sozialen Raumes; Scattola, Die Grenze der Neuzeit. Kritisch gegenüber voreiligen Zuordnungen: Sieber-Lehmann, »Regna colore rubeo circumscripta«.

[32] Die Ausformung des modernen Flächenstaates vollzog sich nach dem Westfälischen Frieden 1648 überwiegend in den großen Reichsterritorien, namentlich in Österreich, Brandenburg-Preußen, Sachsen, Bayern und Württemberg. Nach den europäischen Kriegen des 17. Jahrhunderts setzte sich vor dem Hintergrund der katastrophalen Gewalterfahrungen die Erkenntnis durch, dass nur ein mit Hoheitsrechten ausgestatteter Staat für öffentliche Ordnung und Sicherheit in Europa sorgen könne. Das Heilige Römische Reich Deutscher Nation blieb allerdings insgesamt zu schwach, um zentrale Staatsfunktionen wie Gewalt- und Steuermonopol auszubilden. Reichszugehörigkeit wurde bis zur Auflösung 1806 nicht territorial, sondern lehensrechtlich definiert. Vgl. Stollberg-Rilinger, Das Heilige Römische Reich Deutscher Nation; Aretin, Das Alte Reich 1648–1806.

so weit sich sein Grund und Boden erstreckt, zu gebiethen hat, wofern nicht jemand dessen befreyet, und besonders darvon außgenommen, Jus Territorii und Superioritas Territorialis genandt.«[33] Dieser Prozess umfasste eine veränderte Bedeutung von Landesherrlichkeit im Sinne territorialer Ausschließlichkeit, oder wie Otto Brunner es formulierte: »Der moderne ›Staat‹ ist in Deutschland […] nicht im Rahmen des Reiches, sondern auf dem Boden der Territorien entstanden. […] Denn Landesherrschaft, Landeshoheit ist es, was nach der älteren Lehre das Territorium konstituiert.«[34]

Neben der topographischen Vermessung des Raumes und seiner statistischen Erfassung, neben den veränderten Prozeduren der Grenzherstellung war es insbesondere die kartographische Verzeichnung, die für den Wandel der Raumvorstellungen im Prozess der Staatsbildung grundlegend wurde. Die Kartographie als kulturelle Technik entwickelte sich seit dem 16. Jahrhundert zu *dem* Leitmedium moderner Territorialität. Ihr enormer Bedeutungszuwachs basierte zum einen auf der Verfeinerung und Professionalisierung handwerklicher Fertigkeiten, zum anderen auf der veränderten, zunehmend nach wissenschaftlichen Kriterien erhobenen Datengrundlage. Das vorhandene Wissen über den Raum wurde nun nicht mehr nur in Berichten zusammengetragen, sondern zunehmend und mit einer an wissenschaftlichen Standards orientierten Übersetzungsleistung kartographisch dargestellt. Die technischen Erneuerungen bei der Vermessung beeinflussten dabei ebenso die visuelle Repräsentation des politischen Raumes wie auch die komplexeren Verfahren der Kartenproduktion, durch die sich seit der Frühen Neuzeit ganz andere Dimensionen der Verbreitung, Nutzung und Aneignung von Karten ergaben.[35] Doch neben dieser technischen Seite scheint es entscheidend gewesen zu sein, dass sich in der Frühen Neuzeit ein signifikantes Verhältnis zwischen politischer Territorialisierung und ihrer medialen Repräsenta-

---

[33] Oetinger, tractatus de jure, S. 64.

[34] Brunner, Land und Herrschaft, S. 165. Zum gesamten Zusammenhang von Land, Landesherrschaft und territorialer Ordnung im späten Mittelalter vgl. dort, S. 165–239. Zur europäischen Staatsbildung vgl. Reinhard, Geschichte des modernen Staates.

[35] Dieser Wandel der kartographischen Repräsentation als kulturelle Technik kann hier nur angedeutet werden. Er ist wissenschaftlich mittlerweile gut erforscht und aufgearbeitet. Vgl. beispielsweise: Harley, The New Nature of Maps; Mittler/Schüler (Hg.), Weltbild – Kartenbild; Black, Geschichte der Landkarte; Schneider, Die Macht der Karten; Thrower, Maps & Civilization.

tion etablieren konnte. Dabei geht es darum, anhand des Mediums Karte den politischen Raum in seiner territorialen Konstituierung sowohl als Machtdispositiv wie auch als Wissensdiskurs zu markieren. Die Entwicklung moderner Territorialität wird als Korrelat einer bestimmten medialen Praxis verstanden, »die Raum mittels Karten in doppelter Weise operationalisiert: einerseits als vermessbarer Raum der Macht, andererseits aber auch als ikonisch bzw. symbolisch kodierter Raum des Wissens und der Imagination«.[36] Die entscheidende Schwelle zum neuzeitlichen Verständnis liegt keineswegs darin, dass Karten nun genauer oder objektiver wurden, sondern dass »überhaupt erst ein durchgängiger indexikalischer Bezug zwischen Karte und Territorium hergestellt wird. In der Methodisierung der referenziellen Adressierbarkeit von Orten im physischen Raum entsteht obendrein die Kohärenz eines Wissensraums, der gemeinsamen Regeln der Repräsentation folgt«.[37] Zwischen dem 16. und dem 18. Jahrhundert entstand die Vorstellung, einen durchgängigen, wirklichkeitsgetreuen Bezug zwischen Territorium und Karte herstellen, also den politischen Raum realitätsbezogen verzeichnen und projizieren zu können. Dabei lag die entscheidende Leistung nicht – wie Dünne überzeugend betont – in der kartographischen Übersetzung der optischen Zentralperspektive, wie immer wieder behauptet wird, sondern »in der Ermöglichung eines aperspektivischen räumlichen Nebeneinanders, das von keinem natürlichen Blick eingefangen werden kann und das nur auf der Karte so möglich ist«.[38] Anders ausgedrückt: Die Kartographie, wie sie sich in der Frühen Neuzeit allmählich von der heilsgeschichtlichen Repräsentation des Mittelalters zum wissenschaftlich standardisierten Zeichen- und Wissenssystem entwickelte, ermöglichte einen völlig neuartigen Blick auf die Welt, der nicht zufällig eng mit der Entdeckung und Kolonialisierung vorher unbekannter oder doch zumindest namenloser Gebiete verbunden war.

Wie revolutionär diese Neuformierung war, zeigt sich nicht zuletzt daran, dass kartographische Repräsentationen politischer Räumlichkeit bis heute als wirklichkeitsgetreu und objektiv wahrgenommen werden und sich dieser Realitätsglaube trotz fundamental anderer

---

[36] Dünne, Die Karte als Operations- und Imaginationsmatrix, S. 50; mit Bezug auf mittelalterliche Pilgerreisen ders., Pilgerkörper – Pilgertexte. Auch die Habilitationsschrift von Dünne ist überaus lesenswert: ders., Die kartographische Imagination.

[37] Dünne, Die Karte als Operations- und Imaginationsmatrix, S. 57.

[38] Ebenda, S. 55.

medialer Herstellungs- und Präsentationssysteme weiter fortsetzt. Die Projektion des politischen Raumes stellt damals wie heute aber keineswegs ein nur abbildendes Verfahren dar.[39] Sie setzt vielmehr historisch wandelbare Vorstellungen politischer Territorialität voraus, die das kartographische Produkt in seiner gesamten Gestalt prägen.[40] Kartographieren ist keine neutrale Technik räumlicher Visualisierung, sondern eine stets in bestimmte Wissenssysteme und Machtrelationen eingebundene Kulturtechnik der Raumkonstituierung. Das hängt nicht nur mit dem Kartographieren an sich, sondern auch mit der Realisierung kartographisch fixierter Grenzen im physikalischen Raum zusammen. Denn neben der Übertragung auf eine zweidimensionale Fläche wirkt eine Karte darüber hinaus als räumlicher Wissensspeicher auf den Prozess der Territorialisierung zurück. Bei der Erzeugung politischer Räume ist die (Rück-)Übersetzung und damit die Demarkation der zuvor auf Karten fixierten Grenzen ein zentraler Schritt. In der Prozedur der räumlichen Fixierung dient die Karte dann nicht mehr nur als Speichermedium, sondern sie wird selbst signifikanter Bestandteil der Raumkonstituierung. Dieser Realitätseffekt offenbart über die komplexe Repräsentationsleistung von Karten hinaus ihr Konstruktionspotenzial, das für die Herstellung und Ordnung politischer Räume bis heute konstitutiv ist.

Wissenschaftlich standardisierte Raumerfassung, kartographische Repräsentation und die Vorstellung, dass politische Territorialität herstellbar ist, entwickelten sich bis ins 19. Jahrhundert zu einem komplexen System raumbezogener Praktiken der inneren und äußeren Landnahme. Territorium wurde zunehmend an die Vorstellung

[39] Ein eindrückliches Beispiel für diese Rück- und Wechselwirkungen ist die zwischen 1832 und 1865 erarbeitete Dafourkarte, auf der erstmals die Schweiz als einheitlicher Nationalstaat repräsentiert war und mit der zugleich versucht wurde, den geographischen mit dem nationalen Raum in Deckung zu bringen. Die Vermessung der Schweiz verlief dabei parallel zur Gründung des Schweizer Bundesstaates. Nicht nur für die Schweizer Geschichte unverzichtbar: Gugerli/Speich, Topographien der Nation. Die Autoren haben das Kartographieren zutreffend als »unumkehrbare Transpositionen« bezeichnet. Demnach lässt sich die Stufenfolge der Übersetzungsschritte, deren Endprodukt ein Kartenbild ist, nicht umkehren. »Das Lesen einer Karte führt nie zu jener Landschaft zurück, mit welcher der erste Vermessungsingenieur konfrontiert war. Es gehört allerdings zur Funktionsweise der Karten, diesen Umstand zu verdecken.« Vgl. Gugerli/Speich, Topographien der Nation, S. 211.

[40] Zur Historizität von Raumvorstellungen vgl. auch Weigel, Zum »topographical« turn. Zur vormodernen Kartographie lesenswert die Beiträge in: Michalsky/Schmieder/Engel (Hg.), Aufsicht – Ansicht – Einsicht.

eines staatlichen Souveräns mit garantierten Hoheitsrechten gebunden. So formulierte der Brockhaus 1827 noch durchaus argumentativ, dass es nicht nur von theoretischer Bedeutung sei, »ob die Aneignung eines Stücks der Erdoberfläche als Staatsgebiet zu den wesentlichen Bedingungen des Staats gehöre. [...] Der Begriff des geschlossenen Staatsgebiets ist [...] der, dass innerhalb desselben Staates keine Theilung der Staatsgewalt mit fremden Staaten, keine Exemtionen der im Staate befindlichen Personen und Sachen von der Staatsgewalt vorhanden sei.«[41] Im Staats-Lexikon von Rotteck/Welcker liest sich das dann 1834 so: »Das Staatsgebiet ist für den Begriff des Staates als die dingliche Voraussetzung seiner Existenz ein nicht minder wichtiges Moment, wie das Volk und der Souverän, oder das beherrschte und herrschende persönliche Moment, daher denn auch kein Volk eher in die Reihe der Staaten eintreten kann, bevor es sich nicht ein ausschließliches Gebiet erworben hat.«[42] Und es wird noch herausgestellt, dass jedes Staatsgebiet ein geschlossenes sein solle, »denn nur wo dieses der Fall ist, vermag die Staatsgewalt mit der erforderlichen Energie zu handeln und den Anforderungen, welche das Volk an die Regierung zu stellen berechtigt ist, auf eine zweckmäßige Weise zu entsprechen«.[43] Unter Staatsgebiet verstand man nun denjenigen Teil der Erdoberfläche, »auf dem und innerhalb dessen ein Staat seine Herrschaft ausübt. Innerhalb eines Staatsgebietes hat der betreffende Staat einzig und allein die Herrschaft auszuüben, ausgenommen, wenn sie auf Grund besonderer Verträge, sogen. Staatsdienstbarkeiten, beschränkt ist.«[44] In der Staatslehre etablierte sich die Auffassung, dass das Staatsgebiet nicht nur für die Existenz eines Staates un-

---

41 »Staatsgebiet«, in: Allgemeine deutsche Real-Encyclopädie, S. 555–556, Zitat S. 555.

42 »Territorium«, in: Das Staats-Lexikon. Encyklopädie der sämmtlichen Staatswissenschaften für alle Stände, S. 550–554, Zitat S. 550. In der ersten und zweiten Auflage ist der Artikel »Territorium« wortidentisch.

43 Ebenda, S. 550. »Territorium«, in: Meyers Großes Konservations-Lexikon, Bd. 19, S. 428 (http://www.zeno.org/Meyers-1905/A/Territor%C4%ADum?hl=territorium [9. 2. 2010]). In der Originalausgabe von 1857 ist der Eintrag nahezu identisch, allerdings fehlt der Hinweis auf den Gegensatz von Landes- und Reichsgebiet. Die föderale Struktur wird auch in dem gleichnamigen Artikel des Brockhaus herausgestellt, 14. Auflage, Leipzig 1895, Bd. 15, S. 718–719; die negativen Folgen der fürstlichen Territorialinteressen betont der entsprechende Artikel im Brockhaus Bilder-Conversations-Lexikon, Bd. 4, S. 392.

44 »Staatsgebiet«; in: Meyers Großes Konversations-Lexikon, Bd. 18, S. 809 (http://www.zeno.org/Meyers-1905/A/Staatsgebiet?hl=staatsgebiet [9. 2. 2010]).

abdingbar sei, sondern »ein Moment am Staatssubjekt« selbst darstelle. Das »Sein des Staates selbst, nicht das Haben einer ihm zugehörigen Sache erzeugt den Anspruch auf Respektierung des Gebietes«.[45] Georg Jellinek zitiert hier treffend Hugo Preuß: »Eine Verletzung des Reichsgebiets ist eine Verletzung des Reichs selbst, nicht eines Besitzobjektes desselben, sie entspricht gewissermaßen einer Körperverletzung, nicht einem Eigentumsdelikt.«[46] Während noch bis in die erste Hälfte des 19. Jahrhunderts die Auffassung anzutreffen war, ein Staat könne – zumindest theoretisch – sein Gebiet verlassen und gewissermaßen umziehen, galt dieser spätestens um die Jahrhundertwende staatsrechtlich als sesshaft. Der Staat *hat* nicht ein Staatsgebiet oder herrscht über ein solches, sondern er *ist* ein Staatsgebiet. Mit dieser eben nicht mehr sachlichen, sondern personalen Rechtskonstruktion wurde zudem die negative völkerrechtliche Funktion begründet: Aus der räumlichen Integrität des Staates und seiner Persönlichkeit folgt der »Anspruch auf Unterlassung aller sie rechtswidrig schädigenden Handlungen fremder Staaten«.[47]

Dass sich bis zum 19. Jahrhundert der durch eindeutig definierte Grenzen geschlossene Flächenstaat in seiner nationalstaatlichen Variante als europäisches Raummodell durchsetzt und politische Territorialität damit durchgängig als *container* entworfen wird, lässt sich nicht nur in den einschlägigen Enzyklopädien und staatsrechtlichen Lehrbüchern, sondern auch in den Verfassungstexten nachvollziehen.[48] In der Rheinbund-Akte vom 12. Juli 1806 vereinigten sich die »*Staaten* Ihrer Majestäten der Könige« von Bayern und Württemberg sowie die der anderen Fürsten zu einer Konföderation und »werden für immer vom deutschen Reichsgebiete abgesondert«. Auch im Deutschen Bund waren es die souveränen Fürsten und freien Städte, die sich am 8. Juni 1815 zusammenschlossen, während in der am 28. März 1849 verkündeten Reichsverfassung die Selbständigkeit der »einzelnen deutschen Staaten« zwar garantiert, aber durch die Reichsverfassung beschränkt entworfen wurde. Die doppelte staatliche Qualität des Staatsgebietes im Sinne eines rechtlich zu regelnden

[45] Jellinek, Allgemeine Staatslehre, S. 397.

[46] Preuß, Gemeinde, Staat, S. 394, zit. n. Jellinek, Allgemeine Staatslehre, S. 398, Anmerkung 1.

[47] Jellinek, Allgemeine Staatslehre, S. 397. Vgl. hierzu auch: Schmitt, Nomos der Erde, S. 112–123.

[48] Alle nachfolgenden Verfassungstexte sind online verfügbar: http://www.verfassungen.de/ [11. 2. 2010]

Verhältnisses zwischen Einzelstaaten und Bundesstaat durchzieht sämtliche Verfassungstexte des 19. Jahrhunderts. In der Reichsverfassung vom 16. April 1871 waren es schließlich die deutschen Einzelstaaten unter Ausschluss Österreichs, aus denen sich das Bundesgebiet als Staatsgebiet des Deutschen Reiches zusammensetzte.[49]

Diese auf einer Territorialstaatsordnung gründende Nationalstaatsbildung war unter anderem durch langwierige Debatten und massive Konflikte über eine klein- oder eben großdeutsche Lösung geprägt. Die naheliegende Vermutung, dass unter diesen Stichworten zugleich über die räumliche Verfasstheit des zukünftigen deutschen Staates verhandelt wurde, bestätigt sich bei genauerer Betrachtung indes nicht. Ob eher national oder historisch, ökonomisch oder kulturell argumentiert wurde: Die Rechtfertigungen kreisten um einen deutschen Nationalstaat, der für sich die Frage zu beantworten hatte, wer als Deutscher gelten sollte (und vor allem wer nicht) und ob die zukünftigen deutschen Staatsgrenzen mit denen des nationalen Zugehörigkeits- und Herkunftsglaubens in Einklang zu bringen waren.[50] 1871 wurde staatsrechtlich zwar entschieden, wer von nun an zum Deutschen Reich gehörte und wer nicht, allerdings war damit die Frage, wer Deutscher war (und vor allem wer nicht) keineswegs hinreichend beantwortet. Welche Kriterien sollten ausschlaggebend sein, wenn es galt, sich national zu formieren? Herkunft, Religion, Sprache oder gar nur das Bekenntnis zur deutschen Nation? Wie verhielten sich nationale Zuordnungen zu territorialen Besitzansprüchen? Ob nun mit Schleswigern oder ohne Österreicher – eines war zumindest unumstritten: Jenseits der auch nach 1871 noch ungelösten Zugehörigkeitsfragen bestand kein Zweifel daran, dass sich diejenigen, die schließlich staatsrechtlich das Deutsche Kaiserreich bilden würden, in einem modernen Nationalstaat mit eindeutig und durch lineare Grenzen markiertem Territorium wiederfinden würden. Die klein- oder großdeutsche Lösung war eine vom preußisch-österreichischen Dualismus dominierte Auseinandersetzung über nationale Identitätskonstruktionen. Sie wies zwar zahlreiche argumentative Facetten auf,

---

[49] Vgl. Kosellek, Diesseits des Nationalstaats, S. 486–503.

[50] Die Literatur zur Nationalstaatsbildung ist mittlerweile unübersehbar, hier nur der Hinweis auf einige einschlägige Titel: Anderson, Die Erfindung der Nation; Hobsbawm, Nationen und Nationalismus; Breuilly, Nationalismus und moderner Staat; Langewiesche, Nation, Nationalismus, Nationalstaat; Lenger, Industrielle Revolution und Nationalstaatsgründung; Wehler, Nationalismus: Geschichte – Formen – Folgen; Langewiesche, Reich, Nation, Föderation.

interessanterweise wurde aber eine Rechtfertigungsfigur so gut wie gar nicht bemüht: Egal ob es um Schleswig, Posen oder Böhmen ging – nie stand im Vordergrund, der zukünftige deutsche Nationalstaat würde über zu wenig Raum verfügen, sollten diese Länder – aus welchen Gründen auch immer – außen vor bleiben. Raumenge war in den nationalpolitischen Auseinandersetzungen und Konflikten offenbar kein entscheidendes Kriterium, wenn es darum ging auszuloten, in welcher territorialen Ordnung sich der erste deutsche Nationalstaat konstituieren sollte. Über *Raumschwund* wurde bis 1871 nicht im Zuge der Nationalstaatsbildung, sondern im Kontext einer anderen, nicht minder epochalen Zäsur der Neuzeit gestritten.

Verdichtung und Raumschwund

»Mit Eisenbahn und Schiff von London nach Suez 7 Tage, mit dem Schiff von Suez nach Bombay 13 Tage, mit der Bahn von Bombay nach Kalkutta 3 Tage, mit dem Schiff von Kalkutta nach Hongkong 11 Tage, mit dem Schiff von Hongkong nach Yokohama 7 Tage, nach 2 Tagen Aufenthalt mit dem Schiff von Yokohama nach San Franzisko 20 Tage, mit der Eisenbahn von San Franzisko nach New York 7 Tage und mit Schiff und Bahn von New York nach London 10 Tage, das sind zusammen 80 Tage.«[51] Diese nüchterne Rechnung skizziert mehr als nur die riskante Wette britischer Gentlemen, die sich 1872 in einem vornehmen Londoner Club darauf kaprizieren, dass einer von ihnen in achtzig Tagen die Erde umrunden wird. Hinter dieser Reiseroute verbergen sich auch nicht nur turbulente Abenteuer und exotische Begegnungen mit Büffelherden und Elefanten, mit Sioux und Mormonen, die den Roman von Jules Verne zu einem der populärsten Werke des 19. Jahrhunderts gemacht haben. Die Geschichte von Phileas Fogg ist auch ein ironisch-stolzer Blick auf die technischen Errungenschaften der Moderne, auf deren Zuverlässigkeit man zwar noch nicht uneingeschränkt vertraute, auf die aber ein wohlsituiertes Mitglied des Londoner Reformclubs durchaus die Hälfte seines Vermögens zu wetten bereit war.

---

[51] Verne, In 80 Tagen um die Welt, S. 14.

Jules Verne gilt nicht nur wegen dieses Romans als Erfinder eines neuen Genres: der Science-Fiction Literatur.[52] 1863 schrieb er bereits *Fünf Wochen im Ballon. Entdeckungsreise dreier Engländer nach Afrika*, einen »fiktiven Tatsachenbericht«, wie Verne ihn nannte, über die Erkundung und kartographische Erfassung Afrikas. Zwei Jahre später entwarf er einen 97 Stunden und 20 Minuten dauernden Ausflug *Von der Erde zum Mond*, den Verne zwar aufgrund der Gravitationsverhältnisse sein Ziel verfehlen ließ, mit dem er aber dennoch mit bemerkenswerter Akribie auf spätere Möglichkeiten der Raumfahrt verwies. Auch in dem 1870 erschienenen Roman *Zwanzigtausend Meilen unter den Meeren* wie auch in der *Reise zum Mittelpunkt der Erde* zeigte sich Jules Verne als Utopist, der mit seinen phantastischen Geschichten über die Dynamisierung von Zeit und Raum nicht nur unterhalten, sondern auch belehren wollte.[53] Mit einigen seiner Werke stand er noch in der Tradition der klassischen Entdeckungsromane, in denen es irgendeinen Reisenden in exotische Länder verschlug, oder der in die Vergangenheit verschwand, um nach seiner Rückkehr von furchterregenden oder aber paradiesischen Gegenwelten berichten zu können. Doch Jules Verne ging über diese Rahmung hinaus: In der zweiten Hälfte des 19. Jahrhunderts war die Welt schon weitgehend entdeckt, sie war beziehungsweise wurde bereits detailliert vermessen, verzeichnet und kartographiert. Nicht mehr die Eroberung ferner Erdteile, sondern die Erkundung noch unerreichbar scheinender Orte wie der Meeresgrund oder das Weltall machten Vernes Romane so populär. Darüber hinaus beschäftigte ihn die rasante Entwicklung des technischen Fortschritts, die Beschleunigung und Bewegungsdynamik modernen Lebens, aber vor allem die stets steigende Geschwindigkeit der Fortbewegung, die das 19. Jahrhundert zu einem nervösen Zeitalter werden ließ.

Reinhart Koselleck hat in diesen Veränderungen eine Denaturalisierung der bis dahin überkommenen Zeiterfahrung gesehen und dies als zentralen Indikator eines Epochenwandels verstanden. Beschleunigung war zwar als geschichtliche Erwartungskategorie schon vorher verfügbar, ihr wuchsen nun aber neue Inhalte zu, durch die sie »seit der industriellen Revolution zu einem gesättigten Erfahrungsbegriff

---

[52] Zu Jules Verne sei hier nur verwiesen auf: Zimmermann, Die außerordentlichen Reisen des Jules Verne; Dehs, Jules Verne; Kuhnle, Das Fortschrittstrauma.

[53] Insbesondere zu diesen beiden Romanen vgl. Rißler-Pipka, Be- und Entgrenzungen, S. 125–136.

werden konnte«.[54] In apokalyptischen Texten hatte die Zeitverkürzung noch das Ende der Welt angekündigt, in der Moderne wird sie zur Metapher für eine neuartige Erfahrung: die Dynamik historischen Wandels. Dabei ist Modernisierung nicht nur als Fortschritt an sich zu beschreiben, sondern Beschleunigung qualifiziert den Fortgang von Geschichte als eine vom Menschen und nicht mehr von Gott produzierte Zeit. Statt eschatologischer Heilserwartung steht Zeitverkürzung nun für die innerweltliche Option, in einer modernen Gesellschaft auf ein besseres Leben hoffen zu dürfen. Werner von Siemens resümierte 1886: »Dies klar erkennbare Gesetz ist das der stetigen Beschleunigung unserer jetzigen Kulturentwicklung. Entwicklungsperioden, die in früheren Zeiten erst in Jahrhunderten durchlaufen wurden, vollenden sich heute in Jahren und treten häufig schon in voller Ausbildung ins Dasein.«[55] Und Wilhelm Erb, einer der führenden deutschen Neurologen, überzeichnete 1893 zwar die Möglichkeiten der modernen Technik, rekurrierte aber auf ein verbreitetes Lebensgefühl: »Zeit und Raum scheinen überbrückt, wir fliegen mit der Geschwindigkeit des Windes durch ganze Weltteile, wir sprechen direkt oder indirekt mit unseren Antipoden.«[56]

Kosellecks Beschleunigungsbegriff ließe sich literarisch wohl kaum treffender ausgestalten, als Jules Verne es in einigen seiner Romane getan hat. In immer kürzeren Zeitspannen immer größere Entfernungen zu überwinden, den Aufbruch in neue, bisher unerreichbar scheinende Welten zu wagen und trotz aller Widrigkeiten und Lebensgefahren sein Ziel nicht aus den Augen zu verlieren, das war sein Thema und das garantierte ihm auch den Erfolg.[57] Gleichwohl: Wer Jules Verne nur als fortschrittsgläubigen Utopisten liest, vernachlässigt eine zen-

---

[54] Koselleck, Gibt es eine Beschleunigung der Geschichte?, in: ders., Zeitschichten, S. 153.

[55] Siemens, Das naturwissenschaftliche Zeitalter, zit. n.: Koselleck, Zeitschichten, S. 178.

[56] Erb, Über die nächsten Aufgaben der Nervenpathologie, in: *Deutsche Zeitschrift für Nervenheilkunde* 1 (1891), S. 3.

[57] In diesem Gegenwartsbezug liegt sicherlich ein zentraler Grund für den enormen Erfolg der Romane. Jules Verne projizierte seine Visionen eben nicht in die Zukunft wie beispielsweise Louis-Sébastien Mercier, sondern entwarf sie als zeitnahe Möglichkeiten, die den Lesern angesichts des rasanten technischen Fortschritts mehr oder weniger realistisch erschienen. In Anlehnung an Kosellecks »Verzeitlichung der Utopie« ließe sich mit Blick auf Jules Verne auch von einer Verräumlichung der Utopie sprechen. Vgl. Koselleck, Die Verzeitlichung der Utopie, in: ders., Zeitschichten, S. 132–149.

trale Dimension seines literarischen Werkes: die Kompression von Zeit *und* Raum. Da sich die Zeiten geändert hätten, so lässt Verne seine vornehmen britischen Herren fabulieren, und man nun schneller reisen könne als je zuvor, habe die Erde ja praktisch an Umfang verloren.[58] Raumschwund nannte man die zeitgenössische Erfahrung, mit modernen Transportmitteln wie der Eisenbahn oder dem Dampfschiff erhebliche Distanzen, die zuvor – wenn überhaupt – nur mühsam per Postkutsche zu überwinden waren, in überschaubarer Zeit hinter sich lassen zu können. Der Große Brockhaus stellte bereits 1838 fest: »Denn alle Räume sind nur durch die Zeit, deren wir bedürfen, um sie zu durchlaufen, Entfernungen von uns; beschleunigen wir diese, so verkürzt sich für den Einfluß auf das Leben und den Verkehr der Raum selbst.« Entsprechend wurde den Eisenbahnen als dem damals revolutionären Fortbewegungsmittel attestiert, dass sie »Europa ungefähr auf den Flächenraum Deutschland« reduzierten. Sie »heben die räumlichen Trennungen durch Annäherungen in der Zeit auf«.[59] Zeitgenossen erkannten schon früh, dass der Eisenbahnwaggon von einer neuen Epoche gezogen wurde.[60] Heinrich Heine schwärmte 1843 in Paris: »Durch die Eisenbahnen wird der Raum getötet, und es bleibt uns nur noch die Zeit übrig. [...] Mir ist als kämen die Berge und Wälder aller Länder auf Paris angerückt. Ich rieche schon den Duft der deutschen Linden; vor meiner Türe brandet die Nordsee.«[61]

Die Veränderungen räumlicher Wahrnehmungen bezogen sich allerdings nicht nur auf die damals als rasant erlebte Steigerung der Reisegeschwindigkeit. Vielmehr illustriert gerade der Roman »In

---

58 Vgl. Verne, In 80 Tagen um die Welt, S. 13.

59 »Eisenbahnen«, in: Der Große Brockhaus, Conversations-Lexikon der Gegenwart in vier Bänden, Bd. 1, Spalte 1115–1136, Zitate Spalte 1117, 1124. Vgl. im Unterschied dazu den noch knappen Artikel zehn Jahre zuvor: Brockhaus, Allgemeine deutsche Real-Encyclopädie, 7. Auflage, S. 467–468.

60 Zur Eisenbahn immer noch lesenswert: Riedel, Vom Biedermeier zum Maschinenzeitalter, in: *Archiv für Kulturgeschichte* 43 (1961), Heft 1, S. 100–123; einschlägig weiterhin: Schivelbusch, Geschichte der Eisenbahnreise. Der Durchbruch der Eisenbahn stieß allerdings nicht nur auf Begeisterung. Ob allerdings Ärzte tatsächlich vor Zugfahrten warnten, weil sie die öffentliche Gesundheit gefährdet sahen, ist strittig. Das hierfür oft zitierte Gutachten bayrischer Ärzte von 1835, das den Staat in der Pflicht sah, jedenfalls den Zuschauer vor dem Anblick der zu dieser Zeit etwa 20 Stundenkilometer schnellen Lokomotive zu schützen, ist allerdings nicht auffindbar und daher als Nachweis zweifelhaft. Vgl. Pöls, Deutsche Sozialgeschichte, Bd. 1, S. 371, dort auch andere Quellen zu Verkehr und Transport, S. 340–386.

61 Heine, Lutetia LVII, in: Sämtliche Schriften, Bd. 9, S. 449.

80 Tagen um die Welt«, wie sich am Ende des 19. Jahrhunderts die Vorstellung verstetigt, die Welt sei ein zusammenhängender Erfahrungsraum. In der Reiseroute des Phileas Fogg fügen sich die einzelnen Stationen zu einer vollständigen Weltumrundung, aus der die Imagination einer räumlichen Geschlossenheit erwächst.[62] Die Erde als Einheit aufzufassen, gehört zu den folgenreichsten Konstruktionen der Moderne, denn sie brachte unter anderem eine Reihe von Standardisierungs- und Normierungsprozessen mit sich, die unsere Wahrnehmung der Welt bis heute strukturieren. Die Festlegung des Nullmeridians, die Einführung der Weltzeit sowie die Vereinheitlichung von wissenschaftlichen Vermessungs- und Klassifzierungsverfahren sind nur einige Beispiele dafür, dass unsere Vorstellungen von der Erde auch durch imaginierte Ordnungssysteme normiert sind. Entscheidend dafür ist, wie sich solche Erfindungen zu komplexen Strukturen verfestigen, wie sie durch Konvention, durch Institutionalisierung und Ritualisierung ihren imaginären Charakter verlieren, um uns als vermeintlich natürliche Gegebenheiten wieder zu begegnen.[63]

Beide Aspekte, sowohl die durch Technisierung verkleinert wirkende Welt als auch die Vorstellung der Erde als Einheit, machen deutlich, dass sich seit dem 18. Jahrhundert neben der von Koselleck konstatierten Verzeitlichung auch räumliche Ordnungsmuster nachhaltig verändert haben. Neben der Beschleunigung umfasste Modernisierung zugleich die Erfahrung räumlicher Verdichtung. Es ging eben nicht nur alles schneller, es schien auch zunehmend enger zu werden. Wie der Beschleunigungsbegriff die gewandelte Zeiterfahrung beschreibt, qualifiziert Verdichtung eine veränderte Raumwahrnehmung. Beschleunigungsphänomene lassen sich nach Hartmut Rosa in drei Kategorien unterteilen: zum einen die technologische Beschleunigung zielgerichteter Vorgänge, zum anderen der rasante Verfall handlungsleitender Maßstäbe (»Gegenwartsschrumpfung«) sowie die Steigerung der Handlungs- und Erlebnisdichte pro Zeiteinheit.[64] Verdichtungsprozesse sind mit diesen zeitlichen Dynamiken

---

[62] Vgl. hierzu die Einleitung von Iris Schröder und Sabine Höhler: Welt-Räume, S. 9–47, hier S. 10f.; in diesem Band auch der überzeugende Beitrag von Dörries, Krakatau 1883: Die Welt als Labor und Erfahrungsraum, S. 51–73.

[63] Vgl. Koselleck, Einleitung, in: ders., Zeitschichten, S. 9–16; Die Erfindung des Chronometers und die Imagination der Nation analysiert: Jureit, Imagination und Kollektiv, S. 7–20.

[64] Vgl. Rosa, Beschleunigung, zu den kategorialen Unterscheidungen speziell S. 71–158. Den Begriff Gegenwartsschrumpfung übernimmt Rosa von Lübbe, vgl.

zwar eng verknüpft, haben aber auch spezifische Potenziale, wie erstens die zunehmende Konzentration von Personen und Objekten im physikalischen Raum, zweitens den rasanten und anhaltenden Umbau ihrer Anordnung, Lagerung und Platzierung, der einen Verlust räumlichen Kontinuitätsempfindens bewirkt, sowie drittens die Steigerung der kommunikativen Vernetzung sowie des zirkulären Austausches von Informationen und Gütern in stetig wachsenden und ineinander verschachtelten Räumen. Dass sich sowohl raum- als auch zeitbezogene Veränderungsqualitäten gegenseitig beeinflussten, steigerten und auch beschränkten, verweist auf einen Komplexitätsgrad von Modernisierungsphänomenen, wie er für Industriegesellschaften spätestens seit der zweiten Hälfte des 19. Jahrhunderts kennzeichnend ist. Im Gegenzug entfalteten sich aber auch Widerstände und Beharrungskräfte, die diesen Prozess bremsten, verlangsamten und durchkreuzten. Rosa sieht hinsichtlich der temporalen Struktur natürliche Geschwindigkeitsgrenzen, Entschleunigungsinseln, Desynchronisationen und intentionale Stilllegungen als bremsende Faktoren an.[65] Für Verdichtungsprozesse können physikalische Sättigungsgrenzen, Peripheriebildungen, Reibungsverluste und bewusste Vereinzelungen geltend gemacht werden.

Verdichtung soll in Anlehnung an Koselleck ebenso wie sein zeitliches Pendant als gesättigter Erfahrungsbegriff verstanden werden, der für das 19. Jahrhundert eine spezifische Verräumlichung der Wahrnehmung von Welt bezeichnet. Um die verschiedenen Dimensionen dieses Veränderungsprozesses analytisch greifen zu können, wird hier Verdichtung nicht nur physikalisch als verändertes Verhältnis von Masse und Volumen aufgefasst, sondern darüber hinaus als eine strukturelle Kategorie verstanden, die sich auf Modernisierungsphänomene wie Bevölkerungswachstum, Industrialisierung und Zirkulation bezieht und die für die Entstehung und Verfestigung gesellschaftlich dominanter Raumwahrnehmungen wie die des Raumschwundes eine erhebliche Relevanz besitzt. Dabei gilt es herauszuarbeiten, dass die Vorstellung eines nicht nur veränderten, sondern eines sich vermeintlich verringernden Raumes im 19. Jahr-

Lübbe, Gegenwartsschrumpfung, S. 129–164. Zum Zusammenhang von Beschleunigungserfahrung und Neurasthenie vgl. Radkau, Das Zeitalter der Nervosität.

65 Vgl. Rosa, Beschleunigung, S. 138–158.

hundert sowohl negativ als auch positiv konnotiert war. Die Welt wirkte nicht nur kleiner und somit verfügbarer, sie hatte sich auch als räumlich veränderbar erwiesen. Versteht man Verdichtung in diesem Sinne als gesättigten Erfahrungsbegriff, ermöglicht dies, Metaphern wie die vom Raumschwund als Wahrnehmungsmuster zu verstehen, das in der zweiten Hälfte des 19. Jahrhunderts dazu diente, die räumliche Dimension industriellen Wandels zu erfassen. Zu diesem Zeitpunkt bezog sich *Raumschwund* zwar noch nicht auf Konzepte politischer Territorialität, aber die Verfestigung als räumlicher Erfahrungsbegriff kann als zentrale Voraussetzung für spätere Transformationen gelten, die nach der Jahrhundertwende handlungsleitend werden sollten.

Verdichtung ist begriffsgeschichtlich durchaus mehrdeutig. Weder ist Verdichtung generell mit Modernisierung oder Zivilisierung gleichzusetzen, noch fällt sie mit dem zusammen, was gegenwärtig unter Globalisierung verstanden wird. Verdichtung ist eine räumliche Kategorie, mit der sich spezifische räumliche Veränderungen kennzeichnen lassen. Die von David Harvey als Folge eines tief greifenden ökonomischen Wandels konstatierte Kompression von Zeit und Raum hat in der Forschung zwar das Bewusstsein dafür geschärft, dass es sich hierbei um sozial konstruierte Konzepte handelt, allerdings ist seine These von der *annihilation of space by time* bisher eher dahingehend aufgegriffen worden, nun verstärkt zeitliche Standardisierungs- und Normierungsprozesse im Zuge der Industrialisierung zu untersuchen, während die räumliche Dimension in den Hintergrund trat.[66] Das von Harvey und anderen konstatierte *Verschwinden des Raumes* wurde somit gleichsam wissenschaftlich reproduziert. Entgegen dieser Tendenz ist es sinnvoller, einzelne Dimensionen des Modernisierungsprozesses wie Bevölkerungswachstum, Industrialisierung und Infrastrukturausbau als zentrale Elemente eines Verdichtungsprozesses zu beschreiben, um dadurch die

[66] Vgl. Harvey, Between Space and Time, insbesondere S. 426ff. Auf Harvey beziehen sich unter anderem auch: Schröder, Welt-Räume, S. 31; Conrad, Globalisierung und Nation, S. 50ff. Zum Wandel der Zeiterfahrung existiert mittlerweile eine Fülle von Literatur, hier nur exemplarisch: Koselleck, Gibt es eine Beschleunigung der Geschichte? in: ders., Zeitschichten; ders., Zeitverkürzung und Beschleunigung, in: ders., Zeitschichten, S. 177–202; Kern, The Culture of Time and Space 1880–1918; Galison, Einsteins Uhren, Poincarés Karten; Kaschuba, Die Überwindung der Distanz; Borscheid, Das Tempo-Virus. Zu Russland vgl. Cvetkovski, Modernisierung durch Beschleunigung.

Veränderung räumlicher Wahrnehmungen phänomenologisch weiter auszudifferenzieren.[67]

Zu den zentralen Einflussgrößen auf den epochalen Wandel im 19. Jahrhundert gehörte die Bevölkerungsentwicklung.[68] 1816, unmittelbar nach der politischen Neuordnung Europas durch den Wiener Kongress, lebten nach den zeitgenössischen Statistiken rund 10,34 Millionen Menschen in Preußen. Nur fünfzig Jahre später waren es fast doppelt so viele. Ein durchschnittliches Wachstum von mindestens 50 Prozent (in bestimmten Regionen auch deutlich mehr) kann für die erste Hälfte des 19. Jahrhunderts trotz regionaler Unterschiede, sozialer Differenzierung und zeitlichen Schwankungen als charakteristisch gelten, selbst wenn man in Rechnung stellt, dass die statistischen Erhebungen des 18. und 19. Jahrhunderts aufgrund differenter Datengrundlagen nicht ohne weiteres miteinander vergleichbar sind. Während 1761 der Statistiker und Demograph Johann Peter Süssmilch noch in eine natürliche Regulierung der Einwohnerzahlen vertraute und »in der Geburt, Vermehrung, Fortpflanzung, im Leben, Tode und in den Ursachen des Todes« eine göttliche Ordnung sah, die zum maßvollen Anstieg der Bevölkerung

---

[67] Vgl. hierzu den Ansatz von Norbert Elias zur Eigenlogik von Zivilisierungsdynamiken, zur gesellschaftlichen Ausdifferenzierung sowie zu Interdependenzketten in neuzeitlichen Modernisierungsprozessen: ders., Einleitung, in: Über den Prozeß der Zivilisation, Bd. 1, S. VII–LXX. Mit Rückgriff auf Elias sind Verdichtungsphänomene als zentrale Indikatoren für das gesamte Modernisierungsgeschehen aufzufassen. Elias sieht hierfür drei Faktoren als ausschlaggebend an: Bevölkerungszunahme, Ressourcenverknappung und Raumbegrenzung (im Sinne fehlender Ausweichmöglichkeiten). Verdichtung erweist sich vor diesem Hintergrund als eine, für manche sogar als *die* zentrale Strukturlogik selbstregulierter Zivilisationsprozesse. Vgl. Lepsius, Soziologische Theoreme. In strikter Fortführung des Elias'schen Paradigmas formuliert Kirchmann: »Verdichtungsstrukturen entwickeln sich aus nichts anderem als aus Verdichtungsstrukturen und sie führen zu nichts anderem als zu weiteren Verdichtungsstrukturen.« Kirchmann, Verdichtung, S. 170–216, Zitat S. 198. Zu einem möglicherweise bevorstehenden »Verdichtungs-Gau« vgl. Sloterdijk, Eurotaoismus; eher pessimistisch blickt auch Rosa in die Zukunft, vgl. Rosa, Beschleunigung, S. 479–490.

[68] Aus der umfangreichen Literatur sei hier nur verwiesen auf: Mackenroth, Bevölkerungslehre; Köllmann/Marschalck (Hg.), Bevölkerungsgeschichte; Köllmann, Bevölkerung in der industriellen Revolution; Marschalck, Bevölkerungsgeschichte Deutschlands; Mackensen/Thill-Thouet/Stark (Hg.), Bevölkerungsentwicklung und Bevölkerungstheorie; Haupt/Marschalck (Hg.), Städtische Bevölkerungsentwicklung; Wehler, Gesellschaftsgeschichte, Bd. 2, S. 7–24; ebenso Bd. 3, S. 7–37; Ehmer, Bevölkerungsgeschichte und Historische Demographie 1800–2000.

führe und von selbst »zu einem Stillstande kommen müsse, wenn die Welt mit der Anzahl ausgefüllet worden, welche den Nahrungsmitteln der Natur und des Fleißes proportioniert ist«,[69] fiel die Bewertung des Bevölkerungswachstums nach der Jahrhundertwende bereits deutlich skeptischer aus. Georg Wilhelm Friedrich Hegel befürchtete bereits 1818, dass die »in fortschreitender Bevölkerung und Industrie« befindliche bürgerliche Gesellschaft »nicht reich genug ist, d.h. an dem ihr eigenthümlichen Vermögen nicht genug besitzt, dem Übermaaße der Armuth und der Erzeugung des Pöbles zu steuern«.[70]

Bereits seit Mitte des 18. Jahrhunderts war überall in Europa ein kontinuierlicher Bevölkerungsanstieg zu verzeichnen. Das Verhältnis der signifikanten Variablen wie Heiratsquote, Fertilität und Sterblichkeitsraten veränderte sich nachhaltig, und führte im Ergebnis zu einem anhaltenden Geburtenüberschuss bei stagnierender, später tendenziell absinkender Mortalität.[71] Zunächst vorrangig in den ländlichen Landesteilen, ab Mitte des 19. Jahrhunderts auch in den städtischen Zentren und in den wachstumsintensiven Industrieregionen erhöhten sich die Einwohnerzahlen rasant. Migration und Binnenwanderung konnten diesen Zuwachs zwar graduell abfedern, aber nicht mehr kompensieren. Zurückzuführen ist die Bevölkerungsentwicklung überwiegend auf den agrarwirtschaftlichen, regional stark differierenden Strukturwandel sowie zunächst auf die Entwicklung des proto- und frühindustriellen Gewerbes, ab Mitte des 19. Jahrhunderts dann auf den Durchbruch des Industriekapitalismus. Dabei hat der Bevölkerungsanstieg die industrielle Revolution keineswegs ausgelöst, sondern vielmehr die Entwicklung durch die Erhöhung des erforderlichen Arbeitskräftepotenzials und der steigenden Konsumnachfrage nachdrücklich dynamisiert. Die vorindustrielle Regulierung der Bevölkerungsentwicklung durch begrenzte

---

[69] Süssmilch, Die göttliche Ordnung in den Veränderungen des menschlichen Geschlechts, S. 76–77.

[70] Hegel, Grundlinien der Philosophie des Rechts, S. 318–319.

[71] Entgegen der zeitgenössischen und auch lange Zeit in der Forschung vertretenen Meinung, dass ein starker Zuwachs der unteren Schichten für den Bevölkerungsanstieg verantwortlich gewesen sei, rücken heute eher Stagnation beziehungsweise Rückgang der Sterblichkeitsrate als Ursachen in den Blick. Zum Verhältnis der verschiedenen Variablen und ihrer Entwicklung im 19. Jahrhundert vgl. Ehmer, Bevölkerungsgeschichte, insbesondere S. 63–127.

Nahrungsproduktion, durch Missernten, Migration, Epidemien und Massenarmut war bereits vor 1850 trotz Pauperismus endgültig durchbrochen.[72]

Auf dem Gebiet des späteren Deutschen Reiches, zu dem 1816 rund 24,8 Millionen Menschen gehörten, lebten 1852 bereits 35,9 Millionen und bei der Reichsgründung knapp zwanzig Jahre später schon 40,9 Millionen.[73] Im Lauf des 19. Jahrhunderts hatte sich die Gesamtbevölkerung mehr als verdoppelt und 1915 mit 67,9 Millionen Menschen sogar fast verdreifacht. Diese Wachstumsraten lagen im europäischen Trend, insbesondere in England und Russland stieg die Bevölkerung ähnlich rasant. 1910 belief sich die Zahl der Europäer auf insgesamt 447,8 Millionen Menschen, das waren fast 200 Millionen mehr als noch sechzig Jahre zuvor. Die zeitgenössische Bewertung des Bevölkerungsanstiegs fiel durchaus ambivalent aus. Einerseits herrschte, insbesondere durch die Erfahrungen von Massenarmut und Verelendung während des Pauperismus, die Furcht vor einer Übervölkerung, die man durch bevölkerungspolitische Maßnahmen wie zum Beispiel schichtenspezifische Eheverbote einzudämmen hoffte.[74] Aufgrund der Ungleichzeitigkeit von Bevölkerungszunahme und industriellem Strukturwandel kam dieser zuweilen panischen Wahrnehmung der demographischen Entwicklung durchaus Berechtigung zu, allerdings gab es auch andere Stimmen, die den Bevölkerungsanstieg in aufklärerischer Tradition für die industrielle Weiterentwicklung als grundlegend erachteten und Massenarmut als Übergangsphänomen

---

[72] Vgl. Conze, Vom Pöbel zum Proletariat; Wehler, Gesellschaftsgeschichte, Bd. 2, S. 24.

[73] An der Zuverlässigkeit zeitgenössischer Statistiken gibt es durchaus berechtigte Zweifel, allerdings stellen sie den signifikanten Bevölkerungsanstieg im 19. Jahrhundert nicht grundsätzlich infrage, sondern verweisen darauf, ob und inwiefern überhaupt von einer Übervölkerung zu sprechen ist. Vieles spricht dafür, den Übervölkerungsbegriff grundsätzlich zu historisieren und ihn nicht mehr als analytische Kategorie zu verwenden. Vgl. Ehmer, Bevölkerungsgeschichte, S. 7; hierzu auch Lausecker, »Übervölkerungs«konstruktionen.

[74] Zu den radikalen Vertretern zählte beispielsweise der Arzt Carl August Weinhold, der 1827 nicht nur weitreichende Eheverbote, sondern auch die Zwangsinfibulation von männlichen Dienstboten, Lehrlingen und einfachen Soldaten vorschlug. Ihm schienen solche drastischen Maßnahmen gerechtfertigt, um Bevölkerungsentwicklungen nun nicht mehr – wie bisher – von Naturgesetzen bestimmt zu sehen, sondern sie zukünftig durch Regierungshandeln zu steuern. Vgl. Weinhold, Von der Übervölkerung in Mittel-Europa; ders., Ueber das menschliche Elend.

eines auf lange Sicht positiv zu bewertenden gesellschaftlichen Umbaus verstanden.[75]

Für den europäischen Bevölkerungsdiskurs war die Rezeption eines Buches besonders prägend: 1798 hatte der britische Ökonom und Theologe Thomas Robert Malthus erstmals (und zunächst anonym) seinen »Essay on the Principle of Population« publiziert. Bereits 1807 erschien die erste deutsche Übersetzung dieses gegenrevolutionären Pamphlets, das Malthus als direkte Entgegnung auf den englischen Schriftsteller und Anarchisten William Godwin sowie den französischen Philosophen und Mathematiker Marquis de Condorcet verfasst hatte. Malthus' zentrale These, mit der er die »dauernde Neigung aller Lebewesen, sich weit über das Maß der für sie bereitgestellten Nahrungsmittel zu vermehren«,[76] behauptete und die zeitgenössische Bevölkerungszunahme in geometrischer Progression mit einer allenfalls arithmetischen Zunahme der Nahrungsmittel kontrastierte, fand sowohl leidenschaftliche Befürworter als auch entschiedene Gegner. Insbesondere die Auffassung, diesen »zwei unterschiedlichen Vermehrungsraten, die nicht miteinander zu vereinbaren sind«, müsste durch bevölkerungs- und sozialpolitische Maßnahmen begegnet werden, womit konkret die Abschaffung der Armengesetze, soziale Heiratsbeschränkungen und sexuelle Enthaltsamkeit gemeint waren, stieß auf Protest. Malthus favorisiere – so hielten ihm seine Kritiker vor – Hungersnöte, Epidemien und Kriegsverwüstungen als positive Regulierungsmechanismen und liefere der herrschenden Klasse pseudowissenschaftliche Legitimationen für ihre soziale Ignoranz.[77] Für den hier zu diskutierenden Zusammenhang ist daran entscheidend, dass Malthus sein Bevölkerungsgesetz angesichts von Massenarmut und sozialer Not in Europa formulierte und es ihm in erster Linie

[75] Zum Pauperismus vgl. Matz, Pauperismus und Bevölkerung; Jantke/Hilger (Hg.), Die Eigentumslosen. Kritisch zum Übervölkerungsdiskurs vgl. Heim/Schaz, Berechnung und Beschwörung; Ferdinand, Das Malthusische Erbe.

[76] Malthus, Eine Abhandlung über das Bevölkerungsgesetz, S. 14.

[77] Zur zeitgenössischen Kritik an Malthus vgl. den Artikel: »Bevölkerungswesen«, in: Handwörterbuch der Staatswissenschaften, Bd. 2, S. 633–825, speziell S. 765ff. Dort auch ein ausführlicher Überblick über Befürworter (wie z.B. John Stuart Mill, Jean Baptiste Say, Pellegrino Rossi, Robert von Mohl u.a.) und Gegner (wie z.B. Friedrich Engels, Karl Marx, Charles Fourier, Eugen Dühring u.a.) der Malthusischen Bevölkerungstheorie; vgl. ebenso Ferdinand, Das Malthusische Erbe, S. 47–150. Zu bevölkerungspolitischen Gleichgewichtsvorstellungen im Verhältnis zum ökonomischen Maximierungsprinzip vgl. Sieferle, Bevölkerungswachstum, S. 81–111.

nicht um die Regulierung der Bevölkerungsentwicklung an sich, sondern um die Beseitigung von »Elend« und »Laster« ging, die er als Folgen eines gestörten Verhältnisses von Bevölkerungsdichte und Subsistenzbasis ansah. Das von ihm aufgestellte Bevölkerungsgesetz verstand er als gottgewolltes Naturgesetz, dem der Mensch unterworfen sei und dessen negative Auswirkungen durch soziale Maßnahmen abgemildert gehörten. Nur durch sein religiöses Gesellschafts- und Menschenbild erklärt es sich, dass Malthus die »Liebesleidenschaft unter den Geschlechtern« fälschlicherweise als stets konstante Größe betrachtete.[78] Gleichwohl zielten seine sozialpolitischen Regulierungsvorschläge nicht auf die qualitative, sondern allein auf die quantitative Entwicklung der Bevölkerung. Darüber hinaus setzte er eine spezifische Abhängigkeit von Einwohnerzahl und verfügbarem Raum voraus, die bis weit ins 20. Jahrhundert nachwirken sollte. Zur Kompensation der prognostizierten oder zumindest strukturell drohenden Übervölkerung sah er eine erhebliche Ertragssteigerung als notwendig an, die seiner Meinung nach aber nicht zu erreichen sei, da »der Mensch unvermeidlich im Raume beschränkt ist. Wenn Acker zu Acker gefügt worden ist, bis alles fruchtbare Land besetzt ist, muß die jährliche Vermehrung der Lebensmittel von der Verbesserung des bereits in Besitz genommenen Bodens abhängig sein. Dies ist ein Fonds, der sich, kraft der Eigentümlichkeit aller Bodenarten, anstatt sich zu vermehren, langsam vermindern muß.« Sicherlich stünde weltweit noch räumliches Potenzial zur Verfügung, aber da »das Recht, selbst die Einwohner dieser dünn bevölkerten Regionen auszurotten oder in eine Ecke zu treiben, wo sie Hungers sterben müssen, […] von einem sittlichen Standpunkte aus fraglich« sei und auch in diesen Gegenden die Bevölkerungszunahme voranschreite, könne selbst bei günstigsten Bedingungen eine intensivere Bodenbewirtschaftung den durch Übervölkerung erzeugten Nahrungsmangel nicht ausgleichen.[79]

---

[78] Malthus, Eine Abhandlung über das Bevölkerungsgesetz, S. 480.

[79] Ebenda, S. 18–19. Das auf den Ökonomen Anne Robert Jacques Turgot zurückgehende »Gesetz vom abnehmenden Bodenertrage« kannte Malthus vermutlich nicht im Detail, vgl. Carell, Abnehmender Bodenertragszuwachs; vgl. ebenso: »Bodengesetz«, in: Handwörterbuch der Staatswissenschaften, Bd. 2, S. 819, auch Bd. 1, S. 11. Kritisch zum Übervölkerungsdiskurs, der sich nach dem Ersten Weltkrieg nochmals verschärfte, sowie zur Verschränkung von quantitativen Theorien und Eugenik vgl. Heim, Berechnung und Beschwörung, S. 15–70; vgl. auch Etzemüller, Ein ewigwährender Untergang.

Für das Verständnis von Verdichtungsdynamiken gilt es festzuhalten, dass durch die Popularisierung der Malthusischen Bevölkerungstheorie die vorindustrielle Vorstellung, Einwohnerzahl und Nahrungsraum (im Sinne von landwirtschaftlicher Nutzfläche) müssten stets in Einklang stehen, um die allgemeine Versorgung der Bevölkerung und damit das gesamtwirtschaftliche Gleichgewicht nicht zu gefährden, im gesamten 19. Jahrhundert präsent, wenn auch umstritten blieb. Trotz dezidierter Kritik am Übervölkerungsdiskurs unter anderem durch Friedrich List, trotz anwachsendem Industriekapitalismus und der Erfahrung zunehmenden Wohlstandes war die Einschätzung weiterhin verbreitet, der zur Verfügung stehende Raum sei neben Arbeit und Kapital ein, wenn nicht sogar *der* entscheidende Wirtschaftsfaktor. Als sich bereits Mitte des Jahrhunderts abzeichnete, dass eine hoch industrialisierte Gesellschaft zukünftig eher von anderen Größen abhing und auch die landwirtschaftliche Produktion selbst einen tief greifenden Strukturwandel erfuhr, verlagerte sich der Blick zwar auf den Zusammenhang von Bevölkerungszunahme und Wirtschaftsentwicklung insgesamt, der Faktor Raum verlor in den Bevölkerungsdiskursen gleichwohl kaum an Relevanz. Die Frage, welche Bedeutung der Agrarwirtschaft und mit ihr dem zur Verfügung stehenden Nahrungsspielraum in Zukunft noch zukomme, büßte kaum etwas von ihrem Konfliktpotenzial ein.[80]

Verdichtung wurde also zum einen in ihrer statistischen Bedeutung als relative Zunahme der Bevölkerung in einem bestimmten (Staats-)Gebiet verstanden. Zum anderen bezeichnete der Begriff aber auch die Relation von verfügbarem Nahrungsspielraum und Einwohnerzahl, wodurch der Faktor Raum als ökonomische Variable mit der demographischen Bevölkerungsentwicklung in ein durchaus ambivalent bewertetes Abhängigkeitsverhältnis gestellt wurde. Im 19. Jahrhundert blieb der zeitgenössische Raumdiskurs demzufolge durch relativ diffuse Bedrohungsszenarien beeinflusst, die aufgrund einer prognostizierten, behaupteten oder diagnostizierten Übervölkerung mit sozialen Zukunftsängsten konnotiert waren.[81] Diese

---

80 Zur Agrar-Industriestaat-Debatte, die in der zweiten Hälfte des 19. Jahrhunderts vor allem in der Nationalökonomie mit enger Verbindung zur Autarkiefrage geführt wurde, vgl. Harnisch, Agrarstaat oder Industriestaat; Ambrosius, Agrarstaat oder Industriestaat?; Weipert, »Mehrung der Volkskraft«, insbesondere S. 75–122.

81 Übervölkerung wird zum Beispiel in Meyers Großem Konversations-Lexikon von 1885 angenommen, wenn eine Bevölkerung »so dicht ist, dass ein Teil derselben

Tendenz verstärkte sich noch durch die tief greifenden Veränderungen, die für den langfristigen Strukturwandel vom Agrarstaat zur modernen Industriegesellschaft kennzeichnend waren. Die Industrialisierung im 19. Jahrhundert als *die* entscheidende Kulturschwelle in Europa veränderte sämtliche Arbeits-, Lebens- und Produktionsverhältnisse radikal und irreversibel. Ob industrielle Massenfertigung oder Eisenbahnbau, ob Marktgesellschaft oder Agrarkapitalismus, ob Welthandel oder Großindustrie – die wenigen Stichworte verweisen bereits auf einen gesellschaftlichen Umbau, durch den der signifikante Konjunktur- und Krisenzyklus kapitalistischer Wirtschaftsverhältnisse zum Taktgeber für die Transformation europäischer Gesellschaften wurde.[82]

Neben dem Bevölkerungsanstieg umfasste dieser Verdichtungsprozess insbesondere die Entstehung regionaler Industriezentren,[83]

---

keine Gelegenheit zu genügendem Erwerb zu finden vermag. Allgemeine Merkmale derselben sind eine verhältnismäßig große Zahl von Armen, starke Auswanderung, Vergehen gegen das Eigentum etc. […] Hiernach ist der Begriff der Übervölkerung ein durchaus relativer.« Am Begriff Übervölkerung und seiner oft apokalyptisch aufgeladenen Verwendung wird deutlich, wie die physikalische Vorstellung von Dichte und stofflicher Sättigungsgrenze die Wahrnehmung von Bevölkerungs- und Wirtschaftsentwicklungen beeinflusst, ohne dass diese qualitative Bewertung auf einer analytisch fundierten Aussage beruht. Vgl. »Bevölkerung«, in: Meyers Großes Konversations-Lexikon, Bd. 2, Spalte 850–856, Zitat S. 852 (http://www.retrobibliothek.de/retrobib/seite.html?id=102114 [1. 3. 2010]), hierzu auch die beiden Artikel zu »Bevölkerung«, in: Das Staats-Lexikon. Encyklopädie der sämmtlichen Staatswissenschaften für alle Stände, Bd. 2, S. 458–505.

82 Vgl. Wehler, Gesellschaftsgeschichte, Bd. 3, S. 39. Einen globalgeschichtlichen Zugang zur Modernisierung im 19. Jahrhundert verfolgt Bayly, Die Geburt der modernen Welt. Theoretisch ambitionierter hingegen Osterhammel, Die Verwandlung der Welt. Zur Entstehung eines deutschen Wirtschaftsraumes im 19. Jahrhundert immer noch einschlägig: Borchardt, Wirtschaftliches Wachstum und Wechsellagen; mit Bezug zur gegenwärtigen Globalisierungsdebatte erfrischend kritisch: ders., Globalisierung in historischer Perspektive; zur wirtschaftlichen Verflechtung im Kaiserreich vgl. Torp, Die Herausforderung der Globalisierung. Erste Ansätze zu einer kulturgeschichtlichen Erweiterung der Wirtschaftsgeschichte am Beispiel des Deutschen Zollvereins vgl. die Tagung »Ökonomie und Nation«, die im Januar 2010 in Jena stattfand, Tagungsbericht H-Soz-u-Kult, 20. 02. 2010, http://hsozkult.geschichte.hu-berlin.de/tagungsberichte/id=3003 [25. 3. 2010].

83 Aus der Fülle der Literatur zur Industrialisierung hier nur einige einschlägige Werke: Osterhammel, Die Verwandlung der Welt, S. 909–1055; Ziegler, Die Industrielle Revolution; Lenger, Industrielle Revolution, S. 31–123; Hahn, Die industrielle Revolution in Deutschland; Wehler, Gesellschaftsgeschichte, Bd. 2, S. 585–659 und Bd. 3, S. 38–105 und 547–699; Ritter/Tenfelde (Hg.), Arbeiter im Deutschen Kaiserreich; Kocka, Arbeitsverhältnisse und Arbeiterexistenzen.

den Infrastrukturausbau sowie die in der zweiten Hälfte des 19. Jahrhunderts verstärkt einsetzende Urbanisierung. Während zu Beginn des Jahrhunderts »noch so vieles in der Landschaft keinen rechten Zweck«[84] erfüllt habe, wie Werner Sombart rückblickend resümierte, sei aus »einem mit kleinen Ansiedlungen spärlich durchsetzten Lande [...] ein Land reich an großen Städten geworden; wo ehedem der Pflug ging, steigen mächtige Fabrikgebäude mit qualmenden Schloten in die Höhe; auf demselben Gebiete, das vor hundert Jahren 25 Millionen Menschen kümmerlich nährte, leben jetzt (1910) 65 Millionen in viel größerer Wohlhäbigkeit als ihre Vorfahren von Anno dazumal; ein immer dichter gespanntes Netz von Eisenbahnen und Telegraphendrähten vermittelt einen rastlosen Verkehr; wo das Posthorn durch den blühenden Hag tönte, klappert die Dreschmaschinen ihr monotones Lied und wo sich ein breiter, blau durchwirkter Teppich kleiner Ackerparzellen vor dem Auge ausbreitete, dehnt sich die endlos einfarbige Fläche der Rübenfelder«.[85]

Die fortschreitende Ausdehnung der Bodenkultivierung, die Umwandlung zuvor landwirtschaftlich genutzter und vor allem brachliegender Flächen in industriell dominierte Ballungsgebiete und die bereits seit dem 17. Jahrhundert voranschreitende räumliche Differenzierung von Arbeit und Wohnen prägten die Wahrnehmung, dass der Durchbruch des Industriekapitalismus trotz regionaler und sektoraler Ungleichzeitigkeiten den individuell und gesellschaftlich verfügbaren (Natur-)Raum zerstörte.[86] Nicht nur das Landschaftsbild, auch die unmittelbare Lebensumwelt wurde nun als zunehmend industriell geprägt empfunden. Mit der Entstehung von Großindustrien entwickelten sich völlig neue Lebens- und Arbeitsverhältnisse, so beispielsweise durch die Errichtung von Arbeiterwohnquartieren in unmittelbare Nähe von Fabriken oder durch den Bau städtischer

---

84 Sombart, Die deutsche Volkswirtschaft, S. 11.

85 Ebenda, S. 63.

86 Zur zeitgenössischen Wahrnehmung der wirtschaftlichen Konzentration, insbesondere zur Ausbildung von Großbetrieben, sowie zur Kritik an der marxistischen Analyse kapitalistischer Betriebskonzentration als Verdrängungsprozess kleiner und mittlerer Betriebe vgl. Sombart, Der moderne Kapitalismus. Sombart betont, dass die betriebliche Konzentration weniger eine Verdrängung kleinerer Unternehmen zur Folge hatte als vielmehr »Neuland« für den Bau von Großbetrieben umgewandelt wurde. Eine weitere Dimension von Verdichtung sieht Sombart in der Intensivierung der betrieblichen Produktionsleistung, vgl. ebenda, S. 928–948.

Mietkasernen.[87] Der Pfarrer und sozialdemokratische Politiker Paul Göhre beschrieb 1891 die veränderte Lebenswelt von Fabrikarbeitern: Der Ort »war halb Stadt, halb Dorf: zwischen den alten charakteristischen [...] Landhäusern hoben sich die zum Sterben nüchternen städtischen zwei- bis dreistöckigen Mietskasernen empor. Nur ein kleines Viertel gab es noch, wo der alte Charakter des ehemaligen Dorfes in den niedrigen primitiven, planlos und willkürlich nebeneinander gestellten Tagelöhnerhäuschen und den schmalen, zickzackigen Gängen und Wegen dazwischen ganz rein erhalten war. Aber dicht daneben wuchs mit Riesenschnelle wieder ein rein städtischer Teil empor, zwei breite, mächtige parallel laufende Straßen, wo in gerader Linie Kaserne an Kaserne stand. [...] So gab auch die äußere Gestalt dieses Vorstadtdorfes ein Abbild der wirtschaftlichen Wandlung, die seine Bewohner eben durchmachten: die Entwicklung aus Land- und Ackerbauern in großindustrielle Fabrikarbeiter.«[88]

Eine der folgenreichsten Veränderungen im Zuge der Modernisierung war die in Deutschland erst seit Mitte des 19. Jahrhunderts verstärkt einsetzende Urbanisierung.[89] Während zunächst die Massenauswanderung insbesondere nach Nordamerika die sozialen Folgen einer ungleich gewichteten Industrialisierung zwar bei weitem nicht kompensieren, sondern allenfalls regional abfedern konnte, gehörte die im letzten Drittel des Jahrhunderts ansteigende Binnenwanderung vor allem von Ost nach West neben dem Bevölkerungsanstieg an sich zu den zentralen Voraussetzungen industriellen Wachstums und großstädtischer Konzentration. Ob in Erweiterung der offenen Bürgerstadt durch die Integration industriell geprägter Bezirke oder durch die Entstehung neuer durch Industrieansiedlung dominierter Ballungsräume – das Städtewachstum differierte zwar regional erheblich, insgesamt führte es aber dazu, dass um die Jahrhundertwende bereits 60 Prozent der deutschen Bevölkerung in Städten lebte und sich

87 Zum Einfluss der Industrialisierung auf regionale Stadt- und Wohnverhältnisse vgl. Bratvogel, Stadtentwicklung und Wohnverhältnisse.

88 Göhre, Drei Monate Fabrikarbeiter, S. 154.

89 Lenger/Tenfelde (Hg.), Die europäische Stadt; Lenger, Industrielle Revolution, S. 124–138; Wehler, Gesellschaftsgeschichte, Bd. 3, S. 11–37 und 510–543; Saldern, Häuserleben; Lenger, Großstädtische Eliten; Kocka, Arbeitsverhältnisse, S. 37–60; Teuteberg/Wischermann, Wohnalltag in Deutschland; Reulecke, Geschichte der Urbanisierung; Teuteberg (Hg.), Urbanisierung im 19. und 20. Jahrhundert.

damit die Verhältnisse von 1871 umgekehrt hatten. Noch vor dem Ersten Weltkrieg lebte schon jeder fünfte Deutsche in einer Großstadt, während in den Landgemeinden die Einwohnerzahlen stagnierten oder sich bis zu einem Drittel verringerten. Industrieansiedlung und Infrastrukturanbindung entschieden über die Anziehungskraft oder Provinzialisierung ganzer Regionen.

Jenseits der zeitgenössischen Stadtkritik, die mit der Urbanisierung vornehmlich die Gefahr moralischen Verfalls aufkommen sah und intensiv nach den sozialen Folgen großstädtischer Lebensformen fragte, führten die Konzentrationsprozesse aber auch zu einer ganz neuen, eben industriell geprägten räumlichen Ordnung. Enge Wohnverhältnisse, soziale Quartiersbildungen sowie die Abkopplung von agrarwirtschaftlichen Lebens- und Produktionsverhältnissen waren für die räumliche Dimension des Wandels zur arbeitsteiligen, städtisch geprägten und zudem funktional differenzierten Industriegesellschaft charakteristisch. Dieser als Raumschwund wahrgenommene Konzentrationsprozess verstärkte sich seit den 1880er Jahren erneut, weil die größeren Städte des Kaiserreichs durch Eingemeindungen in ihren Gesamtflächen nochmals anwuchsen und dadurch die Umwandlung ganzer Regionen zu verstädterten Ballungsräumen erheblich voranschritt. Auch der rasante Infrastrukturausbau hatte durch den enormen Flächenbedarf erhebliche Auswirkungen auf das gesättigte Gefühl eines nicht mehr zu kompensierenden Raumverlustes. Der Ausbau des Eisenbahnnetzes in Deutschland stellte – neben dem Mobilitätsschub – einen massiven Eingriff in die Topographie ganzer Landstriche dar. Er sprengte die bis dahin noch weitgehend intakte Geschlossenheit der Städte und brachte ausufernde Stadtlandschaften mit sozial differenzierten Distrikten hervor. Eisenbahntrassen trennten nun Gebiete, die zuvor als zusammenhängend wahrgenommen wurden, und der Bau von Brücken und Tunnel ermöglichte die Anbindung vormals abgelegener Regionen an moderne Wirtschaftszentren. Zuvor waren die Verkehrswege den geographischen Gegebenheiten gefolgt, nun musste sich die Landschaft den Erfordernissen des Verkehrs anpassen. Aufschüttungen, Begradigungen, Trassenführungen – die Eisenbahn brachte »Geometrie in die Landschaft«.[90]

Die enge Verzahnung von Industrialisierung, Arbeitsmigration und Verstädterung kennzeichnet den fundamentalen Wandel räum-

[90] Sieferle, Fortschrittsfeinde?, S. 115.

licher Ordnungen im 19. Jahrhundert. Ein erheblicher Teil der Bevölkerung, nicht nur die mittlerweile in Industrie und Gewerbe beschäftigten Unter- und Mittelschichten in den Städten, sondern auch bürgerliche Eliten nahmen diesen Strukturwandel Ende des 19. Jahrhunderts als Raumschwund wahr. Wenn auch in anderen Zusammenhängen durchaus der Gewinn an Lebensqualität geschätzt wurde, in räumlicher Hinsicht herrschte der Eindruck eines Verlustes vor. Insbesondere nach 1880 schien der anhaltende Ausbau von Großbetrieben, Verkehrswegen und städtischen Wohnsiedlungen den verfügbaren Raum wirtschaftlich zwar immer intensiver zu erschließen, zugleich aber auch zu zerstören. Dabei rekurrierte die Deutungsfigur des Raumverlustes allerdings auf ein Verständnis, das die agrarwirtschaftlich geprägte Vormoderne tendenziell als eine mit der Natur noch harmonisch verbundene Epoche verklärte und das dadurch dem sentimentalen Klischee einer in sozialer und ökologischer Balance lebenden vorindustriellen Gesellschaft Vorschub leistete. Die Natur war aber schon lange zuvor nicht mehr so *natürlich,* wie manche sie zurücksehnten. Wenn man somit den Wandel räumlicher Wahrnehmungsmuster im 19. Jahrhundert in Anlehnung an Reinhart Koselleck als Denaturalisierung geographischer Räume beschreibt,[91] bleibt zu betonen, dass es sich hierbei um den Verlust eines als natürlich *empfundenen* Raumes handelte, dem man doch schon längst nur in seinen kulturellen Überformungen begegnete.[92] Die Rede vom natürlichen Raum ist daher oft irreführend und nur insofern sinnvoll, da Menschen mit dem geographisch Vorhandenen zwar umgehen und es dadurch kulturell prägen, über diesen Raum aber nicht beliebig verfügen können, auch wenn sich die Gestaltungs- und Einwirkungsmöglichkeiten im Zuge von Technisierung und Industrialisierung erheblich erweiterten.

Bereits 1825 prophezeite der Schriftsteller Jean Paul: »Von den Luftschiffen an bis zu den Dampfschiffen und Schnellposten beweiset es sich, dass Europa jetzt unterwegs ist und eine Völkerwanderung der anderen begegnet. Zuhause sitzen nur wenige.«[93] Knapp einhundert Jahre später hielt der Historiker Karl Lamprecht über den wirtschaft-

---

91 Koselleck, Raum und Geschichte, in: ders., Zeitschichten, S. 94.

92 Zur Veränderung von Naturwahrnehmung seit Beginn der Industrialisierung vgl. Bayerl, Prolegomenon der »Großen Industrie«; Brüggemeier/Rommelspacher (Hg.), Besiegte Natur; Blackburn, Die Eroberung der Natur.

93 Jean Paul, Über Tagblätter und Taschenbücher, zit. n.: Hädecke, Poeten, S. 120.

lichen und gesellschaftlichen Umbau im 19. Jahrhundert resümierend fest, dass sich – stärker noch als das Zeitempfinden – vor allem die Raumanschauung verändert habe. Die erzeugte Mobilität habe das Leben nicht nur beschleunigt, sondern erwecke auch das irritierende Gefühl von Allgegenwart: »Dampfschiff, Eisenbahn, Telegraph sind gleichsam heimatlos; sie sind allen Klimaten und sonstigen geographischen Bedingungen zugänglich. Darum machen sie auch heimatlos, lösen vom Boden, geben innerhalb der Erdverhältnisse unendlichen Horizont.«[94] Die Beobachtung einer räumlichen Allgegenwart verweist neben den bereits erläuterten Phänomenen auf eine weitere Dimension räumlicher Verdichtung. Die nun nicht mehr durch natürliche Antriebskräfte, sondern technisch erzeugte Mobilität war ein epochaler, in der Wahrnehmung jedoch ein durchaus ambivalenter Fortschritt. Die Eisenbahn erhielt nicht ohne Grund den Beinamen »schönes Ungeheuer«. Neben die Begeisterung über das nun schnellere und komfortablere Reisen trat eine tiefe »Erschütterung, die jeder mitempfindet, wenn er nicht etwa auf einem sozialen Isolierschemel steht« – so Heinrich Heine 1843 in Paris. Das Neue, das Unbekannte erzeuge einen »schauerlichen Reiz«, dessen Folgen unabsehbar und unberechenbar schienen. Verlockend und zugleich beängstigend sei die Erfahrung, sich in einer rasanten und in allen Lebensbereichen beschleunigten Welt neu orientieren zu müssen.[95] Die veränderte Raum- und Zeitwahrnehmung erzeugte Unsicherheit und Angst – Angst vor der Geschwindigkeit, Angst vor Unfällen, Angst vor den Maschinen. Die technischen Erneuerungen schienen für den Einzelnen nicht beherrschbar, der Eisenbahnreisende sei wie ein Projektil, das als Teil eines technischen Ensembles durch den Raum geschossen werde.[96]

Aber nicht nur die individuelle Erfahrung modernen Reisens erforderte andere Verhaltens- und Aneignungsformen, auch die generelle Beschleunigung des Handels, des Verkehrs und der industriellen Produktion verlangte einen den neuen Lebens- und Arbeitsbedingungen angepassten Reizschutz. Und die Wucht der bisher unbekannten Sinneseindrücke war enorm, schließlich schien in dieser modernen Welt

---

[94] Lamprecht, Deutsche Geschichte der jüngsten Vergangenheit und Gegenwart, Bd. 1, S. 172.

[95] Vgl. Heine, Lutetia, S. 448–449.

[96] Vgl. Schivelbusch, Geschichte der Eisenbahnreise, S. 106–157; Kaschuba, Überwindung der Distanz, S. 72–125.

nichts mehr still zu stehen. Dass Personen, Informationen und Güter unaufhörlich in Bewegung gerieten, kennzeichnete nicht nur das Tempo einer neuen Zeit, sondern markierte auch eine durch Zirkulation erzeugte Raumverdichtung. Bereits seit der Frühen Neuzeit entwickelte sich die Vorstellung der Interdependenz aller Dinge im Rahmen der ökonomischen Theoriebildung.[97] Mit der Kreislauftheorie entstand nicht nur ein bis heute zentrales Modell volkswirtschaftlicher Analyse, Zirkulation beschreibt auch einen räumlichen Erfahrungswandel, der im Wesentlichen auf Vernetzung beruht. Der Austausch von Waren, Gütern und Informationen war damit ebenso gemeint wie die Verflechtung von arbeitsteiligen Produktionsabläufen, der permanente Geld- und Warenumlauf sowie die kooperative Gewinnung und Ausbeutung von Rohstoffen, um nur einige zentrale Sektoren zu nennen. Der Transport von Menschen und Gütern stieg nicht nur weltweit an, auch jenseits von Hauptverkehrsadern entstand ein mehr oder weniger effektives Verbindungsnetz. Die billigen Transportmöglichkeiten erschlossen neue Absatzmärkte und schufen boomende Wirtschaftsregionen. Dampfschiff und Eisenbahn ermöglichten die enge Verschränkung von Rohstoffgewinnung, Zulieferbetrieben und großindustrieller Produktion. Die Eisenbahn drang aufgrund ihrer Netzbildungsfähigkeit tief in die kollektiven und individuellen Lebenswelten ein.[98] Bereits 1780 formulierte der Theologe und Professor für Kameralwissenschaften Ludwig Benjamin Martin Schmidt: »Jeder würkt dadurch auf den andern. Und wie er würkt, so wird wieder auf ihn zurückgewürkt. Und dies geht so lange fort, bis eine von beyden Seiten gleiche, eine Mittelwürkung zwischen ihnen entsteht.«[99] Oder um es theoretisch zu wenden: Zirkulation beschreibt ein Rotationsgeschehen, das seine Stabilität gerade aus der Dichte der ihm zugrundeliegenden Austauschprozesse gewinnt. Sämtliche Bestandteile des zirkulären Systems sind aufeinander bezogen und konstituieren durch ihre Verflechtung einen sich selbst antreibenden Verdichtungsprozess. Dieses pulsierende Beziehungsgeflecht erweist sich in der Wahrnehmung als ein raumgreifender Vor-

97 Zum Zirkulationsbegriff in den Kameralwissenschaften und der dort noch vorherrschenden Vorstellung geschlossener Kreisläufe vgl. Sandl, Zirkulationsbegriff; zu ersten Welle der Globalisierung vgl. Torp, Die Herausforderung der Globalisierung.

98 Vgl. Kaschuba, Überwindung der Distanz, S. 108–119; zur Netzbildung vgl. auch Osterhammel, Die Verwandlung der Welt, insbesondere S. 1010–1037.

99 Schmidt, Lehre von der Staatswirthschaft, Bd. 1, S. 566.

gang, der im Kontext von Industrialisierung, Technisierung und Infrastrukturausbau den vorhandenen Raum als verengt erscheinen ließ. Oder mit Hermann Lübbe formuliert: »Netze verdichten sich mit dem Wachstum des Anteils potentiell anschlußfähiger Elemente, die an ein netzgebundenes System bereits angeschlossen sind. [...] Der Nachteil, einem Netz noch nicht angeschlossen zu sein, wächst zumeist rascher als die Netzdichte, und die Netzverdichtung nimmt alsdann einen exponentiellen Verlauf.«[100]

Zirkulation wurde im 19. Jahrhundert in Europa zu einem zentralen Schlagwort, mit dem sich moderne Wirtschafts- und Gesellschaftsdynamiken auf den Begriff bringen ließen. Nicht zufällig stimulierte gerade der pulsierende Weltverkehr – Eisenbahn, Dampfschiff, Telegraph[101] – die Inanspruchnahme biologisch-physiologischer Funktionsmodelle. Ebenso wie Blut und Nährstoffe im Organismus zirkulieren müssen, galt auch der volkswirtschaftliche Körper als gesund, wenn Güter, Waren und Geld im Umlauf blieben. In Meyers Konversationslexikon von 1909 wurde Zirkulation folglich als Kreislauf oder Umlauf von Geld, Kapital oder Blut definiert.[102] Und der spätere Reichsaußenminister Walther Rathenau sah rückblickend gerade die Großstädte als Zentren der modernen Netzbildung: »Im Mittelpunkt eines Spinnwebes von Schienen gelagert, schießen sie ihre versteinerten Straßenfäden über das Land. Sichtbare und unsichtbare Netze rollenden Verkehrs durchziehen und unterwühlen die Schluch-

---

[100] Vgl. Lübbe, Modernisierung und Folgelasten, S. 6. Lübbe betont zudem, dass sich am Ende des 19. Jahrhunderts eine von Verkehrswegen unabhängige Informationsvermittlung durchsetzte. Vernetzungsdynamiken brachten dadurch andere Folgen mit sich. Hierzu zählt die »entfernungsindifferente temporale Simultaneität in der Präsenz oder Zugänglichkeit von Informationen einerseits und die Herstellung umwegloser, direkter Verbindungen zwischen beliebigen Netzteilnehmern andrerseits«. Netzverdichtung bewirkt in der Konsequenz daher zweierlei: Bis zu einer gewissen Dichte stärkt sie zunächst Zentralisierungs- und Konzentrationsprozesse, wie sie für das 19. Jahrhundert generell in Europa zu beobachten sind. Ist dann allerdings eine gewisse Vernetzung erreicht beziehungsweise überschritten, tendiert das System zu fortschreitender, dann aber zentrumsunabhängiger Verflechtung. Verkehrsunabhängige Kommunikation, zumal wenn es sich um digitale Informationsvermittlung handelt, produziert zentralitätsfreie Beziehungsnetze, sie verdichtet zu einem »System ohne soziales Zentrum« (S. 15). Dies trifft allerdings erst für die zweite Hälfte des 20. Jahrhunderts zu.

[101] Vgl. Sombart, Deutsche Volkswirtschaft, S. 238–275.

[102] »Zirkulation«, in: Meyers Großes Konversations-Lexikon, Bd. 20, S. 959 (http://www.zeno.org/Meyers-1905/A/Zirkulation?hl=kreislauf [16. 3. 2010]).

ten und pumpen zweimal täglich Menschenkörper von den Gliedern zum Herzen. Ein zweites, drittes, viertes Netz verteilt Feuchtigkeit, Wärme und Kraft, ein elektrisches Nervensystem trägt die Schwingungen des Geistes.«[103] Die Frage, wie diese Kreisläufe zu steuern, zu fördern und zu regulieren seien, erwies sich als *die* Herausforderung kapitalistischer Wirtschaftssysteme.[104] Die Anschlussfähigkeit an die zirkulären Zusammenschlüsse wurde zum entscheidenden Faktor, der über Erfolg oder Misserfolg, über Weiterexistenz oder Bankrott entschied. Wer nicht Teil des Kreislaufes wurde, galt schon bald als rückständig, als unmodern oder gar krank – eine positive Zukunftsprognose war ohne Vernetzung jedenfalls nicht mehr zu erlangen. Die Moderne erlaubte es kaum noch, zur Ruhe zu kommen. Um nicht – im wahrsten Sinne des Wortes – den Anschluss zu verlieren, mussten immer wieder neue Anpassungs- und Synchronisationsleistungen erbracht werden, andernfalls drohte man ins Abseits zu geraten. Während mit zirkulärer Dynamik das Leben selbst, Fortschritt, Wohlstand und Gesundheit verbunden wurden, herrschte jenseits des unendlichen Warenstromes ökonomischer Abstieg, zivilisatorische Rückständigkeit und soziale Isolation. Notorische Unruhe sollte fortan zur emotionalen Grundausstattung des modernen Menschen gehören. Zirkulation erweist sich mit solchen assoziativen Reichweiten als »ein Schlüssel, die offnen Triumphe und die verborgenen Ängste des 19. Jahrhunderts zu begreifen«.[105]

Verdichtung im 19. Jahrhundert wurde als ein raumgreifendes Geschehen wahrgenommen, das unter anderem aufgrund der Mobilitätssteigerung neue Räume erschloss oder zugänglich machte, das zum anderen aber auch den Verlust von Raum zu einer signifikanten Erfahrung des 19. Jahrhunderts werden ließ. Aber nicht nur die Quantität, sondern auch die Qualität sozialer Beziehungen wandelte sich. Verdichtung bewirkte tief greifende Veränderungen des gesellschaftlichen Zusammenlebens, weil sie das Verhältnis zu den Dingen und zu den Mitmenschen neu strukturierte. Ebenso wie die Erhöhung des Lebens- und Arbeitstempos transformierte räumliche Verdichtung auch die Formen bestehender Sozialbeziehungen, letztlich auch die des Selbstverhältnisses und »damit die Art und Weise unse-

103 Walther Rathenau, Zur Kritik der Zeit (1912), zit. n. Kaschuba, Überwindung der Distanz, S. 131.
104 Vgl. Foucault, Sicherheit, Territorium, Bevölkerung, S. 100ff.
105 Schivelbusch, Geschichte der Eisenbahnreise, S. 172.

res In-der-Welt-Sein«.[106] Georg Simmel hat 1903 die Rückwirkungen von Verdichtungsprozessen auf das soziale Zusammenleben am Beispiel großstädtischer Konzentration herausgearbeitet. Die erhebliche Zunahme der Begegnungs- und Beziehungsdichte, durch die das Leben in der Großstadt gekennzeichnet sei, bewirke eine »Steigerung des Bewusstseins«, um diesen täglichen Anforderungen überhaupt gewachsen zu sein. Der Großstadtmensch reagiere auf Verdichtung – so Simmel – mit dem Verstand, womit die Reaktion »in das am wenigsten empfindliche, von den Tiefen der Persönlichkeit am weitesten abstehende psychische Organ verlegt« sei.[107] Simmel sah darin einen erzwungenen Akt individueller Selbstbehauptung gegenüber den übermächtigen Zumutungen der Moderne. Der Großstadtmensch verfüge zwar im Unterschied zur kleinstädtischen oder ländlichen Lebensform über eine enorme Kontaktdichte, reagiere darauf aber zunehmend mit flüchtig-reservierten Verhaltensmustern: »In dem Maße, in dem die Gruppe wächst – numerisch, räumlich, an Bedeutung und Lebensinhalten – in eben dem lockert sich ihre unmittelbare innere Einheit, die Schärfe der ursprünglichen Abgrenzung gegen andere wird durch Wechselbeziehungen und Konnexe gemildert; und zugleich gewinnt das Individuum Bewegungsfreiheit [...]. Je kleiner ein solcher Kreis ist, der unser Milieu bildet, je beschränkter die grenzenlösenden Beziehungen zu anderen, desto ängstlicher wacht er über die Leistungen, die Lebensführung, die Gesinnungen des Individuums, desto eher würde eine quantitative und qualitative Sonderart den Rahmen des Ganzen sprengen.«[108] Für Simmel folgen aus verdichteten Lebensverhältnissen nicht nur gelockerte Bindungen an Orte, Dinge und Menschen, sondern darüber hinaus noch zwei grundlegend neue Formen menschlichen Selbstverständnisses: »die individuelle Unabhängigkeit und die Ausbildung persönlicher Sonderart«. Oder um es zivilisationsgeschichtlich auszudrücken: Das aus politischer Unfreiheit und sozialer Enge gelöste Individuum will sich im 19. Jahrhundert nun auch von seinen Mitmenschen signifikant unterscheiden. Nicht mehr »der ›allgemeine Mensch‹ in jedem Einzelnen, sondern gerade qualitative Einzigkeit und Unverwechselbarkeit sind jetzt die Träger seines Wertes«.[109] Räumliche Verdich-

[106] Rosa, Beschleunigung, S. 466.
[107] Simmel, Die Großstädte und das Geistesleben, S. 117.
[108] Ebenda, S. 124–125.
[109] Ebenda, S. 131.

tung erweist sich vor diesem Hintergrund als Triebfeder eines epochalen Individualisierungsprozesses, der die Markierung individueller Differenz nachhaltig verstärkte, der aber zugleich von den jeweiligen Figurationen kollektiver und damit zumeist konfliktreicher Zugehörigkeitskonstruktionen beeinflusst und geprägt wurde.[110]

[110] Vgl. Elias, Die Gesellschaft der Individuen.

III
Entdeckung des kolonialen Raumes

Europäischer Staat und koloniale Landnahme

Die historische Forschung sieht das 19. Jahrhundert, das in zahlreichen Überblicksdarstellungen in der Regel 1789 beginnt und 1914 endet, als einen von epochalen Wandlungsprozessen dominierten Zeitraum an. Während sozial- und gesellschaftsgeschichtliche Studien die Doppelrevolution von 1845/1848 und 1871/73 hervorheben und gleichzeitig den sowohl industriellen als auch politischen Strukturwandel unterstreichen,[1] betonen transnationale Ansätze die globalen Rahmungen und Verflechtungen dieses ökonomischen, gesellschaftlichen, sozialen und politischen Umbaus.[2] Wie immer man die Akzente setzt – unbestritten ist, dass sich die Verwandlung der Welt in Deutschland im Unterschied zu anderen westeuropäischen Ländern durch einige signifikante Besonderheiten auszeichnete, ohne dass daraus zwangsläufig ein deutscher Sonderweg abzuleiten wäre.[3] Gleichwohl gehört es zu den strukturellen Grundvoraussetzungen, dass sich in Deutschland der Prozess der Staatsbildung auf der Ebene der Territorialstaaten vollzog und Territorialität dadurch von Beginn an föderal gedacht, aufgebaut und institutionalisiert wurde.[4] Des Weiteren entstand der deutsche Nationalstaat im Rahmen eines von dieser Territorialstaatsbildung zeitlich getrennten Entwicklungsschrittes, wodurch die Vorstellungen der nationalen und territorialen Zugehörigkeiten signifikant auseinandertraten. Nationaler Herkunftsglaube führte in Deutschland nicht zwangsläufig dazu, auch deutscher Staats-

---

[1] Vgl. Wehler, Gesellschaftsgeschichte, Bd. 2, S. 587–758 und Bd. 3, S. 1250–1295.

[2] Vgl. Osterhammel, Die Verwandlung der Welt, vor allem S. 13–22.

[3] Einen reflektierten und kompakten Überblick zu den verschiedenen Forschungsansätzen, Begriffen und Zugängen jenseits oder im Anschluss an die Sonderwegsthese liefern Müller/Torp, Das Bild des Deutschen Kaiserreiches.

[4] Den föderativen Aspekt deutscher Staatlichkeit betonen auch: Koselleck, Volk, Nation, Nationalismus, Masse; Langewiesche, Reich, Nation, Föderation.

bürger zu werden, und die Differenz von nationalem und nationalstaatlichem Selbstverständnis konturierte sich im Lauf des 19. Jahrhunderts besonders nachdrücklich.[5] Während also Staats- und Nationalstaatsbildung zeitlich divergierten und nacheinander abliefen, überschnitten sich andere epochale Einschnitte. Anders als beispielsweise in England wandelte sich Deutschland in der zweiten Hälfte des 19. Jahrhunderts zeitgleich zum Industrie- wie auch zum Nationalstaat. Industrielle Revolution und Nationalstaatsgründung kulminierten seit den 1870er Jahren zu einer historischen Zäsur, die sowohl außergewöhnliche ökonomische, machtpolitische und soziale Erneuerungen und Zuwächse hervorrief als auch dramatische Umstellungs- und Krisenerfahrungen mit sich brachte. Ökonomisch und politisch stieg das Deutsche Kaiserreich rasch in die Riege der führenden Nationen Europas auf, während die Konsolidierung nach innen von konflikthaften Nationalisierungsanstrengungen, krassen sozialen Gegensätzen und von einer autoritären Ordnung bestimmt blieb, die bis 1918 einer durchgreifenden Neuordnung des politischen Systems entgegenstand.[6]

Typologien nationalstaatlicher Ordnung in Europa, wie sie beispielsweise Theodor Schieder durch die Unterscheidung von integrierenden, unifizierenden und sezessionistischen Nationalstaaten herausarbeitete,[7] verweisen zwar auf markante Unterschiede zwischen west-, zentral- und osteuropäischen Entwicklungen, insgesamt ist allerdings festzustellen, dass sich bis zum Ersten Weltkrieg die Anzahl der staatlich organisierten Einheiten in Europa drastisch reduzierte. Europäische Staatsbildung vollzog sich seit dem 16. Jahrhundert als

---

[5] Hierzu die eindrückliche Beobachtung und Analyse von Helmuth Plessner, der die für Deutschland spezifische Überhöhung des Volksbegriffs bereits darauf zurückführte, dass sich zum einen nach 1871 keine tragende Staatsidee etabliert hatte, zum anderen »die Inkongruenz zwischen Reichsgrenzen und Volkstumsgrenzen« vor allem nach 1918 besonders stark empfunden und ideologisiert wurde. Plessner, Die verspätete Nation, S. 41.

[6] Zur umfangreichen Forschungsliteratur über die innere Staatsbildung zwischen 1871 und 1918 hier nur einige Hinweise: Schieder, Das Deutsche Kaiserreich von 1871 als Nationalstaat; Conze, Sozialgeschichte 1850–1918, Bd. 2; Ritter/Tenfelde, Arbeiter im Deutschen Kaiserreich; Wehler, Gesellschaftsgeschichte, Bd. 3, S. 493–1295; Berghahn, Das Kaiserreich 1871–1914; Ullmann, Das Deutsche Kaiserreich 1871–1918.

[7] Vgl. Schieder, Typologie und Erscheinungsformen des Nationalstaats, S. 65–86; hierzu aufschlussreich: Reinhard, Geschichte der Staatsgewalt, insbesondere S. 440–458.

radikaler Konzentrationsprozess, an dessen vorläufigem Ende sich 1914 nach unerbittlicher Konkurrenz weniger als dreißig Staaten behaupten konnten.[8] Polen, Venedig und Burgund beispielsweise verschwanden von der politischen Landkarte und galten fortan als nicht staatsfähig – eine Hypothek, die für die weitere Entwicklung Europas nicht folgenlos blieb. Das Nationalstaatsmodell in seinem Dreiklang aus Staatsvolk, Staatsgewalt und Staatsgebiet setzte sich insgesamt trotz aller Nuancen im Einzelfall und der Weiterexistenz multinationaler Großreiche[9] als Modell politischer Territorialität in Westeuropa durch, allerdings um den Preis ungelöster internationaler Konfliktherde, einer explosiven Minderheitenproblematik und einer zum Teil radikalen Homogenisierungspolitik.[10] Die innere Konsolidierung, wie sie in Deutschland seit 1871, in anderen europäischen Ländern deutlich früher voranschritt, korrespondierte mit einer aggressiven Abschottung nach außen, mit einer auf ökonomische und weltpolitische Anerkennung ausgerichteten Bündnisstrategie sowie mit einer späten und zunächst auf handels- und wirtschaftliche Erfolge abzielenden kolonialen Expansion. Dass sich das Deutsche Kaiserreich mit seinem herausfordernden Anspruch auf Weltmachtpolitik in Europa wenig Freunde machte, ist hinlänglich bekannt. Dieser »Griff nach der Weltmacht« spielt im Gefüge imperialer Großmachtpolitik für die Frage, wie sich territoriale Ordnungskonzepte durch die koloniale Erfahrung modifizierten, eine nicht zu unterschätzende Rolle.

---

[8] Vgl. Kocka, Das lange 19. Jahrhundert, insbesondere S. 80–97; Hroch, Das Europa der Nationen.

[9] Zum Verhältnis von Nationalstaat und imperialen Großreichen vgl. Leonhard/Hirschhausen (Hg.), Comparing Empires; Schulze, Staat und Nation in der europäischen Geschichte. Grundlegend zu Struktur und Entwicklung von Imperien: Doyle, Empires; Motyl, Imperial Ends. Dass die Durchsetzung des Nationalstaates bis ins 19. Jahrhundert ein auf (West-)Europa beschränkter Prozess war, betont auch Mann, Globalization.

[10] Die Durchsetzung des Nationalstaates als europäisches Territorialkonzept umfasste den gesamten Zeitraum vom 18. bis zum 20. Jahrhundert und untergliederte sich in mindestens drei Phasen: erstens die Nationalstaatsbildung westeuropäischer Mächte wie England und Frankreich, zweitens die von manchen als »späte« Nationenwerdung gekennzeichneten Entwicklungen des 19. Jahrhunderts unter anderem in Deutschland, Italien und Japan sowie drittens Nationalstaatsgründungen infolge des Zusammenbruchs imperialer Großreiche nach 1914 und der in der ersten Hälfte des 20. Jahrhunderts einsetzenden Dekolonialisierung. Vgl. Reinhard, Geschichte der Staatsgewalt, S. 440–458; Osterhammel, Der europäische Nationalstaat, S. 328–332.

Dass die Geschichte des Deutschen Kaiserreichs wie kaum eine andere Phase der deutschen Vergangenheit lange Zeit vorrangig als Nationalgeschichte erzählt wurde, kann nicht verwundern. Die Entstehung der europäischen Nationalstaaten war eng verbunden mit der Formierung, Konzeptionalisierung und Institutionalisierung einer Geschichtsschreibung, die die Nation zum zentralen Begriff ihrer historiographischen Betrachtung erhob.[11] Die Entstehung nationaler Bewegungen, der Prozess der Nationen- und Nationalstaatsbildung in Europa, die Herausbildung und Dynamiken von nationalem Bewusstsein und nationalem Herkunftsglaube – um diese und andere Themen drehte sich eine Historiographie, die den jungen deutschen Staat mit historischen Leitbildern, mit Herkunfts- und Abstammungsmythen, mit geschichtlich legitimierten Identitätsangeboten versorgte. Für eine nationale Selbstvergewisserung galten diese als unverzichtbar. Dabei war entscheidend, dass das Deutsche Kaiserreich bei seiner Gründung noch keineswegs so homogen war, wie Historiker nicht müde wurden zu behaupten. Die Nationalismusforschung hat in den letzten Jahrzehnten zahlreiche Studien vorgelegt, die zeigen, wie in Deutschland erst nach 1871 ein fundamentaler Nationalisierungs- und Homogenisierungsprozess einsetzte, der sowohl rechtlich als auch ökonomisch, aber auch territorial und kulturell die nationale Einheit erst formen sollte, die man längst imaginiert und somit erreicht zu haben meinte. Doch gerade die offensichtliche Uneinheitlichkeit, wie sie in allen politischen, sozialen und wirtschaftlichen Lebenswelten des Kaiserreichs erfahrbar blieb, scheint wesentlich dazu beigetragen zu haben, dass nationale Vereinheitlichungs- und Homogenisierungsanstrengungen zuweilen radikale Formen annahmen. Die Erfindung der Nation offenbarte hier ihre destruktiven Seiten.[12]

---

[11] Die umfangreiche Literatur zum Verhältnis von Nationalgeschichtsschreibung und *Nation Building* kann hier nicht aufgelistet werden. Einen interessanten Gedanken mit Bezug zum nationalen Raum verfolgt Hill, Nationalgeschichten und Weltsysteme.

[12] Hier zu verstehen in Anlehnung an: Anderson, Die Erfindung der Nation; die Nationalismusforschung insgesamt ist zu umfangreich, um hier nur annähernd repräsentativ abgebildet werden zu können, daher hier nur der Verweis auf einige wegweisende Titel: Gellner, Nations and Nationalism; Breuilly, Nationalism and the State; Hobsbawm, Nationen und Nationalismus; Schulze, Staat und Nation in der europäischen Geschichte; Brubaker, Nationalism Reframed; Wehler, Nationalismus; Gellner, Nationalism; Langewiesche, Nation, Nationalismus, Nationalstaat.

Dass der inneren Konstituierung des deutschen Nationalstaates historiographisch besondere Aufmerksamkeit zukam und bis heute zukommt, wird allerdings dann problematisch, wenn Territorialisierung als ein von äußeren Einflüssen unabhängiges, weitgehend autonomes Geschehen dargestellt wird. Eine solche Fixierung ist historisch irreführend, und das nicht nur vor dem Hintergrund, dass das Deutsche Kaiserreich gerade in Konkurrenz mit anderen europäischen Nationen zu einer weltpolitischen Großmacht aufstieg, sondern insbesondere auch deswegen, weil ökonomisch bereits um die Jahrhundertwende eine weltwirtschaftliche Verflechtung existierte, wie sie erst wieder in der zweiten Hälfte des 20. Jahrhunderts erreicht wurde.[13] Das Deutsche Kaiserreich war eine politisch und wirtschaftlich global vernetzte Großmacht, deren Territorialisierung nur in internationalen Zusammenhängen und Dynamiken angemessen untersucht und bewertet werden kann. Einen Nationalstaat ohne seine Außenlagen zu untersuchen hieße, entscheidende Entwicklungsimpulse aus dem Blick zu verlieren.

Eine Historiographie, die signifikante Vernetzungs-, Transfer- und Beziehungsdynamiken nicht in ihre Untersuchungs- und Analyseverfahren zu integrieren weiß, kann ihren eigenen Erklärungsansprüchen hinsichtlich der Entstehung und Entwicklung moderner Gesellschaften nicht gerecht werden.[14] Spätestens seit Mitte des

---

[13] Vgl. hierzu Borchardt, Globalisierung in historischer Perspektive; Fischer, Expansion, Integration, Globalisierung; Tilly, Globalisierung aus historischer Perspektive; Osterhammel/Petersson, Geschichte der Globalisierung; neben seiner hier bereits an anderer Stelle genannten Dissertation vgl. auch den Aufsatz von Torp, Weltwirtschaft vor dem Weltkrieg.

[14] Transnationale Geschichtsschreibung versteht sich als Forschungsperspektive, die mit Bezug auf den Soziologen Friedrich H. Tenbruck ein global verdichtetes Beziehungsgeflecht als zentrale Grundschicht von Geschichte ansieht und auf Konstellationen abzielt, welche die nationalen Grenzen transzendieren. Obgleich führende Vertreter keineswegs beanspruchen, transnationale Geschichtsschreibung umfasse »eine ausgearbeitete Theorie« oder »eine besondere Untersuchungsmethode« (Conrad), sondern eher von einer ergänzenden Blickrichtung sprechen, bleibt das Alleinstellungsmerkmal dieses Zugangs gegenüber anderen Ansätzen – vor allem gegenüber der historischen Komparatistik – unscharf. Auch unter dem Schlagwort »Globalgeschichte« fordern Historiker/-innen eine welthistorisch dimensionierte Perspektiverweiterung. Globalgeschichte – eine in mancher Hinsicht von transnationalen Ansätzen schwer abzugrenzende Begriffsklammer – wird zwar als »Interaktionsgeschichte innerhalb weltumspannender Systeme« (Osterhammel) bezeichnet, gleichzeitig bleibt der Blickwinkel aber unterbestimmt, wenn dabei allgemein auf eine Geschichtsschreibung »mit einem Bewusstsein für globale Zusammenhänge« (Conrad/Eckert) abgehoben wird.

19. Jahrhunderts ist von einer Dichte der politischen, ökonomischen und sozialen Interaktions- und Verflechtungszusammenhänge auszugehen, die für Geschichtsschreibung generell konstitutiv sein muss. Insbesondere im Kontext der *(post)colonial studies* ist deutlich geworden, dass mit der kolonialen Expansion europäische Ordnungs-, Institutionalisierungs-, Rechts- und Herrschaftskonzepte zwar weltweit transferiert wurden, dass dieser Export aber zum einen nicht als einfacher Kopiervorgang gedacht werden kann und er zum anderen auch gewisse Rückwirkungen auf die metropolitanen Gesellschaften hatte.[15] Solche Verflechtungszusammenhänge sind für Deutschland bisher vor allem in Bezug auf die Entwicklung des kolonialen Rechts gewinnbringend analysiert worden, so unter anderem am Beispiel des deutschen Staatsangehörigkeitsrechtes und des »Mischehenverbots«.[16]

Vgl. Tenbruck, Gesellschaftsgeschichte, dort auch der Begriff Außenlage(n), S. 426; Conrad/Osterhammel (Hg.), Kaiserreich transnational, vor allem S. 7–27; Osterhammel, Transnationale Gesellschaftsgeschichte; kritisch: Wehler, Transnationale Geschichte. Zur Komparatistik: Siegrist, Perspektiven der vergleichenden Geschichtswissenschaft; Middell, Kulturtransfer und Historische Komparatistik; Kaelble, Der historische Vergleich; Paulmann, Internationaler Vergleich und interkultureller Transfer; Haupt/Kocka (Hg.), Geschichte und Vergleich. In diesen Kontext gehört auch der Ansatz der *histoire croisée*, der sich zwar von der *Entangled History* durch besondere Betonung von Interaktionszusammenhängen abzusetzen versucht und die Frage nach dem strukturell Neuen transnationaler Zusammenhänge betont, dann allerdings mit der schlichten Forderung nach Pluralisierung von Sichtweisen doch zu unspezifisch bleibt; vgl. Werner/Zimmermann, Vergleich, Transfer, Verflechtung.

[15] Zu derartigen Rückwirkungs- und Rückkoppelungseffekten vgl. Wirz, Transnationale Gesellschaftsgeschichte, S. 491 ff.; Conrad, Doppelte Marginalisierung; Eckart/Wirz, Wir nicht, die Anderen auch. Ann Laura Stoler geht diesbezüglich (zu) weit, wenn sie die Kolonien als »Laboratorien der Moderne« bezeichnet, in denen Kategorien wie »Rasse«, »Geschlecht« und »Nation« konfiguriert würden, vgl. dies./Cooper, Between Metropole and Colony; dazu kritisch: van Laak, Kolonien als »Laboratorien der Moderne«?; weiterführend: Kraft/Lüdtke/Martschukat (Hg.), Kolonialgeschichten.

[16] Dabei ist deutlich geworden, dass die koloniale Erfahrung zunächst nicht zur Überformung der reichsgesetzlichen Regelungen im Sinne eines Rasserechts führte, sondern dass das rassische Sonderrecht als koloniale Verwaltungspraxis neben dem weiterhin patrilinearen Staatsangehörigkeitsgesetz des Reiches existierte. Das neue Staatsangehörigkeitsgesetz von 1913 bekräftigte trotz rassepolitischer Gegenvorschläge diese Rechtskonstruktion. Die vom Alldeutschen Verband und anderen radikalen Organisationen geforderte Kolonisierung des Staatsangehörigkeitsrechts scheiterte an den dominanten Vorstellungen nationaler und patrilinearer Zugehörigkeitskonzepte. Aus dieser Entwicklung die Schlussfolgerung zu ziehen, die koloniale Erfahrung habe sich auf die deutsche Gesellschaft des Kaiserreiches kaum ausgewirkt, wäre allerdings zu voreilig.

Beide Themenfelder verdeutlichen, dass es bei der Frage nach den Auswirkungen kolonialer Praktiken auf die metropolitanen Gesellschaften nicht um schlichte (Rück-)Übertragungsmechanismen geht. Gleichwohl ist bisher der Frage, wie und mit welchen Konsequenzen territoriale Ordnungsvorstellungen in die Kolonien exportiert wurden, noch nicht dezidiert nachgegangen worden. Die grundsätzliche Feststellung, dass europäische Kolonialmächte ihre Territorialkonzepte in die kolonialen Besitzungen transferierten, identifiziert zwar die weltweite Übertragung räumlicher Ordnungskonzepte als Begleiterscheinung imperialer Expansion, sie konkretisiert diesen Transfer allerdings selten hinsichtlich der Folgen für die territoriale Verfasstheit der Kolonien noch bezüglich der Rückwirkungen auf räumliche Ordnungsvorstellungen in Europa.[17]

Dass Europa den Staat erfunden habe, gehört zu den prägnanten Schlagworten, mit denen der Historiker Wolfgang Reinhard seine Forschungen zur Geschichte der Staatsgewalt pointiert hat.[18] Auch wenn er uns selbstverständlich erscheint: Der Staat ist weder urwüchsig noch natürlich, er ist auch anthropologisch nicht notwendig oder gar ein Entwicklungsziel der Moderne. Der Staat ist vielmehr »ein durch Machtprozesse menschlichen Handelns zustande gekommenes

---

Schließlich etablierte sich vor 1914 nicht nur eine rassenpolitisch begründete Verwaltungspraxis in den Kolonien, es konstituierten sich zudem zwei parallele Rechtssphären, in denen unterschiedliche, durch rassische Kriterien hierarchisierte Zugehörigkeitskonstruktionen fixiert wurden. Wenn auch im Reichs- und Staatsbürgerschaftsrecht von 1913 (noch) keine rassistischen Differenzkategorien Gesetzeskraft erlangten, heißt dies nicht, dass Staatsangehörigkeit in der Praxis nicht nach rassischen Kriterien differenziert wurde. Vgl. Gosewinkel, Einbürgern und Ausschließen; Kundrus, Moderne Imperialisten; Nagl, Grenzfälle; zum Kolonialrecht insgesamt vgl. Fischer, Die deutschen Kolonien; Schlottau, Deutsche Kolonialrechtspflege. Die behauptete Rückwirkung auf die wilhelminische Gesellschaft bleibt hingegen bei der Frage der Arbeitsdisziplinierung zu unspezifisch und suggeriert mit dem Verweis auf die 1938 durchgeführte »Aktion Arbeitsscheu Reich« zudem noch eine fragwürdige Kontinuitätslinie; vgl. Conrad, Globalisierung und Nation im Deutschen Kaiserreich; ders., »Eingeborenenpolitik« in Kolonie und Metropole. Unter dem Aspekt der Rückwirkung auch lesenswert: Eckart, Medizin und Kolonialimperialismus; Grosse, Kolonialismus, Eugenik und bürgerliche Gesellschaft.

17 Vorliegende Studien konzentrieren sich überwiegend auf den Transfer europäischer Staatlichkeit insgesamt, vor allem auf den Aufbau kolonialer Verwaltungsstrukturen sowie auf die Durchsetzung des Gewaltmonopols, weniger auf den Export territorialer Ordnungskonzepte. Vgl. Reinhard (Hg.), Verstaatlichung der Welt?; Trotha, Koloniale Herrschaft.

18 Reinhard, Geschichte der Staatsgewalt, S. 15.

Gedankengebilde«, das nur in seiner Interdependenz von Diskurs und Praxis angemessen erfasst werden kann.[19] Die historisch gewachsene, enge Korrespondenz von Staat, Nation und Territorium brachte ein europäisches Modell hervor, das zwar in großem Stil global exportiert und transferiert wurde, das aber zugleich zu der irrigen Annahme führte, die überwiegende Mehrheit der Weltbevölkerung habe oder werde sich früher oder später in genau dieser Weise organisieren. Tatsache ist hingegen, dass das europäische Nationalstaatsmodell mit seinen spezifischen Strukturelementen der Staatsgewalt, des Staatsvolkes und des Staatsgebietes, mit seiner Ausformung eines bürokratischen Verwaltungsapparates, mit seiner historisch gewachsenen politischen Kultur, mit seinen europazentrierten Identitätspolitiken und seinem signifikanten Gemeinwohldenken weltgeschichtlich eine Ausnahme und keinesfalls die Regel darstellt, obgleich sich heute knapp 200 souveräne Staaten an ihm orientieren. Der Exportschlager Nationalstaat avancierte im 19. und 20. Jahrhundert zwar formal zur weltweit vorherrschenden Organisationsform, in der Praxis verfügten allerdings die wenigsten europäischen und außereuropäischen Nationalstaaten über eine sich selbst als homogen empfindende Nation. Hinzu kommt, dass die Adaption oder Implementierung staatlicher Strukturen gerade in kolonialen Zusammenhängen alles andere als erfolgreich verlief. Die Übertragung des europäischen Staatsmodells nach Asien, Amerika und Afrika beförderte langfristig keineswegs Stabilität, Demokratie und Wohlstand, sondern vor allem »seine Transformation, wenn nicht sogar Auflösung«.[20]

Im Zuge des Hochimperialismus, wie er sich im späten 19. Jahrhundert entfaltete, wurde Afrika zu einem durch britische und französische Kolonialherrschaft geprägten Erdteil. Im Vergleich zum britischen Empire und zum französischen Kolonialreich waren die anderen europäischen Kolonialmächte wie Portugal, Belgien, Italien, Spanien und Deutschland imperiale Zwerge. Der Erwerb der deutschen Kolonien fiel in die Hochphase einer aggressiven, gewalthaften und von Rivalitäten geprägten Expansion, dem *Scramble for Afrika*, das im Ergebnis einen unter den europäischen Mächten restlos aufgeteilten Kontinent hervorbrachte. 85 Prozent der Erdoberfläche gerieten bis

---

[19] Ebenda, S. 18.

[20] Ebenda, S. 29; zum Begriff Hybridisierung des europäischen Staatsmodells vgl. ebenda, S. 480–509.

zum Ersten Weltkrieg unter die Kontrolle westeuropäischer Mächte. Die deutsche Kolonialpolitik, hier verstanden als direkte Herrschaftsausübung zwischen 1884 und 1914 in Deutsch-Südwestafrika, Deutsch-Ostafrika, Togo, Kamerun, Kiautschou und in der Südsee, war somit integraler Bestandteil eines westlichen Imperialismus, der sich von vorherigen Kolonial- und Handelsexpansionen insbesondere dadurch unterschied, dass es nun ein von kapitalistischen Konjunktur- und Krisenzyklen geprägter Industriestaat war, der in Afrika und im Pazifik nach lukrativen Absatzmärkten, billigen Rohstoffquellen und noch ausbaufähigen Handelskapazitäten strebte. Zudem drängte die industrielle Überproduktion – nicht nur in Deutschland – auf außenwirtschaftliche Erfolge, flankiert vom Druck massiver sozialer Spannungen im Innern, die den Kolonialerwerb als einen »Akt der Selbstrettung« erscheinen ließen.[21] Angesichts weltwirtschaftlicher Dauerkonkurrenz, konjunkturpolitischen Zwangs- und Schieflagen und der als endgültig propagierten weltweiten Landverteilung schien der Schritt von einer mit Schutzgarantien ausgestatteten Protektoratspolitik zu einer staatlich getragenen, formellen Kolonialherrschaft nahezu zwangsläufig. Die enormen Risiken und Kosten eines staatlichen Engagements in Übersee blieben gleichwohl virulent. Koloniale Expansion entwickelte sich bis 1914 zum integralen Bestandteil einer deutschen Weltpolitik, die sich rasant – insbesondere als die europäischen Einflusssphären in Afrika, Asien und Amerika weitgehend abgesteckt waren – auf ein ultimatives Kräftemessen in Europa zubewegte.

Die Errichtung kolonialer Herrschaft war ein komplexer, keineswegs geradliniger und schon gar nicht in jeglicher Hinsicht erfolgreicher Prozess.[22] Unter äußerst heterogenen machtpolitischen, ökonomischen und rechtlichen Rahmenbedingungen umfasste (staatliche)

---

21 Vgl. dazu auch Wehlers These des Sozialimperialismus im Sinne einer kühl kalkulierten Instrumentalisierung der Expansionspolitik zu innenpolitischen Legitimationszwecken, ders., Gesellschaftsgeschichte, Bd. 3, S. 977–990 und S. 1137–1152; ebenso: ders., Bismarck und der Imperialismus. Zum Begriff Weltpolitik vgl. Smith, The Ideological Origins of Nazi Imperialism; ders., The German Colonial Empire.

22 Zu Kolonialismus, kolonialer Herrschaft und Dekolonisation allgemein vgl. Reinhard, Kleine Geschichte des Kolonialismus; Eckert, Kolonialismus; Osterhammel, Kolonialismus; Reinhard, Geschichte der europäischen Expansion; zur Dynamik von Kolonialbefürwortern und ihren Kritikern vgl. Stuchtey, Die europäische Expansion.

Kolonialisierung zunächst die militärische Eroberung beziehungsweise »Pazifizierung« des kolonialen Gebietes, mithin die Durchsetzung des staatlichen Gewaltmonopols gegenüber denjenigen Herrschaftsinstanzen, die vor Ort als Inhaber und Repräsentanten vorkolonialer Macht identifiziert wurden. Die Landnahme erstreckte sich idealtypisch somit auf die Unterwerfung und Sicherung des kolonialen Raumes, die Entmachtung, Umwandlung und Indienstnahme vorgefundener Machtstrukturen, die Unterwerfung der ansässigen Bevölkerungsgruppen, die Installation von lokalen und überregionalen zivilen Verwaltungsapparaten sowie auf alle rechtlichen, ökonomischen und politischen Maßnahmen, die der weiteren Aufrechterhaltung und Stabilisierung kolonialer Herrschaft dienten. Hierzu zählten sowohl die bürokratische Erfassung der Bevölkerung, ihre Arbeitsrekrutierung und Besteuerung wie auch unterschiedliche Formen kolonialer Wissens- und Symbolpolitik. Mit diesem Prozess kolonialer Landnahme, wie er unter anderem von dem Soziologen Trutz von Trotha am Beispiel Togos[23] analysiert wurde, vollzog sich auch das, was unter dem Transfer territorialer Ordnungsformen zu verstehen ist. Dass der koloniale Staat sich am territorialen Flächenstaat orientierte, markierte eine tiefe Zäsur in den räumlichen Strukturen, die bis dahin in weiten Teilen Afrikas vorherrschten. Koloniale Eroberung ignorierte auf der staatlichen Ebene weitgehend die politisch-sozialen Einheiten, die ihm vorangingen, und verletzte dadurch die bestehende Vielfalt unterschiedlichster politischer Organisationsformen, die in ihrer Mehrheit den europäischen Maßstäben von Staatlichkeit nicht entsprachen. Damit wurde nicht nur eine neue, mehr oder weniger einheitliche Raumordnung oktroyiert, es wurden auch andere Formen von Herrschaftsbeziehungen praktiziert. Entgegen der bisher oftmals auf persönlichen Bezügen aufgebauten Systeme, in die der Einzelne durch Rechte und Pflichten eingebunden und Gefolgschaft in der Regel familiär legitimiert war, beruhte koloniale Herrschaft auf einem Ausschließlichkeitsprinzip, das sich auf staatlich-territoriale Zugehörigkeiten berief. Vorkoloniale Hegemonie war zuallererst Herrschaft über Menschen, während in den Kolonien Gebietshoheiten installiert wurden, aus denen sich staatliche Herrschaft über die dort ansässige Bevölkerung ableitete. Auf einem Kontinent, der im Unterschied zu Europa vor allem über eines verfügte, nämlich über sehr viel Land,

---

[23] Vgl. Trotha, Koloniale Herrschaft, vor allem S. 285–295.

und in dem ein erheblicher Teil der Bevölkerung nomadisch lebte, war es vor der Kolonalisierung nahezu unabdingbar, Herrschaft primär nicht auf territorialen, sondern auf personalen Prinzipien aufzubauen.[24]

Die Übertragung des europäischen Territorialprinzips vollzog sich zum einen durch die Errichtung von Staatsgrenzen gegenüber anderen staatlichen Einheiten, wie sie hier noch an späterer Stelle untersucht werden sollen, zum anderen durch die Installation von hierarchisch abgestuften Verwaltungseinheiten nach innen. Während zu Beginn das koloniale Gebiet – also nach vertraglichem Erwerb oder militärischer Okkupation – oftmals nur durch mal mehr, mal weniger befestigte Militärposten gesichert wurde, schuf die administrative Durchdringung der Kolonie eine neue räumliche Ordnung. Die Verwaltungsbezirke, geführt von in der Regel mit weitreichenden Kompetenzen ausgestatteten Kolonialbeamten in der Funktion der Stationsleiter oder der Bezirksamtsleute, waren *die* zentralen Organisationseinheiten europäischer Herrschaft. Hier wurde koloniale Politik interpretiert, angeeignet und in konkrete Handlungen übersetzt. Hier trafen zudem die Ordnungen der Eroberer auf die der Eroberten. Die Bezirksämter wirkten wie Scharniere, wenn sie in Verbindung mit einer nach kolonialpolitischen Relevanzen (um)gestalteten Häuptlingshierarchie politische Vorgaben realisierten.[25] Ziel administrativen Handelns war die vollständige, gleichmäßige und vor allem uneingeschränkte Herrschaftsausübung im gesamten Territorium, der sich niemand durch unkontrollierte und damit illegale Abwanderung entziehen durfte. Das Territorialprinzip setzt Sesshaftigkeit normativ voraus und macht den Aufenthaltsort zum Maßstab für rechtskonformes Verhalten. Koloniale Herrschaft gliederte sich von der größten, also kolonialstaatlichen über die mittlere Verwaltungsebene bis hin zur kleinsten, meist dörflichen Einheit und beruhte somit durchgängig auf territorialen Prinzipien – eine Ordnungsstruktur, die den meisten Afrikanern in Togo, Kamerun und

---

[24] Vgl. ebenda; ebenso: Schildknecht, Bismarck, Südwestafrika und die Kongokonferenz.

[25] Zu den veränderten Machtbilanzen innerhalb der vorgefundenen Herrschaftsinstanzen sowie zur Errichtung von Häuptlingshierarchien in vormals häuptlingslosen Gesellschaften vgl. Trotha, S. 219–334; zur Umdeutung vorkolonialer Einheiten in ethnisch homogene »Stämme« vgl. Wirz, Körper, Kopf und Bauch; Eckert, Kolonialismus, S. 66ff.

Deutsch-Südwestafrika bis dahin fremd war und auch noch lange Zeit fremd blieb.[26]

Es ist kein Geheimnis, dass der koloniale Staat nur in seltenen Fällen mehr war als eine europäische Herrschaftsutopie.[27] Das Ideal territorialer Herrschaft mit anerkanntem Gewaltmonopol, klar definierten Staatsgrenzen, effektiver Steuerhoheit und schriftlich fixiertem und durchsetzbarem Recht blieb in vielen Kolonien Stückwerk. Auch die wirtschaftliche Ausbeutung erreichte – nicht nur in den deutschen »Schutzgebieten« – oft keine nachhaltige und ökonomisch relevante Größenordnung. Koloniale Herrschaft war vor allem Kontrolle über die unterworfenen Bevölkerungsgruppen und weniger staatlich monopolisiertes Regierungshandeln gegenüber rechtlich homogenisierten Schutzgebietsangehörigen. Der beanspruchten Hegemonie stand eine von knappen Ressourcen, permanentem Personalmangel und begrenzter Durchsetzungsfähigkeit bestimmte Herrschaftspraxis gegenüber, die – in mancher Hinsicht frühneuzeitlichen Herrschaftsverhältnissen nicht unähnlich – auf die Kooperation mit intermediären Instanzen lokalen Ursprungs angewiesen blieb. In bestimmten Phasen kämpfte der koloniale Staat sogar schlicht um sein Überleben. Über seine Wirkungsmächtigkeit sagen diese strukturellen Defizite indes wenig aus. Zweifellos intervenierte der koloniale Staat durch Territorialisierungsmaßnahmen wie Infrastrukturprojekte, Ressourcenabbau, Arbeitsrekrutierung, Landerschließung und Städtebaumaßnahmen massiv in die Ordnungsarchitektur indigener Gesellschaften. Er zielte mit diesen und anderen Vorhaben auf die radikale Umwälzung vorgefundener Gliederungen, er zerstörte bestehende politische und soziale Gefüge oder instrumentalisierte sie für die eigenen Ziele, allerdings ohne letztlich in der Lage zu sein, andere tragfähige Herrschafts- und Ordnungssysteme auf Dauer zu institutionalisieren. Jürgen Osterhammel hat Kolonialismus definiert als »eine Herrschaftsbeziehung zwischen Kollektiven, bei welcher die fundamentalen Entscheidungen über die Lebensführung der Kolonisierten durch eine kulturell andersartige und kaum anpassungswillige

---

[26] Hierzu besonders interessant die Parallelen, aber auch die signifikanten Unterschiede zum europäischen Feudalismus und seiner grundherrschaftlichen Ordnung. Vgl. Trotha, Koloniale Herrschaft, S. 286ff. Lesenswert dort auch die Passagen zu den Touren der örtlichen Stationsleiter zur Durchsetzung, Festigung und Erweiterung ihrer kolonialen Macht. Vgl. ebenda, S. 117–142.

[27] Vgl. Eckert, Kolonialismus, S. 95–98; zur Durchsetzung bürokratischer Herrschaft vgl. ders./Pesek, Bürokratische Ordnung und koloniale Praxis.

Minderheit von Kolonialherren unter vorrangiger Berücksichtigung externer Interessen getroffen und tatsächlich durchgesetzt werden«.[28] Zu ergänzen bliebe, dass es sich hierbei um einen weitgehend gescheiterten Herrschaftsanspruch handelte, dessen negative Bilanz eben nicht nur die irreparable Zerstörung vorgefundener Ordnungen umfasst, sondern angesichts der ökonomischen und politischen Langzeitfolgen auch ein kolossales Versagen der europäischen Mächte offenbart.

Der koloniale Staat war keine schlichte (oder schlechte) Kopie des europäischen Staatsmodells, sondern eine politische Ordnung sui generis. Nicht nur, dass die in Europa garantierten Bürger- und Freiheitsrechte den Kolonisierten weitgehend vorenthalten blieben, der koloniale Staat war zudem den politischen Instanzen der jeweiligen Kolonialmacht untergeordnet und von ihnen abhängig. Das Gemeinwohl, das er vertrat, war nicht (oder nicht in erster Linie) das der Kolonie selbst, sondern das der imperialen Macht. Diese »fundamentale Loyalität außerhalb seines Tätigkeitsfeldes«[29] schuf eine signifikante Ordnungsstruktur, die nach außen durch eine nahezu absolute Abhängigkeit vom Mutterland determiniert war, im Innern hingegen eine autokratische Zentralisierung der Macht installierte. Von garantierter Gewaltenteilung, einer unabhängigen Justiz oder von politischen Partizipationsrechten, um nur einige zentrale Aspekte zu nennen, konnte keine Rede sein – diese und andere Grundelemente verfassungsstaatlicher Architektur waren im kolonialen Staat schlicht nicht vorgesehen. Hier herrschten von den imperialen Mächten eingesetzte Gouverneure mittels eines Verordnungsrechtes, das in seinen Grundzügen nicht nur von den politischen Entscheidungen der europäischen Mächte abhing, sondern auch in zentralen Politikfeldern den parlamentarischen Kontrollen in Berlin, London und Paris entzogen blieb. Die Gouverneure in Deutsch-Südwestafrika inszenierten sich eher als Stellvertreter des Kaisers – und mit diesem Selbstverständnis übten sie auch ihre Herrschaft aus. Der koloniale Staat war ein auf militärischer Gewalt beruhender Verwaltungsstaat, in dem zwar einzelne Elemente des europäischen Staats-, Verwaltungs- und Rechtsverständnisses zur Anwendung gelangten, der aber insgesamt von autoritären Herrschaftsstrukturen und von einer von europäischen

---

[28] Osterhammel, Kolonialismus, S. 21.
[29] Eckert, Kolonialismus, S. 64–65.

Standards abgekoppelten Rechtspraxis bestimmt blieb.[30] Dass sich in diesem Transformations- und Konstituierungsprozess hybride und instabile Formen von Staatlichkeit ausbildeten, die sich während der Dekolonisierung und darüber hinaus als äußerst verhängnisvoll erweisen sollten, zeigt sich nicht zuletzt auch an der Institutionalisierung der territorialen Ordnung. Denn die Durchsetzung des Territorialprinzips im kolonialen Afrika bedeutete keineswegs, dass kolonialer Raum zum Staatsgebiet erklärt wurde. Welchen verfassungsrechtlichen Status beispielsweise die deutschen Schutzgebiete erhalten sollten, war und blieb letztlich politisch und verfassungsrechtlich bis 1914 umstritten. Fakt ist, dass nach Artikel 1 der Verfassung des Deutschen Reiches von 1871 die deutschen Kolonien nicht zum Bundesgebiet zählten, somit auch kein deutsches Staatsgebiet im Sinne der Reichsverfassung darstellten, und folglich das deutsche Recht – insbesondere in seinen grundrechtlichen Garantien – dort keine Gültigkeit besaß. Gleichzeitig aber waren Togo oder Deutsch-Südwestafrika auch kein Ausland, und selbst die Kompromissformel, dass die »Schutzgebiete« völkerrechtlich als Inland, staatsrechtlich jedoch als Ausland gelten sollten, fand keinen (partei)übergreifenden Konsens.[31] Im Ergebnis entstanden durch die koloniale Expansion parallele Rechtsordnungen mit hierarchisierten Rechtsverhältnissen und Territorialordnungen, und dies zum einen innerhalb der Kolonien, da für Schutzgebietsangehörige einerseits und für die in den Kolonien ansässigen Reichsangehörigen andererseits unterschiedliche Rechtsordnungen galten,[32] zum anderen aber auch aufgrund des im Vergleich zum Reichsgebiet divergierenden verfassungsrechtlichen Status der kolonialen Gebiete. »Sie gehören dem Reiche, aber nicht zum Reiche« – so formulierte es der

---

30 Zum Verhältnis kolonialer und indigener Rechtsprechung und ihren Praktiken vgl. Speitkamp, Deutsche Kolonialgeschichte, S. 60–72.

31 Der fachwissenschaftliche Diskurs zu dieser Frage war zeitgenössisch kontrovers, vgl. Hinz, Die Rechtsbegriffe »Inland« und »Ausland«; kontroverse Positionen dazu bei Laband, Das Staatsrecht des Deutschen Reiches; Meyer, Lehrbuch des Deutschen Staatsrechtes; Zorn, Das deutsche Reichsstaatsrecht; Jordan, Die Staatsgewalt des Deutschen Reiches in den Schutzgebieten; Florack, Die Schutzgebiete; Stengel, Die Rechtsverhältnisse der deutschen Schutzgebiete; die von Arnold Pann übernommene Kompromissformel ist nachzulesen bei: Bornhak, Allgemeine Staatslehre. Zur parlamentarischen Debatte über das »Schutzgebietsgesetz« (SchGG) und damit zugleich über den verfassungsrechtlichen Status der erworbenen Kolonien vgl. Nagl, Grenzfälle, S. 34–41; Fischer, Die deutschen Kolonien, S. 23–73.

32 Vgl. Schlottau, Kolonialrechtspflege, insbesondere S. 92–131 und S. 228–330.

Staatsrechtler Georg Jellinek.[33] Er subsumierte zudem den eigentümlichen Status der Kolonien unter dem Begriff Staatsfragment, weil die Schutzgebiete seiner Meinung nach zwar einzelne Staatselemente aufwiesen, gleichzeitig jedoch über keine selbständige, auf ihrem eigenen Willen beruhende Staatsgewalt verfügten.

Von unauffindbaren Bergmassiven und wandernden Wasserfällen: Praktiken kolonialer Grenzziehung

Der in den 1580er Jahren in Florenz von dem flämischen Maler Jan 2
van der Straet angefertigte Stich America, der die Entdeckung der Neuen Welt als Begegnung zwischen dem in Diensten der Familie Medici stehenden Kaufmanns und Navigators Amerigo Vespucci und einer nackten Frau in Szene setzt, dient mittlerweile in verschiedenen Forschungskontexten dazu, die sexualisierte Codierung kolonialer Landnahme zu entziffern.[34] Zur Urszene des kolonialen Erstkontakts verdichtet, wird das Bild als Symbolisierung der geschlechtlichen Hierarchisierung von Eroberern und Eroberten gelesen. Mit Phantasien der Inbesitznahme und Penetration des weiblichen Körpers assoziiert, wird Kolonialisierung als Akt der männlich dominierten Bemächtigung einer unbekleideten Frau gezeigt, die als kulturloser, noch ganz der Wildnis verhafteter Körper präsentiert wird. Der Soziologe Michel de Certeau verstand die von Jan van der Straet gewählte Szene dahin gehend, dass Vespucci sich als männlicher Eroberer in den von ihm erweckten und sich ihm darbietenden Körper des neuen Kontinents einschreibt. Das erotische und zugleich kriegerische Bild symbolisiert für ihn den Beginn einer neuen Funktion des Schreibens im Abendland, de Certeau nannte es »eroberndes Schreiben. Dieses Schreiben wird die neue Welt als leere (wilde) Seite benutzen, auf die der abendländische Wille zu schreiben ist. […] Das wird ›Latein‹-Amerika sein.«[35] Hierfür ist Vespucci auf dem Bild mit

[33] Jellinek, Allgemeine Staatslehre, S. 651.
[34] Vgl. Gallagher, America by Johannes Stradanus; Schmidt-Linsenhoff, Amerigo findet America; Christadler, Giovanni Stradanos America-Allegorie.
[35] Vgl. Certeau, Das Schreiben der Geschichte, S. 7.

mehreren Gegenständen ausgestattet, die nach zeitgenössischem Verständnis für Entdeckungs- und Forschungsreisen als unverzichtbar galten: Kreuzbanner, Schwert und Astrolabium. Und dieses letztere, auf Winkelmessung beruhende Navigationsinstrument gibt Hinweis auf eine noch andere Deutungsvariante: Mit Bezug zu Michel de Certeau hat Jörg Dünne nämlich überzeugend darauf aufmerksam gemacht, dass sich die europäische Einschreibung offenbar nicht nur auf die Kulturtechnik der Alphabetschrift bezog, wie de Certeau selbstverständlich annahm, sondern darüber hinaus auch Verfahren der räumlichen Orientierung und der territorialen Erfassung des von Vespucci erstmals als *nuova terra* erkannten Raumes einschloss.[36] Auch wenn bei Jan van der Straets Kupferstich noch die von Handelsinteressen geprägte Expansion im Vordergrund steht, wie sie zwischen dem 14. und dem 17. Jahrhundert vorherrschte, verweist das Astrolabium als Instrument räumlicher Ordnung auf eine weitere Dimension kolonialer Landnahme: Die Entdeckung fremder Territorien in Amerika und anderswo zielte nicht nur auf ihre militärische Unterwerfung und ökonomische Ausbeutung, sondern umfasste zugleich auch den Transfer metropolitaner Raumordnungskonzepte. Die Eroberer kamen eben nicht nur mit Schwert und Bibel, sondern brachten auch ihre in europäischen Kontexten gefertigten Instrumente, Insignien und Praktiken territorialen Ordnens mit.

Um sich diesem Transformationsprozess und seinen Folgewirkungen anzunähern, ist es sinnvoll und notwendig, den einschlägigen Praktiken der kolonialen Grenzziehung detaillierter nachzugehen. Die hierfür ausschlaggebenden Rahmenbedingungen waren bis in die zweite Hälfte des 19. Jahrhunderts alles andere als einheitlich. Im Lauf der kolonialen Eroberungen hatten sich weltweit verschiedenste Anwartschaften, Rechtstitel und Besitzverhältnisse entwickelt, und die sich seit den 1870er Jahren erneut zuspitzende Rivalität um koloniales Land – vor allem in Zentral- und Südafrika – offenbarte ein buntes Durcheinander beim Wettlauf um die letzten, noch als unentdeckt geltenden Gebiete auf der Weltkarte. Konkurrierende Okkupationsinteressen, ungeklärte Besitzverhältnisse, strategische Blockbildungen unter den europäischen Großmächten und den USA sowie die drohende Gefahr, dass die massive Konkurrenz zu offenen Konfrontationen zwischen den europäischen Mächten selbst führen könnte, kenn-

[36] Vgl. Dünne, Ortung und Zeichenordnung. Generell zu Raumvorstellungen in den Amerikaberichten der Frühen Neuzeit vgl. Jahn, Raumkonzepte, S. 144–282.

zeichneten eine angespannte Großwetterlage, in der Deutschland seinen »Platz an der Sonne« zu beanspruchen begann. Über die Gründe, die Otto von Bismarck 1884 dazu veranlassten, eine aktive und nicht mehr nur informelle, vorwiegend handelspolitisch ausgerichtete Kolonialpolitik zu verfolgen, ist in der Forschung ebenso ausgiebig wie letztlich ergebnislos gestritten worden.[37] Ob der Reichskanzler nun grundsätzlich seine Meinung über koloniale Besitzungen revidiert hat oder aber dieser Umschwung allein der ökonomischen und politischen Kräftekonstellation in Europa geschuldet war, muss hier nicht im Detail diskutiert werden, entscheidend ist vielmehr, dass bereits nach kurzer Zeit zuerst Deutsch-Südwestafrika und dann weitere Besitzungen in Afrika und im Pazifik unter direkte staatliche Verwaltung gestellt wurden.[38] Mit diesen Landerwerbungen stieg Deutschland zur viertgrößten Kolonialmacht auf und bekräftigte damit seine Rolle als zwar nicht unumstrittener, aber dennoch weltpolitisch anerkannter Akteur.

---

[37] Einen guten Überblick dazu gibt: Gründer, Geschichte der deutschen Kolonien, S. 51–109. Die Motive und Antriebskräfte für das koloniale Engagement Deutschlands waren nicht nur vielschichtig, sie blieben auch strittig. Doch bei aller Diskrepanz standen handels- und wirtschaftspolitische Aspekte stets im Vordergrund, während dem Zugewinn von Siedlungsraum bis zum Verlust der Kolonien eine untergeordnete Rolle zukam. Die Vorstellung, die deutsche Massenauswanderung in eigene Kolonien umlenken zu können, erwies sich angesichts sinkender Bevölkerungszahlen, rapide abfallender Auswanderungszahlen sowie eines expandierenden Arbeitsmarktes in Deutschland seit 1890 als völlige Fehlspekulation. Zudem waren die deutschen Kolonien aus klimatischen Gründen für die Ansiedlung von Europäern nahezu ungeeignet. In Deutsch-Südwestafrika, der einzigen Kolonie mit nennenswerter deutscher Besiedlung, lebten 1912 gerade einmal 12000 Deutsche sowie 1000 bis 2000 Europäer aus anderen Staaten, einschließlich der aus Südafrika eingewanderten Buren. Bis 1914 zog es insgesamt nicht mehr als 24000 Deutsche nach Deutsch-Südwestafrika. Vgl. dazu auch: Speitkamp, Kolonialgeschichte, S. 73–90.

[38] Der Bremer Tabakwarenhändler Adolf Lüderitz hatte 1883 zunächst die Bucht von Angra Pequena und kurz darauf weiteres Land an der Südwestküste Afrikas vertraglich erworben. Insgesamt umfasste das Gebiet 580000 qkm und reichte etwa vom Fluss Kunene im Norden bis zum Oranjefluss im Süden unter Ausschluss der unter britischer Herrschaft stehenden Walfish Bay. Nach finanziellem Ruin verkaufte Lüderitz seinen Landbesitz an die neugegründete »Deutsche Kolonialgesellschaft in Südwestafrika«. Doch sowohl die DKGSWA als auch die deutschen Unternehmer zeigten sich wenig risikofreudig, ein den britischen »Royal Charters« verwandtes Schutzbriefsystem scheiterte und folglich begann das Reich bereits nach wenigen Jahren eine direkte Verwaltung der Kolonie aufzubauen. Vgl. Bade (Hg.), Imperialismus und Kolonialmission; ders., Das Kaiserreich als Kolonialmacht; Gründer, Geschichte, S. 79–127.

Als *global player* erwies sich Otto von Bismarck zweifellos, als er am 6. Oktober 1884 auf Anregung Portugals und in diplomatischer Tuchfühlung mit Frankreich zu einer internationalen Konferenz nach Berlin einlud. Neben der Beilegung konkreter Interessengegensätze um Einflusssphären und Handelsfreiheit, die sich insbesondere an der aggressiven Expansionspolitik Großbritanniens entzündet hatten, zielten die Verhandlungen in Berlin auf die »Feststellung der Formalitäten, welche zu beobachten sind, damit neue Besitzergreifungen an den Küsten von Afrika als effektive betrachtet werden«.[39] Die am 26. Februar 1885 unterzeichnete General-Akte enthielt ein zwischen den teilnehmenden Staaten ausgehandeltes, rechtlich verbindliches Regelwerk, das in den Artikeln 34 und 35 die einzelnen Merkmale einer effektiven Okkupation festlegte. Darin verpflichteten sich die unterzeichnenden Staaten, neue Besitzergreifungen »mit einer an die übrigen Signatarmächte der gegenwärtigen Akte gerichteten Anzeige« zu notifizieren, »um dieselben in den Stand zu setzen, gegebenenfalls ihre Reklamationen geltend zu machen«. Weiterhin wird die Verpflichtung anerkannt, »in den von ihnen an den Küsten des afrikanischen Kontinents besetzten Gebieten das Vorhandensein einer Obrigkeit zu sichern, welche hinreicht, um erworbene Rechte und, gegebenenfalls, die Handels- und Durchgangsfreiheit« zu schützen.[40] Eine effektive Besitzergreifung lag somit dann vor, wenn eine für den freien Handel (und dessen Garantie war ein zentrales Anliegen der Konferenz) notwendige und hinreichende Ordnung als gesichert galt. Eine solche war allerdings ohne hoheitliches Handeln nicht zu gewährleisten, daher zielte Artikel 35 im Ergebnis auf die Herstellung territorialer Souveränität. Die General-Akte umfasste somit Bedin-

[39] Entwurf einer Note auf der Grundlage des Zirkularerlasses vom 6. Oktober 1884, ohne Datum, in: Stenographische Berichte über die Verhandlungen des Reichstages, 6. Legislaturperiode, 1884/85, 7. Band, Anlagen Nr. 290, Aktenstücke zur Kongo-Frage, No. 38, http://www.reichstagsprotokolle.de/Blatt3_k6_bsb00018455_00329.html [27. 5. 2010].

[40] Es bleibt zu betonen, dass mit den »erworbenen Rechten«, die es zu schützen galt, nicht die Rechte autochthoner Gesellschaften gemeint waren, sondern die der in Übersee engagierten privaten Unternehmer und Gesellschaften. Vgl. General-Akte der Berliner Konferenz vom 26. Februar 1885, in: Stenographische Berichte über die Verhandlungen des Reichstages, 6. Legislaturperiode, 1884/85, 7. Band, Anlagen Nr. 290, Aktenstücke zur Kongo-Frage, No. 44, Art. 34 und 35, http://www.reichstagsprotokolle.de/Blatt3_k6_bsb00018455_00338.html [27. 5. 2010].

gungen der gegenseitigen »Anerkennung eines bestimmten Territoriums als Kolonie eines souveränen Staates«.[41]

Hauptziel der vertraglichen Regelungen war es, den Freihandel am Kongo und am Niger zu garantieren sowie Konflikte im Zuge der kolonialen Landnahme zukünftig zu vermeiden. Die Signatarmächte regelten somit untereinander, wie sie ihre Interessensphären abzustecken gedachten, ohne sich in Widersprüche, Konkurrenzen und handfeste Konflikte zu verstricken.[42] Gleichzeitig vereinbarten sie damit, dass nur die auf der Konferenz vertretenen Staaten als Rechtssubjekte eines Kolonialerwerbs anzusehen seien. Kolonialgesellschaften und private Unternehmer beispielsweise waren als Rechtssubjekte ausgeschlossen, solange sie staatlicherseits nicht dazu legitimiert waren. Das konnte im Zweifelsfalle allerdings auch nachträglich erfolgen. Eindeutig war, dass nur diejenigen, die – wie die anderen Unterzeichnerstaaten – als staatlich souverän im europäischen Sinne galten, im Sinne der General-Akte das Recht besaßen, mit den anderen Vertragspartnern über die Anerkennung seiner Besitzansprüche zu verhandeln. Der Rechtstitel »effektive Okkupation« betraf somit ausschließlich das Verhältnis der landnehmenden europäischen Staaten untereinander, eine Zustimmung der in staatenlosen Gebieten lebenden Einwohner wurde auf der Konferenz mehrheitlich abgelehnt.[43] Staatenloses Gebiet, ob bewohnt oder unbewohnt, galt nach diesem Verständnis als *res nullius*.[44] Afrika wurde – mit wenigen Ausnahmen (z.B. Liberia, Äthiopien, Sultanat von Zansibar) – als staatsfreier Raum angesehen und war daher aus europäischer Sicht frei okkupier-

---

41 Schildknecht, Kongokonferenz, S. 82.

42 Die Häufigkeit und Schärfe der Konflikte zwischen den europäischen Kolonialmächten verdeckten immer wieder die grundsätzliche Solidarität untereinander. Bei aller Interessenkonkurrenz war man sich in Paris, London, Lissabon und Berlin darüber einig, die europäische Landnahme in Afrika konsequent zu Ende zu führen. Gegenüber den autochthonen Gesellschaften herrschte eine europäische Geschlossenheit, die darauf zielte, in diplomatischer und friedlicher Koordinierung den Landerwerb gegenüber den vorgefundenen Herrschaftssystemen gewalthaft durchzusetzen. Auf diese grundsätzliche Übereinkunft verweist auch Fisch, Die europäische Expansion.

43 Die Frage der Einwilligung war unter Völkerrechtlern zwar strittig, unter den Konferenzteilnehmern herrschte hierüber allerdings Konsens. Nur die USA nahmen dazu eine abweichende Haltung ein, allerdings verfolgten sie bekanntermaßen auch keine kolonialen Absichten in Afrika. Vgl. Schildknecht, Kongokonferenz, S. 98–100.

44 Vgl. Fisch, Die europäische Expansion, S. 422; hierzu auch: Schmitt, Nomos der Erde, S. 143–213.

bar.[45] Bestehende Verträge mit vorgefundenen Herrschaftsordnungen, die dem europäischen Rechts- und vor allem Staatsverständnis nicht entsprachen, waren rechtlich zwar nicht ohne Bedeutung, faktisch untermauerten sie aber nur – wenn überhaupt – die Ansprüche der jeweiligen Eroberer gegenüber ihren Konkurrenten.[46] Keine europäische Kolonialmacht verstand sich als Rechtsnachfolgerin vorgefundener Systeme. Geht effektive Besitzergreifung mit dem Erwerb territorialer Souveränität einher, wie es die Akte festlegte, schloss sich daran das Recht an, fremde Souveränität auf dem erworbenen Gebiet auszuschließen. Territoriale Souveränität bedeutet, über ungeteilte Hoheitsrechte auf einem mit eindeutigen Grenzen fixierten Gebiet zu verfügen. Dass solchen vertraglichen Regelungen europäische Staats-, Souveränitäts- und Territorialkonzepte zugrunde lagen, bedarf kaum noch einer weiteren Erläuterung. Hier transformierten souveräne Nationalstaaten ihr territoriales Ordnungsmodell in multilaterales Recht, auch wenn die General-Akte von 1885 aus anderen Gründen kein universell gültiges Völkerrecht schuf.[47]

Gleichwohl wurde bereits auf der Konferenz deutlich, dass sich europäische Territorialkonzepte nicht so ohne weiteres auf die Kolonien

---

[45] Carl Schmitt formulierte entsprechend, dass im Falle der Kolonien der landnehmende Staat hinsichtlich der Rechte am Boden, »die er innerhalb des erworbenen Landes vorfand, keine Rücksichten zu nehmen [braucht], soweit es sich nicht etwa um Privateigentum von Staatsangehörigen zivilisierter Staaten handelte, die Mitglieder der Ordnung des zwischenstaatlichen Völkerrechts waren«. Vgl. Schmitt, Nomos der Erde, S. 171.

[46] Ein erheblicher Teil der afrikanischen Kolonien wurde nicht okkupiert, sondern durch Verträge mit den vorgefundenen oder neu konstituierten Herrschaftsordnungen »erworben«. Allerdings kam diesen Verträgen in der Praxis immer weniger Bedeutung zu, da die europäischen Mächte mehrheitlich die Auffassung vertraten, Afrika sei völkerrechtlich als herrenlos anzusehen. Der bisherige völkerrechtliche Verkehr wurde bis zum Ersten Weltkrieg somit durch geltendes Recht *zwischen* den Europäern ausgehöhlt. Gegen Carl Schmitt argumentiert Fisch, hier handele es sich zwar um ein Völkerrecht der Europäer (*jus publicum Europaeorum*), von einem europäischen Völkerrecht (*jus publicum Europaeum*) könne aber aufgrund des weiterhin bestehenden Völkerrechtsverkehrs mit Dritten nicht gesprochen werden. Vgl. Fisch, Die europäische Expansion, S. 476–499. Dort auch zur Unterscheidung von Abgrenzungen a priori und Abgrenzungen a posteriori, wie sie auch der Kongo-Akte zugrunde lag, vgl. insbesondere S. 479. Zu den sogenannten Schutz- und Freundschaftsverträgen mit afrikanischen Häuptlingen vgl. Hangula, Grenzziehungen in den afrikanischen Kolonien, S. 99–111.

[47] Das hat vor allem mit der strittigen Frage zu tun, ob und wie souveräne Staaten als Völkerrechtssubjekte anerkannt werden. Zudem haben die USA die General-Akte nie ratifiziert. Vgl. Schildknecht, Kongokonferenz, S. 133–135.

übertragen ließen. So sah die Akte vor, die vereinbarten Regelungen nicht etwa rückwirkend, sondern lediglich zukünftig anzuwenden. Darüber hinaus ging es ausschließlich um Küstenregionen, die noch nicht unter europäischer Kontrolle standen. Dass Innere Afrikas galt als zu unerforscht, um es Maßstäben der effektiven Herrschaftsausübung unterwerfen zu können. Und trotz des britischen Vorstoßes, die Gültigkeit der General-Akte insgesamt auf Zentral- und Südafrika auszuweiten, blieb es bei den geographischen Beschränkungen, obgleich alle teilnehmenden Staaten keinen Zweifel an ihrer Entschlossenheit ließen, auch noch die restlichen Teile des Kontinents früher oder später in genau dieser Weise unter sich aufzuteilen.[48] Während hier also eine noch keineswegs effektive Durchdringung des kolonialen Möglichkeitsraumes hervortrat, verweist die situative Zurückhaltung hinsichtlich des Innern Afrikas zum einen darauf, dass es unter den landnehmenden Staaten durchaus auch das Interesse gab, mit den Erwerbsnormen einer effektiven Okkupation nicht unter Zugzwang zu geraten, zum anderen zeichnete sich hier bereits eine – vorsichtig formuliert – nicht ganz unaufwendige Praxis ab, wenn es fortan galt, koloniales Land im Sinne der General-Akte zu territorialisieren.

Die Kongo-Akte stellte künftig keineswegs die allein entscheidende Rechtsgrundlage für den kolonialen Landerwerb dar. Hierfür waren völkergewohnheitsrechtliche Regelungen ebenso entscheidend. Allerdings spiegelt sich in der Kongo-Akte das zeitgenössische Territorialitäts- und auch Selbstverständnis der europäischen Großmächte wider, das sich für die in den nächsten Jahrzehnten praktizierte Landnahme als durchaus maßgeblich erweisen sollte. Deutschland beispielsweise erwarb die Mehrzahl seiner Schutzgebiete in genau diesem Zeitraum, und in Deutsch-Südwestafrika als derjenigen Kolonie, die im kolonialen Sinne am umfassendsten erschlossen wurde, vollzog sich der Anspruch, einen völkerrechtlich anerkannten, im Sinne effektiver Landnahme gesicherten Territorialstaat mit international garan-

[48] Vgl. ebenda, S. 90ff. Oft wird behauptet, Afrika sei auf der Kongo-Konferenz unter den europäischen Mächten aufgeteilt worden. Das stimmt so nicht. Hier wurden vor allem die Rahmenbedingungen und Erwerbsnormen abgestimmt, die für die koloniale Landnahme richtungweisend sein sollten. Es war daher zunächst eine eher symbolische Inbesitznahme, bei der die einzelnen Kolonialmächte zunächst einmal ihre Interessen untereinander absteckten. Der konkrete Landerwerb erfolgte anschließend durch bi- und multilaterale Verträge oder – im Konfliktfall – durch Schiedsgerichte.

tierten Grenzen zu errichten, als ein überaus kostspieliges und zudem nur ansatzweise zu realisierendes Unterfangen. In Teilen der Kolonie bestanden allenfalls Inseln kolonialer Kontrolle, manche Gegenden blieben bis 1914 sogar ohne jegliche kolonialstaatliche Präsenz.[49] In einer derartig instabilen Gesamtkonstellation gestaltete sich auch die territoriale Inbesitznahme entsprechend mühsam. Nach welchen Kriterien, mit welchen Argumenten und unter Inanspruchnahme welcher Praktiken territoriale Ordnungskonzepte in die Kolonien transferiert und dort konkretisiert wurden, zeigt sich am eindrücklichsten in der Arbeit der bi- und multilateralen Grenzkommissionen. Zu Deutsch-Südwestafrika beispielsweise existierten zwischen 1884 und 1914 mehrere Kommissionen, in denen mit Vertretern der benachbarten Kolonialmächte – in diesem Falle mit Großbritannien und Portugal – darüber verhandelt und gestritten wurde, wie die jeweils eigenen Interessengebiete voneinander abzugrenzen waren.[50]

Territorialisierung erwies sich dabei recht bald als ein überaus komplizierter und konflikthafter Prozess. Obgleich Reichkanzler Otto von Bismarck im Frühjahr 1884 noch erklärt hatte, dass sich die deutschen Interessen im südlichen Afrika nur auf »völlig unstreitige Gebiete«[51] beziehen sollten, folgten den ersten deutschen Schutzerklärungen umgehend handfeste Grenzstreitigkeiten. Im Norden zeichnete sich schon bald die Notwendigkeit ab, sich mit Portugal über den genauen Verlauf der Grenze zu verständigen. Lissabon beanspruchte aufgrund einer mit Großbritannien bereits 1815 getroffenen Vereinbarung eine Südgrenze, die am 18. Grad südlicher Breite orientiert war. Eine Grenz-

---

[49] Bis 1890 kann von einer kolonialstaatlichen Erschließung in Deutsch-Südwestafrika kaum gesprochen werden. Lediglich drei Kolonialbeamte repräsentierten die deutsche Schutzmacht. Erst 1895 bestanden in sieben Militärdistrikten insgesamt 35 Militärstationen. Der Übergang zur Zivilverwaltung zog sich viele Jahre hin, 1903 existierten gerade einmal sechs zivile Bezirksämter. Während und nach den Aufständen 1904–1907 trat die begrenzte Reichweite der kolonialstaatlichen Kontrolle dramatisch hervor. Durch die Einrichtung einer Polizeizone sollten die verfügbaren Kräfte gebündelt werden. Der Norden sowie weite Teile im Osten der Kolonie blieben infolgedessen faktisch bis 1914 ohne kolonialstaatliche Durchdringung. Vgl. Demhardt, Entschleierung Afrikas, S. 190–194.

[50] Grenzbildungen und Grenzpraktiken haben in den letzten Jahren wieder mehr Aufmerksamkeit in der Forschung erfahren. Hier nur eine gewisse Auswahl: Kolb, Frühgeschichte des Wortes Grenze; Weisbrod (Hg.), Grenzland; Paasi, Territories, Boundaries and Consciousness; Marchal, Grenzen und Raumvorstellungen; Bauer/Rahn (Hg.), Die Grenze; Hastings/Wilson, Borders; Vasilache, Der Staat und seine Grenzen; François/Seifarth/Struck (Hg.), Die Grenze als Raum.

[51] Zit. n. Demhardt, Deutsche Kolonialgrenzen, S. 178.

ziehung auf der Höhe von Kap Frio sollte zunächst Grundlage deutsch-portugiesischer Verhandlungen werden, die sich allerdings aufgrund einer portugiesischen Regierungskrise und der zunächst mit Frankreich geführten Grenzverhandlungen immer wieder verzögerten.[52] Zugleich erwies sich die Ortsbezeichnung Kap Frio als weniger eindeutig als zunächst angenommen, denn die Landspitze lag eben nicht exakt auf dem entsprechenden Breitengrad. Zwar handelte es sich bei dem strittigen Gebiet, das sich zwischen Kap Frio und dem 18. Grad südlicher Breite auftat, um einen schmalen Küstenstreifen, auf den Portugal »an und für sich nicht den geringsten Werth« legte und der auch wirtschaftlich als uninteressant galt, gleichwohl sei Lissabon »schon um des Prinzips halber« nicht bereit, ohne Gegenleistung darauf zu verzichten.[53] Vor Ort weiteten sich derweil die deutschen Interessen im Norden des Schutzgebietes weiter aus. Die Deutsche Kolonialgesellschaft für Südwestafrika (DKGSWA) hatte zusätzliche Rechte bis hinauf zum Unterlauf des Flusses Kunene erworben und wollte diese auch auf das östlich gelegene Ovamboland ausdehnen. Nach Berichten des deutschen Generalkonsuls Gustav Nachtigal war bereits 1884 nördlich des Kap Frio die Reichsflagge gehisst und ein schwarz-weiß-roter Grenzpfahl mit entsprechender Beschriftung errichtet worden. Eine Einigung zwischen Lissabon und Berlin schien angesichts absehbarer Interessenkollisionen dringlicher denn je. Eine ungefähre Abgrenzung des Territoriums, wie Portugal sie bisher vor allem gegenüber Großbritannien mit der Ortsbezeichnung Kap Frio mehr symbolisch denn faktisch artikuliert hatte, reichte nun nicht mehr aus. Die Konkurrenz um koloniales Land – und sei es noch so wertlos – drängte nach vertraglich fixierter Eindeutigkeit der territorialen Zugehörigkeiten.

Auch wenn beide Seiten gewillt waren, diese Frage einvernehmlich zu lösen, war dies leichter gesagt als getan. Nicht nur im Vorfeld, sondern auch während der deutsch-portugiesischen Grenzverhandlungen erschwerten mangelnde geographische Kenntnisse die bilaterale Kommunikation erheblich. Obgleich Lissabon großzügig wissen ließ,

---

52 Zu den deutsch-portugiesischen Verhandlungen bis zum Vertrag vom 30. 12. 1886 vgl. die einschlägigen Verhandlungsunterlagen in: BA, R 1001/1797–1798; siehe auch R 901/36734.

53 Bericht des deutschen Gesandten Schmidthals vom 31. 7. 1885 über ein Gespräch mit dem portugiesischen Außenminister du Bocage, in: BA, R 1001/1797, Bl. 7–8. Vgl. in dieser Akte auch das Gutachten Schmidthals vom 19. 10. 1885 über mögliche Ansprüche Portugals auf den strittigen Küstenstreifen, Bl. 48–50.

angesichts der ungeheuren Ausdehnung des Landes »käme es auf einige Quadratmeilen mehr oder weniger nicht an«,[54] erwies es sich als kompliziertes Unterfangen, sich fernab des eigentlichen Geschehens über einen exakten Grenzverlauf auf der Grundlage von ungesicherten geodätischen Daten zu verständigen. Flüsse erwiesen sich dabei aufgrund langer Trockenperioden allzu oft als ungeeignet, vorgesehene Grenzverläufe eindeutig zu markieren. Zudem war auch die exakte geographische Lage einzelner Militärposten nicht hinreichend bekannt, um an ihnen die Grenzführung auszurichten. Im Juli 1886 richtete schließlich der deutsche Gesandte in Lissabon, Richard von Schmidthals, an die neue portugiesische Regierung eine Note, nach der nun an der Mündung des Kunene (und nicht mehr am Kap Frio) die Nordgrenze Deutsch-Südwestafrikas beginnen sollte. Nach Osten sollte die Linie »am Cunene anstatt bis zum 14° östlicher Länge bis Humbe, der südlichsten portugiesischen Militärstation an dem genannten Flusse« fortgeführt werden, um dann dem in Humbe anzusetzenden Breitenparallel bis zum Fluß Kavango (Cubango) zu folgen. Dabei war offensichtlich, dass mit Fort Humbe ein Ort gewählt wurde, von dem zunächst anzunehmen war, dass beide Seiten eine halbwegs realistische Vorstellung davon hatten, wo dieser Ort überhaupt liegt. Alle anderen Möglichkeiten, den Schnittpunkt des Kunene-Flusses mit dem 14. Grad östlicher Länge exakt zu fixieren, hätten kostspielige und zeitintensive Erkundungen vor Ort vorausgesetzt. Fort Humbe hingegen – so der Gesandte Schmidthals zuversichtlich –, das circa acht bis neun Wegstunden nördlich des eigentlichen Schnittpunktes liege, habe gegenüber ideellen geographischen Punkten den Vorteil, in jeder Karte verzeichnet zu sein.

Solche Hilfskonstruktionen konnten nicht darüber hinwegtäuschen, dass die Grenzziehungen – je weiter sie ins Landesinnere vordrangen – eher mathematischer Natur waren. Grenzführungen, die Längen- und Breitengraden oder auch Flussläufen folgten, dienten in der Regel dazu, die aus europäischer Sicht weitgehend unerforschten Regionen überhaupt verhandelbar zu machen. Wer ein beanspruchtes Territorium nicht in seinen Koordinaten benennen konnte, geriet in Erklärungsnot, wenn es galt, die eigenen Interessen gegenüber den Konkurrenten durchzusetzen. Geographisches Wissen wurde zu einem entscheidenden Verhandlungs- und Machtfaktor, auch wenn

[54] Brief des Unterstaatssekretärs Graf Berchem an den Gesandten Schmidthals vom 8. 3. 1886, in: BA, R 1001/1797, Bl. 96–108.

die Kenntnisse der beteiligten Kolonialmächte über die entsprechenden Grenzgebiete in der Regel alles andere als umfassend waren. Ganz im Gegenteil: Auf dem diplomatischen Parkett Europas wurde koloniales Land verteilt, verschachert und getauscht, indem geographisch uninformierte Regierungsvertreter relativ unbekümmert auf lückenhaften, ungenauen und mit vielen *weißen Flecken* versehenen Landkarten nationale Interessengebiete absteckten und markierten, oft zunächst völlig unabhängig von den vor Ort herrschenden geographischen, politischen und sozialen Ordnungen. Dieses Verfahren glich – wie der Referent der Kolonialabteilung des Auswärtigen Amtes Freiherr von Danckelman offen eingestand – »einem Lotteriespiel und hat nachträglich oft herben Tadel erfahren«. Seiner Meinung nach habe es aber zu dieser Vorgehensweise keine Alternative gegeben, wenn man »bei dem allgemeinen Wettlauf der Mächte [,] sich im letzten Augenblick noch ein Stück von Afrika« sichern wollte.[55] Die koloniale Landnahme in Afrika schuf somit eine – oftmals beständige – territoriale Ordnung, ohne über fundamentale Datengrundlagen zu verfügen und ohne die vor Ort gewachsenen strukturellen Bedingungen gebührend zu berücksichtigen. So musste auch die deutsche Seite in ihrem Grenzvorschlag gegenüber Portugal 1886 einräumen, dass der genaue Verlauf nach Osten durch die Siedlungsgebiete der Ovambo und Okavango noch einer eingehenden Erkundung bedürfe, »da es nicht in der Absicht liegen kann, das von einem Häuptling beherrschte Territorium zum Theil unter deutschen und zum Theil unter portugiesischen Schutz zu stellen«.[56] Dass derweil die vorgeschlagene Grenzführung im Wesentlichen eine mathematische sei, erkläre sich daraus, »dass die Gebiete, welche die Linie durchschneidet, noch nicht genügend erforscht sind, um eine Anlehnung an die vorhandenen Wasserläufe und Gebirgsketten zu ermöglichen«.[57] Auch sei eine Verlängerung der Grenzlinie über den Sambesi hinaus noch verfrüht, da der Nordosten bisher weder eingehend bereist, geschweige denn vermessen und kar-

---

[55] Danckelman, Grenzfestsetzungen, S. 752, http://www.ub.bildarchiv-dkg.uni-frankfurt.de/Bildprojekt/Lexikon/Standardframeseite.php?suche=Grenze [22. 6. 2010].

[56] Anweisung des Unterstaatssekretärs Graf Berchem an den Gesandten Schmidthals vom 21. 7. 1886, in: BA, R 1001/1798, Bl. 31–36.

[57] Denkschrift des Auswärtigen Amtes zum deutschen Grenzvorschlag vom 21. 7. 1886 sowie diverse deutsch-portugiesische Korrespondenz im Sommer 1886, in: BA, R 1001/1798, Bl. 26–91.

tographiert worden sei.[58] Damit zeichnete sich bereits im Vorfeld ab, dass eine vertragliche Festlegung der Nordgrenze zu diesem Zeitpunkt allenfalls eine vorübergehende Einigung darstellen würde, da die so ermittelte Grenzlinie über weite Strecken abstrakt blieb und sich somit keineswegs für die Demarkation eignete.

Der portugiesische Außenminister Henrique de Barros Gomes zeigte für die erweiterten Gebietswünsche der jungen Kolonialmacht zwar durchaus ein gewisses Verständnis, sah allerdings in einer Verlagerung der Grenze nach Norden bestehende Rechte Portugals erheblich verletzt.[59] Die zu erwartenden negativen Reaktionen in der portugiesischen Öffentlichkeit erlaubten es nicht, so der Minister, der deutschen Seite derart großzügig entgegenzukommen. Die verhärteten Verhandlungspositionen gerieten erst wieder in Bewegung, als Berlin die Bereitschaft signalisierte, als Ausgleich für Zugeständnisse in Südwestafrika einem portugiesischen Korridor in Barotseland zukünftig nicht im Wege zu stehen. Lissabon verfolgte nämlich mittelfristig das Ziel, zwischen seinen Kolonien in West- und Ostafrika eine gesicherte Verbindung herzustellen. Mit einer von Deutschland garantierten Südgrenze in Ostafrika kam Portugal diesem Vorhaben deutlich näher, zumal auch Frankreich bereits entsprechende Konzessionen vertraglich zugesichert hatte. Nach anderthalb Jahren Verhandlungen unterzeichneten schließlich der portugiesische Außenminister sowie der deutsche Gesandte in Lissabon am 30. 12. 1886 die deutsch-portugiesische Erklärung »betreffend die Abgrenzung ihrer beiderseitigen Besitzungen und Interessensphären in Süd-Afrika«. Darin hieß es in Artikel 1: »Die Grenzlinie, welche in Südwest-Afrika die deutschen und portugiesischen Besitzungen scheiden soll, folgt dem Lauf des Kuneneflusses von seiner Mündung bis zu denjenigen Wasserfällen, welche südlich von Humbe beim Durchbruch des Kunene durch die Serra Canna gebildet werden. Von diesem Punkte ab läuft die Linie auf dem Breitenparallel bis zum Kubango, dann im Lauf

[58] Hauptmann Curt von François war 1891 zum Okavango aufgebrochen und bis Andara gekommen. Seinen Plan, von dort aus weiter bis zum Zambesi vorzudringen, musste er aufgeben, »denn jenseits Andara ist noch nie ein Wagen gefahren«. Sein Reisebericht ist nachzulesen in: von François, Mitteilungen von Forschungsreisenden und Gelehrten aus den deutschen Schutzgebieten, Bd. 4., S. 205–212 mit einer Kartenskizze zum Reiseweg im nördlichen Damara- und Ovamboland bis zum Okavango-Fluß, Maßstab 1: 3750000.

[59] Zu dem portugiesischen Gegenvorschlag sowie zum genauen Verhandlungsverlauf in dieser Phase vgl. Demhardt, Deutsche Kolonialgrenzen, S. 194–205.

dieses Flusses entlang bis zu dem Orte Andara, welcher der deutschen Interessensphäre überlassen bleibt, und von da in gerader Richtung östlich bis zu den Stromschnellen von Catima am Zambese.«[60]

Der Vertragstext liest sich wie die Wegbeschreibung einer Schatzkarte. Die genannten Fixpunkte wie Humbe und Andara verweisen weniger auf die realen Orte, die sie zu bezeichnen vorgeben, sondern entsprechen den spärlichen Kennzeichnungen auf einer provisorischen Karte, die man beim Lesen des Textes zwar regelrecht vor sich sieht, die dem Vertrag jedoch nicht beigefügt wurde. Die Grenzbeschreibung orientiert sich an einem kartographischen Zeichensystem, dem jedoch kein durchgängig indexikalischer Bezug zwischen genutzter Karte und politischem Territorium zugrunde lag. Der Text beschreibt eine gezeichnete Linie, deren Demarkation im Norden Südwestafrikas angesichts des lückenhaften Wissens über diese Gebiete ungewisser denn je war. Gleichzeitig enthält die vertragliche Übereinkunft mehrere definitorische Schwachpunkte. Um die beiden Ausgangspunkte für die Breitenparallelen, ohne die keine eindeutige Verortung der Grenze möglich war, definieren zu können, wurde mangels gesicherter Daten nicht auf geometrisch festgelegte Positionsbestimmungen zurückgegriffen, sondern es wurden Ortsnamen aufgeführt, über deren Lage man sich in Berlin und Lissabon meinte verständigen zu können. Diese Annahme erwies sich jedoch bald als zu optimistisch, wenn nicht sogar als naiv. Denn die Wasserfälle südlich von Humbe, die sich am Durchbruch des Kunene durch die Serra Canna befinden sollten, erwiesen sich letztlich als unauffindbar. Das hatte im Geringeren damit zu tun, dass Fort Humbe – ein portugiesischer Militärposten – nicht eindeutig zu verorten war, schwerer wog, dass das genannte Gebirge schlicht und einfach überhaupt nicht existierte. Da diese Formulierung während der Verhandlungen von portugiesischer Seite in den Vertragsentwurf eingebracht worden war (im Original hieß es: »as cataractas situadas ao sul do Humbe próximo da Serra Canna«), offenbarte sich hier die völlige Unkenntnis der portugiesischen Regierung über ihren angeblich angestammten Kolonialbesitz in Angola.[61] Doch damit nicht genug: Der Kunene neigte in diesem

60 Erklärung zwischen der Kaiserlich deutschen und der Königlich portugiesischen Regierung betreffend die Abgrenzung ihrer beiderseitigen Besitzungen und Interessensphären in Süd-Afrika vom 30. 12. 1886, zweisprachig, in: BA, R 1001/1799, Bl. 7–10.

61 Einen Überblick zur portugiesischen Eroberung und kolonialen Inbesitznahme Angolas, die letztlich erst nach der Jahrhundertwende als effektive Herrschafts-

Gebiet in der Tat dazu, immer wieder Wasserfälle auszubilden, sodass schon bald höchst unterschiedliche Vorstellungen davon kursierten, welche Katarakte im Vertrag gemeint waren. Dass die deutsche Seite eher diejenigen Wasserfälle favorisierte, die möglichst weit im Norden lagen, fand ihre Entsprechung bei den von den Portugiesen weiter südlich ausgemachten Kaskaden. Bei dieser unterschiedlichen Auslegung blieb ein Gebiet von etwa 11 Kilometer Breite und knapp 500 Kilometer Länge strittig. Auch der Ort Andara – im Vertragstext als weiterer Ausgangspunkt für ein Breitenparallel genannt – wollte einfach nicht dort liegen, wo er sollte. Während es einigen Beteiligten zwischenzeitlich offenbar immer unklarer wurde, ob Andara wirklich einen Ort oder nicht doch eher eine Insel im Kubango bezeichnete, steigerte sich die Verwirrung noch, als der Verdacht aufkam, Andara sei weder Dorf noch Insel, sondern der Name eines dort ansässigen Häuptlings. Wer jedoch aus macht- und handelspolitischen Interessen heraus auf eindeutige Grenzen abzielte, konnte mit solchen Unwägbarkeiten keinesfalls zufrieden sein. Eine derart im Ungefähren verbleibende Grenzherstellungspraxis schuf weder Rechtssicherheit noch Planbarkeitsgrundlagen, sie schuf vor allem eines: Anlässe für weitere Grenzstreitigkeiten.[62]

Dass der deutsch-portugiesische Vertrag von 1886 nicht lange Bestand haben würde, kam also für niemanden überraschend. Auch wenn der gesamte Norden des deutschen Schutzgebietes – das Kaokoveld, das Ovamboland bis hin zum Caprivi-Zipfel – bis zum Ende der deutschen Kolonialherrschaft (und in Teilen weit darüber hinaus) ein allenfalls sporadisch erschlossenes Territorium blieb, in dem zwar Missionierung und Arbeiteranwerbung betrieben wurden, das aber

---

ausübung bezeichnet werden kann, bietet: Demhardt, Deutsche Kolonialgrenzen, S. 205–215.

[62] Während die geodätische Vermessung in DSWA insbesondere nach der Jahrhundertwende und im Kontext der Aufstände erhebliche Fortschritte verzeichnete, blieb die topographische Aufnahme des Landes lückenhaft. Ein Bericht aus dem Jahre 1914 kam zu dem niederschmetternden Ergebnis: »Die zuerst in Aussicht genommene topographische Aufnahme des ganzen Landes in 1:50000 mit Meßtisch und Kippregel musste […] aufgegeben werden. Die Praxis ergab, dass die Fertigstellung einer solchen Karte mit den Mitteln, die für derartige Zwecke nach Lage der gesamten finanziellen Verhältnisse des Schutzgebietes zurzeit zur Verfügung gestellt werden können, Jahrhunderte in Anspruch nehmen würde. Dazu kommt, dass für weite Gebiete bei ihrer wirtschaftlichen Aussichtslosigkeit derartig genaue Aufnahmen einstweilen zwecklos wären.« Sprigade/Moisel, Die Aufnahmemethoden in den deutschen Schutzgebieten, S. 535.

jenseits gelegentlicher Erkundungs- und Strafexpeditionen kaum kolonialstaatlicher Kontrolle unterstand, entzündeten sich schon Ende der 1880er Jahre zwischen Berlin und Lissabon weitere Konflikte über den bestehenden Grenzverlauf. Anlässe gab es genug: mal ging es um illegale Grenzübertritte von Großwildjägern, die auf deutschem Gebiet regelmäßig Elefanten jagten, mal war es veröffentlichtes Kartenmaterial, in dem einzelne Orte vertragswidrig der einen und nicht der anderen Seite zugerechnet wurden, was bei dem damaligen Wissensstand über diese Gebiete kaum verwundern kann. Auch der florierende Waffenschmuggel führte immer wieder zu diplomatischen Reibereien.[63] Doch entscheidender für die erneute Initiative zur Grenzrevision war die Tatsache, dass der vereinbarte Grenzverlauf die Siedlungs- und Weidegebiete der dort ansässigen Bevölkerungen wie beispielsweise der Ovambo zum Teil durchtrennt hatte und dadurch permanente Konfliktherde geschaffen worden waren. Nach ebenso kräftezehrenden wie erfolglosen Militäraktionen im Süden Angolas hatte sich mittlerweile auch in Lissabon die Erkenntnis durchgesetzt, dass man von einer effektiven Besitznahme dieser Gebiete noch immer weit entfernt war und dass die Missachtung bestimmter vorgefundener Ordnungen letztlich auch den eigenen Kolonialinteressen zuwiderlief. Somit waren es nicht zufälligerweise vor allem die leitenden Kolonialbeamten vor Ort, die seit 1894 bei der portugiesischen Regierung auf eine Grenzrevision drängten. Dem vom Gesandten Pindela übermittelten Vorschlag begegnete man in Berlin allerdings skeptisch, da er ohne erkennbare Gegenleistung einen Gebietstausch vorsah und »einen nicht unerheblichen Territorialgewinn für Deutschland« zur Folge gehabt hätte, der »deshalb verdächtig sein muß«, wie der für Grenzfragen zuständige Referent in der Kolonialabteilung formulierte.[64] Nur selten findet man Quellen, die so treffend die Differenz zwischen gemeinsamen Interessen und vertrauensvoller Zusammenarbeit demonstrieren.

In den nachfolgenden Jahren scheiterten konkrete Vereinbarungen allerdings weniger am gegenseitigen Misstrauen als vielmehr an dem

---

[63] Vgl. zu den zahllosen Grenzverletzungen nach dem Vertrag vom 30. 12. 1886 die entsprechenden Akten: BA, R 1001/1806–1809.

[64] Freiherr von Danckelman in seiner Stellungnahme für das Auswärtige Amt vom 8. Juli 1895, in: BA, R 1001/1799, Bl. 79–80. Zu den nachfolgenden Verhandlungen vgl. vor allem: Hangula, Grenzziehungen in den afrikanischen Kolonien, S. 124–139.

widersprüchlichen und lückenhaften Wissen über die geographischen Bedingungen. So blieb beispielsweise die exakte Lage der Wasserfälle nahe Fort Humbe, die in der vertraglichen Grenzbeschreibung als Fixpunkt für den breitengradparallelen Verlauf dienten, auf Jahre unklar und bot dadurch immer wieder gewollte und ungewollte Gelegenheiten für diplomatische Missverständnisse, Beschuldigungen und Kontaktabbrüche. Und dass sich die im Vertragstext erwähnte Serra Canna als unbedeutende Bodenerhebung erwies, für die selbst die ansässige Bevölkerung keinerlei Bezeichnung vorsah, machte das Ringen um diplomatische Lösungen fernab südwestafrikanischer Realitäten nicht einfacher. Noch am 12. 4. 1900 stellte der Referent der Kolonialabteilung in Berlin, Alexander Freiherr von Danckelman, fast schon resignierend fest, dass es auch fünfzehn Jahre nach der deutsch-portugiesischen Grenzvereinbarung noch keine gesicherten Daten zur Nordgrenze gebe, »da bisher kein mit astronomischen Breitenbestimmungen vertrauter Reisender in jene Gebiete gelangt« sei. Es wäre nun recht »wünschenswerth«, wenn »wir wenigstens einigermaßen über die in Frage kommenden geographischen Verhältnisse orientiert wären, was jetzt bei den äußerst mangelhaften Karten dieser Gebiete absolut nicht der Fall ist«. Die Engländer seien in dieser Hinsicht ein besseres Vorbild, da sie »durch jahrlange stille Vorarbeit« ihre Interessengebiete erkundeten und dann »immer den Vortheil für sich haben, über die örtlichen Verhältnisse viel besser unterrichtet zu sein«.[65] Doch die Entsendung von gemischten Expeditionstrupps mit entsprechendem Fachpersonal war nicht nur aufwendig und äußerst kostspielig, sie erforderte auch eine intensive Vorbereitung, um die technisch anspruchsvolle Vermessungsarbeit überhaupt in den klimatisch und infrastrukturell unzugänglichen Gebieten erfolgreich durchführen zu können. Ein solcher Arbeits- und Zeitaufwand rechnete sich nur, wenn die Expeditionen auch tatsächlich verwertbare Ergebnisse erwarten ließen. Derweil erprobten sich Deutsche und Portugiesen lieber darin, durch Militäraktionen im Grenzgebiet im Sinne der effektiven Besitznahme Fakten zu schaffen – für alle Beteiligten eine ebenso aufwendige und verlustreiche wie im Ergebnis erfolglose Strategie.

Im Falle der strittigen Kaskaden ergaben sich erst 1910 durch den ausführlichen Bericht eines Landmessers, der einen Teil des Ovambolandes zu Fuß durchquert hatte, weitere Hinweise. Max Schmidt

---

[65] Alexander Freiherr von Danckelman an Friedrich von Lindequist am 12. 4. 1900, in: BA, R 1001/1799, Bl. 110–110R.

3

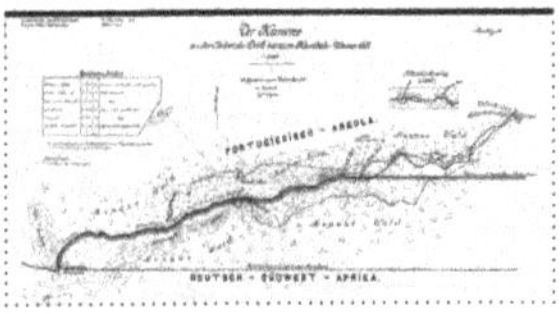

konnte über den Verlauf des Kunene nahe Fort Humbe klarstellen, dass der Fluss dort über mehrere Kilometer hinweg zahlreiche Stromschnellen bildete und somit mehrere Wasserfälle für den strittigen Grenzpunkt in Betracht kämen.[66] Das Gouvernement in Windhoek zog daraus in einem internen Schreiben den realistischen Schluss, dass »als Ausgangspunkt der Grenze zwei Stellen am Kunene in Frage kommen: Entweder der Kambelewasserfall oder die Kavale-Kazombuafälle. Erstere nehmen die Portugiesen in ihren Karten an: allerdings fälschlich auf 17° 22′ s. Br. (ungenau beobachtet); in unseren Karten natürlich bislang die letzteren als die nördlichsten angenommen worden. Welche Fälle in Zukunft die massgebenden sein werden, ist wohl nur auf dem Wege neuer Verhandlungen festzulegen. Mir scheint, dass die Portugiesen zur Zeit der Abfassung des Vertrages die Gegend besser kannten als wir. Denn die grössere Wahrscheinlichkeit spricht für die Annahme des 70–80 M tiefen Kambelefalles und nicht für die unbedeutenden nördlichen Fälle. Gegen den Kambelefall wäre vielleicht höchstens anzuführen, dass er sicherlich nicht – streng geographisch genommen – südlich von Humbe liegt.«[67] Man hätte sich auf diplomatischem Wege darauf einigen können, aber der Streit ging weiter. In Berlin wollte man offenbar nicht ohne weiteres einlenken und beharrte darauf, dass die nördlich gelegenen Wasserfälle als Grenzpunkt anzusehen seien, schließlich sei der von Portugal genannte Gebirgszug »den Eingeborenen ganz unbekannt«. Letztere »pflegen nirgends in Afrika Hügel von durchschnittlich 20 m Höhe mit einem besonderen Namen zu belegen; auch ist der Ausdruck ›Serra‹ für so unerhebliche Bodenschwellungen nicht anwendbar«.[68] Der Staatssekretär des Reichskolonialam-

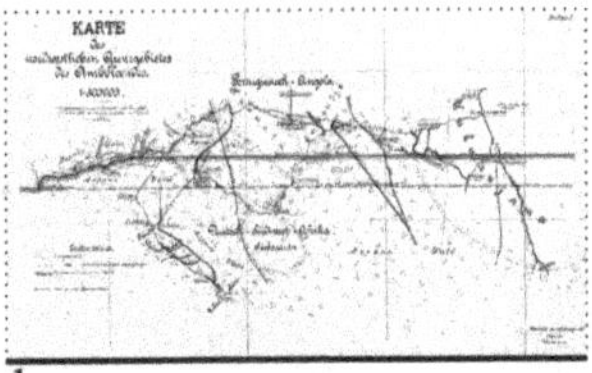

4

[66] Vgl. hierzu: Schreiben des Ersten Referenten des Gouvernements Oskar Hintragers an das Reichskolonialamt in Berlin vom 22. März 1910, in: BA, R 1001/1784, Bl. 160–162; Ergänzender Bericht des Landmessers Schmidt vom 6. Juni 1910, in: BA, R 1001/1785, Bl. 8; Schreiben von Oskar Hintrager an das Reichskolonialamt in Berlin vom 14. Mai 1910, in: BA, R 1001/1785, Bl. 9–10; Schreiben des Staatssekretärs im Reichskolonialamt an das Auswärtige Amt vom 31. August 1910, in: BA, R 1001/1785, Bl. 19–23.

[67] Schreiben Hintragers an das Reichskolonialamt in Berlin vom 22. März 1910, in: BA, R 1001/1784, Bl. 160–162, Zitat Bl. 161.

[68] Schreiben des Staatssekretärs im Reichskolonialamt an das Auswärtige Amt vom 31. August 1910, in: BA, R 1001/1785, Bl. 19–23, Zitat Bl. 21.

tes Wilhelm Solf spitzte diese Aussage noch dahin gehend zu, dass »die Serra Canna ein reines Phantom ist und bei der Identifizierung des Ausgangspunktes der Grenze fallen gelassen werden muß«.[69] Entscheidender sei der Hinweis, der Ausgangspunkt der Grenze solle südlich von Humbe liegen, und damit könnten nur die Kavale-Kazombuafälle gemeint sein.

Berlin und Lissabon stritten sich in den nächsten Jahren nicht nur über unauffindbare Bergmassive und wandernde Wasserfälle, auch die zweite im Vertrag genannte Ortsbezeichnung, Andara, von wo aus ein weiterer breitengradparalleler Grenzabschnitt in Richtung Zambesi seinen Anfang nehmen sollte, schien allenfalls zur weiteren Verrätselung der Angelegenheit beizutragen.[70] Im Lauf der jahrelangen Korrespondenz zum möglichen Verlauf der Nordgrenze kristallisierte sich heraus, dass Andara keinen geographischen Ort bezeichnete, sondern der Name des 1895 verstorbenen Häuptlings der Mbukushu war, der auf der Kubango-Insel Sibanana residiert hatte. Sein Sohn Libebe verlegte seinen Sitz jedoch aufgrund kriegerischer Auseinandersetzungen mit Nachbarstämmen einige Kilometer stromabwärts auf die Insel Tahoe.[71] Fraglich war nun, welcher Ort für die Auslegung des Vertragstextes von 1886 maßgeblich sein sollte. Nach Ansicht des Gouverneurs Theodor Seitz bestand aufgrund dieser Entwicklungen kein Zweifel daran, »dass die Andara Insel Sibanana den Punkt bildet, von wo die Grenze nach Catima am Zambesi hinübergehen soll«.[72] Dass man einer solchen Auslegung der in mancher Hinsicht verworrenen Gegebenheiten weder in Lissabon noch in Luanda so ohne wei-

---

[69] Schreiben des Staatssekretärs im Reichskolonialamt an das Auswärtige Amt vom 16. März 1912, in: BA, R 1001/1785, Bl. 132–133R, Zitat Bl. 133.

[70] Zur Lage von Andara vgl. Korrespondenz und Skizzen in: BA, R 1001/1502. Zur Errichtung der deutschen Polizeistation Kuring-Kuru am Okavango vor allem Demhardt, Deutsche Kolonialgrenzen, S. 276–342.

[71] Vgl. den Reisebericht des Grootfonteiner Distriktchefs Oberleutnant Richard Dietrich Volkmann vom 1. Oktober 1903, in: BA, R 1001/1784, Bl. 59–63.

[72] Schreiben des kaiserlichen Gouverneurs Theodor Seitz an den Gouverneur von Angola vom 28. Juni 1911, in: BA, R 1001/1808, Bl. 165–165R. Hierzu auch der Bericht des Kaiserlichen Residenten im Caprivi-Zipfel von Frankenberg vom 16. Juli 1911 über Zwischenfälle im deutsch-portugiesischen Grenzgebiet, in: BA, R 1001/1808, Bl. 193–194R, ebenso das Schutzgesuch von Häuptling Libebe vom 16. Juli 1911, in: ebenda, Bl. 196. Zu diesen und ähnlichen Vorfällen vgl. das Schreiben des portugiesischen Außenministeriums vom 6. Januar 1912 in: BA, R 1001/1809, Bl. 44–45, in dem erneut darauf gedrängt wird, dass derartige Grenzzwischenfälle nur »durch eine endgültige Abgrenzung […], welche die portugiesische Regierung auszuführen bereit ist«, vermeidbar wären.

teres folgen mochte, verdeutlicht erneut, wie kompliziert hier die Dinge lagen. Aufgrund des ungeklärten Grenzverlaufs häuften sich insbesondere 1910/11 die Grenzkonflikte im Okavangogebiet und belasteten das deutsch-portugiesische Verhältnis nachhaltig.[73]

Während man sich in mancher Detailfrage also sachlich nicht einigen konnte oder wollte, änderte die deutsche Seite zudem im Lauf der Jahre ihre Verhandlungsstrategie. Denn mittlerweile hatten sich die wirtschaftlichen Interessen an dem Grenzgebiet sowie in West- und Zentralafrika insgesamt grundlegend verändert. Bodenschätze, Eisenbahnbau, Bewässerungsanlagen – die mittlerweile initiierten Großprojekte im Norden der Kolonie versprachen nicht nur ökonomischen Gewinn, sie benötigten auch genügend Arbeitskräfte, die nur im deutsch-portugiesischen Grenzgebiet anzuwerben waren.[74] Besonders für die Diamantenfelder brauchte man dringend geeignete Arbeiter. Ein erheblicher Teil von ihnen kam aus Südangola – besonders aus diesen Gründen war man in Berlin an einer strikten Grenzziehung immer weniger interessiert. Der Erste Referent des Gouverneurs in Windhoek Oskar Hintrager übermittelte bereits am 14. Mai 1910 nach Berlin, dass eine »gemeinschaftliche Festlegung der Grenze zwischen Angola und Deutschsüdwestafrika [...] für die nächste Zeit weder aus wirtschaftlichen noch aus politischen Gründen geboten« sei. Das Ovamboland hätte vorläufig allenfalls »den Wert eines Arbeiterreservoirs«. Deren Zustrom habe sich so erfreulich entwickelt, dass eine Vereindeutigung der Grenzverhältnisse den deutschen Interessen eher zuwiderliefe. Eine Demarkation der Grenze hätte unweigerlich bedeutet, vom erforderlichen Arbeitskräftereservoir in dieser ansonsten spärlich besiedelten Gegend abgeschnitten zu werden. Darüber hinaus befürchtete man Unruhen. Die Portugiesen – so Hintrager an das Reichskolonialamt – planten Militäraktionen gegen die Onkuanjama, einer Bevölkerungsgruppe, deren Siedlungsgebiet durch die bisherige Grenze geteilt wurde. Es stehe zu befürchten, dass »Häuptling Nande, dem seine Zugehörigkeit zu 2 Staaten wohl bekannt ist, diese Sachlage ausnutzt indem er selbst mit seiner Werft sich in unser Gebiet festsetzt und von dort aus seine Leute gegen die Portugiesen losschickt« – eine Konstellation, an der man in Berlin keinerlei Interesse haben konnte. Auch die Entsendung einer Grenzexpedition, »die mit

[73] Vgl. hierzu die zahlreichen Unterlagen und Korrespondenzen in: BA, R 1001/1808–1809.

[74] Vgl. Zimmerer, Deutsche Herrschaft über Afrikaner, insbesondere S. 176–228.

der genügenden bewaffneten Macht auftreten muß, [würde] gewiß zu weit größeren Zwischenfällen, wenn nicht zu kriegerischen Verwicklungen« führen. »Dies muß aber auf jeden Fall oben an der Grenze vermieden werden.«[75] Hinhalten lautete daher nun die deutsche Verhandlungsstrategie, und der von Hintrager vorgebrachte Vorschlag über die Errichtung einer vorläufigen neutralen Zone im Norden stieß zwar nach einigem Hin und Her aus Sicherheitserwägungen auf kritische Resonanz, war aber hinsichtlich seiner Aufschubwirkung ganz im Sinne der deutschen Kolonialpolitiker, die das gesamte Grenzproblem im Norden aus wirtschaftlichen und machtpolitischen Erwägungen heraus nun so lange wie möglich im Ungefähren belassen wollten.[76] Denn zwischenzeitlich spekulierte man in Berlin darauf, Portugals geschwächte Stellung im internationalen Wettstreit dahin gehend ausnutzen zu können, zumindest den südlichen Teil Angolas annektieren zu können.[77] Angesichts dieser Interessenlage kann es kaum verwundern, dass es in dieser Frage bis 1914 zu keiner vertraglichen Einigung mehr mit Portugal kam.[78]

Während also im Norden der Kolonie eine belastbare Grenzfestlegung mit anschließender Demarkation sowohl an einem allenfalls oberflächlichen Wissen über die Gebiete als auch an den differierenden Interessenlagen der kolonialen Konkurrenten scheiterte und infolgedessen die Grenze bis zum Ende der deutschen Kolonialherrschaft über weite Strecken im Ungefähren verblieb,[79] erreichten die deutsch-britischen Verhandlungen zur Ostgrenze Deutsch-Südwestafrikas ein komplexeres Niveau. Nach dem britischen Einmarsch im

---

[75] Schreiben von Oskar Hintrager an das Reichskolonialamt in Berlin vom 14. Mai 1910, in: BA, R 1001/1785, Bl. 9–10, Zitat Bl. 10.

[76] Zu den deutsch-portugiesischen Verhandlungen über die Einrichtung einer neutralen Zone vgl. Hangula, Grenzziehungen in den afrikanischen Kolonien, S. 133–138; Demhardt, Deutsche Kolonialgrenzen, S. 258–262.

[77] Vgl. Schreiben des Staatssekretärs des Auswärtigen Amtes, Bernhard von Bülow, an den deutschen Botschafter in London, Paul Graf von Hatzfeldt, vom 8. Juni 1898, in: Lepsius u.a. (Hg.), Die Große Politik der Europäischen Kabinette 1871–1914, Bd. 11, Nr. 2578, S. 5–7; Depesche des deutschen Geschäftsträgers in London, Richard von Kühlmann, an den Reichskanzler, Theobald von Bethmann Hollweg, vom 8. Januar 1912, in: ebenda, Bd. 31, Nr. 11345, S. 87–91.

[78] Dass sich die Grenzherstellungen zwischen den europäischen Kolonialmächten oft Jahre und Jahrzehnte hinzogen, ist ein generelles Phänomen der kolonialen Landnahme in Afrika. In Togo beispielsweise verliefen diese Verhandlungen ähnlich schleppend wie in DSWA, vgl. Trotha, Koloniale Herrschaft, S. 60.

[79] Die Grenze zu Angola wurde erst 1926 während der südafrikanischen Mandatszeit vertraglich geregelt und 1927/28 vermessen und demarkiert.

späteren Botswana 1885 und den deutschen Kolonialerwerbungen in Deutsch-Südwestafrika zeichneten sich schon bald mehrere strittige Themen ab, die es zwischen Berlin und London vertraglich zu regeln galt. Ngamiland, Walfish Bay und Helgoland gehörten unter anderem zu den Gebieten, an denen sich deutsche und britische Kolonialinteressen ins Gehege kamen. Während der Sondierungsgespräche kristallisierte sich heraus, dass London zu Zugeständnissen in Togo bereit war, würde Berlin den von Großbritannien bereits proklamierten 20. Meridian als Grenze zwischen Deutsch-Südwestafrika und dem britischen Protektorat anerkennen. Am 1. Juli 1890 unterzeichneten in Berlin der deutsche Reichskanzler Georg Leo von Caprivi und Friedrich Richard Krauel als Leiter der Kolonialabteilung im Auswärtigen Amt sowie für die britische Seite der Botschafter Sir Edward Baldwin Malet und der Leiter des African Department im Foreign Office Sir Henry Anderson das sogenannte Helgoland-Sansibar-Abkommen, das in Artikel 3 die Grenzverhältnisse in Südwestafrika regelte. Demnach wurde die deutsche Kolonie im Süden begrenzt »durch eine Linie, welche an der Mündung des Oranjeflusses beginnt und an dem Nordufer des Flusses bis zu dem Punkte hinaufgeht, wo derselbe vom 20. Grad östlicher Länge getroffen wird. [...] Im Osten durch eine Linie, welche von dem vorher genannten Punkte ausgeht und dem 20. Grad östlicher Länge bis zu seinem Schnittpunkte mit dem 22. Grad südlicher Breite folgt. Die Linie läuft sodann diesem Breitengrade nach Osten entlang bis zu dem Punkte, wo er von dem 21. Grad östlicher Länge getroffen wird, sie führt darauf in nördlicher Richtung den genannten Längengrad bis zu seinem Zusammentreffen mit dem 18. Grad südlicher Breite hinaus, läuft dann in östlicher Richtung diesem Breitengrade entlang, bis er den Tschobefluß erreicht und setzt sich dann im Thalweg des Hauptlaufes dieses Flusses bis zu dessen Mündung in den Zambese fort, wo sie ihr Ende findet.«[80] Darüber hinaus wurde Einverständnis erzielt, dass Deutschland »freien Zugang zum Zambese mittelst eines Landstreifens erhalten soll, welcher an keiner Stelle weniger als 20 englische Meilen breit ist«.[81]

Es hätte kaum der vertraglichen Erläuterung bedurft, dass diese Grenzvereinbarung »nach Maßgabe einer Karte« wiedergegeben wurde, »welche im Jahre 1889 amtlich für die britische Regierung an-

---

[80] Deutsch-britisches Abkommen betreffend die beiderseitigen Kolonialinteressen vom 1. Juli 1890, 10 Seiten, in: BA, R 1001/1791, Bl. 52.

[81] Ebenda.

gefertigt« worden war.[82] Dass der Vertrag zudem in der deutschen Übersetzung vom »Lauf der vorgedachten Grenze« spricht, ist für die Territorialisierung signifikant: Denn wie auch in anderen Fällen der kolonialen Grenzziehung verweist bereits die Beschreibung der Linienführung darauf, dass es sich hier um eine ausschließlich an Längen- und Breitengraden sowie an Flussläufen orientierte Grenzfestlegung handelte, die allein dem am Verhandlungstisch erzielten Interessenausgleich zwischen den konkurrierenden Kolonialmächten geschuldet blieb. Diese Linie war eine »gedachte«, keine historisch gewachsene Grenze. Sie stellte eine machtpolitische Markierung dar, die ohne jeglichen Bezug zu den vor Ort herrschenden geographischen, klimatischen, politischen und sonstigen Bedingungen gesetzt wurde. Obgleich sie im materiellen Sinne zunächst theoretisch anmutet, war sie in politischer Hinsicht überaus wirkungsmächtig. Das deutsch-britische Abkommen schuf Fakten in Südwestafrika (und anderswo), und im Gegensatz zur Nordgrenze waren Berlin und London fest entschlossen, ihren Kompromiss auch in die Tat umzusetzen. Bis dahin war es allerdings ein weiter Weg, denn abweichend von den international üblichen Grenzherstellungsverfahren waren die meisten kolonialen Grenzziehungen eben nur »vorgedacht« und nicht im Vorfeld bereits erkundet und vermessen worden.[83] So blieb es der nach Arti-

---

[82] Ebenda.

[83] Im kolonialen Kontext wurde ein spezifisches Verfahren entwickelt, das die in Europa ritualisierten Praktiken des Beobachtens, Vermessens und Kartographierens aufgriff. Der in der Kolonialabteilung zuständige Grenzreferent Alexander von Danckelman erläuterte, wie dieses Verfahren zumindest theoretisch ablaufen sollte: »In solchen Fällen wird dann am zweckmäßigsten so vorgegangen werden, daß zunächst durch Besprechungen von sachverständigen Vertretern der beteiligten Regierungen ein Arbeitsplan für die zur Feststellung der Grenze auszusendende gemischte technische Kommission vereinbart wird. Letztere tritt an dem verabredeten Termin an Ort und Stelle zusammen, macht die erforderlichen astronomischen Ortsbestimmungen und nimmt längs der vertragsmäßigen Grenzlinien einen Gebietsstreifen von etwa 5–10 km Breite links und rechts von ihnen topographisch auf. Sie kehrt dann nach Europa zurück, um die astronomischen Beobachtungen genau berechnen und mit Hilfe der so gewonnenen Fixpunkte sowie der Geländeaufnahmen ein tunlichst zuverlässiges Kartenbild der Grenzgegend herstellen zulassen. Dann wird von den beteiligten Staaten eine diplomatische Kommission eingesetzt, die zunächst die beiderseitigen Karten prüft, sich auf Mittelwerte der astronomischen Ortsbestimmungen einigt und die dann auf Grund dieser Unterlagen ihren Regierungen Vorschläge zur Gewinnung einer natürlichen und möglichst praktischen Grenzziehung unterbreitet. […] Hat diese diplomatische Kommission ihr Werk beendet und sich auf eine bestimmte, mehr oder weniger natürliche Grenze geeinigt, so unterbreitet sie ihre Vorschläge in

kel VI des Vertrages zu bildenden Grenzkommission überlassen, die »vorgedachte« Grenzlinie in den geographischen Raum zu transformieren. Dass die dabei notwendigen Anpassungsleistungen erheblich sein würden, war allen Beteiligten zu diesem Zeitpunkt bereits klar, denn die vertraglich »vorgedachte« Linie verlief quer durch extrem unzugängliches Gelände. Eine Grenze von mehr als 700 Kilometer Länge ließ sich zweifellos leichter auf einer amtlichen Karte einzeichnen als in der Kalahari vermessen.

Dass die Delimitation und Demarkation der Ostgrenze kein Spaziergang werden würde, rechtfertigt allerdings kaum, dass die dafür zuständige Grenzkommission erst 1898 – also volle acht Jahre nach Vertragsabschluss – ihre Arbeit aufnahm. Zwischenzeitlich stritt man sich nicht nur darüber, wer den Ort Rietfontein für sich beanspruchen durfte, auch hatte Major Theodor Leutwein einen Militärstützpunkt eingerichtet, von dem die Briten behaupteten, er läge auf ihrem Gebiet. Bilaterales Personalgerangel, aufwendige Materialbeschaffung, allgemeines Organisationschaos, grassierende Rinderpest sowie erhebliche Finanzierungsprobleme[84] verzögerten immer wieder den Beginn der Grenzvermessung. Doch jenseits der politischen, technischen und organisatorischen Schwierigkeiten bestand die wissenschaftliche Herausforderung vor allem darin, den 20. und 21. Meridian sowie deren Schnittpunkte mit dem 22. Breitengrad astronomisch festzulegen. Die genaue Lage der Ostgrenze war um mehr als dreißig Kilometer unsicher. Dabei konnte zwar auf der von den Briten bereits durchgeführten Triangulation[85] der südafrikanischen Nordgrenze aufgebaut

---

einem doppelsprachigen Protokoll den beteiligten Regierungen, die dann mittels Notenaustausches die Kommissionsvorschläge ratifizieren. Es wird dann meist noch die Aussendung einer zweiten, der sog. Vermarkungskommission erforderlich. Diese hat die von der diplomatischen Kommission vereinbarten Grenzpunkte an Ort und Stelle durch Steinhaufen, Zementpfeiler, eiserne Telegraphenstangen […] zu vermarken und über ihre Tätigkeit ein Protokoll aufzunehmen, das später ebenfalls durch Notenwechsel von seiten der beteiligten Staaten noch zu ratifizieren ist. Das Verfahren ist also ein recht zeitraubendes und umständliches. Bei einigermaßen längeren Grenzstrecken vergehen leicht 4–6 Jahre, ehe die Sache ins reine gebracht ist.« Danckelman, Grenzfestsetzungen, S. 752.

84 Die Gesamtkosten der Grenzherstellung, die von beiden Seiten gemeinsam getragen wurden, beliefen sich auf etwa 400000 Mk.

85 Triangulation bezeichnet ein seit dem 17. Jahrhundert entwickeltes Verfahren zur Erstellung eines trigonometrischen Vermessungsnetzes. Dabei macht man sich zunutze, dass bei großflächiger Vermessung Winkel exakter zu bestimmen sind als Längen. Durch die Festlegung geodätischer Fixpunkte und durch die Aufteilung der Fläche in Dreiecke wird auf der Grundlage der trigonometrischen Formel

werden,[86] gleichwohl zeichnete sich bereits während der Expeditionsvorbereitungen ab, dass die Vermessung des wasserlosen Wüstengebietes allenfalls westlich des 22. Längengrades und damit nur entlang einer auf deutsches Gebiet ausweichenden Linie möglich sein würde. Eine exakt am 20. Meridian orientierte Vermessung war aufgrund der klimatischen Bedingungen undurchführbar. Unter der wissenschaftlichen Leitung des in Kapstadt wirkenden Astronomen Sir David Gill wurde in enger Zusammenarbeit mit dem Grenzreferenten Alexander von Danckelman ein Verfahrensvorschlag erarbeitet, in dem sich beide Seiten auf die Bosman'sche Triangulationsmethode verständigten sowie die Errichtung von Grenzmarkierungen vereinbarten. Unmittelbar nach den Vermessungsarbeiten sollte die Grenze durch Grenzpfeiler auch markiert werden, deren Anzahl und Entfernung sich nach den örtlichen Verhältnissen zu richten hatten. Allerdings schränkten die Experten das zunächst auf zwei Jahre projektierte Vorhaben bereits im Vorfeld dahin gehend ein, dass der 21. Meridian nach seinem Schnittpunkt mit dem 22. Breitengrad nur noch acht bis zehn Kilometer nordwärts vermessen werden sollte. Eine vollständige Triangulation und Vermarkung des Nordabschnittes erschien beiden Kolonialmächten offenbar weder lohnenswert noch finanzierbar, da der als Caprivi-Zipfel bezeichnete Landstrich im Nordosten zu dieser Zeit noch als zu unerforscht galt, um seinen Wert auch nur annähernd abschätzen zu können. Jenseits der noch ausstehenden Erkundungen versprach der Caprivi-Zipfel allerdings als mögliches Tauschobjekt gegen die von den Briten kontrollierte Walfish Bay zukünftig von Bedeutung sein zu können.[87]

---

ein Gradnetz erstellt, das die Lagebeziehungen der Dreieckspunkte in einem Koordinatensystem zu ermitteln ermöglicht. Ein solches Gradnetz 1. Ordnung, das noch auf relativ großen Entfernungen beruht, wird anschließend durch weitere Gradnetze niederer Ordnung verdichtet. Sie bilden fortan die Basis weiterer Erd- und Landvermessungen.

[86] Zu der am Nordufer des Oranjeflusses verlaufenden Südgrenze vgl. BA, R 1001/1781 und 1783; und BA, R 901/36739; ebenfalls: Hangula, Grenzziehungen in den afrikanischen Kolonien, S. 228–234.

[87] Vgl. Proposal for the practical delimitation of the meridian boundary between the British and German Protectorates in S. West Africa, 7. Oktober 1896, in: BA, R 1001/1778, Bl. 53–57. Zum gesamten Komplex der deutsch-britischen Grenzkommission im Osten von DSWA vgl. BA, R 1001, Aktenbände 1776–1783. Der Nordabschnitt der Grenze zwischen Botswana und Namibia (Ngamiland/ Caprivi-Zipfel) wurde erst 1964–67 vermessen und markiert. Zum Caprivi-Zipfel vgl. Seiner, Ergebnisse einer Bereisung des Gebietes zwischen Okawango und Sambesi (Caprivi-Zipfel) in den Jahren 1905 und 1906, in: Mitteilungen aus den Deutschen

Die gemischte Grenzkommission, die im November 1898 ihre Arbeit aufnahm, wurde von Major Henry David Laffan sowie von Hauptmann Wettstein, ab Ende 1900 von Oberleutnant Doering geleitet. Ihre Tätigkeit sollte insgesamt fünf Jahre dauern. Zunächst arbeitete man in der weiteren Umgebung von Rietfontein, um den Schnittpunkt des 20. Meridians mit dem 22. Breitengrad festzulegen. Doch »nördlich von Rietfontein erstreckt sich eine Zone hoher Sanddünen, und weiter nördlich ist das Land auf einer Strecke von etwa 320 km flach und absolut wasserlos«.[88] Ungeeignete Beobachtungs- und Messpunkte, Personalausfall aufgrund der klimatischen Bedingungen, akuter Wassermangel, monatelange An- und Abreisewege sowie einige Unfälle ließen den Erfolg des Unternehmens zwischenzeitlich durchaus fraglich erscheinen. Auch der 1899 in Südafrika ausgebrochene Burenkrieg beeinträchtigte die deutsch-britische Grenzvermessung. Da man zudem die Kosten für Brunnenbohrungen und für den Bau von künstlichen Beobachtungsstationen scheute und die von Ochsen gezogenen Wagen den Strapazen kaum gewachsen waren, ging die Arbeit schleppend voran und musste zeitweise sogar ganz unterbrochen werden.[89] In manchen Gegenden war die Vermessung wegen fehlendem oder zu starkem Regen ohnehin nur zu bestimmten Zeiten möglich. Am 14. Juni 1901 meldete die Grenzkommission, »dass die Triangulation […] nunmehr bis zum Schnittpunkt des 22. Breitenparallels mit dem 21.° ö. Gr. beendet ist«.[90] Nachdem die Vermessungsarbeiten abgeschlossen waren, konnte die Vermarkung beginnen. Etwa alle drei bis zehn Kilometer wurde eine aufrechte Säule aus

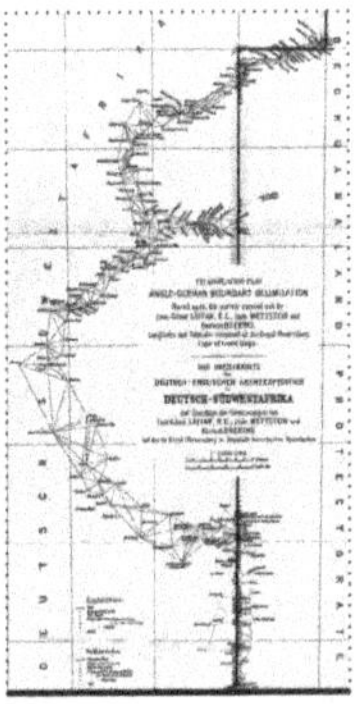

5

Schutzgebieten, Bd. 22, S. 1–111; ebenso Fisch, Der Caprivizipfel; Demhardt, Entschleierung Afrikas, S. 214–216.

88 Bericht über die Grenzvermessung zwischen Deutsch-Südwestafrika und Britisch Bechuanaland, Berlin 1906, in: BA, R 1001/1782, Bl. 7, S. 9. Eine Zusammenfassung in: von François, Mitteilungen von Forschungsreisenden und Gelehrten aus den deutschen Schutzgebieten, Bd. 17, S. 6–25.

89 Vgl. die einzelnen Berichte des deutschen Kommissars Oberleutnant Doering, unter anderem über die Thätigkeit des deutschen Mitgliedes der Deutsch-Englischen Grenz-Commission in Deutsch-Südwest-Afrika für die Zeit Dez. 1899–Juni 1902, Cape Town 1902, handschriftlich, 53 Seiten, in: BA, R 1001/1780; Bl. 66–67; ebenso für die Zeit von Dezember 1902 bis April 1903, handschriftlich, 38 Seiten, Bl. 87–107 sowie Gemeinsamer Abschlussbericht von Doering und Laffan vom 1. Juli 1903, handschriftlich, englisch, 27 Seiten, Bl. 124–137.

90 Bericht über die Grenzvermessung zwischen Deutsch-Südwestafrika und Britisch Bechuanaland, Berlin 1906, in: BA, R 1001/1782, Bl. 7, S. 13.

Eisen gesetzt, »an der eine Tafel angebracht ist, auf der auf der einen Hälfte das deutsche Wappen und die Worte ›Deutsches Schutzgebiet‹ und auf der anderen Hälfte das britische Wappen und die Worte ›British Territory‹ stehen«.[91] Dass der Transport der Tafeln und des erforderlichen Baumaterials durch hohe Sanddünen »große Schwierigkeiten« verursachte, lässt sich leicht vorstellen. Mehr als nachvollziehbar war es daher, dass die Kommission in bestimmten Gegenden bald dazu überging, die Grenztafeln in sehr viel größeren Abständen aufzustellen.[92]

Die heutige Grenze zwischen Namibia und Botswana folgt exakt dem zwischen 1898 und 1903 festgelegten Grenzverlauf, auch wenn der nördliche Teil erst in den 1960er Jahren vermessen und markiert wurde. Im Vergleich zur Nordgrenze, die in weiten Teilen bis zur südafrikanischen Mandatszeit im Ungefähren verblieb und wo es folglich auch zu keiner Vermessung und Demarkation kam, realisierte die deutsch-britische Kommission trotz erheblicher technischer und politischer Hindernisse eine Grenzführung, die über mehrere System- und Regimewechsel hinweg Bestand haben sollte. Warum die britische und deutsche Regierung den enormen finanziellen und technischen Aufwand, den die Arbeit der Grenzkommission abforderte, nicht scheute, erklärt sich allein aus dem erhofften Gewinn, den sich die Kolonialmächte durch mögliche Diamanten- und Goldvorkommen in dieser Gegend versprachen. Nur eine exakte Grenzfestlegung hätte es gegebenenfalls ermöglicht, die Besitzverhältnisse derartiger Funde eindeutig zu klären. Diese Hoffnungen bestätigten sich indes nicht: Die Kalahari ist eines der beeindruckendsten Naturschutzgebiete der Welt – Bodenschätze findet man dort allerdings nicht.

Eine dritte Variante kolonialer Territorialisierung lässt sich anhand der deutsch-britischen Verhandlungen über die Walfish Bay nachzeichnen. Seit der britischen Inbesitznahme dieses an der südafrikanischen Westküste gelegenen Hafenbeckens 1878 und der Errichtung der deutschen Schutzherrschaft über die angrenzenden Gebiete war die genaue Grenzführung der Enklave zwischen London, Kapstadt und Berlin strittig.[93] Die Walfish Bay galt unter den kolonialen Konkur-

---

[91] Ebenda, S. 20.

[92] Bei der Vermarkung blieben aufgrund der Unzugänglichkeit der Gebiete zwei erhebliche Lücken, nämlich zwischen den Grenzmarken 29 und 36 (etwa 100 Kilometer) und zwischen 41 und 67 (etwa 300 Kilometer). Vgl. Hafeneder, Deutsche Kolonialkartographie, S. 114.

[93] 1884 hatte London die Walfish Bay an Südafrika übertragen. Folglich waren die Interessen Kapstadts, die mit denen Großbritanniens keineswegs übereinstimm-

renten sowohl wirtschaftlich als auch strategisch als bedeutsam. Entsprechend konfliktreich gestalteten sich die zahlreichen Versuche, für diesen Teil der Kolonie zu einer verbindlichen Grenzziehung zu kommen. Bereits 1885 arbeitete die gemischte *Angra Pequena and the West Coast Claims Joint Commission* unter Leitung des deutschen Generalkonsuls in Kapstadt Ernst Bieber und des in Kapstadt tätigen britischen Richters Sydney Godolphin Schippard daran, die offenen Punkte – insbesondere an der etwa 30 Kilometer langen Südgrenze – zu klären. Dabei ging es vor allem um eine Formulierung in der vom Kommandanten Dyer erklärten Proklamation von 1878, die als Grenze vorsah: »im Süden einer Linie von dem 15 Meilen südlich von Pelican Point liegenden Küstenpunkt nach Scheppmansdorf folgend; im Osten einer Linie zwischen Scheppmansdorf und Rooibank folgend, einschließlich dem Plateau, und von dort zehn Meilen landeinwärts bis zur Mündung des Swakop River«.[94] Was genau mit »Plateau« gemeint war und welches Gebiet Dyer damit noch als britisches Territorium verstanden wissen wollte, gehörte zu den strittigen Fragen. Im Auftrag der südafrikanischen Regierung wurde im Juli 1885 eine Landvermessung mit Grenzpfahlsetzung durchgeführt, zu der im Januar 1886 ein ausführlicher Bericht erschien. Darin erklärte der Landvermesser Philipp B. S. Wrey, dass die britische Proklamation zwar ungenaue topographische Angaben enthalte, seiner Meinung nach jedoch das umstrittene Kuiseb-Tal eindeutig britisch sei.

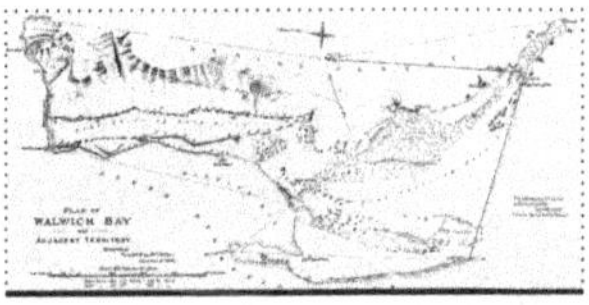

6

Nach deutschen Protesten gegen diese Auslegung des Proklamationstextes und der einseitig durchgeführten Vermarkung der Grenze bemühte sich 1889 eine zweite Kommission unter Leitung von Colonel Sir G. Philips und des deutschen Reichskommissars Heinrich Goering ebenso engagiert wie erfolglos um eine Beilegung des Konfliktes. Vor dem Hintergrund dieses Scheiterns legte man 1890 im deutsch-britischen Abkommen fest, dass die Entscheidung durch

ten, in den bilateralen Verhandlungen zu berücksichtigen. Während London wohl auch an einem attraktiven Tauschgeschäft interessiert gewesen wäre, scheiterten derartige Vorschläge an der südafrikanischen Verhandlungsposition.

94 Proclamation by Richard Cossantine Dyer, Staff-Commander in Command of H.M.S. Industry at Walfish Bay, 12th of March 1878, in: Denkschrift betreffend die Südgrenze des Britischen Walfischbai-Territoriums nach Auffassung der Kaiserlich Deutschen Regierung, 43 Seiten, in: BA, R 901/36740, Bl. 7–30, Zitat Bl. 11R (= S. 6).

einen Schiedsspruch erfolgen solle, »falls nicht innerhalb zweier Jahre von der Unterzeichnung dieses Übereinkommens eine Vereinbarung der Mächte über die Grenze getroffen ist«.[95] Doch auch die 1904 eingesetzte dritte Kommission fand keine einvernehmliche Regelung, sodass sich London und Berlin im August 1908 auf die Anrufung eines Schiedsgerichtes verständigten. Der spanische König Alfons XIII. übernahm das Schiedsamt und beauftragte den Völkerrechtler Joaquin Fernandez Prida aus Madrid mit der Untersuchung der Angelegenheit. Die Konfliktparteien erhielten Gelegenheit, in Form eines Memorandums ihre Rechtsauffassungen darzulegen sowie zu der jeweils anderen Position schriftlich Stellung zu beziehen.[96] Die britische Seite reklamierte das gesamte Kuiseb-Tal als eigenes Territorium, da es die Absicht Dyers gewesen sei, in das annektierte Gebiet auch entsprechende Weideplätze und Wasserstellen einzubeziehen. Diese seien nur bei einer Grenzziehung verfügbar, die von Scheppmansdorf nach Ururas führe. Das deutsche Memorandum zielte hingegen darauf ab, dass die damalige Proklamation mit Plateau nur die zwischen Scheppmansdorf und Rooikop gelegene nordwestliche Hochfläche gemeint haben könne und somit das zwischen Scheppmansdorf und Ururas tief gelegene Flussbett nicht zum britischen Territorium gehöre. Hätte Dyer eine Grenzführung bis Ururas definieren wollen, bleibe völlig unverständlich, warum dieser Ort in der Proklamation nicht explizit genannt sei. Vielmehr habe die britische Regierung den Wert dieses Gebietes erst im Nachhinein erkannt und entsprechende Ansprüche formuliert. Insgesamt verweisen Rede und Gegenrede in den Schriftstücken trotz aller verhandlungstaktischen Raffinessen darauf, dass die gängigen Praktiken kolonialer Landnahme auf der Grundlage unzuverlässiger geographischer Kenntnisse nahezu zwangsläufig zu Konflikten führen mussten. Die Uneindeutigkeit von Ortsbezeichnungen eröffnete für gegensätzliche Interpretationen enorme

[95] Deutsch-britisches Abkommen betreffend die beiderseitigen Kolonialinteressen vom 1. Juli 1890, 10 Seiten, in: BA, R 1001/1791, Bl. 52; dazu Entwürfe in: BA, R 1001/6932.

[96] Vgl. Denkschrift betreffend die Südgrenze des Britischen Walfischbai-Territoriums nach Auffassung der Kaiserlich Deutschen Regierung, in: BA, R 901/36740, Bl. 7–30; Schiedssache betreffend die Südgrenze des Britischen Walfischbai-Territoriums. Gegenbemerkungen zu dem Britischen Memorandum vom Jahre 1909, in: ebenda, Bl. 49–56. Zu den deutsch-britischen Verhandlungen um die Walfish Bay zwischen 1886 und 1913 insgesamt vgl.: BA, R 1001/1789–1796 sowie R 1001/6926–6931; ebenso: Hangula, Grenzziehungen in den afrikanischen Kolonien, S. 235–247.

Spielräume, und es blieb allein den gemeinsamen Interessenlagen der Kolonialmächte gegenüber den indigenen Bevölkerungen geschuldet, dass man sich früher oder später dann doch auf einen Kompromiss verständigte.

Nach einer Erkundungsreise durch das umstrittene Grenzgebiet 7
legte Prida am 23. Mai 1911 seinen Schiedsspruch vor.[97] Darin wurde zwar die einseitige Grenzvermessung der Briten im Jahre 1885 als unverbindlich im Sinne der international üblichen Verfahren deklariert, gleichzeitig erkannte der Schlichter jedoch die britischen Territorialansprüche in vollem Umfang an und bestätigte damit die von Wrey bereits 1885/86 durchgeführte Demarkation. Ausschlaggebend für diese Entscheidung war die Auffassung des Schiedsgerichts, dass zur Zeit der britischen Proklamation keine ausreichend genauen Karten über die Walfish Bay und das umliegende Gebiet existierten, sodass die Grenzbeschreibung des Kommandanten Dyer vor dem Hintergrund der bestehenden Nützlichkeitserwägungen zu beurteilen seien. Folglich sei es im Sinne Großbritanniens gewesen, das natürliche Hafenbecken mit einem Umland zu annektieren, das die Nutzung von Weideland und Wasserstellen ermöglichte. Jenseits der unterschiedlichen Nuancierung des Wortes Plateau und der im Schiedsspruch mit beklemmender Gründlichkeit erörterten Auslegungsvarianten sei es entscheidend, dass Dyer sich gemäß den Vorgaben aus London daran orientiert habe, eine im topographischen Sinne koloniale »Einheit« zu definieren und deren Existenzgrundlagen zu sichern.[98] Dieses Ziel sei nur unter Einschluss des südöstlich gelegenen Flussbettes bis Ururas garantiert. Nach ausführlicher Abwägung der widersprüchlichen Argumentationen sah es der Schlichter daher als erwiesen an, dass die britischen Gebietsansprüche im Unterschied zur deutschen Auffassung gerechtfertigt seien und der bisher einseitig gezogenen Grenzlinie internationale Gültigkeit zukomme.

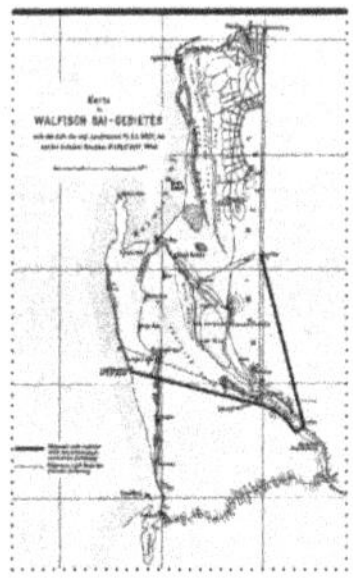

[97] Vgl. Schiedsspruch des Don Joaquin Fernandez Prida betreffend die Südgrenze des britischen Walfischbai-Gebietes vom 23. Mai 1911, 39 Seiten, in: BA, R 901/36741, Bl. 26–46.

[98] Vgl. ebenda, Bl. 43–43R.

Die Grenzherstellungspraktiken, wie sie hier an drei ausgewählten Beispielen zu Deutsch-Südwestafrika aufgezeigt wurden, erwiesen sich als aufwendige und zudem kostspielige Versuche, europäische Territorialkonzepte in den kolonialen Besitz zu übertragen. Dass der koloniale Staat als territorialer Flächenstaat gedacht wurde, markierte eine tiefe Zäsur in den räumlichen Strukturen, die bis dahin in weiten Teilen Afrikas vorherrschten. Effektive Besitzergreifung, wie sie die europäischen Kolonialmächte untereinander vereinbart hatten, zielte auf die Herstellung territorialer Souveränität. Im Ergebnis brachte dieser Transformationsprozess durchaus unterschiedliche Grenzregime hervor: Mal wurden vertraglich »vorgedachte«, in der Regel astronomische Grenzen in den geographischen Raum übertragen und demarkiert, mal einigten sich die kolonialen Konkurrenten zwar auf einen Grenzverlauf, konnten diesen aus Geld- oder Zeitmangel jedoch nicht verwirklichen, oder aber die bilateralen Anstrengungen um eine eindeutige Grenzführung scheiterten an widerstreitenden Kolonialinteressen, am gegenseitigen Misstrauen oder am lückenhaften Wissen über den jeweiligen Raum. Aber wie erfolgreich oder erfolglos auch immer dieser Transfer im Einzelfall ausfiel, die europäischen Kolonialmächte übertrugen ihre Raum- und Grenzkonzepte ins koloniale Afrika und schufen damit eine Ordnung, die zwar in weiten Teilen im Ungefähren verblieb, die jedoch den territorialen Flächenstaat als räumliche Norm voraussetzte. Afrika erhielt auf diesem Wege eine am Flächenstaat orientierte Raumstruktur, obgleich auf dem gesamten Kontinent (mit wenigen Ausnahmen) weder Staaten noch Nationen im europäischen Sinne existierten. Das vorgefundene Gefüge wurde mit einer an den Vorstellungen von Staatsgebiet, Staatsgewalt und Staatsvolk entwickelten Ordnung überschrieben, indem auf dem afrikanischen Kontinent wie auf einer Art »Benutzeroberfläche« Grenzen gezogen wurden, die in erster Linie der Abgrenzung der kolonialen Interessenzonen dienten.[99] Karten des kolonialen Afrika, auf denen Staaten mit linearen Grenzen zu sehen sind, stellen daher irre-

[99] Vgl. hierzu den äußerst lesenswerten Aufsatz von Honold, »Flüsse, Berge, Eisenbahnen«. Honold formuliert darin: »Die koloniale Struktur des geographischen Raumes ist Indikator einer Anschauungsweise, bei der, vergröbernd gesagt, die Erde nach alter Tradition wieder zur Scheibe wird, und diese Scheibe wiederum als eine Art ›Benutzeroberfläche‹ fungiert.« Zitat ebenda, S. 152.

8

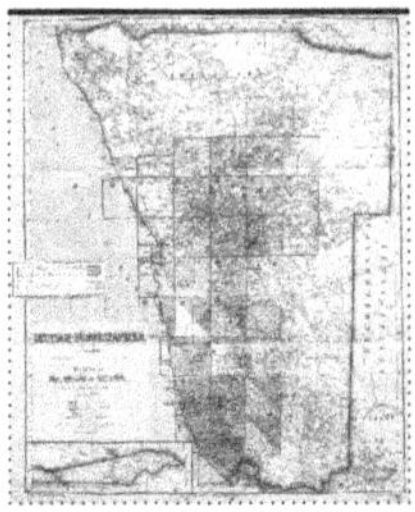

führende Projektionen der europäischen Territorialordnung dar.[100] Doch so fiktiv diese Ordnung angesichts der Grenzherstellungspraktiken auch anmuten mag, auf diesen Karten realisierte sich in gewisser Weise aufgrund der lückenhaften oder gescheiterten Demarkationen die koloniale Landnahme.

Koloniale Grenzziehung war zu einem nicht unerheblichen Teil ein auf Karten vollzogener Akt der Inbesitznahme. Die Diskrepanz von kolonialem Herrschaftsanspruch, fiktiver Grenzziehung und faktischer Territorialisierung schlug sich in den Verhandlungen und Praktiken der Grenzkommissionen auf signifikante Weise nieder. Die Kommissionen waren Orte der räumlichen Wissensproduktion, dort wurden Reiseberichte, Tagebücher, Vermessungsdaten, Forschungsberichte gesammelt und ausgewertet. Doch die diskursive Verdichtung und Operationalisierung dieses Wissens war am Ende des 19. Jahrhunderts noch im Fluss und erreichte nur für bestimmte Regionen Afrikas ein strukturbildendes Niveau.[101] Die »rasiermesserscharfe« Differenzierung von *Innen* und *Außen*, die binäre Codierung von *Hier* und *Dort* setzte ein gesichertes Wissen über die räumlichen Gegebenheiten voraus, das im kolonialen Kontext nur unter Einsatz erheblicher finanzieller, technischer und personeller Mittel zu erlangen war. Die Ansprüche einer modernen, am europäischen Territorialkonzept orientierten Grenzziehung überforderten den kolonialen Staat, der in der Regel weder über das Personal noch über die Ressourcen verfügte, den Möglichkeitsraum vollständig zu durchdringen. Gerade diese Beschränkungen machten die kartographische Darstellung der kolonialen Landnahme nicht nur zum entscheidenden Medium der Territorialisierung, sondern sie wurde zu einer Art Ersatzhandlung der ansonsten oftmals oberflächlichen Raumerfassung.

Beschreibung, Vermessung und kartographische Erfassung des kolonialen Raumes waren signifikante Praktiken der Grenzherstellung, die stets aufeinander bezogen waren und ineinandergriffen. Halbwegs zuverlässige Karten konnten allerdings nur erstellt werden, wenn fundierte, systematisch erhobene und gesicherte Daten über das entsprechende Gebiet existierten. Von einer solchen Faktenlage war die Kolo-

---

100 Vgl. hierzu die entsprechende Beobachtung zur Frühen Neuzeit bei Reinhard, Geschichte der Staatsgewalt, S. 42.

101 Verblüffend ist die in mancher Hinsicht ähnliche Konstellation in der Frühen Neuzeit, vgl. Landwehr, Erschaffung Venedigs, S. 71–89, Zitat S. 88.

nialkartographie jedoch weit entfernt.[102] Territorialisierung musste hier mit weitaus schlichteren Verfahren auskommen. Erkundungs- und Forschungsreisende sowie Grenzkommissare, die zu Expeditionen in unzugängliche Regionen aufbrachen, nutzten bereits verfügbare Karten, selbst wenn davon ausgegangen werden musste, dass sie ungenau und lückenhaft waren. Auf diese Weise strukturierten provisorische und oftmals eher skizzenhaft ausfallende Pläne ihre Wahrnehmungsmuster, wenn sie den tropischen Regenwald, Stein- und Sandwüsten oder fruchtbares Weideland durchquerten. Zu Fuß oder zu Pferd legten die Forscher, Landmesser und Abenteurer ihre Routen zurück, die sie nach gewissen Vorgaben möglichst detailliert festhielten und beschrieben. Zwar fiel die Qualität des so erhobenen Wissens durchaus unterschiedlich aus, was unter anderem mit der Ausbildung der Expeditionsteilnehmer, mit ihrer Ausstattung sowie mit den örtlichen Gegebenheiten zusammenhing, grundsätzlich etablierte sich jedoch auf diesem Wege eine Art Grundbaustein der räumlichen Erfassung: die Routenaufnahme. Sie war – insbesondere zu Beginn der kolonialen Territorialisierung – ein zentrales Instrumentarium der Raumerschließung und ihrer kartographischen Erfassung.

Nach zeitgenössischem Verständnis gehörten Routenaufnahmen zu den einfachsten und billigsten Möglichkeiten, »um von unerforschten oder wenig bekannten Gebieten ein ungefähres Kartenbild zu erlangen«.[103] Mit Uhr und Kompass ließe sich zwar nur ein Überblick über einen »schmalen, bandförmigen Streifen des durchzogenen Landes« gewinnen, gleichwohl gehörte es zur »Ehrenpflicht jedes Reisenden«, nach bestem Wissen und Gewissen Itinerare herzustellen.[104] Dabei »hält man den mit einer quadratischen Bodenfläche versehenen Kompaß mit rechtwinklig gebeugtem Arm frei so vor die Mitte des Leibes, dass die Zahl 0 der Kreisteilung des Instrumentes in die Rich-

---

102 Zur Organisation und Entwicklung der Kolonialkartographie vgl. Moser, Kartographiegeschichte Namibias; Hafeneder, Deutsche Kolonialkartographie, Demhardt, Entschleierung Afrikas.

103 Danckelman, Routenaufnahmen, in: Deutsches Koloniallexikon, Bd. 3, S. 186–187. Routenaufnahmen bildeten für bestimmte Teile Afrikas bis zum Zweiten Weltkrieg die Grundlagen der topographischen Landesaufnahmen. Hierzu sowie zu anderen Techniken des Vermessens und Kartographierens ausführlich: Demhardt, Entschleierung Afrikas, S. 229–271.

104 Hier nur der kurze Verweis auf apodemische Schriften des 16. bis 19. Jahrhunderts und die beginnende Inventarisierung von Wissen in der Frühen Neuzeit, dazu der lesenswerte Beitrag von Dünne, Ortung und Zeichenordnung, S. 145–159; ebenso: Buschmeier/Fieseler, Ästhetische Zahlen.

tung des Weges fällt und notiert stets die von der Nordhälfte der Magnetnadel angezeigte Zahl.«[105] Die Ablesungen sollen immer dann vorgenommen werden, wenn sich die Wegrichtung merklich ändert. Die Aufzeichnung »geschieht mit Hilfe eines mittelharten Bleistifts in ein handliches Notizbuch mit festem Einband [...], und zwar so, dass man schon während des Marsches versucht, ein annäherndes Bild des Weges mit seinen Krümmungen zeichnerisch festzuhalten, unter gleichzeitiger Skizzierung der links und rechts vom Weg sichtbaren Terrainformen«. Die Uhrzeiten seien auf der einen, Kompassablesungen auf der anderen Seite »der Wegelinie« festzuhalten, gleichzeitig sollen auch Dauer des Marsches und der eingelegten Pausen, die jeweiligen Wegerichtungen, Tiefe und Breite von Wasserläufen, An- und Abstiege im Terrain, Geschwindigkeitswechsel sowie durchschnittliche Schrittlängen notiert werden. Zur Vervollständigung wird empfohlen, Bergprofile zu verzeichnen und Rundpeilungen vorzunehmen. Die Routenaufnahmen könnten durch die – dreimal zu wiederholende – Anpeilung markanter Terrainobjekte wesentlich verbessert werden. Auch Rückwärtspeilungen bereits passierter Objekte sowie astronomische Ortsbestimmungen mittels Reisetheodolit seien von großem Wert, denn es galt, unausweichliche Messfehler zu minimieren.

Während solche Anweisungen zur Routenaufnahme darauf abzielten, halbwegs zuverlässige und vergleichbare Daten zu ermitteln, blieb die Unzulänglichkeit dieses Verfahrens signifikant. Den damaligen Experten war durchaus bewusst, auf welchen Füßen diese Art der Raumerfassung stand. Doch es fehlte allzu oft an Alternativen und vor allem an genügend finanziellen Mitteln, um kostspielige Triangulationen durchzuführen. Daher bildete die Routenaufnahme trotz ihrer eklatanten Defizite eine Grundfigur der kolonialen Territorialisierung. Die Wegstrecke, die der Reisende oder der Beamte vor allem im Innern Afrikas zurücklegte, prägte dabei nicht nur seine Fortbewegungs-, sondern auch seine Anschauungsweise. Sein Gesichtsfeld bestimmte und begrenzte die Betrachtung des durchreisten Gebietes. Die lineare Bewegung im Raum konstituierte eine signifikante Wahrnehmungsperspektive, mit der koloniales Land von Europäern beobachtet, beschrieben und benannt wurde. Der durchschrittene Raum wird durch die Benennungsmacht zu einem Terrain mit fixierten Or-

[105] Danckelman, Routenaufnahmen, S. 186. Die nachfolgenden Zitate beziehen sich auf diesen Lexikonartikel. Vgl. auch: Baumann, Topographische Aufnahmen auf Reisen.

ten, die sich fortan zuordnen lassen. Im Zuge des weiteren Vorwärtskommens reiht sich bald Ort an Ort, Wege verwandeln sich so in definierte Passagen. Der Reisende folgt zunächst einem – oftmals völlig unbekannten – Parcours, den er in seiner zeichnerischen Notiz zur Linie formt, und die fügt er wiederum in ein vorgefertigtes Kartenbild ein. Dort durchkreuzt sie eine ansonsten weitgehend indifferente, oftmals gänzlich weiße Fläche. Die Bewegung des Reisenden »wird in Punkte übertragen, die auf der Karte eine zusammenfassende und reversible Linie bilden. Es wird also nur noch ein Überrest wahrnehmbar, der in die Zeitlosigkeit einer Projektionsfläche versetzt wird.«[106] Die Linie ersetzt nun die Bewegung, sie planiert die Beobachtung und kennzeichnet ein System des Vergessens, das Handeln in Lesbarkeit überträgt. Die Bewegung erstarrt im Kartenbild.

9

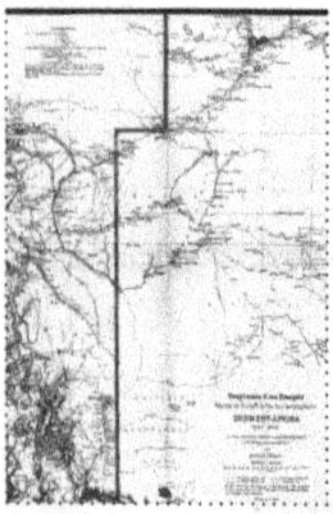

Die Routenaufnahme trug aufgrund ihrer linearen Struktur wesentlich dazu bei, dass die Arbeitsfiktion des leeren Raumes zu einem zentralen Wahrnehmungsmuster kolonialer Herrschaft wurde.[107] Denn während die einzelne Wegeaufnahme eher eine Reiseskizze darstellte, deren primäre Funktion darin lag, eine bestimmte Marschroute abzubilden und die gesammelten Beobachtungen zu übermitteln, führte die kartographische Verarbeitung von Routenaufnahmen dazu, spezifische koloniale Kartenbilder zu produzieren. Denn »je mehr sich die Wegeaufnahmen in dem betr. Gebiete häufen und wenn dann zu diesen Aufnahmen noch zuverlässige astronomische Ortsbestimmungen mit einem Reisetheodolit hinzukommen« lässt sich doch »mit der Zeit ein billigen Anforderungen genügendes Kartenbild bei sachkundiger Kombination allen Materials« herstellen. »Auf diese Weise«, so der Grenzreferent Alexander von Danckelman noch vor dem Ersten Weltkrieg, »sind die meisten der bis jetzt vorhandenen Karten der deutschen Schutzgebiete entstanden.«[108]

---

[106] Certeau, Die Kunst des Handelns, S. 188; insbesondere auch das Kapitel über »Wegstrecken und Karten«, S. 220–226. Zur Linie als kartographisches Zeichen vgl. Uhlig, Die Fiktion der Linie.

[107] Zur Arbeitsfiktion des »leeren Raumes« vgl. Honold, Flüsse, Berge, Eisenbahnen, S. 151; ders., Pfadfinder; ders., Raum ohne Volk. Zutreffend der bei Honold zu findende Hinweis auf Russell Bermann, der betont, dass für den deutschen Kolonialismus die räumliche Dimension entscheidender sei als die rassistische, vgl. Bermann, Enlightment of Empire. Literarisch argumentiert: Noyes, Colonial Space; geographisch betrachtet es: Sack, Conceptions of Space in Social Thought.

[108] Danckelman, Routenaufnahmen, S. 186.

Das Zusammenfügen einzelner Routenaufnahmen in einer einzigen Karte, oft ergänzt durch die Einarbeitung weiterer Reiseberichte, erzeugte – paradoxerweise könnte man sagen – gerade das, was sie aufzuklären vorgab: den leeren Raum. Das Kompilieren der verschiedenen Routen betonte einerseits die bereits erkundeten Wege 10 und Teilstrecken, gleichzeitig entstanden wie in einer Kippfigur großzügige weiße Flächen, die auf zukünftige Expeditionsziele aufmerksam machten. Die Reisenden wählten Zonen aus, die fortan als bekannt galten, andere verurteilten sie dazu, zu verschwinden. Michel de Certeau nannte diese Art der Raumaneignung eine »Rhetorik des Gehens«.[109] Indem die Figuren der Bewegung auf die Karte übertragen wurden, vollzog sich ein Akt des Vergessens, denn die Reisenden selbst wussten noch sehr wohl, dass in dem noch unbekannten Terrain nicht nichts war. Kartographieren zeigt sich hier als komplexitätsreduzierende Synchronisationsleistung, die sich der Übersichtlichkeit verschrieben hat.[110] Die Karte, auf der die ursprünglich disparaten Elemente vereint wurden, verhüllte nicht nur diejenigen Handlungen, deren Ergebnis sie war, sie löschte auch die spezifischen Wahrnehmungs- und Konstruktionsbedingungen des leeren Raumes.

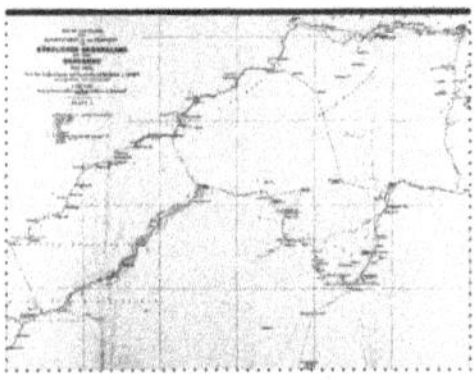

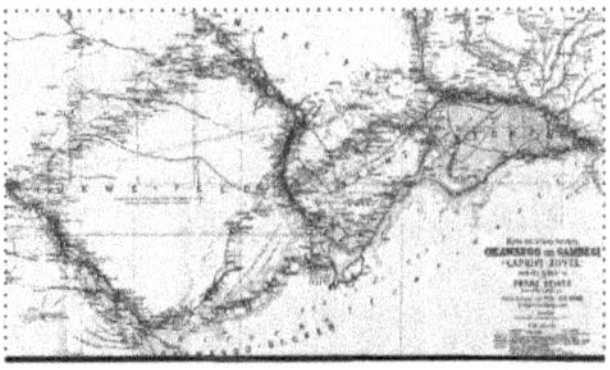

Die in der Kolonialkartographie hervorstechenden weißen Flecken waren ein Phänomen, das keineswegs aus vormoderner Zeit stammte, sondern das erst im Zuge der Professionalisierung 11 kartographischer Tätigkeit aufkam. Zuvor hatten Kartographen die ihnen unbekannten Gebiete mit mancherlei Symbolik zu füllen verstanden. In ihren Karten war Afrika von Elefanten, Nashörnern und von mancherlei mythischen Wesen bevölkert. Sie repräsentierten überlieferte Erzählungen, die schier Unglaubliches über die fernen Länder enthielten. Auch stellte man sich die dortigen Herrschaftsverhältnisse

109 Certeau, Kunst des Handelns, S. 191.

110 Karten produzieren eine lesbare Welt, die außerhalb der kartographischen Darstellung nicht existiert. Die Übersetzungsschritte, die schließlich zum Kartenbild führen, sind unumkehrbar. »Das Lesen einer Karte führt nie zu jener Landschaft zurück, mit der der erste Vermessungsingenieur konfrontiert war. Es gehört allerdings zu den Funktionsweisen der Karten, diesen Umstand zu verdecken.« Zu den Übersetzungs- und Synchronisationsleistungen vermessungstechnischer und kartographischer Arbeit absolut einschlägig: Gugerli/Speich, Topographien der Nation, Zitat S. 211.

ähnlich wie in Europa vor – von Königreichen war zu hören, die über gewaltige Territorien herrschten.[111] Erst im 19. Jahrhundert verfolgten
12 Kartographen den Anspruch, wissenschaftlich fundierte Informationen zu verarbeiten, und folglich verschwanden Giraffen, Zebras und Buschmänner von der Bildfläche. Die Karten wurden merklich leerer. Das fehlende Wissen über bestimmte Gebiete wurde nicht kaschiert, sondern durch weiße Flecken geradezu hervorgehoben. Der Übergang vom Imaginären zum Symbolischen ließe sich kaum eindrücklicher veranschaulichen. Die symbolische Präsentation zielte auf den kolonialen Eifer, die noch »zu erforschenden Gebiete« möglichst rasch und umfassend zu erkunden.

Die weißen Flecken erzeugten eine Art Sog, der sie früher oder später zum Verschwinden bringen würde. Sie fungierten als Platzhalter für ein unbestimmtes oder unbestimmbares Gebiet, mit denen Kartographen darauf aufmerksam machten, was kolonialpolitisch und wissenschaftlich noch zu tun sei. Die weißen Flecken besitzen einen Aufforderungscharakter, der zur Veränderung einlädt. Der Geograph August Petermann notierte 1866 zutreffend, dass die Karten
13 zeigten, »was wir von unserer Erde wissen. […] Selbst die Afrikanischen und Australischen terrae incognitae schrumpfen mehr und mehr zusammen, es sind noch einige weisse Stellen, vielleicht ›wüste Gebiete‹, wo ›Nichts‹ ist. In Wahrheit aber ist Alles, was wir auf unseren Karten sehen, nur erst der erste Schritt, der Anfang zu einer genaueren Kenntnis unserer Erdoberfläche.«[112]

Der im kolonialen Kontext entstehende leere Raum kann in seiner Wirkungsmächtigkeit wohl kaum überschätzt werden. Denn ähnlich wie die vom US-amerikanischen Historiker Frederick Jackson Turner formulierte These, dass die von Ost nach West verschobene Frontier nicht nur eine Siedlungsgrenze darstelle, sondern darüber hinaus eine Zone fortschreitender Amerikanisierung markiere,[113] charakterisie-

[111] Vgl. Schneider, Macht der Karten, S. 100. Zu den »weißen Flecken« vgl. auch Hamann/Honold, Kilimandscharo, S. 105–120.

[112] Petermann, Notiz über den kartographischen Standpunkt der Erde. Zum »System Petermann« in der Kolonialkartographie vgl. Schelhaas/Wardenga, »Die Hauptresultate der Reisen vor die Augen bringen«.

[113] Vgl. Turner, The Frontier in American History; zur Historisierung der Frontier-These und zu ihrer Einordnung in evolutionistische Geschichtstheorien immer noch einschlägig: Waechter, Die Erfindung des amerikanischen Westens; Lamar/

ren auch die im kolonialen Afrika ausgewiesenen weißen Flächen Zonen ohne kolonialen Einfluss. Während im US-amerikanischen Zusammenhang die Frontier allerdings explizit als Besiedlungsgrenze konnotiert war und sie folglich zunächst einmal europäisch besiedeltes vom europäisch unbesiedelten Terrain trennte, war der leere Raum in Afrika keine analoge Besiedlungs- und Zivilisationsscheide. Denn auch jenseits der weißen Flecken auf den Karten lässt sich kaum von einer vergleichbaren europäischen Besiedlung, geschweige den von einer homogenisierenden Wirkung im Zuge eines nach Unabhängigkeit strebenden Staatsbildungsprozesses sprechen, der zur Ausbildung nationaler Identitäten führte. Auch die Vorstellung von Wildnis hatte in Afrika andere Konnotationen als in den USA. Doch bei aller Differenzierung stellte eine bewegliche Frontier – die nicht zwingend als Linie gedacht werden muss – ein elementares Wahrnehmungsschema von Kolonial- und Siedlergesellschaften dar. Es unterschied zwischen Territorien, die aus europäischer Sicht als erobert, entdeckt oder zumindest erschlossen galten, und denjenigen, bei denen dieser Prozess noch ausstand. Frontier diente somit der Kennzeichnung eines kolonialen Potenzials. Durch die binäre Codierung in *diesseits* und *jenseits* der Linie wurde leerer Raum konstruiert, der vor allem eines suggerierte: dort, wo europäischer Einfluss fehlt, ist *nichts*, zumindest so wenig, dass es nicht wert erschien, kartographiert zu werden.

Der leere Raum und seine kartographische Repräsentation als weiße Fläche waren das Resultat eines europäischen Raumaneignungsprozesses.[114] Sie verdanken ihre Entstehung einem komplexen Zusammenspiel von spezifischen Vorannahmen, Wahrnehmungsmustern und Symbolisierungsformen. Ein zentraler Faktor war dabei die rechtliche Grundkonstellation der kolonialen Eroberungen im 19. Jahrhundert. Die unter den europäischen Kolonialmächten vereinbarte Absprache, Afrika sei rechtlich als staatsfreier Raum anzusehen und daher frei okkupierbar, ließ die dort gewachsenen Ordnungen – gleich welcher Art – als irrelevant gelten. Keine europäische Macht verstand sich als Rechtsnachfolgerin vorgefundener Systeme. Im

Thompson (Hg.), The Frontier in History; immer noch lesenswert: Gerhard, Neusiedlung und institutionelles Erbe.

114 Die Vorstellung des leeren Raumes findet man bereits bei John Locke in der Figur des *vacuum domicellem*. Aus der Sicht des britischen Kolonialismus war Land, das nicht bewirtschaftet wurde, »no one's property« und diejenigen, die dort lebten, aber das Land nicht bearbeiteten, galten als Teil der dort vorgefundenen Natur. Vgl. Arneil, John Locke and America.

Sinne des internationalen Rechts existierte dort, wo koloniales Land noch nicht effektiv in Besitz genommen war, nichts. Die Vorstellung des leeren Raumes markierte somit vor allem den rechtlichen Status Afrikas als Ort kolonialer Landnahme. Damit wurde bereits die Territorialisierung selbst vorstrukturiert, denn Abenteurer, Forscher, Reisende und Kolonialbeamte nahmen Afrika zwar auch als unzivilisierten und dünn besiedelten Kontinent wahr (und beschrieben ihn auch in diesem Sinne als leer), ihre Karten enthielten jedoch schon die weißen Flecken, die es zu erkunden galt. Als sie zum Niger, zum Okavango oder zum Zambesi aufbrachen, war dieser Raum in ihren Köpfen bereits leer. In dieser Hinsicht ist der leere Raum keine Metapher, sondern demonstriert die beanspruchte Überlegenheit europäischer Mächte sowie die beabsichtigte Installation des europäischen Territorialverständnisses auf einem (im staatsrechtlichen Sinne) zum rechtsfreien Raum erklärten Kontinent.

Die rechtliche Architektur der kolonialen Landnahme und ihre Präfiguration des leeren Raumes korrespondierten mit den Anschauungs- und Beobachtungsformen der Kolonisierenden in signifikanter Weise. Die Routenaufnahme stellte eine Grundfigur der kolonialen Landerschließung dar. Die Europäer erkundeten Afrika entlang von Routen, die sie detailliert beschrieben und verzeichneten. Ihr auf Karten projizierter Wahrnehmungshorizont lieferte ein – in weiten Teilen immer noch recht vages – Wegenetz, das den geographischen Raum zwar untergliederte, das in seinen Zwischenräumen jedoch leer blieb. In der kartographischen Verarbeitung dieser routenbasierten Territorialisierung ersetzte die gezeichnete Linie die Bewegung im Raum und erzeugte ein von weißen Flächen und schmalen Routen dominiertes Kartenbild, das Handeln in Lesbarkeit übersetzte. Die Konstruktion des leeren Raumes war somit auch das Ergebnis einer Symbolisierungsleistung, dem ein sich stets reproduzierender Akt des Vergessens zugrunde lag.

IV

Lebensraum: Bewegungsgesetze und Bodenhaftung

Biologisierung des Raumes

»Aber nehmen wir statt 80 nur gegen 65 Millionen für das Jahr 1900«, so schrieb 1879 der leitende Inspektor der Rheinischen Mission und einer der zentralen Agitatoren der deutschen Kolonialbewegung, Friedrich Fabri, »so erweckt auch diese Wahrscheinlichkeit bedenkliche Aussichten. Denn selbst diese Annahme führt doch wohl mit unaufhaltbarer Folgerichtigkeit zu folgendem Prognostikon: [...] rapides Wachsthum des Pauperismus und der socialen Noth.«[1] Fabri (und mit ihm die seit den 1870er Jahren anwachsende Kolonialbewegung) prognostizierte eine »rapide Zunahme der Bevölkerung Deutschlands« und sah in den durch Urbanisierung und Industrialisierung verursachten Verdichtungsprozessen ein Grundübel der modernen Gesellschaft. Der durch soziale Verarmung entstehende Auswanderungsdruck schade Deutschland nachdrücklich, daher sei die »energische Inangriffnahme einer wirklichen Colonial-Politik [...] das einzig wirksame Mittel, die deutsche Auswanderung aus einem Kräfteabfluß in einen wirthschaftlichen wie politischen Kräfte-Zufluß zu verwandeln«.[2] Im Aufruf der »Gesellschaft für deutsche Kolonisation« vom 3. April 1884 formulierte Carl Peters entsprechend, dass »der große Strom deutscher Auswanderung [...] seit Jahrhunderten in fremde Rassen« eintauche, um in ihnen zu verschwinden. Das Deutschtum außerhalb Europas »verfällt fortdauernd nationalem Untergang«.[3]

Das 1798 von Thomas Robert Malthus erstmals formulierte Bevölkerungsgesetz gehörte in der deutschen Kolonialbewegung des ausgehenden 19. Jahrhunderts zur ideologischen Grundausstattung. Aus

---

1 Fabri, Bedarf Deutschland der Colonien?, Eine politisch-ökonomische Betrachtung, Gotha 1879, S. 20. Zu Fabri vgl. Bade, Friedrich Fabri und der Imperialismus in der Bismarckzeit.

2 Fabri, Colonien, S. 28.

3 Aufruf der »Gesellschaft für deutsche Kolonisation« vom 3. April 1884, in: Jacob (Hg.), Deutsche Kolonialpolitik in Dokumenten, S. 85–87.

dem gegenrevolutionären Pamphlet schöpften die Kolonialpioniere ihre Überzeugung, dass das in Unordnung geratene Verhältnis von Bevölkerungsdynamik und verfügbarem Raum die entscheidende Konfiguration zukünftiger Gesellschaftsentwicklung darstelle. Kolonialpropaganda, Auswanderungsdebatte und Modernisierungskritik rekurrierten folglich auf diffuse und oftmals apokalyptisch arrangierte Bedrohungsszenarien, die aufgrund einer prognostizierten, behaupteten oder diagnostizierten Übervölkerung mit sozialen Zukunftsängsten konnotiert waren. Bemerkenswert ist, dass das Schreckgespenst der »Überproduktion des Menschen« (Heinrich von Treitschke) und eines dramatisierten Raumverlustes auch dann kaum etwas von seiner Sprengkraft einbüßte, als sich die politischen, ökonomischen und sozialen Bedingungen entscheidend verändert hatten. Seit 1900 waren die Geburtenzahlen in Deutschland bei etwa konstanter Mortalitätsrate stark rückläufig, in manchen Industriezentren herrschte Arbeitskräftemangel, und die Binnenwanderung – insbesondere von Ost nach West – gewann gegenüber der überseeischen Auswanderung erheblich an Bedeutung. Das Deutsche Reich wandelte sich noch vor dem Ersten Weltkrieg vom Auswanderungs- zum Einwanderungsland.[4] Neben diesen allgemeinen ökonomischen und bevölkerungspolitischen Veränderungen waren insbesondere auch die klimatischen Bedingungen in den deutschen Schutzgebieten dafür verantwortlich, dass der Migrations- und Siedlungsgedanke in der konkreten Kolonialpolitik im Hintergrund blieb und politisch kaum eine signifikante Bedeutung erlangte. Deutsch-Ostafrika oder Kamerun waren schlichtweg nicht für die Ansiedlung deutscher Bauern geeignet, und somit traten Kolonial- und Auswanderungsfrage während des Kaiserreiches zunehmend auseinander. Letztere konzentrierte sich folglich auf südamerikanische Einwanderungsländer ohne deutsche Souveränitätsrechte und verlor damit den unmittelbaren Bezug zu den eigenen Schutzgebieten. Die gesamte Migrations- und Siedlungsthematik blieb allerdings konstituierender Bestandteil einer wissenschaftlichen Theoriebildung, die koloniale Expansion als ein »Bewegungsgesetz des räumlichen Wachstums« der Staaten definierte.[5]

Während die ökonomischen und machtpolitischen Ambitionen Deutschlands in der historischen Forschung unter dem Schlagwort Weltpolitik firmieren, wird die Forderung nach einer stärker an deut-

[4] Vgl. Wehler, Gesellschaftsgeschichte, Bd. 3, S. 493–546.
[5] Hier in Anlehnung an Ratzel, Gesetze des räumlichen Wachstums.

schen Interessen ausgerichteten Migrations- und Siedlungspolitik als Kerngedanke eines Lebensraumkonzeptes verstanden, das erstmals Ende des 19. Jahrhunderts der Geograph Friedrich Ratzel systematisierte. Weltpolitik und Lebensraum gelten historiographisch als zwei ideologische Formationen, in denen die ökonomischen, politischen und sozialen Widersprüche, Spannungen und Gegenläufigkeiten der Moderne zum Ausdruck kamen.[6] Dabei fungiert Weltpolitik als ein Schlüsselbegriff für das imperiale Machtstreben des jungen deutschen Nationalstaates, der vor allem sein ökonomisches Potenzial zu sichern und auszuweiten anstrebte. Verwurzelt im Liberalismus, steht Weltpolitik für eine positive und an globaler Wirtschaftsförderung orientierte Sicht auf die ökonomischen Modernisierungsprozesse des ausgehenden 19. Jahrhunderts. Während dieses weltpolitische Machtstreben eher für die Spätphase des Kaiserreiches und für die Entwicklungsdynamiken bis zum Ersten Weltkrieg charakteristisch scheint, wurde die Forderung nach Lebensraum zwar auch schon um die Jahrhundertwende artikuliert, sie entfaltete allerdings erst nach dem verlorenen Weltkrieg ihre politische Wirkungskraft. Die Auffassung, Deutschland brauche erheblich mehr Lebensraum, gehörte vor 1914 zwar zum ideologischen Glaubensbekenntnis radikaler Organisationen, wie dem Alldeutschen Verband, als politisches Konzept hatte die Forderung nach Lebensraum allerdings noch deutlich weniger Gewicht als die von Weltpolitikern propagierte Expansion.[7]

Die insbesondere von dem US-amerikanischen Historiker Woodruff D. Smith ausgearbeitete These, der deutsche Imperialismus sei durch Ideologien wie Weltpolitik und Lebensraum binär codiert gewesen, hat berechtigterweise viel Zustimmung und in jüngster Zeit auch eine – weniger überzeugende – Aktualisierung unter der Prämisse einer für das Kaiserreich in Rechnung zu stellenden Globalisierung erfahren.[8] Die von Smith vertretene, an Modernisierungs- und Imperialismusparadigmen orientierte Deutung favorisiert gleichwohl eine

[6] Hierzu die einschlägige Veröffentlichung von Smith, The Ideological Origins of Nazi Imperialism; zuvor bereits mit ähnlicher Argumentation in: ders., The German Colonial Empire. Lebensraumpolitik im Sinne imperialer Weltpolitik, vor allem in Mittelafrika, untersucht bereits: Onken, Das Problem des »Lebensraums«.

[7] Zu den radikalen Verbänden vgl. Schmid, Kampf um das Deutschtum; Walkenhorst, Nation – Volk – Rasse; Hering, Konstruierte Nation; Chickering, We Men Feel Most German.

[8] Vgl. Smith, »Weltpolitik« und »Lebensraum«, in: Conrad/Osterhammel (Hg.), Kaiserreich transnational, S. 29–48.

bestimmte Lesart des Lebensraumkonzeptes, die sich auf die politische Inanspruchnahme des von Friedrich Ratzel ausgearbeiteten Ansatzes konzentriert. Zweifellos gibt es für diese Perspektive genügend Anlässe: Ratzel selbst war Gründungsmitglied des seit 1891 kolonialpolitisch agitierenden »Alldeutschen Verbandes«. Er gehörte darüber hinaus zahlreichen nationalistischen Gruppierungen an, war im Vorstand der Leipziger Sektion der »Deutschen Kolonialgesellschaft«, Mitglied der Nationalliberalen Partei und zudem bekennender Befürworter des deutschen Flottenbauprogramms.[9] Kolonialpolitik gehörte für Ratzel zu den vitalen Lebensfragen eines deutschen Nationalstaates, der nach seiner mühsamen, aber erfolgreichen Konstituierung herausgeführt gehöre »in die frischere Luft der Interessen des Weltverkehrs«. Dahinter steht der schlichte machtpolitische Anspruch, dass Kolonien »zur Ausrüstung einer Nation gehören«, zumal wenn es sich um ein »so großes Volk« wie das der Deutschen handele.[10] Ratzels Engagement in radikalen Verbänden, Zirkeln und Organisationen mit nationalistisch-völkischer Grundüberzeugung prägt und rechtfertigt eine Forschungsperspektive, die sich auf die (welt)politischen Implikationen seiner für die Professionalisierung der geographischen Fachdisziplin überaus einflussreichen Anthropogeographie und deren Rezeption konzentriert. Doch der Übergang von der wissenschaftlichen Theorie zur politischen Agitation stellt bekanntermaßen ein komplexeres Geschehen dar, als es schlichte Anwendungsmodelle zunächst nahelegen mögen.[11] So haben unter anderem die Forschungen zum Zusammenwirken von Wissenschaft und Politik im Nationalsozialismus sowie während des Kalten Krieges bei allen Unstimmigkeiten im Detail deutlich gemacht, dass den Fragen nach Gewicht und Wirkungskraft wissenschaftlicher Forschungen, nach individueller Zuarbeit, institutionellen Verflechtungen und innovativen Forschungs-

[9] Sein kolonialpolitisches Engagement ist u.a. in seiner aus Anlass der konstituierenden Versammlung der Nationalliberalen Partei gehaltenen Rede nachzulesen, in: Ratzel, Wider die Reichsnörgler. Zum Zusammenhang von territorialen Expansionsfordrungen und radikalem Nationalismus vgl. Walkenhorst, Nation – Volk – Rasse, S. 166–226.

[10] Ratzel, Wider die Reichsnörgler, S. 7.

[11] Für Friedrich Ratzel gilt dies im Besonderen, denn der Geograph war keineswegs der Ansicht, mit seinen wissenschaftlichen Arbeiten nur die erforderlichen politischen Legitimationen zu liefern. Vielmehr verstand er seine Theorie als Anleitung für politisches Handeln, das seiner Meinung nach langfristig nur im Einklang mit den wissenschaftlich eruierten Entwicklungsgesetzen erfolgreich sein könne.

leistungen im Kontext ideologiegeleiteter Konstellationen nur mit einem dezidiert wissenschaftshistorischen Ansatz beizukommen ist.[12] Nichts anderes gilt auch für das Deutsche Kaiserreich. Die enge Verzahnung imperialer Expansionspolitik mit der wissenschaftlichen Theoriebildung beispielsweise in der Geographie, der Biologie und der Anthropologie macht einen solchen Zugang unverzichtbar. Zudem verweist das breite Spektrum der nationalistischen, völkischen und antisemitischen Propaganda zwischen 1890 und 1914 nicht nur auf die ideologischen Übereinstimmungen der zahlreichen Gruppierungen und Verbände, sondern immer auch auf ihre Differenzen und Konflikte. Auch am politisch rechten Rand war man sich keineswegs darüber einig, wie das Deutsche Reich seine beanspruchte Weltmachtstellung erlangen sollte. Ratzels Lebensraumkonzept wird in der Forschung häufig als (pseudo)wissenschaftliche Legitimierung einer aggressiven Expansionspolitik angesehen, die bis zum Ersten Weltkrieg vor allem in radikalnationalistischen Kreisen an Zustimmung gewann und die nach 1918 im Gefolge geopolitischer Machtkonzeptionen ihre eigentliche Virulenz entfaltete. Folgt man einer solchen Perspektive, scheinen sich Hitlers Vorstellungen vom Lebensraum nicht mehr wesentlich von denen Ratzels zu unterscheiden. Sein Werk wird auf diese Weise in die weltanschauliche Vorgeschichte nationalsozialistischer Eroberungspolitik eingefügt und letztlich auf sie reduziert. Ein solches Narrativ ebnet notwendigerweise begriffliche, theoretische und methodische Transformationen zugunsten einer Kontinuitätsfiktion ein, die wissenschaftshistorisch überdenkenswert erscheint.

Friedrich Ratzel starb 1904. Seine zunächst als Anthropogeographie konzipierte, später zur Politischen Geographie erweiterte wissenschaftliche Theorie basierte auf seinen jahrzehntelangen Forschungen als Zoologe, Botaniker und Geograph.[13] Ratzel war ein Wissenschaftler des 19. Jahrhunderts. Seinen überaus umfangreichen Veröffent-

---

[12] Die Veröffentlichungen zur sogenannten Ostforschung wie auch zum Verhältnis anderer wissenschaftlicher Disziplinen zum Nationalsozialismus füllen mittlerweile ganze Regale. Daher hier nur der Hinweis auf eine Zwischenbilanz: Jureit, Wissenschaft und Politik.

[13] Zur Biographie Ratzels vgl. Buttmann, Friedrich Ratzel; Müller, Friedrich Ratzel (1844–1904); dazu auch Ratzels autobiographische Schrift: Ratzel, Jugenderinnerungen. Sehr lesenswert: Faber, Zur Vorgeschichte der Geopolitik; mit einer gewissen Betonung ideologischer Kontinuitäten: Bassin, Imperialism and the Nation-State; einen Überblick zur Geographiegeschichte gibt: Schultz, Die deutsche Geographie im 19. Jahrhundert; ebenso lesenswert: Köster, Rede über den Raum, S. 59–71.

lichungen, seinen Forschungsreisen, unter anderem nach Nordamerika, Italien und Mexiko, seiner universitären Lehre in München und vor allem in Leipzig lag ein Wissenschaftsverständnis zugrunde, das zum einen eng mit der damals noch jungen Disziplingeschichte der Geographie verbunden, zum anderen von der Evolutionstheorie Charles Darwins nachhaltig beeinflusst war.[14] Beide Aspekte erweisen sich für Ratzels Denken und vor allem für seine Vorstellung vom Lebensraum als so grundlegend, dass sein gesamtes Werk ohne diese wissenschaftshistorische Kontextualisierung letztlich kaum angemessen zu erfassen ist. Ratzel trieb die Frage um, wie menschliche Gesellschaften von den geographischen Bedingungen ihrer Umwelt geprägt werden, welchen naturwissenschaftlichen Gesetzmäßigkeiten sie unterliegen und wie ihre Entwicklungsdynamiken zu beschreiben und zu klassifizieren sind. Die Anwendung der Erdkunde auf die Geschichte – das war der Kern seines Erkenntnisinteresses. Die zugrundeliegende Annahme, menschliches Zusammenleben sei ebenso wie das von anderen Lebewesen durch Entwicklungsgesetze systematisierbar und folglich auch prognostizierbar, teilte Ratzel mit der Mehrheit seiner Kollegen inner- und außerhalb der Geographie.

Die Geographie gehörte in der zweiten Hälfte des 19. Jahrhunderts zu den sich erst allmählich etablierenden Disziplinen. Lange Zeit galt sie als zuarbeitende Hilfswissenschaft der im universitären Bereich dominierenden Forschungszweige, vor allem der Staats- und Geschichtswissenschaft.[15] Erst Carl Ritter und Alexander von Humboldt stehen für den Beginn einer eigenen wissenschaftlichen Profilbildung, die im Spannungsfeld von geistes- und naturwissenschaftlicher Ausrichtung ihre spezifisch geographische Antwort auf das Zusammenwirken von Natur und Kultur zu konzipieren begann. Die Eigen-

---

[14] Die Publikationsliste von Friedrich Ratzel umfasst mehr als 1200 Titel. Seine Forschungen bezogen sich auf nahezu alle wesentlichen Forschungsfelder der Geographie. Die Vielfältigkeit seiner Lehrtätigkeit in Leipzig zeigt sich unter anderem in seinem Nachlass, der im Institut für Länderkunde verwahrt wird. Eine Übersicht seiner Lehrveranstaltungen in Leipzig findet man http://histvv.uni-leipzig.de/dozenten/ratzel_f.html [3. 9. 2010].

[15] Zur Disziplingeschichte der Geographie vgl. vor allem die zahlreichen Veröffentlichungen von Heinz-Dietrich Schultz, unter anderem: Die Situation der Geographie nach dem Ersten Weltkrieg; Die deutschsprachige Geographie von 1800 bis 1970; Fortschrittsfreunde!; Die deutsche Geographie im 19. Jahrhundert. Für die erste Hälfte des 20. Jahrhunderts einschlägig: Rössler, Wissenschaft und Lebensraum.

ständigkeit eines sich nun sowohl empirisch als auch theoretisch konstituierenden Faches Geographie blieb allerdings bis zur Jahrhundertwende prekär. Während Carl Ritter das Verhältnis von Natur und Mensch bereits aus der Philosophie in das geographische Denken übersetzt und mit seiner Auffassung von der Erde als dem »Erziehungshaus« des Menschen eine anthropozentrische Sicht verankert hatte, gewannen Mitte des 19. Jahrhunderts Entwicklungskonzeptionen von Charles Lyell, Charles Darwin und Herbert Spencer an Einfluss. Der Fortschritts- und Entwicklungsgedanke blieb das starke Band zur Geschichtswissenschaft. Alfred Kirchhoff, Ferdinand von Richthofen und Oskar Peschel verhalfen zunächst einem strengen Positivismus zum Durchbruch und profilierten eine empirisch arbeitende Geographie, die sich als naturwissenschaftliche Disziplin empfahl. Die Bedeutung von Friedrich Ratzel erschließt sich wesentlich aus dieser Grundkonstellation geographischer Objektkonstituierung, die nachhaltig durch innerfachliche Profilierungsgegensätze geprägt war. Das Selbstverständnis als anwendungsorientierte Wissenschaft blieb dabei stets umstritten. Ratzel grenzte sich fachlich – bei aller zeitlebens bestehenden Verbundenheit – von der Ritter'schen Hermeneutik ab und stellte mit seiner 1882 erschienenen Anthropogeographie eine naturwissenschaftlich begründete Mechanik der herrschenden Entwicklungsdynamiken in den Mittelpunkt seines geographischen Denkens. Geographie war für ihn nicht mehr nur Erdbeschreibung, sondern »die Erde wird insofern Gegenstand des wissenschaftlichen Forschens in der Geographie, als ihre Erscheinungen räumliche Anordnung nach bestimmten Gesetzen zeigen, als sie den Grund und Boden alles Lebens und den Schauplatz für die räumliche Entwicklung des Lebens, vor allem des Menschengeschlechts bildet«.[16] Der grundlegende Gesichtspunkt der Geographie »ist die Zusammenfassung der Erdoberfläche und des ihr angehörigen Lebens als eines durch die mannigfaltigsten Wechselbeziehungen verbundenen Ganzen«.[17] Anthropogeographie konzipierte er folglich als Wissenschaft von der Naturbedingtheit des Menschen. Die Stärke des geographischen Elementes in der Geschichte entspreche der Überlegenheit der Natur über den Menschen, und hierbei sei – so Ratzel – zwischen den Wirkungen auf den Zustand und den Wirkungen auf die Handlungen

[16] Ratzel, Anthropo-Geographie, S. 7.
[17] Ebenda, S. 17.

zu unterscheiden.[18] Dabei waren für Ratzel von Beginn an Bewegungs- und Raumaspekte des menschlichen Daseins von ausschlaggebender Bedeutung. Für ihn gehörte »zum Wesen der Völker [...] unaufhörliche Bewegung, die als Geschichte im Raume sich vollzieht und im Raume ihre Grenzen findet. Ebenso wie Bewegungsmöglichkeit hat auch Raumerfüllung durch Menschen ihre Schranken. Doppelt ist daher Größe und geschichtliche Leistung der Völker von dem Raume abhängig, den ihnen die Geschichte zumisst.«[19] Grundlegend für Ratzels Lebensraumbegriff ist die bereits in der »Anthropo-Geographie« formulierte Auffassung, dass die Menschheit »als eine beständig in gährender Bewegung befindliche Masse betrachtet werden [muss], welcher durch diese Gährung zunächst eine grosse innere Mannigfaltigkeit angeeignet wird. Diese Beweglichkeit ist in verschiedenem Grade vorhanden, aber sie fehlt keinem Volke und keiner Kulturstufe. Sie hat die Tendenz, die Menschheit immer einförmiger zu gestalten, weil die Vermischung mit diesen Bewegungen unzertrennlich verbunden ist.«[20] Im zweiten, 1891 publizierten Band seiner »Anthropo-Geographie«, in dem es im Unterschied zum ersten Teil um die eher statischen Aspekte seiner Lehre wie der »geographischen Verbreitung des Menschen« ging, skizzierte Ratzel bereits die Fundamente seines späteren Hauptwerkes: der »Politischen Geographie«.

Immer wieder wird Friedrich Ratzel als Begründer der Politischen Geographie bezeichnet. Wenn auch seine Forschungsleistungen auf diesem Terrain zweifellos schulbildend und nachhaltig waren, so bleibt zugleich zu betonen, dass er »die Betrachtung des Staates nach seinen Raumverhältnissen und seiner Lage auf der Erdoberfläche« keineswegs erfand, sondern eine bis dahin uninspirierte, fachlich zersplitterte und weitgehend bedeutungslose Forschung nach Art der Länder- und Staatenkunde zu neuem und vor allem zu einem politischen Leben erweckte. Ratzel konzeptionalisierte seine Politische Geographie strikt anthropogeographisch, was ihm sowohl Zuspruch als auch dezidierte Kritik einbrachte. Applaus erhielt er zunächst weniger von seinen geographischen Fachkollegen als vielmehr von staatswissenschaftlicher, historiographischer und nationalökonomischer Seite. Die Geographie tat sich bis zum Ersten Weltkrieg schwer mit Ratzels

[18] Ebenda, S. 41. Die Wirkungen auf den Zustand des Menschen delegierte Ratzel fachlich an die Physiologie.
[19] Ebenda, S. 157.
[20] Ebenda, S. 438.

Theorie über den »Zusammenhang von Boden und Staat«.[21] So urteilte Alfred Hettner, dass der Politischen Geographie – zumindest wie Ratzel sie entwarf – allenfalls am Rande des geographischen Feldes ein Platz zukomme. Zudem wurde immer wieder Ratzels ausufernder und begrifflich unscharfer Argumentationsstil kritisiert, der es erschwere, seine Thesen präzise herauszulösen und begrifflich zuzuspitzen. Die zum Teil entschiedene Ablehnung seiner Werke soll Ratzel »schwer empfunden« haben, was ihn allerdings nicht davon abhielt, konsequent an seinen Thesen festzuhalten.[22] Bis zu seinem Tod hat er seine Ideen zwar immer wieder weiterentwickelt, überarbeitet und korrigiert, auch hat sich sein Verhältnis zum Darwinismus im Lauf der Zeit gewandelt, gleichwohl kann seine Politische Geographie als ein in sich geschlossener und in seinen Kernaussagen relativ konstanter Theorieentwurf gelten, der sich im weitesten Sinne der Konzeptionalisierung einer zwischen Geo- und Biowissenschaften vermittelnden Biogeographie verpflichtet fühlte.

Ratzel selbst beanspruchte für seine Forschungen bereits den Begriff Biogeographie und bezog ihn vor allem auf den Staat als »bodenständigen Organismus«. Für »die Biogeographie gibt es Lebensräume, Inseln des Lebens usw. und für sie ist auch der Staat der Menschen eine Form der Verbreitung des Lebens an der Erdoberfläche. Er steht unter denselben Einflüssen wie alles Leben. Die besonderen Gesetze der Verbreitung der Menschen auf der Erde bestimmen auch die Verbreitung ihrer Staaten.«[23] Ratzels Wissenschaftsverständnis basierte auf einer Auffassung vom Leben, wie sie sich vor allem in der Biologie, der Zoologie, aber auch in der Physiologie des 19. Jahrhunderts herausgebildet hatte.[24] Leben galt demnach als fundamentale Katego-

---

21 Ratzel, Politische Geographie, S. 1.

22 Zeitgenössische Rezensionen stammten z.B. von: Alfred Hettner, Otto Schlüter. Paul Vidal de la Blache, Joseph Partsch. Zusammenfassend zur Rezeption: Oberhummer, Die politische Geographie vor Ratzel und ihre jüngste Entwicklung, dort auch das Zitat, S. 615; detailliert zur Rezeption, insbesondere nach 1918: Korinman, Quand l'Allemagne pensait le monde.

23 Ratzel, Politische Geographie, S. 1.

24 Ratzel transferierte – wenn auch auf spezifische Weise – biologische Denkmodelle in die Geographie. Zur Biologisierung von Gesellschaftstheorien im 19. Jahrhundert sowie zum Einfluss der Biologie auf die Sozial- und Kulturwissenschaften vgl. Barsch/Hejl (Hg.), Menschenbilder, darin besonders der Aufsatz zum Verhältnis von Biologie und Soziologie von: Peter Weingart, Biologie als Gesellschaftstheorie, S. 146–166. Dazu ausführlicher: Weingart/Richerson/Mitchell/Maasen (Hg.), Human by Nature.

rie für die Beobachtung, Beschreibung und Analyse von den als natürlich ausgegebenen Entwicklungsdynamiken: »Die Variabilität des belebten Stoffes« – so Ratzel explizit – »gehört zu den Grundlagen der Lehre vom Leben«. Dabei erlangte die Metaphorik des Organischen substanzielle Bedeutung – und zwar in mehrfacher Hinsicht: In Ratzels Politischer Geographie ist der Staat zum einen ein Lebewesen, das sich aufgrund der jeweils herrschenden natürlichen Bedingungen entwickelt, zum anderen ist sein Territorium zugleich elementarer Bestandteil des Staates selbst. Denn für Ratzel ist der Staat nicht nur deswegen ein Organismus, »weil er eine Verbindung des lebendigen Volkes mit dem starren Boden ist, sondern weil diese Verbindung sich durch Wechselwirkung so sehr befestigt, dass beide eins werden und nicht mehr auseinandergelöst gedacht werden können, ohne dass das Leben entflieht«.[25] Staatliches Territorium wird nach diesem Verständnis zum zentralen Gegenstand einer weiterhin naturräumlich konzipierten Geographie, in deren Vokabular sich der politische Raum zu einer Kategorie des Lebens und damit zu einer Kategorie der Substanz wandelt.[26]

Die Vorstellung vom Staat als Organismus,[27] wie sie bei Friedrich Ratzel in Anlehnung an die Staats- und Gesellschaftsphilosophie der deutschen Romantik vorherrschte, rekurrierte unter anderem auf Friedrich Wilhelm Joseph Schellings naturphilosophische Ansätze. Organismus war für Schelling »eine geistphilosophische Kategorie, die einen in einem Absoluten verwurzelten geistig-religiös-kulturellen Lebenszusammenhang in seiner Verwobenheit und Einheit« bezeichnet.[28] Den organischen Staat entwarf er als Totalität, als eine jen-

---

[25] Ratzel, Politische Geographie, S. 4.

[26] Vgl. Köster, Rede über den Raum, S. 63.

[27] Von der hier relevanten, naturtheoretischen Organismus-Analogie ist die Vorstellung eines sittlichen Organismus, wie er insbesondere im frühen Konstitutionalismus vorherrschte, zu unterscheiden. Im Gegensatz zur romantischen Vorstellung des unbewusst naturhaft gestalteten Ganzen zielte die staatstheoretische Variante auf die Selbständigkeit und Selbsttätigkeit der einzelnen Glieder im politischen Ganzen. Verfassungspolitisch stand dabei die Überzeugung im Mittelpunkt, dass staatliche Ordnung ein organisches Gemeinwesen und keine Rechtsbeziehung zwischen Fürst und Untertanen darstellt. Die damit aufgeworfene Souveränitätsfrage richtete sich direkt gegen eine politische Herrschaft, die eben nicht diesem Gemeinwesen, sondern den politischen Zielen und Interessen des Fürsten verpflichtet war. Hierzu ausführlich und präzise: Böckenförde, Der Staat als Organismus.

[28] Ebenda, S. 268.

seits des Zweckhaften legitimierte Form eines metaphysischen Geist-Organismus. Für Ratzels Staats- und Raumverständnis noch einflussreicher wurde Adam Müllers »Elemente der Staatskunst«, in der er den Einzelnen zur Hingabe an die im Volkstum wurzelnde Nation berufen sah. Der Staat als Körper, »dessen innige, gewaltige Verbindung wir in jedem wahren Lebens=Moment am unmittelbarsten fühlen, bleibt das nächste und schönste Muster aller Vereinigungen und Körperschaften, zu denen uns unsre ganze Lage unaufhörlich hin drängt«.[29] Müllers Staat war strikt naturtheoretisch hergeleitet, er »ruhet ganz in sich: unabhängig von menschlicher Willkür und Erfindung, kommt er unmittelbar und zugleich mit dem Menschen eben daher, woher der Mensch kommt: aus der Natur – aus Gott, sagten die Alten«.[30] Müller schwebte zwar eine in Balance zu haltende Körperökonomie vor, allerdings nicht in Gestalt eines sich funktional ausdifferenzierenden Staates, sondern einer nach mittelalterlichem Vorbild strukturierten Ständeordnung. Entscheidend für den hier interessierenden Zusammenhang ist zudem, dass Müller den Staat im biologischen und nicht im mechanischen Sinne als lebendiges Ganzes begriff, das sich nach seinem Verständnis vor allem durch Beweglichkeit und Wachstumsfähigkeit auszeichnet. Dieses organische Wachsen des Staates galt ihm als natürlicher Entwicklungsprozess, der der Behütung und Pflege bedürfe, der jedoch der politischen Formung entzogen blieb. Die Absage an einen politischen Gestaltungsanspruch kennzeichnete Müllers antiliberales Staatsverständnis, das einen Gegenentwurf zum aufklärerischen Staat darstellte, der eben nicht als naturhafter Organismus, sondern als ein rechtlich verfasstes Gemeinwesen konstituiert war.[31] Auch Ratzel wandte sich entschieden gegen das Staatsverständnis des Rationalismus. Er berief sich dabei auf den Naturphilosophen Lorenz Oken, auf den Geographen Ernst Kapp sowie auf den Soziologen Albert Schäffle, dem er zuschrieb, als Erster die Bedeutung des Bodens als »Kampfplatz der sozialen Selbsterhaltung« er-

---

29 Müller, Elemente der Staatskunst, Bd. 1, S. 37. Zu Müller vgl. Baxa, Einführung in die romantische Staatswissenschaft, insbesondere S. 164–194; Matala de Mazza, Der verfasste Körper. Zur Organismus-Analogie vgl. den Überblicksartikel von Scheerer, Organismus; ausführlich bei: Böckenförde, Organ, Organismus, Organisation, politischer Körper.

30 Müller, Elemente der Staatskunst, S. 45.

31 Zur Staatslehre im Vormärz vgl. Stolleis, Geschichte des öffentlichen Rechts in Deutschland, Bd. 2, S. 121–156.

kannt zu haben.[32] Gleichzeitig spielte seine – zunehmend kritische – Auseinandersetzung mit dem Darwinismus eine entscheidende Rolle. Denn im Lauf des 19. Jahrhunderts erlangte die Organismus-Analogie mit evolutionstheoretisch fundierten Staats- und Gesellschaftskonzepten, wie sie unter anderem von Herbert Spencer, Ernst Haeckel und Rudolf Virchow vertreten wurden, eine neue Konturierung. Spencer sah die wesentliche Gemeinsamkeit zwischen biologischem und sozialem Organismus in der fortschreitenden Spezialisierung der Funktionen begründet, die er wiederum aus dem »fortwährenden Wachstum« ableitete. Gerade sein und Haeckels Transfer des evolutionären Prinzips in die Gesellschaftswissenschaften war für Ratzels Theoriebildung ausschlaggebend. Spencer popularisierte Darwins Theorien, indem er gesellschaftliche Entwicklungen als von der unsichtbaren Hand der Evolution gesteuert betrachtete. Ebenso wie im Tier- und Pflanzenreich – so Spencer in seinen 1867 verfassten »Prinzipien der Biologie« – setze sich auch in menschlichen Gesellschaften langfristig das durch, was zum Überleben des Organismus beitrage.[33] Ratzel zeigte sich in seiner ersten größeren, 1869 erschienenen Abhandlung »Sein und Werden der organischen Welt« noch stark von Darwin und vor allem auch von Haeckel beeinflusst, dessen Vorlesungen er in Jena gehört hatte. In enger Anlehnung an dessen »Schöpfungsgeschichte« reproduzierte Ratzel eine Deszendenztheorie, die ihn noch weitgehend ungebrochen in der von Haeckel geprägten Darwin-Rezeption verortet.[34]

Als Darwin 1859 sein Buch »On the Origin of Species« veröffentlichte, ahnte wohl am wenigsten er selbst, welche revolutionäre Wirkung seine These über die Entstehung der Arten in den nächsten 150 Jahren erlangen würde. Wissenschaftlich war das entscheidende Moment, dass Darwin nach seiner fünfjährigen Forschungsreise an Bord der *H.M.S. Beagle* die Theorie entwickelt hatte, dass die Arten durch natürliche Selektion, also aufgrund selbstregulierender Mechanismen entstanden. Dass hierbei natürliche Prinzipien mit selbstorganisierenden und zufälligen Dynamiken und nicht göttliche Planung am Werke waren, erschütterte endgültig ein Weltbild, das die biblische Schöpfungsgeschichte als ein historisches Narrativ missverstan-

---

[32] Zu diesen ideengeschichtlichen Kontexten vgl. Faber, Vorgeschichte der Geopolitik, S. 392ff.

[33] Vgl. Spencer, The Principles of Biology.

[34] Vgl. Haeckel, Natürliche Schöpfungsgeschichte; Ratzel, Sein und Werden der organischen Welt.

den hatte. Die Evolution, wie Darwin sie skizzierte, war nicht nur kein göttlicher, sie war ein zielloser, zweckloser, ein kontingenter Entwicklungsprozess, mit dem sich kein tieferer Sinn verband. Zwar war Darwin Mitte des 19. Jahrhunderts weder der Einzige noch der Erste, der die Naturgeschichte ohne göttliche Vorsehung entwarf, gleichwohl verbindet sich seither mit seinem Namen zum einen die revolutionäre Vorstellung einer allen Lebensvorgängen zugrundeliegenden Evolution, zum anderen das diesen Wandlungsdynamiken immanente Movens der *natürlichen* Auslese. Darwin zeigte sich davon überzeugt, »dass die natürliche Zuchtwahl das wichtigste, wenn auch nicht das ausschließliche Mittel zur Abänderung der Lebensformen gewesen ist«.[35]

Darwin war ebenso wie vor ihm schon Jean Baptiste de Lamarck davon überzeugt, dass erworbene Eigenschaften individuell vererbbar waren und dieser Vorgang wesentlichen Einfluss auf die Variabilität und Entstehung von Arten ausübt. Aus den individuellen Varianten einer Art entstünden – so Darwin – erbliche Varietäten, also neue Arten und Unterarten. Dabei grenzte er sich allerdings von einem – auch von Lamarck vertretenen – immanenten Fortschrittsglauben ab, mit dem der Evolution eine Neigung zur Vervollkommnung zukam. Für Darwin bedeutete Fortschritt hingegen keineswegs Höherentwicklung, sondern vor allem Anpassungsvermögen an die herrschenden Lebensbedingungen. Wissenschaftlich verweist gerade die Frage nach der Vererbbarkeit erworbener Eigenschaften auf die eklatante Erkenntnislücke zwischen der Idee einer für das Leben insgesamt strukturbildenden Evolution und ihrer biologischen Prinzipien. Darwin konnte zwar mit Hilfe seiner morphologischen und botanischen Forschungen die Grundzüge evolutionärer Entwicklungen aufzeigen, er kannte aber ihre molekularen Bausteine nicht im Detail.[36]

---

35 Darwin, Über die Entstehung der Arten, S. 39.

36 So ging er zum Beispiel noch davon aus, dass Erbfaktoren in der nächsten Generation verschmelzen und nicht unabhängig voneinander vererbt und neu kombiniert werden. Damit verstrickte er sich in erhebliche Widersprüche, denn nach dieser Auffassung müssten neue Merkmale im Lauf der Generationen eigentlich verwischen – eine Konsequenz, die mit seiner eigenen Deszendenztheorie nur schwer in Einklang zu bringen war. Erst um die Jahrhundertwende wurde die immense Bedeutung der von Gregor Mendel in den 1860er und 1870er Jahren aufgestellten Vererbungsgesetze erkannt und mit dem bereits vorhandenen Wissen über Evolution, Artenbildung und Auslese in Verbindung gebracht. Mutation, Gentransfer und Hox-Gene hießen die weiteren Stationen auf dem Weg zu einer evolutionären Entwicklungsbiologie. Mit ihnen öffnete sich das Tor zu einer mo-

In der zweiten Hälfte des 19. Jahrhunderts geriet Darwins geniale Entdeckung in den Strudel des Fortschrittsdiskurses. Er selbst war an diesem Transfer seiner Evolutionstheorie nicht unbeteiligt. Sein 1871 erschienenes Werk »Die Abstammung des Menschen« lieferte trotz oder möglicherweise gerade wegen seines weitgehend spekulativen Narrativs genügend Anknüpfungspunkte für eine intensive wissenschaftliche wie außerwissenschaftliche Rezeption, die sich alles andere als einheitlich oder gar widerspruchsfrei darstellte. Darwin übertrug seine Evolutionstheorie auf die »Naturgeschichte« des Menschen, dessen Abstammung von »einer niederen Form« er nach jahrelanger Auswertung seiner morphologischen und zoologischen Beobachtungen als bewiesen erachtete. Der Mensch habe sich vor allem durch »natural and sexual selection« als eigene »Art« mit diversen »subspecies«[37] entwickelt, einschließlich seiner sozialen und kognitiven Kompetenzen.

Darwin war während seiner mehrjährigen Forschungsreise Feuerländern begegnet, die er als gewalttätig, kulturlos und ohne soziale Kompetenz wahrnahm. Während in seinen Aufzeichnungen der Verweis auf die »wilden« Feuerländer vornehmlich dazu diente, am Ende seiner langen Argumentation nochmals herauszustellen, dass die Vorstellung, vom Affen abzustammen, nicht stärker beunruhigen müsse als die Annahme, mit eben solchen »Barbaren« wie den Feuerländern verwandt zu sein, lieferte Darwin mit solchen und ähnlichen Qualifizierungen gleichzeitig die entscheidenden Stichworte für rassistische und sozialdarwinistische Lesarten seiner Abstammungslehre. Das Spektrum dieser weitverzweigten, zum Teil widersprüchlichen und keinesfalls einhelligen Darwinlektüre kann und soll hier nicht im Detail nachgezeichnet werden, gleichwohl ist Historikern wie Christian Geulen zuzustimmen, wenn diese in Anlehnung an Peter J. Bowler darauf aufmerksam machen, dass »die auf Kontrolle des Evolutionsprozesses, Steuerung des Fortschritts und Instrumentalisierung des Selektionsprinzips angelegte Rezeption des Darwinismus«[38] für einen

---

lekulargenetischen, sequenzbasierten Evolutionsforschung, die heute nur noch wenig mit dem zu tun hat, was Darwin bis zum seinem Tod 1882 zu entschlüsseln versucht hatte.

[37] Darwin, Abstammung des Menschen, Bd. II, S. 366.

[38] Geulen, Wahlverwandte, S. 78; einschlägig dazu: Bowler, Evolution; Weingart/Kroll/Bayertz, Rasse, Blut und Gene; Sandmann, Der Bruch mit der humanitären Tradition; Engels, Darwins Popularität im Deutschland; Gould, The Structure of Evolutionary Theory.

ideologischen Komplex grundlegend war, der mit dem Schlagwort Sozialdarwinismus sicherlich nur undifferenziert beschrieben ist. Diejenigen, die aus Darwins Theorien rassistische Gesellschaftsordnungen ableiteten sowie die Regulierbarkeit evolutionärer Prozesse propagierten und politisch einforderten, fanden dafür in seinem Buch »Die Abstammung des Menschen« zweifellos Anknüpfungspunkte, sie standen allerdings im offenen Widerspruch zu einigen Aussagen Darwins über die Entstehung der menschlichen »Art«. Da man im 19. Jahrhundert grundsätzlich noch sehr wenig über Gemeinsamkeiten und Unterschiede der Menschen wusste, zeigte sich Darwin gegenüber der Ordnungskategorie »Rasse« nämlich eher skeptisch. Die menschlichen »subspecies« sähen zwar sehr unterschiedlich aus, so Darwin, »nichtsdestoweniger stimmen alle Rassen in so vielen nicht bedeutenden Einzelnheiten der Bildung und in so vielen geistigen Eigenthümlichkeiten überein, dass diese nur durch Vererbung von einem gemeinsamen Urerzeuger erklärt werden können«.[39] Im Ergebnis tendierte Darwin dazu, von *einer* einzigen menschlichen »Art« auszugehen, deren Gemeinsamkeiten ihm bedeutender erschienen als deren Unterschiede und in deren äußerlichen Differenzen sich für ihn nichts »Wesentliches« ausdrückte. Allerdings untergliederte er in dieser Frage begrifflich inkonsequent mal in »subspecies«, mal in »races«.[40] Diese Unschärfe resultierte für Darwin »schon aus langer Gewohnheit«, die dem Ausdruck »Rasse« den Vorzug gebe, allerdings war seiner Meinung nach der Begriff »subspecies« der eigentlich Geeignete. Dass er sich über die möglichen Folgen solcher definitorischen Uneindeutigkeiten wenig im Klaren war, zeigt seine fast unbekümmert wirkende Bemerkung, dass die Wahl der Begriffe nur insofern von Bedeutung sei, »als es äusserst wünschenswerth ist, […], dieselben Ausdrücke für dieselben Grade von Verschiedenheit zu gebrauchen«[41] – eine Aussage, deren Gewicht ihm offensichtlich in ihrer ganzen Reichweite nicht wirklich bewusst gewesen ist.

---

[39] Darwin, Abstammung des Menschen, Bd. II, S. 366. »Urerzeuger« ist hier im Sinne eines gemeinsamen Ursprungs zu verstehen.

[40] Unbestritten ist, dass Darwin eine kulturelle Überlegenheit der Europäer als selbstverständlich erachtete und auch von der Vernichtung der indigenen Bevölkerungen ausging: »Wenn civilisirte Nationen mit Barbaren in Berührung kommen, so ist der Kampf kurz, mit Ausnahme der Orte, wo ein tödtliches Clima der eingeborenen Rasse zu Hülfe kommt.« Ebenda, Bd. I, S. 239.

[41] Ebenda, Bd. I, S. 230.

In den Forschungskontext einer kritischen, aber dennoch wissenschaftlich an Darwin anknüpfenden Rezeption gehören auch die Abhandlungen des Naturforschers und Geographen Moritz Wagner, mit dem Friedrich Ratzel bis zu dessen Tod 1887 eng befreundet war.[42] Wagner legte mit seinem Buch »Die Darwin'sche Theorie und das Migrationsgesetz der Organismen« eine Sonderungstheorie vor, mit der er Darwins Thesen von der Entstehung der Arten sowohl ergänzte als auch kritisierte. Seiner – auf verschiedenen Forschungsreisen nach Nordafrika sowie nach Nord-, Mittel- und Südamerika beruhenden – Auffassung nach war nicht »natürliche Selektion«, wie Darwin behauptete, der entscheidende Mechanismus für die Artenbildung, sondern vor allem räumliche Trennung: »Die räumliche Abgrenzung der Form, eine nothwendige Folge der Migration, ist die Ursache ihrer typischen Verschiedenheit.«[43] Die Tendenz zur Wanderung hielt er im Unterschied zu Darwin nicht nur für eine weitere, sondern für eine notwendige, um nicht zu sagen unabdingbare, Bedingung evolutionärer Entwicklung. Bei starker Konkurrenz, »welche sich die Individuen der gleichen Art um Nahrung und Fortpflanzung anhaltend machen, müssen einzelne Individuen stets trachten, den Verbreitungsbezirk zu überschreiten. Die äussersten Grenzen desselben verändern sich daher oft etwas, je nachdem einzelne Individuen die Mittel finden [...] sich vom Standort der Artgenossen zu entfernen.«[44] Konstante Varietäten und damit neue Arten entstünden daher weniger durch natürliche Selektion, sondern vor allem durch die Tatsache, dass Teilpopulationen aufgrund konkurrierender Lebensverhältnisse dazu gezwungen seien, in andere Areale abzuwandern. »Die Concurrenz aller Wesen um Raum, Nahrung und Fortpflanzung oder der ›Kampf um das Dasein‹ [...] gibt dem Wandervermögen der Pflanzen und Thiere den ersten Impuls. [...] Gelangen sie in neue Lokalitäten, wo sie unter etwas veränderten Lebensbedingungen, besonders der Nahrung und der ge-

[42] Zu Moritz Wagner ist die Forschungsliteratur überschaubar. Vgl. den Nachruf von Scherzer, Moritz Wagner: ein deutsches Forscherleben; Beck, Moritz Wagner als Geograph; Ganslmayr, Moritz Wagner und seine Bedeutung für die Ethnologie; Smolka, Völkerkunde in München; Wagner, Moritz Wagner und sein Werk sowie Jakob/Trepl, Moritz Wagners »Migrationsgesetz der Organismen«.
[43] Wagner, Die Darwin'sche Theorie, S. 62.
[44] Ebenda, S. 17 f.

schlechtlichen Concurrenz fortbestehen, so erhält ihr individuelles Gestaltungsvermögen einen neuen, stärkeren Anstoss. Bei ununterbrochener Fortwirkung der gleichen Ursachen müssen sich die Veränderungen der Organe in einer Reihenfolge von Generationen allmählich summiren.«[45] Vornehmlich die stärkeren und die schwächeren Individuen einer Art seien für diesen Wanderungsprozess prädestiniert. Die Stärkeren treibe hierbei ihr Verlangen nach reicherer Nahrung an, während sich die Schwächeren dem Konkurrenzdruck durch Abwanderung zu entziehen versuchten. Unter den neuen Lebensverhältnissen würden sich dann sowohl die bereits bestehenden Abweichungen, also die individuelle Varietät, als auch die erworbenen Anpassungsleistungen im Lamarck'schen Sinne vererben und somit zur Formierung einer eigenständigen Art führen, wenn die Absonderung über einen längeren Zeitraum aufrechterhalten bliebe. Wagner sah folglich im Migrationsgeschehen »eine tief begründete Naturnotwendigkeit«, mit der Organismen in erster Linie ihr Überleben sicherten.[46]

Auch Darwin gestand der geographischen Isolation eine gewisse Bedeutung im Evolutionsprozess zu, schätzte ihre Wirkung allerdings als gering ein. Zunächst verstand Wagner sein Migrationsgesetz als Ergänzung der Darwin'schen Evolutionstheorie, allerdings wurde daraus im Lauf der Jahre ein handfester Konflikt, der sich zunehmend verhärtete. Darwin betonte immer rigider, dass weder die Separationstheorie noch der Lauf der Dinge für die Artenbildung ausschlaggebend seien, während Wagner die Variabilität innerhalb einer Art aus den Augen verlor und nahezu ausschließlich das Wanderungsprinzip fokussierte. Zudem schrieb Wagner dem Migrations- und Anpassungsprozess eine gewisse Notwendigkeit zu, wenn er behauptete, dass diejenigen Arten, die nicht wanderten, früher oder später aussterben würden. Die Bewegung im Raum wurde durch solche Qualifizierungen zu einem Grundmechanismus der Erneuerung, zu einer Art Nadelöhr der Arterhaltung. Mit Blick auf die Erdgeschichte formulierte Wagner: Die »Umbildung der Form scheint einer Verjüngung gleich zu kommen. [...] Unverändertes Verharren in derselben Form brachte ihnen [einigen Arten] den Untergang. In der Geschichte der Natur vollzieht sich seit undenklichen Zeiten ein ähnliches Gesetz, wie in der Kulturgeschichte der Staaten seit wenigen Jahrtausen-

[45] Ebenda, S. 58.
[46] Ebenda, S. 18.

den.«[47] Die Anwendung des Migrationsgesetzes auf die menschliche Entwicklung war für Wagner selbstverständlich. Flüsse, Meere und Hochplateaus führten zu Absonderungen und trügen damit entscheidend zur Ausbildung von Modifikationen und somit zur Entstehung »constanter Varietäten«[48] bei – dabei war es für Wagner unerheblich, ob es sich bei den wandernden Populationen um Pilze, Käfer oder Menschen handelte. In seiner Theorie manifestierte sich ein biologischer Fortschrittsgedanke, der in seiner zielgerichteten Form bei Darwin so nicht zu finden war. Evolution verstand Wagner stets als einen Prozess der Höherentwicklung, den er generell als Vervollkommnung oder – wie er es nannte – als Veredelung des Lebens begriff.

Wie stark sich Wagners Migrationsgesetz im wissenschaftlichen Horizont des 19. Jahrhunderts bewegte, zeigte sich auch an signifikanten Leerstellen in seiner Theorie. Während er die Bewegung im Raum als einen grundlegenden, natürlichen Mechanismus der Evolution herausstellte, blieben die Konsequenzen der von ihm zum Lebensprinzip erklärten Migrationsprozesse in seinen Studien auffallend blass. Zwar war er in Bezug auf die Entwicklung des Menschen der Meinung, dass eine »vollständige Isolierung einzelner Stämme durch eine lange Reihe von Generationen [...] bei den heutigen Verhältnissen des Weltverkehrs und der von den übervölkerten Kulturstaaten Europas und Asiens nach allen Richtungen ausfluthenden Emigration nicht mehr möglich« sei und somit »neue Menschenrassen« nicht mehr entstünden, gleichzeitig übersah er jedoch, dass – dachte man seine Sonderungstheorie konsequent weiter – nicht nur eine »häufige Mischung der jetzt bestehenden Hauptrassen« die Folge sein dürfte, sondern vor allem auch ein Verdrängungsprozess gegenüber den vormals ansässigen Bevölkerungen einsetzen musste, den Darwin als »Kampf ums Dasein« bezeichnet hatte.[49] Wagner schien darüber hinaus der Überzeugung gewesen zu sein, dass sich die Unterschiede der Menschen allenfalls in der Ausbildung von »Völkertypen« niederschlagen, deren »morphologische Differenzen im Vergleiche mit den ausgeprägten Verschiedenheiten wirklicher Menschenrassen« nur gering seien.[50] Seine reservierte Haltung gegenüber dem Rassebegriff als Ordnungskategorie resultierte aus der Überzeugung, dass im Zuge

---

[47] Wagner, Migrationsgesetz, S. 38.
[48] Ebenda, S. 20.
[49] Ebenda, S. 47.
[50] Ebenda, S. 49.

von Modernisierung, Kolonialismus und rasant ansteigender Mobilität die notwendige »Grundbedingung zu neuen Rassenbildungen«, nämlich die geographische Isolation gerade fehle. Unter diesen Umständen war seiner Meinung nach von einer Artenbildung im Sinne des Evolutionsprozesses nicht mehr auszugehen.

Sowohl Darwin als auch Wagner haben ihre Evolutionstheorien auf die Entstehung der menschlichen »Art« übertragen und angenommen, dass auch sie nach den Prinzipien des Lebens, wie sie sie in der Natur zu beobachten meinten, entstanden war und sich auch zukünftig entwickeln würde. Dieser wissenschaftliche Transfer von der Natur- zur Kulturtheorie vollzog sich fach- und länderübergreifend, eine zentrale und äußerst wirkungsmächtige Version stellte dabei das von Friedrich Ratzel entwickelte Lebensraumprinzip dar, eine – man könnte verkürzt sagen – geographisch begründete Evolutionstheorie, die auf Wagners Migrationsgesetz beruhte und dieses kulturtheoretisch variierte, um es auf die Entwicklungsgeschichte menschlicher Gesellschaften zu übertragen.

Für Ratzel war Moritz Wagner nicht nur ein väterlicher Freund, er hat sich selbst auch als dessen Schüler und zudem als vehementer Verteidiger des unter Darwin-Anhängern zunehmend umstrittenen Migrationsgesetzes verstanden. Wagner habe den Weg gewiesen mit seiner »genialen Migrations- oder Absonderungstheorie [...], in welcher der Schlüssel wie zu den Rätseln der Schöpfungsgeschichte im ganzen, so vor allem der Urgeschichte der Menschen zu suchen ist«.[51] Dieses »Gesetz der Artbildung durch Absonderung« sei daher »die fundamentale Theorie der Weltgeschichte, die ja ihrerseits auch nur ein Ausläufer der Schöpfungsgeschichte, und für uns als Menschheitsgeschichte nur in zwei tiefverschiedene Abschnitte zerfallen kann, in deren erstem die Einem Stamme entsprossene Menschheit sich sonderte, um im zweiten sich wieder zu vereinigen«.[52] In seinem Nachlass lässt sich Ratzels aneignende Lektüre der Wagner'schen Migrationstheorie dezidiert nachvollziehen. In einem undatierten Schriftstück beispielsweise fasste Ratzel handschriftlich die Wagner'sche Argumentation in Form von zwölf »Thesen über den Proceß der Artbildung« zusammen, wobei er ganze Passagen wörtlich aus Wagners 1875 verfasstem Aufsatz »Der Naturprozess der Artbildung« über-

[51] Ratzel, Anthropo-Geographie, S. 464.
[52] Ebenda, S. 466 f.

nahm.[53] Für seine weitere wissenschaftliche Tätigkeit sowie für seine eigene Theoriebildung wurde das Migrationsgesetz absolut grundlegend. Seit seiner ersten Begegnung mit Moritz Wagner in München 1871 arbeitete Ratzel an einer auf dessen Hypothesen beruhenden Politischen Geographie, die er nach einigen Vorarbeiten schließlich 1897 veröffentlichte.[54] Der Transfer von der Natur- zu einer biologisch-geographisch argumentierenden Geschichtstheorie war darin längst vollzogen. Dabei übertrug er keineswegs naiv bestimmte biologische Prinzipien auf menschliche Gesellschaften, sondern er verstand die kulturelle Entwicklung des Menschen als zwar verhältnismäßig kurzen, aber doch signifikanten Teil eines evolutionären Gesamtprozesses, den es anhand von bestimmten Entwicklungsgesetzen zu beschreiben gelte. Dafür entwickelte er ein durchaus komplexes Theoriegebäude, das im Kern darauf zielte, Weltgeschichte als Naturgeschichte zu konzipieren.

Ratzel identifizierte den Staat nicht nur als einen – spezifischen Naturgesetzen unterliegenden – Organismus und deklarierte den Wandel staatlicher Territorialität zu einem Ergebnis biologischer Vorgänge, er verstand Staat und Volk zudem als Kernelemente der evolutionären Entwicklung des Menschen insgesamt. Wagners Wanderungstheorie wandelte sich dabei zu einem dem Leben insgesamt zugrundeliegenden Bewegungsgesetz, das Ratzel als zentrale Triebkraft der Geschichte ansah. Hierzu formulierte er insgesamt sieben »Gesetze des räumlichen Wachstums der Staaten«, mit denen er die Bewegung des aus der Verbindung zwischen Volk und Boden entstehenden »lebendigen Körpers« zu systematisieren versuchte. Jede Raumumbildung habe unvermeidliche Rückwirkungen auf alle benachbarten Territorien, daher gehörten »Vergrößerung und Nachbildung« zu den entscheidenden Bewegungsantrieben historischen Wandels.[55] Das Organische begegnet einem hier in der Denkfigur eines fast schon flüssig erscheinenden Staatskörpers, »der über einen Teil der Erdoberfläche sich ausgebreitet hat und von anderen in derselben Weise ausgebreiteten Körpern durch ideale Grenzlinien oder leere

---

[53] Vgl. Ratzel, Thesen über den Proceß der Artbildung, handschriftlich, 11 Seiten, in: Institut für Länderkunde Leipzig, Nachlass Friedrich Ratzel, 161/494; Wagner, Naturprozess der Artbildung, S. 282–298.

[54] Vgl. unter anderem: Ratzel, Studien über politische Räume; ders., Der Staat und sein Boden; ders., Gesetze des räumlichen Wachstums.

[55] Ratzel, Gesetze des räumlichen Wachstums, S. 30–31.

Räume sich sondert«.[56] Doch Ratzel konzipierte seine geographische Evolutionstheorie keineswegs als rein biologisches Gesellschaftskonzept, sondern als eine kulturtheoretisch begründete Geschichtstheorie, die ein dreistufiges Entwicklungsmodell umfasste. Je nach Entwicklungsstand verwurzele das Volk mit dem Boden – so Ratzel – und erst auf der letzten Kulturstufe »erteilt die Geschichte die Gewähr des Bestandes auf dem Boden«.[57] Ratzel bezeichnete diese, erst in der Blüte kultureller Entwicklung entstehende Verbindung zwischen Volk und Raum als »Bewegung nach innen«, als »Bodenhaftung«, die wiederum Voraussetzung sei für die koloniale Eroberung neuer Räume. Erst auf der dritten Kulturstufe entstehe die Fähigkeit des Staates, konstante Varietäten auszubilden und sich im Sinne der Wagner'schen Wanderungstheorie durch räumliches Wachstum zu verjüngen. Für Ratzel bestand kein Zweifel, dass es die den Europäern zugeschriebene kulturelle Höherentwicklung rechtfertige, die in den kolonialen Räumen vorgefundenen Entitäten zu verdrängen oder zu unterwerfen, auch wenn er die zeitgenössischen Kolonialverbrechen explizit verurteilte.

Im Unterschied zu Wagner koppelte Ratzel kulturelle mit evolutionären Entwicklungsdynamiken und schrieb damit den seiner Meinung nach kulturell höherstehenden Staaten ein biologisches Recht auf koloniale Eroberungen zu. Dass es aufgrund dieser Gesetzmäßigkeiten den Europäern vorbehalten blieb, die restliche Welt zu unterwerfen und politische Großräume auszubilden, davon war Ratzel zeitlebens überzeugt. Er verstand den Kolonialismus sowie den gesamten Modernisierungsprozess der Neuzeit als letzte Phase einer evolutionären Entwicklung, die der (Wieder-)Vereinigung der Menschheit zustrebte. »Wir scheinen ziemlich nahe am Ende des zweiten Abschnittes [der menschlichen Evolution] zu stehen, dessen Schluss Dampf und Elektrizität eifrig zu beschleunigen suchen.«[58] Ratzel schließt hier die herrschende Fortschrittsideologie explizit mit ein, wenn er Modernisierung zur Zwischen- und Durchgangsstation eines Prozesses deklariert, der geradezu apokalyptisch seiner Vollendung zustrebe. Hier weist seine Theorie strukturelle Muster eines modernen Entwicklungsdeterminismus auf, mit dem die Kräfte des kapitalistisch-

---

[56] Ebenda, S. 30.

[57] Hierzu bereits grundlegend das Kapitel »Der Raum«, in: Ratzel, Politische Geographie, S. 249–383; das Zitat in: Ratzel, Anthropo-Geographie, S. 126.

[58] Ratzel, Anthropo-Geographie, S. 466f.

industriellen Weltmarktes zu Dynamiken des Lebens selbst naturalisiert werden.[59]

Lebensraum – der Begriff war weder Ratzels Wortschöpfung noch hat er ihn systematisch zum Dreh- und Angelpunkt seiner Theorie gemacht. Zwar trägt eine seiner letzten Publikationen den Begriff im Titel und man kann darin auch eine gewisse Bilanz seiner Raumtheorie sehen, allerdings geht Ratzel darin kaum über das hinaus, was er ohnehin in den vierzig Jahren zuvor vertreten hat. Für die spätere Rezeption seiner Lehre sollte es sich allerdings als wegweisend herausstellen, dass sich seine Theorie mit dem Lebensraumbegriff bündeln und in gewisser Weise verschlagworten ließ. Dabei kam dem Terminus zunächst die schlichte Bedeutung zu, die Verbreitungsgebiete von Sumpfdotterblume, Wacholderdrossel oder Riesenschildkröte zu bezeichnen. Die Wanderung im Raum als Grundbedingung jeglichen Lebens verstand Ratzel als »das Wachstum eines Lebensgebietes über seinen alten Raum hinaus«, wobei »das Volk, die Rasse, die Art [...] nur colonisierend wandern« könnten.[60] Und »Colonisation« bedeutete in diesem Kontext Verwurzelung und Festsetzung am Boden, in Ratzels Terminologie hieß das schlicht »Bodenhaftung«. In seiner Unterscheidung von Lebens- und Nahrungsraum schlägt sich dann nicht nur seine Auseinandersetzung mit der Malthus'schen Bevölkerungstheorie nieder,[61] sondern exakt an dieser Stelle vollzieht er den Transfer des modernisierungsbedingten Verdichtungsparameters in den Kontext politischer Territorialität: »Der Begriff der Intensität des Wohnens, aus dem der Dichte entwickelt, ist ebenfalls in der Statistik der Menschen wissenschaftlich durchgebildet, wo er besonders für das städtische Wohnen in übereinanderliegenden Stockwerken angewen-

---

[59] In Anlehnung an Ulrich Antes hat Werner Köster diese Facette der Ratzel'schen Theorie präzise herausgearbeitet. Dazu gehört auch die Beobachtung, dass Ratzel den zeitgenössischen Möglichkeiten der Raumüberwindung wie Transport- und Nachrichtentechniken in seiner Theorie bereits Rechnung trug. Vgl. Köster, Rede über den Raum, S. 59–71, hier explizit S. 63. Vgl. hierzu auch Ratzels Auseinandersetzung mit dem »Verkehr als Raumbewältiger«, in: Ratzel, Politische Geographie, S. 319–383. Im Unterschied zu Wagner ging Ratzel bereits davon aus, dass zwischen den Staaten kein »leerer Raum« mehr existierte und somit »das Wachstum der Staaten« zwangsläufig »Verdrängung« nach sich zöge. Vgl. Ratzel, Politische Geographie, S. 87; zu Ratzels imperialen Rechtfertigungen vgl. Jakob, Migrationsgesetz, S. 6–10; ebenso: Smith, Friedrich Ratzel and the Origin of Lebensraum.

[60] Ratzel, Lebensraum, S. 26.

[61] Ebenda, S. 51–52.

det wird. [...] Für alle diese Wohnweisen ist bezeichnend das Minimum von Wohnraum, das dem Einzelwesen zufällt. Sein Nahrungsraum lässt sich natürlich nicht in demselben Maaße verkleinern. Je größer daher die Intensität des Wohnens, desto weiter muss im Verhältnis zum Wohnraum der Nahrungsraum sein, oder desto besser muss für die Nahrungszufuhr gesorgt werden.«[62] Und angesichts wandernder Ameisen und fleißiger Bienen, die sich weit über ihr Verbreitungsgebiet hinaus auf Nahrungssuche begeben, fragt Ratzel rhetorisch: »Wer dächte dabei nicht an die dicht und in großen Städten wohnenden Völker, die ausgedehnte Colonien ausbeuten?«[63] Während an diesen Stellen noch die Vorstellung eines Handels- und Wirtschaftsimperialismus durchscheint, zielte Ratzels Argumentation grundsätzlich jedoch auf einen mit dem Prinzip der »Bodenhaftung« markierten Siedlungskolonialismus, den er in Anlehnung an Darwins »Kampf ums Dasein« zum »Kampf um Raum« umdeutete: »Zwischen der Bewegung des Lebens, die nie ruht, und dem Raum der Erde, der sich nicht ändert, besteht ein Widerspruch. Aus diesem Widerspruch wird der Kampf um Raum geboren. [...] Der viel missbrauchte und noch mehr missverstandene Ausdruck Kampf ums Dasein meint eigentlich zunächst Kampf um Raum. Denn Raum ist die allererste Lebensbedingung und an dem Raum misst sich das Maaß anderer Lebensbedingungen, vor allem der Nahrung.«[64]

In Ratzels Gedankengebäude steckte somit ein doppelter Transfer: Zum einen arbeitete er eine darwinistisch fundierte Evolutionstheorie zu einer kulturtheoretisch anmutenden Weltgeschichtstheorie um, zum anderen erklärte er die für den Modernisierungsprozess signifikante Erfahrungskategorie der räumlichen Verdichtung zum Kernparadigma politischer Territorialität. Den Konnex zwischen der durch Raumkonkurrenzen begründeten Bewegung des Lebens und modernen Staatsbildungsprozessen konkretisierte Ratzel unter anderem an der Kolonialisierung Amerikas. Dort habe sich »seit dem Beginn des 16. Jahrhunderts eine Europäisierung seiner Völker-, Thier- und Pflanzenwelt« vollzogen, die zwar im spanischen Herrschaftsbereich eher assimilierend abgelaufen sei, im Norden hingegen war ein »Vernichtungskampf [...] die Folge, dessen Siegespreis der Raum, der Boden bildete. Der verlierende Theil waren die Indianer, die nur einen

---

[62] Ebenda, S. 37.
[63] Ebenda, S. 38.
[64] Ebenda, S. 51.

schwachen Halt am Boden hatten.«[65] Die Verfügbarkeit von Lebensraum wird hier im Kontext imperialer Eroberungen existenzialisiert, obgleich Ratzel eine solche Zuspitzung nicht für zwangsläufig, wohl aber für potenziell möglich hielt. Bei gleichen oder ähnlichen Ansprüchen an den begrenzten Lebensraum spitze sich der Konflikt zu, denn »solange der Angegriffene Raum hat, kann er ausweichen, auf engem Raum wird der Kampf verzweifelt«.[66] Raumfragen können Existenzfragen werden, so ließe sich Ratzels Grundgedanke durchaus pointieren, und für ihn schloss der Kampf um Raum stets auch die Möglichkeit des Untergangs und der Vernichtung ein: »Klar ist, dass die Beschränktheit des Lebensraumes der Erde es nothwendig macht, dass eine alte Art den Platz räumt, den eine neue zu ihrer Entwicklung braucht. Insofern setzt Neuschöpfung und Fortschritt Rückgang und Untergang voraus. Es ist wie beim Sterben und Geborenwerden der Individuen.«[67]

Ähnlich wie Moritz Wagner differenzierte Ratzel nicht konsequent zwischen Völkern, Nationen und Rassen, in manchen seiner Schriften verwendete er die Begriffe sogar synonym. Als Darwinist, der er in grundlegenden Vorstellungen über die herrschenden Entwicklungsdynamiken zeitlebens blieb, lehnte er den Rassebegriff keineswegs ab, sah darin aber zugleich eine unzureichende Systematisierung, um die Entstehung und Entwicklung des Menschen zu erfassen. So schien ihm der Rückschluss von den äußeren Unterschieden auf intellektuelle Fähigkeiten, wie sie die zeitgenössische Anatomie klassifizierte, als überaus fragwürdig, auch stünden »die großen Unterschiede der Kulturhöhe ein[em] Gemeinbesitz an Kulturerrungenschaften« gegenüber.[68] Für Ratzel war die »Einheit des Menschengeschlechtes kein leerer Wahn«, auch wenn sich daraus für ihn keineswegs die »Gleichheit der Leistungen und Ansprüche« ableitete, sondern eine »Sonderung« den notwendigen Schutz vor »Vermischung der höheren Rassen« garantieren sollte.[69] Innerhalb seiner Raumtheorie sah er

[65] Ebenda, S. 56.
[66] Ebenda, S. 51.
[67] Ebenda, S. 59.
[68] Ratzel, Nationalitäten, S. 483; vgl. auch ders., Ursprung der Arier.
[69] Ratzel, Nationalitäten, S. 483. Zum Rassebegriff bei Ratzel vgl. Osterhammel, Raumerfassung und Universalgeschichte; in dieser Frage etwas zu oberflächlich: Schlögel, Die Wiederkehr des Raumes; ebenso zwei neue Aufsätze von Schultz, Friedrich Ratzel; ders., »Eines schickt sich nicht für Alle«.

Kulturen mit einer unterschiedlichen Fähigkeit der Raumbewältigung ausgestattet, aus der er dann eine – besonders im Krieg – zutage tretende »Schule des Raumes« herleitete. So wie generell der Weltverkehr zur Erweiterung wirtschaftlichem Wachstums beitrage, so sei auch der Krieg »eine große Schule der Fähigkeit der Raumbewältigung«.[70] Es siege in der Regel derjenige, der über eine bessere Raumauffassung verfüge. Den Kräften mit ausgebildetem Raumbewusstsein sei die Bildung von Großräumen vorbehalten. »Raumbewältigung als Volkseigenschaft«[71] – darin sah Ratzel das Geheimnis zukünftiger Machtkonstellationen. Nicht ohne Bewunderung schrieb er den »anglokeltischen Völkern« einen überlegenen »politischen Raumsinn« zu, der ihnen »in der alten und neuen Welt die besten und größten Länder« eingebracht habe.[72]

Die Fixierung Ratzels auf räumliche Dimensionen führte dazu, dass von einer ausgearbeiteten Argumentation hinsichtlich der Kollektivbegriffe Rasse oder Volk keine Rede sein kann. Ratzel interessierte sich vornehmlich für die territorialen Bezüge menschlicher Existenz und deutlich weniger für das, was andere das Wesen von Völkern oder Rassen nannten. Zwar vertrat er die Auffassung, dass Rassen »die größten Gruppen von natürlicher Verwandtschaft in der Menschheit« darstellten und daher gerade der Kolonialismus von »Rassenkämpfen« geprägt sei,[73] gleichwohl verurteilte er die zeitgenössischen, vor allem von Arthur Gobineau und Houston Stewart Chamberlain vertretenen Rassenlehren als »unwissenschaftlich«.[74] Deren Annahme, »Rassen seien anders als durch Mischung nicht veränderlich«, sei ebenso unhaltbar wie die »Leugnung des Einflusses der geographischen Bedingungen« und die »phantastischen Geschichtskonstruktionen«, mit denen Gobineau und Chamberlain Rassenunterschiede zu begründen suchten. Sowohl in historischer als auch in geographischer und evolutionstheoretischer Hinsicht irrten die »Rassenfanatiker«, so Ratzel, was allerdings nicht zu dem Fehlschluss führen sollte, dass er Rassentheorien grundsätzlich ablehnte. Für ihn stand vielmehr außer Zweifel, »dass im Leben der Einzelnen wie der Völker ungeheuer viel in der Naturanlage gegeben sei und dass daher

[70] Ratzel, Politische Geographie, S. 264.

[71] Ebenda, S. 266.

[72] Ebenda, S. 270.

[73] Ratzel, Nationalitäten, S. 478–479.

[74] Ebenda, S. 486.

auf Erhaltung guter Gaben durch Reinhaltung oder Verbesserung der Rasse hingewirkt werden müsse«.[75]

Koexistenz – Verdrängung – Vernichtung: Die drei Begriffe dienten Ratzel dazu, ein aus beliebigen und oftmals durch Analogie hergeleiteten Beispielen komponiertes Raumgeschehen zu vermessen. Dabei verstand er seine Arbeit primär als wissenschaftliche Darlegung und Systematisierung historischer und zeitgenössischer Raumprozesse im Sinne einer darwinistischen Geschichtstheorie, mit der er die Eigenständigkeit der geographischen Disziplin gegenüber der Geschichts- und Staatswissenschaften sowie gegenüber der Soziologie zu konturieren beabsichtigte.[76] Die zwischen Natur und Kultur vermittelnden Instanzen wie Recht, Gesellschaft und Ökonomie verschwanden dabei hinter einem biologistischen Entwicklungsszenario, in dem Ratzel raumgreifende Kräfte nahezu unvermittelt aufeinandertreffen ließ. Sein »Kampf um Raum« war ein auffallend äußerlich bleibender, in gewisser Weise sozialphysikalischer Entwurf einer Weltgeschichte, der sich keineswegs als antimodern, wohl aber als antiliberal verstand. »Wir sehen den Geist von außen her« – so lautete bereits 1882 Ratzels programmatischer Anspruch. Seine Politische Geographie antwortete damit sowohl auf fachspezifische als auch auf weltpolitische Umbrüche. Denn am Ende des 19. Jahrhunderts zeichnete sich für die geographische Wissenschaft eine fundamentale Neuorientierung ab, nachdem die Welt nun insgesamt als entdeckt und aufgeteilt galt. Die fachliche Theoriebildung begann sich an einer weltpolitischen, von den europäischen Großmächten dominierten Machtkonstellation auszurichten, in der es nun nicht mehr um die Eroberung und damit um die wissenschaftliche Erforschung bisher noch unentdeckter Räume ging, sondern um die von Konkurrenzen geprägte Institutionalisierung, Sicherung und Ausweitung imperialer Herrschaft.[77] Im Zuge

---

[75] Ebenda, S. 487. Hierzu überzeugend: Schultz, Rassen, Völker und Nationen, insbesondere S. 123–130.

[76] Ratzels Entwicklungsdeterminismus stand im krassen Gegensatz zu Simmels etwa zeitgleicher, soziologischer Entsubstanzialisierung des Raumes. Diesen sah er losgelöst von jeder Naturbeziehung als Produkt der Herrschaft über Personen an. Räumliche Grenzen seien weder natürlich noch gegeben, sie erfüllten modellbildende Funktionen: »Die Grenze ist nicht eine räumliche Tatsache mit soziologischen Wirkungen, sondern eine soziologische Tatsache, die sich räumlich formt.« Simmel, Soziologie, S. 623.

[77] Zur Entstehungsgeschichte der Geopolitik und ihrem Verhältnis zur Politischen Geographie liegen zahlreiche Untersuchungen vor, hier vor allem der Verweis auf Schöller, Wege und Irrwege, der bereits international vergleichend untersuchte.

der allgemeinen Verwissenschaftlichungstendenz des Politischen eröffneten sich dadurch – unter anderem auch für Geographen – Handlungs- und Einflussmöglichkeiten, die entscheidend zu einer geopolitischen Profilbildung innerhalb der Geographie beitrugen. Ratzels Werk erwies sich für diese fachliche Neuorientierung, die vor allem nach der Jahrhundertwende und somit nach Ratzels Tod an Kontur gewann, auch international als Impuls für die wissenschaftliche Legitimierung imperialer Machtpolitik. Der britische Geograph Halford J. Mackinder beispielsweise gehörte zu den einflussreichsten Wissenschaftlern, die den Übergang von der politischen Geographie zur – erst später so genannten – Geopolitik vollzogen. In seinem 1904 vor der *Royal Geographic Society* gehaltenen Vortrag »The Geographical Pivot of History« propagierte er den Beginn einer neuen Epoche, die er vor allem durch die konkurrierenden Kräfte innerhalb eines sich etablierenden Weltsystems bestimmt sah.[78] In diesem globalen Machtgeflecht identifizierte Mackinder bestimmte »natural seats of power«, die er als ausschlaggebend für die zukünftige Entwicklung internationaler Politik herausstellte. Seine globale Vision lokalisierte vor allem in »Eurasien« die geostrategisch besten Voraussetzungen zur erfolgreichen Etablierung von Weltherrschaft. Dabei hatte der britische Forscher vor allem Russland und Deutschland als kontinentale Gegenspieler des britischen Empire fest im Blick. Den geographischen Drehpunkt der Geschichte wies er damit in jedem Fall einer Landmacht zu, da diese über die besten geographischen Bedingungen »für eine bewegliche militärische und ökonomische Macht« verfügten.[79] Mackinder spekulierte über verschiedene zukünftige Entwicklungsszenarien der Weltpolitik, die er geographisch herleitete und begründete. Mit Verweis auf die Krise des britischen Empire trat in diesen Passagen der prognostische Charakter seiner geostrategischen Argumentation besonders stark hervor.

Ebenso wie Mackinder hatte bereits zuvor der US-amerikanische Marineexperte Alfred Mahan die notwendigen geostrategischen Be-

---

Daran lohnte es sich anzuknüpfen. Vgl. zudem: Ante, Die politische Geographie; Boesler, Politische Geographie; Sprengel, Kritik der Geopolitik; Kritische Geographie (Hg.), Geopolitik, darin insbesondere die Aufsätze von Gearóid ÓTuathail, Hans-Dietrich Schultz und Dierk Walter; weiterhin: Diekmann, Geopolitik, 2 Bde.; Wolkersdorfer, Politische Geographie; Reuber/Wolkersdorfer (Hg.), Politische Geographie; Agnew/Mitchell/Toal (Hg.), A Companion to Political Geography.

78 Mackinder, Drehpunkt.

79 Ebenda, S. 73.

dingungen unterstrichen, die er für die Etablierung als Seemacht für unabdingbar hielt.[80] Geographische Lage zum Meer, territorialer Expansionsdrang sowie die jeweilige Bevölkerungsgröße sah er beispielsweise für eine flottengestützte Weltmachtstellung als zwingend an. Auch hier zeigten sich deutliche Parallelen zu Ratzels Engagement zugunsten des deutschen Flottenbauprogramms. Während insbesondere in den angloamerikanischen Entwürfen geo- und militärstrategische Prognosen im Vordergrund standen, bezogen kontinentale Konzepte auch staatstheoretische Fragen ein. Der schwedische Politikwissenschaftler Rudolf Kjellén beispielsweise prägte die Rezeption von Ratzels »Politischer Geographie« nachhaltig. In seinen international rezipierten Veröffentlichungen »Die Ideen von 1914« (1915) und »Der Staat als Lebensform« (1916) lieferte Kjellén einen konservativen Entwurf von Moderne, den er – mit dezidierter Absage an die Ideen von 1789 – als »deutsche Revolution von 1914« überschrieb.[81] Freiheit, Gleichheit, Brüderlichkeit seien Ideale eines britisch-französischen Zeitalters gewesen, die es nun durch »deutsche« Begriffe wie Ordnung und Gerechtigkeit zu ersetzen gelte. Der Weltkrieg sei »ein Kampf zwischen 1789 und 1914«, und er richte sich »gegen das kosmopolitische Ideal unter Betonung des nationalen«.[82] Seit Kriegsbeginn ziehe ein »neuer Napoleon« durch die Welt, der für eine – mit 1789 vergleichbare – epochale Zäsur stehe.[83] »Unsere Zeit leidet an einer unbegrenzten, einseitig formellen Freiheitsverehrung, die uns direkt zum Untergang führen muß« – so Kjelléns apokalyptische Vision. Gesetzlosigkeit, Materialismus und Anarchie prägten ein zügelloses Freiheitsverständnis, das nur durch Ordnung im Sinne von Disziplin, Zusammengehörigkeit, Selbstzucht und Autorität zu korrigieren sei.[84] Gleichzeitig verkomme das Gleichheitsideal zu einer »Konzentration der Menschheit um einen Durchschnitt«,[85] während sich seit 1914 mit dem »deutschen Gedanken in der Welt« allmählich

[80] Vgl. Mahan, The Influence of Seapower.
[81] Kjellén, Ideen von 1914; ders., Staat als Lebensform; ebenso: Plenge, 1789 und 1914. Zu den konservativen Ordnungsideen vor und im Ersten Weltkrieg vgl. Bruendel, Volksgemeinschaft oder Volksstaat. Eine genauere Abgrenzung zwischen den Konzepten von Friedrich Ratzel, Rudolf Kjellén, Erich Obst und Otto Maull u.a. liefert: Sprengel, Kritik der Geopolitik.
[82] Kjellén, Ideen von 1914, S. 11.
[83] Ebenda, S. 6.
[84] Ebenda, S. 34.
[85] Ebenda, S. 35.

eine Erneuerung abzeichne, »welche den mechanischen Atomismus der Gleichheitsschwärmerei in einem neuen Organismus überwunden hat, in dem die verschiedenen Teile je nach ihrer Bedeutung für das Ganze verschiedenen Wert haben«.[86]

Dass die Welt, »die wieder aus den Schützengräben emporsteigt, [...] nicht dieselbe sein [wird], die hinabstieg«, war bereits während des Ersten Weltkrieges unübersehbar.[87] Kjellén sprach von einer Offenbarung, einem »kalten, aber hellen Stern der Pflicht, der Ordnung, der Gerechtigkeit«, der durch die reinigende Kraft des Krieges aufsteige.[88] Seine Interventionen zugunsten deutscher Machtpolitik während des Krieges basierten auf einem Verständnis von Geopolitik, das er zunächst an der norwegischen Unabhängigkeitsfrage konturiert hatte[89] und das er nun als »Lehre vom Staat als geographischem Organismus« ausarbeitete. Geopolitik – im Unterschied zur politischen Geographie – verstand er als politische Wissenschaft,[90] die ihr Augenmerk auf staatliche Einheiten richte und die das »Territorium als Körper des Staates« auffasse, während die politische Geographie »die Erde als Wohnstätte für ihre menschliche Bewohnerschaft in ihren Beziehungen zu den übrigen Eigenschaften der Erde« studiere.[91] Neben der Bevölkerungs-, der Wirtschafts-, Sozial- und Regierungspolitik sei die Geopolitik das entscheidende und zukunftsweisende Element moderner Staatsentwicklung. Sie erlaube es, so Kjellén, das natürliche und notwendige Wachstum »lebenskräftiger Staaten« gemäß ihrer physischen, politischen und kulturellen Lagerung zu fördern und so die Gesetze der Raumentwicklung politisch nutzbar zu machen. Krieg wurde auf diesem Wege zum »Experimentalgebiet für die Geopolitik«.[92] Potente Staaten mit begrenztem Raum stünden schon aus Gründen der Selbsterhaltung »unter dem kategorischen politischen

[86] Ebenda, S. 37. Die Formulierung »der deutsche Gedanke in der Welt« übernahm Kjellén von Paul Rohrbach.

[87] Ebenda, S. 42.

[88] Vgl. Kjellén, Die Großmächte der Gegenwart; ders., Die politischen Probleme des Weltkrieges; ders., Warum ich es mit Deutschland in diesem Weltkriege halte.

[89] Vgl. Kjellén, Geopolitische Betrachtungen über Skandinavien.

[90] Kjellén verwendete zudem den später von Foucault aufgegriffenen Begriff »Biopolitik«. In Anlehnung an die Biologie als Wissenschaft des Lebens bezeichnete er mit »Biopolitik« eine politikwissenschaftliche Disziplin, die sich dem rücksichtslosen Lebenskampf um Dasein und Wachstum widme. Vgl. ders., Grundriß zu einem System der Politik, S. 93.

[91] Kjellén, Staat als Lebensform, S. 45.

[92] Ebenda, S. 58.

Imperativ, ihren Raum durch Kolonisation, Zusammenschluß oder Eroberung verschiedener Art zu erweitern«.[93] Daher werde Weltpolitik zukünftig durch die Ausbildung autarker Staatsblöcke geprägt sein, die tendenziell immer größeren Raumgewinn beanspruchten.

Dass es gerade ein Politikwissenschaftler war, der Ratzels biologisierte Geschichtstheorie unter dem Schlagwort Geopolitik in eine an der weltpolitischen Gesamtlage ausgerichtete Staatstheorie transformierte, kann im Grunde nicht verwundern. Ratzel hatte für eine solche anwendungsorientierte Übersetzung seiner geographischen Evolutionstheorie nicht nur Vorarbeiten geleistet, sondern sie bereits selbst intensiv betrieben. Eine auf staatspolitisches Handeln zielende Übersetzungsarbeit lässt sich sogar international nachzeichnen und weist bereits vor dem Ersten Weltkrieg eine erstaunliche Vielfalt auf. Während in Frankreich Paul Vidal de la Blache 1905 in seinem Werk »Tableau de la Géographie de la France« die Mensch-Natur-Beziehungen sowohl historisch als auch geographisch betrachtete und dadurch nicht nur die Grundlagen legte für eine französische Sozialgeographie, sondern auch für eine *géohistoire*, wie sie Fernand Braudel später weiterentwickelte, standen Halford J. Mackinder, James Fairgrieve und Alfred Thayer Mahan für eine geo- und militärstrategische Ausrichtung, die sich an der geographischen Lagerung imperialer Großräume abarbeitete. In Polen rezipierten Eugeniusz Romer und Antoni Rehmann Ratzels Theorien, insbesondere hinsichtlich der politischen Herausforderung, für einen zukünftigen polnischen Staat ein nationales Territorium abzustecken. Auch in der Ukraine und in Russland waren namhafte Fachvertreter durch die deutschsprachige Tradition der von Ratzel begründeten Politischen Geographie beeinflusst.[94] Wenn auch zur Verflechtungs- und Rezeptionsgeschichte noch keine detaillierte und transnational vergleichende Untersuchung vorliegt, lässt sich wohl ohne Übertreibung der Einfluss Ratzels bereits vor dem Ersten Weltkrieg als schulbildend bezeichnen. Zwar unterschieden sich die einzelnen Ansätze in ihrer jeweiligen geostrategischen Gewichtung, gemeinsam war ihnen jedoch die Annahme einer von natürlichen Bewegungsantrieben forcierten Territorialisierung, die es in ihren geographischen Entwicklungslogiken zu untersuchen galt.

---

93 Ebenda, S. 75.

94 Geopolitisches Denken in Osteuropa ist in der deutschsprachigen Forschung noch kein erschlossenes Thema. Vgl. Hausmann, Das Territorium der Ukraine; Rykiel, The Geographical Conditionality.

Die Biologisierung politischer Handlungskonzepte, die Rechtfertigung imperialer Expansionspolitik sowie ein geostrategisches Denken in politischen Großräumen kennzeichneten dabei einen Transfer, durch den zunehmend politische Legitimationsdiskurse mit wissenschaftlichen Argumenten untermauert wurden, und der seine politische Brisanz im Zuge der europäischen Neuordnung nach 1918 nochmals erheblich zu steigern vermochte.

V
Vom Territorium zum Deutschen Raum

Räume des Übergangs: Deutsche Herrschaft in Ober Ost

Dass der deutsche Kolonialbesitz überschaubar und damit Deutschlands weltpolitisches Gewicht insgesamt begrenzt bleiben würde, zeichnete sich bereits um die Jahrhundertwende ab. Das britische Empire, das Russische Reich sowie die USA verfügten über ganz andere imperiale Ressourcen oder formierten sich als weltpolitische Zentren, denen es zukünftig vorbehalten zu sein schien, Großräume zu beherrschen. Deutschlands vergleichsweise bescheidener Landerwerb war trotz seines ansonsten wirtschaftlichen Potenzials allein keine Basis, um den anderen Großmächten auf Augenhöhe zu begegnen. Da sich Weltherrschaft nicht auf ein paar zur Besiedlung weitgehend ungeeignete Kolonien aufbauen ließ und sich die bisherigen weltpolitischen Ambitionen als relativ erfolglos erwiesen, erhielt die Frage nach der Vorherrschaft in Europa eine spezifische Brisanz, vor allem für ein Land, das sich selbst in einer geographischen Mittellage gefangen sah. Mitteleuropa – unter diesem Schlagwort konstituierte sich seit etwa der Jahrhundertwende ein Diskurs, der zum einen an bereits in den 1840er Jahren vertretene Konzepte wie dem der mitteleuropäischen Zollunion von Friedrich List anknüpfte, der zum anderen aber – angesichts des zu erwartenden Konkurses sowohl der Habsburgermonarchie als auch des Osmanischen Reiches – zukünftige Gestaltungsspielräume insbesondere in Ost- und Südosteuropa antizipierte und somit Visionen über veränderte Herrschaftskonstellationen in Europa entwarf. Die Ordnungskonzepte zu einem Mitteleuropa, die sowohl vor als auch nach dem Ersten Weltkrieg verfasst und diskutiert wurden, spiegelten keinesfalls nur radikalnationalistische Expansionsgelüste wider, sondern verwiesen auf ein breites Spektrum politischer Ordnungsvorstellungen angesichts eines durch Weltkrieg, Revolution und Systemumbrüche ausgelösten epochalen Wandels und der damit einhergehenden Veränderungen internationaler Machtbalancen.[1] Aufgrund des Zerfalls imperialer Großreiche aktualisierten sich beispielsweise Forderungen nach einer deutschen Vereinigung mit Österreich, darüber hinaus galt die weltpolitische Großwetterlage insgesamt als – möglicherweise einmalige – Gelegenheit, nicht nur in Übersee, sondern vor allem auch in Ost- und Südosteuropa territorialen Zugewinn für sich zu sichern. Auch wenn die in Deutschland verfassten Mitteleuropakonzepte hinsichtlich ihrer ökonomischen, ordnungspolitischen und geostrategischen Gewichtungen erheblich differierten, phantasierten sie doch alle ein politisch gestärktes und territorial erweitertes Deutsches Reich, dem sie – sei es politisch, sei es ökonomisch – eine zentrale Führungsrolle in Europa zuschrieben. Während Vertreter eines liberalen Imperialismus ein wirtschaftlich geeintes, unter deutscher Führung stehendes mitteleuropäisches Staatenbündnis favorisierten, das den Grundsätzen nationalstaatlicher Souveränität, militärischer Solidarität sowie wirtschaftlicher Einigung verpflichtet sein sollte, träumte man beispielsweise im Alldeutschen Verband und anderen nationalistischen Zirkeln von einem »Großdeutschland«, für das man sogar gewaltsame Bevölkerungstransfers zur Herstellung ethnisch homogener Bevölkerungen als mögliche Handlungsoption erachtete. Bis 1914 waren solche und andere Planspiele politisch von eher begrenztem Einfluss, mit Beginn des Ersten Weltkrieges änderte sich diese Ausgangslage allerdings grundlegend. Der Krieg sollte Ort, Instrument und Gelegenheit sein, Deutschlands (Welt-)Machtstellung und insbesondere seine europäische Vorherrschaft militärisch durchzusetzen. In dieser Logik schien

---

[1] Auf die einzelnen Entwürfe sowie auf die Debatte insgesamt kann hier nicht detailliert eingegangen werden. Für die radikalnationalistische Seite sicherlich einschlägig: Hasse, Deutsche Weltpolitik; ders., Deutsche Grenzpolitik. Weiterhin konstitutiv für diesen Diskurs während des Ersten Weltkrieges der liberale Entwurf von: Naumann, Mitteleuropa; dazu: Bennold, Mitteleuropa; Schubert, Die Mitteleuropa-Konzeption Friedrich Naumanns. Zu Naumanns Zusammenarbeit mit Max Weber im »Arbeitsausschuß für Mitteleuropa« vgl. Mommsen, Max Weber und die deutsche Politik, insbesondere S. 229–246. Vorher bereits der Bezug Naumanns zu Paul Rohrbach im *Nationalsozialen Verein*, von Rohrbach in diesem Zusammenhang interessant: »Deutschland unter den Weltvölkern«. Zum Mitteleuropa-Diskurs vgl. unter anderem: Conze, Nationalstaat oder Mitteleuropa; Gutsche, Mitteleuropaplanungen; Wendt, »Mitteleuropa«; Theiner, »Mitteleuropa«-Pläne; Jaworski, Die aktuelle Mitteleuropadiskussion in historischer Perspektive; Mommsen, Der autoritäre Nationalstaat; ders., Großmachtstellung und Weltpolitik; Elvert, Mitteleuropa!; Neitzel, Weltmacht oder Untergang; ders. (Hg.), 1900: Zukunftsvisionen; Peschel, Friedrich Naumanns und Max Webers »Mitteleuropa«; Walkenhorst, Nation – Volk – Rasse, insbesondere S. 203–249.

es unvermeidlich, auf einen Großkonflikt in Europa zuzusteuern, und dieser galt angesichts der herrschenden Kräfteverhältnisse wiederum nur als aussichtsreich, wenn es gelang, operativ nicht in die Defensive zu geraten.

Deutschlands »Griff nach der Weltmacht« begann durchaus erfolgversprechend. Die territorialen Zugewinne im Westen, aber auch im Osten entsprachen den – nicht nur von bekennenden Annexionisten formulierten – Expansionszielen und euphorisierten damit die allgemeine Forderung nach einer deutschen Weltpolitik, die sich begrifflich der Lebensraum-Metaphorik bediente und diese als einen Kampfbegriff nutzte, um imperiale Expansion mittels natürlicher Bewegungsantriebe der Weltgeschichte zu legitimieren.[2] Lebensraum war in diesem Kontext ein Synonym für die von imperialen Großmächten beanspruchte Expansionspolitik, bei der sich im Lauf des Ersten Weltkrieges zunehmend die Frage stellte, wie die in Europa eroberten Gebiete langfristig zu ordnen und in einen von Deutschland dominierten Großraum zu integrieren waren.[3] Wenn also in diesem Zusammenhang Lebensraum gefordert wurde, ging es – neben den kolonialen Ambitionen im Kontext der Mittelafrikapläne – um territoriale Herrschaft in Europa. Hierbei bleibt allerdings zu betonen, dass die unter anderem vom Alldeutschen Verband, von konservativen Wirtschaftskreisen um Alfred Hugenberg sowie von anderen annexionistischen Zirkeln erhobenen Lebensraumforderungen, gerade wenn sie gewaltsame Bevölkerungstransfers einkalkulierten, politisch zwar an Einfluss gewannen und es deren Protagonisten auch gelang, Druck auf die deutschen Entscheidungsträger auszuüben, es aber keineswegs einen politischen Konsens darüber mit der zivilen Regierung Bethmann Hollwegs gab. Zweifellos wiesen zahlreiche Denkschriften, wie die aus dem Jahr 1914 vom Vorsitzenden der Alldeutschen Heinrich Claß, in der nicht nur konsequente »Germanisierung« der annektierten Gebiete, sondern auch eine »Politik der Ausräumung und Verpflanzung«[4] proklamiert wurde, signifikante Parallelen zum Zweiten Weltkrieg auf. Allerdings wäre es zu einfach, diese und ähnliche Meinungsäußerungen, wie sie auch ab 1917 von der Deutschen Vater-

---

[2] Zur Legitimation des Krieges seitens der Geographie vgl. Schultz, Versuch einer Historisierung.

[3] Zur Bedeutung der Lebensraumvorstellung im Ersten Weltkrieg vgl. Smith, Ideological Origins.

[4] Claß, Denkschrift, S. 32.

landspartei vertreten wurden, als insgesamt handlungsleitend zu bewerten. Die von der Reichsregierung erwogenen Aussiedlungen von Juden und Polen zur Bildung eines ethnisch homogenen Schutzwalls gegen »das Slawentum«[5] markierten zweifellos den enormen Prestigegewinn radikaler Positionen durch die kurzfristigen Kriegserfolge, gleichwohl muss es aufgrund der weiteren Entwicklung aber spekulativ bleiben, ob und mit welcher Gewaltbereitschaft solche Pläne tatsächlich realisiert worden wären.[6] Die deutsche Ukrainepolitik 1918 sowie erste Pläne für eine flächendeckende Besiedlung bis in den Kaukasus deuteten die Richtung zwar an, diese Ambitionen erwiesen sich aber angesichts der weiteren Kriegsentwicklung rasch als hinfällig.[7] Es spricht einiges dafür, dass sich angesichts einer international bereits während der Balkankriege 1912/13 praktizierten Umsiedlungs-, Aussiedlungs- und Vertreibungspolitik und den andernorts exekutierten »ethnischen Säuberungen« auch ein deutsches Ostimperium zur Durchsetzung seines Herrschaftsanspruches früher oder später derartiger Maßnahmen bedient hätte, zumal wenn der Krieg gewonnen worden wäre.[8] Faktisch blieb ein kontinentales Ostimperium, wie es 1918 für kurze Zeit aufschien, allerdings ein flüchtiger Moment in einem günstigen Augenblick der Geschichte. Und die deutsche Besatzungspolitik im Osten stellte sich derweil als Herrschaftspraxis unweit komplizierter dar, als es manche radikale Forderung – wie die Hugenbergs nach »völkischer Flurbereinigung« – erwarten ließ.

Die Transformation des kolonialen Gedankens nach Europa lässt sich für den Ersten Weltkrieg eindrucksvoll an der Besatzungspolitik in Ober Ost nachzeichnen, vor allem unter dem Gesichtspunkt, mit

---

[5] Zur Diskussion über einen »polnischen Schutzstreifen« sowie zur »Polenproklamation« vgl. Mommsen, Der »polnische Grenzstreifen«; Müller, Nation als Waffe, insbesondere S. 154–171; Hildebrand, Das deutsche Ostimperium; Lenz, Deutsche Siedlungspläne im Baltikum; Kamenetsky, German Colonization Plans in Ukraine; Ullrich, Die polnische Frage; Wehler, Polenpolitik im Deutschen Kaiserreich; Geiss, Der polnische Grenzstreifen 1914–1918.

[6] Vgl. Geiss, Der polnische Grenzstreifen 1914–1918, S. 149.

[7] Zur Ostfront im Ersten Weltkrieg und zur Besatzungspolitik: Conze, Polnische Nation und deutsche Politik; Baumgart, Deutsche Ostpolitik 1918; immer noch lesenswert die Dissertation von Borowsky, Deutsche Ukrainepolitik 1918; Stone, The Eastern Front 1914–1917; Mommsen, Großmachtstellung; Liulevicius, Kriegsland im Osten. Aus operativer Sicht: Strachan, Die Ostfront.

[8] Vgl. zur Politik der »ethnischen Säuberung« vor und im Ersten Weltkrieg: Boeckh, Von den Balkankriegen zum Ersten Weltkrieg; Mazower, Der dunkle Kontinent; Naimark, Flammender Hass; Mann, Die dunkle Seite der Demokratie; Carmichael, Genocide before the Holocaust; Thev, Die dunkle Seite.

welchen Prämissen hier Lebensraum im Sinne imperialer Vorherrschaft beansprucht wurde: Wie wurde territoriale Ordnung konzipiert, als der Krieg im Osten zunächst gewonnen war und eine deutsche Vorherrschaft durchaus greifbar schien? Welche Maßgaben waren für die Vorstellungen vom Lebensraum charakteristisch, als 1915 mit den Gebieten Kurland, Litauen und Białystok-Grodno ein zunächst von Paul von Hindenburg, dann von Prinz Leopold von Bayern geführter Militärstaat Ober Ost errichtet wurde?[9] Bereits der Beginn der deutschen Besatzung in dem insgesamt etwa 160000 qkm umfassenden Gebiet stand unter der Prämisse eines speziell von Militärs vertretenen Kolonialismus.[10] Die Errichtung und Institutionalisierung der militärischen Verwaltung stützte sich dabei keineswegs auf ein fertig ausgearbeitetes Programm, sondern war eine Mischung aus kolonialen Grundüberzeugungen, autoritären Herrschaftsvorstellungen sowie einer gehörigen Portion situativer Improvisationspragmatik. Als handlungsleitend erwies sich zudem ein nationales Selbstverständnis, das sich zur Kulturmission im Osten berufen und berechtigt fühlte. Als deutsche und österreichisch-ungarische Soldaten die russischen Truppen 1915 zurückdrängten und Litauen, Polen, Kurland und die westliche Ukraine eroberten, besetzten sie eine Region, die zuvor unter russischer Herrschaft gestanden hatte und durch massive Kriegseinwirkungen weitgehend zerstört worden war. Deut-

---

9 Hierbei bleibt zu betonen, dass Ober Ost überwiegend nach den Vorstellungen des Militärs annektiert und regiert wurde. In der zivilen Regierung herrschten zur deutschen Ostpolitik hingegen andere Vorstellungen. So sollte beispielsweise die Ukraine ein wirtschaftlich und politisch von Deutschland abhängiger Satellitenstaat werden, der sowohl ökonomisch nützlich, der aber auch wie eine Art »Brückenkopf« für eine spätere Neuordnung Russlands von strategischer Bedeutung sein sollte. Im Osten wollte man zukünftig deutsche Rohstoffquellen und Absatzmärkte sichern, eine zumindest wirtschaftliche Durchdringung Russlands hielt man in Berlin 1918 mittelfristig noch für möglich. Diese stärker von ökonomischen Interessen geleiteten Ostpläne wirken allerdings nur auf den ersten Blick gemäßigter als die imperialen Annexionsinteressen der Obersten Heeresleitung (OHL). Zum deutsch-ukrainischen Verhältnis vgl. Golczewski, Deutsche und Ukrainer.

10 David Blackbourn betont zutreffend, dass das deutsche Gegenstück zu Indien oder Algerien nicht Kamerun war, sondern Mitteleuropa. Diese Aussage lässt sich dahin gehend differenzieren, dass es hierbei ökonomisch um Mitteleuropa, kolonial- und siedlungspolitisch aber vor allem um Ost- und Ostmitteleuropa ging. Dort beanspruchte man koloniales Land, das zu »deutschem Raum« werden sollte. Vgl. Blackbourn, Das Kaiserreich transnational. Besonders die Kontinuität der kolonialen Landnahme im östlichen Europa betonend: Nelson (Hg.), Germans, Poland, and Colonial Expansion.

sche Truppen nahmen im September 1915, nachdem sich die Front zunächst vor Riga stabilisiert hatte, ein Land in Besitz, in dem Zerstörung, Flucht, Armut und Gewalt vorherrschten. Die russische Armee hatte bei ihrem Rückzug durch eine Politik der »verbrannten Erde« schwere Verwüstungen hinterlassen – eine Strategie, mit der den ohnehin schlechten Lebensverhältnissen vor Ort jegliche Grundlage genommen wurde. Mehr als ein Drittel der etwa 4,2 Millionen Einwohner war geflohen oder tot. Angesichts dieser katastrophalen Lage mag es daher kaum überraschen, dass sich die vor allem unter Federführung von Paul von Hindenburg und Erich Ludendorff betriebene Territorialisierung zunächst als wirtschaftliche, politische und kulturelle Aufbauarbeit verstand. Das zerstörte Land brauchte dringend einen Wiederaufbau, und der sollte nun ganz im Zeichen der deutschen Prämissen hinsichtlich der eigenen Besatzungs- und Kolonialherrschaft im Osten stehen. Der Militärstaat Ober Ost galt dabei grundsätzlich als »Grenzmark zwischen der westeuropäischen Welt und dem Großrussentum«, der vor allem die Funktion zukam, »die Heimat vor der Flut zu schützen, die in den ersten Kriegsmonaten die östlichen Grenzen unseres Vaterlandes umbrandete«.[11] Hier scheint insbesondere der russische Einmarsch in Ostpreußen vor Augen gestanden zu haben. Ober Ost sollte daher zunächst Schutzwall gegen Russland sein, schließlich aber auch irgendwann »deutsches Land« werden, von dem aus dann weiter nach Osten vorgedrungen werden könnte. Dass eine koloniale Landnahme innerhalb Europas einen gewissen Legitimationsdruck erzeugte, zeigt sich an den nicht unerheblichen Anstrengungen der Militärverwaltung, entsprechende Rechtfertigungen auszubuchstabieren. Zur Legitimierung behauptete die Militärverwaltung eine bereits existierende geographische Zugehörigkeit der neu besetzten Gebiete zu Deutschland. So habe bereits die *Natur* dem Land seine Stellung als östlicher Eckpfeiler angewiesen, denn »Wald und Heide, Feld und Wiese, Flüsse und Seen erwecken immer wieder vertraute Bilder der Heimat«[12] im Unterschied zur russischen Landschaft mit ihren Wäldern, Steppen und Tundren. »Organisch schließt es [Ober Ost] sich an die deutsche Ostmark an und verrät kaum die Spuren eines Übergangslandes zu dem eigentlichen Russland.«[13] Geographisch schien es somit nicht nur naheliegend und legitim, sondern ge-

---

[11] Oberbefehlshaber Ost (Hg.), Das Land Ober Ost, S. 9.
[12] Ebenda, S. 10.
[13] Ebenda, S. 11.

radezu den »natürlichen« Gegebenheiten zu entsprechen, Kurland, Litauen und Białystok-Grodno unter deutsche Herrschaft zu stellen: »Träten nicht auf Schritt und Tritt allenthalben die Zeugnisse der planmäßigen Vernachlässigung und der typischen Verwahrlosung handgreiflich vor Augen, man könnte sich in deutschen Landen wähnen.« Wen diese quasi landeskundliche Verwandtschaft der Gebiete noch nicht vollständig überzeugte, dem wurde zudem eine imperiale Legitimationsfigur angeboten, denn schließlich rekurrierten andere koloniale Eroberungen auf weit weniger natürliche Gegebenheiten: »Das Bächlein, das hinter Eydtkuhnen Deutschland von Russland trennte, scheint, geographisch betrachtet, kaum eine weniger willkürliche Grenzscheide als etwa die trennenden Breiten- und Längengrade zwischen den fremden Interessensphären in jungen Kontinenten.«[14]

An kaum einer anderen Stelle ist die Verzahnung von geographischen Landschaftskonstruktionen mit imperialen Macht- und Herrschaftsansprüchen so augenfällig. Die kolonialen Eroberungen in Ostmitteleuropa wurden als mindestens ebenso legitim erachtet wie diejenigen in Afrika oder Asien. Die Errichtung des Militärstaates Ober Ost war nach diesem Verständnis ein koloniales Großprojekt, das sich vor allem auf vier Argumentationsfiguren stützte: So sahen die deutschen Besatzer die geographische Ausstattung der Gebiete in ihrer Grundsubstanz »als freundliches Spiegelbild der Heimat«[15] an, das man kurzerhand als »deutsch« charakterisierte. Zweitens galt das Land aufgrund der jahrelangen Ausbeutung durch Russland zwar als heruntergekommen und wirtschaftlich bankrott, mittelfristig versprach man sich nach einer gewissen Aufbauarbeit allerdings ökonomischen Profit. Drittens klassifizierten die Militärs die in Ober Ost ansässigen Bevölkerungsgruppen als unkultiviert und verwahrlost, womit ihnen zugleich das Recht auf staatliche Eigenständigkeit aberkannt wurde. Und schließlich hielt man im Osten aufgrund der ethnischen Vielfalt und der kulturellen Rückständigkeit der Gebiete eine »ordnende Hand«[16] für unabdingbar, wenn man Russland aus Europa heraushalten wollte. Aus eigener Kraft seien Litauer, Letten oder Weißruthenen zu dieser »Wacht im Osten« nicht in der Lage.[17] Der

[14] Ebenda, S. 10.
[15] Ebenda, S. 11.
[16] Ebenda, S. 9.
[17] So der Titel einer in Ober Ost erscheinenden Armeezeitung, vgl. Häfner, Wie werden die im Osten besetzten Teile verwaltet?, S. 20.

koloniale Gedanke wurde folglich überwiegend durch das Bild eines machthungrigen und zerstörerischen Großrussentums legitimiert, vor dem Europa zu schützen sei, dem allerdings die ansässigen Bevölkerungen aufgrund ihrer »Unkultur« nicht genug entgegensetzen würden. Die Kolonialherren in Ober Ost sahen sich als Vollstrecker weltgeschichtlicher Herausforderungen: zum einen als schlagkräftiges Element im Abwehrkampf gegenüber Russland, zum anderen als Garanten für einen bereits verspäteten Aufstieg Deutschlands zur europäischen Großmacht. Dabei legitimierte sich ihr Anspruch auf deutsche Kolonialherrschaft in Europa durch ein immer wieder beschworenes Kulturgefälle gegenüber Russland und den unter seinem Einfluss stehenden Völkern. Kultur ist daher nicht nur *der* zentrale Schlüsselbegriff deutscher Herrschaftsansprüche in Ober Ost, Kulturmission steht insgesamt für ein koloniales Selbstverständnis, das bis 1918 die Vorstellung lebensräumlicher Herrschaft auch in Europa maßgeblich prägte. Erst das Scheitern dieses Herrschaftskonzeptes verhalf anderen Optionen zum Durchbruch, die sich dann nicht mehr allein auf eine kulturelle Superiorität beriefen, sondern »Rasse« zum Kernelement ihrer politischen, territorialen und ökonomischen Ordnung erklärten.

Zurück nach Ober Ost: Die territoriale Ordnung des Gebietes stand während der gesamten Besatzungszeit unter dem Primat der operativen Kriegsziele. Das Herrschaftsgebiet Ober Ost erwuchs aus dem spezifischen Eroberungs- und Frontverlauf im Kriegsjahr 1915.[18] Anders als das südlich gelegene, zivil verwaltete Generalgouvernement Warschau wurde Ober Ost bis zum offiziellen Ende am 3. November 1918 militärisch verwaltet, was zugleich bedeutete, dass die östliche Grenzlinie in etwa dem letzten Frontverlauf folgte. Im Norden bis an die Ostsee, im Süden bis an das Generalgouvernement Warschau reichend, grenzte Ober Ost im Westen direkt an Ostpreußen und damit

[18] So wurden die Gebiete zunächst von den jeweils vor Ort stationierten Armeen verwaltet. Die Etappenverwaltungen wechselten, sodass sich erst mit der Verwaltungsordnung vom 7. Juni 1916 eine Zentralverwaltung mit entsprechender Bezirksstruktur nach preußischem Vorbild festigte. Der in Ober Ost aufgebaute Verwaltungsapparat bestand personell nahezu ausschließlich aus Militärangehörigen, in der Regel handelte es sich um nicht kriegsverwendungsfähige Offiziere und Mannschaftssoldaten des Heeres. Insgesamt sollen zwischen 10000 und 18000 Männer dort ihren Dienst geleistet haben, unter ihnen Persönlichkeiten wie Victor Klemperer und Arnold Zweig. Vgl. Liulevicius, Kriegsland im Osten, S. 76. Zur Verwaltungsstruktur vgl. im Detail: Oberbefehlshaber Ost (Hg.), Das Land Ober Ost, S. 79–94.

unmittelbar an deutsches Reichsgebiet. Die Grenzfestlegung erfolgte nach Maßgabe der kriegstaktischen Erwägungen und Gegebenheiten, weder bestehende Grenzverläufe noch die ethnische Zugehörigkeit der jeweils ansässigen Bevölkerung waren für den territorialen Zuschnitt von ausschlaggebender Bedeutung. In dieser und manch anderer Hinsicht entsprach die Inbesitznahme von Ober Ost den andernorts eingeübten Kolonialpraktiken – mit dem entscheidenden Unterschied, dass diese Kolonie in Europa lag.[19] Erich Ludendorff hielt in seinen Kriegserinnerungen bemerkenswerterweise fest, wie fremd das Land auf die Soldaten wirkte: »Diese sprachlichen Schwierigkeiten fielen sehr erschwerend ins Gewicht und können nicht hoch genug eingeschätzt werden. Wir kannten auch infolge Mangels jeder einschlägigen deutschen Literatur im übrigen die Verhältnisse von Land und Leuten nur wenig und sahen uns einer neuen Welt gegenüber.«[20] Und die Bevölkerung vor Ort »stand uns, bis auf die deutschen Teile, fremd gegenüber«.[21] Ein offizieller Bericht der Militärverwaltung fasste daher zusammen, dass sich die Verhältnisse in Ober Ost »ähnlich wie in einem Koloniallande, das unerforscht vor seinem Erwerber liegt«, darstellten.[22] Mit dieser Perspektive installierten die deutschen Militärs binnen einiger Monate ein autoritäres Besatzungsregime, das fortan »in dem besetzten und seinen Befehlsbereich bildenden Teil Russlands die gesamte gesetzgebende, richterliche und vollziehende Staatsgewalt« ausübte.[23] Für die in Ober Ost lebenden Litauer, Letten, Weißruthenen, Juden, Polen, Esten, Liven und Tataren folgte aus der deutschen Besatzung ein rigoroses Zwangssystem, das sowohl politisch wie auch ökonomisch auf Ausplünderung, Unterdrückung und Gewalt beruhte.[24] Abgesehen von der deutschbaltischen Minderheit wurden alle anderen Bevölkerungsgruppen gleich (schlecht) behandelt. Zur Überraschung der deutschen Militärs schien dabei den gängigen Zugehörigkeitskonstruktionen vor Ort eine gewisse Belie-

---

[19] Die koloniale Grundstruktur zeigte sich unter anderem auch in der Ausgestaltung separater Rechtssysteme für die ansässige Bevölkerung einerseits und die vor Ort lebenden deutschen Staatsangehörigen andererseits. Zum Selbstverständnis aufschlussreich: Ludendorff, Kriegserinnerungen.

[20] Ludendorff, Kriegserinnerungen, S. 146.

[21] Ebenda, S. 145.

[22] Oberbefehlshaber Ost (Hg.), Das Land Ober Ost, S. 93.

[23] Verwaltungsordnung für das Etappengebiet vom 7. Juni 1916, zit. n.: Liulevicius, Kriegsland im Osten, S. 105.

[24] Zu Einzelheiten des Besatzungs- und Kontrollregimes, vor allem aus litauischer Sicht, vgl. Strazhas, Deutsche Ostpolitik, insbesondere S. 108–120.

bigkeit anzuhaften, die in hohem Maße irritierte: »Die objektive Feststellung der Nationalitätenverhältnisse stößt auf die größten Schwierigkeiten; es kommt vor, dass die eine Partei eine Gemeinde als ›rein polnisch‹, die andere Partei dieselbe Gemeinde als ›rein litauisch‹ bezeichnet; […] es gibt ›Litauer‹, die kein Wort Litauisch können, und umgekehrt überzeugte ›Polen‹ aus kirchlicher oder sonstiger Tradition, die nur litauisch sprechen; oft rechnen sich die Glieder einer Familie zu verschiedenen Nationalitäten.«[25] Auf die Frage nach der eigenen Volkszugehörigkeit würden manche mit »Ich bin ein Hiesiger« antworten, andere bezeichneten sich schlicht als »Katholik«. Mit der Vorstellung einer durch gemeinsame Sprache, Geschichte, Kultur und Herkunft geprägten nationalen Identität waren solche Selbstthematisierungen kaum zu vereinbaren. Eine bevölkerungspolitische Sortierung nach »nationalen« oder »völkischen« Kriterien, die es erlauben würde, kollektive Zugehörigkeiten zu vereindeutigen, musste vor dem Hintergrund eines dort offenbar praktizierten Selbstbekenntnisses nicht nur scheitern, sondern zusätzliche Konflikte auslösen.[26]

Die komplizierten und für die deutschen Militärangehörigen letztlich undurchsichtigen Bevölkerungsverhältnisse bildeten den Hintergrund für eine Territorialisierungspolitik, die sich zum einen auf die ökonomische Instandsetzung, Optimierung und Ausbeutung des Landes konzentrierte, zum anderen darauf abzielte, das besetzte Gebiet nach den Vorstellungen der deutschen Militärs zu »kultivieren«. Diese Doppelstrategie umfasste sowohl einen straffen Verwaltungsaufbau mit fortschreitender Zentralisierung wie auch systematische und brutale Beschlagnahmungen landwirtschaftlicher Güter und Er-

[25] Zechlin, Litauen und seine Probleme, S. 258.

[26] Auf die einzelnen Bevölkerungsgruppen und ihre Verhältnisse untereinander kann hier nicht detaillierter eingegangen werden, vgl. dazu: Oberbefehlshaber Ost (Hg.), Das Land Ober Ost, S. 13–22; Liulevicius, Kriegsland im Osten, S. 47–59. Die Unterschiede in der nationalen und ethnischen Selbstwahrnehmung sollten allerdings nicht zu der irrigen Auffassung führen, dass es sich in Ober Ost »nicht um imaginäre Gemeinschaften oder die Erfindung von Traditionen« handelt, »sondern um ganz bewußte Gruppen mit gemeinsamen Vorstellungen und Traditionen« (Liulevicius, Kriegsland im Osten, S. 231). Jeder Gemeinschaftsglaube, der über unmittelbare Face-to-Face Kontakte hinausgeht, konstituiert sich über die Imagination von Gemeinsamkeiten, unabhängig davon, ob man sie als angeboren, erworben oder als Resultat bewusster Entscheidungsprozesse ansieht. Die konstruierte Nation oder das konstruierte Volk sind keine Gruppen im soziologischen Sinne, sondern Selbstthematisierungsdiskurse zur Herstellung politischer Kollektivität. Vgl. Jureit (Hg.), Politische Kollektive.

zeugnisse.[27] Darüber hinaus setzten die deutschen Militärs ein Handelsmonopol durch, erzwangen einen rigorosen Ressourcenabbau zur Versorgung der deutschen Truppen und betrieben die statistische Erfassung vorhandener Güter, Waren, Viehbestände und Geräte. Die etwa drei Millionen Einwohner wurden personenstandrechtlich registriert und erhielten einen Pass. Die erwachsene Bevölkerung zog man ab Juni 1916 zum Arbeitseinsatz heran, sie musste beträchtliche Steuern aufbringen und war den willkürlichen Beschlagnahmungen und Enteignungen schutzlos ausgeliefert.[28] Die unter deutscher Besatzung forcierte Industrialisierung des Landes sowie die auf Wirtschaftsförderung zielenden Infrastrukturprojekte zogen einen enormen Arbeitskräftebedarf nach sich, der schon bald nicht mehr durch die zwangsrekrutierten Kolonnen zu befriedigen war, sondern durch den Einsatz von Kriegsgefangenen und Flüchtlingen kompensiert wurde. Die Arbeits- und Lebensverhältnisse im besetzten Gebiet waren insgesamt ungenügend, sodass Hungerrevolten, Streiks und Widerstand zunahmen.[29] Das autoritäre Kontrollregime griff zur Festigung seines Herrschaftsanspruches zudem auf eine »Kulturarbeit« zurück, die nicht etwa als positives Gegenbild zur brutalen Ausplünderung des Landes missverstanden werden sollte, sondern ein weiteres Kernelement der kolonialen Inbesitznahme darstellte.

Kultur – damit war zunächst einmal die Erschließung landwirtschaftlicher Nutzflächen gemeint. Das besetzte Land wirkte aufgrund seiner agrarwirtschaftlichen Verhältnisse sowie der kriegsbedingten Verwüstungen als extrem rückständig. Viele Felder lagen brach, waren durchnässt, wurden kaum oder ineffektiv bewirtschaftet und galten daher als unterentwickelt. »Der Stand der Landeskultur«, so urteilte ein deutscher Militärbeamter, »ist durchschnittlich im Vergleiche zu Deutschland um reichlich hundert Jahre zurück«. Folglich stecke »der Kampf der Kultur mit der Natur […] hier noch in den Kin-

---

[27] Der klare Bruch der Haager Konvention wurde von amtlicher Seite entschieden zurückgewiesen. Die Herrschaftspraktiken begründete man mit »dem aufgezwungenen Daseinskampf« Deutschlands, der dazu berechtige, in erster Linie die Interessen des Heeres und des Deutschen Reiches zu wahren und erst danach denen des besetzten Landes nachzukommen. Vgl. Oberbefehlshaber Ost (Hg.), Das Land Ober Ost, S. 84–85.

[28] Zum Arbeitseinsatz und zur Zwangsarbeit vgl. Westerhoff, Zwangsarbeit im Ersten Weltkrieg?; ebenso: Häpke, Die deutsche Verwaltung in Litauen.

[29] Zum Widerstand, zur Unterstützung russischer Partisanen sowie zur »Bandenbildung« vgl. Strazhas, Deutsche Ostpolitik, S. 13–70.

derschuhen«.[30] »Ödland« und »Unkultur« waren die zentralen Kategorien, mit denen die deutschen Besatzer dem Land einen erheblichen Ordnungs- und Kultivierungsbedarf attestierten. Wohin das Auge auch sah, so resümierte ein anderer Beamter, »nichts, als ein Bild der Armut und Unkultur, trostlose Wegeverhältnisse, armselige Dörfer mit verwahrlosten Hütten und einer schmutzigen, verlumpten Bevölkerung und mit rückständiger Feldbestellung, ein himmelweiter Gegensatz zum blühenden deutschen Lande im benachbarten Oberschlesien«.[31] Dass sich die Deutschen in Ober Ost als »Kulturbringer« verstanden, schien für sie selbst ebenso selbstverständlich zu sein wie das propagierte Gegenbild, dass der vormals russische Einfluss für diesen Teil des Zarenreiches nicht nur keinen Fortschritt, sondern Elend, Ausbeutung und Verwüstung gebracht habe. Es liege »in dem tatarischen Charakter der moskowitischen Herrschaft, zu nehmen, und zwar mit möglichst wenig eigener Arbeit; sie ist weder fleißig, noch schöpferisch, noch produktiv. [...] Jede Scholle, mag sie zurzeit auf noch so hoher Kultur stehen, die in die Hände der Moskowiter fällt, muß mit unerbittlicher Notwendigkeit durch die Unfähigkeit dieses Volkes zu intensiver, produktiver Arbeit in kurzer Zeit auf das natürliche Ertragsniveau herabsinken, nachdem die Reserven früherer höherer Kultur herausgezogen und aufgezehrt sind.«[32]

Das Ziel einer intensiven »Kultivierung« des Landes bezog sich gleichwohl nicht nur auf landwirtschaftliche Ertragssteigerungen, sondern beinhaltete ein durchaus ambitioniertes Gesamtprogramm zur »Hebung des Landes«: Ausbau der Straßen- und Schienennetze, Begradigung und Schiffbarmachung von Flüssen, Modernisierung der Holz- und Wasserwirtschaft, Verbesserung der Wasser-, Strom- und Gasversorgung, Regulierung des Geld- und Kreditwesens, Kanalisations- und Brückenbau, Instandsetzung und Erweiterung des Telegraphennetzes, gesundheits- und hygienepolitische Programme sowie Maßnahmen zur Aufrechterhaltung der öffentlichen Ordnung.[33] Darüber hinaus verfolgten die deutschen Besatzer eine staatlich gelenkte Presse-, Schul- und Kulturpolitik, die den einzelnen Bevölke-

[30] Oberbefehlshaber Ost (Hg.), Das Land Ober Ost, S. 189–190.

[31] Bericht des späteren Leiters der Militärverwaltung in Wilna Theodor von Heppe, zit. n. Liulevicius, Kriegsland im Osten, S. 46.

[32] Oberbefehlshaber Ost (Hg.), Das Land Ober Ost, S. 210–211.

[33] Ziele, Interessen und Praktiken der »deutschen Aufbauarbeit« sind detailliert wiedergegeben in: ebenda, S. 185–251.

rungsgruppen zwar gewisse kulturelle Freiheiten zugestand, diese jedoch streng reglementierte, überwachte und sanktionierte. Zwar durfte im Unterschied zur zaristischen Herrschaft in den Schulen nun muttersprachlich unterrichtet werden, auch wenn Deutsch für alle verbindliches Unterrichtsfach wurde, allerdings löste angesichts der ethnischen Vielfalt die Festlegung der jeweiligen Sprachmehrheiten erhebliche Konflikte aus. Höhere Bildung war für die ansässige Bevölkerung nicht vorgesehen. Deutsche Kultur sollte angesichts diffuser und konfliktbehafteter Sprachenverhältnisse vielmehr ein gemeinschaftstiftendes Angebot jenseits der bestehenden Zugehörigkeitskonstruktionen darstellen. »Aus sich heraus«, so Ludendorff in seinen Kriegserinnerungen, »schafft die buntgemischte Bevölkerung keine Kultur, auf sich allein angewiesen, verfällt sie dem Polentum.«[34] Die Annahme, deutsche Kultur könne die kulturelle, religiöse, politische und soziale Heterogenität in Ober Ost überwinden helfen und ein tief gespaltenes Land unter deutscher Vorherrschaft vereinheitlichen, war nicht nur wegen der autoritären Herrschaftspraktiken zum Scheitern verurteilt, auch die zugrundeliegende Vorstellung, Menschen mit anderem nationalen oder ethnischem Selbstverständnis ließen sich aufgrund von ökonomischen Modernisierungsmaßnahmen zwar nicht vollständig germanisieren, aber in gewisser Weise »deutsch imprägnieren«, erwies sich als krasse Fehleinschätzung.[35] Zwar hatte Hindenburg immer wieder betont, dass er keine Zwangsgermanisierung der ansässigen »Fremdvölkischen« wünsche, doch gleichzeitig setzte man auf die (unfreiwillige) Vermittlung deutscher Kultur, um vor Ort »deutsches Wesen« mittel- und langfristig zu implementieren.[36] In der Praxis kam dies einer zwar nicht totalitär erzwungenen, aber dennoch intendierten Germanisierung nahe, die – unabhängig von den zukünftigen konkreten Herrschaftsverhältnissen in Ostmitteleuropa – deutschen Einfluss garantieren sollte.[37]

---

[34] Ludendorff, Kriegserinnerungen, S. 138.

[35] Zur weiteren Entwicklung ab 1917, zur Einrichtung von sogenannten Landräten in Litauen und Kurland sowie zu der von der Taryba gefassten »Resolution vom 11. Dezember« vgl. Strazhas, Deutsche Ostpolitik, S. 221–275.

[36] Geheimbefehl Hindenburgs vom 16. Januar 1916, zit. n.: Liulevicius, Kriegsland im Osten, S. 163.

[37] Ludendorff notierte dazu, dass das Deutschtum zu bevorzugen sei, »aber auch nur jeder Schein zwangsweiser Germanisierung, von der ich nie ein Freund war, allen Nationalitäten gegenüber zu vermeiden«. Ludendorff, Kriegserinnerungen, S. 376.

Im Kern steckte hinter der beanspruchten deutschen »Kulturmission« im Osten, die man konsequent mit der Weiterführung der mittelalterlichen Ostkolonisation begründete, bereits die Vorstellung, Landstriche könnten durch spezifische Erschließungs-, Bebauungs-, Besiedlungs- und Nutzungsprojekte über die Jahre einen bestimmten Charakter ausbilden, der sich national oder besser völkisch zuordnen lasse. Im Falle von Ober Ost habe sich bereits vor Jahrhunderten eine gewisse deutsche Formung herausgebildet, die zwar durch »fremde« Einflüsse wieder zurückgedrängt, beeinträchtigt und teilweise auch zerstört worden sei, die das Land aber weiterhin präge. Jenseits der gegenwärtigen staatlichen Zugehörigkeit könne eine Region wie Ober Ost aufgrund ihrer historischen Erschließungsgeschichte daher physisch deutsch sein, unabhängig davon, ob und wie viele Deutsche das Land aktuell bewohnten. Die Herleitung von Herrschaftsansprüchen aus der gewachsenen (Infra-)Struktur des Territoriums hatte zweifellos legitimatorischen Wert, gleichwohl sollte sie nicht allein als rhetorische Rechtfertigungsfigur abgetan werden. Gerade die Hartnäckigkeit, mit der solche geographisch-historischen Rechtfertigungen reformuliert wurden, verdeutlicht, dass es sich hier nicht nur um einen billigen Propagandatrick zur Rechtfertigung deutscher Expansionsgelüste handelte. Hinter der Vorstellung eines deutschen Ostens stand die ernsthafte Überzeugung, zu einer solchen Kulturmission berechtigt, befähigt und in gewisser Weise auch historisch auserwählt zu sein. Diese Selbstermächtigung durchzog nicht nur einen deutschen, sondern einen europäischen Legitimationsdiskurs, der im Spannungsfeld von nationalen, völkischen und rassischen Zugehörigkeitsvorstellungen territoriale Ordnungen imaginierte, konstituierte oder auch zurückwies. Räumliche Konzepte reagierten dabei bereits auf die folgenschwere Erfahrung, dass nationale Zuordnungen und Inanspruchnahmen über erhebliche Konfliktpotenziale verfügten und in der Regel kaum dazu geeignet waren, tragfähige Zugehörigkeits- und Identitätsangebote zu etablieren. Gerade der beginnende Zerfall imperialer Großreiche legte auf erschreckende Weise offen, dass völkische und nationale Ordnungsmodelle beliebig, diffus und in vielerlei Hinsicht manipulierbar waren und häufig konflikthafte und gewaltsame Homogenisierungsmaßnahmen zur Folge hatten. Denn die geliebte Nation oder das geeinte Volk erwies sich bei genauerer Betrachtung oftmals als weitaus heterogener, als es der Herkunftsglaube tradierte.

Während die deutschen Militärs entschlossen an ihrem missionarischen Auftrag in Ober Ost festhielten, euphorisierten die Kriegserfolge sowie der mit Russland geschlossene Frieden von Brest-Litowsk die weltpolitischen Ambitionen. Im Osten schien ein Imperium zum Greifen nahe, von dem man in Deutschland schon lange geträumt hatte. Hier war nun »die letzte Gelegenheit der Weltgeschichte [...], deutsches Land zu bekommen«. Kurland beispielsweise sei ein ideales Siedlungsland, das »wir nur zu halten, zu bevölkern brauchen, um ein neues, fertiges, wertvolles Stück Deutschland zu besitzen«.[38] Mittel- und langfristig plante die deutsche Regierung in Osteuropa Gebiete zu kolonialisieren, die man früher oder später tatsächlich ins Reich einzugliedern gedachte, darüber hinaus wollte man aber auch von Deutschland abhängige Satellitenstaaten schaffen, die als Schutzwall gegen Russland und als Aufmarsch- und Versorgungsgebiete für zukünftige Osteroberungen dienen sollten. Somit umfasste die Vision vom deutschen Ostimperium einerseits dezidierte Siedlungspläne, nach denen ehemalige Soldaten, Auslandsdeutsche und Bauern unter anderem zwischen Riga und Białystok deutsches Land aufbauen sollten, andererseits wies man den direkt an Russland grenzenden und dann in einen deutschen Großraum integrierten neuen Staaten die Aufgabe zu, zukünftig und vorzugsweise für nachfolgende Ostkriege die erforderlichen Ressourcen zu liefern, vor allem Bodenschätze, landwirtschaftliche Erzeugnisse, Kriegsgerät und »neue Menschenkräfte« waren von Interesse.[39] Noch im November 1917 verfolgte Ludendorff, trotz massiver Gegenwehr in Litauen und anderswo, nahezu unbeirrt das Ziel, Kurland und Litauen in Personalunion mit dem Haus Hohenzollern an das Deutsche Reich anzuschließen. Litauen sollte dann in seinen ethnographischen Grenzen fortbestehen, allerdings in währungs-, handels- und außenpolitischer Abhängigkeit vom Deutschen Reich verbleiben. Während einer gewissen Übergangszeit, in der vor allem die Installierung und Festigung deutscher Herrschaftsstrukturen voranzutreiben sei, war unter Zugeständnis gewisser nationaler Eigenständigkeiten eine politische und kulturelle Umerziehung vorgesehen, die es langfristig sogar vorstellbar machte, aus der dann deutschfreundlichen Bevölkerung zuverlässige Nachwuchskräfte für Verwaltung und Armee zu rekrutieren. Ansonsten blieb es einer deutschen Beamtenschaft – unter Führung eines Gouverneurs

[38] Nachlass des Verwaltungschefs von Kurland, Alfred von Gossler, zit. n.: Liulevicius, Kriegsland im Osten, S. 97.
[39] Ludendorff, Kriegserinnerungen, S. 417.

als kaiserlichen Vertreter – vorbehalten, die Geschicke des Landes zu leiten. Langfristig glaubte man an die Überzeugungskraft der deutschen Kultur- und Aufbauarbeit, die von blühenden Ländern im Osten unter autoritärer deutscher Führung träumte. Die Vision eines deutschen Ostimperiums zielte somit auf die territoriale Erweiterung des Reichsgebietes, während für andere Teile Ost- und Ostmitteleuropas eine Konzeption ins Auge gefasst wurde, die an Vorstellungen einer deutschen Großraumpolitik in Europa Maß nahm. Hinter dem Schlagwort der Autonomiepolitik verbarg sich dabei eine imperiale Zukunftsvision, nach der einzelnen Ländern eine gewisse staatliche Unabhängigkeit zugestanden wurde, die jedoch mit einer engen militärischen, ökonomischen und politischen Anbindung den deutschen Herrschafts- und Geltungsanspruch im Osten festigen sollten. Mit dem diplomatischen Zauberwort der Autonomie versuchte sich die Reichsregierung zwar von den offenen Annexionsforderungen nationalistischer Kreise zu distanzieren, ohne jedoch die deutschen Herrschaftsansprüche im Osten auch nur ansatzweise preiszugeben. Das formale Zugeständnis staatlicher Souveränität war vor allem von strategischem Nutzen und diente im Kontext der imperialen Großraumpolitik dazu, deutsche Vorherrschaft vor Ort und vor allem international kompatibel zu machen.

Ober Ost war ein koloniales Projekt, das in vielerlei Hinsicht der Landnahme in Afrika und Asien ähnelte. Nicht zufällig sprach Ludendorff retrospektiv davon, er habe »auf fremder Erde für Deutschlands Zukunft« gekämpft und sich dabei zum Beispiel an kolonialen Praktiken der Marine orientiert: »Ich verbot den Verkauf von Grund und Boden, um hiermit die Grundlage für eine gesunde Boden- und Siedlungspolitik zu erhalten und dem Landwucher vorzubeugen. Ich dachte damals an ähnliche Bestimmungen, wie sie die Marine in Kiautschou mit großem Erfolg durchgeführt hatte.«[40] Die kolonialen Ambitionen prägten ein autoritäres Besatzungsregime, das sich den bereits andernorts erprobten Praktiken der kolonialen Territorialisierung und Ausbeutung bediente. Zwangsarbeit, Ressourcenabbau und politische Partizipationsverweigerung gehörten ebenso zum bewährten Handwerkszeug wie infrastrukturelle Großprojekte, die der wirtschaftlichen und handelspolitischen Ertragssteigerung dienten. Das mittelfristige Ziel, die eroberten Gebiete auch mit Auslands- und

[40] Ebenda, S. 161.

Russlanddeutschen zu besiedeln und auf diese Weise deutsches Land zu gewinnen, sollte darüber hinaus durch eine offensive Aussiedlungs- und Umsiedlungspolitik verwirklicht werden, die allerdings im Falle von Ober Ost aufgrund des Kriegverlaufs auf der Planungsebene verblieb. Insgesamt zeugen die in Erwägung gezogenen Schritte von der zunehmenden Bereitschaft, Bevölkerungstransfers zur Herstellung homogener Territorien durchzuführen, in der Regel sollten die Umsiedlungen jedoch freiwillig erfolgen und entschädigt werden. Rigide Zwangsmaßnahmen zur Durchsetzung derartiger Siedlungsprogramme blieben politisch überaus strittig.[41] Jenseits der Frage nach den geplanten Bevölkerungstransfers offenbarte die zeitgenössische Debatte über die Neuordnungspläne in Ostmitteleuropa vor allem die in den deutschen Führungseliten immer noch vorherrschende Auffassung, dass dieser Teil Europas zukünftig keinesfalls nach Maßgabe von Selbstbestimmungsrechten, sondern im Rahmen eines deutsch dominierten, obrigkeitsstaatlichen Herrschaftssystems zu ordnen und zu regieren sei.

Doch das waren Zukunftspläne. Zunächst ging die Landnahme in Ober Ost – ebenso wie in anderen imperialen Kontexten – mit der kolonialen Vorstellung einher, in einen »leeren« Raum vorzudringen.[42]

---

41 Das mit Blick auf den Nationalsozialismus vertretene Argument, in Ober Ost seien erstmals gewaltsame Bevölkerungstransfers, »ethnische Säuberungen« sowie aktive Vertreibungspolitiken erdacht, wenn auch nicht praktiziert worden, verengt den Blick auf nationale Entwicklungen (vgl. Liulevicius, Von »Ober Ost« nach »Ostland«?, S. 295). Statt in dieser Frage diachron vorzugehen, wäre es analytisch sinnvoller, nach den zeitgleichen Vorgehensweisen in anderen europäischen Regionen vor und während des Ersten Weltkrieges zu fragen. Denn die mörderischen Praktiken zur Homogenisierung von Bevölkerungen waren bereits zu dieser Zeit an anderen Schauplätzen längst erdacht, erprobt und wurden auch umgesetzt. Auf dieses destruktive Wissen hätten die deutschen Militärs in Ober Ost problemlos zurückgreifen können, und auch die nationalsozialistische Lebensraumpolitik brauchte keineswegs eigene nationale Vorbilder, um ihre rassischen Ordnungskonzepte zu radikalisieren. Aus der umfangreichen Literatur hier nur der Verweis auf: Naimark, Flammender Hass; Mazower, Der dunkle Kontinent; Sémelin, Säubern und Vernichten. Zur Frage möglicher Aus- und Umsiedlungen im Osten, zu den deutschen Planungen sowie zu den unterschiedlichen Positionen in dieser Frage vgl. Stupperich, Siedlungspläne; sowie den einschlägigen Beitrag von Mommsen, Der »polnische Grenzstreifen«.

42 Liulevicius beschreibt in seiner Studie diese Landschaft ausführlich, allerdings ohne herauszuarbeiten, dass es sich bei der wahrgenommenen Weite und Leere um räumliche Konstruktionen handelt, die es zu analysieren und nicht nur zu reproduzieren gilt. Vgl. Liulevicius, Kriegsland im Osten, S. 40–46. Die zudem ver-

Bereits die Landschaft wurde mit dem Bild einer schier unendlichen Weite und Leere assoziiert, die – je weiter man nach Osten vorrückte – in die Grenzenlosigkeit der russischen Steppe überzugehen schien. Zwischen Ostseeküste und den Pripjetsümpfen öffnete sich dem deutschen Soldaten ein Raum, den der im Presseamt eingesetzte Victor Klemperer als ein über weite Strecken siedlungsloses Land beschrieb und in dem offenbar der Eindruck einer unendlichen Weite zu gewinnen war.[43] Das, was von den deutschen Eroberern als leer charakterisiert wurde, bezog sich zum einen auf die zum Teil unberührt wirkende Landschaft, zum anderen auf die geringe Besiedlungsdichte einiger Gebiete, die nahezu unbewohnt zu sein schienen. Ganze Landstriche waren verlassen, Höfe heruntergekommen, Felder unbewirtschaftet, Dörfer zerstört.[44] Dass diese Zustände auch auf den

---

tretene These, dass aus der von Wilhelm Heinrich Riehl stammenden Formel »Land und Leute« das nationalsozialistische Konzept »Volk ohne Raum« erwachsen sei, entbehrt jeder Grundlage (vgl. Liulevicius, Kriegsland im Osten, S. 308). Weder semantisch noch ideologisch lässt sich diese Transformation nachweisen, auch realpolitisch kann Liulevicius nicht belegen, wie dieser Zusammenhang hergestellt worden sein soll. Die damit implizit behauptete Kontinuität im Sinne von »Stadien eines evolutionären Prozesses« (Liulevicius, Von »Ober Ost« nach »Ostland«?, S. 309) zwischen imperialer Territorialisierung in Ober Ost und nationalsozialistischer Vernichtungspolitik, ist zwar hinsichtlich der kolonialen Ambitionen durchaus naheliegend (darin liegt allerdings auch kein grundsätzlicher Unterschied zu anderen kolonialen Großmächten), sie zielt allerdings an der spezifisch nationalsozialistischen Lebensraumkonzeption, die gewaltsame Bevölkerungstransfers mit genozidaler Option nicht nur plante, sondern auch vollstreckte, vorbei. Obgleich Liulevicius einige der zentralen Unterschiede ausführt (unter anderem Kultur- und Missionsverständnis, radikaler Antisemitismus, Gewaltbereitschaft), bleibt seine Studie einem Kontinuitätsdenken verhaftet, dem ein Vergleich mit zeitgleichen Besatzungs- und Kolonialpolitiken anderer Großmächte gutgetan hätte. Vgl. auch Liulevicius, The German Myth. Einen breiteren Überblick bieten: Brandes/Sundhaussen/Troebst (Hg.), Lexikon der Vertreibungen. Zur Kontinuitätsfrage ähnlich wie Liulevicius: Demm, Das deutsche Besatzungsregime in Litauen; in dieser Frage differenzierter: Bergien, Vorspiel des Vernichtungskrieges?

43 Victor Klemperer arbeitete im Zensurbüro, in seinen Notizen finden sich auch Hinweise auf die ihm und anderen jüdischen Deutschen zugewiesene Rolle als »Vermittler«, vgl. ders., Curriculum Vitae, S. 461–712. Zur Wahrnehmung der jüdischen Bevölkerung seitens der deutschen Besatzer vgl. Oberbefehlshaber Ost (Hg.), Das Land Ober Ost, S. 18–21 und S. 45–50.

44 Mit 27 Einwohnern pro Quadratkilometer gehörte Ober Ost zu den eher dünn besiedelten Gebieten in Europa (im Vergleich: Deutschland hatte 120, Belgien 251 Bewohner/qkm). Białystok-Grodno verlor durch den Krieg beispielsweise mehr als 35 %, Kurland mehr als 50 % seiner Bevölkerung. Vgl. Oberbefehlshaber Ost (Hg.), Das Land Ober Ost, S. 89–94.

Krieg zurückzuführen und dass der Tod, die Vertreibung und die Flucht von einem Drittel der Bevölkerung nicht folgenlos geblieben waren, trat hinter die Wahrnehmung zurück, hier existiere leerer Raum, den es fortan zu ordnen, zu kultivieren, zu gestalten galt. Das Land, so Ludendorff 1919 rückblickend, »befand sich durch den Krieg in einem verwahrlosten Zustande, nur da, wo wir länger gestanden hatten, herrschte bereits Ordnung. Die Bevölkerung war dem weichenden Russen teils freiwillig vorausgezogen, teils von ihm mitgeführt. Sie hatte sich stellenweise in den großen Waldungen versteckt und kehrte nun wieder heim. Viele ländliche Besitzungen blieben jedoch verlassen. [...] Jede Obrigkeit fehlte. Die russischen Regierungsbeamten und die russischen Richter, der ganze russische Erobererstaat und fast die gesamte heimische Intelligenz hatten das Land verlassen. Eine Polizei oder Gendarmerie war nicht da, nur die Geistlichkeit besaß eine gewisse Autorität.«[45] Angesichts des offenkundigen Machtvakuums sahen sich die deutschen Militärs »vor einer ganz gewaltigen Aufgabe: alles war neu aufzubauen und einzurichten«.[46] Einer eher landschaftlich abgeleiteten Leere schloss sich damit eine weitere Vorstellung an, der es im Kern um fehlende Ordnung, um fehlende Strukturen, um fehlende Obrigkeit ging. Ein Erfahrungsbericht über den Aufbau der Verwaltung vermerkte, dass die »Russen sämtliche Beamte mit ihren Akten, Katastern, Steuerlisten, Karten usw. mit fortgenommen hatten und nennenswerte Selbstverwaltungsorganisationen mit in Verwaltungsgeschäften vertrauten Männern kaum vorhanden gewesen waren«. Aus diesem Grund »fanden wir bei der Einrichtung der militärischen Landesverwaltung das Land völlig entblößt vor von Beamten, aktenmäßigen Unterlagen und vor allen Dingen auch von nicht beamteten Persönlichkeiten, die in der Lage gewesen wären, über die früheren Einrichtungen die erforderliche Auskunft zu geben«.[47] Das zaristische Machtsystem war zerschlagen beziehungsweise aus seiner westlichen Peripherie vertrieben worden, und zurück blieb ein zerstörter rechts- und herrschaftsfreier Raum, dem es generell an Ordnung, Effektivität und Führung mangelte – zumindest wollten es die deutschen Militärs so sehen. Was ihrer Meinung nach vor allem fehlte, war ein funktionierender Staat.

---

[45] Ludendorff, Kriegserinnerungen, S. 145.

[46] Ebenda, S. 146.

[47] Oberbefehlshaber Ost (Hg.), Das Land Ober Ost, S. 81.

Sie imaginierten Ober Ost als *terra incognita,* das sie – wie in fernen Kontinenten – binnen kurzem effektiv in Besitz zu nehmen beabsichtigten. Es gehörte daher zu ihren ersten Maßnahmen, das eroberte Land durch die Festlegung seiner Außengrenzen als Territorium zu definieren, dieses administrativ zu untergliedern, zu vermessen und zu kartographieren.[48] Einwohner, Güter, Waren und Geräte wurden wie koloniales Inventar statistisch erfasst, gezählt, sortiert. Die räumliche Aneignung des Gebietes vollzog sich mithilfe der bereits eingeübten Praktiken, wie sie auch in anderen kolonialen Zusammenhängen üblich waren: Die Festlegung der Grenzen richtete sich im Falle von Ober Ost nach kriegsrelevanten Kriterien, was zugleich bedeutete, dass historische Siedlungsstrukturen, bestehende Verkehrs- und Handelswege sowie andere tradierte Raumeinteilungen keinerlei Berücksichtigung fanden. Zwar musste in Ober Ost nicht mit anderen Kolonialmächten jahrelang um die territorialen Abgrenzungen geschachert werden, aber eine Beteiligung der Bevölkerung oder die Berücksichtigung gewachsener Strukturen sah das Ordnen kolonialer Räume seit jeher nicht vor. Bemerkenswert ist bei diesem räumlichen Aneignungsgeschehen, wie sich trotz detaillierter Wahrnehmung des vor Ort Vorhandenen die Konstruktion des leeren Raumes entfaltete und wirkungsmächtig wurde. Während die amtlichen Berichte keinen Zweifel daran lassen, dass die Militärs die vorgefundenen ökonomischen, politischen und sozialen Strukturen, Bedingungen und Konstellationen sehr wohl registrierten (wenn auch nicht immer verstanden) und sie zum Ausgangspunkt ihrer kolonialen Eroberungspolitiken machten, erweist sich gleichzeitig die Imagination eines unberührten, unerschlossenen Terrains als nahezu übermächtig. Das, was die Eroberer in Ober Ost vorfanden, wurde mithilfe der Fiktion vom leeren Raum zum kolonialen Inventar umgedeutet und aus der eigenen Wahrnehmung ausgeblendet, sodass es zwar weiterhin als variable Wirtschaftsgröße und häufig auch als lästiger Störfaktor zu berücksichtigen blieb, allerdings stand es der Phantasie eines kolo-

[48] Diese Maßnahmen markieren den Übergang von einer nach Osten fortschreitenden Front zur quasi stillgestellten Grenzausgestaltung. Zwar blieb das gesamte Gebiet militärisch prekär, das deutsche Herrschaftskonzept sah aber die zügige Konstituierung eines kolonialen Staates vor. Entgegen der These von Liulevicius, der Ober Ost als einen »in Bewegung befindlichen Kriegsstaat« bezeichnet, verweisen die hier analysierten räumlichen Aneignungspraktiken sowie die Personalstruktur eher auf die Unterschiede von Eroberungs- und Konstituierungsphase. Vgl. Liulevicius, Kriegsland im Osten, S. 202.

nialen Neulandes, dessen Inbesitznahme man nicht nur beanspruchte, sondern für die man sich auch auserwählt fühlte, kaum noch im Wege.[49]

Völkische Grundrechenarten: Praktiken internationaler Grenzziehung in Oberschlesien nach dem Ersten Weltkrieg

Die Fallhöhe war enorm. Zwischen einem kurzfristig aufscheinenden deutschen Ostimperium und den sich schon bald abzeichnenden Forderungen der Siegermächte, die nicht nur die alleinige Kriegsschuld und umfassende Reparationen vorsahen, sondern auch beträchtliche Gebietsabtretungen umfassten, öffnete sich ein tiefer Abgrund. Die bestehenden Hoffnungen, Ansprüche und Erwartungen an eine deutsche Vormachtstellung in Europa, die imperialen Ambitionen hinsichtlich einer unter deutscher Vorherrschaft stehenden Großraumpolitik, das eigene Selbstverständnis kultureller und zivilisatorischer Überlegenheit gegenüber indigenen und »slawischen« Völkern – dieser Höhenflug zerbrach an den unausweichlichen Realitäten eines verlorenen Krieges und erschütterte gleichsam erdbebenartig die kollektive Eigenwahrnehmung. Aus der Perspektive einer vor imperialen Machtansprüchen nahezu überschäumenden Großmacht war dieses Kriegsende eine totale Katastrophe. Das deutsche Herrschaftssystem scheiterte 1918 nicht nur als Ordnungsmacht, sondern mit ihm zerbrach auch ein Kollektivversprechen, das sich stets auf die eigene nationale Superiorität berufen hatte. Das tatsächliche Ausmaß des politischen, ökonomischen, gesellschaftlichen und auch ideologischen Bankrotts sowie die Folgewirkungen der ausgelösten Staatskrise wurden gleichwohl erst allmählich und schrittweise realisiert. Retrospektiv mag es überraschen, dass sowohl bei den Waffenstillstandsverhandlungen als auch in den vorbereitenden Beratungen der deutschen Verhandlungsführer noch das Verständnis vorherrschte, mit den Sie-

[49] Die weiteren Planungen zur Erweiterung und Festigung eines deutschen Ostimperiums sahen unter anderem die Einrichtung einer Kolonialadministration vor, die bezeichnenderweise den Titel »Neuland« tragen sollte. Vgl. Strazhas, Die deutsche Militärverwaltung Oberost. Der Begriff Neuland auch bei dem 1933 in die USA emigrierten Nationalökonomen Feiler, Neuland.

germächten wenn schon nicht auf Augenhöhe, so doch unter Anerkennung einer prinzipiellen Gleichstellung einen möglicherweise harten, aber das nationale Selbstbild und die territoriale Souveränität respektierenden Frieden schließen zu können.[50] Dass sich diese Erwartung rasch als unrealistisch und in gewisser Weise auch als naiv erwies, verstellt häufig den Blick dafür, dass es unter anderem die alliierte Aberkennung dieses kollektiven Selbstverständnisses war, die in den nächsten beiden Jahrzehnten radikalen Kräften in Deutschland erheblichen Zulauf einbrachte.

Für die Frage der territorialen Neuordnung Europas sowie für das spezifisch deutsche Verständnis der eigenen räumlichen Verfasstheit erweist es sich als gewinnbringend, den in den Friedensverhandlungen vorherrschenden und handlungsleitenden Raumkonzepten detaillierter nachzugehen. Das kann an dieser Stelle nur exemplarisch geschehen, schließlich berieten zwischen dem 18. Januar und dem 28. Juni 1919 insgesamt 27 Staaten in Paris darüber, wie mit den Mittelmächten Deutschland, Österreich, Bulgarien, Ungarn und der Türkei Frieden zu schließen sei. Die internationalen Verhandlungen umfassten beispielsweise mit dem »Rat der Vier«, den Außenministertreffen der fünf Hauptmächte, dem *Council of Ten* sowie dem »Obersten Rat« nicht nur zahlreiche Gremien auf höchster staatspolitischer Ebene, es war auch eine von unzähligen Haupt- und Unterkommissionen, von Expertenberatungen und Sachverständigengutachten geprägte Konferenz, die sich mit der Feststellung der Kriegsschuld, den von den Mittelmächten zu leistenden Reparationen, der Installierung des Völkerbundes und vor allem mit den Gebietsabtretungen der Kriegsverlierer beschäftigte. Im Vorfeld der Friedensverhandlungen war hinsichtlich der territorialen Fragen bereits deutlich geworden, dass angesichts des Zusammenbruchs des Habsburger und des Osmanischen Reiches, angesichts des separaten Friedens mit der Sowjetunion sowie der polnischen Forderung nach einem eigenen Staat (um nur einige der größten Probleme zu nennen) ein immenser und komplexer Regelungs- und Neuordnungsbedarf vor allem in Ost-, Südost- und Ostmitteleuropa bestand, dem es unter anderem durch die Institutionalisierung internationalen Rechts zu begegnen galt. Für Deutschland ging es dabei neben Elsass-Lothringen, Eupen-Malmedy, Nordschleswig und den

[50] Hierzu bleibt anzumerken, dass es sich erst im Lauf der Wochen und Monate nach dem Waffenstillstand abzeichnete, dass es weder einen Präliminarfrieden noch eine deutsche Verhandlungsteilnahme in Paris geben würde.

deutschen Kolonien vor allem um die Grenzziehung gegenüber einem neuen polnischen Staat, der erhebliche Teile der bislang zum Deutschen Reich gehörenden Gebiete für sich beanspruchte. Für die Frage nach den vorherrschenden territorialen Ordnungsvorstellungen ist daher gerade der deutsch-polnische Konflikt um die deutsche Ost- beziehungsweise um die polnische Westgrenze von herausragender Qualität, bietet er doch Einblick in das breite Spektrum der damals eingeübten räumlichen Argumentationsmuster. Neben Posen, Danzig, Ost- und Westpreußen gehörte vor allem Oberschlesien zu den heftig umkämpften Regionen, deren weitere Zugehörigkeiten in Paris zur Entscheidung anstanden. Gerade weil der Verbleib von Oberschlesien erst nach langen, äußerst konflikthaften und zeitweise bürgerkriegsähnlichen Auseinandersetzungen schließlich vom Völkerbund entschieden wurde, eignet sich dieses Beispiel in besonderer Weise, territoriale Ordnungsvorstellungen der an der Neuordnung beteiligten Kräfte detaillierter zu beleuchten.[51]

Als am 11. November 1918 der Waffenstillstand in Kraft trat, war die »Polnische Frage« bereits fester Bestandteil der alliierten Friedenspläne.[52] Schon die Proklamation eines unabhängigen Polens am 5. November 1916 seitens der Mittelmächte, die Konsultationen zwischen dem späteren polnischen Ministerpräsidenten und Außenminister Ignacy Jan Paderewski und dem US-amerikanischen Präsidenten Woodrow Wilson sowie die Gründung des »Polnischen Nationalkomitees« am 15. August 1917 markierten Stationen eines internationalen Dialogs, der an der Errichtung eines unabhängigen polnischen Staates kaum noch Zweifel aufkommen ließ. Derweil sah der Waffenstillstandsvertrag unter anderem die sofortige Einstellung der Kampfhandlungen vor, den Rückzug der deutschen Truppen hinter die Grenzen von 1914 und die Annullierung des bereits in Kraft getretenen Separatfriedens. Dem Übereinkommen waren langwierige Vorver-

---

51 Dass sich die Studie dabei auf die deutsche Position konzentriert, ist ihrer eigentlichen Fragestellung geschuldet, gleichwohl sind die Argumentationsmuster der anderen beteiligten Mächte vor allem dann einzubeziehen, wenn sie für den Verhandlungsverlauf und für seine argumentative Ausstattung von ausschlaggebender Bedeutung sind.

52 Hierzu weiterhin einschlägig: Nelson, Land and Power; Schwabe, Deutsche Revolution; Lundgreen-Nielsen, The Polish Problem at the Paris Peace Conference; Schattkowsky, Deutschland und Polen; für die deutsch-polnischen sowie für die internationalen Grenzverhandlungen unverzichtbar: Prange, Der Versailler Vertrag.

handlungen vorausgegangen, in denen der von Präsident Wilson am 8. Januar 1918 gehaltenen Rede mit dem sogenannten 14-Punkte-Programm eine entscheidende Rolle zukam.[53] Wilson hatte darin bereits erklärt: »Ein unabhängiger polnischer Staat sollte Gebiete mit unbestritten polnischen Bevölkerungen umfassen, über einen freien und sicheren Zugang zum Meer verfügen und politische und ökonomische Unabhängigkeit und territoriale Integrität durch internationale Verträge garantiert bekommen.«[54] Auf diese Aussage Wilsons zugunsten eines polnischen Staates »mit unbestritten polnischen Bevölkerungen« wird hier an anderer Stelle noch detaillierter einzugehen sein, vorerst kam der Rede Wilsons beziehungsweise seiner Verhandlungsposition im Vorfeld der Pariser Konferenz noch eine weitere zentrale Bedeutung zu, schließlich resultierte daraus die deutsche Auffassung, das von Wilson vertretene »Selbstbestimmungsrecht der Völker« werde garantierter Bestandteil eines zukünftigen Friedensvertrages sein.[55]

Nicht Wilson, sondern Lenin war bekanntermaßen derjenige, der die Forderung nach einem Selbstbestimmungsrecht der Völker bereits vor dem Ersten Weltkrieg auf die weltpolitische Tagesordnung setzte. Sein Verständnis von Selbstbestimmung, mit dem er das Recht auf staatliche Souveränität bezeichnete, unterschied sich grundlegend von dem des US-amerikanischen Präsidenten, der Selbstbestimmung zunächst im Sinne von Selbstregierung auffasste und damit ein Recht auf

---

[53] Zum deutsch-amerikanischen Dialog über den Waffenstillstand im Oktober 1918, zu den diplomatischen Noten sowie zum amerikanisch-britischen Konflikt über Wilsons 14-Punkte-Programm vgl. Schwabe, Deutsche Revolution, S. 75–226; der entsprechende Notenwechsel vom Oktober/November 1918 vgl. Schwabe (Hg.), Quellen, S. 54–62.

[54] Woodrow Wilson, Rede vor dem US-amerikanischen Kongreß am 8. Januar 1918, in: Schwabe, Quellen, S. 47–49. Ebenso wie Wilson hatte sich der britische Premierminister Lloyd Georges bereits am 5. Januar 1918 für ein unabhängiges Polen ausgesprochen, das »alle genuin polnischen Elemente, die Teil davon zu sein wünschen«, einschließen sollte. Gleichwohl sollte diese Übereinstimmung nicht darüber hinwegtäuschen, dass die britische und die US-amerikanische Verhandlungsposition in Paris erheblich divergierten. Vgl. Lloyd Georges, War Memoirs, Bd. II, S. 1514. Dass Wilsons Position Ende 1918 sowohl innen- wie auch außenpolitisch bereits geschwächt war, thematisiert ausführlich: Schwabe, Deutsche Revolution, S. 176–195.

[55] Zur Geschichte des Selbstbestimmungsrechtes vgl. die hervorragende Studie von Fisch, Selbstbestimmungsrecht. Zuvor bereits: Hamacher, Woodrow Wilsons Idee; Manela, The Wilsonian Moment; Dülffer, Selbstbestimmung; Hilpold (Hg.), Das Selbstbestimmungsrecht der Völker.

demokratische Entwicklung meinte. Diese grundlegende Diskrepanz erhielt im Kontext der Waffenstillstands- und Friedensverhandlungen 1918/19 eine enorme Brisanz, schließlich galt im allgemeinen Verständnis nicht die ursprüngliche Auffassung Wilsons als die politisch relevante, sondern diejenige, die zahllosen nationalen Mehr- und Minderheiten unter bestimmten Umständen ein Recht auf staatliche Eigenständigkeit in Aussicht stellte – und das nicht nur in Europa. Ein solches Autonomieversprechen, von dem auch später die deutsche Verhandlungsdelegation in Paris ausging, führte in den nachfolgenden Jahren zu erheblichen Fehlschlüssen und Deutungskonflikten. Während auf der einen Seite das dezidierte Interesse der Siegermächte bestand, ihre aus der militärischen Niederlage gewonnenen Ansprüche auf Reparationen, Gebietsabtretungen und Machtgewinn konsequent zu realisieren, verband sich das propagierte Recht auf Selbstbestimmung mit der Erwartung, dass territoriale Zugehörigkeiten nicht nach dem Willen des Stärkeren diktiert, sondern auf der Grundlage objektiver Zugehörigkeitskriterien und im Zweifelsfalle durch Plebiszit entschieden würden.[56] Obgleich nationale Selbstbestimmung 1918/19 kein völkerrechtlich verankertes Recht darstellte, erhielt es in den internationalen Verhandlungen nach dem Ersten Weltkrieg ein enormes Gewicht, sodass auch die Verliererstaaten grundsätzlich davon ausgingen, dieses Prinzip für sich in Anspruch nehmen zu können, wenn es um die Frage ihrer territorialen Integrität ging. Als Präsident Wilson im September 1919 rückblickend anmerkte, dass es nicht das Privileg der Friedenskonferenz gewesen sei, »irgendeinem Volk das Selbstbestimmungsrecht zu gewähren, ausser jenen, die zu den Territorien der besiegten Imperien gehört hatten«, akzentuierte er damit ein für die nächsten Jahrzehnte verhängnisvolles Missverständnis.[57]

---

[56] Vgl. Fisch, Selbstbestimmungsrecht, S. 157–166. Wichtig ist hier auch der kritische Verweis auf die »objektiven« Kriterien, schließlich hatte sich beispielsweise der Rückschluss, polnischsprechende Bevölkerungen würden auch zu einem polnischen Staat gehören wollen, nicht in jedem Fall als zutreffend erwiesen. Die nationale Zuordnung nach »objektiven« Kriterien konnte im Zweifelsfall also dem Selbstbestimmungsrecht sogar entgegenstehen. Darüber hinaus war grundsätzlich ungeklärt, wie das in diesem Prinzip stillschweigend vorausgesetzte Selbst eines Volkes zu denken war. Zum Spannungsverhältnis von Volk und Völkerrecht vgl. Fisch, Das Volk im Völkerrecht.

[57] Woodrow Wilson am 17. September 1919 in San Francisco, zit. n. Fisch, Selbstbestimmungsrecht, S. 156. Die Problematik benannte der US-amerikanische Außenminister Robert Lansing 1921 wie folgt: »An welche Einheit denkt Wilson eigentlich, wenn er von Selbstbestimmung spricht? Meint er eine Rasse, ein Ge-

Dass sich die territorialen Regelungen des Versailler Vertrages nicht oder zumindest nicht nur am Selbstbestimmungsrecht der Völker orientierten, sondern vor allem auch den Interessen der Siegermächte an Reparationsleistungen und territorialem Zugewinn Rechnung trugen, zeichnete sich schon frühzeitig ab.[58] Wilson sprach in einer Rede vor dem US-amerikanischen Kongress am 11. Februar 1918 von »self-determination« als einem »imperative principle of action«.[59] Allerdings verstand er darunter weder ein generelles Recht auf Sezession, noch sprach er sich öffentlich dafür aus, Selbstbestimmung zum Grundprinzip der anstehenden Friedensverhandlungen zu erklären, schließlich lag es angesichts der weltweiten Kolonialbesitzungen nicht im Interesse der Siegermächte, einem Recht auf nationale Unabhängigkeit allgemeine Gültigkeit zu verleihen. Obgleich sich Wilson in den folgenden Monaten immer wieder zum Selbstbestimmungsrecht äußerte und damit weltpolitisch an Gewicht gewann, enthielten weder sein 14-Punkte-Programm vom 8. Januar 1918 noch der Waffenstillstandsvertrag vom 11. November eine gleichlautende Ankündigung, auch wenn die dort formulierten Maßgaben beispielsweise zu Polen und Belgien in dieser Weise gelesen wurden. Wilson erweckte vor Verhandlungsbeginn in Paris zweifellos den Eindruck, die Neuordnung Europas würde im Prinzip auf dem Selbstbestimmungsrecht beruhen, auch wenn völlig unklar blieb, wie diese Maßgabe angesichts konkurrierender Ansprüche umgesetzt werden sollte. Die Berufung auf ein Selbstbestimmungsrecht der Völker entfaltete gerade wegen dieser unauflösbaren Widersprüche in den nachfolgenden Monaten und Jahren eine enorme Sprengkraft, die sich immer dann als besonders explosiv erwies, wenn territoriale Regelungen nach anderen Kriterien getroffen wurden.[60]

---

biet oder eine Gemeinschaft? […] Das Wort ›Selbstbestimmung‹ ist insgesamt mit Dynamit beladen.« Robert Lansing, Self-Determination (9. April 1921), zit. n.: Hilpold, Die Sezession, S. 13.

[58] Eine konsequente Anwendung des Selbstbestimmungsrechtes hätte zwischen 1918 und 1923 zu einer Erweiterung des deutschen Staatsgebietes geführt. Das wäre nicht nur angesichts der militärischen Niederlage, sondern auch vor dem Hintergrund der Kriegsschuld absurd gewesen. Das Anschlussverbot Österreichs wäre ebenfalls bei konsequenter Anwendung kaum zu rechtfertigen. Vgl. Fisch, Das Selbstbestimmungsrecht – Opium für die Völker.

[59] Wilson, War and Peace, Bd. 1, S. 180.

[60] Die weltweite Sogwirkung des von Wilson vertretenen Selbstbestimmungsrechtes interpretiert Manela als den Anfang vom Ende der europäischen Kolonialherrschaft, vgl. Manela, Die Morgenröte einer neuen Ära.

Mit dem Waffenstillstand vom 11. November 1918 begannen in Berlin die konkreten Vorbereitungen für die Pariser Friedenskonferenz. Zwar waren die Mittelmächte nicht als direkte Verhandlungspartner zugelassen, gleichwohl galt es, die dorthin zu entsendende Delegation inhaltlich vorzubereiten und entsprechend zu instruieren. Bei der Berufung und Ernennung von Sachverständigen fällt auf, dass in die entsprechenden Gremien überwiegend Wirtschaftsexperten berufen wurden, hingegen man auf wissenschaftlichen Sachverstand aus anderen Disziplinen weitgehend verzichten zu können meinte.[61] Fakt ist, dass die deutsche Seite bereits seit Dezember 1918 über die polnischen Gebietsforderungen relativ genau unterrichtet war. Posen, Danzig und die Errichtung eines »polnischen Korridors« gehörten dabei ebenso zu den beanspruchten Gebieten wie auch Oberschlesien. Die zu erwartenden Gebietsforderungen wurden auch öffentlich in der in- und ausländischen Presse diskutiert.[62] Doch trotz dieses detaillierten Wissens sahen sich Regierungsvertreter, Sachverständige und Experten in der souveränen Position, weitreichende territoriale Forderungen empört zurückzuweisen. Auf einem Treffen von »Sachverständigen für Ostfragen« Ende März 1919 erklärte der später in die deutsche Delegation berufene Erich Zechlin selbstbewusst, »dass nicht etwa die polnische Ansicht möglich ist, dass schon das Gebiet, das etwa 50 bis 51 % Polen hätte, als unzweifelhaft polnisch zu betrachten sei, [wir] meinen überhaupt, dass neben der Zahl in erster Linie die Ver-

---

61 Vgl. hierzu die Korrespondenz zur Ernennung von Sachverständigen und zur Abordnung von Vertretern der Preußischen Regierung Januar bis April 1919, in: GSta, I. HA Rep. 90A Staatsministerium, jüngere Registratur, Sign. 2436–2438; ebenso: I. HA Rep. 77, Ministerium des Innern, 856/41. In den Handakten des Ministerialdirektors Dr. Loehrs befindet sich eine Liste der Haupt- und Spezialsachverständigen, GSta, I. HA Rep. 77, Ministerium des Innern, Bestand 4036, Nr. 16, Bl. 12–16; ebenso die Unterlagen der Waffenstillstandskommission zur Frage der preußischen Sachverständigen in: BA, R 904/901. Diese Berufungspraxis unterschied sich zum Beispiel eklatant von derjenigen in den USA, wo in der *Inquiry* unter anderem auch Geographen mitarbeiteten. Gleiches gilt für die Ausschüsse während der Pariser Konferenz. Der »Ständigen Kommission für Geographie« gehörten neben Militärs auch international renommierte Geographen wie der Amerikaner Isaiah Bowman und der Pole Eugeniusz Romer an. Vgl. insbesondere zu diesem Aspekt den lesenswerten Beitrag von: Mehmel, Deutsche Revisionspolitik. Zur Mitwirkung des Geographen Robert Sieger vgl. Zellinger, Geopolitische Begründung nationalstaatlicher Grenzen.

62 Vgl. hierzu auch die Zeitungsausschnittsammlung des Auswärtigen Amtes zwischen Januar und Mai 1919, in: BA, R 901/56764–56765; 56815–56816; 57039–57041.

hältnisse des Grundbesitzes, der finanziellen und steuerlichen Leistungsfähigkeit und die wirtschaftliche Bedeutung, die das deutsche und polnische Element in den einzelnen Gebietsteilen einnehmen, und natürlich die kulturelle Bedeutung der beiden Nationalitäten in den Ostprovinzen ausschlaggebend seien«.[63] Die direkte Bezugnahme zu Wilson, der von »unzweifelhaft polnischen Bevölkerungen« gesprochen hatte, ist unverkennbar, allerdings ging die Inanspruchnahme der amerikanischen Position nur so weit, wie sie zum eigenen Vorteil reichte. Denn »die Frage, wo abgestimmt werden soll«, so Zechlin, »regelt sich dadurch, dass es nach unserer Meinung unzweifelhaft polnische Gebiete höchstens in Posen gibt, dass deshalb der Abstimmungsrayon auf die Provinz Posen beschränkt werden muss. Wir können uns nicht darauf einlassen, dass in Westpreussen abgestimmt wird, weil hier unzweifelhaft polnisches Land nicht vorhanden und auch diese Provinz als Verbindung zwischen Brandenburg-Pommern und Ostpreussen unentbehrlich ist, ebenso wenig darauf, dass eine Abstimmung in Oberschlesien stattfindet, weil hier von einer unzweifelhaft polnischen Bevölkerung noch viel weniger gesprochen werden kann.«[64] Während Zechlin zumindest für Posen eine Abstimmung zugestand, argumentierten andere wie der ebenfalls anwesende Bromberger Oberbürgermeister Mitzlaff kompromisslos: »Wir sind der Meinung, dass es in der ganzen Provinz Posen keinen Kreis gibt, der von einer unzweifelhaft polnischen Bevölkerung bewohnt ist. Die Einwohnerzahl kann doch in keiner Weise bestimmend sein. Die wirtschaftliche und kulturelle Bedeutung der Deutschen, auch in den Kreisen, wo 80 % Polen sind, ist so groß, dass man nie sagen kann, dass die Kreise von einer unzweifelhaft polnischen Bevölkerung bewohnt sind.«[65] Die Zurückweisung völkischer Zuordnungen zugunsten wirtschaftlicher und kultureller Argumente wurde bei Mitzlaff noch durch den Verweis auf die ungeklärte polnische Ostgrenze zugespitzt. Dort, also außerhalb Preußens, existierten seiner Meinung nach genügend Gebiete, die ganz im Wilson'schen Sinne über polnische Bevölkerungsmehrheiten verfügen würden, so die lapidare Bemerkung, mit der man das gesamte Problem an das polnisch-

---

[63] Protokoll der Vorverhandlungen in Berlin mit den Sachverständigen für Ostfragen vom 31. März 1919, in: GSta, I. HA Rep. 90A Staatsministerium, jüngere Registratur, Sign. 2438, Bl. 41–95.

[64] Ebenda.

[65] Ebenda.

sowjetische Verhältnis loszuwerden hoffte. Wenn es auch unter den Anwesenden durchaus unterschiedliche Meinungen darüber gab, ob und wie weitreichend man sich beispielsweise auf Abstimmungen in den betreffenden Gebieten einlassen sollte, zeugen die Beratungsprotokolle insgesamt von einer erstaunlich unrealistischen Einschätzung der deutschen Verhandlungsposition. Nicht nur der Umstand, dass Regierungsvertreter weiterhin glaubten, mit den Siegermächten tatsächlich über Plebiszite verhandeln zu können, entbehrte jeder Grundlage, auch die vorherrschende Auffassung, der von Wilson zugesicherte polnische Zugang zum Meer müsse keineswegs Gebietsabtretungen zur Folge haben, offenbart eine realitätsfremde und zugleich bornierte Grundhaltung. Die Ansicht, dass sich diese zentrale Forderung Polens durch Wirtschaftsabkommen und internationale Garantien erledigen ließe, verdeutlicht, wie wenig man im Kreise der Sachverständigen realisiert hatte, dass Deutschland die alliierten Friedensbedingungen lediglich würde in Empfang nehmen dürfen.[66] Denn trotz der Kriegsniederlage argumentierte die deutsche Delegation als staatlicher Souverän, der zwar Kriegsentschädigungen zu leisten bereit war, der jedoch das eigene Hoheitsgebiet – von wenigen Ausnahmen abgesehen – prinzipiell für unantastbar hielt. Sicherlich fürchtete man in Berlin territoriale Verluste, wie zum Beispiel in Elsass-Lothringen, aber Gebiete wie Oberschlesien galten bisher als unstrittig, und die Überlegenheit deutscher Kultur- und Wirtschaftsleistungen vor Ort galt als so unzweifelhaft, dass damit jegliche Forderung Polens von vornherein entkräftet schien.

Dass sich die deutsche Seite immer wieder auf das 14-Punkte-Programm Wilsons berief und dieses als verbindliche Grundlage der zukünftigen Friedensregelungen ansah, ist ebenso richtig wie unvollständig. In den vorliegenden Stellungnahmen, Gutachten und Korrespondenzen, die zwischen Januar und April 1919 im Hinblick auf die zu formulierenden »Richtlinien für die deutschen Friedensunterhändler« abgefasst wurden, lässt sich erkennen, dass zwischen den Beteiligten eine bestimmte Lesart des von Wilson vertretenen Programms ausgehandelt wurde. Bereits im Januar 1919 debattierte das

[66] Vgl. beispielsweise die Rede Clemenceaus im Hotel Trianon-Palace am 7. Mai 1919 während der Übergabe des Friedensvertragsentwurfes wie auch den vorgelagerten Schriftwechsel über die Konditionen der Entgegennahme und möglicher Erwiderungen, in: Schwabe, Quellen, S. 242–263; Konferenzeinladung, Vollmachten und der entsprechende Notenwechsel nachzulesen in: Weißbuch des Auswärtigen Amtes, Friedensverhandlungen.

Kabinett entsprechende Vorlagen des zu diesem Zeitpunkt noch als Staatssekretär tätigen Ulrich Graf Brockdorff-Rantzau.[67] Der im Februar zum Außenminister Ernannte fasste am 21. März 1919 den deutschen Standpunkt folgendermaßen zusammen: »Polen soll nach dem Wilsonschen Programm ein unabhängiger Staat werden, der die von unbestritten polnischer Bevölkerung bewohnten Gebiete einschließt und einen freien und sicheren Zugang zum Meere erhält; [...]. Der Kernpunkt dieser Bestimmung liegt in dem Begriff der unzweifelhaft polnischen Gebiete. Der Streit hierüber darf nur durch eine wirklich unparteiische Instanz geschlichtet werden, die sich auf die Abstimmung der Bevölkerung zu stützen hat. Die Abstimmung ist auf die Provinz Posen zu beschränken, da nur hier einigermaßen geschlossenes polnisches Sprachgebiet vorliegt. Eine Ausdehnung der Abstimmung auf Oberschlesien ist schon deshalb abzulehnen, weil das Land niemals unter polnischer Herrschaft gestanden hat und wirtschaftlich ebenso auf Deutschland angewiesen wie für Deutschland unentbehrlich ist (es liefert 22 % des deutschen Kohlenbedarfs, Anm. i. O.).«[68] Weiterhin sei eine Abstimmung in Westpreußen abzulehnen, weil auch dort keine »unzweifelhaft polnischen Gebiete« vorhanden seien und eine territoriale Abtretung die Verbindung mit dem »unzweifelhaft deutschen Ostpreußen« zerstören würde. Eine mög-

---

[67] In einem der ersten Entwürfe hieß es: »Grundsatz Selbstbestimmungsrecht der Völker: Schaffung eines neutralen Polens aus allen unzweifelhaft polnischen Gebieten. Zugang zum Meere durch Schaffung eines Freihafens in Danzig und durch Kanalisierung der Weichsel. Hierüber Übereinkommen mit Polen und der Ukraine (Bug). Gegenseitiger Schutz der nationalen Minderheiten. Vereinbarungen über den Abstimmungsmodus (Grundsatz: Abstimmung nach Kreisen, wenn möglich, Zweidrittelmehrheit. Austausch etwaiger Enklaven). Abstimmung selbst erst nach Friedensschluß.« Vgl. die Denkschrift Ulrich Graf Brockdorff-Rantzaus vom 27. Januar 1919, in: Schwabe, Quellen, S. 104–107, Zitat S. 105. Weitere Darlegungen von Brockdorff-Rantzau: Aufzeichnung des Staatssekretärs des Auswärtigen Amtes Graf von Brockdorff-Rantzau vom 14. Januar 1919, in: Akten zur deutschen auswärtigen Politik 1918–1945, Serie A: 1918–1925, Göttingen 1982, Dokument Nr. 107, S. 184–186; Brief des Außenministers an den Präsidenten des Reichsministeriums Scheidemann vom 22. März 1919, in: ebenda, Dokument Nr. 182, S. 332–333. Zur Frage von einfachen und qualifizierten Mehrheiten bei Plebisziten hat der Generalkommissar der Deutschen Friedensdelegation Gutachten eingeholt, die sich überwiegend für Zweidrittelmehrheiten aussprachen, vgl. PAAA, Handakten Simons, Friedensdelegation in Versailles, Volksabstimmung, Sign. 25848.

[68] Anlage zum Protokoll der Reichskabinettsitzung vom 21. März 1919, in: Schwabe, Quellen, S. 144–152, Zitat S. 147.

liche Abstimmung in Posen habe nach Regierungsbezirken[69] zu erfolgen und setze »eine Mehrheit von zwei Dritteln für den Anschluß an Polen voraus«. Darüber hinaus dürfe der polnische Zugang zum Meer nicht durch einen Korridor nach Danzig geschaffen, sondern den polnischen Interessen müsse durch wirtschaftliche und verkehrstechnische Maßnahmen entsprochen werden. Argumentativ ähnlich verliefen auch die entsprechenden Debatten in der Nationalversammlung, unter anderem am 13. Februar, am 5. März und am 10. April 1919. Fraktionsübergreifend lehnte man die polnischen Gebietsforderungen zu diesem Zeitpunkt weitgehend ab, obgleich die einzelnen Fraktionen ihre jeweilige Haltung unterschiedlich begründeten und sich gegenseitig die Schuld für die prekäre Lage, vor allem in Posen, zuschoben.[70] Einig waren sich die meisten Abgeordneten jedoch darüber, dass territoriale Forderungen im Osten erst einmal konsequent zurückzuweisen und allenfalls in der Provinz Posen gewisse Ansprüche Polens zulässig seien. Aufgrund dieses doch übergreifenden Konsenses verschärfte sich die skizzierte Verhandlungsposition in den endgültigen »Richtlinien für die Friedensdelegation« vom 21. April 1919 noch, indem der potenzielle Abstimmungsbezirk in Posen auf das Gebiet jenseits der am 16. Februar festgelegten Demarkationslinie reduziert wurde. Anzustreben sei zudem eine »möglichste Zurückdrängung der Demarkationslinie«.[71]

---

[69] In der endgültigen Fassung wurde dann die »Abstimmung nach Gemeinden« festgelegt. Vgl. Richtlinien für die deutschen Friedensunterhändler vom 21. April 1919, in: Akten der Reichskanzlei. Weimarer Republik – Das Kabinett Scheidemann, Bd. 1, Dokument Nr. 49.

[70] Vgl. Beratungen der Nationalversammlung in den Sitzungen u.a. am 13. und 14. 2. 1919, 5. 3. 1919 und 10. 4. 1919, vgl. Stenographische Berichte Bd. 326, 327, 335; http://www.reichstagsprotokolle.de/Blatt2_wv_bsb000000710_00050.html; dazu Boden, Die Weimarer Nationalversammlung, speziell zu Polen S. 74–84.

[71] Richtlinien für die deutschen Friedensunterhändler vom 21. April 1919, in: Akten der Reichskanzlei. Weimarer Republik – Das Kabinett Scheidemann, Bd. 1, Dokument Nr. 49. Unmittelbar nach der Festlegung der Demarkationslinie am 16. Februar 1919 protestierten bereits zahlreiche Gemeinden wie beispielsweise Bromberg, Nakel und Krotoschin dagegen, zum polnischen Teil zu gehören. Die Demarkationslinie wurde hier angesichts der militärisch weiterhin angespannten Situation und dem gerade beendeten Posener Aufstand (27. 12. 1918–16. 2. 1919) als Vorentscheidung empfunden. Der Magistrat der Stadt Birnbaum/Posen verwahrte sich am 22. Februar 1919 dagegen, infolge der Demarkationsfestlegung polnisch zu werden. Mit explizitem Verweis auf das »Selbstbestimmungsrecht der Völker« wurde die deutsche Zugehörigkeit damit begründet, dass nach der amtlichen Volkszählung vom 1. Dezember 1910 genau 4348 der insgesamt 5248 zählenden Einwohner Deutsch als ihre Muttersprache ansähen. Auch bei den

Zweifellos gehörte es zu den entscheidenden Fragen, wie die von Wilson in Punkt 13 gewählte Formulierung der »indisputably polish populations« zu konkretisieren war.[72] Die deutsche Regierung verständigte sich auf eine Lesart, die mehrere Optionen offenließ. Zum einen wollte man eine Gebietsabtretung infolge von Abstimmungen nur anerkennen, wenn eine Zweidrittelmehrheit für Polen gestimmt hatte. Diese Deutung war als taktisches Manöver leicht zu durchschauen, und zwar nicht nur, weil auf alliierter Seite eher von einer gemeindeweisen Abstimmung mit einfacher Mehrheit ausgegangen wurde, sondern weil selbst in Posen mit seinem starken polnischen Bevölkerungsanteil ein solches Abstimmungsergebnis kaum zu erwarten war. Dieses Kalkül wie auch die Tatsache, dass Abstimmungen generell als Instrumentarium skeptisch beurteilt wurden, offenbart, wie vordergründig die deutsche Seite auf das Selbstbestimmungsrecht der Völker rekurrierte, auch wenn dies offiziell immer wieder anders dargestellt wurde. Die dominierende Strategie bestand vielmehr zunächst darin, jegliche Gebietsforderung abzuwehren und Abstimmungen generell zu vermeiden, zumal man gerade den mehrheitlich katholischen Oberschlesiern nicht wirklich über den Weg traute. Zudem gehörte es zur deutschen Politik, immer dort, wo die vermeintlichen völkischen Zugehörigkeiten nicht im eigenen Interesse auszufallen drohten, zwischen verschiedenen Argumentationsmustern hin und her zu wechseln. Galt in dem einen Fall die Sprachmehrheit als ausschlaggebend (wenn sie denn deutsch war), so sollte im anderen Kontext das politische Bekenntnis oder der geäußerte Herkunftsglaube entscheidend sein. Je nachdem, welches Argument zum eigenen Vorteil reichte, zeigten sich Sachverständige, Experten und

---

Reichstagswahlen hätten 63,5 % der Wahlberechtigten für den deutschen Kandidaten gestimmt. Vgl. Korrespondenz zahlreicher Gemeinden mit der Waffenstillstandskommission im Februar/März 1919, in: BA, R 904/782. Ebenfalls mit dem Verweis auf Wilson führte beispielsweise der deutsche Volksrat im Kreis Kolmar im März 1919 eine namentliche Abstimmung durch, bei der sich 80 % der über 20-Jährigen für einen Verbleib im Deutschen Reich ausgesprochen haben sollen: »Wir wollen nicht die Figuren eines Schachbrettes sein, die von einem Staatsverband in den anderen geschoben werden, und müssten es als schwere Vergewaltigung ansehen, wenn durch den Friedenskongress 80 % Deutsche 20 % Polen untergeordnet werden sollten.« Vgl. Brief des Volksrates Kolmar/Westpreußen an die Waffenstillstandskommission, März 1919, in: BA, R 904/910.

72 Hierzu und zum Einfluss des Cobb-Lippmann-Kommentars sowie der Lansing-Note auf die deutschen Beratungen im Vorfeld der Pariser Friedenskonferenz vgl. die überzeugenden Ausführungen bei: Prange, Versailler Vertrag, S. 61–70.

Regierungsvertreter äußerst flexibel, wenn es deutsche Territorialansprüche zu begründen galt. Und wenn das völkische Rechenspiel trotz allem so ungünstig ausfiel, dass damit argumentativ wenig zu gewinnen war, berief man sich eben auf wirtschaftliche und kulturelle Gründe. Unabhängig von der aktuellen Bevölkerungsstruktur wurden Regionen wie Oberschlesien so kurzerhand als *deutsch* deklariert, weil sie zum einen wirtschaftlich als unentbehrlich galten, zum anderen weil der dort erreichte ökonomische und kulturelle Entwicklungsstand als Ergebnis einer oft jahrhundertelangen deutschen Aufbauarbeit ausgegeben wurde.[73] Erst die deutsche Besiedlung des Ostens habe industriellen Fortschritt, kulturelle Höherentwicklung und einen gewissen Wohlstand gebracht – so die gängige Sichtweise vor allem im linksliberalen, liberalen und nationalistischen Lager. Aber auch über Parteigrenzen hinweg wurde die eigene kulturelle Überlegenheit gern als letzter Trumpf gespielt, wenn das völkische Einmaleins nicht die nötigen Belege zu liefern drohte. In der Regel war es also ein ganzes Bündel ethnographischer, ökonomischer, kultureller und historischer Argumente, die je nach fallspezifischer Lagerung ins Feld geführt wurden.[74] Hinzu kam ein eher staatspolitisches Moment, dass insbesondere dann in den Vordergrund trat, wenn es um die Errichtung eines »polnischen Korridors« ging und die Abtrennung Ostpreußens vom Deutschen Reich zu befürchten stand. Zwar argumentierte man vonseiten der deutschen Regierung hier auch mit den fehlenden »unzweifelhaft polnischen Bevölkerungen«, doch gleichzeitig bildete

---

[73] Interessant hierzu auch die Abhandlung des in Schlesien geborenen Juristen Leo Rosenberg: »Die Zukunftsfrage der Gestaltung der deutschen Ostgrenzen ist eine unmittelbar jüdische Lebensfrage. Es ist eine Frage des Seins oder Nichtseins, eines grossen Teils des deutschen Judentums, eines Teiles, der ein lebenswichtiges Glied des ganzen darstellt. Das Schicksal Posens und Oberschlesiens ist das Schicksal des posenschen und oberschlesischen Judentums. Werden diese bisherigen deutschen Landesteile dem neuerstandenen Polenreich zuerkannt, so ist auch das jüdische Volk dieser Gebiete der Polenherrschaft ausgeliefert. Der Polenherrschaft: das bedeutet der Entrechtung und Entwürdigung, den Verfolgungen und dem Ruin. […] Kommen die Polen nach Oberschlesien, dann zieht mit ihnen neben dem politischen und Mordantisemitismus, auch der Wirtschaftsantisemitismus ins Land. Die Juden werden ihre endgültige Auslieferung an den Todfeind nicht erst abwarten, sondern sich bald nach neuen sicheren Lebensmöglichkeiten umschauen.« Vgl. Denkschrift Leo Rosenbergs vom 9. Mai 1919 sowie die Korrespondenz zur Frage der jüdischen Vertreter in der deutschen Delegation, in: PAAA, Geschäftsstelle für die Friedensverhandlungen, R 23117.

[74] Vgl. hierzu die Presseberichterstattung über mögliche polnisch-deutsche Grenzverläufe bis Mai 1919, in: BA, R 901/56764–56765; 56815–56816; 57039–57041.

der drohende Verlust territorialer Integrität selbst ein zentrales Gegenargument. Eine Abtrennung deutschen Territoriums vom übrigen Reichsgebiet war so unvorstellbar, dass man die polnische Gebietsforderung zwar zur Kenntnis nahm, aber dennoch nicht daran glauben konnte oder wollte. An kaum einem anderen Konfliktpunkt zeigt sich so markant, wie sehr die deutsche Seite noch im April 1919 ihre reale Verhandlungsposition in Versailles verkannte.[75]

Diese Selbstwahrnehmung schlug sich auch im Umgang, in der Nutzung und Interpretation des relevanten statistischen, kartographischen und aktenkundigen Datenmaterials nieder. Bereits vor Abschluss des Waffenstillstandes hatte der Direktor des Geographischen Instituts der Friedrich-Wilhelm-Universität Berlin, Albrecht Penck, brieflich darauf aufmerksam gemacht, dass es in den anstehenden Friedensverhandlungen darauf ankommen werde, die eigenen Territorialansprüche unter anderem an der Weichsel und in Oberschlesien mit entsprechendem Kartenmaterial zu bekräftigen.[76] Zwar wurde diese Empfehlung seitens der preußischen Regierung aufgegriffen, doch das daraufhin erarbeitete Material offenbarte bereits die Tücken einer auf kartographischer Darstellung beruhenden Argumentation. Die Broschüre mit dem Titel »Ist die Ostmark unbestreitbar polnisches Gebiet?« enthielt unter anderem eine von Penck angefertigte Sprachenkarte, die jedoch den Erfordernissen, Posen als unzweifelhaft deutsches Gebiet auszuweisen, offenbar nicht genügte.[77] Obgleich die Kommen-

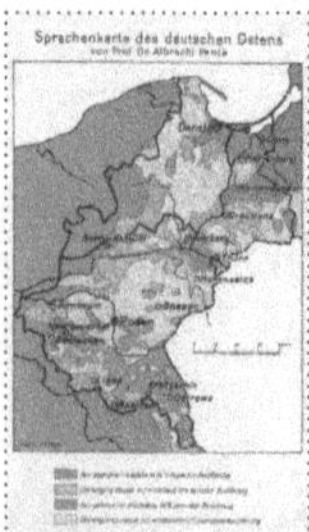

14

[75] Es gab auch Ausnahmen. Der Leiter der »Geschäftsstelle für die Friedensverhandlungen« Johann Graf von Bernstorf äußerte sich am 1. April 1919 ausgesprochen skeptisch. Er schloss die Abtretung von Posen, Westpreußen und Oberschlesien keineswegs aus. Vgl. Prange, Versailler Vertrag, S. 66. Als der US-amerikanische Diplomat und Deutschlandexperte Ellis Loring Dresel im April 1919 nach Berlin reiste, um im Auftrag seiner Regierung die deutsche Seite auf die bevorstehenden Friedensbedingungen vorzubereiten, lehnte Brockdorff-Rantzau einen Friedensvertrag, wie Dresel ihn grob skizzierte, rundherum ab, nicht ohne darauf hinzuweisen, dass Deutschland bei solchen »Amputationen« Gefahr laufe, dem Bolschewismus zum Opfer zu fallen. Die Befürchtung, die deutsche Delegation könnte in Versailles tatsächlich die Unterschrift verweigern, verstärkte die Konflikte unter den in Paris verhandelnden Siegermächten erheblich. Vgl. Schwabe, Deutsche Revolution, S. 539–566.

[76] Brief von Albrecht Penck an das Preußische Ministerium der geistlichen und Unterrichts-Angelegenheiten vom 15. 10. 1918, der an das Innenministerium weitergeleitet wurde, in: GSta, I. HA Rep. 77 Ministerium des Innern, 856/87, Bl. 28.

[77] Albrecht Penck, Sprachenkarte des deutschen Ostens, in: Reichsverband Ostschutz (Hg.), Ist die Ostmark unbestreitbar polnisches Gebiet? Kurze zahlenmä-

tierung der Karte darauf verwies, dass »die rein polnischen Gebiete mit 95 % polnischer Bevölkerung nur sehr gering an Umfang« seien und dass sie zudem »stark durchsetzt sind mit deutscher Bevölkerung«, konnte das graphische Kartenbild insgesamt nicht über den Eindruck hinwegtäuschen, dass in Posen ein erheblicher Bevölkerungsteil existierte, der Polnisch sprach. Die nachfolgende Korrespondenz über diese unliebsame Optik zielte dann auch geradewegs darauf ab, diesem visuellen Eindruck offensiv entgegenzuwirken. Zwar sollte das den Karten und Graphiken zugrunde liegende Datenmaterial nicht verfälscht, die kartographische Repräsentation jedoch so verändert werden, dass damit deutsche Ansprüche überzeugend zu begründen waren. Penck zog daraufhin seinen ersten Kartenentwurf zurück, um ihn später »durch eine für die deutschen Interessen günstige Darstellung zu ersetzen«.[78] In einer überarbeiteten Fassung differenzierte er die Symbolsprache zunächst durch die farblich abgesetzte Kennzeichnung der kaschubischen Bevölkerung, was die Angelegenheit zwar komplizierter, aber 15
hinsichtlich »der deutschen Interessen« nicht unbedingt vorteilhafter aussehen ließ.[79] Penck entwickelte daraufhin ein graphisches Punkt- 16
system, mit dem er die Verteilung der deutschen und polnischen Bevölkerung in Westpreußen und Posen abzubilden beabsichtigte. Jeweils fünftausend Einwohner symbolisierte er durch einen grünen (Deutsche), blau-grünen (Kaschuben) und roten (Polen) Punkt, wobei diese Variante zwar deutlicher als andere ausdrückte, wie sprachlich durchmischt die gesamte Region war, allerdings schien ein solches Ergebnis von offizieller Seite nicht gewünscht zu sein.[80] Zudem erweckte auch diese Karte mehr be-

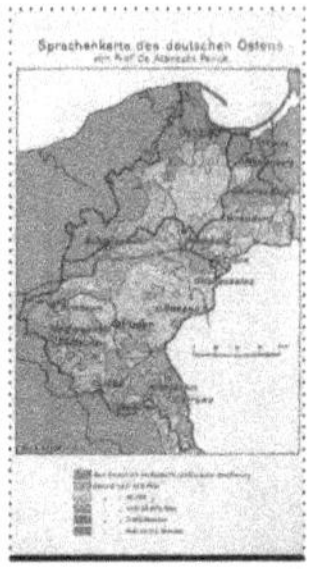

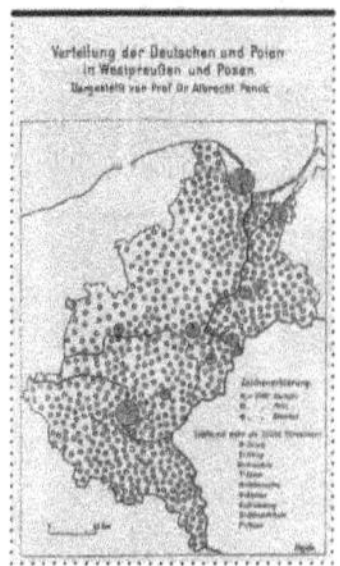

ßige Sachdarstellung mit einer Sprachenkarte von Prof. Dr. A. Penck und sieben graphischen Tafeln von Prof. Dr. Silbergleit, Berlin 1919, in: GSta, I. HA Rep. 77 Ministerium des Innern, 856/87, Bl. 76–88, Karte Bl. 77. Dazu der Brief des preußischen Staatsministeriums an den Oberpräsidenten Westpreußens vom 19. März 1919, in: ebenda, Bl. 89.

78 Brief des preußischen Staatsministeriums an den Oberpräsidenten Westpreußens vom 19. März 1919, in: ebenda, Bl. 89.

79 Pencks Darstellungen haben offenbar mehrere Überarbeitungen, auch von anderen Wissenschaftlern erfahren, vgl. Herb, Under the Map, vor allem S. 23–30.

80 Karte zur Verteilung der Deutschen und Polen in Westpreußen und Posen, erstellt von Albrecht Penck, in: GSta, I. HA Rep. 77 Ministerium des Innern, 856/87, Bl. 312; veröffentlicht in: *Zeitschrift der Gesellschaft für Erdkunde zu Berlin* (1919), Karte 1; vgl. Pencks Karte ebenso in der Morgenausgabe der *Deutschen Allgemeine Zeitung* vom 9. Februar 1919.

wusst als unbewusst den Eindruck, die Sprachlichkeit der jeweiligen Bevölkerungen sei mit ihrer nationalen Zugehörigkeit identisch – eine in der kartographischen Repräsentation gängige Methode, die zwar in den Aushandlungsprozessen um territoriale Zugehörigkeiten ihre Wirkung nicht verfehlte, die jedoch letztlich darüber hinwegtäuschte (und hinwegtäuschen sollte), wie kompliziert gerade im deutsch-polnischen Fall die Dinge lagen. Im Ergebnis scheint es zumindest in dem hier gewählten Beispiel zu keiner für alle Beteiligten akzeptablen Form gekommen zu sein, denn in der vierten Auflage der genannten Broschüre verzichtete man konsequent auf jegliche Sprachenkarte und beschränkte sich argumentativ auf die graphischen Darstellungen, die unter anderem anhand des städtischen und ländlichen Grundbesitzes, des Gewerbe- und Einkommensteueraufkommens sowie des Schüleranteils in mittleren und höheren Lehranstalten die deutsche Zugehörigkeit der von Polen beanspruchten Provinzen nachzuweisen versuchte.[81] Die Tabellen und Graphiken »erbringen weitere unanfechtbare Beweise dafür, dass sowohl im städtischen und ländlichen Grundbesitz wie in der wirtschaftlichen Leistungsfähigkeit die Deutschen überwiegen. Sonach darf bei gerechter Auslegung der Wilsonschen Friedensgrundsätze kein Teil der Ostmark zu Polen geschlagen werden, da es rein polnische Gebiete dort nicht oder wenigstens nicht in beachtenswertem Umfang gibt.«[82] Exemplarisch sieht man hier ein sich zunehmend verfestigendes Argumentationsmuster: Gerade dort, wo trotz angestrengter Daten- und Kartenbearbeitung ein eindeutiger Nachweis für »unbestreitbar deutsche Bevölkerungen« nicht ohne massive Fälschungen zu liefern gewesen wäre, traten wirtschaftliche und kulturelle Argumente in den Vordergrund, mit denen »der deutsche Charakter« von Posen, Westpreußen oder Danzig beglaubigt werden sollte.

Die Arbeiten von Penck und anderen Wissenschaftlern können nicht darüber hinwegtäuschen, dass es insgesamt eine ausgesprochen oberflächliche und wissenschaftlich wenig fundierte Vorbereitung auf die territorialen Herausforderungen der Pariser Konferenz gegeben hat. Zwar betonten Geographen und andere Fachvertreter schon vor

81 Vgl. die verschiedenen Auflagen der Broschüre »Ist die Ostmark unbestreitbar polnisches Gebiet?«, in: GSta, I. HA Rep. 77 Ministerium des Innern, 856/87.

82 Reichsverband Ostschutz (Hg.), Ist die Ostmark unbestreitbar polnisches Gebiet? Kurze zahlenmäßige Sachdarstellung mit einer Sprachenkarte von Prof. Dr. A. Penck und sieben graphischen Tafeln von Prof. Dr. Silbergleit, Berlin 1919, in: GSta, I. HA Rep. 77 Ministerium des Innern, 856/87, Bl. 76 (RS).

Kriegsende die Notwendigkeit, entsprechendes Material zu erarbeiten, und verfassten entsprechende Eingaben, und auch die Regierung und die Delegationsmitglieder erkannten, welche Bedeutung insbesondere den kartographischen Darstellungen im Ringen um die strittigen Gebiete zukam, gleichwohl blieb das vorhandene oder eilig erstellte Material weit hinter dem zurück, was andere Verhandlungsdelegationen im Gepäck hatten, allen voran die polnischen und US-amerikanischen Vertreter.[83] Als Außenminister Graf Brockdorff-Rantzau als Leiter der deutschen Delegation Ende April schließlich nach Paris reiste, gehörte es zu einer seiner ersten Amtshandlungen, mit höchster Dringlichkeit nach Berlin telegraphieren zu lassen, man möge schnellstmöglich geeignete Karten nach Paris senden.[84] Zu den im Osten strittigen Gebieten wie Danzig, Westpreußen und Oberschlesien fehlten offenbar ebenso geeignete Vorlagen wie zum Saarland und zu Schleswig. Bereits im Februar und März 1919 hatte es intensive Recherchen und Korrespondenzen seitens der Geschäftsstelle gegeben, entsprechendes Material bei einschlägigen Verlagen und Institutionen zu beschaffen, doch blieben diese Bemühungen nur begrenzt erfolgreich.[85] So musste sich die deutsche Delegation in Paris unter anderem auf handelsübliche Werke wie »Carl Wolff's Historischen Atlas« von 1877 sowie auf »Andrees Allgemeinen Handatlas« stützen.[86] Letzterer wird den Delegierten wenig Freude bereitet haben, schließlich wies eine darin enthaltene Mitteleuropakarte mit dem Titel »Völker und Sprachengebiete« strittige Regionen wie Posen, Masuren und weite Teile

17

[83] Hierzu vgl. den auf die Rolle der Geographen konzentrierten Beitrag von Mehmel, Deutsche Revisionspolitik, insbesondere S. 499–500; ebenso: Herb, Under the Map, S. 23–30.

[84] Telegramme an die Geschäftsstelle für die Friedensverhandlungen, u.a. vom 9. 5. 1919 und 26. 6. 1919, in: PAAA, Geschäftsstelle für die Friedensverhandlungen, R 23109.

[85] Vgl. hierzu die umfangreichen Korrespondenzen der Geschäftsstelle unter anderem mit dem Gea-Verlag, mit dem Karl-Flemming-Verlag, mit der Dietrich-Reimer-Buchhandlung Berlin sowie mit dem Direktor des Geographischen Instituts der Humboldt-Universität zwischen Februar und Mai 1919, in: PAAA, Geschäftsstelle für die Friedensverhandlungen, R 23076; R 23085; R 23100, R 23109.

[86] Vgl. Carl Wolff's Historischer Atlas. 19 Karten zur Mittleren und Neueren Geschichte, Berlin 1877. Darin wird vermutlich Karte 13 von besonderem Interesse gewesen sein: »Das Königreich Polen nebst dem westlichen Russland im Jahre 1772. Mit Angabe der Teilungslinien der Jahre 1772, 1793 und 1795«.

Oberschlesiens durch grünes Flächenkolorit als polnisch aus.[87] Sowohl die halbherzige materielle wie auch die in gewisser Weise realitätsferne argumentative Ausstattung der deutschen Delegation stand in besonders krassem Gegensatz zu den polnischen Verhandlungsstrategien, gerade was die kartographische »Beweislage« anging. Polnischerseits hatte man bereits früh begonnen, den Herausforderungen, die sich im Ringen um den eigenen Nationalstaat nahezu zwangsläufig abzeichneten, offensiv zu begegnen, schließlich ging es in Versailles darum, aus einer international lange Zeit legitimierten Nichtstaatlichkeit heraus ein polnisches Territorium abzustecken, zu rechtfertigen und vor allem auch international durchzusetzen.[88] Der seit 1902 in den USA lebende Pianist und spätere polnische Ministerpräsident Ignaz Paderewski hatte durch seine Verbindung zum politischen Berater im Weißen Haus, Colonel Edward M. House, engen Kontakt mit der US-amerikanischen Regierung und prägte mit seiner nationaldemokratischen Staatskonzeption nicht nur die polnische Verhandlungsposition in Versailles, sondern übte bereits Jahre zuvor erheblichen Einfluss auf die territorialen Prämissen des US-amerikanischen Präsidenten aus.[89] Trotz deutlicher Abweichungen in anderen Fragen stimmten Paderewskis Gebietsforderungen mit denen des nationaldemokratischen

---

[87] Die Karte unterscheidet durch Flächenkolorit entsprechende Gebiete in Nord-, Mittel- und Osteuropa. Verschiedene Rosatöne stehen u.a. für Deutsche, Dänen, Schweden und Engländer, Grünschattierungen hingegen u.a. für Polen, Russen, Tschechen und Slowaken. Zwischen Sprach- und Volkszugehörigkeit wird nicht differenziert. Posen, Masuren, Oberschlesien sowie die Umgebung Danzigs weisen eine grüne Färbung auf und werden dadurch als polnisch ausgewiesen. Der französische Politiker und frühere Premierminister Aristide Briand ließ es sich mit Verweis auf diesen Atlas nicht nehmen festzustellen, dass sogar deutsche Karten die Gebietsforderungen Polens rechtfertigen würden. Vgl. Andrees Allgemeiner Handatlas in 139 Haupt- und 161 Nebenkarten, hrsg. v. A. Scobel, 5. völlig neubearbeitete und vermehrte Jubiläumsausgabe, Bielefeld und Leipzig 1913, darin: Karte zu Mitteleuropa: Völker und Sprachgebiete, S. 31 unten. Interessant die farblichen Veränderungen in der Ausgabe von 1930, in der Kaschuben und Masuren farblich abgesetzt wurden, um sie nicht mehr als »slawisch« erscheinen zu lassen.

[88] Grundlegend zu den polnischen Gebietsansprüchen vgl. Gehrke, Der polnische Westgedanke.

[89] Zweifellos beeinflusste Paderewski das 14-Punkte-Programm von Präsident Wilson, vor allem, was die territoriale, politische und wirtschaftliche Ausstattung eines zukünftigen Polens betraf. Vgl. zu den polnisch-amerikanischen Gesprächen 1918: Gerson, Woodrow Wilson; Lundgreen-Nielsen, Polish Problem; Hoensch, Geschichte Polens; besonders durch die Quellendichte unverzichtbar: Roth, Die Entstehung des polnischen Staates; Roos, Geschichte der Polnischen Nation. Eine lesenswerte Geschichte Polens: Borodziej, Geschichte Polens im 20. Jahrhundert.

Führers des Polnischen Nationalkomitees in Paris, Roman Dmowski, weitgehend überein, der ab Januar 1919 gemeinsam mit Paderewski die polnische Delegation auf der Pariser Friedenskonferenz führte.[90] Seiner am 8. Oktober 1918 vorgelegten Denkschrift kam ebenso wie seiner 1917 verfassten Schrift »Problems of Central and Eastern Europa« eine Schlüsselrolle im internationalen Aushandlungsprozess über einen polnischen Staat zu.[91] Dmowski hob darin nicht nur die zukünftige Rolle Polens als »große, schöpferische Demokratie in Osteuropa« hervor, die »eine Schanze gegen den deutschen Drang nach Osten« darstellen müsse, er forderte auch«ein umfangreiches Gebiet« sowie eine zahlreiche und »hinreichend einheitliche« Bevölkerung, um eine innere Geschlossenheit zu gewährleisten. Darüber hinaus sollten die Grenzen Polens den »geographischen Bedingungen entsprechen, damit seine Unabhängigkeit von den Nachbarn gesichert wird«.[92] Diesem eher strategischen Kalkül mit antideutscher Grundausrichtung folgten konkrete Gebietsforderungen: Posen sei aufgrund seiner ethnischen Zusammensetzung ohnehin polnisch, Danzig umfasse fast zur Hälfte polnische Bevölkerung, die nur »oberflächlich germanisiert« worden sei, und Westpreußen sei aus militärstrategischen und wirtschaftlichen Gründen für Polen unverzichtbar. Zudem beanspruchte Dmowski auch Ostpreußen, das seiner Einschätzung nach der Herr-

---

90 Zum polnischen Modell des »Bollwerks« gegen Deutschland vgl. Gehrke, Der polnische Westgedanke, vor allem S. 258–267.

91 Die Denkschrift Dmowskis in deutscher Übersetzung bei: Roth, Die Entstehung des polnischen Staates, Anlage 9, S. 133–151; weiterhin: Dmowski, Problems of Central and Eastern Europe. Zu den zahlreichen Denkschriften Dmowskis wie auch zu seinen Verhandlungen im Vorfeld von Versailles vgl. Gehrke, Der polnische Westgedanke, S. 297–321. Die territorialen Vorstellungen der polnischen Nationaldemokraten fußten unter anderem auf den Arbeiten des polnischen Geographen Eugeniusz Romer, der sich wiederum intensiv mit Ratzels Forschungen beschäftigt hat und selbst auch während der Verhandlungen in Paris anwesend war. Vgl. Mroczko, Eugeniusz Romer.

92 Dmowski, Denkschrift, zit. n. Roth, Die Entstehung des polnischen Staates, S. 133–134. Diese Denkschrift wurde am 25. Februar 1919 von der polnischen Delegation auf der Pariser Friedenskonferenz eingebracht. Es heißt dort zur strategischen Lage Polens: »Das polnische Problem ist vor allem ein territoriales Problem. Gelegen zwischen Deutschland, dem größten Volk des Kontinents, das immer die Eroberung und Verschlingung Polens anstrebte, und Rußland, wo anscheinend zersetzende Kräfte die Oberhand gewinnen, und das wahrscheinlich nicht imstande sein wird, Polen wirksame Hilfe gegen einen deutschen Angriff zu leisten, muß Polen für sich selbst ein starker, vollkommen unabhängiger Staat sein, der imstande ist, für sich selbst zu sorgen und sich nach seiner eigenen Linie zu entwickeln.«

schaft der »preußischen Junker« zu entreißen sei, obgleich hier eine deutsche Sprachmehrheit existiere. Ostpreußen stelle jedoch eine »Festung der preußischen Reaktion« dar und müsse – so die politisch nicht ungeschickte Stoßrichtung – dem deutschen Einfluss entzogen werden. Auch für ein polnisches Oberschlesien führte Dmowski in erster Linie wirtschaftliche und politische Gründe ins Feld, da der neue polnische Staat das lukrative Kohlebecken zur Sicherung seiner nationalen Lebensgrundlage dringend benötige.[93]

An dieser Argumentation, die sich in den nächsten Monaten nicht wesentlich veränderte, fällt nicht nur auf, dass – ebenso wie auf deutscher Seite – sehr unterschiedliche Gründe aufgerufen wurden, um die Zugehörigkeit von Gebieten zu untermauern, sie lässt auch erkennen, wie wenig ausschlaggebend das Selbstbestimmungsrecht der Völker letztlich für die polnische Verhandlungsposition tatsächlich war.[94] Während für Posen noch am stärksten mit völkischen Verhältnissen argumentiert wurde, waren es vor allem ökonomische Gründe, die beispielsweise den Anspruch auf Oberschlesien rechtfertigen sollten. Hinzu trat die Auffassung, dass Minderheiten wie Kaschuben und Masuren als polnisch zu gelten hätten, und ebenso glaubte man, auch die zweisprachige Bevölkerung ausschließlich auf dem eigenen Konto verbuchen zu dürfen. »Germanisierte Polen« wurden darüber hinaus ebenso wenig wie die in den Ostprovinzen tätigen Beamten als deutsch angesehen, da Letztere ja nur aufgrund der deutschen Herrschaftsausübung entsandt und somit nicht ortsansässig seien. Dass solche Rechenkünste nicht nur den Gesetzen der Mathematik, sondern vor allem den eigenen Machtinteressen folgten, markiert die frappierende Ähnlichkeit zwischen den deutschen und den polnischen Argumentationsmustern. Während die deutsche Seite auf die eigene nationale Integrität abhob, Gebietsabtretungen nahezu vollständig zurückwies und Volksabstimmungen für unzumutbar hielt, folgte die polnische Delegation noch einer anderen Logik: Wer sowohl dem deutschen als auch dem sowjetischen Einfluss in Osteuropa etwas entgegenzustellen beabsichtigte, der musste Interesse an einem starken polnischen Staat haben und diesen folglich auch entsprechend ausstatten. Nur ein politisch, territorial und ökonomisch stabiles Polen würde zukünftig in der Lage sein, diese für ganz Europa entschei-

---

93 Vgl. ebenda.

94 Zur polnischen Verhandlungsposition vgl. die überzeugende Rekonstruktion bei: Prange, Versailler Vertrag, S. 5–13.

dende Herausforderung erfolgreich zu bewältigen. Dass dem Selbstbestimmungsrecht der Völker dabei argumentativ eine eher untergeordnete Bedeutung zukam, ist weniger verwunderlich, als es auf den ersten Blick scheint, denn schließlich ließen sich die statistischen Daten beispielsweise aus den Volkszählungsergebnissen von 1910 sowohl auf die eine wie auch auf die andere Weise instrumentalisieren. Das völkische Einmaleins erwies sich im internationalen Aushandlungsprozess als ein relativ beliebiges Verfahren, um die jeweils eigenen territorialen Interessen ethnisch zu begründen oder aufzuladen. Und trotz der Versuche, die völkischen Rechengesetze auch über das noch zu vertretene Maß hinaus zu strapazieren, ergab sich daraus weder für die deutsche noch für die polnische Seite eine unwiderlegbare Verhandlungsposition, mit der allein die jeweiligen Gebietsforderungen zu rechtfertigen gewesen wären. Volksabstimmungen wurden von beiden Seiten konsequent abgelehnt, da kaum zuverlässig zu kalkulieren war, wie deutschfreundliche Polen, katholische Kaschuben, Wasserpolnisch sprechende Oberschlesier oder zweisprachige Posener im Zweifelsfalle abstimmen würden. Immer dort, wo gerade keine Eindeutigkeiten herzustellen waren (und das galt für die Mehrheit der strittigen Gebiete), traten ökonomische, kulturelle, historische oder geostrategische Rechtfertigungen hinzu, wenn es galt, die eigenen Territorialansprüche zu legitimieren.

Anders als das politische Berlin hatte sich die polnische Seite auch kartographisch auf die argumentativen Anforderungen der Pariser Konferenz vorbereitet. Bereits während der Verhandlungen in Washington unterstrichen Dmowski und Paderewski mit entsprechenden Unterlagen die polnischen Gebietsforderungen und konstituierten damit eine – auch für die Versailler Friedensgespräche entscheidende – mediale Verhandlungsebene. Die vorgelegten Karten visualisierten nicht nur die polnischen Territorialforderungen, sie erzeugten darüber hinaus auch bei ihren Betrachtern ein bestimmtes räumliches Bild der entsprechenden Regionen. Als besonders nachhaltig und ebenso umstritten erwies sich dieser Visualisierungseffekt bei einer »Nationalitätenkarte der östlichen Provinzen des Deutschen Reiches«, die unter dem Namen Jakob Spett im Jahre 1918 veröffentlicht wurde.[95] Auf den ers-

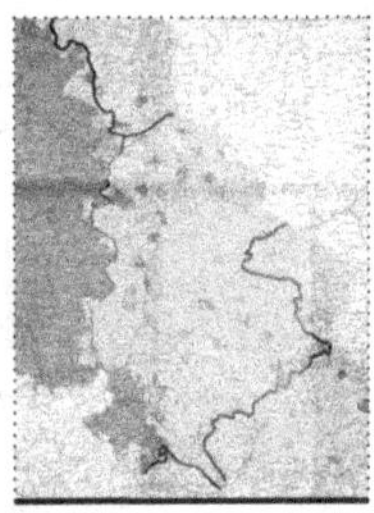

18

[95] Vgl. Nationalitätenkarte der östlichen Provinzen des Deutschen Reiches (Hinterpommern, Ostpreußen, Westpreußen, Schlesien). Farbdruck, nach den Ergebnissen der amtlichen Volkszählung von 1910 entworfen von Jakob Spett. 1:500000;

ten Blick war es eine Karte wie viele andere, großes Aufsehen erregte sie allerdings, als die französische Zeitung *Le Temps* am 19. März 1919 einen Ausschnitt daraus publizierte und damit während der laufenden Verhandlungen in Versailles die polnischen Gebietsforderungen zu unterstreichen suchte. Die französische Zeitung verbreitete eine kartographische Darstellung, die den Eindruck erweckte, dass selbst deutsche Kartenwerke durch entsprechende Farbkolorite eine polnische Mehrheit in Posen und Westpreußen dokumentierten. Denn schließlich suggerierte die Karte, dass sie vom Justus-Perthes-Verlag in Gotha herausgegeben worden sei.[96]

Nachdrücklicher konnte man die Glaubwürdigkeit und Legitimität eines »polnischen Korridors« wohl kaum öffentlich inszenieren. Entsprechend groß war die Empörung in Berlin. Zwischen der Geschäftsstelle für die Friedensverhandlungen und dem Auswärtigen Amt setzte sogleich ein hektischer Schriftwechsel ein, in dem die behaupteten polnischen Mehrheiten in Danzig, Marienwerder und in Teilen Westpreußens entschieden bestritten wurden. Die »Presse sollte sofort unter Publikation richtigen Kartenmaterials Angaben richtig

---

110 × 85 (100 × 75,5) cm, in: GSta, XI. HA, AKS, B 51244. Die Karte gehörte ursprünglich zur Akte: GSta, I. HA Rep. 77 Ministerium des Innern, 856/88. Verfügbar als Neudruck in: Geisler, Die Sprachen- und Nationalitätenverhältnisse an den deutschen Ostgrenzen, Tafel 1.

96 Auf Anfrage der Geschäftsstelle stellte der Perthes-Verlag am 23. März 1919 telegraphisch klar, dass die Karte nicht von ihm, sondern vom Verlag Moritz Perles in Wien herausgegeben worden sei. Vgl. Telegramm des Perthes-Verlages vom 23. 3. 1919, in: PAAA, Geschäftsstelle für die Friedensverhandlungen, R 23076. Der Perthes-Verlag hat die Spett'sche Karte aber gedruckt. Vgl. Stahlberg, Das Kartenbeispiel, S. 10. Es ist von deutscher Seite immer wieder spekuliert worden, die Spett'sche Karte habe in Paris vorgelegen und die Festlegung der deutsch-polnischen Grenze maßgeblich beeinflusst. Dezidiert nachgewiesen wurde dieser Zusammenhang allerdings nicht. Gleiches gilt für die Behauptung, hinter dem Namen Jakob Spett verberge sich ein polnischer Politiker, oder der einflussreiche Polenclub in Wien habe die Karte in Auftrag gegeben. Es fehlte auch nicht der Verdacht, Jakob Spett sei ein polnischer Jude. Zur Spett'schen Karte vgl. auch Herb, Under the Map, S. 34–40. In den nachfolgenden Jahren spielte die Spett'sche Karte immer wieder eine Rolle, besonders wenn es um angemahnte Grenzkorrekturen ging. Vgl. beispielsweise die Korrespondenz der Deutschen Delegation im Juni 1922 zum Kreis Namslau, in: GSta, I. HA Rep. 77 Ministerium des Innern, 856/88, Bl. 71–118. 1933 wurde der zu dieser Zeit in Breslau lehrende Geograph Walter Geisler vom Auswärtigen Amt mit einer Expertise betraut, die er auf der Grundlage der Kulturboden- und Lebensraumtheorie ausarbeitete; vgl. Geisler, Sprachen- und Nationalitätenverhältnisse, S. 2–76, über die Urheberschaft der Spett'schen Karte spekulierte Geisler ausführlich, vgl. S. 11–14.

stellen«.[97] Trotz interner fachlicher Stellungnahmen, die vehement gegen die auf der Karte dargestellten Mehrheitsverhältnisse protestierten, fehlte es jedoch offensichtlich an geeigneten Karten, um die eigenen Territorialansprüche ähnlich wirkungsvoll in Szene zu setzen. Erst drei Wochen zuvor, am 28. Februar 1919, hatte das Auswärtige Amt den Carl-Flemming-Verlag damit beauftragt, derlei Kartenblätter anzufertigen. Auf der amtlichen Wunschliste standen unter anderem eine »Völkerkarte von Ostdeutschland und Polen« sowie eine »Sprachenkarte der deutschen Grenzgebiete nach der Zählung von 1910«, also genau solche Darstellungen, wie sie nun dringend benötigt wurden.[98] Doch eine solche Kartenherstellung erfolgte nicht von heute auf morgen, und folglich fielen die unmittelbaren Reaktionen auf die Spett'sche Karte vergleichsweise dürftig aus. Zwar bezeichnete Albrecht Penck, einer der damals bekanntesten deutschen Geographen, die Karte als ein »Meisterwerk der Fälschung«, doch entsprechende kartographische Gegendarstellungen konnte auch er erst ab Mai 1919 zur Verfügung stellen.[99]

Die Spett'sche Karte beruht nach eigenen Angaben auf der preußischen Volkszählung von 1910. Sie folgt einer relativen Darstellungsmethode und arbeitet mit farblich abgestuften Flächenkoloriten, indem sie in jeweils drei Differenzierungen (50, 70 und 85 %) mit roter Einfärbung »überwiegend deutsche« von »überwiegend polnischen« Gebieten in Grün absetzt. Damit entspricht sie den Darstellungsprin-

---

[97] Vgl. den entsprechenden Schriftwechsel in: PAAA, Geschäftsstelle für die Friedensverhandlungen, R 23076.

[98] Vgl. Brief des Auswärtigen Amtes vom 28. Februar 1919 an den Karl-Flemming-Verlag, in: PAAA, Geschäftsstelle für die Friedensverhandlungen, R 23109; Antwortbrief des Verlages vom 1. März 1919, in: ebenda.

[99] Albrecht Penck lieferte am 10. Mai 1919 an die Geschäftsstelle 18 Kartenblätter zur »Verbreitung der Deutschen und Polen längs der Warthe-Netze-Linie und der unteren Weichsel«. Die Auswahl der Blätter sei so getroffen, »dass sie den deutschen Charakter der Warthe-Netze und Weichsel-Linie zum Ausdruck bringen, deren Behauptung in unserem nationalen Interesse liegt. Die noch ausstehenden Blätter werden den überwiegend deutschen Charakter des westlichen Posen zeigen.« Die insgesamt 42 Kartenblätter zu Ost- und Westpreußen, Posen und Schlesien wurden erst im Mai 1920 fertiggestellt. Vgl. Brief von Albrecht Penck an die Geschäftsstelle vom 10. Mai 1919, in: PAAA, Geschäftsstelle für die Friedensverhandlungen, R 23109, Brief von Albrecht Penck vom 22. Mai 1920 an das Preußische Innenministerium, in: GSta, I. HA Rep. 77 Ministerium des Innern, 856/87, Bl. 455–468. Die noch in Arbeit befindliche Überblickskarte zum »Korridor« ließ bis 1921 auf sich warten und wurde dann veröffentlicht in: *Zeitschrift der Gesellschaft für Erdkunde zu Berlin* (1921), Nr. 5–7, S. 169–185 (Karte im Anhang).

zipien von Choroplethenkarten mit ihren für Flächenkartogramme typischen Vor- und Nachteilen. Durch die Bezeichnung *Nationalitätenkarte* legt diese kartographische Gestaltung die entsprechenden nationalen Zugehörigkeiten der eingefärbten Gebiete nahe, obgleich die zugrunde gelegten Daten allenfalls eine sprachliche Zuordnung erlaubt hätten. Darüber hinaus weist die Karte keine weiteren sprachlichen, ethnischen, religiösen oder nationalen Differenzierungen auf. Wasserpolnisch sprechende Oberschlesier, Masurisch, Mährisch und Kaschubisch sprechende Minderheiten werden durchgängig als »polnisch« gezählt, ebenso die zweisprachigen Bevölkerungsgruppen. Die Farbgestaltung differenziert nicht zwischen dicht und dünn besiedelten Regionen. Nahezu alle zwischen Deutschland und Polen strittigen Gebiete, einschließlich Pommerellen und Oberschlesien, sind auf der Karte grün eingefärbt, weisen jedoch in unterschiedlichem Maße dunkel- und hellrote Inseln auf, die deutsch dominierte Enklaven veranschaulichen sollen. Insgesamt demonstriert das Kartenbild eine mehrheitlich polnische Zugehörigkeit der deutschen Ostprovinzen, wobei das Gebiet des späteren »polnischen Korridors« besonders prägnant hervortritt und eindeutig gegen eine ununterbrochene deutschsprachige Brückenverbindung zwischen Ostpreußen und dem Reichsgebiet votiert.

Während die deutsche Seite in der Spett'schen Karte einen besonders raffinierten Propagandatrick polnischer Interessenvertreter zu erkennen glaubte und letztlich erst viel später mit der entsprechenden Gegenpropaganda zu reagieren wusste, sahen andere darin ein kartographisches Produkt, das den in Volks- und Nationalitätenfragen naiven und zuweilen unpolitischen Zuschnitt der deutschen Geographie offenbarte. Unabhängig davon, wer diese Karte tatsächlich initiiert, hergestellt und vertrieben hat, sie konkretisierte aufgrund ihrer politischen Sprengkraft, wie wenig nicht nur die deutsche Geographie, sondern auch die deutsche Regierung auf internationale Verhandlungs- und Aushandlungskonstellationen vorbereitet waren, in denen territoriale Entscheidungen nicht nur auf Karten dokumentiert, sondern durch sie vorbereitet, lanciert und erzeugt wurden. Neben der polnischen Delegation, die aufgrund der bestehenden Nichtstaatlichkeit besonders intensiv auf die Wirkungsmacht von Sprachen- und Nationalitätenkarten setzte, wurde nämlich auch vonseiten der USA eine kartographisch gestützte Verhandlungsdiplomatie praktiziert. Zentrale Schaltstelle hierfür war die 1917 von Wilson berufene *Inquiry*, eine mit politischen Beratern, wissenschaftlichen Experten und

Sachverständigen besetzte Dienststelle, die sich von Anbeginn an intensiv den territorialen Aspekten eines zukünftigen Friedensvertrages widmete.[100] Während die ersten Memoranden der *Inquiry* noch ein recht schwankendes Bild über einen zukünftigen polnischen Staat ablieferten, schlug sich die 1918 mittlerweile veränderte militärische Lage der Mittelmächte dann auch in der Forderung nach umfangreicheren Gebietsabtretungen Deutschlands nieder. Im Januar 1919 legte die *Inquiry* schließlich unter Federführung von Robert H. Lord ihr ausgearbeitetes Expertenvotum vor, mit dem sie die US-amerikanische Verhandlungsstrategie in Paris maßgeblich prägte.[101] Auch dieses sogenannte *Black Book* stellte keineswegs das Selbstbestimmungsrecht der Völker in den Mittelpunkt, sondern argumentierte vor allem ökonomisch, geostrategisch sowie sicherheitspolitisch, um die geforderte Abtretung Oberschlesiens, Posens sowie eines circa 50 Kilometer breiten Gebietsstreifens in West- und Ostpreußen zu rechtfertigen. Unentschieden zeigten sich die Experten, wie mit Danzig und der Korridorfrage zu verfahren sei. Hierzu stellten sie zwei mögliche Modelle vor: Entweder sollten diese Gebiete beim Deutschen Reich verbleiben, während Polen der Zugang zum Meer vertraglich garantiert würde, oder aber sie sollten vollständig an Polen abgetreten werden, um den polnischen Sicherheitsbedürfnissen zu genügen. Die Experten ließen trotz dieser Alternativen kaum Zweifel daran, dass die territoriale Abtretung an Polen aus ihrer Sicht das geringere Übel darstellte: »Im polnischen Fall handelt es sich um lebenswichtige Interessen, im deutschen Fall, abgesehen vom preußischen Traditionsgefühl, sind sie völlig zweitrangig.«[102]

Im Unterschied zum amerikanischen Engagement für ein starkes Polen stand die britische Regierung dieser Frage weitaus zurückhaltender gegenüber. Zwar hatte sich Premierminister David Lloyd George bereits Anfang 1918 für ein unabhängiges Polen ausgesprochen, allerdings zugleich betont, dieses solle allein diejenigen

---

100 Einschlägig zur *Inquiry*: Gelfand, The Inquiry; ebenso: Schwabe, Deutsche Revolution; Lundgreen-Nielsen, Polish Problem; Mehmel, Deutsche Revisionspolitik; Gehrke, Der polnische Westgedanke.

101 Vgl. Outline of Tentative Report and Recommandations prepared by the Intelligence Section, in accordance with instructions from the President and the Plenipotentiaries, hier zit. n. Schwabe, Deutsche Revolution, S. 309ff.

102 Ebenda, S. 311. Die Ausformulierung beider Modelle ist wohl auch vor dem Hintergrund zu verstehen, dass Wilson in der Korridorfrage durchaus (noch) anderer Auffassung war.

Bevölkerungen umfassen, die eine Zugehörigkeit wünschten. Die Ausrichtung der territorialen Grenzen an den ethnographischen Verhältnissen Ostmitteleuropas bildete in den britischen Memoranden bis Ende 1918 die diplomatische Richtschnur, wenn es um die Frage der deutsch-polnischen Grenze ging. Zwar sah es das *Foreign Office* als gerechtfertigt an, dass Posen, Teile Oberschlesiens und Westpreußens an Polen fielen, allerdings blieben die territorialen Konzepte hinter dem zurück, was von polnischer Seite gefordert wurde. In der Korridorfrage zum Beispiel sowie zur Zukunft Danzigs blieb die britische Seite zurückhaltend und konnte sich auch durchaus »kleine« Lösungen vorstellen. Im Sinne der *balance of power* sollte eine stabile Friedensordnung entstehen, die für die Briten ohne ein politisch zwar geschwächtes, aber trotz allem stabiles Deutschland nicht vorstellbar war. Drohte Deutschland damit, wegen harten territorialen Einschnitten einen Friedensvertrag nicht zu unterschreiben, war man in London durchaus zu Kompromissen bereit. Mit dieser eher gemäßigten Position, zumindest was die territorialen Fragen anging, unterschied sich die britische Sicht grundlegend von den französischen Vorstellungen eines zukünftigen polnischen Staates. Denn tendenziell unterstützte Paris die polnischen Gebietsforderungen, solange sie den eigenen strategischen Interessen im Sinne eines *cordon sanitaire* entgegenkamen. Polen sollte in Osteuropa ein starkes Gegengewicht zu Deutschland bilden und damit den französischen Sicherheitsinteressen zuarbeiten. Antideutsch und antibolschewistisch wollte man den zukünftigen polnischen Staat ausgerichtet sehen, mit erheblichem räumlichen Gewinn im Westen und einer gemäßigten Territorialpolitik gegenüber Russland. In der Frage, welche Gebiete zu Polen kommen sollten, zeigte man sich in Paris daher großzügig. Auch Regionen, in denen 30 bis 35 Prozent der Bevölkerung als polnisch galten, hielt Paris unter Umständen für verhandelbar und machte sich damit die polnischen Argumente hinsichtlich der Zugehörigkeiten weitgehend zu eigen. Die zuweilen radikalen Forderungen der französischen Delegation waren dabei keineswegs dem Selbstbestimmungsrecht der Völker geschuldet, sondern folgten vor allem sicherheitspolitischen und geostrategischen Interessen Frankreichs.[103]

Die internationale Verhandlungs- und Interessenlage gestaltete sich bei Eröffnung der Pariser Friedenskonferenz im Januar 1919 alles

---

103 Ausführlicher zur französischen und britischen Position vgl. Prange, Versailler Vertrag, S. 13–25.

andere als widerspruchsfrei. Da die Mittelmächte von den Beratungen ausgeschlossen waren, trafen sowohl im *Council of Ten* als auch in den eingesetzten Territorialkommissionen zunächst einmal die unterschiedlichen und zum Teil kontroversen Vorstellungen der alliierten und assoziierten Mächte aufeinander. Als am 29. Januar 1919 erstmals die polnische Frage im Rat der Zehn auf der Tagesordnung stand, machte der polnische Delegierte Roman Dmowski gegenüber den anwesenden Regierungschefs unmissverständlich deutlich, welche Strategie er in den kommenden Verhandlungen zu verfolgen gedachte: Während er den gerade beendeten Posener Aufstand mit der aggressiven Minderheitenpolitik Deutschlands rechtfertigte, rekurrierte er für ein zukünftiges Polen grundsätzlich auf die Grenzen von 1772, die er als Ausgangspunkt der Verhandlungen verstanden wissen wollte. Darüber hinaus sei Polen allerdings »nicht zufrieden mit den historischen Grenzen von 1772. Zum Beispiel wurde Schlesien zwar im 14. Jahrhundert verloren, aber infolge der nationalen Erneuerung haben heute 90 Prozent der Bevölkerung ihre Sprache bewahrt und sind stark polnisch orientiert«.[104] Dass mit dieser Maximalforderung kein leichter Kompromiss zu finden sein würde, war augenfällig, sodass die Frage zunächst vertagt und anschließend an die am 12. Februar 1919 eingesetzte *Commission on Polish Affairs* delegiert wurde.[105] Bis 8. März sollte die Kommission einen Vorschlag zur deutsch-polnischen Grenze erarbeiten, der als Grundlage für eine endgültige Entscheidung dienen würde. Die hierfür wiederum eingesetzte, dreiköpfige Unterkommission stand vor der Aufgabe, die verschiedenen Vorstellungen über einen deutsch-polnischen Grenzverlauf zu einem gemeinsamen Grenzkonzept zu synthetisieren. Dass diese Verhandlungen schwierig und kontrovers waren, schlug sich auch kartogra-

---

104 Secretary's Notes of a Conversation held in M. Pichon's Room at the Quai d'Orsay, Paris, on Wednesday, January 29, 1919, at 3.30 p.m., in: British Documents on Foreign Affairs, Part II, Series I: The Paris Peace Conference of 1919, Vol. 2, S. 42–49, Zitat S. 46.

105 Vgl. Secretary's Notes of a Conversation held in M. Pichon's Room at the Quai d'Orsay, Paris, on Wednesday, February 26, 1919, at 3.00 p.m., in: British Documents on Foreign Affairs, Part II, Series I: The Paris Peace Conference of 1919, Vol. 2, Doc. 33. Die Kommission bestand unter anderem aus Jules Cambon (Frankreich), Marquis Pietro della Toretta (Italien), Sir William Tyrell (Great Britain), Kentaro Otchiai (Japan) und Isaiah Bowman (USA). Ihre konkrete Arbeit fand in mehreren Unterkommissionen statt, in denen weitere Berater mitwirkten. Die dreiköpfige Unterkommission, bestehend aus Le Rond, Kisch und Bowman, verhandelte zudem direkt mit Dmowski. Vgl. Nelson, Land and Power, S. 161–164.

phisch nieder. Die von der Unterkommission erstellten Karten demonstrierten zunächst vor allem die Uneinigkeit der Beteiligten, indem sie zwischen »Anglo-american line«, »Foreign Office line« sowie französischen und US-amerikanischen »Rectifications« unterschieden. Hierbei ging es keineswegs nur um einen geringfügigen Gebietsausgleich, sondern es wurde um zum Teil umfangreiche Grenzregionen geschachert und gepokert. Wirtschaftliche, vor allem aber militärstrategische und infrastrukturelle Argumente führten schließlich zu einer Kompromisslinie, für die alle Beteiligten Zugeständnisse machen mussten. Allerdings konnte sich General Henri Le Rond mit seiner Verhandlungsstrategie, polnische Territorialgewinne mit strategisch wichtigen Eisenbahnverbindungen und der zu gewährleistenden Verteidigungsfähigkeit der zukünftigen Grenzen Polens zu begründen, tendenziell durchsetzen. In ihrem Abschlussbericht erklärte die Kommission, dass die vorgeschlagene Grenze zwar grundsätzlich ethnographischen Prinzipien folge, während in manchen Regionen aus religiösen, historischen, ökonomischen und strategischen Gründen von dieser Maxime abgewichen worden sei. Diese Korrekturen seien sowohl zulasten deutscher als auch polnischer Interessen ausgefallen. Der daraufhin am 19. März im *Council of Ten* diskutierte Bericht kam jedoch den polnischen Forderungen weit entgegen und rief gerade deswegen den dezidierten Widerspruch des britischen Premierministers hervor.[106] Das Hauptargument von Lloyd George betraf weniger die Detailfragen eines möglichen Grenzverlaufs als vielmehr die Tatsache, dass sich nach diesem Vorschlag mehr als zwei Millionen Deutsche in einem polnischen Staat wiedergefunden hätten. Darin sah die britische Seite eine Belastung, die »für Polen zukünftig ernsthafte Probleme mit sich bringen könnte«.[107] Die daraufhin aufbrechenden Meinungsverschiedenheiten unter den Alliierten ließen bereits erahnen, wie langwierig sich die kommenden Verhandlungen noch gestalten würden.

19

106 Vgl. Protokoll der Beratung über den Bericht des Ausschusses für polnische Angelegenheiten vom 19. März 1919, in: Schwabe, Quellen, S. 137–143. Zur britischen Verhandlungsposition in dieser Phase vgl. Eichner, Briten, Franzosen und Italiener, S. 18–38. Zu den Vorarbeiten in der dreiköpfigen Unterkommission vom 3.–19. März 1919 vgl. Nelson, Land and Power, S. 148–154; Schwabe, Deutsche Revolution, S. 411–447.

107 Protokoll der Beratung über den Bericht des Ausschusses für polnische Angelegenheiten vom 19. März 1919, in: Schwabe, Quellen, S. 137–143, Zitat S. 138.

Bemerkenswert bleibt an diesem ersten Kommissionsbericht, dass der Vorsitzende Jules Cambon den Vorschlag im Rat der Zehn anhand einer Karte erklärte: Cambon, »bezugnehmend auf eine dem Bericht hinzugefügte Karte, erläuterte, dass die rote Linie die Ziele der Polen darstellte, und die blaue Linie die vom Komitee vereinbarte 20
Grenze. In diesen Regionen waren keine natürlichen Grenzen.

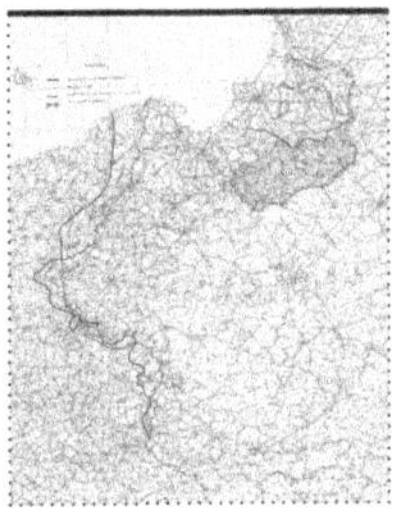

Die Bevölkerung war sehr gemischt, wie häufig in Zentral- und Osteuropa. Das Komitee ist so weit wie möglich ethnographischen Prinzipien gefolgt, aber es stellte sich als unmöglich heraus, Linien zu ziehen, die keine fremden Bevölkerungen einschlossen. Auch ökonomische und strategische Erfordernisse waren zu berücksichtigen, damit der neue Staat in seinen Grenzen lebensfähig ist.«[108] Die kartographische Repräsentation der zukünftigen deutsch-polnischen Grenze erklärte die polnischen Gebietsforderungen zur entscheidenden Bezugsgröße, indem sie sie als rote Linie im Kartenbild markierte. Im zweiten Schritt wurde davon der von der Kommission favorisierte Grenzverlauf in Blau abgesetzt. Die Karte fokussierte dadurch visuell die Differenz von roter und blauer Linie und richtete den Blick auf die unerreichte Maximalforderung der polnischen Seite. Kartographisch ließ sich auf diese Weise vermitteln, dass die Kommission keineswegs allen Forderungen Dmowskis entsprochen hatte. Man legte offenbar Wert darauf, die insgesamt eher geringfügigen Unterschiede als klar erkennbare Abweichungen und damit als Kompromiss auszuweisen. Hätte man hingegen die deutschen Grenzvorstellungen als dritte Markierung in die Karte integriert und die bisherigen Grenzen nicht nur als eine äußerst zurückgenommene grüne Linie gekennzeichnet, wären die Differenzen zum Kommissionsvorschlag eklatanter und der visuelle Effekt folglich anders ausgefallen. Eine solche Symbolsprache hätte jedoch den herrschenden Interessenlagen am Verhandlungstisch kaum entsprochen. Die Kommissionsmitglieder votierten mit dieser Karte eindeutig für ein polnisches Territorium, das weit über ethnographische Gegebenheiten hinauswies und ein strategisch und ökonomisch gestärktes Polen mit einem erheblichen deutschen Bevölkerungsanteil umfasste. Die kartographische Repräsentation des Grenzentwurfes ermöglichte es auf diesem Wege, die polnische Verhandlungsposition als Referenzgröße zu etablieren, ohne sie im Rat der Zehn offensiv vertreten und debattieren zu müssen, zum anderen

108 Ebenda, S. 137.

konnte der Eindruck erweckt und aufrechterhalten werden, dass die Kommission eigenständig und objektiv entschieden habe. Vor allem »ethnological«, partiell auch ökonomische und strategische Gründe seien für diesen Grenzvorschlag ausschlaggebend gewesen. Die keineswegs illustrierende Karte visualisierte somit nicht nur den erarbeiteten Vorschlag, sie lieferte darüber hinaus auch eine Art Subtext der favorisierten Parameter für eine zukünftige Entscheidung. In der Logik dieser Karte waren territoriale Lösungsvorschläge anhand ihrer Abweichungen gegenüber der roten Linie auszuloten und politisch zu bewerten.[109]

Die Kontroversen unter den Alliierten über die deutsch-polnische Grenze setzten sich bis zur Abfassung des Vertragstextes fort.[110] Der britische Premierminister kritisierte die mehrfach überarbeiteten Kommissionsvorschläge vor allem wegen der Korridorfrage und dem zukünftigen Status Danzigs, während die vorgesehene Abtretung Oberschlesiens offenbar aus einer augenfälligen Unkenntnis heraus zunächst stillschweigend akzeptiert wurde.[111] Das sollte sich ändern. Nachdem am 7. Mai 1919 der alliierte Vertragsentwurf an die deutsche Delegation übergeben worden war, hagelte es nicht nur aus Berlin,

---

109 Damit sei nicht behauptet, die polnische Seite habe im Lauf der Verhandlungen keinerlei Abstriche ihrer territorialen Forderungen machen müssen. Die Freistaatlösung für Danzig war für die polnische Delegation ein ebenso herber Rückschlag wie die Abstimmungen in Marienwerder und Allenstein. Auch die Ansprüche auf das Ermland sowie die Hoffnung auf ein wirtschaftlich mit Polen verbündetes Ostpreußen konnten nicht durchgesetzt werden.

110 Vgl. zum Beispiel das Fontainebleau-Memorandum vom 25. März 1919, in: Schwabe, Quellen, S. 156–166; Dolmetscherprotokoll zur Debatte über das Fontainebleau-Memorandum im »Rat der Vier« vom 27. März 1919, in: ebenda, S. 172–177. Zur britisch-französischen Kontroverse über den Kommissionsvorschlag und dem anschließenden Briefwechsel zwischen Lloyd Georges und Clemenceau vgl. Prange, Versailler Vertrag, S. 37–52.

111 Es ist davon auszugehen, dass nicht nur in der britischen Delegation die Auffassung vorherrschte, die Wasserpolnisch sprechenden Oberschlesier seien ethnisch als Polen anzusehen. Die Forderung Dmowskis, Oberschlesien an Polen abzutreten, erschien demnach folgerichtig und konsequent. Es gehört zu den frappierenden Details der Pariser Verhandlungen, wie geographische Unkenntnis, völkische Homogenitätsvorstellungen und politische Interessenlagen in eine territoriale Forderung mündeten, die international zunächst sogar durchgesetzt werden konnte. Vgl. Eichner, Briten, Franzosen und Italiener, S. 21–22. Der genaue Verhandlungsverlauf zur Korridorfrage und zu Danzig kann hier nicht im Detail wiedergegeben werden, vgl. zur britisch-amerikanischen Annäherung in Sachen Freistaatlösung und den Beschlüssen am 22. April: Schwabe, Deutsche Revolution, S. 448–469; Prange, Versailler Vertrag, S. 50–54.

sondern auch aus London lautstarke Proteste.[112] Der Vertragstext sah eine Abtretung Oberschlesiens ohne vorherige Volksabstimmung vor. Während der gesamten Verhandlungsdauer war die Auffassung, Oberschlesien sei mehrheitlich polnisch besiedelt, nahezu unwidersprochen akzeptiert worden. Zwar waren im hierfür grundlegenden Howard-Lord-Abkommen die polnischen Forderungen nach zwei mittelschlesischen Gebieten fallengelassen worden, gleichzeitig hatten die alliierten Vertreter jedoch nur einige westlich gelegene Kreise Oberschlesiens von der Abtretung ausgenommen und ansonsten das gesamte Gebiet einschließlich des ökonomisch lukrativen Industriereviers dem polnischen Staat zugesprochen.[113] Diese Entscheidung und ihre Bekanntgabe am 7. Mai fachte die emotional aufgeladene und zuweilen extrem gewalthafte Auseinandersetzung erheblich an.[114] Die Abtretung Oberschlesiens gehörte zweifellos zu den vertraglichen Härten, die aus deutscher Sicht eine Annahme des Friedensentwurfes

---

[112] Zu den schärfsten Kritikern der alliierten Gebietsforderungen gehörte der britische Delegierte und südafrikanische General Jan Christiaan Smuts, der unter anderem die ökonomische Leistungsfähigkeit Deutschlands erhalten wissen wollte. Die geforderten Reparationen seien ohne das oberschlesische Industrierevier gar nicht erfüllbar, argumentierte Smuts nüchtern. Vgl. Brief Jan Christiaan Smuts an Präsident Wilson vom 30. Mai 1919, in: Schwabe, Quellen, S. 291–293; ebenso Protokolle der britischen Delegation über die Diskussionen der deutschen Gegenvorschläge vom 30. Mai und 1. Juni 1919, in: ebenda, S. 293–305.

[113] Ausgenommen waren die Kreise Grottkau, Falkenberg, Neiße und Teile des Kreises Neustadt. Der südlich von Oppeln gelegene Kreis Leobschütz sollte hingegen an Polen fallen, obgleich seine mehrheitlich deutsche Bevölkerung unstrittig war. Für die Abtretung an Polen fielen vielmehr infrastrukturelle Argumente ins Gewicht, da Leobschütz – so die Begründung in der Kommission – ansonsten über keine direkt an Deutschland angebundene Eisenbahnverbindung verfüge. Auch bei anderen Grenzfragen (Beispiel: Schneidemühl) hatten solche verkehrstechnischen Erwägungen als Begründungen gedient, während dem Selbstbestimmungsgedanken weitaus weniger Relevanz zuerkannt wurde. Zum Wortlaut des Entwurfes vgl. die Drucksachen des Auswärtigen Amtes, hier: Geschäftsstelle für die Friedensverhandlungen, Die Friedensbedingungen von Deutschlands Gegnern, deutsche Übersetzung nach dem französischen Text, Berlin 1919, in: GSta, I. HA Rep. 90A Staatsministerium, jüngere Registratur, Sign. 2434. Hilfreich auch die Konkordanz zwischen Entwurf, Gegenvorschlägen und Friedensvertrag in: Geschäftsstelle für die Friedensverhandlungen, Materialien betreffend die Friedensverhandlungen, Teil IV, Berlin 1919, in: GSta, I. HA Rep. 90A Staatsministerium, jüngere Registratur, Sign. 2442.

[114] Zur militärischen und sicherheitspolitischen Lage 1918/1919, zum deutsch-polnischen Konflikt sowie zur revolutionären Gesamtlage in Oberschlesien vgl. die umfassenden Lageberichte des Generalstabes wie auch der Zentralstelle des »Grenzschutzes Ost«, in: BA, R 904/564–565.

unmöglich erscheinen ließ. Reichsministerpräsident Philipp Scheidemann sprach bereits wenige Tage später von einem »Mordplan«, und das Auswärtige Amt konnte sich vor Protesten und erregten Stellungnahmen kaum mehr retten. Kundgebungen inner- und außerhalb Oberschlesiens riefen Hunderttausende auf die Straße.[115] In Paris scheiterte die deutsche Delegation derweil mit ihrer Strategie, den Vertragsentwurf mit dem Vorwurf des Wortbruches insgesamt noch abzuwenden.[116] Die unterschiedlichen Auffassungen, wie verbindlich das 14-Punkte-Programm sowie das Selbstbestimmungsrecht der Völker für den Friedensvertrag insgesamt seien, prallten nun unversöhnlich aufeinander. Über Einzelfragen – so signalisierten die Alliierten – könne man schriftlich verhandeln, über die Vertragskonstruktion insgesamt indes nicht. Der daraufhin einsetzende Notenwechsel nahm am 13. Mai erneut darauf Bezug, dass die deutsche Delegation das Selbstbestimmungsrecht der Völker grundsätzlich anerkenne und auch territoriale Abtretungen zum Beispiel in Posen zu akzeptieren bereit sei, allerdings nicht in solchen Gebieten, »die nicht unzweifelhaft von einer Bevölkerung fremden Stammes bewohnt sind. Vor allen Dingen hält sie es für unzulässig, dass durch den Friedensvertrag zu dem Zwecke, finanzielle und wirtschaftliche Forderungen der Gegner Deutschlands zu sichern, deutsche Bevölkerungen und Gebiete von der bisherigen Souveränität zu einer anderen verschachert werden, als ob sie bloße Gegenstände oder Steine in einem Spiele wären«.[117] Wenn sich diese Passage hier auch vor allem auf das Saarland bezog, so war doch die generelle Strategie, gerade Wilson durch die nahezu wörtliche Wiedergabe seiner eigenen, wenige Monate zuvor gewählten Formulierungen herauszufordern, unverkennbar. Dass von

---

115 Vgl. beispielsweise den Bericht der Zentralstelle »Grenzschutz Ost« an die Waffenstillstandskommission vom 17. Mai 1919, in: BA, R 904/565, Bl. 155–158, dort auch weitere Berichte über Streiks, Demonstrationen und soziale Unruhen. Ebenso in: GSta, I. HA Rep. 77 Ministerium des Innern, Bestand: 856/40–41; sowie eine Zusammenstellung von 171 Protestkundgebungen gegen »die Zerstückelung Schlesiens« in GSta, I. HA Rep. 77, Ministerium des Innern, Bestand: 4036 Nr. 16, Handakten Loehrs; weiterhin umfangreiches Material zu den Protesten (Berichte, Unterschriftenlisten, Entschließungen, Telegramme, Eingaben etc.) in: GSta, I. HA Rep. 90A Staatsministerium, jüngere Registratur, Sign. 2439.

116 Vgl. den Notenwechsel zwischen den Delegationen im Mai und Juni 1919: Weißbuch des Auswärtigen Amtes, Friedensverhandlungen, S. 30–128.

117 Note der Deutschen Friedensdelegation vom 13. Mai 1919 über territoriale Fragen, in: ebenda, S. 94–97, Zitat S. 95.

den Alliierten das Selbstbestimmungsrecht immer nur dann bemüht würde, wenn es den eigenen Interessen entgegenkäme, gehörte fortan zu den zentralen Kritikpunkten. Außenminister Graf Brockdorff-Rantzau telegraphierte am 18. Mai nach Berlin: »Von den verschiedenen Gesichtspunkten, die an sich für die Lösung des Grenzproblems möglich waren, nämlich der historischen Zugehörigkeit, dem völkischen Charakter der betreffenden Landschaft, ihren wirtschaftlichen Bedürfnissen, strategischen Rücksichten, wendet der vorgelegte Vertragsentwurf jedes Mal denjenigen an, der auf eine Schwächung und Zerreißung Deutschlands zu Gunsten seiner Nachbarn hinausläuft.«[118] Für Oberschlesien seien beispielsweise wirtschaftliche und historische Gründe »beiseite geschoben« worden, während sie für andere Regionen zugunsten Polens anerkannt würden.[119] Die für Ostfragen zuständigen Experten verurteilten am 20. Mai weiterhin jedes Angebot von Volksabstimmungen im Osten als »verwerflich« und traten entschieden gegen territoriale Gebietskonzessionen in Oberschlesien ein.[120] Der in den deutschen Reaktionen aufscheinende mo-

---

118 Telegramm Brockdorff-Rantzaus an das Reichskabinett vom 18. Mai 1919, in: BA, R 904/491, Bl. 136–140. Auffällig ist an dieser Formulierung, dass in der internen Korrespondenz – im Unterschied zu offiziellen Stellungnahmen gegenüber den Alliierten – das *Selbstbestimmungsrecht* gerade nicht als entscheidend hervorgehoben wurde, sondern andere Gründe als ausschlaggebend galten. Hierzu zählten vor allem »wirtschaftliche Lebensinteressen«.

119 Ebenda.

120 Telegramm der Ostsachverständigen Ewald Hilger, Moritz Jaffé, Fritz Wieler und Erich Zechlin an das Reichskabinett am 20. Mai 1919, in: Schwabe, Quellen, S. 274. In der Argumentation überwiegend ökonomisch, im Tenor passagenweise wörtlich mit Brockdorff-Rantzau übereinstimmend: Geheimer Bergrat Ewald Hilger zu Oberschlesien vom 19. Mai 1919, 12 Seiten, in: PAAA, Deutsche Friedensdelegation Paris/Versailles 8a, Polen – Verhandlungen der deutschen Delegation mit der polnischen Delegation in Paris und Handakten Göppert, R 22519; stärker mit Wilsons 14-Punkte-Programm argumentiert das Delegationsmitglied Erich Zechlin, Die territorialen Fragen des Ostens, 4 Seiten, sowie speziell zur Provinz Posen, 9 Seiten, beide Gutachten in: ebenda. Die militärischen Aspekte der sogenannten Friedensvertragslinie betonte für den bayrischen Generalstab Oberstleutnant Ritter von Xylander vom 14. Mai 1919, in: PAAA, Handakten Simons, Deutsche Friedensdelegation in Versailles, Grenzfragen, R 25890. Volksabstimmungen als Entscheidungsinstrument waren innerhalb der deutschen Regierung umstritten. Das preußische Innenministerium sprach sich entschieden gegen die Möglichkeit aus, Plebiszite als Kompromisse anzubieten oder zu akzeptieren. Vgl. Korrespondenz zwischen Regierung, preußischem Innenministerium und der Waffenstillstandskommission im Mai 1919, in: BA, R 904/103; Spekulationen über ungünstige Abstimmungsergebnisse enthält das Gutachten der Unterkommission I d vom 16. Mai 1919 zur Beratung der militärisch-politischen Seite der

ralisierende, zuweilen selbstmitleidige Grundtenor täuscht allerdings darüber hinweg, dass in Berlin nicht weniger als auf alliierter Seite strategisch argumentiert und instrumentalisiert wurde. Die deutschen Gegenvorschläge zu den Friedensbedingungen vom 29. Mai 1919 betonten zwar, dass Deutschland »in territorialen Fragen [...] rückhaltlos auf dem Boden des Wilson-Programms« stehe, andererseits wurden vor allem ökonomische und kulturelle Gründe herausgestellt, um alliierte Gebietsforderungen zurückzuweisen. Im Falle Oberschlesiens beispielsweise stelle die vorgesehene Abtretung »einen durch nichts zu rechtfertigenden Einbruch in das geographische und wirtschaftliche Gefüge des Deutschen Reiches dar«.[121] Denn historisch gehöre Oberschlesien schon seit 1163 nicht mehr zu Polen, zudem habe sich bei nationalen Wahlen stets eine Mehrheit für die deutschen Kandidaten entschieden und sprachlich handele es sich beim Wasserpolnisch um einen Dialekt, der keinerlei nationale Zugehörigkeit ausdrücke. Kulturell verdanke Oberschlesien seine ganze Entwicklung vor allem »deutscher Arbeit«, daher seien alle wirtschaftlichen, politischen und wissenschaftlichen Führungskräfte »ausnahmslos Deutsche«. Im Kern argumentierte man vor allem ökonomisch, denn das lukrative Kohlebecken könne Deutschland – im Unterschied zu Polen – »nicht entbehren«.[122] Dass es angesichts der umfassenden Reparationsforderungen auch im »eigensten Interesse der alliierten und assoziierten Mächte« sei, Oberschlesien bei Deutschland zu belassen, war zweifellos im Gesamtgefüge der angespannten Vertragsverhandlungen ein geschickter Schachzug, der seine Wirkung nicht verfehlte.[123]

Friedensbedingungen: Ostfragen, 28 Seiten, in: PAAA, Handakten Simons, Deutsche Friedensdelegation in Versailles, Grenzfragen, R 25890.

121 Das Zitat und die folgenden Ausführungen beziehen sich auf die Note der Deutschen Friedensdelegation vom 29. Mai 1919, in: Weißbuch des Auswärtigen Amtes, Friedensverhandlungen, S. 129–295, zu Oberschlesien speziell S. 183–186. Zum Verhandlungsverlauf bis zur Unterzeichnung am 28. Juni 1919 vgl. Schwabe, Deutsche Revolution, S. 566–651.

122 Hierzu auch die Broschüre vom Reichsverband Ostschutz, Ist Oberschlesien polnisch? Die polnischsprechende Bevölkerung nach der Volkszählung vom Jahre 1910 und die abgegebenen polnischen Stimmen bei den Reichstagswahlen im Jahre 1912, Berlin 1919, in: BA, R 43 I/1795, Bl. 210–212.

123 Gleiches gilt für das Argument, dass mit den Gebietsabtretungen die »Pogromgrenze« weiter nach Westen verlegt würde. Vgl. Telegramm Brockdorff-Rantzaus an das Reichskabinett vom 18. Mai 1919, in: BA, R 904/491, Bl. 136–140. In mehreren Gutachten wurde zudem herausgestellt, wie positiv der Einfluss der jüdischen Bevölkerung auf die Entwicklung Oberschlesiens gewesen sei. Vgl. z.B.

Die Abänderungen des ursprünglichen Vertragstextes fielen an sich relativ gering aus, allein das Zugeständnis, in Oberschlesien innerhalb der nächsten sechs bis achtzehn Monate abstimmen zu lassen, stellte einen gewissen Verhandlungserfolg der deutschen Delegation dar. Gründe hierfür war vor allem Lloyd Georges Argumentation, es müsse dringend nachgebessert werden, damit die deutsche Seite den Vertrag überhaupt akzeptiere.[124] Zudem sei zwar die oberschlesische Bevölkerung mehrheitlich »of polish race«, sie sei aber wohl nicht unbedingt »polish in sentiment« – so meinte man jedenfalls in London zu wissen. Ebenso wie in einigen anderen Gebieten sollten daher auch die Oberschlesier die Möglichkeit erhalten, über ihre Zugehörigkeit selbst zu entscheiden. Dass der britische Premierminister nach eigenem Bekunden persönlich an ein Votum für Polen glaubte, gehörte zweifellos zu seinen geschickten Verhandlungsstrategien.[125] Artikel 88 des Versailler Vertrages legte infolge dieser unter den Alliierten weiterhin nicht unumstrittenen Entscheidung das oberschlesische Abstimmungsgebiet, die Stimmberechtigten, die gemeindeweise Stimmabgabe sowie die Einsetzung einer Interalliierten Kommission fest, die bis zum Plebiszit die Hoheitsrechte in Oberschlesien ausübte.[126] Oberschlesien wurde hierfür von deutschen Truppen und Beamten geräumt und im Gegenzug von alliierten Einheiten besetzt. Als entscheidend sollte sich die in § 5 festgelegte Regelung herausstellen,

---

Gutachten von Walther Schotte vom 24. April 1919, in: PAAA, Geschäftsstelle für die Friedensverhandlungen, R 23119; mit ähnlicher Dramatik bezeichnete Leo Rosenberg die Zukunft des deutschen Ostens als »jüdische Lebensfrage«, in: ebenda, R 23117.

124 Die Drohung des britischen Premiers, man werde sich im Falle der deutschen Unterschriftsverweigerung nicht an Militäraktionen beteiligen, gilt gemeinhin als der ausschlaggebende Grund für das Einlenken Wilsons. Zum Verlauf der alliierten Verhandlungen vgl. Eichner, Briten, Franzosen und Italiener, S. 22–38; ebenso Prange, Versailler Vertrag, S. 76–90; Tooley, National Identity, S. 45–79.

125 Die endgültige Abfassung des Vertragstextes, die Übergabe an die deutsche Delegation sowie das Ringen um die Unterzeichnung kann und muss hier nicht detailliert dargestellt werden, zumal dazu umfangreiche Forschungsliteratur vorliegt, vgl. zum Beispiel: Schwabe, Deutsche Revolution, S. 521–651; Nelson, Land and Power, 321–363; als Überblick lesenswert: Krüger, Versailles; Krumeich (Hg.), Versailles 1919; Kolb, Der Frieden von Versailles.

126 Die Einzelheiten des im Vertragstext festgelegten Grenzverlaufs erarbeitete eine weitere Kommission mit den Mitgliedern General Henri Le Rond (Frankreich), Sir James W. Headlem-Morley (Großbritannien), Robert H. Lord (USA) und Pietro Tomasi Della Toretta (Italien), vgl. Prange, Versailler Vertrag, S. 85–89; Nelson, Land and Power, S. 346–358.

»daß nach Schluß der Abstimmung […] die Anzahl der in jeder Gemeinde abgegebenen Stimmen durch die Kommission den alliierten und assoziierten Hauptmächten mitgeteilt [wird], zugleich mit einem genauen Bericht über den Hergang der Stimmabgabe und einem Vorschlage über die als Grenze Deutschlands in Oberschlesien anzunehmende Linie, bei dem sowohl der von den Einwohnern ausgedrückte Wunsch, wie auch die geographische und wirtschaftliche Lage der Ortschaften Berücksichtigung findet«.[127] Sowohl die Abstimmung nach Gemeinden als auch die Frage, welche Relevanz das Ergebnis für die endgültige Grenzfestlegung letztlich haben würde, führten später zu erheblichen Kontroversen. Derweil visualisierten die alliierten Mächte ihre Entscheidung anhand von vier dem Vertragstext beigefügten Karten, von denen die erste eine Gesamtsicht auf die zukünftigen Grenzen Deutschlands bot.[128] Vor dem Hintergrund der vorausgegangenen Auseinandersetzungen fällt auf, dass die Vertragsgrenze nicht anhand von Volkstums-, Sprachen- oder Nationalitätenkarten, sondern auf der Basis der Vogel'schen Karte des Deutschen Reiches im Maßstab 1:500000 dargestellt wurde, in die man bestehende, strittige und neue Grenzen als rote Linie oder als rote Schraffur markiert hatte. Die Karte argumentierte somit nicht mit völkischen Mehr- oder Minderheiten, sie definierte Grenzen. Zur präzisen Identifizierung ihrer Festlegungen wurden bestimmte Orte und Regionen, die in den Verhandlungen eine Rolle gespielt hatten, namentlich herausgehoben. Während man die bisherigen deutschen Grenzen in Grün färbte, prägte die von nun an völkerrechtlich verbindliche, rote Linie den visuellen Gesamteindruck. Aufgrund dieser Symbolsprache betont die Karte die Differenz von bisherigem und zukünftigem Grenzverlauf und lenkt den Blick auf die vertraglich festgelegten Gebietsabtretungen, die von Deutschland zu erfüllen waren. Umstrittene Regionen wie Oberschlesien weist die Karte durch rote Schraffur als Abstimmungsgebiete aus. Die Farbe Rot symbolisiert im Kartenbild somit die alliierte Grenzfestsetzung, und das selbst dort, wo unter den Entscheidungsträgern noch kein Konsens zu erzielen war und man auf das Instrument der Abstimmung zurückgriff. Die rote

21

[127] Vertrag von Versailles vom 28. Juni 1919, http://www.documentarchiv.de/wr/vv.html [20. 5. 2011].

[128] Die anderen Karten bezogen sich auf territoriale Regelungen zu Schleswig, Danzig und zum Saarland.

Schraffur markierte somit Gebiete, deren endgültige Grenzen zwar noch offenblieben, in denen aber nach Willen der Alliierten Plebiszite stattfinden sollten. Zumindest konnte so eine mögliche Lesart der kartographischen Repräsentation ausfallen, denn beispielsweise eine Teilung Oberschlesiens wurde mit dieser Form der Visualisierung zwar nicht ausgeschlossen, aber doch auch nicht nahegelegt. Da die rote Markierung noch zwischen durchgezogener und durchbrochener Linienführung unterschied, um auf eine notwendige oder andernfalls unnötige Demarkierung der Grenzen zu verweisen,[129] entsteht im Kartenbild der Eindruck, je nach Abstimmungsergebnis werde es letztendlich den einen (eher westlichen) oder eben den anderen (eher östlichen) Grenzverlauf geben. Oberschlesien würde demnach an Polen fallen oder aber Teil des Deutschen Reiches bleiben. So schien sich in der roten Schraffur das Selbstbestimmungsrecht der Völker als grenzregulierendes Prinzip auszudrücken. Tatsache war hingegen, dass bei diesem Plebiszit nicht eindeutig festgelegt war, ob überhaupt und wenn ja, wie das Abstimmungsergebnis umgesetzt werden würde. Der zukünftige Grenzverlauf in Oberschlesien war also alles andere als geklärt, und die infrage kommenden Möglichkeiten reduzierten sich auch nicht auf nur zwei Varianten, wie die Karte sie nahelegte. Bei einer gemeindeweisen Umsetzung beispielsweise waren sehr unterschiedliche Grenzverläufe vorstellbar, die in jedem Fall erhebliche nationale Minderheiten erzeugt hätten. Somit suggerierte die visuelle Repräsentation eine Eindeutigkeit des Verfahrens, die es faktisch nicht gab.

Völkische Zugehörigkeitskonstruktionen, nationale Ungleichzeitigkeiten, kulturelle Überlegenheitsgefühle, historische Referenzerzählungen sowie handfeste ökonomische Interessenlagen – mit diesen Schlagworten lassen sich die entscheidenden Rechtfertigungs- und Legitimationsmuster begrifflich fassen, wenn man den territorialen Aushandlungs- und Aneignungsprozessen, wie sie im Kontext der Versailler Verhandlungen zu beobachten sind, nachgeht. Die Argumente, die von deutscher, polnischer, französischer, britischer und US-amerikanischer Seite für die jeweilige räumliche Zuordnung vor-

[129] Die symbolische Unterscheidung von bereits existierenden Grenzmarkierungen und denjenigen, die ggf. noch zu realisieren waren, verweist bereits auf die vertraglich vorgesehene Grenzkommission, deren Aufgabe es sein sollte, Detailfragen des Grenzverlaufs festzulegen und die notwendigen Demarkationen vorzunehmen.

gebracht wurden, folgten keinem einheitlichen Prinzip, sondern umfassten ein ganzes Spektrum von Rechtsfertigungskonstruktionen. Je nach Verhandlungs- und Interessenlage wurde mal die vermeintlich völkische Identität der ortsansässigen Bevölkerung bemüht, mal setzte man sprachliche Mehrheiten mit nationalen Bekenntnissen in eins, mal rekurrierte man auf historische Entwicklungslinien und mal tat man dieses eben alles nicht. Auch die – gerade für Oberschlesien zentralen – wirtschaftlichen Rechtfertigungsmuster erwiesen sich letztlich als kaum geeignet, Eindeutigkeiten herzustellen, denn 116 Milliarden Tonnen Kohle waren zwar ein schwergewichtiges Argument – sie ließen sich aber sowohl für die eine wie auch für andere Territorialordnung in Stellung bringen.[130] Und auch das völkische Einmaleins, das gerade in Versailles seine kategoriale Absurdität offenbarte, erwies sich eben nicht als eine zuverlässige Grundrechenart, sondern als eine relativ beliebige und für durchaus unterschiedliche Interessen instrumentalisierbare Methode, Zugehörigkeitsforderungen zu legitimieren. Völkische und nationale Zuordnungen waren wenig geeignete oder zumindest äußerst ambivalente Verfahren, um territoriale Fragen zu vereindeutigen, gerade weil sie sich im Zweifelsfall auch gegen diejenigen, die damit im Verhandlungsmarathon zu punkten hofften, richten konnten. Denn wie war denn schlüssig zu begründen, dass Minderheiten wie Masuren oder Kaschuben zur eigenen oder eben zur anderen Volksgruppe gezählt wurden? Zu wem gehörten denn nun, wenn man der Rechenakrobatik in Versailles folgte, gerade die Oberschlesier, die selbst häufig Wasserpolnisch und manchmal auch Deutsch sprachen, ihren Kindern aber zusätzlich Polnisch zu lernen erlaubten? Und wie war es denn zu erklären, dass Tausende polnischsprechende Posener den Verbleib im Deutschen Reich vorzogen, während es in anderen Regionen genau umgekehrt war?

---

130 Oberschlesien verfügte nach dem rheinisch-westfälischen Revier über das zweitgrößte Kohlevorkommen. Es existierten dort 63 Bergwerksanlagen, die im Besitz von 22 Unternehmen der Eisen- und Zinkindustrie waren. Der preußische Staat förderte jährlich circa 7 Millionen Tonnen Kohle und besaß in Oberschlesien noch zahlreiche unerschlossene Felder mit hohem Ertragspotenzial. Die Steuerannahmen beliefen sich nur aufgrund der Kohlensteuer auf jährlich 200 Millionen Mark. Neben der Kohle gab es in Oberschlesien noch reichhaltige Zink- und Bleierze sowie Cadmium. Aber nicht nur die Rohstofflieferung, auch die verarbeitende Industrie mit Eisen- und Stahlgießereien, diversen Hochöfen sowie Stahl-, Zement- und Betonwerken machte Oberschlesien zu einem herausragenden Wirtschaftsstandort.

Bei aller Diskrepanz und manchmal auch Beliebigkeit der Argumente blieb es für die Entwicklung in den nächsten Jahren ausschlaggebend, dass die Alliierten in ihrer Mantelnote vom 16. Juni 1919 – trotz mancher Uneinigkeit im territorialen Detail – dezidiert herausstellten, dass es vor allem Deutschlands alleinige Kriegsschuld gewesen sei, die Art und Umfang der Forderungen bestimmt habe. Dieser Krieg sei »das größte Verbrechen gegen die Menschheit und gegen die Freiheit der Völker gewesen, welches eine sich für zivilisiert ausgebende Nation jemals mit Bewusstsein begangen hat«.[131] Der Friedensvertrag stelle daher »Gerechtigkeit« her, indem er Deutschland die Pflicht zur Wiedergutmachung des begangenen Unrechts auferlege. Grundlage der neuen europäischen Ordnung sei es, »die unterdrückten Völker zu befreien und die nationalen Grenzen soweit wie möglich gemäß dem Willen der in Frage kommenden Völker neu zu ziehen, indem sie zu gleicher Zeit jedem Volke alle Erleichterungen zuteil werden lassen, um in völkischer und wirtschaftlicher Beziehung ein unabhängiges Leben zu führen«.[132] Dass damit vor allem die politische Entscheidung gemeint war, einen unabhängigen polnischen Staat zu errichten, daran ließen die Alliierten keinen Zweifel. Die deutsche Kriegsschuld tritt hier als fundamentale und den anderen Argumentationsfiguren letztlich übergeordnete Handlungsmaxime hervor, nach der die Vertragskonstruktion insgesamt und vor allem die der territorialen Regelungen konzipiert wurde. Der Versailler Vertrag konkretisierte ein Siegerrecht, das Deutschland als alleinigen Kriegsschuldigen brandmarkte, das den Kriegsverlierer für das Unrecht und die verübten Kriegsverbrechen zur Verantwortung zog und im Rahmen eines nun institutionalisierten Völkerbundsystems unter quasi internationale Beobachtung stellte.[133]

Die in der Mantelnote mehrmals gewählte Formulierung, Deutschland habe die 1918 vereinbarten Grundprinzipien einer zukünftigen Friedensregelung »falsch verstanden«, verweist nachdrücklich darauf, dass das von deutscher Seite stets auch für sich selbst beanspruchte Selbstbestimmungsrecht der Völker von den alliierten Mächten kei-

131 Mantelnote zur Antwort der alliierten und assoziierten Mächte vom 16. Juni 1919, in: Schwabe, Quellen, S. 357–369, Zitat S. 358.

132 Ebenda, S. 363.

133 Hierzu den vergleichenden Beitrag von Dülffer, Versailles und die Friedensschlüsse; dort auch interessant der Aufsatz von Würtenberger/Sydow, Versailles und das Völkerrecht. Zur Ahndung der Kriegsverbrechen vgl. auch: Hankel, Die Leipziger Prozesse.

nesfalls als durchgängiges Rechtsprinzip aufgefasst wurde.[134] Dass vor diesem Hintergrund die zugestandene Abstimmung in Oberschlesien für alle Beteiligten nicht frei von unkalkulierbaren Risiken war, liegt auf der Hand, räumlich gesehen stand der Versailler Vertrag insgesamt vor der unlösbaren Aufgabe, völkische Zugehörigkeiten und nationale Grenzziehungen in Gebieten zur Deckung zu bringen, in denen eine solche Homogenisierung – wenn überhaupt – nur durch massiven Bevölkerungsaustausch hätte hergestellt werden können. Im Unterschied zu den Regelungen, die nach den Balkankriegen 1912/13 und auch später im Frieden von Lausanne 1923 getroffen worden waren, setzte der Versailler Vertrag nicht auf Bevölkerungstransfers als regulierendes Prinzip, sondern etablierte eine territoriale Ordnung, die sich unter Inkaufnahme erheblicher Minderheitenproblematiken an völkischen Mehrheitsverhältnissen ausrichtete, ohne sie überall konsequent umsetzen zu können. Die Vorstellung des ethnisch homogenen und von international anerkannten Grenzen umschlossenen Nationalstaates erwies sich dabei als ein europäisches Idealbild, das auch in Versailles handlungsleitend war und gleichzeitig gerade dort seine politische Sprengkraft unter Beweis stellte. Konsequenterweise führte diese Ambivalenz zur Institutionalisierung einer völkerrechtlich legitimierten Kontrollinstanz, die die unausweichlichen, weil strukturell angelegten Widersprüche und Konflikte verbindlich regeln und ausgleichen sollte. Der Völkerbund stand vor der Herausforderung, eine Territorialordnung zu garantieren, die aufgrund der Differenz zwischen völkischem Homogenitätsideal und realer Grenzherstellungspraxis ein signifikantes Konstruktionsdilemma aufwies: Insbesondere in Ost- und Ostmitteleuropa entstanden im Sinne des *cordon sanitaire* kleine und mittlere Nationalstaaten mit zum Teil beträchtlichen Minderheiten, deren Selbstbestimmungsrechte hinter anderen grenzregulierenden Kriterien zurückgestanden hatten. Hauptinstrument zur Entschärfung solcher Zugehörigkeitskonkurrenzen war die Durchführung von Plebisziten, vor allem im Vorfeld von Grenzentscheidungen, während im Anschluss daran ein verbürgter Minder-

---

134 Rechtlich war die Lage auch nach 1919 eindeutig. Es galt das Siegerrecht. Selbst der Völkerbund stellte 1921 in einem anderen Territorialkonflikt fest, dass das Völkerrecht kein Selbstbestimmungsrecht und damit auch kein Recht auf Sezession kenne. Das Selbstbestimmungsrecht war bis 1966 kein geltendes Recht, politisch aber von erheblicher Relevanz, sodass eine rein rechtliche Vorgehensweise oft nicht mehr durchsetzbar war. Vgl. Fisch, Selbstbestimmungsrecht, S. 157–166.

heitenschutz, garantierte Optionsrechte sowie paritätisch besetzte Schiedsgerichte dazu dienen sollten, aufkommende Konflikte friedlich zu lösen und so die territoriale Nachkriegsordnung nachhaltig zu stabilisieren. Gerade in Ost- und Ostmittelmitteleuropa, wo – neben anderen Minderheiten – mehr als 1,5 Millionen Deutsche nicht mehr zum Deutschen Reich gehörten, hatte allerdings ein solches, auf guten Willen aller Beteiligten angewiesenes System kaum Aussicht auf Erfolg.[135] Gerade die Grenzziehung in Oberschlesien erwies sich als ein ausgesprochen kompliziertes, konfliktträchtiges und zudem langwieriges Regulierungsverfahren, in dem nicht nur die Fallstricke, sondern bereits das Scheitern homogener Territorialordnungen dramatisch hervortraten.

Deutscher Raum: Territoriale Konzepte jenseits des Nationalstaates

Im Ersten Weltkrieg war die Transformation der kolonialen Expansion nach (Ost-)Europa von der Vorstellung geleitet worden, ähnlich wie in Übersee in einen *leeren* Raum vorzudringen, den es fortan zu ordnen, zu kultivieren, zu beherrschen galt.[136] Das, was vor Ort vorgefunden wurde, ließ sich mit Hilfe dieser räumlichen Fiktion zum kolonialen Inventar umdeuten, sodass der eigenen Phantasie, auch im Osten territoriales Neuland in Besitz zu nehmen, kaum mehr etwas im Weg stand. Das Bild des leeren Raumes in Osteuropa zerbrach indes 1919 an den Realitäten der totalen Kriegsniederlage und den daraus resultierenden Gebietsverlusten. Der zuvor noch weite Blick nach Osten verkehrte sich nach Überwindung eines vorübergehenden Schockzustandes in eine sich zunehmend klaustrophobisch aufladende Panik, nicht nur die eigene territoriale Einheit zu verlieren, sondern an einem existenzbedrohenden Raumverlust zu leiden. Dieser signifikante Wandel räumlicher Wahrnehmungsmuster vollzog sich in den 1920er Jahren stets in Bezug auf die noch ausstehenden

---

135 Insgesamt verlor das Deutsche Reich durch die Versailler Friedensregelungen etwa sieben Millionen Einwohner.

136 Zur kolonialen Expansion nach Osten vgl. Ther, Deutsche Geschichte; Blackbourn, Das Kaiserreich transnational; Nelson, Germans, Poland, and Colonial Expansion.

Territorialentscheidungen wie auch auf die bereits artikulierten Revisionsforderungen. Oberschlesien war hierfür ein zentraler, wenn nicht sogar der zentrale Ort, an dem sich die dramatische Umdeutung der eigenen räumlichen Verfasstheit vollzog. Zwar galt die im Versailler Vertrag letztlich dann doch zugestandene Abstimmung in Oberschlesien als letzte Chance, eine Abtretung an Polen noch abzuwenden, gleichwohl sah man aber wenig Anlass, diesem Plebiszit optimistisch entgegenzublicken. Die angeordnete Räumung Oberschlesiens sowie die zunächst von französisch-italienischen Truppen vollzogene Besetzung wertete Berlin als antideutsche Maßnahme, ebenso den Umstand, dass die nach der Abstimmung an Polen fallenden Gebiete von allen Kriegslasten befreit sein würden.[137] So mündete das deutsche Entsetzen über den Versailler Vertrag sogleich in eine scharfe Zurückweisung der Abstimmungsmodalitäten.[138]

Da die alliierten Mächte kein einheitliches Verfahren für Plebiszite entwickelten, unterlagen die Volksabstimmungen in Marienwerder, in Allenstein und eben am 20. März 1921 in Oberschlesien jeweils anderen Modalitäten.[139] Zwar können die komplexen Geschehnisse bis

---

[137] Vgl. Denkschrift der deutschen Delegation mit der Empfehlung der Nichtunterzeichnung vom 17. Juni 1919, in: Schwabe, Quellen, S. 373–377. Zunächst besetzten mehrheitlich französische und wenige italienische Truppen das Abstimmungsgebiet, erst nach dem zweiten polnischen Aufstand entsandte auch London eigene Soldaten nach Oberschlesien.

[138] Hauptkritikpunkte waren unter anderem die Festlegung der Wahlbezirke, der Ausschluss einiger Gemeinden im Kreis Ratibor, der Stichtag am 1. Januar 1904 für die Zuerkennung der Stimmberechtigung sowie die geplante Abstimmung an mehreren Wahltagen. Vgl. Vorschriften der Interalliierten Kommission zur Durchführung der Abstimmung vom 30. Dezember 1920 sowie Einspruch der deutschen Regierung dagegen mit einer Zusammenstellung der deutschen Forderungen und einer gleichlautenden Denkschrift, in: BA, R 43 I Reichskanzlei, Sign. 354, Bl. 50–72; die polnischen Vorschläge zur Abstimmung und die deutsche Reaktion darauf in: R 101 Reichstag, Sign. 1798, Bl. 90. Zum gesamten Komplex der Abstimmung, zur Interalliierten Kommission in Oberschlesien sowie zu den polnischen Aufständen und zur Völkerbundentscheidung im Oktober 1921 vgl. BA, R 43 I Reichskanzlei, Sign. 349–360.

[139] Dass in der deutschen Tradition, auch mit Verweis auf Kants Schrift »Zum ewigen Frieden«, damals tendenziell ein anderes Verständnis vorherrschte als im englischen oder auch französischen Sprachgebrauch, deuteten bereits die begrifflichen Unterscheidungen von Völkerbund, *League of Nations* oder *Société des Nations* an. Gleichzeitig war der zeitgenössische Sprachgebrauch Anfang des 20. Jahrhunderts aber auch international keineswegs eindeutig: »Nation«, »Rasse« und »Volk« wurden nicht nur alltagssprachlich, sondern auch in Vertrags- und Rechtsdokumenten häufig synonym verwendet. Das Selbstbestimmungsrecht der Völker enthielt daher bereits strukturell unauflösbare Widersprüche, da es

zum Plebiszit hier nicht detailliert aufgegriffen werden, für Oberschlesien gilt es aber herauszustellen, dass dort nicht nur vor der Bekanntgabe der Versailler Friedensbedingungen, sondern insbesondere auch in der Zeit bis zur Abstimmung und danach bürgerkriegsähnliche Zustände herrschten.[140] Neben einer auf beiden Seiten intensiv betriebenen Propagandatätigkeit[141] erschütterten anhaltende Streiks, soziale Unruhen, Terroranschläge sowie Kämpfe paramilitärischer Einheiten die Region nachhaltig. Hierbei zielten unter anderem die im August 1919 und 1920 von der *Polska Organizacja Wojskowa* (POW) initiierten polnischen Aufstände vergeblich darauf, bereits vor dem Plebiszit vollendete Tatsachen in Oberschlesien zu schaffen. Die Abstimmung fand daher in einer politisch explosiven Konstellation statt.[142] Am 20. März 1921 votierten schließlich 59,7 Prozent der

---

zum einen von der Möglichkeit ausging, kollektive Zugehörigkeit subjektiv wie objektiv feststellen zu können, und zum anderen weil es aus dieser letztlich immer fragwürdig und strittig bleibenden Zugehörigkeitskonstruktion ein potenziell grenzregulierendes Prinzip machte. Vgl. Fisch, Volk im Völkerrecht.

140 Zur bürgerkriegsähnlichen Gesamtsituation vgl. die lesenswerte Studie von Wilson, Frontiers of Violence; ebenso: Eichner, Briten, Franzosen und Italiener, S. 75–208; Tooley, National Identity, S. 115–252. Zum Referendum in Oberschlesien immer noch einschlägig: Wambaugh, Plebiscites, Bd. 1, S. 206–270; sowie die Dokumente in Bd. 2, S. 163–261. Es bleibt zudem zu berücksichtigen, dass sich Polen zu dieser Zeit noch im Krieg mit der Sowjetunion befand. Der polnische Staat, dessen Ostgrenze schließlich im Vertrag von Riga östlich der Curzon-Linie gezogen wurde, schloss daraufhin zwar Gebiete wie Ostgalizien und Wolhynien ein, die Grenzen von 1772 wurden aber nicht zuerkannt.

141 Zur »Aufklärungsarbeit zugunsten des Deutschtums in Oberschlesien« gehörte auch die sogenannte »Lebensmittelpropaganda«. Vgl. die Akten des preußischen Finanzministeriums, in: GSta, I. HA Rep. 151 Finanzministerium, Nr. 7318–7320, zur Agitation auf beiden Seiten vgl. Grosch, Deutsche und polnische Propaganda. Selbst für die propagandistische Ebene stellt Grosch fest, dass die ökonomischen hinter den völkischen Argumenten insgesamt zurückstanden.

142 Auf deutscher und polnischer Seite wurden Pläne diskutiert, wie im Falle des Abstimmungssieges Oberschlesien in das jeweilige Land einzugliedern wäre. Bei einer Abtretung an Polen sollte Oberschlesien gemeinsam mit schlesischen und mit den von Österreich an Polen fallenden Gebieten eine eigenständige Provinz Schlesien bilden, im anderen Falle gab es den durchaus umstrittenen Vorschlag, Oberschlesien nicht im preußischen Staatsverband zu belassen, sondern als autonomen Bundesstaat ins Deutsche Reich einzugliedern. Von einer solchen Ankündigung versprach man sich auch eine positive Wirkung auf das Abstimmungsverhalten der Oberschlesier. Vgl. Besprechungen des Kabinetts mit der preußischen Regierung am 29. April 1920, in: BA, R 43 I Reichskanzlei, Sign. 350, Bl. 146; Der Deutsche Bevollmächtigte für den Abstimmungsbezirk Oberschlesien Hatzfeldt an den Reichskanzler vom 8. Juni 1920, in: BA, R 43 I Reichskanzlei, Sign. 351, Bl. 67. Ein entsprechendes Gesetz sah schließlich vor, dass bei einem Verbleib im

Stimmberechtigten (707504 Stimmen) für einen Verbleib Oberschlesiens im Deutschen Reich, 40,3 Prozent (478520 Stimmen) sprachen sich hingegen für eine Abtretung an Polen aus.[143] Trotz der erheblichen Mobilisierung nationalpolnischer Kräfte war es nicht gelungen, ein für Polen günstigeres Ergebnis zu erzielen, es zeigte sich vielmehr, dass sich mehr als ein Drittel der Wasserpolnisch sprechenden Oberschlesier für eine deutsche Zugehörigkeit ausgesprochen hatte. Gleichzeitig war unverkennbar, dass innerhalb der ärmeren, überwiegend katholischen Landbevölkerung tendenziell eher für Polen abgestimmt worden war. Das Ergebnis brachte auch aufgrund des strittigen Wahlverfahrens nicht die notwendige Klarheit, sondern rief zunächst vor allem erneute Gewalt hervor: Der dritte polnische Aufstand führte zu erbitterten Kämpfen zwischen irregulären Verbänden, darunter auch zu der in der deutschen Erinnerungskultur später mystifizierten Schlacht am St. Annaberg.[144] Oberschlesien versank im Mai 1921 im Chaos eines brutal geführten und von alliierten Truppen zeitweise geduldeten, zeitweise unterdrückten Ter-

---

Deutschen Reich binnen zwei Monaten darüber abzustimmen sei, ob ein Land Oberschlesien gebildet werden solle. Vgl. Gesetzentwurf des Innenministeriums vom 15. November 1920, in: BA, R 101 Reichstag, Sign. 1798, Bl. 71. Zur Abstimmung in Oberschlesien vgl. die umfangreiche Aktenüberlieferung in: BA, R 1501 Reichsministerium des Inneren, Sign. 105773–105781.

143 Die in der Forschung genannten Zahlen schwanken geringfügig, entscheidend ist jedoch, dass in den Städten überwiegend für Deutschland gestimmt wurde, in den ländlichen Regionen östlich der Oder und südlich von Oppeln eher für Polen. In den Kreisen Rybnik (65,2 %), Tarnowitz (61,7 %) und Pless (74,1 %) stimmte die Bevölkerung mehrheitlich für eine polnische Zugehörigkeit. Zur Verteilung der Stimmen in den einzelnen Kreisen vgl. Eichner, Briten, Franzosen und Italiener, S. 155. Strittig war vor allem, wie die Ergebnisse im Industrierevier zu bewerten seien. Dort war in den Städten mit oftmals über 70 % für Deutschland gestimmt worden, hingegen wiesen die sie umgebenden Landkreise polnische Stimmenmehrheiten (50–60 %) auf. Bei Berücksichtigung der städtischen Bevölkerungszahlen hätte sich beispielsweise für den Stadt- und Landkreis Kattowitz zusammen eine deutsche Mehrheit (52 %) ergeben, während der Landkreis für sich genommen mit 55,5 % für Polen votiert hatte. In Beuthen und Gleiwitz verhielt es sich ähnlich. Die durchmischte Stimmenverteilung und die dadurch entstehenden »Insellagen« machten eine allein an den Abstimmungsergebnissen ausgerichtete Grenzziehung unmöglich.

144 Zu den Freikorps in Oberschlesien sowie zum sogenannten »Abstimmungskampf« existiert eine Vielzahl von Forschungsliteratur. Hier nur einige Hinweise: Schulze, Freikorps und Republik; Karski, Der Abstimmungskampf in Oberschlesien; Jaworski/Wojciechowski (Hg.), Deutsche und Polen; Struve, Oberschlesien nach den Ersten Weltkrieg; Sauer, »Auf nach Oberschlesien«. Lesenswert dazu vor allem der Roman von Dwinger, Wir rufen Deutschland.

rorkampfes. Hintergrund der Gewalteskalation waren die nun auf allen Seiten einsetzenden widerstreitenden Spekulationen, Mutmaßungen und Initiativen, wie das Abstimmungsergebnis praktisch umzusetzen sei.[145] Während die deutschen Organisationen vor Ort wie auch die Regierung in Berlin davon ausgingen, dass die Abstimmung zwar gemeindeweise stattgefunden hatte, das Resultat jedoch den vollständigen Verbleib Oberschlesiens zur Folge haben müsste, hielt die polnische Seite mittlerweile die Teilung des Gebietes für unvermeidbar und sah darin – trotz zuvor anderslautender Bekundungen – das einzig angemessene Verfahren, um dem Ergebnis halbwegs gerecht zu werden. Die verschiedenen Ansatzpunkte, das Referendum in ein Grenzkonzept zu übersetzen, boten angesichts der politischen Gesamtlage enormen Zündstoff. Sollte die gemeindeweise Stimmabgabe über die endgültige Zugehörigkeit der einzelnen Wahlkreise entscheiden oder kam es auf den prozentualen Anteil der Wählerstimmen insgesamt an? Nahm man die Entstehung nationaler Enklaven in Kauf oder erklärte man die dortige Bevölkerung zur ethnischen Minderheit? Sah die Anlage zu Artikel 88 des Versailler Vertrages überhaupt eine Teilung Oberschlesiens vor oder ging es dort allein um Verfahrensfragen?

Von den zum Teil haarsträubenden Teilungsvorschlägen, die faktisch gar keinen Bezug mehr zum abgegebenen Votum aufwiesen,[146] setzte sich der britisch-italienische Grenzentwurf dadurch ab, dass er die regionalen Abstimmungsverhältnisse berücksichtigte und zugleich den Anteil der durch die Grenzziehung entstehenden Minderheiten möglichst gering zu halten versuchte. Zudem hielt der Entwurf daran fest, das »industrielle Dreieck« als ökonomische Einheit zu garantieren. Diese »Percival-De-Marinis-Linie«[147] teilte Oberschlesien etwa im Verhältnis 3:1 zwischen Deutschland und Polen auf, sprach jedoch aus ethnographischen und aus ökonomischen Gründen das Industriegebiet nahezu vollständig dem Deutschen Reich zu, schließlich sollte Berlin jährlich milliardenschwere Reparationen leisten. Die Empfehlung, das oberschlesische Kohlerevier nicht an Polen abzutre-

---

145 Zur Rolle Korfantys im dritten polnischen Aufstand vgl. Karski, Albert (Wojciech) Korfanty.

146 Zur sogenannten Korfanty-Linie und der später diskutierten Sforza-Linie vgl. Wambaugh, Plebiscites, Bd. 1, S. 251–254; Eichner, Briten, Franzosen und Italiener, S. 157–220.

147 Benannt nach den britischen und italienischen Kommissaren Henry Percival und Alberto De Marinis in der Interalliierten Kommission.

ten, wollten die beiden Kommissare mit dem Vorschlag kompensiert sehen, im Gegenzug unerschlossene Kohlefelder an Polen zu übertragen. Dass ein solches Grenzkonzept mit den französischen Interessen kaum zu vereinbaren war, lag auf der Hand. Der französische Kommissar Henri Le Rond legte daher konsequenterweise und unverzüglich einen Gegenentwurf vor, in dem das Teilungsverhältnis nahezu umgekehrt zur Percival-De-Marinis-Linie ausfiel, und nach dem das Kohlebecken vollständig an Polen gehen sollte. Darin stimmte Le Rond mit den Forderungen des polnischen Plebiszitkommissars Wojciech Korfanty weitgehend überein, auch wenn zu anderen Detailfragen durchaus unterschiedliche Auffassungen existierten. Die Frage der konkreten Grenzziehung spitzte sich im Sommer 1921 weiter zu, indem der Konflikt – geradezu stellvertretend für den deutsch-polnischen Gegensatz – immer stärker zu einem britisch-französischen Schlagabtausch anwuchs. Diese rasante Verhandlungsdynamik bildete sich in den zahlreich überlieferten Karten, die im Zuge der Kommissionstätigkeit erstellt wurden, detailliert ab. Das Kartenbild war zunächst durch den Gegensatz zwischen polnisch-französischen Vorstellungen und den britisch-italienischen Grenzforderungen geprägt. Rote und blaue Linien setzten sich deutlich von Ost nach West voneinander ab und verwiesen damit auf die jeweiligen Referenzgrößen. Im weiteren Verhandlungsverlauf geriet diese Konfrontation in Bewegung, und einige Kompromisslinien kamen hinzu, wobei sich die Annäherungen außerhalb des *Industrial Triangle* deutlich leichter herstellen ließen als in der Region um Beuthen und Kattowitz. Außer dem Einvernehmen, das der gesamte südliche Teil der *coal bearing area* an Polen fallen sollte, ließen sich kaum Übereinstimmungen herstellen. Nachdem die Experten bereits dem *Supreme Council* signalisiert hatten, dass es keine Einigung geben würde, verwies dieser die Angelegenheit an das Komitee mit der Aufforderung zurück, die Experten möchten erneut prüfen, »welche Kommunen, aus ökonomischen oder topographischen Gründen, nicht von den großen Stadtgemeinden getrennt werden können«.[148] Damit forderte der *Supreme Council* am 9. August einen konkreten Teilungsvorschlag

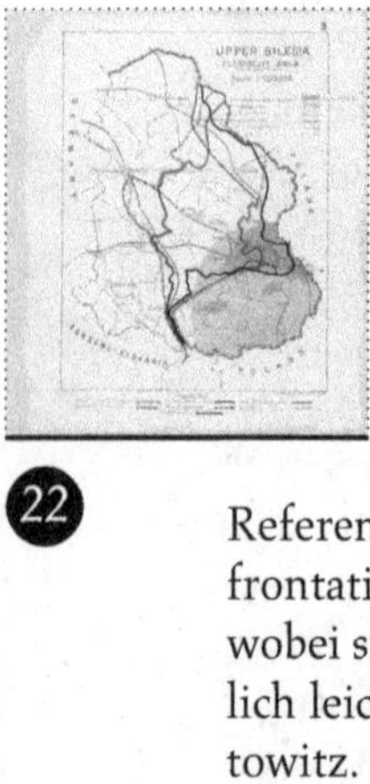

22

[148] Resolution of the Supreme Council from August 9, 1921, zit. n. dem Bericht des französischen Premierministers an den Präsidenten des Völkerbundes vom 24. August 1921, in: British Documents on Foreign Affairs, Part II, Series F: Europe 1919–1938, Vol. 32: Germany 1921, Doc. 264.

ein, ohne jedoch den Verhandlungen noch zum Durchbruch verhelfen zu können. Der Knackpunkt war und blieb die industrielle Kernzone des oberschlesischen Kohlebeckens (*area of developed mineral resources*), und trotz beidseitiger Zugeständnisse, mit denen sich im Kartenbild rote und blaue Linien aufeinander zubewegten und un- 23

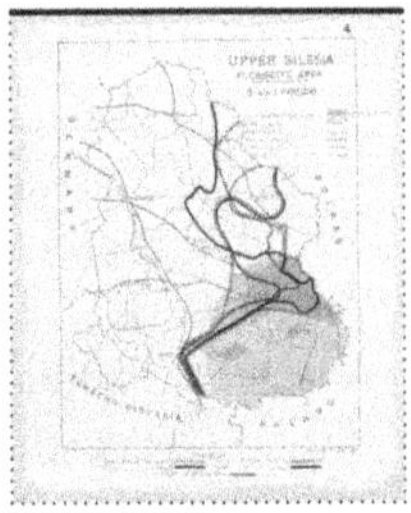

zählige Varianten kartographisch durchgespielt wurden, kam es zu keiner einvernehmlichen Lösung. In einem britischen Bericht vom 17. August 1921 heißt es dazu rückblickend: »Am Abend des 10. August informierte die britische Delegation die französischen Experten, dass sie in der Hoffnung auf eine Einigung bereit waren, gewisse zusätzliche Gebiete an Polen zu geben. […] Die Franzosen antworteten, dass dieses Angebot keine Diskussionsgrundlage darstellte: Die französische Öffentlichkeit würde niemals die Abtretung von Industriegebieten an Deutschland jenseits seines westlichsten Ortes Gleiwitz erlauben. Damit waren die Verhandlungen vollständig blockiert.«[149]

Trotz Volksabstimmung standen sich also die konträren Auffassungen weiterhin unversöhnlich gegenüber. Im langwierigen Verhandlungsverlauf spitzte sich der Konflikt nahezu ausschließlich auf ökonomische Interessengegensätze zu, denn die unterschiedlichen Grenzvarianten, die zwischen dem 28. Juli und dem 12. August 1921 entworfen und anschließend wieder verworfen wurden, folgten weder den Abstimmungsresultaten vom März noch nahmen sie auf die tatsächlichen oder vermeintlichen Zugehörigkeitskonstruktionen der Bewohner besondere Rücksicht. Zwar waren die britischen, italienischen und französischen Verhandlungspartner daran interessiert, die jeweiligen Minderheiten diesseits und jenseits der Grenze möglichst gering zu halten, ausschlaggebend war und blieb jedoch das wirtschaftliche Potenzial einer Region, die alle Beteiligten für sich als lebensnotwendig beanspruchten. Das Plebiszit änderte somit an der Gesamtkonfiguration in Oberschlesien letztlich wenig, denn das Selbstbestimmungsrecht war und blieb nur eine von mehreren Grö-

149 British Note by S.P. Waterlow (Foreign Office) on the Frontiers proposed from August 17, 1921, in: British Documents on Foreign Affairs, Part II, Series F: Europe 1919–1938, Vol. 32: Germany 1921, Doc. 249. Im Verhandlungsverlauf wurde Oberschlesien zudem (zumindest auf den Karten) in drei Zonen (A, B, C) unterteilt, die als Einheiten galten und nicht geteilt werden sollten. Aber auch dieser Kunstgriff brachte keinen durchschlagenden Erfolg und konnte ein Scheitern der Verhandlungen nicht verhindern, vgl. dazu: Memorandum by Sir Harald Stuart on the Upper Silesia Plebiscite, August 20, 1921, in: ebenda, Doc. 253.

ßen, an denen sich territoriale Zugehörigkeit nach dem Ersten Weltkrieg ausrichtete.

Dass sich die alliierte Uneinigkeit in diesen Wochen zu einem handfesten britisch-französischen Konflikt zuspitzte, ließ eine einvernehmliche Lösung in der Oberschlesienfrage immer unwahrscheinlicher werden. Am 12. August 1921 verwies der *Supreme Council* die Entscheidung schließlich an den Völkerbund.[150] Unter der Maßgabe, dass alle die erbetene Grenzempfehlung aus Genf zu akzeptieren bereit waren, sollte auf diesem Weg ein endgültiger Bruch der alliierten Koalition verhindert werden. Bis zur endgültigen Entscheidung des Völkerbundes im Oktober intensivierten nochmals alle Seiten ihre Versuche, die eigenen Grenzkonzepte zu begründen und politisch durchzusetzen. Als sich bereits im September Gerüchte über eine mögliche Teilung Oberschlesiens verdichteten, holte Reichskanzler Joseph Wirth ein Expertengutachten ein und beauftragte Wilsons Rechtsberater David Hunter Miller damit, die völkerrechtliche Lage in Oberschlesien zu bewerten. In seiner 39-seitigen Stellungnahme differenzierte Miller am 25. September 1921 ganz im Sinne der deutschen Auffassung zwischen den Modalitäten der Abstimmung und denen der Umsetzung.[151] Eine Grenzziehung nach den in den Wahlkreisen erzielten Einzelergebnissen vernachlässige nicht nur die Stimmenstärke der einzelnen Bezirke, das Gesamtergebnis könnte auch durch Verschiebung der Kreiseinteilungen willkürlich verändert werden. Miller stützte damit und mit seiner generellen Einschätzung der Oberschlesienfrage die deutsche Argumentation, dass der Versailler Vertrag, der für den Völkerbund die einzig maßgebliche Grundlage darstelle, keine Teilung Oberschlesiens vorsehe, zumal die alliierten Mächte zum Zeitpunkt der Vertragsunterzeichnung ohnehin von einer Abstimmung zugunsten Polens ausgegangen waren. Damit befand er sich im krassen Widerspruch zur französischen, polnischen und zunehmend auch britischen Auffassung, die im Versailler Vertrag die grundsätzliche Möglichkeit der Teilung verankert sahen.

---

150 Vgl. Telegramm von Lord Hardinge an den britischen Außenminister Marquess Curzon of Kedleston über die Entscheidung des Supreme Council vom 11. August 1921 (erhalten am 12. August), in: British Documents on Foreign Affairs, Part II, Series F, Vol. 32, Doc. 242, S. 283.

151 Vgl. David Hunter Miller an den Reichskanzler Joseph Wirth vom 25. September 1921, in: BA, R 1501 Reichsministerium des Inneren, Sign. 105779, Teil I. Wirth trat nach Bekanntgabe der Genfer Entscheidung am 22. Oktober 1921 als Reichskanzler zurück.

Die deutsche Regierung lehnte die international erörterte Teilung Oberschlesiens entschieden ab, was sie sowohl mit dem Abstimmungsergebnis als auch mit den ökonomischen Folgen einer solchen Lösung rechtfertigte. Zudem mutmaßte man in Berlin, dass die Oberschlesier anders abgestimmt hätten, wären sie von einer Teilung des Gebietes ausgegangen. Das Kohlerevier sei zudem eine organische Einheit, die sich nur unter Inkaufnahme unverhältnismäßiger Wirtschaftseinbußen teilen lasse. Während nun hinsichtlich des Plebiszits vor allem verfahrensrechtliche Aspekte in den Vordergrund rückten, wurde die behauptete Unteilbarkeit des Gebietes überwiegend ökonomisch begründet. Unter Einbeziehung zahlreicher Wirtschaftskräfte und ihrer Interessenvertretungen, die sich mit Denkschriften, Appellen und gutachterlichen Empfehlungen zu Wort meldeten, verfestigte sich die Auffassung, mit der Teilung des Industriereviers würde nicht nur Oberschlesien als Wirtschaftsraum zerstört, sondern auch Deutschland existenziell geschwächt.[152] Zum Nachweis dieser Einschätzung war nun auch die Expertise der Fachwissenschaftler gefragt, die sich alsbald daranmachten, eine drohende »Zerreißung« des Industriereviers zu dramatisieren. Infrastrukturdichte, Produktionsverbund und Arbeitskräftezufuhr galten ebenso wie Gas-, Strom- und Wassernetzwerke als die entscheidenden Faktoren, die Oberschlesien so effizient und folglich seine Spaltung so unvorstellbar machten. Um eine solche Entscheidung abzuwenden, waren Regierungsvertreter zu erheblichen Konzessionen bereit: Unter anderem wollte man preisgebundene Kohlelieferungen an Polen, den Transfer von Material und Know-how zur Erschließung neuer Kohlefeldern sowie günstige Kreditvergaben garantieren. Über den Ernst der Lage machte sich in Berlin mittlerweile niemand mehr Illusionen, ganz im Gegenteil: Wenn Oberschlesien geteilt wird, dann ist Deutschland verloren – die Befürchtungen steigerten sich in den Tagen und Wochen vor der Genfer Entscheidung zu apokalyptischen Szenarien.

Der Rat des Völkerbundes, bestehend aus acht Mitgliedern, verständigte sich indes darauf, dass seine vier nichtständigen Mitglieder (zu diesem Zeitpunkt waren das Spanien, Belgien, Brasilien und

[152] Das hierzu vorliegende Material ist sehr umfangreich. Einen guten Überblick liefert die Note der Deutschen Regierung an die Alliierten Regierungen vom 25. September 1921, in: BA/R 43 I Reichskanzlei, Sign. 359, Bl. 23–64. Unter den Sachverständigen und Experten tritt zur Oberschlesienfrage 1921 bereits der in Breslau lehrende Geograph Wilhelm Volz hervor, vgl. Volz, Deutschtum; ders., Die völkische Struktur Oberschlesiens.

China) einen Lösungsvorschlag erarbeiten und dem Gesamtrat zur Abstimmung vorlegen sollten.[153] Hierfür wurden wiederum zwei Gutachter bestellt: der Schweizer Karl Herold und der Tscheche Franz Hodáč, die sich speziell mit den wirtschaftlichen Folgen einer möglichen Teilung befassen sollten. Der Kommissionsbericht,[154] der am 12. Oktober schließlich vom Völkerbundrat verabschiedet und am 15. Oktober von der Botschafterkonferenz in Paris angenommen wurde, entsprach weitgehend den vorab bekannt gewordenen Empfehlungen und teilte Oberschlesien zwischen Deutschland und Polen auf: »Aufgrund der geographischen Verteilung der Bevölkerung und der Durchmischung der völkischen Gruppen wird jede Teilung dieses Gebietes zwangsläufig dazu führen, dass relativ große Minderheiten auf beiden Seiten der Grenze verbleiben und maßgebliche Interessen aufgeteilt werden.«[155] Faktisch hieß das zunächst, dass die Stadt- und Landkreise Kattowitz und Königshütte, die Kreise Rybnik und Pless, der überwiegende Teil des Kreises Tarnowitz sowie Teile der Landkreise Beuthen, Hindenburg, Gleiwitz, Ratibor und Lublinitz polnisch werden sollten. Damit fiel der flächenmäßig zwar kleinere, wirtschaftlich aber profitablere Teil an Polen mitsamt 75 Prozent der Industrie-

---

[153] Da die USA den Versailler Vertrag nicht ratifiziert haben, entfiel das neunte Ratsmitglied. Zu den Vertretern zählten neben den vier wechselnden Mitgliedern (Paul Hymans/Belgien, Gastao da Cunha/Brasilien, Wellington Koo/China, José-Maria Quiñones de Léon/Spanien) die übrigen vier alliierten Mächte Großbritannien, Frankreich, Italien und Japan. Die Übertragung der Aufgabe an die nichtständigen Mitglieder erklärt sich dadurch, dass alle anderen bereits in das bisherige Verhandlungsgeschehen involviert waren und auf diesem Wege keine Lösung erzielt worden war. Vgl. hierzu die Aufzeichnungen des Legationsrates Meyer vom 12. Oktober 1921, in: Akten zur deutschen auswärtigen Politik 1918–1945, Bd. V, Nr. 155, S. 318–322; ebenso die Denkschrift des Auswärtigen Amtes über die oberschlesische Entscheidung vom 5. 11. 1921, in: ebenda, Nr. 170, S. 343–347. Zum Zusammenhang von Beitrittsfrage und Oberschlesienentscheidung vgl. Wintzer, Deutschland und der Völkerbund, S. 234–253; zur Völkerbundentscheidung präzise: Eichner, Briten, Franzosen und Italiener, S. 228–251.

[154] Die Empfehlung des Völkerbundes wurde am 15. Oktober von der Botschafterkonferenz akzeptiert und am 19. Oktober um die sogenannte Genfer Konvention erweitert. Sie sah deutsch-polnische Verhandlungen über entsprechende Wirtschafts- und Minderheitenabkommen vor. Vgl. die zweisprachige Fassung der Entscheidung vom 20. Oktober 1921, die die Botschafterkonferenz dem deutschen Botschafter in Paris übermittelte: BA/R 43 I Reichskanzlei, Sign. 360, Bl. 124–130.

[155] Recommendation of the Council of the League of Nations concerning the Delimitation of the Frontier in Upper Silesia, October 12, 1921, in: British Documents on Foreign Affairs, Part II, Series F, Vol. 32: Germany 1921, Doc. 292, S. 342–348, Zitat S. 343.

anlagen sowie 85 Prozent der Kohlevorkommen.[156] Insgesamt musste das Deutsche Reich knapp 3200 Quadratkilometer Land (30 %) mit etwa einer Million Einwohnern (44 %) abtreten – ein territorial zwar moderates, wirtschaftlich hingegen katastrophales Ergebnis. Die sofortigen Proteste aus Berlin sowie die nachfolgende Regierungskrise bedürfen hier keiner weiteren Erläuterung, für die räumliche Perspektive entscheidender ist die Frage, wie die Botschafterkonferenz als letztendliches Entscheidungsgremium ihre Grenzfestlegung begründete. In enger Anlehnung an den Versailler Vertrag sei eine Lösung gesucht worden, »die dem Wunsche der Bevölkerung, wie er in der gemeindeweisen Abstimmung zum Ausdruck gekommen ist, entspricht und die geographische und wirtschaftliche Lage berücksichtigt. [...] In Anbetracht der Tatsache, dass die verschiedenen Volksteile geographisch zerstreut liegen, andererseits aber stark untereinander vermengt sind, musste jede Teilung dieses Gebiets dazu führen, dass auf beiden Seiten der Grenzlinie beträchtliche Minderheiten verblieben und dass wichtige Interessengebiete auseinandergerissen wurden.« Zur Abmilderung dieser Folgen enthalte daher die Entscheidung »Maßnahmen, um im Interesse der Allgemeinheit die Fortdauer des Wirtschaftslebens ebenso wie den Schutz der Minderheiten in Oberschlesien zu gewährleisten«.[157] Völkerbund und *Supreme Council* folgten damit der Auffassung, die gemeindeweise Abstimmung sei nicht nur Wahl- und Erfassungs-, sondern auch Entscheidungsmodus in der Oberschlesienfrage, sodass sich die Teilung des Gebietes als nahezu notwendige Folge der regional differenzierten Abstimmungsergebnisse ergab. Allerdings setzte die Genfer Entscheidung das Plebiszit keineswegs konsequent um, sondern wog ökonomische und geographische Faktoren mit den Einzelergebnissen des Referendums ab. Dabei fielen die wirtschaftlichen Interessen des neuen polnischen Staates zweifellos stärker ins Gewicht, als es das Abstimmungsergebnis an sich zugelassen hätte. Die Grenzlinie wurde demnach nicht oder zumindest nicht nur auf der Grundlage des Selbstbestimmungsrechtes der Völker gezogen, und zwar nicht nur, weil sich daraus nach dem räumlichen Muster des territorialen Flächenstaates kein sinn-

[156] Zu den Angaben vgl. Wambaugh, Plebiscites, S. 259; Eichner, Briten, Franzosen und Italiener, S. 230.

[157] Entscheidung der Botschafterkonferenz vom 20. Oktober 1920, BA/R 43 I Reichskanzlei, Sign. 360, Bl. 124. Hierzu die Beratung im Reichstag am 26. Oktober 1921, in: BA/R 1501 Reichministerium des Inneren, Sign. 105778, Bl. 231–252.

voller Grenzverlauf ergeben hätte, sondern auch, weil insbesondere im oberschlesischen Industrierevier noch andere, vornehmlich politische, ökonomische und strategische Kriterien als ausschlaggebend galten.

Die im Anschluss an die Genfer Entscheidung eingesetzte Kommission, in der unter dem Vorsitz des ehemaligen schweizerischen Bundespräsidenten Felix-Louis Calonder polnische und deutsche Vertreter Maßnahmen zur Aufrechterhaltung des Wirtschaftslebens und zum Schutz der Minderheiten verhandelten, musste folglich eine auf allen Seiten umstrittene Entscheidung praktisch umsetzen. Neben dem Options- und Liquidationsrecht, dem Staatsangehörigkeitswechsel sowie Infrastrukturfragen stand das vornehmliche Ziel auf der Tagesordnung, ein deutsch-polnisches Wirtschaftsabkommen auszuhandeln, das schließlich am 15. Mai 1922 unterzeichnet wurde.[158] Für eine fünfzehnjährige Übergangszeit waren verschiedene Überleitungs- und Kooperationsvereinbarungen vorgesehen, die Einrichtung einer Gemischten Kommission mit Sitz in Kattowitz sowie die eines Schiedsgerichtes mit Sitz in Beuthen. Insgesamt sollten diese Maßnahmen die Härten der Teilung abfedern – de facto blieben sie von äußerst begrenzter Wirkung. An der heftig umkämpften und weiterhin strittigen »Zerreißung« Oberschlesiens änderten sie wenig, die vom Völkerbund eingeforderten Minderheitenrechte konnten letztlich nicht ausreichend institutionalisiert und durchgesetzt werden.[159] Die Abtretung Oberschlesiens blieb aus deutscher Sicht ein unerträglicher Zustand. Der Kampf um die »verlorenen« Gebiete setzte derweil nicht erst in den nächsten Jahren und Jahrzehnten ein, sondern bereits

---

158 Vgl. zu den Verhandlungen und zur Einrichtung von Schiedsgerichten: GSta, I. HA Rep. 151 Finanzministerium, Sign. 7348–7398; ebenso die Überlieferung im Auswärtigen Amt: PAAA, Büro des Reichsministers 13, Oberschlesien, R 28326–28329 sowie PAAA, Deutsche Delegation Genf, R 23717–23718, außerdem: PAAA, Deutscher Bevollmächtigter für die deutsch-polnischen Verhandlungen über Oberschlesien, R 24676–24690, die Protokolle der insgesamt zwölf Unterkommissionen sind nicht mehr vollzählig in: ebenda, R 24705–24708 sowie R 24767–24771. Der Gesetzestext des deutsch-polnischen Abkommens vom 15. Mai 1922, in: Reichsgesetzblatt (RGBl) 10 (1922), Teil II, S. 237–540.

159 Der vom Völkerbund zum zentralen Rechtsprinzip ernannte Minderheitenschutz wurde weder auf polnischer noch auf deutscher Seite politisch ernsthaft umgesetzt. Im Lauf der 1920er Jahre zeichnete sich das Scheitern dieser Politik bereits ab. Besonders nachhaltig traf dies aufgrund der territorialen Abtretungen die etwa 1,1 Millionen Menschen zählende deutsche Minderheit in Polen: 750000 verließen schließlich bis 1939 das Land, 1934 hatte Polen bereits den Minderheitenschutzvertrag einseitig aufgekündigt. Vgl. Gehrke, Der polnische Westgedanke, S. 338–344.

in der gemäß des Versailler Vertrages eingesetzten Grenzkommission,[160] die nach der Genfer Entscheidung vom 20. Oktober 1921 damit beauftragt wurde, nun auch die Details des deutsch-polnischen Grenzverlaufs in Oberschlesien auszuhandeln und faktisch umzusetzen. Die Diskrepanz zwischen den am Verhandlungstisch kartographisch markierten Grenzlinien und der Demarkation im physikalischen Raum war Gegenstand und zentraler Konfliktpunkt der Kommissionstätigkeit. Zwar enthielt bereits der Beschluss der Botschafterkonferenz eine Grenzbeschreibung, diese war aber an zahlreichen Stellen uneindeutig und musste an die geographischen Bedingungen vor Ort angeglichen werden. Für derartige Grenzanpassungen im Gelände hatte es bereits am 6. Oktober 1919 offizielle Anweisungen gegeben, die am 22. Juli 1920 dahin gehend präzisiert wurden, dass die Kommissare möglichst den Verwaltungsgrenzen sowie den wirtschaftlichen Gegebenheiten vor Ort Rechnung tragen sollten, »jedoch unter Ausschluss jedes nationalen, sprachlichen oder religiösen Grundes«.[161] Damit bekräftigten die alliierten Mächte selbst im Grenzfestsetzungsverfahren nochmals ihre (von deutscher Seite stets »missverstandene«) Auffassung, dass auch die konkrete Ausgestaltung der deutsch-polnischen Grenze keineswegs den Logiken des *Selbstbestimmungsrechtes der Völker* folgte, sondern zuallererst Gebietsabtretungen infolge der Kriegsniederlage realisierte. Die Konsequenzen dieser Abtretungs- und Teilungspolitik waren nicht nur durchtrennte Wirtschafts- und Verkehrszonen, zerstückeltes Grundeigentum sowie die Zerschlagung

160 Die Kommission zur Festsetzung der deutsch-polnischen Grenze wurde nach Artikel 87 Abs. 4 des Versailler Vertrages im Dezember 1919 eingesetzt. Die deutsche Delegation, unter Vorsitz von Karl Georg von Treutler, nahm ihren Sitz zunächst in Berlin, später in Posen. Neben der Verhandlung über die Errichtung, Instandhaltung und Sicherung der Grenzmarkierungen sowie über Erleichterungen im sogenannten kleinen Grenzverkehr oblag der Kommission zudem auch die Ausarbeitung eines Grenzvertrages, dessen endgültige Verabschiedung sich allerdings mehrere Jahre hinzog. Für die einzelnen Grenzabschnitte existierten zahlreiche Unterkommissionen. Vgl. hierzu: GSta, I. HA Rep. 151 Finanzministerium, Nr. 7398–7400.

161 Anweisung des Obersten Rates für die Grenzregulierungsausschüsse vom 6. Oktober 1919, deutsche Übersetzung, in: GSta, I. HA Rep. 77 Ministerium des Innern, 856/235; dazu die Überarbeitung der Botschafterkonferenz vom 22. Juli 1920 sowie das Antwortschreiben des Auswärtigen Amtes vom 17. 9. 1920, in: PAAA, Deutsche Friedensdelegation, Grenzkommission 1920/21, R 22636; parallele Überlieferung in: PAAA, Friedensvertrag, Grenzregulierung allgemeines, R 95668. Die deutsche Delegation sah in diesem Zusatz eine vor allem gegen Deutschland gerichtete Maßnahme, die sie energisch zurückwies.

intakter Infrastruktur, darüber hinaus wurde fortan vor allem in den Unterkommissionen zu Oberschlesien um jede Tonne Kohle gefeilscht. Denn diejenigen Gebiete, die nach Festlegung der Demarkationslinie am 13. November 1921 und nach Maßgabe »einfachster Überwachung« ungünstig lagen, avancierten zur räumlichen Verhandlungsmasse, um die bis zuletzt gerungen wurde. Bei den Verhandlungen in den Grenzkommissionen ging es zum einen darum, die als sinnlos erachteten Grenzführungen, wie beispielsweise mehrfach durchtrennte Bahnlinien oder zerstückelte Industrieanlagen, zu korrigieren, gleichzeitig war dieser Aushandlungs- und Ausgleichsprozess aber auch eine gute Gelegenheit, ökonomisch wertvolle Flächen durch Gebietstausch doch noch für sich zu verbuchen. Auf diesem Wege sollten zum Beispiel die begehrten Delbrückschächte entgegen dem Genfer Votum beim Deutschen Reich bleiben, da Polen einem Gebietsaustausch zunächst zustimmte. Allerdings revidierte die polnische Delegation aufgrund innenpolitischer Proteste ihre Auffassung im März 1922 und beanspruchte die Schächte daraufhin erneut für sich.[162] Der Streit zog sich monatelang hin – schließlich wurde die Zukunft der Delbrückschächte am 16. Dezember 1922 aus den Verhandlungen herausgelöst, um das Grenzfeststellungsverfahren als solches überhaupt abschließen zu können.[163] In separaten Verhandlungen forderte die polnische Seite dann erneut die Hinzuziehung von Sachverständigen, woraufhin der deutsche Kommissar Treutler seinen Rücktritt ankündigte. Die Beratungen eskalierten, die polnische Delegation verließ am 11. Juni 1923 unter Protest die entscheidende Kommissionssitzung, in der mit einer 3:1-Mehrheit die Delbrückschächte endgültig dem Deutschen Reich zugesprochen wurden.[164] Die Ober-

[162] Schreiben der Grenzkommission vom 16. Dezember 1921 an das Auswärtige Amt, in: PAAA, Friedensvertrag, Grenzsachen, R 95753; Polnische Note betreffend die Zugehörigkeit der Delbrückschächte vom 18. März 1922, in: ebenda, R 95754. Weitere Baustellen der Grenzregulierung waren der Verbleib der Friedenshütte sowie die Kohlevorkommen nahe Radzionkau, wo die Felder kurioserweise an Deutschland, die Schachtöffnungen hingegen an Polen gefallen waren.

[163] Vgl. den Schriftwechsel der Grenzkommission im Dezember 1922, in: PAAA, Friedensvertrag, Grenzsachen, R 95756 und R 95757. Das »Schlußprotokoll über die Grenzfestsetzung der Kommission zur Festsetzung der deutsch-polnischen Grenzen« ließ dann noch bis 18. Oktober 1924 auf sich warten, vgl. http://www.documentarchiv.de/wr/1924/deutsch-polnische-grenzkommission_schlussprotokoll.html [22. 6. 2011].

[164] Vgl. Sitzungsprotokoll der Grenzkommission vom 11. September 1922, in: PAAA, Friedensvertrag, Grenzsachen, R 95754; dort ebenso: Telegramm der deut-

schlesienfrage war damit nach über vier Jahren zwar völkerrechtlich entschieden – erledigt hatte sie sich allerdings keineswegs.

Die territorialen Aushandlungen in der oberschlesischen Grenzkommission sind nicht nur deswegen aufschlussreich, weil sie die argumentativen Muster der Beteiligten nahezu idealtypisch vor Augen führen und damit auf signifikante Praktiken in Territorialisierungsprozessen verweisen, ihre Arbeit bildet darüber hinaus auch eine internationale Konfliktkonstellation ab, die letztlich nur dadurch (vorübergehend) still zu stellen war, indem ihre Streitpunkte in Einzelfragen zerlegt wurden. Die Konflikte wurden an Unterkommissionen delegiert und somit durch Verfahrensregulierung entschleunigt. Zwar mündete diese Vorgehensweise in – für Deutschland eher moderate – Kompromisse, die sich mittel- und langfristig allerdings als wenig tragfähig erwiesen. An der Oberschlesienfrage lässt sich somit nicht nur der deutsch-polnische Gegensatz wie unter einem Brennglas beobachten, sondern in Oberschlesien eskalierte eine internationale Interessenpolitik, der es letztlich nicht gelang, konfliktregulierende Mechanismen zur Vermeidung gewalthafter Konfrontationen auf Dauer zu etablieren. Die nationale Zugehörigkeit Oberschlesiens war 1923 zwar entschieden, der Konflikt aber alles andere als gelöst. Die Formel der »blutenden Grenze im Osten« machte schnell die Runde und war in Berlin über Parteigrenzen hinweg konsensfähig. Dieses Scheitern, das in manch anderen Abtretungsgebieten ähnlich, in anderen weitaus weniger offen zutage trat, führte zu einem dramatischen Glaubwürdigkeitsverlust internationaler Konfliktregulierungen samt der daran beteiligten Institutionen. Die unauflöslichen Widersprüche eines auf Siegerrecht basierenden Friedensvertrages und einem allgemeinen, allerdings nicht uneingeschränkt garantierten Selbstbestimmungsrecht der Völker ließen in Deutschland den verheerenden Eindruck zurück, um die eigene nationale Anerkennung und Souveränität betrogen worden zu sein. Diese Kluft vertiefte sich nicht nur gegenüber den alliierten Mächten, sondern auch gegenüber den ohnehin schon uneindeutigen Konzepten nationaler und völkischer Identität. Mit der Abstimmung in Oberschlesien hatte sich das vornehmlich an der Sprache angelehnte völkische Prinzip als ein rela-

schen Grenzdelegation an das Auswärtige Amt vom 6. 10. 1922 sowie den erneuten polnischen Grenzvorschlag vom 16. November 1922 und die entsprechende deutsche Replik vom 1. 12. 1922; außerdem der Bericht der deutschen Delegation vom 11. Juni 1923 über die Eskalation am Verhandlungstisch, in: ebenda, R 95758.

tiv beliebiges, unkalkulierbares und politisch manipulierbares Zugehörigkeitskonzept erwiesen, mit dem sich offenbar international kein deutscher Einheitsstaat mehr legitimieren ließ.[165] Wenn das mehrheitliche Bekenntnis zum Deutschen Reich nicht ausreichte, um territoriale Ansprüche zu rechtfertigen, dann waren Volks- und Staatsgrenzen nicht in Einklang zu bringen, zumal in Gebieten mit explosiven Mehr- und Minderheitenverhältnissen wie in Oberschlesien, Ostpreußen oder Posen. Anstelle der gescheiterten Reichsnation schienen jetzt andere Modelle vonnöten zu sein – Modelle, die sich eher an Abstammungs- und Schicksalsgemeinschaften orientierten und die sich besser dazu eigneten, kollektive Identitäten als weitgehend unveränderliche und auch messbare Größen festzuschreiben.[166]

Wenn die Kriterien kollektiver Zugehörigkeit derart infrage gestellt scheinen, bleibt dies für die territorialen Ordnungsmuster nicht folgenlos. Oberschlesien markiert daher auch einen tief greifenden Wandel in den deutschen Vorstellungen politischer Raumkonstituierung. Die bereits 1871 ungelösten Fragen der nationalen Zugehörigkeit, die in den Augen vieler Deutscher das Kaiserreich zum unvollendeten Nationalstaat hatten werden lassen, erhielten nach 1918 eine außergewöhnliche Brisanz, denn nun schienen territoriale Einheit und staatliche Integrität von der Plausibilität der jeweiligen Zugehörigkeitskonzepte abzuhängen. Zwar war die Entscheidung, welches Gebiet bei Deutschland verbleiben oder eben abzutreten war, nach 1918 letztlich eher von der Gemengelage internationaler Interessenpolitik abhängig, gleichwohl lösten die delegitimierten Zugehörigkeitskonstruktionen eine existenzielle Krise aus. So wie in Versailles versucht worden war, mit völkischen, historischen, kulturellen und ökonomischen Argumenten territoriale Zugehörigkeiten zum deutschen Staat zu begründen, konnte entgegen der eigenen Erwartung die staatliche Integrität

[165] Zwar ist Fisch zuzustimmen, dass die nach 1918 durchgeführten Plebiszite im Vergleich zum 18. und 19. Jahrhundert einen Fortschritt bedeuteten, gleichwohl wirkte gerade der oberschlesische Fall und die daraus resultierende Teilungspolitik verheerend. In der Wahrnehmung vieler Deutscher war der in der Volksabstimmung explizit geäußerte Zugehörigkeitswunsch der Oberschlesier ignoriert worden und international nicht durchsetzbar. Der daraus resultierende Legitimitätsverlust war immens. Vgl. Fisch, Selbstbestimmungsrecht, S. 172–182.

[166] Die Diskrepanz zwischen nationalen Minderheitenkonzepten und den am Volks- oder Rassebegriff orientierten Zugehörigkeitsmodellen betont: Salzborn, Ethnischer Selbstbestimmungsanspruch. Die kategoriale Trennung nationaler, völkischer und rassischer Differenz problematisiert hingegen: Geulen, Wahlverwandtschaften.

Deutschlands keineswegs aufrechterhalten werden. Wenn allerdings die Vorstellung dominiert, dass der Staat kein Territorium besitzt, sondern sein Territorium ist, dann stellt der Verlust der territorialen Einheit auch die Souveränität des Staates selbst sowie die daran geknüpften Konzepte kollektiver Zugehörigkeiten infrage. Das Selbstbestimmungsrecht der Völker hatte seine Überzeugungskraft in Deutschland bereits eingebüßt, bevor es sie überhaupt richtig entfalten konnte. Die verschiedenen Varianten, territoriale Zugehörigkeiten zu legitimieren und umzusetzen, konzentrierten sich in der Folge auf andere, radikalere Konzepte. Während der Völkerbund auf international garantierte Minderheitenrechte setzte, um denjenigen entgegenzukommen, denen staatliche Souveränität nach 1918 versagt geblieben war,[167] radikalisierten sich nicht nur in Deutschland, sondern auch in Ost- und Ostmitteleuropa die räumlichen Ordnungsvorstellungen. Geradezu ein Gegenmodell zum Selbstbestimmungsrecht stellte der bereits während der Balkankriege praktizierte Bevölkerungsaustausch dar.[168] Die ansässige oder vor Ort erwünschte Bevölkerung wurde zur Manövriermasse in einem Neuordnungsprozess, der sich immer radikaler dem Homogenitätsprinzip verschrieb, gerade weil sich Volks- und Staatsgrenzen in Ost-, Ostmittel- und Südosteuropa durch Grenzregulierung nicht zur Deckung bringen ließen. Bevölkerung wurde alsbald zu einer Größe, die im Zuge der territorialen Neugestaltung Europas zunehmend als transferierbar galt.[169]

Das Scheitern nationalsprachlich, partiell auch historisch und ökonomisch begründeter Territorialkonzepte, wie sie von deutscher Seite im Zuge der Versailler Friedensverhandlungen vertreten worden waren, gehörte zu den Schlüsselerlebnissen einer sich in den 1920er Jahren formierenden Deutschtumsforschung. Nach dem nicht nur kartographischen, sondern letztlich auch politischen Offenbarungseid von 1919 standen nicht nur Politiker, sondern auch Ökonomen, Geographen, Historiker, Bevölkerungswissenschaftler, Ethnologen und Statistiker vor der Herausforderung, belastbare Konzepte der territorialen Verfasstheit zu entwickeln, mit denen sich »Deutscher Raum«

---

167 Dies betraf etwa 35 Millionen Menschen in Europa, von denen lebten etwa Zweidrittel in Ost- und Ostmitteleuropa. Vgl. zu diesem Aspekt das lesenswerte Kapitel in: Mazower, Der dunkle Kontinent, S. 69–116.

168 Vgl. Fisch, Selbstbestimmungsrecht, S. 178. Hierzu vor allem: Sundhausen, Die Ethnisierung von Staat, Nation und Gerechtigkeit.

169 Vgl. hierzu den einschlägigen Beitrag von Lemberg, Grenzen und Minderheiten; ders., »Ethnische Säuberung«.

jenseits seiner aktuellen nationalstaatlichen Verfasstheit konzipieren ließ, schließlich lebten fortan weitere sieben Millionen Deutsche außerhalb der Staatsgrenzen.[170] Bereits im unmittelbaren Kontext oberschlesischer Abstimmungs- und Teilungspolitiken legte der in Breslau, später in Leipzig lehrende Geograph Wilhelm Volz diverse Abhandlungen vor, die sich nicht zufälligerweise vor allem mit Oberschlesien befassten.[171] Zwischen dem Plebiszit im März und der Völkerbundentscheidung im Oktober 1921 konzentrierte Volz seine Karten- und Textproduktion auf die drohende Teilung des Industriereviers. Seine argumentativen Anstrengungen zeigten dabei bereits eine deutliche Tendenz: Während er aufgrund des vorliegenden Datenmaterials sowie der regionalen Abstimmungsergebnisse von einer sprachlich durchmischten Bevölkerung in Oberschlesien ausging, basierte sein Rechtfertigungsdiskurs vor allem auf historisch-kulturellen sowie auf wirtschafts- und verkehrsgeographischen Argumenten. Historisch sei Oberschlesien erst durch die deutsche Kolonisation kulturell erschlossen worden, siedlungsgeographisch lasse sich nachvollziehen, dass dort, wo vor Jahrhunderten Deutsche gewirkt hätten, noch heute deutsche Kultur vorherrsche. Diese »deutschen Kraftlinien«, wie Volz sie nannte, seien Ursprung und Zentrum des kulturellen und wirtschaftlichen Lebens in Oberschlesien, denen er ein Polentum gegenüberstellte, das er als »ausnahmslos an den Wald gebunden« charakterisierte.[172] »Die Polen sind Waldmenschen«, so lautete die intellektuell kaum zu unterbietende Aussage eines damals einflussreichen Geographen.[173] Und da das oberschlesische Industrie-

---

170 Die Gebietsabtretungen hatten zunächst innerhalb Deutschlands den Effekt, dass die Bevölkerung im Sinne völkischer Zugehörigkeitskonstruktionen homogener wurde, während der Anteil der Deutschen, die außerhalb der Staatsgrenzen lebten, erheblich anstieg. Damit verschärften sich die Spannungen zwischen Staats- und Volkszugehörigkeitskonstruktionen zugunsten eines am Volks- und Raumbegriff orientierten Gemeinschaftsverständnisses, das die international vereinbarten Nationalstaatsgrenzen unterlief und sich konzeptionell davon distanzierte. Zu den Auswirkungen dieses Wandels auf das Staatsbürgerrecht vgl. Gosewinkel, Einbürgern und Ausschließen, S. 328–368.

171 Zu den frühen Publikationen sei hier nur verwiesen auf: Volz, Zwei Jahrtausende Oberschlesien; ders., Die völkische Struktur Oberschlesiens; ders., Deutschtum; ders., Oberschlesien und die oberschlesische Frage; diese und andere Arbeiten fließen dann später ein in: ders./Schwalm, Die deutsche Ostgrenze. Zur letzteren Publikation vgl. auch die Kartensammlung im Nachlass von Volz: Institut für Länderkunde Leipzig, Kasten 440, Sign. 32/1–36 sowie Mappe 9, Sign. 8/1–16.

172 Volz, Völkische Struktur, S. 9.

173 Ebenda, S. 6.

revier eine »gigantische moderne Siedlungsoase im Wald« sei, erkläre sich damit auch das regionale Abstimmungsergebnis: Denn insbesondere in den (kulturell entwickelten) Städten sei mehrheitlich deutsch, im (ländlich unterentwickelten) Umland hingegen überwiegend polnisch votiert worden. Immer dort – so die Argumentation –, wo sich deutsche Kultur historisch entfalten und verwurzeln konnte, hätten die Oberschlesier für den Verbleib im Deutschen Reich gestimmt, und zwar auch diejenigen, die Deutsch nicht als ihre Muttersprache ansähen. Mit Blick auf die Kreise Rybnik und Pleß, in denen mehrheitlich polnisch votiert worden war, argumentierte Volz ebenfalls kulturgeographisch: Im krassen Unterschied zum benachbarten Galizien seien auch diese Regionen aufgrund ihrer in geschlossenen Ortschaften organisierten Siedlungsform, aufgrund der dort weitaus geringeren Kindersterblichkeit und der statistisch nachzuweisenden Bevölkerungszunahme eindeutig »deutscher Art«. Die Grenze zu den polnischen Gebieten »ist eine schroffe Kulturscheide: Rybnik-Pleß sind trotz der polnischen Abstimmungsmajorität deutsch orientiert; das Nachbarland jenseits der Grenzpfähle ist in Unkultur«.[174] Auch der in den politischen Wahlen seit 1874 anwachsende deutsche Stimmenanteil zeige den »ungeheuren, abgrundtiefen, kulturellen Unterschied zwischen Deutschtum und Polentum«.[175] Um das regionale Referendum für Polen vom 20. März 1921 doch noch zugunsten Deutschlands umdeuten zu können, bediente sich Volz dem binär codierten Gegensatz von *Kultur* und *Natur*: »Kulturflächen, Industrie, Verkehr ist (sic!) deutsch; das Polentum herrscht abseits in den kulturarmen Wäldern. Mit dem Vordringen der Kultur wird der ›Pole‹ zum Deutschen! Die oberschlesische Frage ist ja überhaupt keine nationale Frage, sondern lediglich eine kulturelle, eine Verkehrsfrage!«[176]

Dass Volz einen Kulturbegriff vertrat, der sich unmittelbar aus seinem wirtschafts- und kulturgeographischen Wissenschaftsverständnis herleitete, ist unverkennbar. Unter Kultur verstand er vor allem geschlossene Siedlungsformen, eine dem Wald abgerungene Bodenkultivierung, einen engmaschigen Infrastrukturausbau sowie eine auf Rohstoffverarbeitung basierende Industrialisierung. Seine umfangreichen Forschungen zur oberschlesischen Verkehrsvernet-

---

[174] Volz, Rybnik und Pleß, hier zitiert nach: BA/R 43 I Reichskanzlei, Sign. 359, Bl. 172–176, Zitat Bl. 176.

[175] Ebenda.

[176] Ebenda.

zung, zu den Folgen der Teilung für Landwirtschaft, Handel, Handwerk, Montanindustrie und Finanzwesen standen allesamt unter der Maßgabe, Oberschlesien als eine organische und vor allem als eine von Deutschen geschaffene, moderne Wirtschafts- und Kultureinheit auszuweisen.[177] Gerade die Einheit von Organismus und Organisation zählte bei Volz zu den herausragenden Qualitäten des oberschlesischen Industriereviers. Hier zeigte sich keineswegs ein antimodernes, wohl aber ein von liberalen Zivilisationsentwürfen strikt abgegrenztes Verständnis einer konservativen Moderne. Demzufolge war die Teilung Oberschlesiens, wie der Völkerbund sie verfügt hatte, körpermetaphorisch ein »blutiger Schnitt«, mit dem der Südosten, das »eigentliche Herz« Oberschlesiens, »aus dem uralten Verbande herausgerissen« worden sei.[178] Oberschlesier – das waren für Volz keineswegs folkloristische Hinterwäldler, sondern deutsche Kulturträger einer hochindustrialisierten und vor allem einer modernen Gesellschaft. Obgleich Volz sich nicht von völkischen Zugehörigkeitskriterien verabschiedete, rückte er wirtschafts-, siedlungs- und kulturgeographische Konzepte in den Vordergrund und tendierte in seinen Deutungen dazu, den sozialen Stand der Oberschlesier für ihr Abstimmungsverhalten als ausschlaggebend zu betrachten, wobei er dabei weniger eine verarmte Landbevölkerung im Visier hatte, sondern darin einen Indikator für kulturell rückständige, von Modernisierungsprozessen abgekoppelte Regionen ausmachte, die er kurzerhand einer polnischen »Unkultur« zuschrieb: »an den großen Verkehrslinien wird deutsch gestimmt«.[179] Je höher

---

177 Vgl. die Kartensammlung im Nachlass Volz, die sich auf Oberschlesien bezieht: Institut für Länderkunde Leipzig, Kasten 440, Sign. 32/1–36, zur Ostgrenze insgesamt: ebenda, Mappe 9, Sign. 8/1–16; dieses Material wurde teilweise veröffentlicht in: Volz/Schwalm, Deutsche Ostgrenze, 1929. Die verkehrs- und wirtschaftsgeographischen Arbeiten entstanden auch in Zusammenarbeit mit dem ebenfalls in Breslau lehrenden Bruno Dietrich, vgl. ders., Die natürliche Grenze des nordöstlichen Oberschlesiens; ders., Oberschlesien, seine Stellung innerhalb der deutschen Ostmarken und seine Grenzen.

178 Volz, Besiedlungskarte, S. 1. Volz griff hier bereits das von Albrecht Penck entwickelte Punktsystem auf und variierte es zu einem mit Flächenkoloriten und graphischen Codes operierenden Symbolsystem. Die Originalkarte befindet sich im Institut für Länderkunde Leipzig, Nachlass Volz, Kasten 440, Sign. 32/29, weitere Überlieferung in: PAAA, Kult VI A, Deutschtum im Ausland 2-Nr. 11, Inländische Vereine, R 60380. Zur Metaphorik des verletzten Volkskörpers im Grenzdiskurs nach 1918 vgl.: Conze, »Unverheilte Brandwunden in der Außenhaut des Volkskörpers«.

179 Volz, Besiedlungskarte, S. 15.

der soziale Stand der Bevölkerung sei, »desto mehr deutsche Stimmen«, so seine abschließende Diagnose. Damit deutete Volz die oberschlesische Frage in seinem Sinne »zur kulturellen, zur sozialen Frage« um.[180]

Seiner geographischen Profession entsprach es, dass sich Volz angesichts der politischen Herausforderung, revisionsgeeignete Territorialkonzepte wissenschaftlich zu begründen, vor allem an der Beschaffenheit sowie an der Besiedlung, Nutzung und Veränderung der Erdoberfläche ausrichtete. Er sah seine Aufgabe vornehmlich darin, das durch den Versailler Vertrag angewachsene Grenz- und Auslandsdeutschtum detailliert zu erforschen und der Regierung wissenschaftliches Material in »Wort und Karte« zur Verfügung zu stellen. Bereits im August 1921 führte Volz im Auswärtigen Amt intensive Gespräche, um vor allem die Erforschung des »Ostdeutschtums« und die Entwicklung alternativer Territorialkonzepte institutionell zu verankern.[181] Die unter seiner Leitung stehende »Schlesische Gesellschaft für Erdkunde« erfuhr daraufhin staatliche Unterstützung und bildete den Auftakt zu einer fachübergreifenden Deutschtumsforschung. Die enge Verzahnung von Wissenschaft und Politik, wie sie sich in den 1920er Jahren gerade in diesem Forschungsspektrum ausbildete, korrespondierte nicht nur mit einer fortschreitenden Etablierung der Geographie als Disziplin, sie repräsentierte auch ein anwendungsorientiertes Wissenschaftsverständnis, das sich als seriöser Lieferant von politisch relevanten Analysen, Konzepten und Prognosen empfahl. Auf solche Zuarbeit konnte und wollte die zur außenpolitischen Richtschnur deklarierte Revisionspolitik der Weimarer Republik keinesfalls verzichten, auch wenn man sich international der Erfüllungspolitik verpflichtet fühlte. Das Scheitern völkisch-sprachlicher Vereindeutigungen, wie es in und nach Versailles gravierend zutage getreten war, stellte in dieser politischen Gesamtkonstellation vor allem für die Geographie eine enorme Profilierungschance dar, schließlich erlaubte es ihre Profession, ein am Raum orientiertes Zugehörigkeitskonzept zu entwickeln, das den Unwägbarkeiten völkischer Identitätsangebote ein vom Herkunftsglauben der Bewohner unab-

---

180 Ebenda, S. 16.

181 Vgl. Korrespondenz von Volz mit dem Auswärtigen Amt im August 1921 sowie Denkschriften, Berichte und die Satzung des Vereins »Schlesische Gesellschaft für Erdkunde«, in: PAAA, Kult VI A, Deutschtum im Ausland 2-Nr. 11, Inländische Vereine, R 60380.

hängiges Ordnungsprinzip zur Seite stellte.[182] Die Anlehnungen an die Raumkonzepte von Friedrich Ratzel waren unübersehbar: »Jeder Raum hat sein Volk und die Geschichte lehrt es eindringlich, dass der Raum für die Geschicke mitbestimmend ist dort, wo die Räume und die Völker hart sich drängen. Kein Volk kommt hoch, das seinen natürlichen Raum nicht erfüllen kann; aber auch kein Volk kann auf die Dauer über seinen ihm eigenen Raum hinauswachsen.«[183] Diese Sicht knüpft an Ratzels Theorie der wachsenden Räume an, auch wenn die Variante bei Volz nicht mehr aggressiv-expansiv, sondern aufgrund zeitgenössischer Umstände eher ernüchtert ausfiel. Das Scheitern imperialer Machtpolitik deutete Volz als Korrektur eines natürlichen Raumwandels, denn »das Volk macht sich den Raum zu eigen, aber auch der Raum schafft sich sein Volk«. Nun liege Deutschland »ohnmächtig [...] am Boden« und müsse seine latenten Kräfte erst wieder zu »wirkendem Leben« erwecken.[184]

Neben Wilhelm Volz gehörte der international renommierte Geograph Albrecht Penck zu den maßgeblichen Akteuren einer in den nächsten Jahren wirkungsmächtigen Kooperation zwischen Geographie und Außenpolitik. Seine Forschungen und kartographischen Arbeiten zum »polnischen Korridor« beispielsweise sollten den dezidierten Beweis liefern, dass entlang der Netze eine deutsche Mehrheit existierte und somit von einer »deutschen Brücke« zwischen Reichsgebiet und Ostpreußen auszugehen sei.[185] Hierfür entwickelte Penck – aufgrund seiner Kritik an konventionellen Sprachen- und Völkerkarten – ein Zeichensystem, das die herkömmliche, aber durchaus problematische Darstellung in Form von Flächenkoloriten verwarf und ein graphisches Punkt- und Quadratsystem favorisierte. Mit diesem Verfahren sollte dem Verhältnis von sprachlichen Mehr- und Minderheiten, von dicht und dünn besiedelten Regionen sowie den vorherrschenden Stadt-Land-Bezügen detaillierter Rechnung getragen werden. Damit konnte Penck vor allem das eigene Anliegen, in gemischtsprachigen Gebieten das »deutsche Element« hervortreten zu lassen, nachdrücklich unterstreichen und sich zugleich methodisch

---

182 Zur Rolle der Geographie im Grenzdiskurs der Nachkriegszeit vgl. Rössler, Wissenschaft und Lebensraum, S. 49–63; Mehmel, Deutsche Revisionspolitik, S. 500–504; Zimmerer, Im Dienste des Imperiums.

183 Volz, Lebensraum und Lebensrecht, S. 8.

184 Ebenda.

185 Vgl. Penck, Die Deutschen im polnischen Korridor; vgl. dazu auch: Herb, Under the Map, S. 41–42.

profilieren. Die immanenten Widersprüche einer an Sprach- und Völkereinteilungen orientierten Kartographie konnte er damit gleichwohl nicht aus der Welt schaffen. Letztendlich bot auch diese, weiterhin auf den Identitätsentwürfen der Bewohner oder auf fragwürdigen Zuschreibungen basierende Visualisierung nicht die argumentativen Spielräume, um eine knallharte Revisionspolitik mit ihren dezidierten Gebietsansprüchen wissenschaftlich zu legitimieren. Um der Beliebigkeit individueller und kollektiver Selbst- und Fremdzuschreibungen konzeptionell zu entkommen, lag es nahe, den Raumbezug weiter auszuarbeiten. Die daraufhin von Penck in einem 1925 veröffentlichten Aufsatz erstmals operationalisierte Volks- und Kulturbodentheorie lieferte eine Argumentationsfigur, die jenseits der aktuellen Grenzziehungen einen »Deutschen Raum« definierte: »Wo deutsches Volk siedelt, ist deutscher Volksboden, da hört man deutsche Sprache und sieht man deutsche Arbeit.«[186] Penck positionierte sich entschieden gegen einen ausschließlich sprachlich verfassten Volksbegriff, den er als unpräzise und beliebig verwarf. Die Gleichstellung des deutschen Sprachgebietes mit dem deutschen Volksboden führe vor allem »im Osten« zu offenen Grenzfragen, die »infolge des Weltkrieges« zum Nachteil Deutschlands entschieden worden seien. Das »Reich der Weimarer Verfassung ist also nur ein Teil des geschlossenen deutschen Sprachbodens«. Die Umdeutung eines zuvor vor allem sprachlich verfassten »Volkskörpers« zu einer raumdefinierten Größe im Sinne des »Volksbodens« korrespondierte damit, »deutsche Arbeit« als weiteres Kriterium kultureller Differenz ins Spiel zu bringen. Dabei konnte Penck auf Konzepte rekurrieren, wie sie bereits im kolonialen Diskurs des Kaiserreiches und auch in der deutschen Besetzung in Ober Ost entwickelt worden waren. Kulturelle Superiorität konkretisierte sich nun in der Vorstellung, dass nicht nur Anzahl und Sprache die Deutschen auszeichne, sondern vor allem ihre Leistungsfähigkeit. Während die geographische Lage Probleme aufwerfe, beruhe die Stärke des deutschen Volksbodens »auf seinen Bewohnern, nicht bloß auf deren für geburtenarme Nachbarn beängstigende Zahl, sondern namentlich auf deren Tüchtigkeit«.[187] Penck verstand »deutsche Arbeit« an dieser Stelle nicht nur als unverwechselbare Volkseigenschaft. Ihm ging es auch darum, ihre Errungenschaften räumlich zu fixieren, denn erst die »Tüchtig-

186 Penck, Deutscher Volks- und Kulturboden, S. 62.
187 Ebenda, S. 64.

keit« schaffe über den deutschen Volksboden hinaus einen »deutschen Kulturboden […], der sich von dem der benachbarten Kulturgebiete unterscheidet«.[188] Sorgfältige Bebauung, gepflegte Wälder, gute Infrastruktur sowie eine hochgieblige Gehöftbildung seien die vorherrschenden Kennzeichen eines deutschen Kulturbodens. Kanalisation, Elektrizität und Wasserversorgung gehörten zu den Errungenschaften deutschen Kultureinflusses. Man höre nicht bloß, »wo man deutsches Sprachgebiet verlässt, sondern wird es auch in der Kulturlandschaft gewahr«.[189]

Das Konzept eines »deutschen Kulturbodens« stellte für Penck besonders dort seine argumentativen Vorzüge unter Beweis, wo sich sprachliche Differenzmarkierungen als beliebig und willkürlich erwiesen hatten, vor allem eben »im Osten«. In den an Polen abgetretenen Gebieten würden sich zwar die deutsche, polnische, kaschubische und masurische Sprache mischen, »aber soweit die Durchdringung mit Deutschen reichte oder reicht, herrscht deutscher Kulturboden«.[190] Mit dieser Formulierung dimensionierte Penck seine Theorie nicht nur auf die gegenwärtigen Grenzverhältnisse, sondern legitimierte Umfang und Ausmaß des »deutschen Kulturbodens« zudem historisch. Zwar ließen sich seiner Meinung nach polnische von deutschen Dörfern in Masuren, Posen und Westpreußen nur allzu leicht unterscheiden, »aber die intensive deutsche Bodenkultur und die sie begleitenden guten Wege und Straßen reichten bis an die russische Grenze. Hier war die große Kulturgrenze, die die deutschen Soldaten nur zu deutlich fühlten, als sie nach Osten marschierten.«[191]

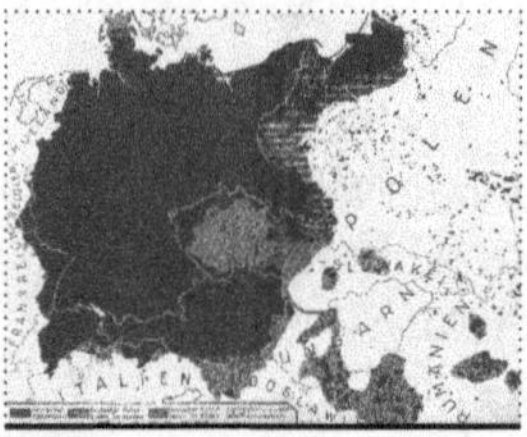

Betrachtet man die von Penck angefertigte Karte, so sieht man deutlich, wo der »deutsche Kulturboden« nicht nur

24 über die vormalige Reichsgrenze, sondern über Pencks propagierten »Volksboden« hinausgreift: weit nach Osten als zusätzliches »Streu- und Inseldeutschtum«, aber auch in der Südsteiermark, in Kärnten und Krain, in Böhmen, Mähren und Schlesien. Ein erheblicher Teil dieser Gebiete sei »altgermanisches Stammland«, und die durch prähistorische Funde erwiesene Kulturhöhe der Germanen verweise auf einen »germanischen Kulturboden«, der bis heute »eine Kulturgrenze

[188] Ebenda.
[189] Ebenda, S. 65.
[190] Ebenda.
[191] Ebenda.

von einschneidender Schärfe« markiere. Wo immer Deutsche »gesellig wohnen und die Erdoberfläche nutzen«, entstehe deutscher Kulturboden, sei es in Siebenbürgen, an der Wolga oder in den brasilianischen Urwäldern.[192] Nur wenn Deutsche »einzeln unter anderen den Boden bearbeiten, da kommt die Eigenart des deutschen Kulturbodens nicht zur Geltung«.[193]

Die als Fortschrittsnarrativ arrangierte Kulturbodentheorie ermöglichte es, territoriale Ansprüche jenseits der aktuellen Besiedlungsverhältnisse und damit unabhängig von den Identitätsentwürfen der derzeitigen Bewohner zu rechtfertigen. Damit fügte sie sich vortrefflich in den politischen Diskurs des Grenz- und Auslandsdeutschtums der 1920er Jahre ein und empfahl sich einer revisionistischen, den aktuellen politischen Verhältnissen gleichwohl angepassten Außenpolitik. Wer die Beschaffenheit des Raumes zum entscheidenden Kriterium kultureller Differenz erklärt, der löst sich von den genuin nationalsprachlichen Prinzipien mit ihren diffusen Zugehörigkeitskonstruktionen. Allerdings verabschiedete sich Penck keineswegs von einer Sichtweise, die einzelnen Bevölkerungsgruppen bestimmte kollektive Eigenschaften zuschrieb. Denn während er den territorialen Anspruch auf Oberschlesien, Posen oder Westpreußen nicht mehr mit dem Herkunftsglauben der dort Ansässigen begründete, kehrte diese Sichtweise quasi durch die Hintertür zurück, wenn er den »deutschen Kulturboden« nicht als »Ergebnis besonderer geographischer oder klimatischer Verhältnisse« verstanden wissen wollte, sondern als »Werk bestimmt veranlagter Menschen, die die Natur nach ihrem Willen verändern«.[194] Das *Volk* mit seinen unverwechselbaren Eigenschaften wurde so zum Subjekt von Geschichte, in ihm sah Penck die entscheidende Größe, die *Naturraum* in *Lebensraum* transferiere. Nur das Volk garantiere die Entstehung und räumliche Verwurzelung kultureller Errungenschaften. Entsprechend stelle es die größte Leistung des deutschen Volkes dar, trotz Jahrhunderte währender politischer Zersplitterung und trotz eines ohnmächtigen Kaisertums einen deutschen Kulturboden geschaffen zu haben, der bis heute in Europa nachwirke. Dies sei »das Werk deutscher Intelligenz, deutschen Fleißes und deutscher Arbeit« und spiegele »das eigenartige Schaffen unseres Volkes, den Grundzug seines Wesens und Könnens«.[195]

---

192 Ebenda, S. 69.
193 Ebenda, S. 70.
194 Ebenda.
195 Ebenda, S. 72.

Die Verbindungen von völkischen und räumlichen Komponenten zeichneten die Territorialkonzepte von Penck, Volz und anderen aus, auch wenn sie sich in ihren Gewichtungen durchaus unterschieden.[196] Sie aktualisierten für die auflebende Deutschtumsforschung die Bewegungsgesetze Friedrich Ratzels wie auch dessen geographisch fundierte Evolutionstheorie. Ratzel hatte die erst in der Blüte kultureller Entwicklung entstehende Verbindung zwischen Volk und Raum als »Bewegung nach innen«, als eine Art »Bodenhaftung« beschrieben, die wiederum Voraussetzung für die koloniale Eroberung neuer Räume sei. Erst auf dieser letzten Kulturstufe sah er die Fähigkeit des Staates ausgebildet, sich im Sinne der Wagner'schen Wanderungstheorie durch räumliches Wachstum zu verjüngen. Im aktuellen politischen Kontext der 1920er Jahre gehörte imperiale Expansion jedoch nicht zu den alltäglichen Herausforderungen, ganz im Gegenteil: Der deutsche Staat hatte seit 1918 seine territoriale Einheit eingebüßt und zudem nicht nur seine Kolonien verloren, sondern auch erhebliche Gebietsverluste verkraften müssen. Der »Kampf um Raum«, wie Ratzel ihn in den imperialen Hochzeiten der Jahrhundertwende glorifiziert hatte, erfuhr zwanzig Jahre und einen verlorenen Weltkrieg später daher zeitgenössische Umdeutungen. Denn im Diskurs der frühen Nachkriegszeit ging es keineswegs um zusätzlichen Lebensraum für eine expandierende Großmacht, sondern um die Kompensation eines als existenzbedrohend wahrgenommenen Raumverlustes. Die Vorzeichen des Lebensraumdiskurses hatten sich damit nahezu verkehrt: Während Ratzel noch imperiale Weltpolitik zu rechtfertigen versuchte, galt es nun zunächst, vormals deutsches Staatsgebiet zurückzugewinnen. Die Volks- und Kulturbodentheorie lieferte hierfür wissenschaftliche Argumentationsfiguren, die es erlaubten, »Deutschen Raum« zu markieren, ohne ihn allzu offensiv einzufordern. Es kann kaum verwundern, dass sich mit diesem Angebot eine enge Kooperation von Geographie und Politik etablierte, die zudem zahlreiche Anknüpfungs- und Kooperationsmöglichkeiten mit anderen Fachdis-

---

[196] Zu den Übereinstimmungen und Unterschieden in den Theorieentwürfen von Volz und Penck vgl. Herb, Under the Map, S. 57–58; Fahlbusch, »Wo der deutsche … ist, ist Deutschland!«; zeitgenössisch: Volz (Hg.), Der ostdeutsche Volksboden; ders. (Hg.), Der westdeutsche Volksboden. Max Hildebert Boehm rekurrierte später auf Pencks Kulturbodentheorie mit seinem begrifflichen Wandel vom »Volkswirkungsraum« zum »Volkslebensraum«, vgl. Boehm, Die deutschen Grenzlande; ders., Das eigenständige Volk. Zu Boehm lesenswert: Prehn, »Volk« und »Raum«.

ziplinen eröffnete. So ließen die in der Geschichtswissenschaft noch vergleichsweise neuen Ansätze der Volksgeschichte vielversprechende Synergien erwarten, gerade wenn es um die Besiedlungs- und Kolonisationsgeschichte »im Osten« ging und sich Historiker dort auf die Suche nach einem von den Imprägnierungen der westeuropäischen Moderne noch unberührten Deutschtums machten. In dem Ziel, den kulturellen Aufbau von Lebensräumen historisch herzuleiten, trafen sich nicht nur wissenschaftstheoretische und methodische, sondern auch politische Interessen einer zugleich landesgeschichtlich wie kulturgeographisch orientierten Volks- und Kulturbodenforschung.[197] Darüber hinaus waren auch Disziplinen wie die Ethnologie, die Germanistik, die Archäologie und die Ur- und Frühgeschichte eingeladen, ihren spezifischen Beitrag zur Erforschung der völkischen Beharrungskräfte sowie zur Verbreitung genuin deutscher Kulturräume beizusteuern.[198] Einen solchen disziplinübergreifenden Forschungsverbund auch institutionell zu verstetigen schien naheliegend. 1923 initiierten Wilhelm Volz und Albrecht Penck die »Mittelstelle für zwischeneuropäische Fragen«, die schließlich zwei Jahre später in »Deutsche Mittelstelle für Volks- und Kulturbodenforschung« und bald darauf in »Stiftung für deutsche Volks- und Kulturbodenforschung« umbenannt wurde. Der Name war Programm: Die vom Außen- und Innenministerium finanzierte Stiftung entwickelte sich zu einer volkstumspolitischen Denkfabrik, die als national und international operierende Vernetzungs- und Forschungsinstanz vor allem darauf zielte, die Volks- und Kulturbodentheorie als »Paradigma der völkischen Wissenschaft in der Zwischenkriegszeit zu etablieren«.[199] Ihre

---

197 Vgl. hierzu auch die grundlegende Studie von Ditt, Raum und Volkstum.

198 Zur Zusammenarbeit von Geographen und Historikern und ihrem innovativen Potenzial für das fachliche Profil vgl.: Oberkrome, Geschichte, Volk und Theorie; einschlägig dazu auch schon Oberkromes Monographie: ders., Volksgeschichte; einen Überblick zur Ostforschung von Jureit, Wissenschaft und Politik.

199 Haar, Historiker im Nationalsozialismus, S. 26. Die Stiftung war eine von mehreren, wenn auch sicherlich *die* zentrale Schaltstelle der Deutschtumsforschung in der Zwischenkriegszeit. Daneben existierten zahlreiche andere Organisationen, Vereine und Verbände, die sich zum Teil wissenschaftlich, zum Teil ausschließlich propagandistisch der völkischen Idee verpflichtet fühlten, unter anderem der 1919 gegründete »Deutsche Schutzbund für das Grenz- und Auslandsdeutschtum«, der »Verein für das Deutschtum im Ausland«, der »Grenzbüchereidienst« sowie ab 1933 der »Bund deutscher Osten«. Wissenschaftlich relevanter waren das in Stuttgart ansässige »Deutsche Ausland-Institut«, das »Ostland-Institut« in Danzig, das »Osteuropa-Institut« in Breslau sowie das »Institut für osteuropäische Wirtschaft« in Königsberg. Einschlägig zur Leipziger Stiftung und zum For-

Tätigkeit umfasste die Planung, Konzeptionalisierung und Durchführung wissenschaftlicher Tagungen, die Anregung von Forschungsprojekten sowie deren finanzielle Förderung, darüber hinaus verfolgte die Stiftung eigene Publikationsvorhaben wie das »Handwörterbuch des Grenz- und Auslandsdeutschtums« und verfasste Stellungnahmen zu Fragen des Grenz- und Auslandsdeutschtums.[200] In diesem Zusammenhang waren Stiftungsmitglieder immer wieder beratend tätig, so beispielsweise bei der Ausgestaltung von Volkszählungen oder als Gutachter in Gerichtsverfahren.[201] Dabei praktizierten die Verantwortlichen nicht nur einen engen interdisziplinären Austausch, sondern vernetzten auch die in diesem Forschungsfeld namhaften Institute und Wissenschaftler. An den regelmäßigen Tagungen der Stiftung nahmen darüber hinaus die zuständigen Referenten des Innen- und Außenministeriums sowie Vertreter der Landes- und anderer Reichsministerien teil, sodass sich hier über die Jahre ein enger Verbund deutschtums- und volkstumspolitischer Anstrengungen konstituierte.[202] Die verhandelten Themen waren so vielfältig wie programmatisch: Während der »ostdeutsche« wie der »westdeutsche Volksboden« bereits 1923/24 auf der Tagungsordnung standen, ging es in den nachfolgenden Jahren um Siedlungsgeschichte, Völkerwanderung, Sprachforschung und Ostkolonisation im Allgemeinen sowie um den alemannischen Kulturkreis, um die Sprach-, Wirtschafts- und Siedlungsgeschichte in Schlesien sowie um das limburgische Grenz-

---

schungsterrain insgesamt: Fahlbusch, »Wo der deutsche … ist, ist Deutschland!«. Als Überblick bei manchen Fragen hilfreich: Haar/Fahlbusch (Hg.), Handbuch der völkischen Wissenschaften; darin zum Beispiel der Beitrag von Ingo Haar zur Leipziger Stiftung, S. 374–382.

200 Zu den vielfältigen Forschungs- und Handlungsfeldern der Stiftung vgl. Fahlbusch, »Wo der deutsche … ist, ist Deutschland!«, S. 98–173.

201 Vgl. beispielsweise das Gutachten von Volz im Ullstein-Prozess, zitiert in: Jaworski, Kartographische Ortsbezeichnungen; ebenso die Korrespondenz mit dem Präsidenten des Preußischen Statistischen Landesamtes über die geplante Volkszählung, in: PAAA, Kult VI A, Deutschtum im Ausland 2-Nr. 11, Inländische Vereine, R 60381, ähnlich die kritische Stellungnahme der Stiftung vom 1. 2. 1927 zu dem bei Velhagen & Klasing erschienenen Buch »Ostpreußen«, dessen Formulierungen geeignet seien, »den litauischen und polnischen Ansprüchen Vorschub zu leisten«, vgl. PAAA, Kult VI A, Deutschtum im Ausland 2-Nr. 11, Inländische Vereine, R 60383. Weiteres Material zur Berater- und Gutachtertätigkeit in: Institut für Länderkunde Leipzig, Nachlass Volz, Kasten 403/5.

202 Zur Kulturpolitik des Auswärtigen Amtes sowie generell zur Deutschtumspolitik in der Weimarer Republik vgl. Fahlbusch, »Wo der deutsche … ist, ist Deutschland!«, S. 27–48; ebenso: Krekeler, Revisionsanspruch.

land im Besonderen.[203] Während Volz nicht müde wurde zu betonen, dass es der Stiftung nicht um Propaganda, sondern um seriöse, wissenschaftlich fundierte Erkenntnisse ginge, die es den staatlichen Stellen zu liefern gelte, entwickelte sich gerade die Gradwanderung zwischen Wissenschaft und Propaganda zu einem zentralen Konfliktpunkt in- und außerhalb der Stiftung. Denn trotz der gemeinsamen revisionistischen Grundausstattung waren die Deutschtumsforscher untereinander heillos zerstritten und politisch tief gespalten. Jenseits individueller Konflikte um Prestige, Anerkennung und Einfluss sowie gewisser finanzieller Unregelmäßigkeiten ging es hierbei auch um inhaltliche Divergenzen. Da Volz weiterhin naturdeterministische Ansätze vertrat und auch an der Vorstellung natürlicher Grenzen festhielt, geriet er immer stärker mit Positionen in Konflikt, wie sie von Albrecht Penck, Emil Meynen und Friedrich Metz vertreten wurden. Mit der Auffassung, dass »Volk und natürlicher Entwicklungsraum oder Lebensraum […] sich decken [müssen]«, knüpfte Volz zwar an Vorstellungen von Friedrich Ratzel an, blieb allerdings im Unterschied zu völkisch-großdeutschen Konzepten einer Kulturgeographie verbunden, die Lebensformen eher »von der Erde her« und nicht vornehmlich »vom Menschen aus« betrachtete. Obgleich mit einem am Kulturbegriff orientierten Raumkonzept zunächst partielle Übereinstimmungen hergestellt werden konnten, die in der Formel vom »Deutschen Raum« ihr Schlagwort fanden, kristallisierten sich zwischen den Stiftungsverantwortlichen schon bald tief greifende Differenzen heraus. Zwar sah auch Penck in der Revision des Versailler Vertrages die Hauptstoßrichtung geographischer Zuarbeit, und auch er reduzierte ebenso wie Volz den Staat zur bloßen Verwaltungseinheit, gleichzeitig schrieb Penck verschiedenen Bevölkerungen allerdings bestimmte, auf Veranlagung zurückzuführende Eigenschaften zu. Mit Konzepten wie denen von Volz, der zu diesem Zeitpunkt noch

---

203 Zu den Tagungsaktivitäten vgl. die umfangreiche Überlieferung im: PAAA, Kult VI A, Deutschtum im Ausland 2-Nr. 11, Inländische Vereine, R 60380–60387; einen Überblick liefert: Wilhelm Volz, Denkschrift über die Entwicklung der deutschen Mittelstelle für Volks- und Kulturbodenforschung vom 27. März 1925, in: PAAA, Kult VI A, Deutschtum im Ausland 2-Nr. 11, Inländische Vereine, R 60380; Verwaltungsrat der Stiftung für deutsche Volks- und Kulturbodenforschung (Hg.), Stiftung für deutsche Volks- und Kulturbodenforschung Leipzig. Die Tagungen der Jahre 1923–1929 (Wilhelm Volz zum 60. Geburtstag), Leipzig o.J [1930]. Zur Kartenproduktion der Stiftung vgl. die Korrespondenz mit dem Statistischen Reichsamt vom 29. Juli 1926, in: PAAA, Kult VI A, Deutschtum im Ausland 2-Nr. 11, Inländische Vereine, R 60382.

behauptete, »nicht die Rasse entscheidet über das Volkstum [...], sondern der Wille und das Volksbewußtsein«, mussten solche Substanzialisierungen früher oder später aneinandergeraten. Während Kaschuben, Masuren, Oberschlesier, Wenden und andere »Volksgruppen« für Volz zum deutschen Volk zählten und er »Mischvölker« damit als grundsätzlich assimilierbar ansah, sahen Penck und andere Stiftungsmitarbeiter darin die Preisgabe »volksdeutscher Gebiete« wie Elsass, Schweiz und Luxemburg. So betonte Friedrich Metz mit klarer Distanzierung gegenüber Volz, dass es gerade die Großtat des deutschen Volkes sei, so erfolgreich im Sinne des Kulturbodens kolonisiert zu haben, sodass sich daraus noch heute das Lebensrecht des Grenz- und Auslandsdeutschtums ableite.[204] Dass Volz darüber hinaus eine durch den Völkerbund garantierte »Kulturautonomie« für die im Ausland lebenden Deutschen mittrug, brachte ihm nicht nur stiftungsintern den Vorwurf ein, die »deutsche Sache« im Osten verraten zu haben. Obgleich also Volz wie auch Penck in ihren Konzepten völkisch-räumliche Ordnungsvorstellungen vertraten, verweist ihr Gegensatz auf die generelle Vielschichtigkeit des in den 1920er Jahren vor dem Hintergrund eines verlorenen Krieges aktualisierten völkischen Denkens. Von einer einheitlichen Theorie oder einem nur ansatzweise gemeinsamen Konzept lässt sich hier kaum sprechen. *Völkisch* – das war eher eine begriffliche denn eine weltanschauliche oder gar organisatorische Klammer für zahlreiche divergierende, zum Teil komplementäre, aber auch konträre Kollektivvorstellungen. In der Tendenz erlebte dieser heterogene völkische Diskurs bis Ende der 1920er Jahre allerdings eine von biologischen Denkmustern geprägte Substanzialisierung, mit der kollektive Zugehörigkeit zunehmend als Determinante begriffen und mit der die angenommene Wesenseigenschaft von Völkern als Optimierungspotenzial gewertet und individualisiert wurde.[205]

Zu den inhaltlichen Kontroversen in der Leipziger Stiftung traten weitere Konflikte wie die umstrittene Einflussnahme politischer Be-

---

204 Vgl. Friedrich Metz, Kritik an Volz, zit. n. Fahlbusch, »Wo der deutsche ... ist, ist Deutschland!«, S. 226.

205 Zum amorphen Phänomen der »völkischen Bewegung« und ihren vielfältigen, zum Teil obskuren Erscheinungsformen vor dem Ersten Weltkrieg vgl. Purschner, Die völkische Bewegung; Puschner/Schmitz/Ulbricht (Hg.), Handbuch zur »völkischen Bewegung«; zur Transformation in den 1920er und 1930er Jahren vgl.: Schnurbein/Ulbricht (Hg.), Völkische Religion; Schmitz/Vollnhals (Hg.), Völkische Bewegung; Breuer, Die Völkischen in Deutschland.

amter, das generelle Profil der Institution sowie dubiose Unterschlagungsvorwürfe hinzu.[206] Während diese Querelen bereits einer systematischen Demontage gleichkamen, spitzte sich die wissenschaftliche Konfrontation zwischen Volz und dem für das Handwörterbuch hauptverantwortlichen Redakteur Friedrich Metz 1928 dramatisch zu. Dessen dezidierte Kritik am »Deutschen Raum«, wie Volz ihn vertrat, führte nicht nur zu seiner Kündigung, sondern auch zum Rücktritt Albrecht Pencks, ohne dass sich damit die gegenseitigen Verleumdungen erledigten. Ganz im Gegenteil: Volz sah sich in der Folgezeit, insbesondere ab Frühjahr 1931, massiven Anfeindungen ausgesetzt, die ihn zum einen als Person und Wissenschaftler diskreditierten, die zum anderen aber auch die Veruntreuung von Stiftungsgeldern anprangerten und damit sowohl die Stiftung als auch die sie stützende Ministerialbürokratie öffentlich angriffen. Dass sich hierbei vor allem die *Nationalsozialistischen Monatshefte* sowie die seit 1931 von der NSDAP dominierte Schriftleitung der Leipziger Zeitschrift *Die Neue Literatur* hervortaten, kann kaum als Zufall gewertet werden. Am 8. August 1931 fiel im Innenministerium jedenfalls der Beschluss, die Stiftung aufzulösen. Aufstieg und Scheitern der Leipziger Stiftung markieren somit eine sowohl wissenschaftliche wie auch eine deutschtumspolitische Richtungsentscheidung, wie sie sich seit Ende der 1920er Jahre abzeichnete. Die nach 1919 zunächst relativ strikt an Revisionsforderungen geknüpften Territorialkonzepte lösten sich zunehmend von ihrem Bezugsereignis und experimentierten mit Kategorien wie »Nation«, »Volk«, »Raum« und zunehmend auch mit »Rasse«.[207] Unter dem Schlagwort »Deutscher Raum« versammelten sich höchst unterschiedliche Theorien, Konzepte und Ideen, wie territoriale Zugehörigkeiten jenseits der seit 1918 international festgelegten Grenzen wissenschaftlich zu legitimieren waren. So kontrovers beispielsweise die verschiedenen Ausprägungen der Volks- und Kul-

---

[206] Zu diesen Konflikten und zur Auflösung der Stiftung vgl. Fahlbusch, »Wo der deutsche … ist, ist Deutschland!«, S. 80–98; ebenso: die umfangreiche Stiftungskorrespondenz dazu in: PAAA, Kult VI A, Deutschtum im Ausland 2-Nr. 11, Inländische Vereine, R 60387 sowie eine 40-seitige Denkschrift von Volz über die Stiftungsquerelen in: Kult VI A, Deutschtum im Ausland 2-Volzstiftung/Volksstiftung, R 603549.

[207] Seit 1926 griff die Stiftung auch zunehmend anthropologische und rassentheoretische Fragestellungen auf, zudem unterhielt sie Kontakte zum Freiburger Anthropologen Eugen Fischer, vgl. PAAA, Kult VI A, Deutschtum im Ausland 2-Nr. 11, Inländische Vereine, R 60382.

turbodentheorie auch ausfielen, gemeinsam war ihnen, die Weimarer Republik als allenfalls provisorischen Staat mit einem eklatanten Raumdefizit zu entwerten.[208] Diese Infragestellung brachte nicht nur erhebliche Hypotheken für die demokratische Ordnung mit sich, sondern führte auch zu einer Abkehr von international verbindlichen Grenzkonventionen mit ihren durch Verfahren legitimierten Herstellungspraktiken. Diese Raumkonzepte zielten somit nicht nur auf die Wiederherstellung der Grenzen von 1914, sondern eröffneten räumliche Horizonte jenseits des historisch ohnehin belasteten Nationalstaatsmodells, das seine Legitimität nach 1918 rapide einbüßte. Nicht mehr nationalstaatliche, sondern am Volks- und Kulturboden vermessene Grenzen verwiesen nun auf einen zukünftigen deutschen Staat, den es alsbald zu realisieren galt. Damit waren die räumlichen Herausforderungen gleichwohl benannt, wenn auch in Ausmaß und Gestalt noch überaus strittig.

Volk ohne Raum: Besichtigung eines klaustrophobischen Lebensgefühls

Die Tendenz, volks- und raumtheoretische Modelle in politische Handlungskonzepte zu transformieren, fand nicht nur in Forschungsinstitutionen wie der Leipziger Stiftung ihre Konkretisierung, sondern prägte den gesellschaftlichen Raumdiskurs der 1920er Jahre insgesamt. Als zentrale Figur profilierte sich dabei unter anderem Karl Haushofer, der bis 1919 nicht nur als aktiver Offizier, sondern seit den 1920er Jahren auch als habilitierter Geograph für eine vor allem geopolitisch orientierte Anwendung raumtheoretischer Konzepte warb. Während seine militärstrategischen Studien zu Groß-Japan den Kern seiner wissenschaftlichen Tätigkeit bildeten, wurde er darüber hinaus als Gründer und Herausgeber der seit 1924 im Verlag Kurt Vowinckel erscheinenden *Zeitschrift für Geopolitik* bekannt.[209] Dort und in zahl-

---

208 Vgl. dazu allgemein Sontheimer, Antidemokratisches Denken.

209 Hier nur einige exemplarische Verweise auf seine zahlreichen Publikationen: Haushofer, Das Japanische Reich; ders./März, Zur Geopolitik der Selbst-Bestimmung; ders., Grenzen; ders./Obst/Lautensach/Maull, Bausteine zur Geopolitik; ders., Geopolitik der Pan-Ideen; ders., Wehr-Geopolitik; ders., Der nationalsozia-

reichen anderen Publikationen vertrat Haushofer ein geopolitisches Konzept, das er – mit großer Bewunderung für Friedrich Ratzel und Rudolf Kjellén – als eine »Wissenschaft von der politischen Lebensform im natürlichen Lebensraum, die sie in ihrer Erdgebundenheit und ihrer Bedingtheit durch geschichtliche Bewegung zu erfassen sucht«, verstanden wissen wollte.[210] Dabei sah er die Geopolitik als wissenschaftliche Grundlage an, die »ganz besonders in dem eingeengten und verstümmelten mitteleuropäischen Lebensraum« dazu dienen solle, diesen »wieder zu erweitern und herzustellen«.[211] Die Politik müsse lernen, so Haushofer 1925, »sich wenigstens aller erreichbaren wissenschaftlichen Hilfsmittel zu bedienen in einem Kampf ums Dasein, der durch das gesteigerte Missverhältnis zwischen Ernährungsgrundlage und Volksdichte der politischen Räume nicht leichtere, sondern immer schwerere Formen annehmen muss«.[212] Mit Blick auf angelsächsische und auch französische Geopolitiker, deren Arbeiten Haushofer als ausgereifter und politisch einflussreicher beurteilte, forderte er auch für das politische Handeln in Deutschland eine stärkere Anwendung geopolitischer Gesetze. Nur durch sie seien ein weltpolitischer Wiederaufstieg und der notwendige Raumgewinn in Europa möglich. »Die Geopolitik will und muss zum geographischen Gewissen des Staates werden«, so proklamierte Haushofer wenig bescheiden.[213] Er verortete sich selbst in einer internationalen *community*, die er vor allem von Wissenschaftlern wie Sir Halford John Mackinder, Robert Sieger, Norbert Krebs, Isaiah Bowman, Arthur Dix, Hugo Grothe und John Maynard Keynes geprägt sah. Vor allem auf Mackinder berief sich Haushofer, wenn er einen kontinentalen Machtblock in Europa (unter deutscher Führung) den maritimen Kräften entgegenstellte. Die Gemeinsamkeiten mit Mackinder und anderen Geopolitikern sah Haushofer darin, Weltpolitik an die geopolitischen Raumgesetze zurückzubinden und damit ein Raumbewusst-

listische Gedanke; ders./Röseler, Das Werden des deutschen Volkes; ders., Japan baut sein Reich.

210 Haushofer, Politische Erdkunde, S. 138. In Abgrenzung dazu bezeichnete Otto Maull Geopolitik nicht als eine eigenständige Wissenschaft, sondern »als eine angewandte Wissenschaft. Geopolitik ist nichts anderes als angewandte Politische Geographie.« Maull, Politische Geographie, S. 176. Replik dazu von Haushofer, Nachschrift zu Otto Maull.

211 Haushofer, Geopolitik, S. 138.

212 Ebenda, S. 147.

213 Haushofer u.a., Bausteine zur Geopolitik, S. 27.

sein zu verankern, das in der deutschen Tradition bisher sträflich vernachlässigt worden sei.[214] Darüber hinaus sah Haushofer es als unausweichlich an, die »Übervölkerungsfrage« einiger Staaten wie Deutschland, Japan und Italien in den Mittelpunkt des politischen Handelns zu stellen und so die Beziehung von Lebenswille, Raumvorstellung und daraus erwachsenden Schranken zum »Massengut der schicksalbestimmenden Volksmengen zu machen«.[215] Programmatisch ergab sich für ihn daraus sowohl die wissenschaftliche wie auch volkspädagogische Herausforderung, Lebensraum als quasi vorpolitische Daseinsgrundlage eines jeden Staates zu verankern und als entscheidenden Faktor, besser noch als handlungsleitende Maxime weltpolitischen Agierens anzuerkennen. Wenn Politik die geopolitischen Gesetze wie in der Vergangenheit weiterhin missachte, müsse und werde sie auch in Zukunft zwangsläufig scheitern. Im Umkehrschluss steckte darin ein reizvolles Versprechen: Das Wissen um die Gesetze des Daseins, um die Gesetze der wachsenden Räume und des fortwährenden Wettstreites um Lebensraum stellte der Politik eine Handlungsgewissheit in Aussicht, die sie aus sich heraus nicht gewährleisten konnte. Geopolitik versprach für die Zukunft weltpolitischen Machtzuwachs vor dem Hintergrund der Erkenntnis, »dass eine Zeit geopolitischer Flurbereinigung der Neuverteilung der Macht auf der Erde mit dem Weltkrieg nicht abgeschlossen ist, sondern angefangen hat«.[216]

Über Karl Haushofer ist viel geschrieben und noch mehr spekuliert worden,[217] nicht nur weil Rudolf Heß bei ihm in München studierte und durch diese Verbindung sein Einfluss auf Hitlers Lebensraumvorstellungen als beglaubigt gilt, sondern auch, weil sich an seiner Person eine Forschungsperspektive ausrichtet, die den politischen Raumdiskurs, wenn nicht schon seit dem Kaiserreich, so doch spätestens seit den 1920er Jahren als Vorgeschichte des Nationalsozialismus entwirft. Und für diese Deutung gibt es zweifellos auch gute Gründe, gerade wenn man die Person Haushofer als Schlüsselfigur geopolitischen

---

214 Einen Überblick zur Geopolitik liefert: Tuathail, Geopolitik; Helmig, Geopolitik.

215 Haushofer, Geopolitik, S. 151.

216 Karl Haushofer, zit. n.: Haar, Handbuch der völkischen Wissenschaften, S. 236–237.

217 Aus der umfangreichen Forschungsliteratur zu Haushofer seien hier genannt: Jacobsen, Karl Haushofer: Leben und Werk; ders., »Kampf um Lebensraum«; Diner, »Grundbuch des Planeten«; Hipler, Hitlers Lehrmeister; Murphy, The Heroic Earth; Natter, Umstrittene Konzepte. Speziell zur deutsch-japanischen Verflechtung vgl. Spang, Karl Haushofer und die Geopolitik in Japan.

Denkens in Deutschland ansieht.[218] Schließlich interpretierte er die raumtheoretischen Konzepte Ratzels und vor allem Kjelléns als ein spezifisches Anrecht Deutschlands, seinen seit dem Versailler Vertrag zerschnittenen »Lebensraum« wenn nötig mit Gewalt zu erweitern – zunächst innerhalb, mittelfristig auch außerhalb Europas. Es gehe um eine »gerechte Verteilung des Lebens- und Atemraumes auf der Erde«[219] propagierte Haushofer und meinte damit ein vor allem deutsches Recht auf Expansion. Es scheine »Pflicht und Recht der Raumbeengten, aller unter übermäßigem Volksdruck und einem beschnittenen, verstümmelten, falsch begrenzten Kulturboden leidenden Völker zu sein, auf die unverheilten Brandwunden in der Außenhaut ihres Volkskörpers hinzuweisen«.[220] Hinzu trat eine antiurbane und antiindustrielle Grundausstattung, mit der er in klassisch neomalthusianischer Verkehrung zeitgenössische Modernisierungs- und Verdichtungsphänomene für die von ihm diagnostizierte Raumnot verantwortlich machte.[221] Vor allem seine antisemitischen und wehrgeographischen Schlussfolgerungen machten seine Geopolitik mit nationalsozialistischen Expansionsinteressen kompatibel.

Ihre volle Wirkung entfaltete die Geopolitik vor allem durch den Abgleich geographischer und politischer Denk- und Ordnungsmuster. Während ihr genuin wissenschaftlicher Erkenntnisgewinn eher von untergeordneter Bedeutung blieb, kann ihre vermittelnde, mobilisierende und popularisierende Funktion wohl kaum hoch genug eingeschätzt werden. Stärker als Haushofers Schriften beeinflusste die bis 1944 erscheinende *Zeitschrift für Geopolitik* (ZfG) sowohl die fachinterne wie auch die gesellschaftliche Debatte.[222] Die ZfG kann aufgrund ihres prominenten Abonnentenkreises und wegen ihrer in- und ausländischen Verbreitung als ein zentraler Ort gelten, an dem anthropogeographische, geopolitische sowie raumtheoretische Konzepte debattiert und in den politisch-öffentlichen Diskurs eingespeist wurden. Insbesondere bis 1931 vollzog sich in dieser Fachzeitschrift ein fachübergreifender Aushandlungs- und Vereinheitlichungsprozess, der sich um die Begriffe »Deutscher Raum« beziehungsweise »Lebens-

---

[218] Eine solche personenzentrierte Sicht vertreten beispielsweise: Mohler, Autorenporträt; Ebeling, Geopolitik 1919–1945.

[219] Haushofer u.a., Bausteine zur Geopolitik, S. 41.

[220] Haushofer, Grenzen, S. 13.

[221] Hierzu weiterhin lesenswert: Diner, Grundbuch des Planeten, S. 6–10.

[222] Vgl. Natter, Umstrittene Konzepte, S. 12–24.

raum« gruppierte, und der Geopolitik als ein vor allem auf Politikberatung konzentriertes Arbeits- und Forschungsfeld etablierte.[223] Neben einer fundamentalen Gegnerschaft zum Völkerbund, einem antiparlamentarischen und antidemokratischen Grundkonsens sowie einer biologisch-organischen Staatsauffassung waren es vor allem das »Gesetz der wachsenden Räume« sowie die Beschwörung einer ohnehin und erst recht seit 1919 dramatisch zugespitzten Raumenge, die den Grundtenor der Zeitschrift prägten. So eröffnete der Politologe und Schriftleiter Fritz Hesse 1924 die erste Ausgabe mit einem Beitrag, in dem er als Grundtendenz der Geschichte »das Wachstum der Menschen an Zahl und damit zugleich der Größe der von ihnen beherrschten Räume« kennzeichnete.[224] In Weiterführung der Ratzel'schen Raumgesetze ginge es allerdings nun nicht mehr nur um die Wirkung menschlicher Kräfte im Raum, sondern um die »dynamische Wirkung der Räume aufeinander«.[225] Entscheidend seien dabei die Raumverhältnisse, vor allem diejenigen, die sich aus der Raumbestimmtheit menschlicher Verwurzelung und denjenigen Wachstumsdynamiken ergäben, die Gesellschaften aufgrund von Industrialisierung, Technisierung und Verkehr zunehmend in Bewegung geraten ließen. »Alle im Raum wirkende Kraft ist politisch«, daher sei es dringend geboten, politisches Handeln nach den menschlichen Grundformen der Raumbeziehung auszurichten. Damit skizzierte Hesse nicht nur programmatisch den geopolitischen Diskurs der Zeitschrift, sondern eröffnete auch ein Arbeits- und Vermittlungsfeld, das sich der Zusammenführung substanzialistischer Raumkonzepte mit fundamentalen Modernitätserfahrungen verpflichtet fühlte.[226] Ratzels Ge-

---

223 Nach 1931 veränderte sich nicht nur der Herausgeberkreis, sondern auch das Profil der Zeitschrift, die sich nun mehr und mehr der nationalsozialistischen Blut-und-Boden-Propaganda annäherte, ohne jedoch mit ihr identisch zu werden. Der vor allem von Vowinckel forcierte Versuch, Geopolitik als grundlegende Staatstheorie des Nationalsozialismus zu verankern, scheiterte jedoch. Vgl. Harbeck, Die »Zeitschrift für Geopolitik«; Natter, Umstrittene Konzepte, S. 12.

224 Hesse, Das Gesetz der wachsenden Räume.

225 Ebenda, S. 2.

226 Dieser Diskurs richtete sich mal mehr, mal weniger explizit gegen soziologische Raumtheorien, wie sie unter anderem von Georg Simmel vertreten wurden. Gegen die Entsubstanzialisierung des Raumbegriffs zu agieren, gehörte sicherlich zu einem der zentralen Antriebskräfte der ZfG. Aus der Soziologie kam auch die schärfste Kritik, vor allem 1925 von Otto Haußleiter, 1929 aus marxistischer Sicht von Karl August Wittvogel. Vgl. Köster, Rede über den Raum, S. 89–100 und 132–143; Sprengel, Kritik der Geopolitik, S. 133–168.

setz des räumlichen Wachstums der Staaten erfuhr in dieser Lesart eine bemerkenswerte Nuancierung: Den Beharrungskräften räumlicher Verwurzelung standen nun »raumüberwindende Mächte«[227] zur Seite, ohne dass der Staat dabei – wie noch bei Ratzel – als Subjekt dieser Dynamik im Mittelpunkt stand. Ihm kam im ewigen Wechselspiel der Räume allenfalls noch eine funktionale Bedeutung zu, der Raum selbst galt nun als treibende Kraft von Geschichte.[228]

Dass die *Zeitschrift für Geopolitik* offensiv gegen den Versailler Vertrag opponierte und mit territorialen Revisionsforderungen nicht hinterm Berg hielt, kann kaum verwundern. Das Grenz- und Auslandsdeutschtum im Osten, der frühere überseeischer Kolonialbesitz sowie die deutschen Minderheiten in Südafrika und Argentinien – die Suche nach »Deutschem Raum« ließ den geopolitischen Blick in alle Himmelsrichtungen schweifen. Jenseits solcher Interventionen und trotz der Heterogenität der insgesamt mehr als 1200 Einzelbeiträge lässt sich über die Jahre die Tendenz beobachten, wie das räumliche Bild der territorialen Enge, wie eine für das deutsche Volk lebensbedrohliche Raumnot, die durch gewaltsame Verstümmelung und Zerreißung des deutschen Territoriums entstanden sei, nicht nur als Tatsache gesetzt, sondern zunehmend als Existenzfrage dramatisiert wurde. Dabei korrespondierten die territorialen Verluste seit 1919 mit einer durch Bevölkerungsentwicklung, Industrialisierung und infrastruktureller Vernetzung erzeugten Verdichtungserfahrung und konstituierten ein klaustrophobisches Lebensgefühl, das für den Raumdiskurs der 1920er und 1930er Jahre symptomatisch wurde. Die *Zeitschrift für Geopolitik* war *ein* zentraler Ort, an dem sich dieses Raumbild manifestierte und wo es sich zudem mit wissenschaftlicher Legitimität versorgte.[229] So fragte der Wiener Wirtschaftsgeograph Robert Sieger beispielsweise nach den Unterschieden zwischen dem Wachstum der Staaten und dem der Nationen und machte damit vor allem auf aktuelle Ungleichzeitigkeiten in Mittel- und Osteuropa auf-

---

[227] So auch der gleichnamige Titel eines von Haushofer herausgegebenen Bandes, Leipzig 1934.

[228] Zum Verhältnis von Staat und Raum vgl. auch Spandau, Staat und Boden. Eine differenzierte Analyse der weniger an Ratzel, denn an Kjellen orientierten Theorieausrichtung innerhalb der Geopolitik liefert: Sprengel, Kritik der Geopolitik, S. 141–168.

[229] Daran änderten auch die teilweise heftigen Kontroversen unter den Herausgebern und Mitarbeitern wenig. Vgl. Natter, Umstrittene Konzepte, vor allem S. 13–16.

merksam.[230] Ebenfalls in Wien prognostizierte der Geograph Alois Fischer schon 1925 die Tragfähigkeit des Erdraumes mit etwa 8 Milliarden Menschen und betonte dabei sowohl die quantitativen wie auch die qualitativen Aspekte der Bevölkerungsentwicklung, bei deren Dynamik es doch darum gehen müsse, die »weiße Rasse« gegenüber anderen zu stärken.[231] Der Mitherausgeber der Zeitschrift und Geographieprofessor Erich Obst hingegen forderte unermüdlich die überseeischen Kolonien zurück, was er nicht nur mit der Unrechtmäßigkeit des Versailler Vertrages begründete, sondern weiterhin als Kompensation eines »riesigen Bevölkerungsdruckes« verstanden wissen wollte. Aus dem »Deutschen Raum« wurde bei Obst sogar ein »überseeisches Deutschland«, das »als hohe Schule zur Heranbildung wahrhafter deutscher Führermenschen« unverzichtbar sei.[232] Während Obst noch der Auffassung anhing, den »knappen deutschen Volksboden« durch koloniale Eroberungen in Übersee ausgleichen zu können, dimensionierten andere Autoren die zukünftigen Herausforderungen allgemeiner. Der Kölner Privatdozent Ernst Barthel versuchte sich an einer absonderlichen Geopsychologie, mit der er die Welt in eine metaphysisch-östlich-passive und eine naturbeherrschend-westlich-aktive Grundtendenz aufteilte, deren Trennlinie quer durch Deutschland verlaufe. Trotz der offensichtlichen Abwegigkeit seiner Argumentation lenkte auch er, wie viele andere Autoren, den geopolitischen Blick nach Osten, nicht nur weil er dort die Lösung für »Deutschlands Übervölkerung« verortete, sondern weil die Deutschen selbst ihrer Grundveranlagung nach ein »östliches Volk« seien, das »Kultur« statt »Zivilisation« des Westens anstrebe.[233] Mag selbst Zeitgenossen Barthels weltpolitisches Tableau absurd erschienen sein, so reihte sich auch sein Beitrag ein in die geopolitische Betrachtung zeitgenössischer und prognostizierter Lebensraumdynamiken.[234] Vorherrschendes Prinzip allen Wachstums war und blieb dabei der »Kampf um Raum«. Und diesen beschwor beispielsweise Hugo Freiherr von Lamezan 1928 mehr herbei als er ihn analysierte, wenn er in der ZfG darauf verwies, dass »Europa zweifellos noch nicht am

---

230 Vgl. Sieger, Unterschiede.

231 Vgl. Fischer, Zur Frage der Tragfähigkeit.

232 Obst, Wir fordern unsere Kolonien zurück!, S. 154.

233 Barthel, Deutschlands und Europas Schicksalsfrage, Zitat S. 308.

234 Beispielhaft dazu: Maull, Die Umwertung des menschlichen Lebensraumes; Lamezan, Gestaltung der Lebensräume; Krüger, Zur Frage der Umwertung.

Ende der Organisation seiner Lebensräume« sei.[235] Dass das »Schicksal einer Kampfgemeinschaft« in der wehrhaften Verteidigung ihrer Wirtschaft liege, degradierte nicht nur den Staat zur formalen Verwaltungseinheit, dem lag auch latent und oftmals explizit die räumliche Vorstellung zugrunde, dass Deutschlands territoriale Lage nicht nur die Forderung nach mehr Lebensraum rechtfertige, sondern ein »Kampf ums Dasein« letztlich unausweichlich sei.[236]

»Grenzdruck und Raumenge lasten atembeklemmend auf Innereuropa« – kaum eindringlicher ließen sich die Symptome einer klaustrophobischen Angststörung formulieren.[237] Hier manifestierte sich ein existenzielles Bedrohungsgefühl, das sich räumlich konstituierte. Die einhellige Ablehnung des Versailler Vertrages, die enorme Empörung und auch der politische Protest gegen die erzwungenen Gebietsabtretungen verwiesen trotz aller emotionalen Ausbrüche immer noch auf einen gewissen sachlichen Kern, aus dem Revisionsforderungen abgeleitet wurden. In der räumlichen Wahrnehmung fühlte sich diese emotionale Erfahrung bedrohlich an. Das Gefühl räumlicher Enge erzeugt Panik, Angst und Aggression. Klaustrophobe fürchten um ihr Leben. Im Raumdiskurs der 1920er Jahre verfestigte sich dieses Bedrohungsszenario zu einem ideologisierten Affekt, der breit in die deutsche Gesellschaft diffundierte. Unter den zahlreichen Vermittlungsinstanzen war die *Zeitschrift für Geopolitik* nur eine, wenn auch eine nicht ganz unbedeutende. Das hing mit ihrer geschickten Vernetzungsstrategie, das hing aber auch mit der dort praktizierten kartographischen Neuausrichtung zusammen, die nicht zufällig das Adjektiv suggestiv führte.[238] Während Karl Haushofer zunächst vor allem die angelsächsische Kartographie bezichtigte, mit suggestiven Kartenbildern (vor allem zum Schaden Deutschlands) vorsätzlich zu manipulieren, blieb diese Kritik auffallend halbherzig, da sie sich zwischen Vorwurf und Anerkennung kaum entscheiden konnte. Selbstverständlich müsse auch das suggestive Kartenbild »wahr sein«, so Haushofer irri-

---

[235] Lamezan, Gestaltung der Lebensräume, S. 598.

[236] Ebenda, S. 593.

[237] Haushofer, Grenzen, S. 15.

[238] Hierzu einschlägig: Herb, Under the Map, S. 76–118; Die Funktion der »Karte als Waffe«, auch didaktisch betonend: Schultz, Sie wussten, was sie taten!; ders., Raum als kartographische Repräsentation; ders., Das Kartenbild als Waffe, hierzu die Kritik von Joachim Neumann, in: *Kartographische Nachrichten*, 2008, Heft 6, S. 321–323 und die Replik von Schultz ebenso in ebenda, S. 323–325. Zur suggestiven Kartographie in Historischen Schulatlanten vgl.: Lehn, Deutschlandbilder.

tierend banal, »denn kartographische Lügen haben ganz besonders kurze Beine. Aber es entfaltet seine politisch betonte Leistung in dem, was es an Untergeordnetem oder Unerwünschtem typisiert, zurücktreten lässt oder verschweigt«.[239] Der Leser mag überrascht sein über die in Haushofers Darstellung augenfällige Naivität, mit der er die Produktion von Karten als einen voraussetzungsvollen Konstruktions- und Symbolisierungsvorgang neu zu entdecken schien. Die in der *Zeitschrift für Geopolitik* und in zahlreichen anderen Publikations- und Schulungsorganen praktizierte Kartographie war jedoch alles andere als naiv.[240] Hier wurde ein wirkungsmächtiges Darstellungsmittel entwickelt, experimentell verfeinert und als zentrales Instrumentarium politischer Agitation professionalisiert. Gezielte Farbgebung, Schwarz-Weiß-Kontraste, sogenannte Richtungs- und Kraftlinienpfeile, Umkreisungsfiguren sowie allegorische Figuren dienten der graphischen Vereindeutigung, oftmals auch der karikierenden Überzeichnung. In jedem Fall sollte so der Blick auf eine im Kartenbild visualisierte Botschaft fokussiert werden. Der Geopolitiker Ruprecht von Schumacher sah »die Aufspaltung der Karte auf den einfachsten thematischen Nenner« als vordringlichste Aufgabe an, um die angestrebte plakative Wirkung zu erzielen. Jede Karte müsse »ein Axiom sein, das sich gedanklich nicht mehr weiter zerlegen lässt, ohne dass das Thema Schaden leidet. Alles andere muss in neue Karten gegossen werden, so dass fast immer Reihen entstehen werden, die wie ein Film Bild um Bild den Gedankengang des Zeichners aufbauen«.[241] Exemplarisch demonstrierte er dieses Verfahren an zwei Musterkarten, die sich der Flugbedrohung Deutschlands widmeten. Die erste Skizze zeige in konventioneller Weise die Reichweite

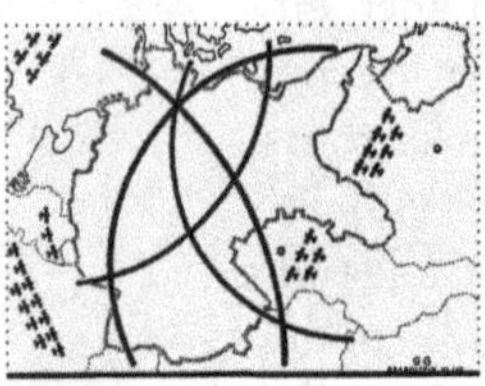

25 tschechischer Bomber, während die zweite Karte den gleichen Inhalt mithilfe einer plakativeren Kartensprache visualisiere. Die zweite Dar-

[239] Haushofer, Die suggestive Karte, S. 346; zur Verwendung suggestiver Symbolik in »slawischen« Karten, mit der Haushofer das Bedrohungspotenzial im Osten unterstreicht: ders., Fromme Wünsche. Zeitgenössisch zur suggestiven Kartographie und vor allem als Kartograph von zentraler Bedeutung: Ziegfeld, Die deutsche Kartographie; ders., Karte und Schule; ders., Kartengestaltung.

[240] Zur Unterscheidung von suggestiven und geopolitischen Karten vgl. Herb, Under the Map, S. 84–109.

[241] Schumacher, Zur Theorie der Raumdarstellung, S. 641. Zur Dynamisierung der suggestiven Kartenskizzen im Film und zum Begriff Anschaulichkeit vgl. Köster, Rede vom Raum, S. 154–164.

stellung veranschauliche, so Schumacher, dass fast ganz Deutschland 26
durch tschechische Flugzeuge innerhalb von zwei Stunden erreichbar sei. Nur diese Art der »Anschaulichkeit« transportiere das Maß der Bedrohung, die als eigentliche Botschaft der Karte herauszustreichen sei.

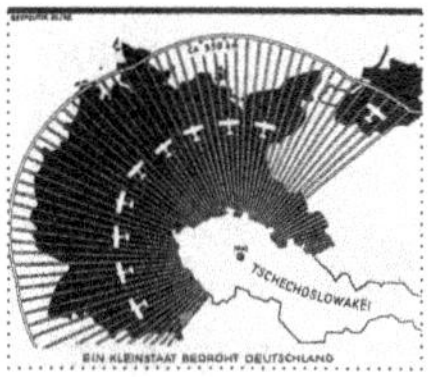

Während die Inhalte stark variierten, zeichnete sich die suggestive Kartographie vor allem durch ihre visuelle Kraft aus, mit einer plakativen Figuralität räumliche Bedrohungsdynamiken, das Gefühl von Raumenge und territorialer Abschnürung zu versinnbildlichen. Die in den Kartenskizzen symbolisierte Beweglichkeit feindlicher Kräfte suggerierte ein Gefährdungspotenzial, das regelrecht räumlich spürbar wurde. Dynamische Karten zielten auf die Visualisierung von »Bestrebungen, Absichten, Konzeptionen, Einflüssen, Entwicklungen« mit einschüchternder Qualität. Migration, Expansion und dynamische Machtkonkurrenzen gehörten zu den bevorzugten Themen der suggestiven Veranschaulichung. Hierbei komme besonders »dem roten Pfeil in der schwarzweißen Karte […] viel mehr Überzeugungskraft zu als dem schwarzen«, so lautete eine der insgesamt simplen Gebrauchsanweisungen.[242] Karl Springenschmid, österreichischer Pädagoge und Schriftsteller, veröffentlichte 1933 unter dem Titel »Die Staaten als Lebewesen« ein geopolitisches Skizzenbuch, das sich geradezu programmatisch der suggestiven Kartensprache bediente. 27

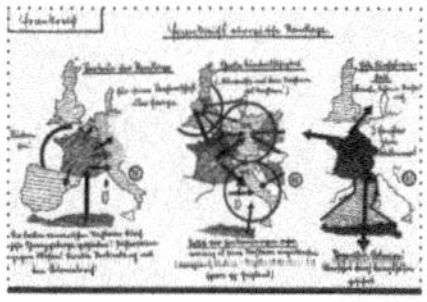

Mit Kreis- und Pfeilsymboliken propagierte er unter anderem die privilegierte Randlage Frankreichs gegenüber den offenbar von allen Seiten bedrängten mitteleuropäischen, sprich deutschen und italienischen Staaten. Die sich im Kartenbild aufdrängende »Lagegunst« Frankreichs wird visuell kontrastiert mit einer feindlichen Umzingelung der ohnehin nach dem Ersten Weltkrieg benachteiligten und räumlich deformierten Kriegsverlierer. Visuell steht der Feind weder im Osten noch im Westen, er greift vielmehr von allen Seiten an und scheint den ohnehin schon verstümmelten »Deutschen Raum« zu umklammern und im Kern zu bedrohen.[243]

Auch Otto Maull widmete sich der suggestiven Kartographie. Skizzen, »die die Staaten als raumbewältigende Wesen ansehen«, symbolisierten seiner Meinung nach verschiedene »Formen des Kampfes

242 Ebenda, S. 650.

243 Springenschmid, Die Staaten als Lebewesen, eine Sammlung solcher Skizzen lieferte auch: Lange, Volksdeutsche Kartenskizzen.

um den Raum«. Neben »dem Flankenstoß und der Keilstellung« sei hier die »Durchstoßung, Flankenüberwachsung und Umklammerung« zu nennen.[244] Der Staat sei eben kein ruhendes Gebilde, sondern »von ihm gehen dauernd raumdynamische Wirkungen aus«, die sich auch kartographisch darstellen ließen. »Wie eindrucksvoll wirkt
28 eine Karte Deutschlands«, so Maulls offen rhetorische Frage, »die die Auswirkungen der dynamischen Kräfte nur mit ein paar Pfeilrichtungen festgehalten hat«, und er meinte damit seine auf die territoriale Zertrümmerung Deutschlands zielende Kartenskizze von 1928. Sie und vor allem Maulls Kartenbeschreibung kann als mustergültiges Dokument klaustrophobischer Raumkonstituierung gelesen werden und soll daher auch hier in seiner vollen Länge zur Geltung kommen: »Im Südwesten und Osten hat sich der dynamische Druck von außen mit dem Abschluß des Weltkriegs außerordentlich verstärkt. Polen und Frankreich lagern in einer für Deutschland bedrohlichen Keilstellung, die von den scharf vorwinkelnden Grenzvorsprüngen aus die Basisstellung zu weiteren Flankenstößen abzugeben vermögen. In Keilstellung ist auch die Tschecho-Slowakei entstanden, deren Druck freilich weitgehend aufgehoben wird durch die starke Umklammerung von deutschem Land, die sich bei einem Anschluß Deutschösterreichs an das Deutsche Reich zu einer sehr bedrohlichen gestalten könnte. Polen hat außer dem furchtbaren Flankenstoß eine meerwärts gerichtete Durchstoßung deutschen Landes ausgeführt. An dieser Trümmerzone ist der kleine deutsche selbständige Staat Danzig gebildet worden. Ähnlich steht Litauen mit hartem Druck auf dem gleichfalls deutschen Memelland. Weit geringer sind die dynamischen Wirkungen, die von Dänemark und Belgien ausgehen. Hier wie dort und ebenso in den Niederlanden sind die Sperrwirkungen weit empfindlicher als ein etwa aggressiver Druck. Die drei Staaten lagern sich vor wichtigste Pforten des Reiches, ähnlich wie Deutschland sowohl die Schweiz wie auch Österreich in Lageabhängigkeiten bringt. So befindet sich Deutschland in Europas Mitte in arger dynamischer Bedrängnis; freilich löst Druck Gegendruck aus, der die Druckwirkungen von außen zum guten Teil aufzuheben vermag.«[245]

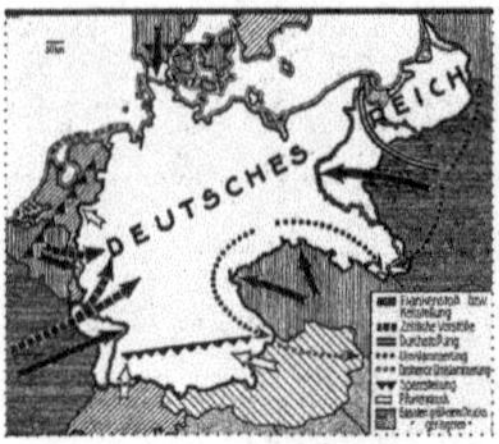

---

244 Maull, Über politischgeographische-geopolitische Karten, S. 332; ausführlicher in: ders., Politische Geographie.

245 Maull, Über politischgeographische-geopolitische Karten, S. 332–334.

Während die Forschung vor allem die propagandistische und manipulative Wirkung der suggestiven Kartographie herausstreicht und hier das Schlagwort von der »Karte als Waffe« geprägt hat, bleiben ihre räumlichen Figurationen oftmals zu wenig berücksichtigt. Neben ihrer funktionalen Rolle im propagandistischen Revisionsgefecht konstituierten und verbreiteten die Karten vor allem ein Gefühl der Raumenge, mit dem sie auf eine spezifische emotionale Wirkung abzielten. Dieser ideologisierte Affekt korrespondierte seit der zweiten Hälfte der 1920er Jahre mit der Ethnisierung der kartographischen Repräsentationen,[246] an der nicht nur Geographen und Kartographen mitwirkten, sondern bei der es sich darüber hinaus um eine volkspädagogische, didaktische Vermittlungsoffensive handelte, die mit der allgemeinen Verräumlichung des politischen Denkens einherging. Im Kontext dieser Ethnisierung herrschte als räumliche Figur ein klaustrophobisches Bedrohungsszenario vor, das zum einen mit feindlichen Umzingelungen massive Existenzängste schürte, und das zum anderen einen permanenten Druck postulierte, der angeblich sowohl von innen als auch von außen auf Deutschlands Grenzen laste. Während der Außendruck relativ leicht durch gängige Feindbilder und projizierte Aggressionen suggerierbar war, rekurrierte die Rede vom Innendruck auf eine klassische Übervölkerungsrhetorik, die sich angesichts der territorialen Verluste seit 1919 nochmals dramatisch verschärfte. Europa sei ein viel zu enger, künstlich verstümmelter Lebensraum mit enormen Spannungen, dem Mussolini prophezeit habe, er werde eines Tages wie eine überfüllte Bombe platzen. Von Volksdruck, räumlichen Druckquotienten und fehlender Atemweite war allenthalben die Rede, Deutschland brauche mehr Ellenbogenraum, um seine Bevölkerung zu ernähren. Während sich die Bevölkerungswissenschaften mit dem Phänomen des Geburtenrückgangs systematischer zu beschäftigen begannen, eine rasante Bevölkerungsentwicklung wie noch im 19. Jahrhundert schlicht nicht mehr den Tatsachen entsprach und stattdessen ein signifikanter Bevölkerungsrückgang nicht mehr nur quantitative, sondern zunehmend qualitative Maßstäbe im bevölkerungspolitischen Diskurs verankerte, blieb trotz allem das angeblich prekäre Verhältnis von Bevölkerungsdichte und

---

[246] Hierzu vor allem Herb, Under the Map, S. 106–119; zu Ethnisierungsprozessen vgl. Mattiolo, »Volksgrenzen«; Kményfi, Karten machen; ohne Kartenbezug, aber trotzdem lesenswert: Sundhausen, Die Ethnisierung von Staat, Nation und Gerechtigkeit.

Bodenertragsfähigkeit für die Konstruktion klaustrophobischer Bedrohungsszenarien von konstitutiver Bedeutung.[247] Der Nationalökonom Paul Mombert brachte dieses Deutungsmuster auf die Formel, dass sich der Nahrungsspielraum eines jeden Volkes aus dem Produkt von Volkszahl und Lebensstandard ergebe.[248] Nach dieser Logik galten alle Variablen der Gleichung als potenziell kanalisierbare und politisch steuerbare Faktoren. Bevölkerung wurde auf diesem Wege zum Objekt politischer Regulierung, über dessen Mittel, Ziele und Verfahren allerdings Uneinigkeit herrschte.[249] Gleichwohl eröffnete diese Sichtweise wissenschaftliche und politische Handlungsfelder, die Krisenphänomene als Folgen bevölkerungspolitischer Fehlentwicklungen beschrieben und zu regulieren forderten. In diesen Kontext gehörte auch die vor allem von Friedrich Burgdörfer vertretene These, Deutschland steuere aufgrund der bevölkerungspolitischen Folgen des Ersten Weltkrieges und anderer gesellschaftlicher Veränderungen auf einen »Volkstod« zu, dem es sozialpolitisch entgegenzuwirken gelte.[250] Vor allem der Geburtenrückgang im »hochwertigen« Bevölkerungsteil führe dazu, dass das deutsche Volk auf dem Weg in die demographische Selbstvernichtung sei. Schreckensszenarien wie die der »biologischen Selbstgefährdung« blieben nicht wirkungslos, wenn auch das Ideal einer möglichst großen Bevölkerungszahl in den 1920er Jahren gegenüber qualitativen Optimierungsforderungen noch dominierte und damit auch das propagierte Missverhältnis von Bevölkerungsentwicklung und Raumverhältnissen nichts an Sprengkraft einbüßte. Diese hier nur schlagwortartig skizzierten Kontroversen prägten ein komplexes Diskursfeld, das die seit Malthus immer wieder beschworene Übervölkerungsthese mit der aktuellen Diagnose konfrontierte, Deutschland leide unter einem lebensbedrohlichen Be-

---

247 Die in der Forschung mittlerweile umfangreiche Literatur zur Geschichte der Bevölkerungstheorien und die vielfältigen Diskurse zur Übervölkerungsthese können hier nicht umfassend aufgearbeitet werden, sondern sollen allein hinsichtlich ihrer räumlichen Figuration berücksichtigt werden. Einschlägig zu diesem Themenfeld: Grundmann, Bevölkerungslehre; Weipert, »Mehrung der Volkskraft«; ebenso: Ferdinand, Der Geburtenrückgang. Zu quantitativen und qualitativen Bevölkerungsparametern auch: Heim, Berechnung und Beschwörung, S. 15–70.

248 Vgl. Mombert, Bevölkerungslehre.

249 Vgl. vor allem die dezidierte Kritik von Franz Oppenheimer auf der Jahrestagung des *Vereins für Sozialpolitik* 1926 in Wien, vgl. dazu: Heim, Berechnung und Beschwörung, S. 31.

250 Vgl. die einschlägigen Schriften von Burgdörfer, Der Geburtenrückgang und seine Bekämpfung; ders., Volk ohne Jugend; ders., Deutsches Volk in Not.

völkerungsrückgang. Denn faktisch gingen die Zahlen seit Ende des 19. Jahrhunderts zurück, auch wenn diese Tendenz erst nach dem Ersten Weltkrieg systematisch reflektiert wurde. Die auf den ersten Blick gegensätzlichen Positionen Übervölkerung versus Geburtenrückgang waren zeitgenössisch durchaus miteinander vereinbar, schließlich gingen die Übervölkerungsrhetoriker von keinem absoluten, sondern von einem relativen, erst durch ungünstige Raum- und Wirtschaftsbedingungen erzeugten »Volksdruck« aus.[251] Territorialverluste, Reparationsleistungen und die Übersiedlung Grenz- und Auslandsdeutscher, die vor allem aus den abgetretenen Gebieten abwanderten, hätten den ohnehin schon begrenzten Nahrungsspielraum schrumpfen lassen und die räumliche Enge des Deutschen Reiches zu einer massiven Bedrohung verdichtet. Bevölkerungswissenschaftler, Statistiker, Soziologen und Nationalökonomen verwiesen auf vermeintlich harte Fakten, mit denen sie entsprechenden Revisionsforderungen eine statistisch-bevölkerungswissenschaftliche Grundlage verschafften. Die Forderung nach zusätzlichem deutschem Lebensraum galt demnach als wissenschaftlich legitime Schlussfolgerung eines zunehmend an Existenzfragen appellierenden Raumdiskurses.

Binnenwanderung, Landflucht, Massenarbeitslosigkeit – der ökonomische Strukturwandel korrespondierte Ende der 1920er Jahre mit einem politischen Raumdiskurs, der sich angesichts weltwirtschaftlicher Verwerfungen immer vehementer der Formel »Volk und Raum« verschrieb. Und das nicht nur in rechtsextremen Kreisen: Beispielsweise lobte die von Hermann Ullmann und Rudolf Fischer herausgegebene *Politische Wochenschrift* 1926 einen wissenschaftlichen Wettbewerb aus, in dem es um die – keineswegs rhetorisch gemeinte – Frage ging: »Kann Deutschland innerhalb der bestehenden Grenzen eine wachsende Bevölkerung erhalten?« Werner Sombart übernahm 1928 für das Preisrichtergremium die Aufgabe, aus den eingereichten Expertisen einen aussagekräftigen Querschnitt zusammenzustellen.[252] In seiner Einleitung zu »Volk und Raum« machte Sombart »den Weltkrieg und den Versailler Vertrag« für die unerträgliche Lage Deutschlands verantwortlich. Es stelle sich angesichts dieses »deutschen Lebensproblems« die Herausforderung einer »vorausschauenden Wirtschaftsführung«, um deren Maßnahmen, Ausrichtung und Neujustierung der Wettbewerb kreise. Dabei müsse davon ausgegan-

---

251 Vgl. hierzu überzeugend: Weipert, Mehrung der Volkskraft, u.a. S. 54ff.
252 Vgl. Sombart (Hg.), Volk und Raum.

gen werden, dass das deutsche Volk in absehbarer Zeit weiter wachse, dass Maßnahmen zur Steigerung des Exportes allein nicht ausreichten und dass es zwar um eine Wirtschaftspolitik innerhalb der bestehenden Grenzen gehe, zudem aber auch berücksichtigt werden müsse, »was an deutscher Volks- und Wirtschaftskraft außerhalb dieser Grenzen vorhanden ist und miteingesetzt werden kann«.[253] Die vorgestellten Gutachten deckten das zeitgenössisch diskutierte Spektrum ökonomischer Maßnahmen ab, die vornehmlich auf eine Binnenmarktorientierung und damit auf eine autarke Volkswirtschaft zielten. Intensivierung der inneren Kolonisation, landwirtschaftliche und bergbauliche Produktionssteigerungen sowie eine auf heimische Erzeugnisse ausgerichtete Umstellung des Verbrauchs gehörten dabei zu den vordringlichen Schritten, die es unverzüglich einzuleiten gelte. Der Nahrungsspielraum sei durch eine gezielte Reagrarisierung auszuweiten, denn nur das Leben auf dem Lande garantiere eine wachsende Bevölkerung mit gesundem, kräftigem Nachwuchs. Während also die Rücksiedlung aufs Land nicht nur quantitative Steigerungsraten garantieren sollte und so die ländliche Lebensweise zum Rückgrat der deutschen Wirtschaft erklärt wurde, zielte die innere Kolonisation langfristig auf eine Bevölkerungsoptimierung, ohne dass dabei bereits ein erbbiologisch-selektives Verständnis vorherrschte. Raumnot sollte nach dieser Logik nicht vornehmlich expansiv, sondern durch Raumerschließung, Reagrarisierung und Produktivitätssteigerungen kompensiert werden. Neben solchen Modellen, die eine intensivere ökonomische Nutzung des vorhandenen Lebensraumes postulierten, sprachen sich andere Gutachter eher für eine weltwirtschaftliche Offensive aus. Mehrere Autoren plädierten für eine Erweiterung der »Bodengrundlage des Deutschen Volkes« durch Industrieexport. Der deutsche Machtbereich müsse sich auf Rohstoff- und Absatzgebiete sowie auf Siedlungsland ausweiten, das groß genug sei, um ein freies Wachstum zu ermöglichen.[254] Alle weltwirtschaftlichen Anzeichen signalisierten für die nächsten Jahre eine »erhöhte Entfaltung kolonisatorischer Arbeit«, an der sich auch Deutschland maßgeblich beteiligen sollte.[255] Der moderne Kapitalismus müsse international agieren, um national profitieren zu können. Die Erschließung neuer Absatzmärkte, eine globale Rohstoffgewinnung sowie die Industrialisierung

253 Ebenda, S. V.

254 So Fritz Koberg in seinem Gutachten, vgl. Sombart, Volk und Raum, S. 10.

255 So Armin Osterrieth in seinem Gutachten, vgl. ebenda, S. 185–198.

Südamerikas und Afrikas waren Bausteine einer Vision, die in globalen Märkten die Zukunft räumlichen Wachstums sah, ohne dafür nationalistische Ordnungskonzepte vollständig aufzugeben. Ob nun die Zukunft des Kapitalismus angesichts einer grassierenden Weltwirtschaftskrise in einer autarken Planwirtschaft oder im globalen Freihandel vermutet wurde – auch in der Nationalökonomie operierten Fachvertreter im Kontext ihrer Krisenbewältigungsprogramme mit einer latenten oder manifesten Raumnot, deren Beseitigung vordringlichstes Ziel politischen und ökonomischen Handelns sein müsse.[256]

Bekanntermaßen erzielten weder geopolitische noch nationalökonomische Expertisen eine gesamtgesellschaftliche Resonanz. Diese Massenwirkung blieb einem Roman vorbehalten. Hans Grimm popularisierte mit seinem 1926 veröffentlichten Buch »Volk ohne Raum« wie kein anderes Werk die Vorstellung, Deutschland leide unter einer existenziellen Raumnot. Das fast 1300 Seiten umfassende Buch erreichte bis 1944 eine Gesamtauflage von mehr als 500000 Exemplaren – ein Best- und Longseller, der es bis zur Schullektüre brachte. Der Titel »Volk ohne Raum« beförderte aufgrund seiner schlichten wie auch eingängigen Semantik eine gesellschaftliche Verständigung, die begrifflich auch dort zu integrieren schien, wo ansonsten erhebliche politische Differenzen herrschten. Bereits ein Jahr nach seinem Erscheinen erklärte beispielsweise der Reichstagsabgeordnete und Völkerbunddelegierte Werner von Rheinbaben in der *Zeitschrift für Geopolitik* den Romantitel zur außenpolitischen »Deutschen Formel«, wenn sie denn auf gleichberechtigter Zusammenarbeit unter den Großmächten und gegenseitigem Interesse beruhe.[257] Gerade sein Plädoyer verweist auf die Spannbreite der politischen Meinungen, die sich in »Volk ohne Raum« wiederzufinden meinten. Die literarische Bearbeitung versorgte das klaustropho-

29

[256] Die Debatte um Autarkie, Planwirtschaft und Reagrarisierung kann hier nur angedeutet und nicht vertieft werden. Hierzu überzeugend die differenzierte Analyse zu Sombarts Kapitalismustheorie von Lenger, Werner Sombart 1863–1941, vor allem S. 345–357.

[257] Rheinbaben sucht in seinem Artikel nach einer griffigen Formel für die aktuelle politische Lage, lobt »Volk ohne Raum« »als besonders treffend in seiner Anwendung für den heutigen Zustand Deutschlands«, bevorzugt jedoch als generelle Herausforderung die Formulierung »Gleichberechtigte Zusammenarbeit im gegenseitigen Interesse«. Sein Plädoyer zeigt, wie politisch kompatibel »Volk ohne Raum« offenbar war. Vgl. Rheinbaben, Die deutsche Formel, S. 106.

bische Lebensgefühl mit einer biographischen Sinnhaftigkeit, die durch wissenschaftliche Expertise kaum zu erzielen gewesen wäre. Der enorme Erfolg des Romans ist allerdings nicht nur deshalb bemerkenswert, weil eine solche Resonanz an sich schon ungewöhnlich ist, der Erfolg ist auch deswegen erklärungsbedürftig, weil das kolonialromantische Narrativ des Buches eigentlich keine Rekordauflagen hätte erwarten lassen.

»Volk ohne Raum« erzählt den Lebensweg des Bauernsohnes Cornelius Friebott aus dem Weserbergland von seiner Jugendzeit in den 1880er Jahren bis zu seiner Ermordung 1923.[258] Im ersten Teil beschreibt Grimm nicht nur Jugendliebe, Militärdienst und Männerfreundschaft, vor allem zeigt er die vergebliche Suche Friebotts nach einem sinnvollen Auskommen vor dem Hintergrund eines durch Industrialisierung radikal veränderten und in seiner als »natürlich« empfundenen Ordnung gestörten Milieus.[259] Die Integration des Helden in die moderne Gesellschaft misslingt, daher beschließt Friebott in die britische Kolonie Südafrika auszuwandern, wo er zunächst im Burenkrieg gegen die Engländer kämpft und sich dann als Handwerker, Diamantensucher und Farmer probiert. Nicht nur seine beruflichen Anstrengungen bleiben hier und in Deutsch-Südwestafrika letztlich erfolglos, auch seine Liebesbeziehungen scheitern. Seine Freundschaft mit dem Sozialisten Martin Wessel zerbricht an politischen Differenzen. Während eines Besuches in Deutschland distanziert er sich aufgrund der antikolonialen Programmatik der SPD endgültig vom Sozialismus.[260] Friebott reist frustriert wieder nach Deutsch-Südwest, gerät während des Ersten Weltkrieges in britische Gefangenschaft, flieht nach Angola und kehrt endgültig nach Deutschland zurück. Er heiratet die mehr als zwanzig Jahre jüngere, uneheliche Tochter seiner Jugendliebe Melsene und verbreitet als Wanderredner in einer SA-ähnlichen Uniform seine Mission vom »Volk ohne Raum«. Kurz vor dem Putschversuch Hitlers am 9. November 1923 wird Friebott aus politischen Motiven von einem sozialistischen Arbeiter erschlagen. Der

---

[258] Einen guten Inhaltsüberblick liefert der entsprechende Artikel von Georg Heintz im Kindler Literaturlexikon.

[259] Vgl. Grimm, Volk ohne Raum.

[260] Grimm inszeniert dieses Thema, indem er Friebott am SPD-Parteitag 1912 in Chemnitz teilnehmen lässt. Dort wurde der Journalist Gerhard Hildebrand wegen seiner kolonialen Überzeugung aus der Partei ausgeschlossen. Dieser Eklat liefert im Roman dann auch für Friebott den Anstoß, sich endgültig vom demokratischen Sozialismus abzuwenden. Vgl. Grimm, Volk ohne Raum, S. 951–968.

von »Wagemutigen und Sehnsüchtigen« initiierte Marsch auf die Feldherrenhalle markiert den Beginn eines hoffnungsvollen Aufbruchs.[261]

Der Roman ist in weiten Teilen eher politisches Pamphlet denn literarische Erzählung, es ist ein Thesen- und Entwicklungsroman mit schlichten Hauptfiguren, mit einem langatmigen Erzählstil und einer durchsichtigen Handlungskomposition.[262] Der dozierende, mit langen Monologen angereicherte und aufdringlich belehrende Stil verlangt selbst dem geneigten Leser viel Geduld ab. Grimm erzählt nicht, seine Sprache zielt auf Gesinnung. Die Identifikation zwischen Autor und der als Antihelden entworfenen Hauptfigur ist bewusst hergestellt, ja der Lebensweg des Bauernsohnes Friebott weist nicht nur zu Grimms eigener Biographie Parallelen auf, in seinem Leben konkretisiert sich auch Grimms Sicht auf die politische Situation in Deutschland: »Weil nun in dem Leben, das in diesem Buche geschildert wird, unser gemeinsames deutsches Schicksal sein Antlitz nackend zeigt, wie es ja zuweilen geschieht, dass die Geschichte eines einfachen Mannes zugleich das Geschick seines Volkes enthüllt [...].«[263] Cornelius Friebott ist ein tragischer »deutscher« Held, und er tut in diesem Roman vor allem eines: Er leidet. Er leidet an den modernen Zeiten, an der Industrialisierung, an der Vermassung, am Werteverlust und vor allem an den Engländern. Trotz seiner fleißigen, ehrlichen und redlichen Art erfährt er in der Welt nur Ausgrenzung, Missgunst und Ungerechtigkeit. Dabei hält sich der tragische Held selbst für so anständig, dass es einen manchmal fürchtet.[264] Friebott fühlt sich gedemütigt, orientierungslos und in seinen Handlungsmöglichkeiten behindert. Sein Leben gleicht nach Grimms Worten einer »deutschen Odyssee«.[265] Sein

---

[261] Ebenda, S. 1290.

[262] Zu dem Roman vgl. Gümbel, »Volk ohne Raum«; daneben zahlreiche Aufsätze: Kreutzer, Deutsche Heimat und afrikanische Wahlheimat; Hausmann, Diesseits von Afrika, S. 204–208; Neuhaus, Literatur und nationale Einheit, speziell zu Grimm S. 244–260; Gümbel, Instrumentalisierte Erinnerung; Berding, Völkische Erinnerungskultur; Ketelsen, Literatur; Hartung, »Volk ohne Raum«; Smith, The Colonial Novel; Sarkowicz, Zwischen Sympathie und Apologie. Im Kontext der kolonialen Geographie betrachtet Alexander Honold den Roman; vgl. ders., Raum ohne Volk; im gleichen Band mit Blick nach Osten von Ketelsen, Der koloniale Diskurs; literarische Einordnungen liefern einige Beiträge in: Glaser (Hg.), Deutsche Literatur.

[263] Grimm, Volk ohne Raum, S. 10. Grimm scheute nicht davor zurück, sich selbst in den Roman einzubinden, vgl. ebenda, S. 631–659 und S. 1230–1299.

[264] So die zutreffende Formulierung von Lattmann, Raum als Traum, S. 251.

[265] Grimm, Volk ohne Raum, S. 1274.

Scheitern zeigt ihn als Opfer einer internationalen, besonders britischen Interessenpolitik, die ihn aufgrund seiner »Deutschheit« stigmatisiert und massiv benachteiligt. Hier tritt neben das unerträgliche Selbstmitleid und die allgegenwärtige Ohnmacht noch ein tief sitzender Neid mit der Tendenz, sich als »deutschblütiger« Märtyrer zu inszenieren.[266] In der vordergründig friedfertigen Hauptfigur schwingt eine latente Aggressivität mit, die den Roman unterschwellig durchzieht und die sich zum Ende hin intensiviert. Grimms Roman ist antimodern, er ist antidemokratisch und antisemitisch, vor allem aber durch und durch »völkisch« strukturiert mit einem Kolonialrassismus, der für die britische Haltung gegenüber schwarzafrikanischen Untertanen nur verständnisloses Kopfschütteln übrighat. Allerdings bedient Grimms Roman andere Elemente der sich in den 1920er Jahren neu formierenden Rechten ausdrücklich nicht: Er ist nicht antibürgerlich, er propagiert keinen eliminatorischen Antisemitismus, und er predigt nicht den Krieg als legitimes Mittel der Politik. Grimm glaubte Mitte der zwanziger Jahre immer noch an die Möglichkeit, Deutschland durch politisches Verhandlungsgeschick, durch internationalen Druck und Übereinkunft als koloniale Weltmacht etablieren zu können: Das war zweifellos realitätsfremd und naiv, unterschied sich aber gerade dadurch von der Programmatik der extremen Rechten.

Wenn man sich darum bemüht, den Roman nicht nur als Wegbereiter nationalsozialistischer Eroberungspolitik zu lesen, dann offenbart er ein signifikantes und zudem geschlechtlich codiertes Raumbild, mit dem der Widerstreit zwischen agrar- und industriestaatlichen Gesellschaftsmodellen aufgegriffen und literarisch verarbeitet wird. Grimms Ausgangspunkt war die trotz regionaler, schichtenspezifischer und zeitlicher Unterschiede für die Bevölkerungsmehrheit dominante Raumerfahrung eines durch Industrialisierung, Verstädterung und Bevölkerungszunahme geprägten Verdichtungsprozesses am Ende des 19. Jahrhunderts. Der Autor lässt schon zu Beginn Vater Friebott feststellen, »darum, daß wir kein bäuerliches Erbrecht haben, sind die Höfe immer kleiner geworden, und in vierzig oder fünfzig Jahren ist es an der Oberweser mit richtiger Bauernschaft ganz zu Ende«.[267] Seine Klage gipfelt schließlich in der Bemerkung, was denn werden solle, »wenn wir immer enger bei eng sitzen und einer, selbst

[266] Zu Täter- und Opferfiguren vgl. Hermes, Täter- und Opfermythen.
[267] Grimm, Volk ohne Raum, S. 141.

wenn er alt wird, nichts ist und nichts hat«.[268] Die Angst um die eigene Zukunft und die des Sohnes wird nicht nur mit Industrialisierungs- und Urbanisierungsdynamiken begründet, auch das Motiv der Übervölkerung entfaltet seine ganze Bedrohlichkeit: »Ich weiß, daß ein deutscher Mensch [...] achtundneunzig Meter Landes im Gevierte zur Verfügung hat; ich weiß, daß der Raum sich verringert um jedes Kind, das geboren wird. Ich weiß, daß nach den Russen mit ihrer großen eigenen Welt niemand schneller wächst als wir in unserem eigenen Land.«[269] Die Rede vom existenzbedrohenden Raumverlust rekurrierte auf Wahrnehmungs- und Erfahrungsmuster, die sich im 19. Jahrhundert auf den tief greifenden und durchaus ambivalent wahrgenommenen Wandel zur modernen Industriegesellschaft bezogen: Zum einen schien das Überwinden des Raumes durch innovative Transport- und Kommunikationsmöglichkeiten grenzenlosen Fortschritt zu versprechen, zum anderen wurde dieser Konzentrationsprozess aber auch als Raumschwund empfunden, der mit Übervölkerung, mit Dynamisierungs- und Komplexitätssteigerungen sowie einem Verlust an natürlichen Lebensgrundlagen assoziiert wurde. Hans Grimm komponierte diesen Erfahrungswandel als soziale, ökonomische und letztlich auch emotionale Handlungsblockade seiner männlichen Hauptfigur. Cornelius Friebott gehört zu den Verlierern der Moderne. Seine Familie gibt aufgrund des industriellen Strukturwandels ihre traditionell bäuerliche Bewirtschaftung auf, bereits der Vater geht als Tagelöhner in den Steinbruch, der Sohn kann weder als Handwerkslehrling noch als ungelernter Arbeiter Fuß fassen, er verliert wegen seiner politischen Überzeugung seine Stellung und sucht zunächst Zuflucht bei der Marine mit Einsatz im südlichen Afrika. Für die Misere der Familie Friebott macht Grimm eine Raumnot, einen zwanghaft dramatisierten Mangel an Raum verantwortlich, der entstehe, »weil wohl die Menschen sich immerfort mehren, aber die Feldmark zwischen den Wäldern dieselbe bleibt, und die Arbeit, die der Wald gibt, ein bestimmtes Maß nicht zu überschreiten vermag«.[270]

[268] Ebenda, S. 142.

[269] Ebenda, S. 145. Zum Zusammenhang von Raumnot und Übervölkerung äußerte sich Grimm bereits im Sommer 1920, darin begründete er die Forderung nach mehr Raum zudem damit, dass nur durch Raumerwerb ein drohender Klassenkampf verhindert werden könne, vgl. ders., Übervölkerung und Kolonialproblem. Zum Verhältnis von Grimm und Moeller van den Bruck vgl. Hartung, Volk ohne Raum, S. 1658–1661.

[270] Grimm, Volk ohne Raum, S. 16.

Diese noch im vorindustriellen Denken verhaftete Vorstellung stilisiert Grimm zum Grundübel der bestehenden Gesellschaftsverhältnisse, denn »der deutsche Mensch braucht Raum um sich und Sonne über sich und Freiheit in sich, um gut und schön zu werden«.[271] Durch die unerträgliche Enge würden »die Glieder der Volksgemeinschaft notwendig zänkisch und knechtisch und unedel und verwachsen«.[272] Und an anderer Stelle heißt es: »Es gibt eine Sklavennot der Enge, daraus unverzwungene Leiber und Seelen nie mehr wachsen können. Ich aber mein Freund, ich weiß, dass meine Kinder und mein Geschlecht und das deutsche Volk ein und dasselbe sind und ein Schicksal tragen müssen.«[273]

Das kapitalistische Lohnsystem entmachte den freien Mann, der zuvor autonom über Hof, Familie und Land bestimmt habe. Durch seine auswärtige Arbeit übernehme nun die Frau seine Stellung, denn »es bleibt da neben dem Kindergebären und Kinderwarten und Kochen und Nähen und Spinnen die ganze große, die ganze niemals fertige Kleinarbeit im Haus, im Stall und auf dem Felde für die Frau übrig. Sie wird stark dabei eine Zeitlang wie ein Mann, sie wird wahrscheinlich stärker als ein Mann im Ertragen, sie wird nicht schöner unter der zwiefachen Last, aber scharf zusammenhälterisch, und am Ende entscheidet ihre Stimme jeden Schritt und jedes Geschäft und jede Entschließung.«[274] Die zur Lohnarbeit gezwungenen Männer verlieren ihr »Herrenwerk« und »werden niemals mehr Schicksalsherren ihrer Scholle und Freiherren ihres Armes sein können, weil das Land ihnen verloren ging, und Land und Arbeit sich nicht ein zweites Mal zusammenbringen lassen im menschengefüllten Vaterlande, nicht mit Fleiß und nicht mit Planen«.[275] Der durch industriellen Strukturwandel erzeugte Raumschwund wird in Grimms Roman zum Alptraum der männlichen Nachkriegsgesellschaft. Die doppelte Entmachtung des Vaters, zum einen den Verlust der als selbstbestimmt definierten Landarbeit, zum anderen seine Infragestellung im häuslichen Bereich, soll sich für den Sohn nicht wiederholen. Aufgrund seiner Orientierungslosigkeit sucht dieser zunächst in der britischen Kolonie Südafrika, also im »Fremden Raum«, wie das zweite Kapitel

---

[271] Ebenda, S. 10.
[272] Ebenda, S. 1298.
[273] Ebenda, S. 11.
[274] Ebenda, S. 16.
[275] Ebenda, S. 19.

des Buches daher heißt, nach einem Ausweg. Doch weder am Kap noch später in der deutschen Kolonie Südwest kann Cornelius Friebott aufgrund der politischen Machtverhältnisse seine Hoffnung auf ein freies deutsches Leben realisieren. Denn im Unterschied zu Großbritannien steht den Deutschen kein kolonialer Ausweichraum zur Verfügung: »Ja, wenn diese Bauernenkel Briten wären und die Weiten Kanadas und Australiens und Neuseelands und Südafrikas hinter sich wüßten und also eine andere Wahl hätten als den Marsch zu Fabrik und Großstadt!«[276] Den Ersten Weltkrieg definiert Grimm daher als einen »Krieg um Raum«, den Deutschland nicht nur wegen der militärischen Übermacht der Alliierten verloren habe, sondern weil »die Deutschen selbst nicht zu wissen scheinen, was ihnen fehlt und worum es geht«.[277] Daher muss sich politisch in Deutschland etwas ändern, so Grimms Botschaft, damit das »Volk ohne Raum« sein Recht auf »Deutschen Raum« realisieren kann: »Wir verlangen die Gerechtigkeit des Raumes für alle Völker nach Zahl und Leistung, das ist nach außen und innen unser Friede!«[278] In diesem Sinne hat Grimms Roman Mobilisierungspotenzial, denn es geht ihm nicht nur um mehr Raum in Afrika, sondern auch um die (Wieder-)Herstellung männlicher Handlungsfreiheit in der modernen Industriegesellschaft: »Daß immer freie und aufrechte Männer sich einander ablösen, das scheint mir die Hauptsache.«[279]

Grimms räumliche Verlustgeschichte findet ihre Gegenwelt in der Leere des kolonialen Raumes. Das südliche Afrika ist das »große, leere Land, wie wunderschön ist die ungeheure Räumigkeit voll Sonne; wie ist der Himmel blau und rein, wie klar sind alle Fernen; der Blick kann ohne Mühe meilenweit hinspringen, und trifft doch nichts und bringt doch nichts heim, davon zu erzählen, als eben die leere, leuchtende Weite«.[280] Dabei ergießt sich »Volk ohne Raum« nicht wie andere Kolonialromane oder Reiseberichte in endlos langen Landschaftsbeschreibungen, in denen mit einer Mischung aus Faszination, Schwärmerei und Mystifizierung ein zu kolonisierendes und damit zu kultivierendes Afrika entworfen wird, das immer zugleich auch Sehnsüchte nach dem Fremden, dem Unbekannten und Gefährlichem be-

276 Ebenda.
277 Ebenda, S. 1073.
278 Ebenda, S. 1243.
279 Ebenda, S. 26.
280 Ebenda, S. 353.

dient. Der Blick ist stärker auf das am südlichen Afrika vorhandene Land, genauer gesagt, auf die zur Farmwirtschaft geeigneten Flächen gerichtet.[281] Das Kap der Guten Hoffnung scheint im Unterschied zum düsteren Weserbergland hell und weit: »Und er sah rechts und sah links und sah vorwärts und rückwärts hinein in die sonnige Endlosigkeit.«[282] Der Blick auf die britische Kolonie Südafrika beziehungsweise auf die deutsche Kolonie Südwest ist zwar ästhetisch aufgeladen, der afrikanische Kontinent wird jedoch eher als Chance betrachtet, die für Deutschland so dramatisch empfundene Raumenge zu kompensieren. Die in anderen Berichten immer wieder beschworene Wildnis in Afrika, die unberührte Landschaft und die unendlich wirkende Weite ist auch in Grimms Roman eine Gegenwelt zur modernen Industriegesellschaft in Europa, allerdings weniger im Sinne eines einzigartigen Naturerlebnisses, sondern als Möglichkeit, individuelle Handlungsspielräume zurückzugewinnen. Bei Grimm ist das Landschaftserlebnis des Auswanderers primär mit einem Gefühl von Freiheit verbunden, die bei entsprechender weltpolitischer Kräfteverteilung die Herstellung und Förderung »Deutschen Raumes« erlauben würde. Die Kolonie Deutsch-Südwest soll der Ort werden, an dem sich eine vorindustrielle Geschlechterordnung neu konstituieren könnte.[283] Der »freie deutsche Mann« würde dort erneut über ausreichend Land, über Haus und Hof, über Frau und Kinder und über eine indigene Bevölkerung als Arbeitskräftereservoir verfügen. Dann wäre er wieder der Herr, der *Baas*, dann wäre die Ordnung der Geschlechter wieder unangefochten. Die phantasierte Leere des Raumes unterfüttert die Sehnsucht nach traditionellen Geschlechter- und Herrschaftsordnungen jenseits der als Irrwege wahrgenommenen modernen Entwürfe. *Raumschwund* ist bei Grimm kein geschlechtlich neutrales Raumbild, sondern Ausdruck eines männlich codierten Ordnungszusammenhanges. Grimms Raumvorstellungen zielen nicht nur auf potenzielles Farmland in Südwest, gemeint ist auch ein männlich do-

---

281 In dieser Hinsicht aufschlussreich ist die Darstellung der burischen Farmer, die Cornelius Friebott vom großen Treck erzählen und die den zur Verfügung stehenden Raum im südlichen Afrika schon für zu eng halten, da sie für ihre Viehherden große Weiden benötigen. Cornelius Friebott fragt daraufhin ungläubig: »Nicht Raum genug? Nicht Platz genug in solcher Weite? […] Und dachte an die Enge und den qualvollen Fleiß der Heimat […].« Ebenda, S. 382.

282 Ebenda, S. 383.

283 Vgl. zur deutschen Kolonialgesellschaft aus geschlechtergeschichtlicher Sicht: Wildenthal, German Women for Empire; Kundrus, Moderne Imperialisten.

minierter Handlungsraum, in dem sich das Projekt eines »Deutschen Raumes« verwirklichen sollte.[284]

Zweifellos gelang es Grimm mit seinem Roman, dem Kolonialrevisionismus der Weimarer Republik breite Aufmerksamkeit zu verschaffen. Und zweifellos popularisierte er das Lebensgefühl klaustrophobischer Enge, in der das deutsche Volk seiner Meinung nach seit Jahrhunderten lebe und an der es infolge der rasanten Industrialisierung existenziell leide. Seine Forderung nach Raum war dabei ungebrochen im Kolonialismus verwurzelt, allerdings steigerte sie sich durch die territorialen Verluste nach 1918 zu einer Art historischem Phantomschmerz. Dass sich der Roman nach 1933 als anschlussfähig erwies, bekräftigt den Eindruck, dass die von Grimm exzessiv beschworene Raumnot Mitte der 1920er Jahre auch über antidemokratische Kreise hinaus wenn nicht konsensfähig, so doch in aller Munde war. »Volk ohne Raum« bot eine schlichte wie prägnante Erklärung für scheinbar alle drängenden Probleme der Nachkriegszeit. Diese Synchronisationsleistung sollte allerdings nicht darüber hinwegtäuschen, dass sich der Erfolgsroman keineswegs geräuschlos für die nationalsozialistische Sache vereinnahmen ließ.[285] Üblicherweise werden diese Spannungen auf die eigensinnige Haltung des Autors gegenüber den neuen Machthabern zurückgeführt, gleichwohl bleibt es erklärungsbedürftig, wie ein Kolonialroman, der nicht etwa Lebensraum im Osten, sondern kolonialen Raum in Afrika forderte, zum Schlagwort nationalsozialistischer Eroberungspolitik werden konnte.[286] Die Rezeption des Buches zeigt, wie sich der Titel vom Inhalt des Romans allmählich löste – eine Art Überschreibung, die sich in den ersten Jahren nach Erscheinen des Buches noch gar nicht ab-

---

[284] Vgl. hierzu auch Ketelsens Überlegung, Grimms Raumbegriff ziele zwar vordergründig auf die Erweiterung agrarischer Nutzflächen, sei darüber hinaus aber eine Metapher für die »Möglichkeit zur Tat«, vgl. Ketelsen, Literatur, S. 210.

[285] Hans Grimm machte kein Geheimnis daraus, dass er ein deutsches Ostimperium ablehnte. Die Ukraine, Polen, Weißrussland und das Baltikum seien bereits viel zu dicht besiedelt, und der russische Raum sei unerschlossen und unfruchtbar. Die Raumnot sei nicht im Osten, sondern in Afrika zu lösen. Vgl. Hans Grimm 1931 in einer Zuschrift an die Zeitschrift *Der Ring*, zit. n. Hartung, Volk ohne Raum, S. 1662. Als konservativen Einzelgänger sieht ihn: Gümbel, Volk ohne Raum, S. 173–247.

[286] Hierzu gehört auch die Beobachtung, dass Grimm in seinem Roman durchgängig von Raum und nicht von Lebensraum spricht. Zur Verwendung von Lebensraum, Raum und Boden vgl. auch die Textanalyse zu »Mein Kampf« weiter unten und ebenso: Zimmermann, Kampf um den Lebensraum.

zeichnete.[287] Denn »Volk ohne Raum« rief zunächst sowohl überschwängliches Lob wie auch bissige Kritik hervor. Dass gerade in kolonial- und auslandsdeutschen Kreisen die Geschichte von Cornelius Friebott wahre Begeisterungsstürme weckte und der Roman schon bald zur Bibel des Deutschtums erklärt wurde, kann nicht verwundern. Grimm bediente wie kaum ein anderer das Bedürfnis nach gesellschaftlicher Anerkennung individueller wie auch kollektiver Leiderfahrungen: »Ein Schrei in die Welt ist dieses Werk: Wir Deutschen ersticken in unserer Enge!«[288] – so das Bekenntnis einer aufgewühlten Leserschaft. Für die so empfundene Notlage lieferte der Roman eine simple Diagnose, die das gravierende Problem deutscher Politik in der Raumenge identifizierte, ja hierin sogar die deutsche Schicksalsfrage schlechthin zu erkennen meinte. Die Kausalität von Raumenge und Krisenwahrnehmung leuchtete offenbar auch über rechtsextreme und nationalistische Kreise hinaus ein, auch wenn die politischen Schlussfolgerungen des Autors nicht unbedingt geteilt wurden. Die Frauen-

287 Im Deutschen Literaturarchiv Marbach (DLM), in dem ein Teil des Nachlasses verwahrt wird, existiert eine kleine Zusammenstellung von Rezensionen und Werbematerialien zu »Volk ohne Raum«, vgl. DLM, Nachlass Hans Grimm, Zugehörige Materialien, Sign. 83.1699; 83.1702. Zur Rezeption vgl. auch: Gümbel, Volk ohne Raum, S. 119–139; Wagner, Volk ohne Raum. Darüber hinaus wird hier eine nach der Bibliographie der Rezensionen zusammengestellte Sammlung von circa 80 Rezensionen ausgewertet, die sicherlich nur einen überschaubaren Ausschnitt liefert, jedoch einige markante Deutungsmuster erkennen lässt. Ich danke Franziska Müller für ihre Unterstützung bei der Recherche.

288 F.C.B., Buchrezension zu »Volk ohne Raum«, in: *Deutsche Arbeit. Zeitschrift des Volksbundes für das Deutschtum im Ausland* 26 (1926), S. 58–59. Der Rezensent in den *Deutschen Blättern in Polen* sprach von einer »Heiligen Schrift«, wie sie nur ein im harten Kampf der Völker bewährter Auslandsdeutscher verfassen könne. Vgl. *Deutsche Blätter in Polen. Monatsschrift für die Deutschen in Polen* 3 (1926), S. 520. Im Tenor ähnlich die Rezension von Hans Reepen, in: *Der Kolonialfreund. Illustrierte Kolonial- und Auslandszeitung* (1926), S. 242–243; auch abgedruckt in: *Afrika-Nachrichten* 7 (1927), S. 322–323; die »Tragik des Auslandsdeutschen« betont der Rezensent in: *Der deutsche Auswanderer. Veröffentlichungen des evangelischen Vereins für deutsche Ansiedler und Auswanderer* 23 (1927), S. 19. Ein Buch »voll Liebe und Verzweifelung« nennt es Herbert Martens, in: *Deutsche Rundschau* 53 (1926, S. 294–297) und Hans Braune sieht in Grimms Roman »ein Buch voll schmerzlicher Wahrheit«, in: *Deutschlands Erneuerung* 11 (1927), S. 263–264. Die Rezension von Grimms Freund Hermann Claudius überrascht nicht wegen seiner lobenden Worte, wohl aber durch die kritische Bemerkung, Grimm werde in der Novelle dem Sozialismus als Gesamterscheinung nicht gerecht, vgl. ders., in: *Hamburger Fremdenblatt* vom 26. 11. 1927, S. 26–27. Ernst Niekisch druckte Auszüge aus »Volk ohne Raum« in seiner nationalrevolutionären Zeitschrift *Widerstand* ab.

rechtlerin Helene Lange beispielsweise lobte Grimms Roman als »großes deutsches Epos« und als literarisches »Schwergewicht«, das »einen neuen idealistischen Glauben« und die Utopie einer gerechten Verteilung des vorhandenen Raumes verkünde. Während sie für Grimms räumlichen Befund lobende Worte fand, schien ihr seine antidemokratische Haltung allerdings »ein atavistischer Rückschlag in die alte Herrenstimmung« zu sein.[289] Sicherlich steckte darin Kritik, ein Verriss hört sich gleichwohl anders an. Wie eingängig »Volk ohne Raum« wirkte, verdeutlicht auch eine Rezension in der Zeitung des Centralvereins der Staatsbürger jüdischen Glaubens. Auch hier zeigte sich der Rezensent von der Grundthese, dass das deutsche Volk durch den Verlust der Kolonien ein »Volk ohne Raum« geworden sei, überzeugt. Selbst auf die Frage, ob das Buch antisemitisch sei, fiel ihm »die Antwort wahrlich nicht leicht«. Doch weniger die verächtliche Darstellung von Juden als vielmehr der »engherzige, nationalistische Geist«, in dem das Buch geschrieben sei, müsse den jüdischen Leser mit Schaudern erfüllen. Während die politischen Schlussfolgerungen für die Zeit nach 1918 völlig unverständlich seien, habe Grimm für die früheren Verhältnisse »manch kluges und wahres Wort gefunden«.[290] Auch der Schriftsteller Walter Harich, der Grimm mit Verweis auf Kant entgegenhielt, dass Raum nicht an sich existiere, sondern Menschen und Völker den Raum produzierten, »den sie haben wollen«, gestand zu, dass »Volk ohne Raum« ein schlagendes Wort sei für das, was »man« seit langem gefühlt habe. Und seine Kritik, dass die Lösung des Problems nicht in der Erweiterung, sondern in der industriellen Intensivierung des Raumes liege, hinderte Harich nicht daran, den »lebendigen Atem des Buches« zu würdigen. Zwar sehe Grimm immer dann nicht mehr scharf, wenn er seinen Ressentiments freien Lauf lasse, doch das Buch enthalte zweifellos »großartige Kapitel«.[291]

Kurt Tucholsky ging die Sache hingegen frontal an. »Grimms Märchen« strotze vor »dilettantischer Innigkeit«, die einer »protestantischen Provinziallyrik mit Hummelgesumm und Waldesrauschen« gleiche. Neben der schriftstellerischen Demontage wetterte Tucholsky

---

[289] Lange, Ein deutsches Epos.

[290] Kurt Alexander, Buchrezension, in: *C.V. Zeitung. Organ des Centralvereins der Staatsbürger jüdischen Glaubens* 6 (1927), Heft 11, S. 143–145.

[291] Walter Harich, Buchrezension, in: *Der deutsche Gedanke. Zeitschrift für auswärtige Politik, Wirtschaft und Auslandsdeutschtum* 4 (1927), S. 329–335.

gegen die Behauptung, Deutschland benötige überseeische Kolonien. Der ansonsten ja anständige Grimm erweise sich – wie alle Deutschen – als schlechter Verlierer und könne die Niederlage nicht verwinden. Das »gedemütigte Selbstbewusstsein« müsse heraus und verliere sich in altdeutscher Ideologie. »Es war einmal« – so beginnen eben die schönsten aller Grimm'schen Märchen.[292] Die Kritik übersieht jedoch, dass sich »Volk ohne Raum« mit dem Vorwurf des Ewiggestrigen nicht einfach vom Tisch wischen ließ. Grimms Roman war eben trotz seines biographischen Zeitfensters nicht einfach kolonialromantische Träumerei, sondern ein politisches Pamphlet, das für einen nationalen Sozialismus warb. Dass er für dieses leidenschaftliche Plädoyer Lob von Leuten erntete, die Grimm politisch nicht schätzte, zeigt sich exemplarisch an einer Rezension im antisemitischen Hetzblatt *Hammer*. Dort wurde »Volk ohne Raum« als literarisches Gegengewicht zur »Entartungs-Literatur, wie sie sich letztens in Thomas Manns ›Zauberberg‹ verkörperte«, gepriesen. Bei Grimm gehe es, im Unterschied zu den »überzivilisierten, geistreichelnden, in den Farben der Zersetzung schillernden Gestalten der internationalen Moderne«, um deutsche Angelegenheiten, die nicht nur einzelnen Sonderlingen, sondern »uns allen an die Nieren greift und auf den Nägeln brennt«.[293] Applaus von der falschen Seite? Zwar wehrte sich Grimm bereits 1927 dagegen, dass »das Buch zu einem Parteibuch gemacht zu werden scheint«, doch seine Distanzierungen blieben merkwürdig diffus. Die Leidenschaft des Buches sei die »Synthese«, die sich – anders als die »Auseinanderdenker« in Zeitungen und Parteien – der trostlosen Raumenge zuwende, »die allen deutschen Menschen gemeinsam ist«. Nicht um Kolonie statt Osten, nicht um Welt oder Randgebiet ginge es, sondern um das »Schicksal des deutschen Volkes und das Wohl und Wehe seiner Kräftigen und Starken und Tüch-

---

[292] Ignaz Wrobel (alias Kurt Tucholsky), Grimms Märchen, in: *Die Weltbühne* vom 4. 9. 1928, S. 353. Auch Max Herrmann spricht vom »ältesten Ladenhüterzeug völkischer Geschichtsklitterung«, vgl. ders., in: *Frankfurter Zeitung* vom 31. Oktober 1926; Erich Franzen bescheinigte Grimm eine von schwülstiger Pathetik zugekleisterte Überheblichkeit, die nirgends einen Wahrheitsmaßstab vertrage, in: *Die literarische Welt* 2 (1927), S. 5.

[293] Rezension unter dem Kürzel M.D.J. in: *Hammer. Blätter für deutschen Sinn* 25 (1926), Heft 582, S. 466. Dass Grimm vor allem deutsche Sittsamkeit lehre und sich damit von der gegenwärtigen »geschlechtlichen Ungezogenheit« wohltuend abhebe, das betonten auch einige Rezensenten der kirchlichen Presse, vgl. zum Beispiel: Josef Feiten, in: *Bücherwelt. Zeitschrift des Boromäusvereins* 24 (1927), S. 390–392.

tigen«.[294] Dass er mit diesem Pathos nicht nur antidemokratische, kolonialrevisionistische und nationalkonservative Kreise ansprach, verdeutlicht, dass »Volk ohne Raum« einer vor allem gefühlten und weniger reflektierten Raumenge literarisch Ausdruck verlieh. Pünktlich zur Volksausgabe 1931 rauschte dann nochmals eine Welle völkischer Begeisterung durch die Blätter. Der Schriftsteller und Kritiker Paul Fechter pries den Roman als »große Dichtung aus dem Volk und für das Volk«, in der es nun endlich um »ein Ganzes im Gefühl« gehe.[295] Dass diese Sehnsucht nach Gemeinschaft politisch in der nationalsozialistischen Bewegung ihren konkreten Ausdruck finden könnte, davon ist erst ab 1930 und dann auch nur vereinzelt die Rede. So hält es Otto Renz für keinen Zufall, dass Grimm das Volk und die Gemeinschaft hervorhebe und eben nicht die Masse, während gleichzeitig der Nationalsozialismus den »verkehrten Sozialismus demokratischer Prägung« ablöse.[296] Aber das waren Einzelstimmen. Denn nicht die nationalsozialistische Umdeutung des Romans prägte in den 1930er Jahren die Rezensionen, ganz im Gegenteil: »Volk ohne Raum« wurde nach 1934 faktisch kaum mehr besprochen. Hans Grimm hatte sich zwar als Fürsprecher der nationalsozialistischen Idee hervorgetan, erwies sich jedoch als querulanter Einzelgänger und galt parteipolitisch als inkompatibel. NS-Größen wie Goebbels und Göring schätzten ihn als Schriftsteller und hätten seine Popularität auch gern stärker für sich genutzt, das änderte allerdings nichts daran, dass Grimm immer wieder aneckte und »Volk ohne Raum« den rassenideologischen Prämissen nationalsozialistischer Expansionspolitik zu wenig entsprach.[297] Vom Roman wurde daher nach 1933 gerettet, was

[294] Hans Grimm, Buchbesprechungen, in: *Volk und Reich* 3 (1927), S. 276–277.

[295] Fechter, Das große Buch der Zeit; ähnlich: Rauch, Ein Volksbuch deutschen Schicksals.

[296] Renz, Der neue Kunstwille in Hans Grimm; auch abgedruckt in: *Hallische Universitätszeitung* 6 (1930), S. 6. Was bisher aussteht, ist eine Analyse ausländischer Rezensionen, dazu hier nur einige Beispiele: H. Steinhauer, A Literary Survey of Republican Germany, in: *Quarterly Review* (1934), S. 315–326; Maurice Muret, La Littérature de la croix gammée, in: *Revue Bleue. Politique et Littéraire* 73 (1935), S. 545–550; George H. Danton, Hans Grimms »Volk ohne Raum«, in: *Monatshefte für deutschen Unterricht. A Journal Devoted to the Teaching of German in the Schools and Colleges of America* 27 (1935), Heft 2, S. 33–43; Ambrogio Bollati, Hans Grimm: Volk ohne Raum e Der Ölsucher von Duala, in: *Rivista delle colonie. Ressegna dei possidimenti italiani I stranieri d'oltrema* 14 (1940), Heft 7, S. 1023.

[297] Das ambivalente Verhältnis von Hans Grimm zum Nationalsozialismus ist gut erforscht, daher hier nur der Verweis auf: Gümbel, Volk ohne Raum, S. 173–247.

zu retten war: ein konsensfähiger Titel, der ein klaustrophobisches Lebensgefühl auf lange Zeit konservierte.[298]

Sowohl die ideologischen Gemeinsamkeiten als auch die Differenzen treten deutlich hervor, wenn man »Volk ohne Raum« mit Hitlers Expansionsprogrammatik vergleicht, wie er sie in seinem etwa zeitgleich erscheinenden Buch »Mein Kampf« entworfen hat. Im Unterschied zu Grimms Roman zeigt sich dort eine offen aggressive Programmatik, die Grimms Afrikanovelle fast schon harmlos wirken lässt. Noch entscheidender ist allerdings die bei Hitler vorherrschende Begrifflichkeit. Da der Lebensraumbegriff mittlerweile so nachhaltig mit der späteren nationalsozialistischen Eroberungs- und Vernichtungspolitik identifiziert ist, mag es zunächst überraschen, dass der Terminus als solcher in Hitlers erstem Buch fast nicht vorkommt.[299] Entgegen mancher Auffassung, die darin allein eine vernachlässigungswürdige Vorliebe Hitlers für das Wort »Boden« sieht und grundsätzlich von einer bereits voll ausgereiften »Theorie vom Lebensraum«[300] spricht, soll hier die begriffliche Differenz ernst genommen werden, denn sie verweist auf eine ideologische Nuancierung zwischen Lebensraum- und Bodenpolitik, die freilich weder in Hitlers erstem noch in seinem zweiten Buch explizit ausgearbeitet wurde. Begriffliche Sorgfalt war seine Sache nicht, gleichwohl war die bevorzugte Rede vom »Grund und Boden« an bestimmte Kontexte gebunden, die bei aller beliebig anmutenden Wortwahl doch nicht zufällig waren. Erstmals rekurrierte Hitler in »Mein Kampf« auf eine »gesunde Bodenpolitik«, als er der

---

Zeitgenössisch vgl. hierzu die Dissertation von Edgar Kirsch, der sich intensiv bemühte, Grimms Nähe zur nationalsozialistischen Rassenpolitik nachzuweisen. Vgl. Kirsch, Hans Grimm als Wegbereiter. Der Literaturwissenschaftler Gerhard Fricke sah in Grimm ebenfalls einen Vorbereiter des Nationalsozialismus, vor allem durch seine Novellen, die das Werden und die Auslese männlicher Helden und »Führercharaktere« darstellten, vgl. Fricke, Hans Grimm.

298 Zu den vielschichtigen Verwendungszusammenhängen von »Volk ohne Raum« vor und nach 1945 vgl. Wagner, Geschichte eines Schlagwortes, S. 83–107.

299 Dazu einschlägig: Lange, Der Terminus »Lebensraum«.

300 Erstmals spricht wohl Karl Dietrich Bracher von einer »Theorie des Lebensraumes«, die bereits vor 1933 entwickelt sei; vgl. Bracher, Die nationalsozialistische Machtergreifung, S. 226. Irritierend die Formulierung von Gerhard Schulz, der Terminus Lebensraum werde in »Mein Kampf« noch nicht verwendet, aber der Begriff sei bereits voll ausgebildet. Offen bleibt, wie ein Begriff voll ausgebildet sein kann, wenn er gar nicht verwendet wird. Eine inhaltliche Unterscheidung von Lebensraum und Boden macht auch Lange nicht, sondern spekuliert, Hitler habe wohl »der Abwechselung willen« mehrfach auf die Formel »Grund und Boden« zurückgegriffen. Vgl. Lange, Terminus Lebensraum, S. 427.

Frage nachging, welche politischen Maßnahmen geeignet seien, dem Missverhältnis von Bevölkerungswachstum und Nahrungsraum wirksam entgegenzuwirken.[301] Die »Innere Kolonisation« mit der gesteigerten »Ertragsfähigkeit eines Bodens« sei eine von vier, allerdings eine allenfalls vorübergehende Lösung, der es langfristig an Nachhaltigkeit mangele. Der Verzicht auf »neuen Bodenerwerb« führe dazu, dass sich andere, »minderwertige Rassen« rücksichtslos ausbreiteten, während die »rassisch Höherwertigen« pazifistischem Unsinn anhingen. Der vorhandene Boden sei »nicht von der Natur an und für sich einer bestimmten Nation oder Rasse« zuerkannt, sondern es »ist Land und Boden für das Volk, das die Kraft besitzt, ihn zu nehmen, und den Fleiß, ihn zu bebauen«. Im freien Spiel der Kräfte werde Boden verteilt, und gegenwärtig stünden der Menschheit die »schwersten Kämpfe um das Dasein« noch bevor. Nicht Kolonial- und Handelspolitik, sondern eine auf dem bäuerlichen Stand fußende Bodenpolitik sei der einzig richtige Weg, den es daher einzuschlagen gelte. Eine solche »gesunde Bodenpolitik« könne jedoch nicht in Kamerun ihre Erfüllung finden, »sondern heute fast ausschließlich nur mehr in Europa. [...] Wenn diese Erde für alle Raum zum Leben hat, dann möge man uns also den uns zum Leben nötigen Boden geben.«[302] Wolle man allerdings »in Europa Grund und Boden, dann konnte dies im großen und ganzen nur auf Kosten Rußlands geschehen«.[303]

Hitler verstand unter Boden – im Unterschied zum *Lebensraum* – das konkrete Stück Land, auf dem er den Bauer die Ernährungsgrundlage seines Volkes erwirtschaften sah. Die Kultivierung von Grund und Boden sei anders als die industrielle Erschließung ein langsamer, oft Jahrhunderte währender Prozess, der allerdings unvergleichbar stärkere Verwurzelungen hervorbringe. Doch die ansonsten in solchen Entwürfen gern bemühte Agrarromantik weicht hier einer rassischen Ordnungsvorstellung, in der die Bauernschaft sowohl zum »Nährstand« des Volkes als auch zum Träger und Garanten einer rassischen Höherentwicklung aufsteigt. Im Unterschied zur Bodenpolitik, die im Vergleich zum sonstigen Sprachgebrauch ideologisch durchgearbeiteter wirkt, benutzte Hitler den Lebensraumbegriff in »Mein Kampf« auffallend wenig und wenn, dann eher in einem allge-

---

301 Hitler, Mein Kampf (1925/27), vor allem S. 143–154. Alle nachfolgenden Zitate sind diesen Seiten entnommen.

302 Ebenda, S. 152.

303 Ebenda, S. 154.

meinen Sinne. Mit Lebensraum bezeichnete er das Gebiet eines Volkes, das ihm zur Sicherung seiner Lebensgrundlage zur Verfügung steht oder stehen sollte. Nicht zufällig verwendete er den Ausdruck vor allem, um die Enge des »Deutschen Raumes« und deren nachteilige Folgen hervorzuheben.

Ob Hitler nun Ratzels »Politische Geographie« tatsächlich so intensiv durchgearbeitet hat, wie Haushofer im Oktober 1945 behauptete, oder er den Lebensraumbegriff vom zeitgenössischen Raumdiskurs schlichtweg adaptierte – Fakt ist, dass Lebensraum zwar vor 1933 schon zum Wortschatz Hitlers gehörte, dieser Begriff aber kein spezifisch nationalsozialistischer, ja innerhalb des ideologischen Gesamtentwurfes nicht einmal ein zentraler Terminus war, dem Hitler auf die eine oder andere Weise eine herausragende Bedeutung zuerkannte. Die insgesamt nur zehn Fundstellen in »Mein Kampf« sprechen für sich.[304] Sicherlich reproduzierte Hitler den zeitgenössischen Diskurs klaustrophobischer Bedrohungsszenarien (das entsprach zudem seiner paranoiden Grundstruktur) und griff dabei auch auf den dafür signifikanten Lebensraumbegriff zurück, gleichwohl sprach er in seinen ideologischen Ausführungen entweder ganz allgemein von »Raum«, den es zu erobern gelte, oder er operierte vorzugsweise mit dem Ter-

---

304 Während Lange von nur zwei Fundstellen ausgeht, Begriffe wie *Boden* oder *Raum* allerdings kurzerhand zu Synonymen deklariert, habe ich den Begriff *Lebensraum* insgesamt zehnmal gefunden, vgl. Hitler, Mein Kampf, S. 148; 164; 165; 333 (2-mal); 334; 732; 740 (2-mal); 741. Im ersten Band heißt es beispielsweise: »Einmal tritt aber dieser Fall ein (gemeint ist die mangelnde Vermehrung, UJ), und zwar um so früher, je kleiner der zur Verfügung stehende Lebensraum eines Volkes ist.« (S. 148) Und im zweiten Band: »Sie [die nationalsozialistische Bewegung] muß dann, ohne Rücksicht auf ›Traditionen‹ und Vorurteile, den Mut finden, unser Volk und seine Kraft zu sammeln zum Vormarsch auf jener Straße, die aus der heutigen Beengtheit des Lebensraumes dieses Volkes hinausführt zu neuem Grund und Boden und damit auch für immer von der Gefahr befreit, auf dieser Erde zu vergehen oder als Sklavenvolk die Dienste anderer besorgen zu müssen.« (S. 732) Etwas allgemeiner die Verwendung auf Seite 740: »So wie Deutschlands Grenzen Grenzen des Zufalls sind und Augenblicksgrenzen im jeweiligen politischen Ringen der Zeit, so auch die Grenzen der Lebensräume der anderen Völker.« Eine Seite später heißt es: »Sie [die Auseinandersetzung mit Frankreich, UJ] kann und wird nur Sinn haben, wenn sie die Rückendeckung bildet für eine Vergrößerung des Lebensraumes unseres Volkes in Europa.« In jedem Fall zielt die Begriffsverwendung auf die Größe des zur Verfügung stehenden Gebietes, ohne dass damit eine »Theorie des Lebensraumes« oder auch nur ein spezifisches Konzept verbunden wäre. Zum Vergleich: Der Begriff Boden wird insgesamt an 99 Stellen verwendet, hinzu kommen noch Komposita wie beispielsweise Bodenpolitik, Bodenerwerb und Nährboden.

minus Boden, den er nicht nur um ein vielfaches häufiger, sondern den er auch weitaus präziser fasste.[305] So sei es außenpolitisch von vorrangiger Bedeutung, »die Existenz der durch den Staat zusammengefassten Rasse auf diesem Planeten sicherzustellen, indem sie zwischen der Zahl und dem Wachstum des Volkes einerseits und der Größe und Güte des Grund und Bodens andererseits ein gesundes, lebensfähiges, natürliches Verhältnis schafft«. Nur ein »genügend großer Raum auf dieser Erde sichert einem Volk die Freiheit des Daseins«. Eine Weltmacht müsse über ein gesundes Verhältnis von Bodenfläche und Volkszahl verfügen, während Deutschlands aktuelle Lage hier allenfalls als jämmerlich zu bezeichnen sei. Die Größe eines angemessenen »Siedlungsgebietes« richte sich dabei nicht nur nach den Nahrungserfordernissen eines Volkes, sondern auch nach seinen militärischen Sicherheitsbedürfnissen. Hitler scheint in diesen Passagen den Begriff »Lebensraum« geradezu zu vermeiden, wenn er stattdessen immer wieder »Grund und Boden« forderte. Diese begriffliche Nuance korrespondiert auch mit seinen ideologischen Kernaussagen, die man weder als anthropogeographisch noch als explizit geopolitisch bezeichnen kann, sondern in denen ein biologisches Ordnungsdenken dominierte. Boden war für Hitler ein räumlicher Begriff rassischer Ordnung, während Raum allgemeiner für territoriale Expansion und Kolonialismus stand. Das Ziel seiner künftigen Außenpolitik hätte Hitler an zahlreichen Stellen mit Lebensraumpolitik treffend auf den Begriff bringen können, er sprach aber stattdessen von Ostpolitik »im Sinne der Erwerbung der notwendigen Scholle für unser deutsches Volk«. Und so ist wohl auch der programmatische Satz zu verstehen: »Wir [Nationalsozialisten, UJ] schließen endlich ab die Kolonial- und Handelspolitik der Vorkriegszeit und gehen über zur *Bodenpolitik* der Zukunft.«[306]

In seinem 1928 entstandenen zweiten Buch, in dem sich Hitler noch ausführlicher und ideologisch zugespitzter zu außenpolitischen Grund-

---

305 Eine ähnliche Begriffsverwendung bereits in den frühen Schriften von Richard Walther Darré, vgl. Darré, Neuadel aus Blut und Boden; ders., Stellung und Aufgaben des Landstandes.

306 Hitler, Mein Kampf, S. 742 (Hervorhebung UJ). Zur Raum- und Eroberungspolitik in »Mein Kampf« vgl. Jäckel, Hitlers Weltanschauung, S. 29–54. Jäckel zitiert in seiner Textanalyse zutreffend den Begriff Bodenpolitik, spricht dann aber in seiner Interpretation synonym vom Lebensraumkrieg, den Hitler propagiert habe, ohne die begriffliche Differenz aufzuklären. Ebenfalls zu Hitlers Vorstellungen vom Lebensraum vgl. Wolter, Lebensraumvorstellungen, S. 86–96; Schultz, Versuch einer Historisierung der Geographie.

sätzen des Nationalsozialismus äußerte, sind es immerhin fünfzehn Fundstellen. Wenn man jedoch bedenkt, dass hier – wo, wenn nicht hier – *der* Ort gewesen wäre, die ideologisch einschlägigen Termini zu konturieren, handelt es sich immer noch um eine erstaunlich geringe Zahl.[307] Inhaltlich blieb auch im zweiten Buch der Lebensraumbegriff an das Motiv des zu engen und für die Volkszahl ungenügend großen Raumes gebunden. Die Analyse der einzelnen Textstellen verweist auf einen Verwendungskontext, in dem Lebensraum zum einen – wie eine Art Gegenbegriff zur überseeischen Kolonie – eine kontinentale, räumlich zusammenhängende Erweiterung in Europa bezeichnet und mit dem zum anderen eine relationale Größe gemeint ist, die das Verhältnis von Volkszahl und Grundfläche ausdrückt und somit den »Überschuß der Volkszahl« kompensieren soll.[308] Nach diesem Verständnis ist Lebensraum ein Terminus, der nicht ausschließlich, aber doch vorwiegend mit dem klaustrophobischen Gefühl der Raumenge assoziiert ist und – wenn überhaupt, dann doch eher eine allgemeine – räumliche Expansion, vorzugsweise im Osten, ausdrückt.[309] Allerdings lässt sich in dieser Begriffsverwendung kein politisches Konzept erkennen, wodurch sich die Eroberung von Lebensraum von anderen imperialen oder kolonialen Programmen wesentlich unterscheiden sollte. Hitler nannte das spezifisch nationalsozialistische Expansionskonzept, das er von der ihm so verhassten Außenpolitik des Kaiserreiches und der Weimarer Republik aggressiv abgrenzte, eben nicht Lebensraum-, sondern Bodenpolitik. Das Argument, Lebensraum sei vielleicht weniger begrifflich so aber doch der Sache nach in den beiden Büchern omnipräsent, kann nur dann vollständig überzeugen, wenn man darunter Expansionspläne versteht, die auf die vermeintliche Enge des vorhandenen Lebensraumes rekurrierten und deren Überwindung mit einer aggressiven Eroberungspolitik erlangt werden sollte. Bodenpolitik hingegen fußte konzeptionell auf einer anderen Kausalität, und zwar auf der Vorstellung, für das deutsche Volk ausreichend »Grund und Boden« zur Höher- und Weiterentwicklung der eigenen Rasse zu erobern. Die Differenz mag angesichts der ins-

---

307 Lange geht für die Kapitel II bis VII von elf Fundstellen aus, ohne sie jedoch im Einzelnen nachzuweisen. Vgl. Lange, Terminus Lebensraum, S. 427. Zu den insgesamt 15 Fundstellen vgl. Weinberg (Hg.), Hitlers zweites Buch, S. 47, 53, 54, 57, 58, 59 (2-mal), 61, 62 (2-mal), 97, 99, 121, 128, 163.

308 Ebenda, S. 99.

309 Ian Kershaw spricht sogar in Anlehnung an Martin Broszat lapidar von einer »lockeren Metapher«. Vgl. Kershaw, Hitler 1889–1936, S. 561.

gesamt hasserfüllten Programmatik zweitrangig erscheinen, seine Relevanz erschließt sich jedoch, wenn man der Frage nachgeht, wer eigentlich nach dieser Logik in den eroberten Gebieten perspektivisch leben sollte. Und hier zeigt sich eine erstaunliche Stringenz in Hitlers außenpolitischen Vorstellungen. Bereits in »Mein Kampf« hatte er sich unmissverständlich zur »Germanisierung« von Bevölkerungen geäußert.[310] Man habe selbst in alldeutschen Kreisen der Illusion angehangen, fremde Völker germanisieren zu können, »wobei man sich nicht im geringsten darüber klar wurde, daß Germanisation nur am Boden vorgenommen werden kann und niemals an Menschen. Denn was man im Allgemeinen unter diesem Wort verstand, war nur die erzwungene äußerliche Annahme der deutschen Sprache. Es ist aber ein kaum faßlicher Denkfehler, zu glauben, daß, sagen wir, aus einem Neger oder einem Chinesen ein Germane wird, weil er Deutsch lernt und bereit ist, künftighin die deutsche Sprache zu sprechen und etwa einer deutschen politischen Partei seine Stimme zu geben. Daß jede solche Germanisation in Wirklichkeit eine Entgermanisation ist, wurde unserer bürgerlichen nationalen Welt niemals klar.«[311] Die Absage war sowohl an konservativ-nationalistische als auch an völkische Kreise adressiert, die nach Auffassung Hitlers zwar oft von »Rasse« sprächen, aber damit doch allenfalls »Volk« meinten und weiterhin allerlei bürgerlich-liberalen Irrtümern anhingen. Mit dieser Passage markierte er gegenüber dem bürgerlichen Lager einen radikalen Bruch, da seine Argumentation nicht nur auf eine rassische Trennung der Bevölkerungen, sondern darüber hinaus auf autoritäre Herrschaft in einem rassisch homogenen Territorium zielte. Denn Hitlers Auffassung nach liegt »das Volkstum, besser die Rasse eben nicht in der Sprache [...], sondern im Blute« und man dürfte »von einer Germanisation erst sprechen [...], wenn es gelänge, durch einen solchen Prozeß das Blut der Unterlegenen umzuwandeln. Das aber ist unmöglich.«[312] Der Staat sollte demzufolge »alle Deutschen umschließen mit der Aufgabe, aus diesem Volke die wertvollsten Bestände an rassischen Urelementen nicht nur zu sammeln und zu erhalten, sondern

---

310 Vgl. hierzu den brillanten Aufsatz von Wirsching, »Man kann nur Boden germanisieren«.

311 Hitler, Mein Kampf, S. 428. An anderer Stelle zeigt sich zweifellos der Einfluss der Kulturbodentheorie: »Was in der Geschichte nutzbringend germanisiert wurde, war der Boden, den unsere Vorfahren mit dem Schwert erwarben und mit deutschen Bauern besiedelten.« Vgl. Hitler, Mein Kampf, S. 430.

312 Ebenda, S. 428.

langsam und sicher zur beherrschenden Stellung emporzuführen«.[313] Die Radikalität dieser Sichtweise ist oftmals unterschätzt oder in ihrer Tragweite nicht verstanden worden, denn aus ihr folgt in letzter Konsequenz, »entweder diese rassisch fremden Elemente abzukapseln, um nicht das Blut des eigenen Volkes immer wieder zersetzen zu lassen«, oder der völkische Staat muss »sie überhaupt kurzerhand entfernen und den dadurch freigewordenen Grund und Boden den eigenen Volksgenossen überweisen. Daß [...] zu einer solchen Tat der bürgerlich-nationale Staat nicht fähig war, ist selbstverständlich.«[314]

Bodenpolitik stand in Hitlers außenpolitischen Entwürfen 1927/28 für ein Expansionsprogramm, das sich von den in den 1920er Jahren gesellschaftlich konsensfähigen Revisionsforderungen bereits dezidiert verabschiedet hatte. Die Grenzen von 1914 waren für die Vision einer rassisch homogenen Ordnung in Europa letztlich irrelevant, und dass Oberschlesien, Westpreußen und Danzig wieder deutsch werden mussten, war selbstverständlich und angesichts des anvisierten Machtzuwachses fast schon belanglos. 500000 Quadratkilometer »Boden in Europa mehr kann Millionen deutscher Bauern neue Heimstätten bieten, der deutschen Volkskraft für den Entscheidungsfall aber Millionen von Soldaten zur Verfügung stellen«.[315] Und das sollte nur der Anfang sein. Wer in diesen Größenordnungen plant, für den kommt es auf ein paar Quadratkilometer mehr oder weniger nicht wirklich an. Dass der rassenideologische Kern der 1927/28 verfassten Programmatik konzeptionell eher am Boden- und weniger am Lebensraumbegriff hing, bestätigt auch eine Rede Hitlers, die er am 3. Februar 1933 vor den Spitzen der Reichswehr hielt.[316] Außenpolitisch stellte Hitler dort erstaunlich offen in Aussicht: »Ich setze mir die Frist von 6–8 Jahren um den Marxismus vollständig [auszurotten][317] zu vernichten. Dann wird das Heer fähig sein eine aktive Außenpolitik zu führen, und das Ziel der Ausweitung des Lebensraumes

---

313 Ebenda, S. 439.

314 Weinberg, Hitlers zweites Buch, S. 81. Interessanterweise spricht Hitler auch in dieser Passage nicht von Lebensraum, sondern von Grund und Boden.

315 Weinberg, Hitlers zweites Buch, S. 102.

316 Zur Überlieferungsgeschichte dieser Rede mit einer überzeugenden Interpretation vgl. Wirsching, »Man kann nur Boden germanisieren«, S. 520–526. Wichtig auch der Hinweis von Wirsching, dass die Rede vom 3. 2. 1933 insofern eine Ausnahme darstellte, weil Hitler es eigentlich ab 1928 aus strategischen Gründen vermied, sich dezidierter zu Eroberungspolitiken zu äußern.

317 Im Original gestrichen.

des deutschen Volkes wird auch mit bewaffneter Hand erreicht werden – Das Ziel würde wahrscheinlich der Osten sein. Doch eine Germanisierung der Bevölkerung des annektierten bezw. eroberten Landes ist nicht möglich. Man kann nur Boden germanisieren. Man muß wie Polen und Frankreich rücksichtslos einige Millionen Menschen ausweisen.«[318] Es gehört sicherlich zu den seltenen Konstellationen historischen Arbeitens, dass sich anhand einer anderen Überlieferung der Rede nahezu bilderbuchartig nachvollziehen lässt, wie diese programmatisch zentrale Passage (miss)verstanden wurde. Der damals anwesende Generalleutnant Kurt Liebmann notierte zu Hitlers außenpolitischen Zielen: »Vielleicht Erkämpfung neuer Export-Mögl., vielleicht – und wohl besser – Eroberung neuen Lebensraums im Osten u. dessen rücksichtslose Germanisierung.«[319] Der Kommandeur des Wehrkreises V hat offenbar nur das gehört, womit er selbst etwas anfangen konnte. Eroberung von Lebensraum war für ihn mit Germanisierung assoziiert – eine Verknüpfung, die Hitler nicht nur nicht gemeint, sondern die er in seiner Rede explizit ausgeschlossen hatte: »Man kann nur Boden germanisieren.« Noch eklatanter das Missverständnis bei dem ebenfalls anwesenden Horst von Mellenthin, dem damaligen Adjutanten beim Chef der Heeresleitung, der weder Lebensraum noch Boden notierte, sondern die Eroberung von »Kolonien« als Hitlers außenpolitisches Ziel festhielt – eine fast schon gegensätzliche Darstellung dessen, was Hitler gesagt und gemeint hatte.[320]

Die Germanisierung von Boden stellte den Kern der nationalsozialistischen Eroberungs- und Umsiedlungspolitik dar, wie Hitler sie auch nach 1933 bemerkenswert konstant propagierte. Innerhalb der nächsten ein bis drei Generationen, so äußerte er sich beispielsweise 1937, ginge es um die Lösung der Raumnot. Es handele sich »nicht um die Gewinnung von Menschen, sondern von landwirtschaftlich nutzbarem Raum«.[321] Sätze wie: »Wir kennen daher auch nicht den Begriff

---

318 Rede Hitlers vom 3. Februar 1933 nach der Überlieferung des kommunistischen Nachrichtendienstes vom 6. Februar 1933, abgedruckt in: Wirsching, »Man kann nur Boden germanisieren«, S. 545–548, Zitat S. 547.

319 Aufzeichnungen Kurt Liebmanns, ediert von Vogelsang, Neue Dokumente zur Geschichte der Reichswehr, S. 435.

320 Aufzeichnungen Horst von Mellenthins, zit. n. Wirsching, »Man kann nur Boden germanisieren«, S. 521.

321 Hoßbach-Niederschrift vom 5. November 1937, zit. n. Wirsching, »Man kann nur Boden germanisieren«, S. 537.

des Germanisierens«[322] verwiesen zwar etwas zurückhaltender, aber letztlich doch eindeutig darauf, dass man nach Maßgabe der Bodenpolitik die in den eroberten Gebieten ansässigen Bevölkerungen zu »entfernen« plante. Lebensraum war für Hitler möglicherweise ein zu stark geopolitisch konnotierter Terminus, als dass er mit ihm den rassenideologischen Kern seiner Expansionspolitik hätte auf den Begriff bringen wollen, obgleich zu betonen bleibt, dass auch mit Lebensraum nationalistische, revisionistische, antisemitische und völkisch-rassische Ordnungskonzepte aufgerufen waren. Allerdings ging der Lebensraumbegriff allenfalls mit diffusen Vorstellungen einher, wie mit den jeweils ansässigen Bevölkerungen umzugehen sei. Für Hitler stellten diese teils kolonial argumentierenden, teils eben auf Germanisierung setzenden Ansichten genau die bürgerlichen Halbheiten ohne Rassebewusstsein dar, die er radikal ablehnte.[323] So wie er eine Entwicklungsfähigkeit von »rückständigen« Völkern und Rassen bestritt, so war für ihn menschliche Höherentwicklung nur durch Rassentrennung und Höherzüchtung herstellbar. Die nationalsozialistische Bewegung »kennt kein Germanisieren oder Deutschisieren, wie dies beim nationalen Bürgertum der Fall ist, sondern nur eine Ausbreitung des eigenen Volkes. Sie wird im unterworfenen, sogenannten germanisierten Tschechen oder Polen niemals eine nationale oder gar völkische Stärkung erblicken, sondern eine rassische Schwächung unseres Volkes. Denn ihre Nationalauffassung wird nicht bestimmt von bisherigen patriotischen Staatsgedanken, als vielmehr von völkischen, rassischen Erkenntnissen. […] Und vieles, was wir als selbstverständlich ansehen, erscheint dem deutschen Bürgertum als unbegreiflich oder gar grauenhaft.«[324]

---

322 Hitlers Rede vom 17. Mai 1933 vor dem Reichstag, in: Domarus, Hitler, S. 273.

323 Diese aggressive Abgrenzung gegenüber »bürgerlichen« Gesellschaftsmodellen gehörte zum Standardrepertoire, auch wandte sich Hitler gegen den diffusen Begriff »völkisch«; vgl. hierzu Hitler, Mein Kampf, S. 311–362 und S. 415–424; ebenso: Weinberg, Hitlers zweites Buch, S. 63–79.

324 Weinberg, Hitlers zweites Buch, S. 78–79.

VI
Großraum: Ordnungen nach Rasse und Raum

Homogenisierung des Raumes: Lebensraum als Begriff rassischer Ordnung

Bereits in ihrem 25-Punkte-Programm von 1920 hatte die NSDAP »Land und Boden [Kolonien, Anm. i. O.] zur Ernährung unseres Volkes und Ansiedlung unseres Bevölkerungsüberschusses« beansprucht. Zwar wurde diese Kolonialforderung bereits in den nächsten Jahren zur nationalsozialistischen Bodenpolitik erweitert und korrigiert, für die territoriale Orientierung des Nationalsozialismus blieb jedoch eine aggressive Eroberungsprogrammatik konstitutiv. Sie sollte vor allem rassischen Prinzipien folgen. Bodenpolitik zielte idealiter auf die territoriale Erweiterung eines rassisch homogenen Staates. Die Forderung nach mehr Raum war von Anbeginn an aber nicht nur ein außenpolitisches, sondern auch ein innenpolitisches Projekt. Im Parteiprogramm von 1920 stand die Eroberung von »Land und Boden« nicht zufällig in direktem Zusammenhang mit der Vorstellung, wer deutscher Staatsbürger sei: »Staatsbürger kann nur sein, wer Volksgenosse ist. Volksgenosse kann nur sein, wer deutschen Blutes ist, ohne Rücksichtnahme auf Konfession. Kein Jude kann daher Volksgenosse sein.«[1] Hitlers Forderung nach einer nationalsozialistischen Bodenpolitik war somit zugleich – und mit der Machtübernahme 1933 zunächst vorrangig – eine innenpolitische Prämisse, die nichts weniger als den rassenbiologischen Umbau der deutschen Gesellschaft zum Ziel hatte. Die Herstellung eines rassisch homogenen Territoriums war somit nicht nur perspektivisch für die Eroberungspläne im Osten, sondern zunächst auch für die Neuordnung der deutschen Gesellschaft innerhalb der bestehenden Grenzen handlungsleitend, auch wenn man sich die konkrete Umsetzung sowohl in der einen wie auch in der anderen Variante keinesfalls als einen stringenten, zielorien-

[1] 25-Punkte-Programm der NSDAP vom 24. Februar 1920, http://www.documentarchiv.de/wr/1920/nsdap-programm.html [30. 8. 2011].

tierten und widerspruchsfreien Prozess vorstellen darf. In der Programmatik allerdings bildeten innen- wie außenpolitische Homogenisierungspolitiken den Kern des territorialen Neuordnungskonzepts. Die Utopie einer rassisch homogenen Gesellschaft fand ihren konkreten Ausdruck unter anderem im Begriff Volksgemeinschaft – ein in der Forschung mittlerweile vielbeachtetes und ebenso kontrovers diskutiertes Konzept.[2] Volksgemeinschaft wird hier – anders als in anderen Studien – weder staatsrechtlich noch rechtshistorisch aufgefasst, sondern gesellschaftstheoretisch als ein spezifisches Zugehörigkeitsversprechen verstanden, das während des Nationalsozialismus vor allem auf rassische Vergemeinschaftung zielte. Wer den Vorstellungen der »arischen« oder »nordischen« Rasse entsprach, durfte darauf hoffen, zur Volksgemeinschaft zu gehören: »Volksgemeinschaft: das heißt Gemeinschaft aller wirkender Arbeit, das heißt Einheit aller Lebensinteressen, das heißt Überwindung von privatem Bürgertum und gewerkschaftlich-mechanisch-organisierter Masse, das heißt die unbedingte Gleichung von Einzelschicksal und Nation, von Individuum und Volk« – so propagierte es Hitler 1934.[3] Das Versprechen, Volksgenosse zu sein oder zu werden, bediente nicht nur einen allgemeinen Wunsch nach Zugehörigkeit, es verhieß eine Exklusivität, die mit bestimmten Privilegien wie auch mit gewissen Zumutungen verbunden war. Wie bei anderen Gemeinschaftskonstruktionen auch, blieb dieses Versprechen auch im Nationalsozialismus weitgehend uneingelöst. Wenn überhaupt, dann ließ es allenfalls eine gefühlte Zugehörigkeit auf Zeit entstehen und schloss auch partielle Kritik oder Verweigerung gegenüber dem Regime oder gegenüber einzelnen Maßnahmen des NS-Staates keineswegs aus.

Politische Kollektive brauchen, um überhaupt Integrationspotenzial erzeugen zu können, vor allem eine politische Idee, darüber hinaus ein Ordnungssystem und nicht zuletzt Objekte und Praktiken, die

---

2 Neben den einschlägigen Texten ist zeitgenössisch sehr lesenswert: Loesch, Die deutsche Volksgemeinschaft. Die mittlerweile umfangreiche Forschungsliteratur kann hier nur mit einigen Verweisen vorgestellt werden: Wildt, Volksgemeinschaft als Selbstermächtigung; ders., Geschichte des Nationalsozialismus; dazu kritisch: Mommsen, Amoklauf der »Volksgemeinschaft«?; Bajohr/Wildt (Hg.), Volksgemeinschaft; Thamer/Erpel (Hg.), Hitler und die Deutschen; Kershaw, »Volksgemeinschaft«; dazu direkt: Wildt, »Volksgemeinschaft«. Eine Antwort auf Ian Kershaw; Schmiechen-Ackermann (Hg.), »Volksgemeinschaft«.

3 Adolf Hitler am 27. Januar 1934 in einem Interview mit Hanns Johst, http://derfuehrer.org/reden/english/34-01-27.htm [31. 8. 2011].

dazu geeignet sind, emotionale Bindungen zu erzeugen, sie zu stabilisieren und zu tradieren. Dabei ist davon auszugehen, dass alle politischen Gemeinschaften, die über konkrete Face-to-Face-Kontakte hinausgehen, *vorgestellt* sind, also auf keinen substanziellen Kern von Gemeinsamkeit zurückgehen, auch wenn sie einen solchen für sich beanspruchen oder ihn als gegeben voraussetzen.[4] Demnach ließe sich Volksgemeinschaft als ein vorgestelltes politisches Kollektiv verstehen, das in klassen- und generationenübergreifenden Kommunikationsprozessen für maßgebliche, mit politischer Macht ausgestattete Gruppierungen der Gesellschaft handlungsleitende Bedeutung erlangte.[5] Die Übergänge von der vorgestellten zur geforderten hin zu einer nach Realisierung drängenden Gemeinschaft verbinden sich aufgrund des strukturell implantierten Exklusionsmoments stets mit der Möglichkeit kollektiver Gewalt.[6] Dabei ging es nicht nur um den Ausschluss derjenigen, die – wie beispielsweise die deutschen Juden – aus rassischen Gründen nicht dazugehören sollten und als Feinde markiert wurden, sondern es ging um die radikale Ausgrenzung aller »Gemeinschaftsfremden«, »Volksfeinde« und »Minderwertigen«, selbst wenn sie nach rassenbiologischer Auffassung als »arisch« galten. Bei aller unzweifelhaften Wirkungsmächtigkeit solcher Exklusionsprozesse war das Konzept Ordnung durch Gewalt gleichwohl nur *eine* Möglichkeit der kollektiven Selbstverständigung, andere beruhten hingegen auf positiven Anreizen des gesellschaftlichen Mitmachens. Soziale Aufstiegschancen, politische Partizipationsmöglichkeiten, spektakuläre Gemeinschaftserlebnisse oder einfach nur die Gewissheit, selbst nicht zu den Ausgestoßenen zu gehören – das waren einige Mechanismen einer auf dem Prinzip der Auslese beruhenden Vergemeinschaftung.

Die politischen Maßnahmen, die unmittelbar nach der Machtübernahme 1933 und in den nachfolgenden Jahren bis zum Zweiten Weltkrieg zur Verwirklichung einer rassisch homogenen Volksgemeinschaft eingeleitet wurden, sind hinlänglich bekannt.[7] Zwangs-

---

[4] Zu den Mechanismen politischer Vergemeinschaftung vgl. Gertenbach/Laux/Rosa/Strecker, Theorien der Gemeinschaft; Jureit (Hg.), Politische Kollektive.

[5] Dieser Definitionsversuch ist angelehnt an: Siegenthaler, Supranationalität, S. 118.

[6] Zur Dynamik von Existenzialisierungsprozessen in modernen Gesellschaften vgl. Bielefeld, Ethnizität und Gewalt.

[7] Vgl. hierzu den von Wolf Gruner bearbeiteten Band der Reihe »Die Verfolgung und Ermordung der europäischen Juden durch das nationalsozialistische Deutsch-

sterilisationen, Berufsverbote, willkürliche Verhaftungen, Boykottaktionen und nicht zuletzt die Nürnberger Gesetze konkretisierten in den ersten Jahren den Entschluss, die deutsche Gesellschaft rassenbiologisch zu ordnen.[8] Konzentrationslager, Pogrome und die Arisierung jüdischen Vermögens kennzeichneten zudem die Radikalität, mit der diese Homogenisierungspolitik nicht nur propagiert, sondern auch umgesetzt wurde. Während einige Maßnahmen zunächst den Eindruck erweckten, der Nationalsozialismus ziele auf eine gesetzlich fixierte Rassentrennung, bestand spätestens ab 1938 kein Zweifel mehr daran, dass es der deutschen Regierung um die systematische Vertreibung der jüdischen Bevölkerung, um »die Vernichtung der jüdischen Rasse in Europa«, wie Hitler es in seiner Reichstagsrede am 30. Januar 1939 formulierte, ging.[9] Der rassisch homogene Raum sollte nicht nur im zu erobernden Osten verwirklicht werden, sondern mit gleicher Konsequenz auch im sogenannten Altreich. Der programmatische Satz Hitlers: »Man kann nur Boden germanisieren« bedeutete die Entrechtung, Verfolgung und Vertreibung der sogenannten Gemeinschaftsfremden. Der Terror zielte (zunächst) auf die räumliche Entfernung derjenigen, die aus biologischen Gründen nicht zur Volksgemeinschaft gehören sollten, und richtete sich nicht nur, aber vor allem gegen die jüdische Bevölkerung. Im Gegenzug verfolgte die nationalsozialistische Regierung eine Territorialisierungspolitik, die mithilfe einer Agrarstrukturreform die rassenbiologische Erneuerung des deutschen Bauerntums am Oberrhein, in Thüringen und in der Saarpfalz anging.[10] Dem zunächst unter Federführung des Reichsministers für Ernährung und Landwirtschaft Richard Walther Darré verfolgten Agrar- und Siedlungsprogramm lag das Leitbild des Bauern als Träger besten »germanischen Erbgutes« zugrunde, an dem sich die

---

land 1933–1945«, Bd. 1: Deutsches Reich 1933–1938, wie auch den zweiten, von Susanne Heim erstellten Band zum Deutsches Reich 1938/1939.

8 Einen guten Überblick dazu liefert: Wildt, Geschichte des Nationalsozialismus, S. 72–133.

9 Vgl. Rede Adolf Hitlers vom 30. Januar 1939 im Deutschen Reichstag, http:/www.reichstagsprotokolle.de/Blatt2_n4_bsb00000613_00002.html [31. 8. 2011]. Wobei hierbei zu betonen bleibt, dass 1939 noch nicht von einem grundsätzlichen Entschluss zum systematischen Massenmord auszugehen ist. Die »Lösung der Judenfrage« zielte in dieser Phase auf gewaltsame Vertreibung und Deportation.

10 Zur Agrar- und Siedlungspolitik sowie zu den Neuordnungsplänen im Altreich vgl. die hervorragende Studie von Mai, »Rasse und Raum«; vgl. auch seinen Aufsatz: »Neustrukturierung des deutschen Volkes«.

»Aufartung des deutschen Blutes« sowie die »Aufzüchtung des deutschen Volkskörpers« ausrichten sollte.[11] Mit dem »Gesetz zur Neubildung deutschen Bauerntums« vom 14. Juni 1933 und dem »Reichserbhofgesetz« vom 29. September 1933 wurde Rassenwertigkeit analog zu den Aprilgesetzen zum Selektionsprinzip der sozialen, rechtlichen und politischen Hierarchisierung. Denn Eigentümer eines Erbhofes durfte fortan nur noch sein, »wer deutscher Staatsbürger, deutschen oder stammesgleichen Blutes und ehrbar ist«.[12] Bis 1939 erhielten etwa 30000 Bewerber den nach rassischen, wirtschaftlichen und politischen Kriterien vergebenen Neubauerschein. Bewerber hatte es reichlich mehr gegeben. Die hierfür durchgeführte rassenbiologische Erfassung des deutschen Bauernstandes war Bestandteil eines Selektionsprozesses, der zwar vornehmlich auf Reagrarisierung zielte, allerdings folgte dieser bereits rassischen Kriterien, lange bevor Heinrich Himmler als »Reichskommissar für die Festigung deutschen Volkstums« (RKF) die gesamte Umsiedlungs- und Bevölkerungspolitik an sich zog.[13] Die rassenbiologische Selektion war somit ein nicht allein von der SS, sondern in diesem Falle vom Reichsernährungsministerium, von Agrar- und Siedlungsplanern sowie vom »Reichsnährstand« praktiziertes Verfahren der räumlichen Homogenisierung.

Die Agrarstrukturreform in den Realteilungsgebieten des Altreiches sollte darüber hinaus die notwendigen Siedlerkontingente für eine Germanisierung der eroberten Gebiete freisetzen. Der Reichsnährstand plante beispielsweise die Umsiedlung von mehr als 100000 Bauernfamilien aus Baden und Württemberg ins Protektorat Böhmen und Mähren, um dort die – nach Hitlers Auffassung langwierige –

---

[11] Vgl. hierzu die einschlägigen Abhandlungen von Darré, Neuadel aus Blut und Boden; ders., Das Bauerntum; ders., Um Blut und Boden. Erheblichen Einfluss auf die rassenbiologische Ausrichtung der Bodenpolitik hatte der Lehrstuhlinhaber für Rassenkunde: Karl Günther, Kleine Rassenkunde des deutschen Volkes; ders., Kleine Rassenkunde Europas; ders., Die Verstädterung; ders., Das Bauerntum als Lebens- und Gemeinschaftsform. Für die Städteplanung einflussreich: Rosenberg, Der Mythus des 20. Jahrhunderts.

[12] Präambel des »Reichserbhofgesetzes« vom 29. September 1933, http://www.verfassungen.de/de/de33–45/reichserbhof33.htm [31. 8. 2011]; vgl. auch: »Gesetz zur Neubildung deutschen Bauerntums« vom 14. Juni 1933, http://www.verfassungen.de/de/de33–45/bauerntum33.htm, sowie weitere Erlasse: »Verordnung über neue Bauernsiedlungen, ihre erstmalige Ausstattung mit landwirtschaftlichen Maschinen und Geräten« vom 7. Mai 1936 sowie die »Verordnung über Kleinsiedlungen« vom 17. Oktober 1936.

[13] Zur rassenpolitischen Ausrichtung der deutschen Bauern- und Agrarpolitik seit 1933 vgl. Mai, »Rasse und Raum«, S. 48–111.

Germanisierung des Bodens einzuleiten.[14] Größenordnungen von mehreren zehntausend Umsiedlern waren in solchen Planspielen keine Seltenheit. Derlei Vorhaben waren zudem langfristig terminiert. Die auf Verdrängung und Vertreibung der ansässigen Bauern setzende Bodenpolitik veranschlagte für eine vollständige Germanisierung eroberter Gebiete Zeiträume bis zu einhundert Jahren. Je mehr siedlungswillige und vor allem siedlungsfähige Bauern zur Verfügung stünden, je schneller würde sich das Ziel eines rassisch homogenen Großreiches realisieren lassen. Die Praxis sah indes anders aus. Die »arische Siedlerreserve« zeigte sich alles andere als begeistert, wenn es nicht nur nach Ostelbien, sondern auf die Krim oder gar an den Ural gehen sollte. Die Grenzen einer auf Freiwilligkeit basierenden Siedlerrekrutierung zeichneten sich früh ab und kollidierten mit dem ab 1936/37 anwachsenden Bedarf an erbbiologisch geeigneten Jungbauern. Das »Volk ohne Raum« blieb offenbar lieber zu Hause, selbst wenn der »Führer« reichlich Grund und Boden in Aussicht stellte. Gleichwohl entwickelte sich in diesem Kontext ein gigantischer Forschungs- und Planungsapparat, dessen vornehmliches Ziel es war, den vorhandenen wie auch den zu erobernden Raum neu zu ordnen, also Raum und »Rasse« zunächst planerisch miteinander in Deckung zu bringen. Daraus ergaben sich für die Raumexperten ganz neue Handlungsoptionen, und quer durch die verschiedenen Institutionen war man entschlossen, diese zu nutzen.[15] Obgleich sich die Raumplanung bereits seit Ende des 19. Jahrhunderts als Reaktion auf die Krisenphänomene der Moderne zu einem eigenständigen Forschungs- und Arbeitsfeld entwickelt hatte, professionalisierte und institutionalisierte sie sich in Deutschland nicht zufälligerweise vor allem seit den 1930er Jahren.[16] Am raumplanerischen Bedarf einer krisengeschüttelten Industriegesellschaft sowie an den rassenideologischen Prämissen einer gesellschaftlichen Neuordnung profilierte sich ein Expertentum, das in Reaktion auf die Problemlagen des gesellschaftlichen Wandels

---

[14] Zu diesen und ähnlichen Umsiedlungsplänen vgl. Mai, »Rasse und Raum«, S. 76–107.

[15] Zur Raumplanung im »Dritten Reich« vgl. Rössler, Wissenschaft und Lebensraum; Münk, Organisation des Raumes; Leendertz, Ordnung schaffen; Sachse (Hg.), »Mitteleuropa« und »Südosteuropa«.

[16] Zur Entwicklung der Raumplanung vor 1933 einschlägig: Hoffacker, Entstehung der Raumplanung; ebenso: Leendertz, Ordnung schaffen, S. 27–104. Zur Institutionalisierung der Raumordnungspolitik vgl. Rössler, Wissenschaft und Lebensraum, S. 134–144.

im raumplanerischen Denken *die* zentrale Lösung sah. Entscheidend war hierfür die Vorstellung von der Organisierbarkeit des Raumes. Mit ihrer anwendungsorientierten Perspektive auf Raum und Bevölkerung ergab sich für Siedlungs-, Raum- und Stadtplaner ein unmittelbarer Bezug zur politischen Praxis.[17] Ihre Paradigmen lauteten Ordnung und Planung. Der Leiter des Archivs für Siedlungswesen Gustav Langen formulierte volksnah: »Wenn wir in einem Schrank, in einem Zimmer keinen Platz mehr zu haben glauben, dann beginnen wir, ›auf-zu-räumen‹ und es ist meist erstaunlich, wie viel Raum gespart, durch Ordnung neu gewonnen werden kann. [...] Dieses Gesetz ist auch auf den deutschen Lebensraum anzuwenden.«[18] Die Raumplaner wollten mit intervenierendem Zugriff auf kommunale und staatliche Verwaltungsinstanzen die gesellschaftlichen Prozesse in Ordnung halten oder gar erst bringen. Der rasante Aufstieg der Raumplanung in Deutschland war eng mit der Machtetablierung des Nationalsozialismus verbunden, und sie erhielt dadurch einen spezifischen Zuschnitt, schließlich wollten und sollten die planerischen Strategien auf die innen- wie außenpolitischen Herausforderungen abgestimmt sein. »Im Vollzuge einer von übergeordneten weltanschaulichen Gesichtspunkten geleiteten Raumordnung«, so formulierte es Robert Ley 1939, sei »die Gestaltung unseres Lebensraumes, der Aufbau unserer Städtebilder und damit die Gesundung unserer Wohnkultur von besonderer Bedeutung«. Nur so erhalte die vom Nationalsozialismus »geformte Volksgemeinschaft ihren baulichen Ausdruck«.[19] Stadt- und Wohnraumplanung, Infrastrukturausbau, Industriepolitik, Bevölkerungsverteilung, Siedlungs- und Umsiedlungspolitik – Raumordnung wurde in den 1930er Jahren zum zentralen Instrument staatspolitischen Handelns. Hierbei sollte »eine höhere Ordnung der Gemeinschaft baulich geformt« werden, da

[17] Speziell zur NS-Architektur, die mehr war als bloße »Dekoration der Gewalt«, die den Raum vielmehr als Kategorie einer rassischen Gesellschaftsordnung auffasste und gestaltete, vgl. Münk, Organisation des Raumes, S. 111–154.

[18] Langen, Deutscher Raum, S. 23. Für die strikte Abgrenzung von Kolonial- und Lebensraumpolitik ist der Hinweis von Langen auf den Roman »Volk ohne Raum« aussagekräftig. Dort erschlage ein Bure den anderen, weil sie das weite Land vor allem nomadenhaft nutzen: »Sie haben das Land nicht eingeteilt, [...] nicht einmal die einfachste Ordnung begonnen.« Langen hatte bereits Ende der 1920er Jahre zum Lebensraum im Kontext raumplanerischer Rationalisierungskonzepte veröffentlicht: vgl. Langen, Deutscher Lebensraum.

[19] Ley, Vorwort, S. V.

Städtebau- und Siedlungspolitik eine »unmittelbar mit der politischen Gestaltung des Volkskörpers zusammenhängende schöpferische Aufgabe« sei.[20] Die nationalsozialistische Siedlungsplanung machte das Verhältnis des Einzelnen zur Volksgemeinschaft zum Dreh- und Angelpunkt ihres Handelns. Entsprechend war sie darauf ausgerichtet, nach dem Leitbild des »organischen Bauens« die Lebensgemeinschaft von »Artgleichen« räumlich zu formen.[21]

Übergeordnetes Planungsziel war die Optimierung und Homogenisierung des Raumes nach rassenbiologischen Kriterien, und angesichts dieser Programmatik verwundert es wenig, dass sich die Aufgaben- und Anwendungsbereiche der an Prestige und Einfluss gewinnenden Raumplaner ab 1937 erheblich ausweiteten. Die »Expansion des Planungsraumes«[22] ließ eine Vielzahl von Siedlungs-, Raum- und Rasseexperten hervortreten, die unter dem rassebiologischen Primat der Germanisierung radikale Konzepte für eine Neuordnung des Altreiches wie auch Europas entwarfen. Während sich die Gestaltungsspielräume in der seit dem 12. März 1938 angeschlossenen »Ostmark« sowie in dem seit dem 1. Oktober 1938 eingegliederten und späteren »Reichsgau Sudetenland« noch vergleichsweise begrenzt hielten, wurden die mit dem Krieg gegen Polen eroberten Ostgebiete zu raumplanerischen Laboratorien, in denen es jenseits gefestigter Verwaltungs- und Infrastrukturen, jenseits bestehender Rechts- und Eigentumsverhältnisse sowie ungeachtet bevölkerungspolitischer Rücksichtnahmen möglich werden sollte, ganze Landstriche mittels Umbau oder Beseitigung des Bestehenden neu zu ordnen.[23] Planerisch gesehen galten solche Räume als idealtypisch. Die eingegliederten

---

[20] Neupert, Siedlungsgestaltung, S. 5–6.

[21] Dieter Münk weist überzeugend darauf hin, dass die städtebaulichen und siedlungspolitischen Leitlinien in ihrem sozialtechnischen Kern nichts wesentlich anderes meinten als das, was nach 1945 unter »sozialer Mischung« verstanden wurde. Daraus folgt, dass sich das Profil einer nationalsozialistischen Siedlung vor allem »durch den gesellschaftlichen Kontext und erst im reziprok-kommunikativen Prozeß der sozialen Vermittlung bestimmter morphologischer (Bedeutungs-)Strukturen« herausbildete. So konnte die Raumplanung relativ reibungslos nach 1945 an ihren Theorien, Konzepten und Methoden festhalten beziehungsweise diese an anderen politischen, auch demokratischen Ordnungskonzepten ausrichten. Vgl. Münk, Organisation des Raumes, S. 221–228.

[22] Leendertz, Ordnung schaffen, S. 143.

[23] Es bleibt allerdings zu betonen, dass zum Beispiel auch in den Sudetengebieten die dort ansässigen Tschechen aufgrund der rassischen Homogenisierungspolitik vertrieben wurden.

Ostgebiete sollten auf der Grundlage raumplanerischer Entwürfe neu strukturiert werden, um bei angepasster Bevölkerungsverteilung eine leistungsstarke Volkswirtschaft aufbauen zu können. Dabei kalkulierten die Raumplaner umfassende Bevölkerungsverschiebungen ein, die sie für die von ihnen angestrebte Optimierung des Raumes schlicht voraussetzten.[24] Umsiedlung, Vertreibung und Deportation galten zwar als drastische, aber dennoch gerechtfertigte Maßnahmen, wollte man die Chance zum grundlegenden Strukturwandel des Ostens nicht ungenutzt lassen. Dabei griffen die Experten auf unterschiedliche Konzepte, Theorien und Methoden der Raumplanung zurück, über die man sich allerdings zunächst verständigen musste. Und dieser Abgleich fiel nicht immer konfliktfrei aus. Die Auseinandersetzungen über die theoretischen wie methodischen Grundlagen einer nationalsozialistischen Raumpolitik sind für den hier diskutierten Kontext in zweierlei Hinsicht von besonderer Bedeutung: Zum einen lässt sich anhand dieser Debatten nachvollziehen, wie der zunächst auch von Hitler ideologisch bevorzugte Terminus »Boden« auf die Bedeutung einer agrarwirtschaftlichen Germanisierung vorhandener oder eroberter Gebiete konzentriert blieb, während sich der Begriff »Lebensraum« im Sinne einer wissenschaftlich legitimierten Raumpolitik ausweitete und nahezu alle Lebensbereiche in einen Gesamtentwurf der rassischen Neuordnung Europas integrierte. Wesentliche Impulse erhielt diese Transformation aus der institutionalisierten Raumplanung, vorrangig durch den 1939 eingerichteten SS-Planungsstab im RKF, aber auch durch die von Hanns Kerrl geleitete »Reichsstelle für Raumordnung« (RfR) sowie durch die angeschlossene »Reichsarbeitsgemeinschaft für Raumforschung« (RAG) unter Leitung von Konrad

[24] Trotz einer mörderischen Praxis während des Krieges erwiesen sich die konzeptionellen Entwicklungen der Raumplanung als innovativ. Ihre Methoden gehörten nach 1945 nicht nur in der Bundesrepublik, sondern weltweit zum Kernbestand einer modernen Raumordnungs- und Strukturpolitik. Die Prinzipien der sozialen Marktwirtschaft ließen sich relativ reibungslos mit den raumplanerischen Paradigmen in Einklang bringen: räumlicher und sozialer Ausgleich, gesteuerte Bevölkerungsverteilung sowie die Herstellung gleichwertiger Lebensbedingungen im Planungsraum. Effizienzsteigerung war und blieb das zentrale Leitbild. Die Formel »Ordnung statt Liberalismus« funktionierte bis in die 1960er Jahre. Nur die politischen Vorgaben und Rahmenbedingungen, nach denen die Raumexperten nun ihre Expertisen und Ordnungspläne konzipierten, variierten. Vgl. Heil, Zum Selbstbild von Raumplanern, Bd. 1, S. 91–108; Leendertz, Ordnung schaffen, S. 219–399.

Meyer.[25] Darüber hinaus vereindeutigte sich in den 1930er Jahren der bis dahin noch relativ diffuse Bezug von Rasse und Raum, auch das ein nicht widerspruchs- und konfliktfreier Aushandlungsprozess, der im Ergebnis Lebensraum – als faktisches Synonym für Raum – als zentrale Kategorie rassischer Ordnungsplanung etablierte.

Einer der einflussreichsten, wenn auch nicht durchgängig systemkonformen Raumplaner während des »Dritten Reiches« war Walter Christaller.[26] Seiner im Rahmen einer Dissertation erarbeiteten »Theorie der zentralen Orte« kam wissenschaftlich eine herausragende Bedeutung in der sich in den 1930er Jahren institutionalisierenden Raumplanung zu.[27] Christaller hatte in seiner 1933 verfassten Promotion am Beispiel Süddeutschlands ein analytisches Strukturmodell für den ländlichen Raum entwickelt. Im Kern ging es um die siedlungsgeographische Untersuchung von grundlegenden Prinzipien und Gesetzmäßigkeiten der Raumordnung. Ausgehend von einer mittelständischen Gewerbestruktur entwarf Christaller ein »ideal genommenes Raumsystem« in Form eines aus gleichseitigen Dreiecken bestehenden hexagonalen Gitters, in dem einzelne »Raumeinheiten« hierarchisch auf einen Mittelpunkt hin konzentriert waren. Diese »zentralen Orte« fungierten als ökonomische, infrastrukturelle und verwaltungstechnische Zentren für die umliegenden Raumeinheiten,

---

[25] Meyer leitete die RAG bis 1939 und wechselte dann in den SS-Planungsstab des »Reichskommissars zur Festigung deutschen Volkstums« (RKF). Sein Nachfolger in der RAG war Hermann Muhs.

[26] Es existiert kein umfangreicher Nachlass von Walter Christaller. Bei den im Institut für Länderkunde in Leipzig verwahrten Unterlagen handelt es sich überwiegend um Sonderdrucke, Zeitschriftenbeiträge, Manuskripte, eine recht überschaubare Sammlung unveröffentlichter Aufzeichnungen sowie einige persönliche Unterlagen; vgl. Institut für Länderkunde Leipzig, Nachlass Walter Christaller, Kasten 577–579. Zu seinem Werdegang vgl. Hottes, Walter Christaller; eine erschreckend unkritische Haltung gegenüber Christallers Tätigkeit im SS-Planungsstab zeigte Hottes noch 1996 in ihrer Festrede zur Verleihung des Walter-Christaller-Preises, vgl. Hottes, Werk und Leben Walter Christallers, in: *Standort. Zeitschrift für Angewandte Geographie* 1 (1997), S. 28–30. Einen fundierten Überblick liefert hingegen: Kegler, Walter Christaller.

[27] Vgl. Christaller, Die zentralen Orte in Süddeutschland. Zur Theorie der zentralen Orte vgl. Rössler, Wissenschaft und Lebensraum, S. 134–162; Münk, Organisation des Raumes, S. 426–453; Leendertz, Ordnung schaffen, S. 167–177. Fachübergreifend sollte auch die nationale und internationale Rezeption in der Raumforschung nicht unbeachtet bleiben: Berry/Pred, Central Place Studies; Schneider (Hg.), Optimales Wachstum; Heinritz, Zentralität und zentrale Orte; Blotevogel, Zentrale Orte; Akademie für Raumforschung und Landesplanung und dem Kommunalverband Großraum Hannover (Hg.), Zentrale Orte in der Raumordnung.

wobei in Christallers ursprünglichem Modell vor allem ökonomische Versorgungspotenziale von Interesse waren. Die Theorie der zentralen Orte beruhte auf empirisch ermittelten Raumkonstellationen, die Christaller anschließend in ein formalisiertes und notwendigerweise abstraktes Raumordnungsschema übersetzte. Er leitete aus den empirisch festgestellten Gliederungsprinzipien bestimmte Muster ab, nach denen sich seiner Beobachtung nach Siedlungsgemeinschaften im Raum allmählich und nicht immer optimal entwickelten. Genau hier setzte dann Christallers planerisches Interesse an, denn er ließ es nicht bei dieser empirischen Bestandsaufnahme bewenden, sondern entwickelte daraus Ansätze für eine effektivere Raumnutzung. Diese Theoretisierung war angesichts der bis dahin üblichen Forschungsprofile zweifellos innovativ, da Christaller als Nationalökonom weniger an empirischer Siedlungsgeographie interessiert war, sondern sich mit der Optimierung räumlicher Ordnungen beschäftigte. Sein Raumideal bestand aus einem in hierarchischer Stufenfolge angelegtem Siedlungskonzept, in dem sich kleine, mittlere und größere Raumgemeinschaften um einen jeweils »zentralen Ort« gruppierten. Es gehe nicht um »das Erscheinungsbild einer Stadt«, so Christaller erläuternd, »sondern um ihre Funktion im menschlichen Gemeinschaftsleben«.[28] Im Unterschied zur späteren Deutung und Anwendung seiner Theorie stand hierbei die materielle Versorgung der hierarchisch vernetzten Raumeinheiten im Mittelpunkt. Da Christallers Konzept in seiner Gesamtarchitektur zentralistischen Ordnungsvorstellungen folgte, war es für die Verfechter einer nach Rassegesetzen und Führerprinzip gestaffelten Herrschaftsordnung von besonderem Interesse.

Christaller begegnete der Siedlungs- und Raumplanung mit einem dezidiert nationalökonomischen Verständnis. Nach seinem Studium bei Alfred Weber in Heidelberg promovierte er 1933 bei dem auf Pflanzen- und Siedlungsgeographie spezialisierten Robert Gradmann in Erlangen. Seine Dissertation verstand er als eine auf statistisch-mathematisch feststellbaren Fakten basierende Raumtheorie, auf deren Grundlage planerisches Handeln zu beruhen habe. Christallers Interesse galt der Effizienz volkswirtschaftlicher Einheiten, ohne sie allerdings (zunächst) in politisch-gesellschaftliche Kontexte zu verorten. Dass ein solches analytisch-empirisches Wissenschaftsverständnis im

[28] Christaller, Die zentralen Orte in Süddeutschland, S. 22. In seiner Habilitation setzte Christaller seine Theorie zur kommunalen Gemeindeorganisation in Beziehung, vgl. ders., Die ländliche Siedlungsweise.

Lauf der 1930er Jahre nicht nur Befürworter finden würde, kann auch angesichts des bei Christaller vorherrschenden theoretischen Anspruches kaum verwundern. Während er nach seiner Dissertation als Stipendiat an ein von Norbert Krebs geleitetes Atlasprojekt angebunden war und 1938 bei Friedrich Metz an der Universität Freiburg habilitierte, gehörte er gleichzeitig der RAG an und war dort auch Initiator und Mitglied des 1936 gegründeten, hochschulübergreifenden Arbeitskreises V »Zentrale Orte«.[29] In diesem Arbeitskreis vernetzten sich nicht nur Forscher und Experten der Raum- und Siedlungsplanung, hier trugen sie auch ihre fachlichen Kontroversen aus. Naheliegenderweise hatte sich einer der Hauptkonflikte bereits vor Kriegsbeginn an der sogenannten Standortlehre, die in der Ökonomie mit Namen wie Johann Heinrich von Thünen und Alfred Weber verbunden ist, entzündet. Das Modell der Thünen'schen Ringe wie auch Webers Studie »Über den Standort der Industrien« von 1909 wurden von einigen Raumplanern weniger wegen ihrer infrastrukturellen Engführungen kritisiert, sondern galten aufgrund ihres wirtschaftsliberalen Hintergrundes schlicht als unorganisch.[30] Der Wirtschaftswissenschaftler und Referent in der RAG Friedrich Bülow machte 1937 gegen liberale Standorttheorien Front und forderte eine konsequente ideologische Ausrichtung der Raumplanung. Eine volksorganische Standortlehre basiere im Unterschied zu Webers Auffassung auf den Lebensgesetzen von Volk und Raum, und nur sie garantiere, dass der Nationalsozialismus verbindliche Leitidee der wissenschaftlichen Theoriebildung bleibe.[31] Da Christallers Theorie, die ihren Heidelber-

---

[29] Diesem Kreis gehörten neben Walter Christaller auch der an der TH Berlin lehrende Professor und NSDAP-Wirtschaftsexperte Gottfried Feder, der Referent der RAG Friedrich Bülow, der Geograph Walter Geisler, der Königsberger Ordinarius für Wirtschaftliche Staatswissenschaften Hans Bernhard von Grünberg, der Soziologe Leo Hilberath sowie die Architekten und Stadtplaner Hans Bernhard Reichow und Johannes Göderitz an. Vgl. zu dem Arbeitskreis im Bestand *Reichsstelle für Raumforschung*: BA, R 113/91.

[30] Vgl. Thünen, Der isolierte Staat. Zu Thünen: Viereck, Johann Heinrich von Thünen. Zur klassischen Standorttheorie vgl.: Launhardt, Mathematische Begründung; zu Alfred Weber vgl.: Nutzinger (Hg.), Schriften zur industriellen Standortlehre.

[31] Bülow, Gedanken zu einer volksorganischen Standortlehre; ders., Zur Standorttheorie des Wirtschaftsliberalismus; darin auch: Muhs, Die Raumordnung in der nationalsozialistischen Staatspolitik. Es gab allerdings zu diesem Zeitpunkt auch noch andere Stimmen wie beispielsweise der sozialwissenschaftlich ausgerichtete Beitrag von Willeke, Sozialstruktur und Raumordnung. Christaller bezog sich

ger Stallgeruch nicht verhehlen konnte, diesen ideologischen Anforderungen nicht genügte, musste es früher oder später zum Konflikt kommen. Hier prallten gegensätzliche Theoriepositionen aufeinander, in denen es um nichts weniger ging als um ein explizit rassenbiologisch fundiertes Wissenschaftsverständnis. Der Agrarwissenschaftler und wohl bekannteste Raumplaner während des Nationalsozialismus, Konrad Meyer, bis 1939 nicht nur Obmann der RAG, sondern auch Lehrstuhlinhaber in Berlin, späterer Planungschef des RKF und einer der einflussreichsten Wissenschaftsmanager des NS-Staates mit zahlreichen Spitzenämtern in der Agrar- und Raumforschung,[32] formulierte 1936 bereits programmatisch: »Das deutsche Volk als die organische Gemeinschaft der Deutschen ist nicht denkbar ohne seinen Lebensraum. Es verdankt seinen Zusammenhalt und seine Eigenart der Verbundenheit des Blutes und der in mehrtausendjähriger Geschichte erfolgten Verwurzelung des Volkskörpers mit dem Boden. [...] Germanisch-deutsche Geschichte lehrt uns zur Genüge, dass Volksordnung und Raumordnung, Volkspolitik und Raumpolitik sich bei uns gegenseitig bedingen und ergänzen. [...] Aus der Kenntnis von den Lebens- und Leistungsgesetzen unseres Volkes, dem Bewußtsein drohender Gefahr biologischen Volkstodes und der Tatsache unseres knappen Raumes erhebt sich daher nunmehr die Forderung nach volksgemäßer Ordnung des Raumes.«[33] Raumnot, Bevölkerungsrückgang[34] und völkisch-rassische Lebensgesetze – das waren die Ingre-

später auch auf den in Kiel lehrenden Wirtschaftstheoretiker August Lösch, der mit einem Rockefeller-Stipendium längere Zeit in den USA war und der sich vom Nationalsozialismus politisch wie wissenschaftlich distanzierte. Vgl. Lösch, Was ist vom Geburtenrückgang zu halten?; ders., Bevölkerungswellen und Wechsellagen; ders., Die räumliche Ordnung der Wirtschaft.

32 Einen guten Überblick zur Partei- und Wissenschaftskarriere von Konrad Meyer liefern: Kegler/Stiller, Konrad Meyer; ausführlicher: Heinemann, Wissenschaft und Homogenisierungsplanungen.

33 Meyer, Raumforschung, in: *Raumforschung und Raumordnung* 1 (1936), S. 2–4, Zitat S. 4.

34 Der Diskurs zum Bevölkerungsrückgang war zudem gekoppelt an eine wissenschaftliche wie auch politische Debatte über den agrarischen »Bevölkerungsüberschuss« in Osteuropa, vor allem in Polen. Dort lebten vor dem Zweiten Weltkrieg etwa 70 Prozent der Bevölkerung von der Landwirtschaft. Unter dem sachlich falschen Schlagwort der Überbevölkerung rekurrierte diese Debatte auf die in Osteuropa tendenziell höheren Geburtenraten, steigerte das hergeleitete Bevölkerungsgefälle zu einem Bedrohungsszenario, gegen das Deutschland sich wappnen müsse. Zudem führten bevölkerungswissenschaftliche Rechenmanöver zur vermeintlich objektiven Feststellung, in Osteuropa existierten »überflüssige« Be-

dienzien einer nationalsozialistischen Lebensraumdoktrin, die sich ab 1938, vor allem im Zuge raumplanerischer Professionalisierung und der nahezu explodierenden Planungsgrundlagen, allmählich durchsetzte. Dieser Aneignungs- und Anpassungsprozess lässt sich exemplarisch an der Kritik gegenüber Christallers Theorie nachvollziehen, schließlich blieb das Zentrale-Orte-Konzept trotz seines wirtschaftsliberalen Gefüges für die gesamte »Ostraumplanung« grundlegend.[35] Allerdings wurden daran gewisse Modifikationen vorgenommen, damit Christallers Theorie den rassebiologischen und herrschaftsideologischen Prämissen des Nationalsozialismus wenn schon nicht vollends genügte, so ihnen doch jedenfalls nicht entgegenstand. Eine der Hauptwidersprüche bestand in Christallers mathematischer Auffassung vom Raum. Den mythischen Beschwörungen autonomer Raumkräfte hielt er entgegen, dass der Raum »kein Zauberer [ist], kein übersinnliches Wesen, sondern er ist ganz einfach Raum, der nüchtern mit Zahlen meßbar ist. Alles was im Raume vor sich geht, ist geometrisch darstellbar. Diese mathematisch genau feststellbaren Vorgänge im Raum können wir in ihrer reinen, zwingenden Form Raumgesetze nennen. So gibt es Raumgesetze der Standorte, der Ausbreitung, der Wanderung, der Ausdehnung, der Größe, der Gestalt.«[36] Seine Schlussfolgerung, dass »eine ganz nüchterne, fast ingenieurmäßig exakte Raumtheorie«[37] zu entwickeln sei, die weder auf dem rein subjektiven Empfinden von Raumgrößen noch auf dem »konkreten erfüllten Raum« beruhen könne, sondern wie in der Physik von einem abstrakten »reinen Raum« ausgehen müsse, war mit den ideologischen Prämissen des Nationalsozialismus schwer vereinbar. Darüber hinaus rief seine Nebenbemerkung, dass die amerikanische Forschung zur ökonomischen Raumtheorie weiter fortgeschritten sei und in Deutschland zu wenig rezipiert werde, im Kriegsjahr 1941 sicherlich

---

völkerungen, deren Verbleib ungeklärt schien. Peter-Heinz Seraphim, Theodor Oberländer, Werner Conze und andere Wissenschaftler sahen die Lösung des Problems unter anderem in der »Entjudung der Städte und Marktflecken«. Vgl. Heim, Berechnung und Beschwörung, S. 39–70. Das Zitat stammt aus: Conze, Die ländliche Übervölkerung in Polen, S. 48. Vgl. auch den Literaturbericht zur Ostforschung: Jureit, Wissenschaft und Politik.

35 Für diese Kontroverse zentral: Christaller, Raumtheorie; direkt dazu: Bülow, Problematik des Raumbegriffs, S. 137–149; zu diesem Konflikt vgl. auch: Rössler, Wissenschaft und Lebensraum, S. 149–151.

36 Christaller, Raumtheorie, S. 119.

37 Ebenda, S. 120.

nicht nur Kopfschütteln hervor.[38] Gleichzeitig machte Christaller gegenüber den ideologischen Anforderungen durchaus Kompromisse. Die reine Raumtheorie sei zwar Voraussetzung, führe aber allein nicht zu einer »einwandfreien Siedlungsstruktur«. Hierfür seien die geographischen Gegebenheiten ebenso ausschlaggebend wie die jeweils »herrschende weltanschauliche Wertung« der verschiedenen Gestaltungsprinzipien. So sei heute »der Grundsatz der Volksgemeinschaft, in den neuen Siedlungsgebieten vor allem auch der der Festigung deutschen Volkstums der vorherrschende. Verkehrs- und Versorgungsfragen kommen dann erst in zweiter Linie.«[39] Damit akzeptierte Christaller neben seinen bisher vertretenen Verkehrs- und Versorgungsprinzipien auch die Gültigkeit eines politischen Ordnungsprinzips, was für die Anwendung seiner Theorie als Planungskonzept einen entscheidenden Schritt darstellte. Diese Anerkennung fiel einigen Kollegen jedoch immer noch nicht umfassend genug aus. Zwar schmückte Christaller seine »reine Raumtheorie« noch mit der Aussicht, mit ihr entstünde »eine bienenwabenförmige, sehr organisch wirkende Struktur der Siedlungslandschaft«,[40] allerdings konnte auch dieses Zugeständnis offenbar nicht vollständig überzeugen. Friedrich Bülow reagierte auf Christallers fast schon provokante Nüchternheit mit schäumendem Widerspruch. Dabei war der Streit um die Engmaschigkeit des räumlichen Siedlungsgefüges nur ein technisches Detail, schwerer wog die grundlegend andere wissenschaftstheoretische Auffassung, welchen Prinzipien Raumforschung, Raumplanung und Raumordnung folgen sollten. Für Bülow beruhten Christallers Arbeiten auf wirtschaftsliberalen Theorien, die er aus ideologischen Gründen pauschal ablehnte. Volksgemeinschaft als Gesellschaftsmodell sei mit einer Theorie des »reinen Raumes« nicht vereinbar, sondern ziele mit einem »organisch-gewachsenen« Raumbegriff auf die Neugestaltung Europas, in der der Raum »als Spiegelbild einer politischen und sozialen Ordnung« fungiere.[41] Dass diese Ordnung in erster Linie rassischen Prinzipen folgen und die Raumgesetze Christaller'scher Prägung diesen nachgeordnet sein müssten, daran ließ Bülow keinen Zweifel. Die Kritik Bülows ist insofern interessant, weil er Christallers mathematisches Raumverständnis offen-

---

[38] Ebenda, S. 122.
[39] Ebenda, S. 129.
[40] Ebenda, S. 133.
[41] Bülow, Problematik des Raumbegriffs, S. 140.

bar gar nicht verstanden hat oder es nicht verstehen wollte. Bülow warf Christaller vor, er mache den Raum selbst zum Gestalter, seine Raumtheorie sei an der Idee einer natürlichen Ordnung ausgerichtet. Christaller vergesse, dass »Ordnung, wie wir sie heute in der Planung verstehen, kein Seinsbegriff, sondern ein von weltanschaulichen Zielsetzungen getragener, politischer und sozialer Gestaltungsbegriff ist und als solcher nicht nur vom Raume, sondern auch von der Zeit her, nicht so sehr von der Natur, als vielmehr und vor allem vom politisch-geschichtlichen Geschehen her zu fassen ist«.[42] Bülow beanspruchte damit einen konstruktivistischen Raumbegriff, den er zugleich rassenbiologischen Gesetzen unterwarf. Seine Kritik an Christaller zielte auf einen vornehmlich in der politischen Geographie vertretenen Raumbegriff, den Christaller aber gar nicht meinte und den er auch nicht vertrat. Zwar griff Bülows Kritik damit in gewisser Weise daneben, sie demonstrierte aber gerade dadurch die irritierende Gleichzeitigkeit unterschiedlicher Raumvorstellungen. Eine raumtheoretisch fundierte Kritik war Bülows Gegenrede nicht, ihm ging es vor allem um die ideologische Demontage der Zentralen-Orte-Theorie. So fasste er abschließend zusammen, dass Christallers Arbeit seiner Meinung nach »in allem der Gegenpol zu jeder Art planerischen Raumdenkens« sei.[43]

Angesichts solcher Gegensätze mag es überraschen, dass Christaller 1940 in die NSDAP eintrat und zudem – in Form einer von der DFG finanzierten Mitarbeitertätigkeit – in Himmlers Planungsstab wechselte. Diese Entwicklung, die hier an späterer Stelle wieder aufgegriffen und nachvollzogen werden wird, muss allerdings zunächst vor dem Hintergrund einer ideologischen Richtungsentscheidung, wie sie sich vor allem im Kompetenzgerangel zwischen dem »Reichsministerium für Ernährung und Landwirtschaft« und dem »Reichskommissar für die Festigung deutschen Volkstums« niederschlug, betrachtet werden. Denn bei diesem Konflikt ging es nicht allein um einen Machtkampf zwischen konkurrierenden NS-Institutionen, es ging um den zukünftigen Stellenwert einer agrarwirtschaftlich-bäuerlich orientierten Boden- und Siedlungspolitik, wie sie insbesondere

[42] Ebenda, S. 149.

[43] Ebenda, S. 148. Der zwischen Bülow und Christaller sichtbar werdende Widerspruch zwischen technisch-operativen und primär ideologisch begründeten Argumentationen durchzieht die gesamte Raumplanung während des Nationalsozialismus. Es wäre allerdings zu kurz gegriffen, daraus eine grundsätzliche Distanz gegenüber dem NS-Regime abzuleiten.

von Richard Walther Darré vertreten wurde.[44] Da bereits ab 1933 unterschiedliche Interessen, Konzepte und Leitideen zur nationalsozialistischen Siedlungs- und Raumordnungspolitik existierten, folgte die konkrete Politik oftmals keinem wirklich einheitlichen Konzept. Reichsernährungsminister Darré gelang es zwar, die Agrarstrukturreform im Altreich voranzutreiben und konkrete Maßnahmen in einigen mitteldeutschen Regionen, im Südwesten und in den sogenannten Westwallgebieten umzusetzen, gleichzeitig geriet er jedoch sowohl mit regionalen Entscheidungsträgern, die zwar Strukturreformen begrüßten, von den Umsiedlungspolitiken aber eher nichts wissen wollten, als auch mit dem seit Oktober 1939 zum »Reichskommissar für die Festigung deutschen Volkstums« ernannten Heinrich Himmler in Konflikt.[45] Während der ehemalige Artamanen-Führer Darré eine bäuerliche Elitebildung durch gezielte rassenbiologische »Aufnordung« anstrebte und damit zugleich seinen eigenen Führungsanspruch in der Germanisierungspolitik des Ostens verband, verfolgte Himmler andere Eroberungs-, Umsiedlungs- und Raumordnungsziele, bei denen reichsdeutsche Bauern zwar eine zentrale, aber keine herausragende Rolle mehr spielten. Eroberung von Lebensraum – das bedeutete für Himmler im Unterschied zur Blut-und-Boden-Politik die politische, soziale, gesellschaftliche und ökonomische, kurzum die totale Neuordnung von Großräumen nach rassenbiologischen Prinzipien. Die Radikalität bestand vor allem darin, dass es nicht nur um die Um- und Ansiedlung »arischer« Bauern und um die Errichtung einer deutschen Besatzungsherrschaft ging, sondern um das »Hinausschieben der deutschen Volkstumsgrenze um mindestens 500 Kilometer nach Osten, von der Grenze des Jahres 1939 gesehen. Es gilt die Besiedlung dieses Raumes mit deutschen Söhnen und deutschen Familien, mit germanischen Söhnen und germanischen Familien, so daß ein Pflanzgarten germanischen Blutes wird, damit wir weiter ein Bauernvolk bleiben.«[46] Neben reichsdeutschen Bauern sollten volks- und überseedeutsche Umsiedler, blutsverwandte Gruppen sowie eingedeutsche Angehörige das eroberte Land bewirtschaften

---

[44] Zu den frühen Konzepten der Raumplanung, vor allem zu der vom »Deutschen Siedlungswerk« des RHA betriebenen Reagrarisierung und Industrieumsiedlungspolitik vgl. Münk, Organisation des Raumes, S. 405–413.

[45] Zu diesem Konflikt ausführlich: Mai, »Rasse und Raum«, S. 112–154.

[46] Rede Heinrich Himmlers am 26. Juli 1944 auf dem Truppenübungsplatz Bitsch, in: Smith/Peterson (Hg.), Heinrich Himmler, S. 215.

und beherrschen. Himmlers Idealtyp war nicht der siedlungswillige Landwirt aus Württemberg, der sich vor lauter Raumnot nach Osten aufmachte, sondern ein bewaffneter »Wehrbauer«, der sich seiner militärischen Mission und seiner rassenbiologischen Zuchteigenschaft bewusst war. Dass diese Neuordnung die Beseitigung der vor Ort gewachsenen Strukturen und die gewaltsame Vertreibung der ansässigen Bevölkerungen zur Folge haben würde, daran ließ Himmler keinen Zweifel. Planerisch ergab sich aus der Radikalität dieses Zerstörungs- und Ordnungswillens eine so gewaltige und gewalttätige Aufgabe, dass Himmler alles daransetzte, die Richtlinienkompetenz in raum- und siedlungsplanerischen Fragen rechtzeitig und vollständig an sich zu ziehen, zweifellos mit dem Kalkül, dass letztlich nur die SS fähig und entschlossen sein würde, solche Pläne auch umzusetzen. Darré gelang es zwar, Himmler bis etwa 1938 aus den Agrarstrukturreformen im Altreich herauszuhalten, aber spätestens mit Kriegsbeginn büßte er seine Macht unwiderruflich ein.[47] Sein Ziel, durch die Agrarstrukturreformen die notwendigen Siedlerkontingente für den Osten zu gewinnen und auf diesem Wege beide siedlungspolitischen Stränge unter seiner Leitung zu vereinen, war gescheitert. Hitler entschied den Konflikt lange bevor Darré im Mai 1942 abgesetzt wurde. Schließlich hatten sich bereits im Sommer 1939 die raumplanerischen Grundlagen elementar verändert. Mit dem am 28. September 1939 in Moskau geschlossenen Grenz- und Freundschaftsvertrag begann der erste Planungsabschnitt konkrete Formen anzunehmen, und vor allem deswegen ernannte Hitler nur eine Woche später den Reichsführer-SS Heinrich Himmler zum RKF und beauftragte ihn mit den in Moskau vereinbarten Umsiedlungen »volksdeutscher« Bevölkerungen aus Wolhynien, Galizien und dem Narewgebiet. Mit dieser Entscheidung fiel die gesamte Planungshoheit für diese und für spätere Um- und Aussiedlungen im Osten in die Zuständigkeit der SS, wenn auch weiterhin andere Institutionen daran aktiv beteiligt blieben.[48]

Der Wechsel Christallers in den Planungsstab des RKF fiel also zeitlich etwa mit der institutionellen Durchsetzung eines Siedlungs- und Raumplanungskonzeptes zusammen, das sich angesichts der 1939

[47] Das hing nicht nur mit Himmlers Machtzuwachs zusammen, sondern lag auch daran, dass Darrés Agrar-, Bauern- und Siedlungspolitik im Altreich weitgehend scheiterte. Weder die Reagrarisierung noch seine dezentrale Industriepolitik wiesen nennenswerte Erfolge auf. Vgl. Mai, »Rasse und Raum«, S. 48–76.

[48] Hier ist vor allem auch die Deutsche Arbeitsfront zu nennen.

bereits eroberten Gebiete und der noch zu erwartenden Zuwächse im Osten auf Größenordnungen umzustellen hatte, die zuvor noch nie Gegenstand planerischen Handelns gewesen waren. Das eröffnete einerseits enorme Gestaltungsspielräume, das verlangte andererseits aber auch innovative Strategien, Methoden und Konzepte, die noch in keiner Schublade lagen.[49] Himmler ließ Konrad Meyer in Personalfragen freie Hand. Dieser holte Christaller trotz seiner politischen Unzuverlässigkeit 1940 als mit DFG-Geldern finanzierten Mitarbeiter in den Planungsstab, aus fachlichen und wohl auch aus persönlichen Gründen.[50] Dass die Besiedlung des Ostens raumplanerisch vorbereitet und konzeptionalisiert werden musste, darauf konnten sich die meisten Experten und Funktionsträger schnell verständigen, Uneinigkeit herrschte eher über die Gewichtung der Prinzipien. Im Amt VI »Planung« des RKF bündelte Himmler unter Leitung von Konrad Meyer die raumplanerischen Kräfte, die sich mit dem Neuaufbau des Ostens befassen sollten und die im Laufe der Zeit konkurrierende Instanzen – wie zum Beispiel die Reichsstelle für Raumforschung (RfR) – ins Abseits drängten.[51] Die Mitarbeiter des Planungsstabs griffen bei ihrer Planungsarbeit zum einen auf Christallers Zentrale-Orte-Theorie zurück, zum anderen auf die von Gerhard Isenberg entwickelte Tragfähigkeitsmethode.[52] Letztere verband ökonomische mit bevölkerungspolitischen Verteilungsquotienten und zielte damit auf die Optimierung volkswirtschaftlicher Einheiten. Isenberg entwickelte seinen Ansatz speziell für die Bevölkerungskonstellation in den

---

[49] Zur Neuausrichtung der Raumplanung nach Kriegsbeginn vgl. zum Beispiel das kriegswichtige Forschungsprogramm der Reichsarbeitsgemeinschaft für Raumforschung 1939, in: Rössler, Wissenschaft und Lebensraum, S. 143; ebenso das Protokoll der RAG-Tagung vom 13. April 1940 zu den »Raumpolitischen Auswirkungen der Gebietsausdehnung des Großdeutschen Reiches auf das Altreich«, in: BA, R 113/91.

[50] Dass Christaller vor 1933 der SPD angehörte und auch nach der Machtübernahme als politisch unzuverlässig galt, war kein Geheimnis. Meyer schätzte aber offenbar seine fachlichen Qualitäten und wollte auf ihn angesichts der raumplanerischen Aufgaben im Osten keinesfalls verzichten. Vgl. Leendertz, Ordnung schaffen, S. 169.

[51] Das Planungsamt war in sechs Abteilungen unterteilt und beschäftigte sowohl feste wie auch freie Mitarbeiter, zu den Letzteren gehörte aufgrund seiner Finanzierung durch die DFG auch Walter Christaller. Zur Organisation des späteren Stabshauptamtes vgl. Rössler, Wissenschaft und Lebensraum, S. 165–167. Zur Konkurrenz zwischen RKF und RfR vgl. ebenda, S. 177–183.

[52] Vgl. Isenberg, Die Verteilung der Bevölkerung; ders., Tragfähigkeit des deutschen Ostens; zu Isenberg vgl.: Leendertz, Ordnung schaffen, S. 163–177.

einzugliedernden Ostgebieten. Dort sei die Frage der Tragfähigkeit »praktisch akut, wenn infolge politischer Ereignisse, bei politisch bedingten Umsiedlungsaktionen eine große Zahl von Menschen in einem Raum neu aufzunehmen ist«.[53] Der Schlüssel zu einer intakten Wirtschaftseinheit sei das Verhältnis von Volksdichte, Lebensraum und Lebensstandard. Damit ergänzte die Tragfähigkeitsmethode Christallers siedlungsgeographischen Ansatz, der sich im Kontext der nationalsozialistischen Ostraumplanung von einer primär ökonomischen Versorgungstheorie zu einem am Großraum vermessenen Herrschaftskonzept wandelte. Ihr Begründer war an dieser Umarbeitung nicht unbeteiligt.[54] 1940 legte Christaller erste Entwürfe zum möglichen Siedlungs- und Verwaltungsaufbau im Osten vor. Darin entwickelte er »ein groß angelegtes, klar aufgebautes und in sich fest zusammenhängendes Siedlungssystem in hierarchischer Stufenfolge vom Bauernhof zum Gau, und umgekehrt vom Gau bis zum einzelnen Hof«.[55] Sein Grundriss deklinierte die Siedlungsstruktur vom Hof zur Nachbarschaft, vom Dorfweiler zum Gruppendorf, vom Großamt zum Reichsgau modellhaft durch, wobei nicht nur ökonomische und siedlungsgeographische Strukturen hierarchisiert, sondern eben auch politische Ordnungen eingearbeitet wurden. Es solle eine »fest gefügte gemeindliche Gemeinschaft entstehen, in der das ganze Leben der Bewohner wieder seinen aus der Gemeinschaft selbst geborenen Jahresrhythmus der Arbeit und der Feier findet, der von der Ortsgruppe der Partei und den Einheiten ihrer Gliederungen bestimmt wird«.[56] Entsprechend geistern durch sein Siedlungskonzept diverse NSB-Schwestern, HJ- und BDM-Führer(innen) sowie einzelne Reichsgauleiter. Die ideale Größe eines Gruppendorfes liege bei 2500 Einwohnern. Das entsprach zufälligerweise auch der Größe einer Parteiortsgruppe, die ja die »willensmäßige Organisationsform dieser Gemeinschaft« darstelle.[57] Christaller vertrat ein Gemeinschaftskonzept, das er als »ganzheitlich« verstand und das er als das »Bild eines

[53] Isenberg, Tragfähigkeit des deutschen Ostens, S. 5.

[54] Die Weiterentwicklung seiner Theorie zeigt sich vor allem in folgenden Beiträgen: Christaller, Die Kultur- und Marktbereiche; ders., Grundgedanken; ders., Die zentralen Orte in den Ostgebieten; ders., Land und Stadt in der deutschen Volksordnung.

[55] Christaller, Grundgedanken, S. 312.

[56] Ebenda, S. 306.

[57] Ebenda, S. 308.

totalen Siedlungsschemas für den Osten« bezeichnete.[58] Das Führertum in den Gemeinschaften komme »räumlich zum Ausdruck als Kern einer Siedlung oder als Mittelpunkt einer Siedlungsgruppe«. Die Gemeinde im Osten müsse von einem hauptamtlichen Bürgermeister geleitet werden, wodurch zugleich die »zu erstrebende räumliche Gleichschaltung von Ortsgruppe der Partei und Gemeinde erreicht« werde.[59] Christaller arbeitete seine Theorie der zentralen Orte zu einem politischen Herrschaftskonzept um, das in seiner planerischen Totalität den politischen Erfordernissen weitaus besser entsprochen haben wird.[60] Heikel blieb allerdings die Frage, ob und wie sich der planerische Entwurf würde umsetzen lassen. Konrad Meyer schickte als Herausgeber der Zeitschrift, in der Christallers Beitrag erschien, die Anmerkung vorweg, dass dies noch nicht die endgültige Lösung des Problems sei, nun vielmehr die Praxis das Wort haben müsse. Damit spielte er darauf an, dass unter den Experten beispielsweise durchaus unterschiedliche Auffassungen kursierten, wie engmaschig das Siedlungsnetz ausfallen müsse. Christaller favorisierte für die Kreisstädte eine Maschenweite von 62 Kilometern, für die Amtssitze von 21 Kilometern. Dass es darüber fachlichen Streit gab, ist nicht erstaunlich, entscheidender war aber Christallers Nebensatz, dass die von ihm berechneten Abstände »tatsächlich in großer Zahl im Osten bereits vorhanden« seien.[61] Ist aber irgendeiner solcher Abstände festgelegt, so seine planerische Richtschnur, »so ist das ganze Siedlungssystem damit gegeben«.[62] Die darin aufscheinende Frage, ob man den Siedlungsaufbau eng an den örtlichen Gegebenheiten auszurichten gedachte oder unabhängiger davon planen wollte, enthielt eine

[58] Ebenda, S. 306.

[59] Ebenda, S. 309.

[60] Gottfried Feder hatte für die Stadt- und Regionalplanung bereits ähnliche Entwürfe vorgelegt, ebenso korrespondierte Christallers Theorie mit dem von Carl Culemann, Konstanty Gutschow und Hans-Bernhard Reichow erarbeiteten Planungskonzept der »Ortsgruppe als Siedlungszelle«. Während hier kommunale und städtische Strukturen im Mittelpunkt standen, zielte Christallers Theorie eher auf großräumige Siedlungszusammenhänge. Auch der Leiter des Reichsheimstättenamtes der DAF Johann Ludowici sowie Hans-Bernhard von Grünberg bezogen sich in ihren Arbeiten – zum Teil auch kritisch – auf Christaller. Vgl. Feder, Die Neue Stadt; Ludowici, Das deutsche Siedlungswerk; zu Feders »Totaler Stadtplanung« und zum Konzept »Ortsgruppe als Siedlungszelle« vgl. die fundierte Studie von: Münk, Organisation des Raumes, S. 380–399.

[61] Christaller, Grundgedanken, S. 312.

[62] Ebenda.

Sprengkraft, die den Kern nationalsozialistischer Raumpolitik berührte: Wie sollte mit dem vor Ort Bestehenden planerisch und auch praktisch umgegangen werden?

Christallers Anpassungsleistungen 1940/41 bezogen sich überwiegend auf die ins Reich eingegliederten Ostgebiete.[63] Bei dem von ihm vorgeschlagenen Siedlungsgrundriss für die »Kultur- und Marktbereiche höchster Ordnung« wie Danzig, Posen und Łódź sollte gelten, dass »vorhandene Anlagen und Verhältnisse [Städte, Straßen, Eisen-
30 bahnen, Abstände, Anm. i. O.] […] möglichst zu berücksichtigen« sind.[64] Seinen Siedlungsgrundplan, den er auch als Karte vorlegte, erarbeitete er »unter möglichster Anlehnung an die vorhandenen Dörfer und Städte«. Durch Übereinanderlegen von Planungs- und Bestandsaufnahme erfolgten die Festlegung der zentralen Orte sowie die Zuweisung ihrer Markt- und Kulturbereiche, wobei es sinnvoll sei, so Christaller, von den Orten mittleren Ranges auszugehen und sich dann sowohl hierarchisch nach oben wie auch nach unten durchzuarbeiten. Dieser planerische Arbeitsschritt zielte vor allem auf die Ausarbeitung eines Gitternetzes, das die Abstände und Zuordnungen der hierarchisch abgestuften Ortschaften definierte. Dass hierbei das Grundschema noch zahlreiche Korrekturen, Ergänzungen und Verfeinerungen erfuhr, gehörte ebenso zum planerischen Handwerk wie auch die Tatsache, dass sich aus der Diskrepanz von Planungsschema und Wirklichkeit unter Umständen ein gravierender Handlungsbedarf ableiten ließ. Aus der Festlegung städtischer Versorgungs- und Verwaltungszentren konnte sich nach Planungslage beispielsweise eine Zu- oder Abnahme der Bevölkerung in einzelnen Ortschaften ergeben, da das Ziel der Raumplanungen ja gerade darin bestand, sowohl Über- wie auch Unterversorgungen abzubauen. Daher ist im Plan unter anderem von konkurrierenden Orten gleichen Ranges, von Einwohnerzuwächsen in mittelgroßen Städten, von fehlenden Versorgungszentren und Ersatzgründungen, von wegfallender landwirtschaftlicher Bevölkerung, von planerischer Lenkung der Bevölkerungsverteilung die Rede, ohne dass ersichtlich oder konkretisiert wird, wie diese »Anpassungen« faktisch herzustellen seien. So sollte beispielsweise Schneidemühl als Großkreis dem Einzugsbereich von

[63] Zur Anwendung der Zentralen-Orte-Theorie im Westen vgl. Bosma, Verbindungen zwischen Ost- und Westkolonisation.

[64] Christaller, Zentrale Orte in den Ostgebieten, S. 10.

Danzig zugewiesen werden, während das Gebiet um Kreuz planerische Probleme aufwarf und sowohl Posen als auch Danzig zugeordnet werden konnte. Bromberg, Thorn und Elbing deklarierte Christaller zu gehobenen Kreisstädten, im Dreieck Lipno–Schirps–Rippin müsse hingegen eine vollständige Neugründung mit etwa 30000 Einwohnern erfolgen, die dann »die bisherigen Funktionen dieser drei Städte übernimmt«.[65] Auch das 1939 etwa 670000 Einwohner zählende Industriezentrum Łódź zählte zu Christallers Planungsregionen.[66] Die im Oktober 1939 noch nicht endgültig geklärte Grenze des späteren Reichsgaus Wartheland zum Generalgouvernement wurde am 9. und 20. November dahin gehend korrigiert, dass nun auch der später in Litzmannstadt umbenannte Industriestandort zum Deutschen Reich gehörte, allerdings blieb das Wartheland durch eine Polizeigrenze vom übrigen Reichsgebiet getrennt.[67] Fast ein Drittel der Łódźer Stadtbevölkerung war jüdisch, und bereits ab März 1940 mussten alle jüdischen Bewohner in das nördlich gelegene Ghetto der Stadt umsiedeln, während im Gegenzug die dort ansässige Bevölkerung das Gebiet zu verlassen hatte. Während also bereits radikale Maßnahmen zur rassenbiologischen Homogenisierung des Raumes durchgeführt wurden, liest sich Christallers Ordnungsentwurf wie ein harmloser Zwischenbericht zu den raumplanerischen Perspektiven einer industriell geprägten Region. Litzmannstadt müsse selbstverständlich ein zentraler Wirtschaftsstandort bleiben, sein zu erweiternder Einzugsbereich solle Tomaschow, Petrikau, Radomsko und Tschenstochau einschließen, gleichwohl sei die Zahl kleinerer Städte im Litzmannstädter Bezirk in manchen Gegenden zu hoch, sodass hier »Abwertungen und teilweise Ersatzgründungen in günstigerer Lage vorgenommen werden« müssten. Südlich fehlten hingegen einige ländliche Städte, sodass für Zelow und Stroza eine formelle Stadterhebung infrage käme.[68]

Angesichts der bereits rücksichtslos praktizierten Ghettoisierung und Vertreibung ortsansässiger Einwohner mutet Christallers nüch-

---

[65] Christaller, Grundgedanken, S. 17.

[66] Zur städtebaulichen Planung im Sinne der Germanisierung vgl. Gutschow, Stadtplanung im Warthegau.

[67] Vgl. hierzu auch das Gutachten der Publikationsstelle Berlin vom 11. November 1939, in dem von einer Einbeziehung der Industriestadt eher abgeraten wurde. Das etwa 130000 Menschen umfassende Deutschtum dieser Region stünde »gegebenenfalls auch für eine Umsiedlung bereit«. Das Gutachten befindet sich im BA, R 153/774.

[68] Christaller, Zentrale Orte in den Ostgebieten, S. 21.

terner Planungsentwurf mehr als zynisch an, doch gerade diese Diskrepanz macht das Dokument aussagekräftig. Die Modifikation seines ursprünglich empirisch-analytischen Modells zu einem raumplanerischen Gesamtentwurf führte dazu, dass sich Christaller ab 1940 zwar planerisch einbrachte und durch Gutachten und Auftragsarbeiten aktiv an der Planungsarbeit des RKF beteiligte, die politische Umsetzung solcher Pläne jedoch von seiner eigenen Tätigkeit trennte. Dabei war auch den DFG-finanzierten Mitarbeitern im RKF-Planungsstab zweifellos bekannt, wie rassenbiologische Homogenisierung des eroberten Raumes ablief, auch wenn jemand wie Christaller in die unmittelbaren Entscheidungsprozesse des RKF tatsächlich nicht involviert war. Christaller lieferte wissenschaftliche, an oft eher diffusen ideologischen Vorgaben ausgerichtete Planungskonzepte, die dann im RKF bewertet, übernommen und/oder abgeändert wurden. Christallers Zentrale-Orte-Theorie war ein aus der Empirie abstrahiertes Konzept, und genau an dieser wissenschaftlichen Technik hielt Christaller auch nach 1940 fest, nur arbeitete er jetzt nicht mehr nur analytisch, sondern auch planerisch. Während er in seinem ursprünglichen Konzept die Transformation von der Empirie zur Theorie methodisch eingehend reflektierte, war die Übersetzung seiner Theorie in die Praxis bisher nicht Gegenstand seiner wissenschaftlichen Tätigkeit gewesen. Da er sich jedoch im RKF an der planerischen Anwendung seiner Theorie selbst aktiv beteiligte, trug er auch die Konsequenzen ihrer Umsetzung mit. Sein Ordnungsplan war zwar keine Anweisung oder Aufforderung zur Umsiedlung, Vertreibung oder gar Vernichtung »unerwünschter« Bevölkerungen, er legte jedoch die Anpassung der örtlichen Gegebenheiten an das im Schema stilisierte Optimum nahe, markierte zudem »überflüssige« Potenziale und kalkulierte somit Bevölkerungsverschiebungen ein, über deren Durchführung dann politische Instanzen entschieden. Theoretisch hätten seine Planungsziele allerdings auf unterschiedliche Weise realisiert werden können. Die in fachlichen Kontroversen vehement eingeforderte rassenideologische Ausrichtung raumplanerischer Tätigkeit, die Christaller ja an seiner eigenen Theorie hautnah erfahren hatte, ließen allerdings bei allen Beteiligten keinen Zweifel daran, wie sich Konrad Meyer und andere Verantwortliche die rassenbiologische Homogenisierung des Planungsraumes praktisch vorstellten. Christaller war bereit, seine Theorie in diesem Kontext zu einem anwendungsorientierten Konzept weiterzuentwickeln, insofern war seine Tätigkeit auf die praktische Umsetzung dieser Pläne projektiert. Auch wenn seine Aufgabe im RKF-Planungsstab nicht daraus bestand, Bevölkerungsverschiebungen gleich welcher Art wissenschaftlich zu legitimieren, stellten sie sich in der Praxis als Konsequenz seiner planerischen Tätigkeit dar. Er war sicherlich Realist genug, um sich keine Illusionen darüber zu machen, dass eine derart gigantische Umstrukturierung, die zudem auch zeitlich eng gerastert war, wenn überhaupt, dann nur mit radikalen Maßnahmen Aussicht auf Erfolg hatte: »Unsere Aufgabe besteht also darin«, so Christaller 1941, »alle sonst im Lauf der langen Entwicklung sich von selbst, also allmählich und oft auch in unerwünschter Weise bildenden Raumeigenschaften niederer wie höherer Ordnung in kürzester Zeit planvoll und zielbewußt zu schaffen, damit sie möglichst bald zu wirksamen und fruchtbaren Gliedern des räumlichen Ganzen des Reiches werden.«[69]

Die Debatten, Konflikte und Modifikationen, wie sie sich an Christallers Zentrale-Orte-Theorie beleuchten lassen, zeigen exemplarisch, wie sich der Raumdiskurs in den 1930er Jahren bis in die ersten Kriegsjahre hinein veränderte. Dabei waren die Kontroversen über die Prinzipien einer nationalsozialistischen Raumplanung eng gebunden an die 1933 einsetzende Institutionalisierung einer gesamtstaatlich ausgerichteten Raumforschung und Raumplanung. Einerseits verhandelten Wirtschaftswissenschaftler, Soziologen, Geographen, Stadt- und Landschaftsplaner, Historiker und Architekten nun fachübergreifend über Begriffe, Leitlinien und Konzepte einer politisch neu auszurichtenden Raumplanung, andererseits griffen politische Entscheidungsträger bei Bedarf auf wissenschaftliche Expertisen zurück. Solche Konstellationen sind von dem Soziologen Peter Weingart zutreffend als rekursive Kopplungen beschrieben worden: die »Politisierung von Wissenschaft« wie auch die »Verwissenschaftlichung von Politik«.[70] Während zumindest bis 1939 noch eine Vielzahl raumwissenschaftlicher Ansätze existierte und miteinander konkurrierte, verengte sich der Raumdiskurs spätestens mit Kriegsbeginn auf einige wenige Prämissen. Dies betraf vor allem den Abgleich von Raum- und Rassefragen. Während in den 1920er Jahren das Verhältnis von Rasse, Volk und Raum in den einzelnen Fachwissenschaften oft noch diffus beziehungsweise indifferenter ausfiel, zeigte sich nun sowohl im geo-

---

[69] Christaller, Kultur- und Marktbereiche, S. 499.

[70] Vgl. Weingart, Verwissenschaftlichung der Gesellschaft; ders., Die Stunde der Wahrheit?; ders., Wissenschaftssoziologie; dazu auch: Raphael, Die Verwissenschaftlichung des Sozialen; ders., Radikales Ordnungsdenken.

politischen wie auch im historischen, soziologischen und insgesamt im raumplanerischen Diskurs zumindest die Tendenz, *Raum* als zentrale Kategorie rassischer Ordnungsvorstellungen zu verankern.[71] Arthur Dix veröffentlichte beispielsweise 1934 seine programmatische Schrift »Raum und Rasse in Staat und Wirtschaft«, Hans Weigmann gab 1935 seiner ganz auf Volksgemeinschaftslinie argumentierenden Monographie »Politische Raumordnung« den Untertitel »Gedanken zur Neugestaltung des deutschen Lebensraumes«, Heinrich Schmitthenners Buch von 1938 hieß »Lebensräume im Kampf der Kulturen«, Kurt Vowinckel deklarierte 1939 in der *Zeitschrift für Geopolitik* Lebensraum zum rassischen Grundbegriff und Karl Christian von Loesch bevorzugte 1938 für die im Namen der »Akademie für deutsches Recht« herausgegebene Schrift den Titel »Rasse, Volk, Staat und Raum in der Begriffs- und Wortbildung«. Die Liste ließe sich weiter fortsetzen. Nicht immer lief die Kopplung von Raum- und Rassevorstellungen konfliktfrei ab. Als 1933 die von Richard Hennig und Leo Körholz verfasste »Einführung in die Geopolitik« erschien, wurden die beiden Autoren von der »Arbeitsgemeinschaft für Geopolitik« umgehend aufgefordert, die rassischen Einflüsse auf die Geschicke eines Volkes stärker zu berücksichtigen. Dieser Intervention folgten in den weiteren Auflagen des Buches entsprechende Ergänzungen, in denen »Blut und Boden« dann schließlich doch zu gleichberechtigten Kräften des Völkerschicksals erklärt wurden.[72] Andere Wissenschaftler mussten dazu nicht erst aufgefordert werden, sie arbeiteten sich selbständig an die politisch geforderte Gesinnung heran. Fachübergreifend vollzog sich ein nicht immer konfliktfreier, nicht immer reflektierter, nicht immer oktroyierter und auch im Ergebnis nicht immer eindeutiger Abgleich rassen- und raumtheoretischer Ansätze.[73]

---

[71] Kartographisch untersucht diesen Prozess Guntram Herb, der vor allem die zentrale Rolle von Karl C. von Loesch sowie die einschlägigen Institutionen herausstellt (u.a. die Publikationsstellen Berlin, Wien und Ost, Deutsches Ausland-Institut, Institut für Grenz- und Auslandsstudien), vgl. Herb, Under the Map, S. 132–177.

[72] Zu diesem Beispiel vgl. Köster, Rede über den Raum, S. 119–120.; Sprengel, Kritik der Geopolitik, S. 183–186.

[73] Eine differenzierte Untersuchung des oftmals widersprüchlichen geopolitischen Diskurses, auch in Auseinandersetzung mit dem Rassebegriff, liefert: Sprengel, Kritik der Geopolitik, vor allem S. 172–186. Dort lässt sich auch die fachinterne Kontroverse um die Abgrenzung von Geopolitik und politischer Geographie detailliert nachvollziehen. Vgl. dazu zeitgenössisch: Grabowsky, Raum als Schicksal; Baumann, Raum und Staat; Jantzen, Geopolitik als Unterrichtsgrundsatz;

Selbst unter den Geopolitikern, die gerade in Karl Haushofer einen exponierten Befürworter des Nationalsozialismus vorzuweisen hatten, verliefen die fachlichen Anpassungsprozesse gegenüber einem nun verstärkt vorgebrachten, rassebiologischen Primat keineswegs einvernehmlich. Haushofer selbst war zweifellos ein überzeugter Antisemit und adaptierte auch die ideologische Formel von »Rasse und Raum«, gleichwohl blieb er in seinen Schriften der vorwiegend synonymen Verwendung völkischer und rassischer Kollektivbegriffe verhaftet und vertrat einen eher traditionellen Imperialismus.[74] Auch die Versuche von Kurt Vowinckel und anderen, Geopolitik wissenschaftlich wie volkspädagogisch als Staatslehre des Nationalsozialismus durchzusetzen, scheiterten. Die Geopolitik stand nach 1933 eher unter dem Verdacht, gerade durch ihre Betonung des Raumgedankens dem rassenbiologischen Paradigma nicht die notwendige Bedeutung zuzumessen. Anders die Raumforscher und Raumplaner: Ihre Karriere verband sich im Lauf der 1930er Jahre immer enger mit dem rassenbiologischen Neuordnungsprogramm des Nationalsozialismus.[75] »Lebensraum« löste sich dabei von seinem sowohl geographisch-geopolitischen als auch von den eher agrarwirtschaftlichen Bedeutungskontexten und wandelte sich zu einem rassenbiologischen Planungskonzept, das vorrangig auf die Eroberung, Besiedlung und Beherrschung von Großräumen ausgerichtet war. Der Beginn des Zweiten Weltkrieges markierte in diesem Transformationsprozess eine Zäsur: Mit dem Hitler-Stalin-Pakt vom 23. August 1939 begann sich nicht nur der räumliche Horizont nationalsozialistischer Eroberungspolitiken zu konkretisieren, Lebensraum begann nun die Totalität eines Zerstörungs- und Neuordnungswillens zu kennzeichnen, der die eroberten Gebiete nicht mehr im kolonialen Sinne als *leer* phantasierte, sondern sie im Sinne völkisch-rassischer Auslese zu *leeren* und neu zu ordnen beabsichtigte.

Hennig, Geopolitik und Rassenkunde; dazu direkt: Arbeitsgemeinschaft für Geopolitik, Zur »notwendigen Klarstellung« von Richard Hennig, S. 63–64.

74 Beispielhaft seien hier nur genannt: Haushofer, Der nationalsozialistische Gedanke; ders., Atemweite; ders., Geopolitische Anmerkungen. Dazu immer noch lesenswert: Jacobsen, Karl Haushofer, Bd. 1, S. 448–464.

75 Mit Schwerpunkt auf der Soziologie untersucht Klingemann überzeugend die fachlichen Konstellationen von Bevölkerungswissenschaft, Geopolitik und Raumforschung, vgl. Klingemann, Soziologie und Politik.

Verflechtungen: Der Hitler-Stalin-Pakt – räumlich betrachtet

Am 19. Oktober 1939 schrieb der Protokollchef des Auswärtigen Amtes in Berlin, Alexander Freiherr von Dörnberg, an den deutschen Botschafter in Moskau, Friedrich-Werner Graf von der Schulenburg, einen auch in diplomatischen Kreisen eher ungewöhnlichen Brief.[76] Bei der Festlegung der deutsch-sowjetischen Demarkationslinie im September 1939 habe der Reichaußenminister Joachim von Ribbentrop während seines zweiten Besuches in Moskau besonderen Wert darauf gelegt, dass das Suwałki-Gebiet an Deutschland falle, da in den »Forsten von Augustowo [...] kapitale Rothirsche« lebten. Stalin habe diesem Wunsch mit der Bemerkung entsprochen, »das Gebiet solle Deutschland wegen der guten Hirsche für seinen Reichsaussenminister zugesprochen werden«. Allerdings – so reklamierte das Auswärtige Amt drei Wochen später – habe sich nun herausgestellt, »dass es dort gar keine Hirsche gibt und alle guten Jagdgebiete an die Sowjetunion gefallen seien«. Daher wünsche der Herr Reichsaußenminister, eine entsprechende Jagdpacht in den Karpaten zu übernehmen, um dort Hirsche jagen zu können. Auch sehe der Minister darin den Vorteil, dass er durch Jagdbesuche in Russland in näheren Kontakt mit russischen Persönlichkeiten treten könne. Der deutsche Botschafter solle in dieser Sache bei Molotow oder Stalin vorstellig werden. Dass die verschwundenen Hirsche in Berlin gewisse Irritationen ausgelöst haben, ist für den hier diskutierten Zusammenhang nicht so sehr von Interesse, obgleich dabei die persönlichen Vorlieben Ribbentrops zutage treten. Auch dass aus dem Brief das latente Misstrauen spricht, bei den Moskauer Verhandlungen möglicherweise betrogen worden zu sein, soll hier nicht weiter vertieft werden. Aussagekräftig ist dieser Brief, weil er auf geradezu bizarre Weise offenlegt, mit welchem territorialen Herrschaftsverständnis das bis dahin polnische Staatsgebiet im August und September 1939 zwischen Berlin und Moskau regelrecht verschachert wurde. Es ist davon auszugehen, dass Ribbentrops Vorliebe für Rothirsche dabei allenfalls punktuell handlungsleitend war. Welche anderen Kriterien und Argumente aber gal-

---

[76] Brief des Auswärtigen Amtes vom 19. Oktober 1939 an den deutschen Botschafter in Moskau, in: PAAA, Botschaft Moskau, Politisches, Botschafter von Schulenburg, Sign. 560.

ten in den Verhandlungen zwischen Ribbentrop und Molotow als ausschlaggebend, als sie polnisches Territorium dem einen oder eben dem anderen »Interessengebiet« zuteilten?

Im Vorfeld der deutsch-sowjetischen Annäherungen ging es zunächst gar nicht um territoriale Interessen. Weitgehend ergebnislos liefen bereits Gespräche über ein Wirtschaftsabkommen, auf das man sich nicht einigen konnte oder wollte. Auf wessen Initiative hin es dann schließlich um eine politische Tuchfühlung und im Konkreten um einen Nichtangriffspakt ging, war und ist für manche Historiker immer noch strittig.[77] Gleichwohl zeigt der gesamte diplomatische Vorgang, dass dieser Vertrag keinem der Beteiligten aufgedrängt wurde. Moskau war unter Wahrung seiner eigenen Interessen zur engeren Zusammenarbeit mit Berlin grundsätzlich bereit, Hitler sah darin die Chance, seine territorialen Interessen in Osteuropa auf Kosten Polens durchzusetzen, und die deutsche Diplomatie ergriff die Gelegenheit der Annäherung, als sie sich bot. Das Kalkül der Beteiligten ging auf, denn schließlich erwies sich das gemeinsame Interesse an einer Aufteilung Polens für den diplomatischen Schulterschluss als durchschlagend.[78] Da sich die deutsch-polnischen Spannungen zu dieser Zeit bereits dramatisch zugespitzt hatten, Polen seit April 1939 auf eine britisch-französische Garantie bauen konnte und die Sowjetunion parallel mit England und Frankreich verhandelte, drängte Berlin spätestens ab Juli 1939 auf eine rasche Übereinkunft, schließlich stellte ein Pakt mit der Sowjetunion – abgesehen von der dadurch ver-

---

[77] Die Forschungsliteratur hierzu ist sehr umfangreich, daher hier nur einige Hinweise: Weinberg, Germany and the Soviet Union; Hillgruber, Hitlers Strategie; Funke (Hg.), Hitler, Deutschland und die Mächte; Weber, Die Entstehungsgeschichte des Hitler-Stalin-Paktes; Michalka, Ribbentrop und die deutsche Weltpolitik; Graml, Europas Weg in den Krieg; Fleischhauer, Der Pakt; Hildebrand, Das vergangene Reich; Sluč, 17. September 1939; Lipinsky, Das Geheime Zusatzprotokoll; eine vor allem polnische Sicht bietet: Kornat, Der Weg zum Ribbentrop-Molotow-Pakt. Erstaunlicherweise taucht der Hitler-Stalin-Pakt in der fast 900 Seiten umfassenden Untersuchung zum Auswärtigen Amt fast nicht auf, vgl. Conze/Frei/Hayes/Zimmermann, Das Amt und die Vergangenheit, dazu die überzeugende Kritik von Hürter, Das Auswärtige Amt. Das zum 70. Jahrestag des Hitler-Stalin-Paktes herausgegebene Themenheft der Zeitschrift *Osteuropa* (2009) enthält einen hervorragenden Überblick, darin auch einzelne Beiträge zur Forschungssituation seit der Öffnung osteuropäischer und russischer Archive, zum Beispiel von Timofeeva, Ob gut, ob schlecht.

[78] Zum Polnisch-Sowjetischen Krieg 1920 sowie zu einer deutsch-polnisch-sowjetischen Verflechtungsgeschichte vgl. Diner, Das Jahrhundert verstehen, vor allem S. 79–134.

eitelten Koalition zwischen London, Paris und Moskau – erhebliche Spielräume in Osteuropa in Aussicht.[79]

Die diplomatischen Gespräche zwischen Moskau und Berlin kreisten bereits Ende 1938/39 um die Anbahnung erweiterter Handels- und Wirtschaftsbeziehungen, in denen von sowjetischer Seite eine allgemeine politische Annäherung zwischen beiden Staaten punktuell angedeutet wurde.[80] Diese Gelegenheiten beantwortete Berlin erst positiv, nachdem sich eine deutsch-polnische Verständigung über territoriale Ansprüche endgültig zerschlagen hatte. Nach der Besprechung Hitlers mit den zuständigen Diplomaten am 10. Mai 1939 auf dem Berghof begannen sich die deutsch-sowjetischen Gespräche dahin gehend zu konkretisieren, die Wirtschaftsverhandlungen auf eine »politische Grundlage« zu stellen, so drückte sich zumindest der sowjetische Außenminister Wjatscheslaw Michailowitsch Molotow in einem Gespräch mit dem deutschen Botschafter am 20. Mai 1939 aus.[81] Ende des Monats erging dann die Weisung des Auswärtigen Amtes, »jetzt doch gewisse Fühlung mit Sowjetunion aufzunehmen«.[82] Diese Verhandlungen zielten auf ein Neutralitätsabkommen, das im Falle eines deutsch-polnischen Konfliktes Berlin den Rücken freihalten sollte.[83] Territoriale Interessen bahnten sich allerdings in Gesprächen an, die zeitgleich von der Handelspolitischen Abteilung

---

[79] Die drei Phasen der Annäherung bis 28. September 1939 lassen sich anhand der Dokumente detailliert nachvollziehen, vgl. Carrol/Epstein (Hg.), Das nationalsozialistische Deutschland und die Sowjetunion 1939–1941. Die parallelen Verhandlungen der Sowjetunion mit London und Paris (bis August 1939) erzeugten in Berlin einen gewissen Erfolgsdruck, vgl. dazu die Korrespondenzen und Dokumente ab Mai/Juni 1939, in: PAAA, Staatssekretär, Russland, Sign. 29712.

[80] Vgl. Fleischhauer, Der Pakt, S. 51–99.

[81] Aufzeichnung Schulenburgs vom 20. Mai 1939 über ein Gespräch mit Molotow, in: PAAA, Botschaft Moskau, Politische Beziehungen der Sowjetunion zu Deutschland, Sign. 484.

[82] Staatssekretär Ernst von Weizsäcker an den Botschafter in Moskau vom 30. Mai 1939, in: PAAA, Botschaft Moskau, Politische Beziehungen der Sowjetunion zu Deutschland, Sign. 484.

[83] Der Hitler-Stalin-Pakt vom 23. August 1939 wäre ohne Zusatzprotokoll ein klassischer Rückversicherungsvertrag gewesen. Der geheime Zusatz sowie die territorialen Vereinbarungen im Grenz- und Freundschaftsvertrag vom 28. September gingen aber weit darüber hinaus und konstituierten vertragsrechtlich ein zeitlich befristetes Bündnis gegen Dritte. Vgl. die Vertragstexte, http://www.1000dokumente.de/index.html?c=dokument_ru&dokument=0025_pak&st=1939&l=de und http://www.1000dokumente.de/index.html?c=dokument_ru&dokument=0027_gre&st=1939&l=de [13. 9. 2011].

des Auswärtigen Amtes mit dem sowjetischen Geschäftsträger Georgi Alexandrowitsch Astachow wegen des Abschlusses eines Wirtschaftsvertrages geführt wurden.[84] Legationsrat Karl Schnurre vermerkte am 27. Juli 1939, er habe Astachow deutlich gemacht, dass seiner Einschätzung nach außenpolitisch »auf der ganzen Linie von der Ostsee bis zum Schwarzen Meer und dem Fernen Osten« keine Gegensätzlichkeiten existierten. So sei für Berlin ein weitgehender »Ausgleich der beiderseitigen Interessen« unter Berücksichtigung der lebenswichtigen russischen Fragen vorstellbar. Trotz diplomatischer Zurückhaltung benannte das Gespräch bereits Gebiete, um die es gehen könnte: Baltikum, Bessarabien, Ukraine. Astachows Einschätzung, dass der Verbleib Danzigs und des Korridors ohnehin »zu Gunsten des Reiches gelöst werden müsste«, verfehlte seine Wirkung nicht.[85] In einem Gespräch zwischen Schulenburg und Molotow einige Tage später, fragte Letzterer explizit nach den deutschen Ambitionen in Litauen und bestätigte damit wiederum eigene Interessen im Baltikum.[86] Ribbentrop machte am gleichen Tag gegenüber dem sowjetischen Geschäftsträger die Andeutung, dass im Fall einer polnischen Provokation die Abrechnung mit Polen in Wochenfrist erledigt und Berlin in diesem Falle an einer Verständigung »über das Schicksal Polens« gelegen sei.[87] Da es neben anderen außenpolitischen Fragen vor allem um Polen ging, beschleunigte die deutsche Diplomatie im August ihre Bemühungen um eine »grundsätzliche und schnelle Klärung des deutsch-russischen Verhältnisses«.[88] Der sowjetische Textentwurf

---

84 Zu anderen »Fühlungnahmen« und deren Entwicklung vgl. Fleischhauer, Der Pakt, S. 140–292. Zur sowjetischen Diplomatie nach dem Münchner Abkommen vgl. Sluč, Der Weg in die Sackgasse.

85 Aufzeichnung Schnurres am 27. Juli 1939 über ein Treffen mit Astachov und Babarin, in: PAAA, Botschaft Moskau, Politische Beziehungen der Sowjetunion zu Deutschland, Sign. 484.

86 Telegramm Schulenburgs vom 3. August 1939 an das Auswärtige Amt in Berlin, in: PAAA, Botschaft Moskau, Politische Beziehungen der Sowjetunion zu Deutschland, Sign. 484.

87 Telegramm Ribbentrops vom 3. August 1939, in: PAAA, Botschaft Moskau, Politische Beziehungen der Sowjetunion zu Deutschland, Sign. 484.

88 Zur »polnischen Frage« in dieser Verhandlungsphase vgl. die Aufzeichnung Schnurres vom 10. August 1939, in: Akten zur deutschen auswärtigen Politik 1918–1945, Serie D: 1937–1945, Band VII, Dok. 18, S. 14–16; Brief Schulenburgs an von Weizsäcker vom 14. August 1939, in: ebenda, Dok. 61, S. 55–56; Telegramm Ribbentrops an die Botschaft in Moskau vom 16. August 1939, in: ebenda, Dok. 75, S. 70. In einem Gespräch mit Schulenburg am 15. August zeigte Molotow bereits die Möglichkeit auf, den Nichtangriffspakt durch ein Protokoll zu ergän-

eines Nichtangriffspaktes sowie das Telegramm Hitlers an Stalin vom 20. August, in dem er persönlich auf einen raschen Abschluss drängte, mündeten in die Reise Ribbentrops nach Moskau und in die Unterzeichnung des Vertrages am 23. August 1939. Das Geheime Zusatzprotokoll konkretisierte für den Fall territorial-politischer Umgestaltungen, dass in Litauen die nördliche Grenze, in Polen »die Linie der Flüsse Narew, Weichsel und San« die deutsch-sowjetischen »Interessensphären« voneinander trennten. Ob die Erhaltung eines unabhängigen polnischen Staates zukünftig wünschenswert sei, ließen die Vertragspartner bewusst offen. Darüber hinaus erklärte Moskau sein »Interesse an Bessarabien«.[89]

Sowohl der im Protokoll gewählte Ausdruck »Interessensphären« als auch die grob skizzierte Linie der territorialen Abgrenzung bedurften in den nächsten Wochen weiterer Konkretisierungen. Die Demarkationslinie definierte das östliche, bis in die zentralpolnische Wojewodschaft Warschau reichende Polen, den östlichen Teil Lettlands sowie Finnland, Estland und Bessarabien als sowjetisches »Interessengebiet«. Damit blieb der territoriale Zuwachs hinter den Grenzen von 1914 zurück, denn bis dahin hatten das gesamte Baltikum sowie das polnische Gebiet bis zur Weichsel zum Russischen Reich gehört.[90] Dass Moskau nicht auf die vollständige Wiederherstellung der Vorkriegsgrenzen bestand, deutet bereits an, dass sich Stalin der Schwierigkeit bewusst war, zentralpolnische Gebiete der Sowjetunion einzuverleiben. Nach dem Einmarsch deutscher Truppen in Polen am 1. September, nach der überraschend schnellen Niederlage der polnischen Verbände sowie nach der Besetzung Ostpolens durch die Rote Armee konkretisierte sich die Frage, wo die Demarkationslinie genau

---

zen, das Fragen der auswärtigen Politik regeln sollte. Vgl. Telegramm Schulenburgs an das Auswärtige Amt vom 18. August 1939, in: ebenda, Dok. 105, S. 95–96; die »Regelung der Interessensphäre im Ostsee-Gebiet und im Baltikum« erwähnt auch Ribbentrop am gleichen Tag in einem Telegramm an die Botschaft in Moskau, in: ebenda, Dok. 113, S. 100–102.

89 Geheimes Zusatzprotokoll des Nichtangriffsvertrages zwischen Deutschland und der Union der Sozialistischen Sowjetrepubliken vom 23. August 1939, in: ebenda, Dok 229, S. 206–207. Zur Reaktion in der internationalen Presse auf den Vertragsabschluss und den dort bereits erwähnten Gerüchten über Geheimklauseln vgl. BA, R 901/60419.

90 Diese Linie lag zudem westlicher als die Curzon-Linie. Fleischhauer vermutet hinter dieser auffälligen Großzügigkeit ein Kalkül Hitlers, da die Sowjetunion bei Eingreifen der Westmächte zugunsten Polens automatisch verwickelt worden wäre. Vgl. Fleischhauer, Der Pakt, S. 385.

verlaufen sollte, schneller als erwartet.[91] Bereits am 20. September erklärte Molotow gegenüber dem deutschen Botschafter, man wolle nun zügig über die endgültige Aufteilung Polens verhandeln, da Stalin mittlerweile davon Abstand genommen habe, ein selbständiges Restpolen bestehen zu lassen.[92] Darüber hinaus signalisierte Moskau bereits im Vorfeld des Ribbentrop-Besuches sein Interesse an Litauen und bot als Kompensation die östlich der Demarkationslinie liegenden Wojewodschaften Lublin und Warschau (bis zum Bug) an – ein Tausch, durch den schließlich die überwiegend polnisch besiedelten Gebiete vollständig unter deutsche Besatzung fielen.[93] Da Moskau bereits den eigenen Einmarsch in Ostpolen mit dem Schutz und der Befreiung der dort ansässigen westukrainischen sowie weißrussischen Bevölkerungen gerechtfertigt hatte und nun etwa zeitgleich die zentralpolnischen Gebiete zum Tausch anbot, zeigt sich darin eine Strategie Stalins, die es der Sowjetunion später international ermöglichen sollte, in die antideutsche Koalition zu wechseln. Die Rote Armee zog sich folglich hinter die Curzon-Linie zurück und bekräftigte damit ihr Kalkül, sich alle Optionen offenzuhalten. In den Verhandlungen mit Ribbentrop begründete Stalin seine Haltung zur »polnischen Frage« damit, dass eine Teilung »rein polnischer Bevölkerung« zu Unruhen führen würde, die das deutsch-sowjetische Verhältnis belasten könnten. In Berlin sah man wiederum den Vorteil, durch Einverleibung

---

91 Darüber gab es auf sowjetischer Seite gewisse Irritationen, da die deutsche Operationsabteilung die militärische Demarkationslinie zunächst nicht mit der im Hitler-Stalin-Pakt vereinbarten Linie gleichsetzte. Vgl. Telegramm Schulenburgs an das Auswärtige Amt vom 18. September 1939, in: Akten zur deutschen auswärtigen Politik 1918–1945, Serie D: 1937–1945, Bd. VIII, Dok. 90, S. 72–73; Telegramm Schulenburgs an das Auswärtige Amt vom 20. September 1939, in: ebenda, Dok. 103, S. 81–82.

92 Telegramm Schulenburgs vom 20. September 1939 an das Auswärtige Amt, in: ebenda, Dok. 104, S. 82. Zur Frage eines »Rumpfpolens« vgl. Aufzeichnung des Staatssekretärs von Weizsäcker vom 26. September 1939 mit Anlage, in: ebenda, Dok. 137, S. 107–108, dort favorisierte das Auswärtige Amt bereits den Bevölkerungsaustausch diesseits und jenseits der Demarkationslinie.

93 Telegramm Schulenburgs vom 25. September 1939 an das Auswärtige Amt, in: ebenda, Dok. 131, S. 101. Im Vorfeld der Moskauer Gespräche mahnte Ribbentrop bereits telegraphisch an, das zwischen Litauen und Ostpreußen liegende »Augustowo und den umgebenden Wald« wegen der ansonsten ungünstigen Linienführung besser Deutschland zuzusprechen – wie sich später herausstellen sollte, eine nicht ganz uneigennützige Intervention des Reichsaußenministers. Vgl. Telegramm Ribbentrops an die Botschaft in Moskau vom 21. September 1939, in: PAAA, Unterstaatssekretär, Sowjet-Union, R 29911, Bl. 488.

Zentralpolens das »national-polnische Problem nach deutschen Gutdünken« gestalten zu können, ohne sich mit Moskau abstimmen zu müssen.[94] Der am 28. September 1939 unterzeichnete Grenz- und Freundschaftsvertrag regelte diese Gebietszuteilungen entsprechend
31 und visualisierte sowohl den Verhandlungsverlauf als auch sein Ergebnis in einer von Stalin und Ribbentrop signierten Karte.[95]

Angesichts der militärischen Aggression gegen Polen kann es nur als zynisch bezeichnet werden, dass der Vertrag von einem »Auseinanderfallen des bisherigen polnischen Staates« sprach, der dazu veranlasse, »in diesen Gebieten die Ruhe und Ordnung wiederherzustellen und den dort lebenden Völkerschaften ein ihrer völkischen Eigenart entsprechendes friedliches Dasein zu sichern«.[96] In den jeweiligen Gebieten kündigten die Vertragspartner eine »erforderliche staatliche Neuregelung« an, worunter Moskau und Berlin – wie hier zu zeigen sein wird – durchaus Unterschiedliches verstanden. Während bereits in den Moskauer Verhandlungen nationale Homogenisierungsvorstellungen vorherrschten, nach denen die eroberten Regionen aufgeteilt werden sollten, bestätigte auch das vertrauliche Protokoll diese Vorgehensweise, indem sich beide Seiten mit staatlich organisierten Umsiedlungen einverstanden erklärten. So sollten »ansässige Reichsangehörige und andere Personen deutscher Abstammung« mit ihrem beweglichen Gut nach Deutschland oder in die »deutschen Interessenge-

[94] Vgl. Telegramm des Reichsaußenministers aus Moskau an Adolf Hitler vom 28. September 1939, in: ebenda, Dok. 152, S. 123–124. Zu den Verhandlungen in Moskau vgl. die Aufzeichnungen des Legationsrates Gustav Hilger vom 28. und 30. September 1939, in: *Vierteljahrshefte für Zeitgeschichte* 39 (1991), S. 453–470; ebenso den Bericht von Unterstaatssekretär Andor Hencke vom 28. Januar 1941, in: Akten zur deutschen auswärtigen Politik 1918–1945, Serie D: 1937–1945, Bd. VIII, Anhang I, S. 737–741.

[95] Durch die Aufteilung fielen 188000 qkm mit etwa 22 Millionen Einwohnern des vormals polnischen Staatsgebietes ans Deutsche Reich, während rund 200000 qkm mit etwa 13,2 Millionen Menschen der Sowjetunion einverleibt wurden. Die ethnische Zusammensetzung variierte erheblich: In den an Deutschland fallenden Gebieten galten 80 % als Polen und 10 % als Juden. »Volksdeutsche«, Ukrainer und Weißrussen bildeten Minderheiten. Im sowjetisch besetzten Teil galten circa 40 % als Polen, 34,2 % als Ukrainer, 8,45 % als Juden, 8,5 % als Weißrussen. Deutsche, Litauer, Russen und Tschechen stellten jeweils nicht einmal 1 % der Bevölkerung. Vgl. Musial, »Konterrevolutionäre Elemente sind zu erschießen«.

[96] Präambel des Deutsch-Sowjetischen Freundschaftsvertrages vom 28. September 1939, http://www.1000dokumente.de/index.html?c=dokument_ru&dokument=0027_gre&st=1939&l=de [13. 9. 2011].

biete« übersiedeln dürfen, gleichlautende Zusagen machte auch Berlin für Personen »ukrainischer und weissrussischer Abstammung«.[97] Bevölkerungsaustausch gehörte somit bereits vertraglich zu den Kernprinzipien deutsch-sowjetischer Territorialisierungspolitik.

Während die im Hitler-Stalin-Pakt festgelegte Gebietsaufteilung generell nationalen Logiken folgte, spielten in territorialen Einzelfragen auch wirtschaftliche und militärstrategische Erwägungen eine Rolle. Die Abwägung und Aushandlung des etwa 1500 Kilometer langen Grenzverlaufs oblag einer hierfür eingesetzten deutsch-sowjetischen Grenzkommission, die sich bereits am 9. Oktober 1939 in Moskau konstituierte.[98] Die deutsche Seite legte mehrere Grenzänderungsvorschläge vor, unter anderem eine vom Reichsinnenministerium beauftragte Ausarbeitung der Publikationsstelle Berlin vom 14. Oktober 1939.[99] Die darin durchgespielten Grenzkorrekturen wurden sowohl durch eher pragmatische Gesichtspunkte gerechtfertigt, so sollten Bahnlinien oder Straßenführungen nicht unnötig durchtrennt werden, als auch militärisch-strategisch begründet, wenn der bisher vorgesehene Verlauf ungünstige Grenzsicherungsbedingungen zur Folge gehabt hätte. Auch wollte man vermeiden, dass Ortschaften abgeschnitten oder nur durch aufwendige Infrastrukturmaßnahmen erreichbar blieben. Darüber hinaus beanspruchte Berlin diverse Industrieanlagen wie Sägewerke, Ölraffinerien, Ziegeleien und Brauereien, vor allem dann, wenn sie in der Nähe von Ortschaften lagen, die deutsche Bevölkerung aufwiesen. So argumentierte die Publikationsstelle Berlin am 19. Oktober 1939 in einem Gutachten, dass die zwischen Płock und Ostrołęka im Weichsel-Narew-Lauf lie-

---

97 Vertrauliches Protokoll zum Deutsch-Sowjetischen Grenz- und Freundschaftsvertrag vom 28. September 1939, in: ebenda.

98 Am 4. Oktober 1939 unterzeichneten Molotow und Schulenburg ein weiteres Zusatzprotokoll, in dem der Grenzverlauf detaillierter als im Grenz- und Freundschaftsvertrag beschrieben wurde. Darin wurde zudem festgelegt, dass die Grenze »durch gemischte deutsch-sowjetische Kommission im Gelände bezeichnet werden« soll. Vgl. Zusatzprotokoll vom 4. Oktober 1939, in: PAAA, Politische Abteilung XII, R 105146. Zur Konstituierung dieser Grenzkommission für die insgesamt sechs Grenzabschnitte »Augustow«, »Ostrolenka«, »Brest Litowsk«, »Tomaszow«, »Przemysl« und »Sanok« mit entsprechenden Unterkommissionen vgl. PAAA, Politische Abteilung XII, R 105133.

99 Abänderungsvorschläge zur Grenze des deutschen und sowjetrussischen Interessengebietes im Abschnitt Sanknie (Przemysl – Užoker Pass) vom 14. Oktober 1939, in: BA, R 153/1019. Zu weiteren Änderungen vgl. PAAA, Politische Abteilung V, R 104395.

genden Dörfer nach dem bisher vorgesehnen Grenzverlauf außerhalb des Reichsgebietes verblieben, »obwohl diese zu hohen Hundertsätzen von Deutschen besiedelten Weichseldörfer unmittelbar vor der geplanten Grenze liegen«.[100] Die Eingliederung der linken Weichselzone empfehle sich, damit »auf diese Weise das Reich von dem nichteinzugliedernden polnischen Gebiet durch einen fast lückenlosen, wenn auch schmalen Wall deutscher Siedler von vornherein völkisch klar geschieden sein würde«.[101] Darüber hinaus sei es für die Regulierung und die Nutzung der Weichsel von Vorteil, über beide Uferseiten zu verfügen. Dass der Anteil der deutschen Bevölkerung in diesen Dörfern nicht einmal bei 30 Prozent lag, verdeutlicht bereits, dass Germanisierung keineswegs mit einer bereits vorhandenen deutschen Mehrheitsbevölkerung kalkulierte, sondern von vornherein erhebliche Homogenisierungsmaßnahmen einplante. Grenzkorrekturen zugunsten von »Volksdeutschen« wollte Berlin also großzügig gehandhabt wissen, im Falle der 91 in Rosenburg ansässigen »Volksdeutschen« ging man daher sogleich dazu über, den gesamten Kreis Przemyśl zu fordern, obgleich dort eine verschwindend geringe Anzahl »Volksdeutscher« auszumachen war. Da sich die Verhandlungen mehrere Wochen hinzogen, erreichten zahlreiche Bittgesuche sowie Anfragen aus der Bevölkerung die Kommission, in denen um eine Grenzkorrektur ersucht wurde. In den Unterlagen der Unterkommissionen werden zudem dramatische Szenen angedeutet, wenn eine Region durch Grenzangleichung der Sowjetunion zufiel. Solche Befürchtungen waren auf beiden Seiten nicht unbegründet. Dass bereits in den ersten Wochen der deutsch-sowjetischen Besatzung ein radikales Homogenisierungsprogramm in die Tat umgesetzt wurde, zeigt unter anderem ein Fernschreiben des Vertreters des Auswärtigen Amtes beim Generalgouverneur für die besetzten polnischen Gebiete in Krakau vom 30. November 1939. Dieser bat das Auswärtige Amt darum, rechtzeitig von Grenzkorrekturen unterrichtet zu werden, um »etwa vorhandene Vorräte in dem abzutretenden Gebiet vorher in Sicherheit zu bringen und andererseits Juden dort abzustellen, die dann von den Sowjets mit übernommen werden sollen«.[102]

---

[100] Gutachten zur geplanten Grenze des Deutschen Reiches im Abschnitt Plock-Ostroleka vom 19. Oktober 1939, erstellt von der Publikationsstelle Berlin, in: BA, R 153/287.

[101] Ebenda.

[102] Vgl. Fernschreiben des Vertreters des Auswärtigen Amtes beim Generalgouverneur für die besetzten polnischen Gebiete in Krakau vom 30. November 1939 an

Die sowjetische Seite blieb bei den von deutscher Seite vorgebrachten Grenzkorrekturvorschlägen relativ stur.[103] Moskau wollte an der einmal vereinbarten Linienführung festhalten, nach eigenem Bekunden vor allem deswegen, weil nach den ersten Wochen der Besatzung und den Ende Oktober durchgeführten »Volksversammlungen« nun eine gewisse Beruhigung in den einverleibten Gebieten eingetreten sei, die man nicht erneut aufs Spiel setzen wolle.[104] Die territoriale Inbesitznahme diesseits und jenseits der Demarkationslinie folgte in diesen Monaten unterschiedlichen Staats- und Gesellschaftskonzepten: einerseits der im östlichen Teil praktizierten Sowjetisierung, andererseits der in den westlichen Landesteilen vollzogenen Germanisierung. Beide Territorialpolitiken beruhten auf Vorstellungen homogener Gesellschaften, wenn auch unterschiedlichen Formats, die es allerdings im ehemaligen polnischen Staatsgebiet logischerweise erst herzustellen galt. Beide Besatzungskonzepte basierten somit auf dem Herrschaftsanspruch, die eroberten Gebiete dem jeweils eigenen Gesellschaftsmodell anzupassen beziehungsweise sie in diesem Sinne neu zu ordnen. Dass dieser politische, soziale und ökonomische Umbau nicht nur die Möglichkeit von Gewalt einkalkulierte, sondern letztlich auf Gewalt beruhte, zeigen bereits die radikalen Homogenisierungspraktiken der ersten Monate. Schätzungsweise 200000 Personen fielen im ehemaligen Polen dem deutschen und sowjetischen Terror zwischen 1939 und 1941 zum Opfer. In den von der Roten Armee besetzten Landesteilen war die territoriale Einverleibung in erster Linie ein politischer Säuberungsprozess. Bereits im Vorfeld hatte Moskau den eigenen Einmarsch damit gerechtfertigt, Arbeiter und

---

das Auswärtige Amt in Berlin, in: PAAA, Politische Abteilung XII, Grenzänderungen, R 105144.

103 Seine eigenen Änderungswünsche regelte Moskau anders. So leitete man beispielsweise den Fluss San durch Sprengung kurzerhand um, damit die beanspruchte Zitadelle im »sowjetischen Interessengebiet« lag. Vgl. PAAA, Politische Abteilung V, R 104396. Verhandlungen und Grenzvermarkung konnten trotz erheblicher Meinungsverschiedenheiten im Februar 1940 abgeschlossen werden. 2820 Grenzpfähle markierten die etwa 1500 Kilometer lange Grenze, die vertraglich ratifiziert wurde. Bereits im Januar 1941 musste diese Vereinbarung korrigiert werden, da die Sowjetunion sich mittlerweile ganz Litauen einverleibt hatte. Die Grenzkommission schloss die hierfür erneut notwendigen Demarkationsarbeiten im Mai 1941 ab. Bekanntermaßen war diese Grenzführung bereits am 22. Juni 1941 wieder hinfällig.

104 Vgl. Mitteilungen Molotows an den deutschen Botschafter in Moskau vom 9. November 1939, in: PAAA, Politische Abteilung V, Grenzziehung zwischen Deutschland und Russland im ehemaligen Polenstaat, R 104396.

Bauern, die sich gegen das »bourgeoise System« erhoben hatten, zu Hilfe zu kommen. Gemeinsam mit der Roten Armee marschierten NKWD-Truppen in das Land und begannen unverzüglich politische, gesellschaftliche, militärische und ökonomische Eliten zu verhaften, kommissarische Übergangsverwaltungen einzurichten, wirtschaftliche und politische Schlüsselstellungen einzunehmen sowie erste Enteignungen zu vollstrecken, um eine vollständige Eingliederung der ehemals polnischen Wojewodschaften in den sowjetischen Staatsapparat vorzubereiten. Am 1. Oktober 1939 legte das Politbüro die zentralen Schritte der Annexion fest, dazu gehörte es auch, lokale Volksabstimmungen zu inszenieren, mit denen die gewaltsame Angliederung legitimiert werden sollte. Vom 26. bis 28. Oktober 1939 in Lemberg, vom 28. bis 30. Oktober in Białystok proklamierten solche Versammlungen die verlangte Zustimmung, auf deren Grundlage die zunächst rechtliche wie dann auch staatliche Eingliederung in die Ukrainische beziehungsweise Weißrussische Sowjetrepublik erfolgte. Bereits am 4. Dezember 1939 endete mit einer nach sowjetischem Muster gestaltete Bezirks- und Kreisreform die militärische Besatzung und damit die erste entscheidende Phase der Sowjetisierung.

Die hier nur in aller Kürze skizzierte Neuordnung basierte auf der räumlichen Vorstellung, die eroberten Gebiete tatsächlich staatsrechtlich einzuverleiben, sprich: die ehemals polnischen Territorien zu sowjetischem Staatsgebiet zu erklären und sie nicht mit einer Art territorialem Sonderstatus militärisch zu besetzen. Dieser Prozess der staatlichen Einverleibung hieß zugleich, dass alle seit dem 1. November 1939 in den besetzten Gebieten ansässigen Bewohner sowjetische Staatsbürger wurden. Das Politbüro des ZK billigte am 29. November 1939 ein entsprechendes Dekret, mit dem die Zwangseinbürgerung als wesentlicher Bestandteil der Sowjetisierungsstrategie vollzogen wurde. Dass diese Vorgehensweise auf deutscher Seite fortwährende Irritationen auslöste, spiegelt sich in den bilateralen Korrespondenzen wider, die Berlin und Moskau im Vorfeld ihres Anfang 1940 abgeschlossenen Grenzvertrages austauschten.[105] Die sowjetischen Vertreter legten dabei besonderen Wert darauf, dass es sich bei der neuen deutsch-sowjetischen Grenze um eine eindeutige Staatsgrenze han-

---

[105] Vgl. hierzu insbesondere die Korrespondenz zwischen der deutschen Grenzkommission in Moskau mit dem Auswärtigen Amt in Berlin im Herbst 1939, in: PAAA, Politische Abteilung V, Grenzziehung zwischen Deutschland und Russland im ehemaligen Polenstaat, Sign. 104398.

dele, »die sich in nichts von ihren Grenzen mit anderen Ländern unterscheidet«.[106] Die mit dem Hitler-Stalin-Pakt erworbenen Gebiete seien sowjetisches Staatsgebiet, ihre Einwohner folglich sowjetische Staatsbürger. Der Vertragstext solle daher nicht – so Moskaus Forderung – von Interessengrenze oder Grenzlinie sprechen, sondern eine reguläre Staatsgrenze vertraglich definieren. Den deutschen Verhandlungspartnern bereitete dieses Staatsverständnis erhebliches Kopfzerbrechen.[107] Ihrer Auffassung nach handelte es sich um eine deutsch-sowjetische Grenzlinie, die allenfalls Besatzungs- und Interessengebiete voneinander trennte, aber keinesfalls deutsches Territorium staatsrechtlich anerkannte. Die neue Grenze zur Sowjetunion könne nicht mit einer regulären Staatsgrenze gleichgesetzt werden, da beispielsweise das Generalgouvernement nicht Teil oder gar Provinz des Deutschen Reiches werden würde. Die verunsicherten Nachfragen in Berlin seitens der in Moskau tagenden Grenzkommission verdeutlichen, dass in diesen Verhandlungen zwei Homogenisierungskonzepte aufeinandertrafen, die strukturell kaum unterschiedlicher sein könnten. Während auf sowjetischer Seite sowohl territorial als auch rechtlich das Inklusionsprinzip herrschte, beruhte das deutsche Verständnis grundsätzlich auf der Vorstellung einer privilegierten Zugehörigkeit. Staatsbürgerschaft war in der Sowjetunion ein zentrales Instrumentarium der Sowjetisierung und zielte auf die Homogenisierung nationaler Bevölkerungen. Nach nationalsozialistischem Verständnis war Staatsbürgerschaft hingegen ein rassisches Privileg, das nur denjenigen zustand, die den rassenbiologischen Kriterien entsprachen. Germanisierung beruhte somit – im Unterschied zur Sowjeti-

106 Schnellbrief des Auswärtigen Amtes vom 14. März 1940 an verschiedene Fachministerien, in: ebenda. Dieses Staats- und Territorialverständnis zeigte sich auch im Verhältnis zu den baltischen Staaten. Estland, Lettland und Litauen wurden zunächst Beistands- und Stationierungsabkommen aufgezwungen, im Juni 1940 wurden sie annektiert und als Sowjetrepubliken in die Sowjetunion eingegliedert. Auch Bessarabien und die nördliche Bukowina wurden von Rumänien abgetreten und sowjetisiert. Nur gegenüber Finnland konnte die Sowjetunion diese radikale Eroberungs- und Eingliederungspolitik nicht gleichermaßen durchsetzen.

107 Irritiert reagierten die deutschen Vertreter schon, als die sowjetische Seite in der Grenzkommission ankündigte, den im sowjetischen Interessengebiet liegenden Ortschaften russische Namen geben zu wollen. Die deutsche Seite fragte daraufhin in Berlin nach, wie man denn in der deutsche Zone verfahren wolle. Zur weiteren Handhabung der Umbenennungen nach dem Erlass des Reichsinnenministerium vom 29. Dezember 1939 vgl. die entsprechenden Unterlagen der Publikationsstelle Berlin in: BA, R 153/1033. Der deutsch-sowjetische Grenzvertrag vom 31. August 1940 in: BA, R 43II/1490.

sierung – zumindest strukturell auf dem Prinzip der Exklusion, indem sich die Zuerkennung der deutschen Staatsbürgerschaft nach der individuellen »Rassenwertigkeit« richtete.[108] Und auch territorial sollten idealiter nur diejenigen Gebiete ins Reich eingegliedert und damit deutsches Staatsgebiet werden, die »arische« Bevölkerungen aufwiesen. Daraus folgte eine hierarchisierte Territorialpolitik, die räumlich zwischen einer privilegierten Reichszugehörigkeit einerseits (eingegliederte Ostgebiete) und einer als Sonderstatus definierten Besatzungspolitik (Generalgouvernement) andererseits scharf differenzierte. Allerdings entsprachen die realen Besiedlungsverhältnisse auch in den zur Eingliederung vorgesehenen Gebieten mitnichten den rassischen Anforderungen der Volksgemeinschaft. Homogenisierungspolitik im rassenbiologischen Sinne war somit unmittelbare Folge eines territorialen Verständnisses, das auf rassischer Differenz beruhte und das vorrangig einen noch zu realisierenden Idealzustand definierte und weniger die gegenwärtigen Territorial- und Bevölkerungsverhältnisse wiedergab. Entsprechend tief greifend mussten und sollten die Neuordnungs- und Umgestaltungsmaßnahmen ausfallen, die es unverzüglich anzupacken galt. Anders im sowjetisch besetzten Ostpolen: Die Sowjetunion verfolgte eine Homogenisierungspolitik, die zunächst territorial und staatsrechtlich eine formale Eingliederung und damit rechtliche Gleichstellung herstellte, wenn auch gegen den Willen derjenigen, die sowjetisiert wurden. Während die Annexion selbst durch Maßnahmen staatlicher Inklusion erfolgte, wurde die Homogenisierung – man könnte fast sagen zwangsläufig – als innerstaatlicher Säuberungsprozess vollstreckt. Die »Feinde der sowjeti-

[108] In der Praxis stellte sich die selektive Zuerkennung der Staatsbürgerschaft als kompliziertes und keineswegs widerspruchsfreies Verfahren heraus. Während in den eingegliederten Ostgebieten nur »Bewohner deutschen oder artverwandten Blutes« die volle deutsche Staatsangehörigkeit erhielten, konnte »Volksdeutschen« eine sogenannte »Reichsbürgerschaft« zuerkannt werden. Gleichzeitig herrschte das Prinzip einer auf Privileg und Vorbehalt gestützten Staatsangehörigkeitspolitik, die zum Beispiel auch Staatsbürgerschaften auf Widerruf vorsah. Insgesamt zeigt sich im besetzten Europa eine praktizierte Uneinheitlichkeit, die zwischen dem Ausschluss aus der deutschen Staatsbürgerschaft und der umstrittenen Vorstellung, durch staatsbürgerliche Privilegien erzieherische Anreize zu bieten, hin und her schwankte. Am Staatsbürgerschaftsrecht lässt sich daher sowohl eine Binnenhierarchie unter deutschen Staatsangehörigen aufzeigen wie auch den Ausschluss der sogenannten »Fremdvölkischen« verdeutlichen, die mit der Aberkennung bestehender Staatsbürgerschaften unter Sonderrecht fielen. Vgl. hierzu ausführlicher: Gosewinkel, Einbürgern und Ausschließen, S. 404–420.

schen Ordnung« waren schnell ausgemacht: vor allem die polnische Intelligenz mit ihren Familien, darüber hinaus führende Repräsentanten der Staatsverwaltung, der Wirtschaft, des Militärs und der gesellschaftlichen, sozialen und kulturellen Institutionen sahen sich von Beginn an einem Terrorregime ausgesetzt, der vom NKWD, aber auch von ukrainischen, jüdischen und weißrussischen Nationalisten ausgeübt wurde.[109] Verhaftungen, Folter, Zwangsumsiedlungen, Deportationen, Massenerschießungen – Zehntausende fielen bereits in dieser ersten Phase der Sowjetisierung zum Opfer.[110] Bis Juni 1941 verschleppten die sowjetischen Machthaber mindestens 330000 Personen ins Innere der UdSSR, wie viele diese Torturen nicht überlebten, ist unbekannt.[111] Durch Erschießungsaktionen im Frühjahr 1940 wurden polnische Offiziere, Polizisten sowie zivile Gefängnisinsassen, deren Gesamtzahl auf etwa 25000 Personen geschätzt wird, regelrecht hingerichtet. Vor allem die zwischen dem 3. April und dem 13. Mai vollstreckten Massenliquidationen in Katyn, Charkow und Kalinin, bei denen nahezu 15000 polnische Offiziere und Polizisten ermordet wurden, erlangten aufgrund der jahrzehntelangen sowjetischen Verleugnung eine ebenso grausige wie nachhaltige Berühmtheit.[112]

---

109 Das bereits vor 1939 angespannte Verhältnis der in Polen lebenden Bevölkerungsgruppen spitzte sich während der sowjetischen Besatzungszeit in Ostpolen extrem zu und schuf ein außergewöhnlich explosives Klima, das während der deutschen Besatzung ab 22. Juni 1941 total eskalierte. Vgl. Musial, »Konterrevolutionäre Elemente sind zu erschießen«, S. 42–81; zu den Auswirkungen im Baltikum: Feest, Ethnische Spaltung; Zur Sowjetisierung in den vormals rumänischen Gebieten vgl. Hausleitner, Der Pakt. Zur zeitlichen wie örtlichen Überlagerung sowjetischer und nationalsozialistischer Verbrechen in Ostpolen im Sommer 1941 vgl. auch die Debatte über die Ausstellung »Vernichtungskrieg. Verbrechen der Wehrmacht 1941 bis 1944«, dazu hier nur einige Hinweise: Musial, Bilder einer Ausstellung; Hamburger Institut für Sozialforschung (Hg.), Verbrechen der Wehrmacht; Hartmann/Hürter/Jureit (Hg.), Verbrechen der Wehrmacht. Bilanz einer Debatte.

110 Zur sowjetischen Besatzungspolitik vgl. Musial, »Konterrevolutionäre Elemente sind zu erschießen«, vor allem S. 82–97; Głowacki, Generelle Richtlinien der sowjetischen Besatzungspolitik; Wierzbicki, Sowjetische Wirtschaftspolitik; Gur'ianov, Die sowjetische Repressionspolitik; Baberowski, Ordnung durch Terror.

111 Zu den – fast immer – allenfalls geschätzten Opferzahlen vgl. vor allem Gur'ianov, Sowjetische Repressionspolitik, Tabelle 1, S. 220.

112 Zu Katyn hier nur einige Literaturverweise: Mackiewicz, Katyn – ungesühntes Verbrechen; Fox, Der Fall Katyn; Kaiser/Szcześniak, Katyn; Madajczyk, Das Drama von Katyn; Kaiser, Katyn; Sanford, Katyn and the Soviet Massacre; Zaslavsky, Klassensäuberung; Kadell, Katyn – das zweifache Trauma.

Katyn symbolisiert heute wie kaum ein anderes Ereignis der sowjetischen Geschichte die verbrecherische Dimension stalinistischer Herrschaft. Darüber hinaus steht Katyn für die jahrzehntelange Verleugnung dieser Massenverbrechen im Schatten des Kalten Krieges.[113] Erst die Öffnung sowjetischer Archive in den 1990er Jahren ermöglichte eine vielschichtige Auseinandersetzung mit der Ermordung der polnischen Offiziere und mit anderen Verbrechenskomplexen im sowjetisch besetzten Polen zwischen 1939 und 1941. Der Hitler-Stalin-Pakt wird in der Forschung seither zunehmend als Bestandteil einer sowjetisch-deutschen Verflechtungsgeschichte interpretiert, die es erlaubt, Herrschafts- und Gewaltdynamiken diesseits und jenseits der Molotow-Ribbentrop-Linie vergleichend zu betrachten – ein ebenso fruchtbarer wie immer noch umstrittener Zugriff.[114] Für die Gewaltlogiken der beiden totalitären Systeme, die im August/September 1939 die Aufteilung Osteuropas unter sich ausmachten, war ihr spezifisches Verständnis räumlich-territorialer Zugehörigkeiten keineswegs belanglos. Die Opfer von Katyn versinnbildlichen daher zugleich die mörderische Konsequenz eines auch territorial begründeten Herrschaftsanspruches. Das zeigte sich in der politischen Entschlussbildung zum Massenmord. Am 2. März 1940 genehmigte das Politbüro des ZK den von Lawrentij Berija und Nikita Chruščev vorgelegten Maßnahmenkatalog zum »Schutz der Staatsgrenze in den Westgebieten«.[115] Darin wurde zum einen die Zwangsräumung eines 800 Meter breiten Grenzstreifens empfohlen, zum anderen sollten die Familien der in verschiedenen Gefängnissen und Lagern festgehaltenen Offiziere und Polizeiangehörige nach Kasachstan deportiert werden – letzteres wohl bereits eine Maßnahme, um ihren potenziellen Widerstand nach der Ermordung ihrer Angehörigen von vornherein zu unterbin-

---

[113] Wie die Massenerschießungen von Katyn im Kontext des Kalten Krieges politisch kommuniziert und von nahezu allen Seiten instrumentalisiert wurden, untersucht Claudia Weber in ihrem lesenswerten Beitrag: »Too closely identified with Dr. Goebbels«, http://www.zeithistorische-forschungen.de/16126041-Weber-1-2011 [20. 9. 2011].

[114] Vgl. Musial, »Konterrevolutionäre Elemente sind zu erschießen«; Baberowski/Doering-Manteuffel, Ordnung durch Terror; Geyer/Fitzpatrick (Hg.), Beyond Totalitarianism.

[115] Beschluss des Politbüros des ZK »Über den Schutz der Staatsgrenze in den Westgebieten« vom 2. März 1940, zit. n.: Natal'ja Lebedeva, Einführung zum Protokoll Nr. 13 der Sitzung des Politbüros des CK der VKP (b) vom 5. März 1940, http://www.1000dokumente.de/index.html?c=dokument_ru&dokument=0023_kat&object=pdf [20. 9. 2011].

den. Beide Vorschläge galten als territoriale Sicherungsmaßnahmen in den erst wenige Wochen sowjetisierten Westgebieten. So erklärte auch der einen Tag später von Berija verfasste Bericht, dass die in den Kriegsgefangenenlagern und Gefängnissen festgehaltenen Personen »Todfeinde der Sowjetmacht sind, die vom Haß auf die sowjetische Gesellschaftsordnung erfüllt sind«. Es handele sich um Konterrevolutionäre, »notorische, unverbesserliche Feinde der Sowjetmacht«, die nur darauf warteten, »den aktiven Kampf gegen die Sowjetunion aufzunehmen«.[116] Mit seinem am 5. März 1940 gefassten Beschluss erließ das Politbüro für die »ehemaligen polnischen Offiziere, Beamten, Großgrundbesitzer, Polizisten, Geheimdienstler, Gendarmen, Osadniki und Gefängniswärter« sowie für alle anderen »konterrevolutionären Elemente« das Todesurteil.[117] Bereits am nächsten Tag begannen die Vorbereitungen für die Massenhinrichtungen.

Die Liquidationen im sowjetisch besetzten Polen folgten der Logik stalinistischer Herrschaftssicherung. Während sich die zwischen Berlin und Moskau ausgehandelte Demarkationslinie zumindest noch grob an der Verteilung nationaler Mehr- und Minderheiten orientierte, war es von vornherein ein völlig aussichtsloses Unterfangen, durch eine wie auch immer gestaltete Grenzziehung homogene Räume zu schaffen. Dafür war die Besiedlungsstruktur im ehemals polnischen Staatsgebiet viel zu heterogen, dafür waren auch die Vorstellungen von Homogenität auf beiden Seiten der neuen Grenze viel zu unterschiedlich. Selbst der Austausch von Bevölkerungen, wie er im Zusatzprotokoll vereinbart worden war, löste für die sowjetische Seite nicht das Problem, in ihrer »Interessensphäre« sowohl national wie auch politisch unerwünschte Bevölkerungsgruppen vorzufinden, die man pauschal als staatsgefährdend einstufte. Da Moskau mit Blick auf die Westmächte darauf bedacht war, die ehemals polnische Bevölkerung in ihrem Herrschaftsbereich möglichst »verschwinden« zu lassen, entsprach deren Verhaftung, Verfolgung und Ermordung als »konterrevolutionäre Elemente« der Logik einer Territorialpolitik, die angesichts bevorstehender Wahlen zum Obersten Sowjet sowie einer

[116] Bericht Lawrentij Berijas an Stalin vom 3. März 1940, zit. n. ebenda.

[117] Protokoll Nr. 13 der Sitzung des Politbüros des CK der VKP (b): Beschluß über die Erschießung der polnischen Offiziere, Gendarmerie- und Polizeimitarbeiter, Osadniki und anderer Personen aus drei Sonderlagern für Kriegsgefangene sowie der Häftlinge aus den Gefängnissen in der Westukraine und Westweißrußlands vom 5. März 1940, zit. n.: Natal'ja Lebedeva, Einführung zum Protokoll Nr. 13 der Sitzung des Politbüros des CK der VKP (b) vom 5. März 1940, in: ebenda.

beginnenden Kriegsmobilisierung der deutschen Regierung ganz auf sicherheitspolitische Radikallösungen setzte.[118] Aufgrund des sich abzeichnenden Krieges gegen das Deutsche Reich meinte die sowjetische Regierung im unmittelbaren Grenz- und Aufmarschgebiet keine unsicheren Verhältnisse dulden zu können. Da es sich nach ihrem Verständnis bei den annektierten Regionen zudem um sowjetisches Staatsgebiet und bei den Gefangenen formal um sowjetische Staatsbürger handelte, gehorchten die Homogenisierungsmaßnahmen den gleichen Gesetzen der politischen Säuberung, wie sie auch in anderen Teilen der Sowjetunion mörderische Realität waren.[119] Dass der politische Feind hier und anderswo oftmals entlang nationaler Zugehörigkeiten markiert wurde, war dabei allerdings weder zufällig noch irrelevant.

Blonde Provinzen. Die Eingliederung der Ostgebiete

Während die sowjetische Seite eine vornehmlich nach der Klassenzugehörigkeit definierte Homogenisierung in Ostpolen praktizierte, die sich immer dann nationaler Vorurteilsmuster bediente, wenn es der ideologischen Feindlage zugutekam, verfolgte die deutsche Besatzung im westlichen Teil eine völkisch-rassische Ordnungspolitik.[120] Dass auf beiden Seiten der Grenze die jeweiligen Eingliederungs- und Homogenisierungspraktiken zunächst Terror, Verhaftungen, Zwangsdeportationen, Vertreibungen und Massenerschießungen bedeuteten, ändert nichts daran, dass es sich um zwei unterschiedliche Systeme territorialer Einverleibung handelte. Für Berlin stand – anders als für die Sowjetunion – zunächst die Entscheidung im Mittelpunkt, welche Gebiete des besetzten Polens in das Deutsche Reich einzugliedern wa-

118 Die antipolnische Politik schwächte sich nach einer Direktive Stalins im Juli 1940 etwas ab, als die sowjetische Führung dazu überging, die polnische Bevölkerung durch gewisse Zugeständnisse für die eigene Sache zu gewinnen. Vgl. dazu Wnuk, Zwischen Scylla und Charybdis.

119 Die Opfer von Katyn waren bei ihrer Verhaftung formal keine sowjetischen Staatsbürger, wohl aber seit dem Dekret vom 29. November 1939 und damit auch bei ihrer Hinrichtung im Frühjahr 1940.

120 Zum Wechselverhältnis von ethnischen und politischen Homogenisierungszielen in der Sowjetunion vgl. Baberowski, Ordnung durch Terror.

ren und welche das als »Nebenland« bezeichnete Generalgouvernement bilden sollten. Die naheliegende Vermutung, bei den zur Eingliederung vorgesehenen Regionen handelte es sich um die nach 1918 an Polen abgetretenen Landesteile, die nun wiederum »heim ins Reich« geholt wurden, während alle anderen Gebiete unter Besatzungsrecht fielen, erweist sich bei näherer Betrachtung als unzutreffend. Die NS-Regierung verfügte eine umfangreichere, über die ehemals deutsch-russische Grenze etwa 150 bis 200 Kilometer hinausreichende Territorialpolitik. Es ist daher für die Frage des räumlichen Verständnisses aufschlussreich, den argumentativen Mustern nachzugehen, die für diese Erweiterung des deutschen Staatsgebietes ausschlaggebend waren, zumal sich die daran beteiligten Institutionen und Verantwortlichen darüber keineswegs einig waren. Bereits Anfang Oktober 1939 liefen die diesbezüglichen Beratungen im Innenministerium auf Hochtouren.[121] Staatssekretär Wilhelm Stuckart scheiterte zunächst mit dem Verfahrensvorschlag, Danzig-Westpreußen sowie die oberschlesischen Gebiete wegen ihrer wirtschaftlichen Produktivität vorrangig zu behandeln. Auf Anweisung Hitlers hingegen sollten mit dem entsprechenden Führererlass alle hierfür infrage kommenden Gebiete gleichzeitig und unter identischen Bedingungen ins Reich eingegliedert werden. Diese Vorgabe machte es unerlässlich, sich innerhalb kürzester Zeit mit verschiedenen Instanzen darüber zu verständigen, wie die einzelnen Verwaltungsgrenzen aussehen und wo die zukünftige Grenze zwischen dem Deutschen Reich und dem Generalgouvernement verlaufen sollten. Im Schnellverfahren wurde aus dem zunächst vorgesehenen »Gesetz über die Heimkehr der entrissenen Ostgebiete in das Deutsche Reich«[122] der schließlich am 8. Oktober 1939 verabschiedete »Erlaß des Führers und Reichskanzlers über Gliederung und Verwaltung der Ostgebiete«. Offenbar war man im Innenministerium zunächst davon ausgegangen, allenfalls die zwanzig Jahre zuvor abgetretenen Gebiete wieder ins Reich aufzuneh-

[121] Vgl. Entwurf des Führererlasses über die Verwaltung des Gebiets Danzig-Westpreußen vom 5. Oktober 1939, in: BA, R 43 II/646a, Bl. 2–6; Entwurf des Führererlasses über die Verwaltung des ost-oberschlesischen Gebiets vom 5. Oktober 1939, in: ebenda, Bl. 8–9; Vermerk der Reichskanzlei vom 5. Oktober 1939 zu den Beratungen im Innenministerium, in: ebenda, Bl. 2.

[122] Vgl. Gesetzentwurf des Innenministeriums vom 7. Oktober 1939 nach Beratungen unter anderem mit Reichsminister Hans Frank, den Gauleitern Erich Koch, Albert Forster, Franz Schwede, Emil Stürtz, Robert Wagner sowie dem Senatspräsidenten Arthur Greiser am 6. Oktober 1939, in: BA, R 1501/5401, Bl. 41–46.

men. Die Differenz beschränkte sich allerdings keineswegs auf geringfügige Anpassungen, sondern umfasste vielmehr die Tatsache, dass nun sowohl die neu gebildeten Reichsgaue Westpreußen (ab 2. 11. 1939: Reichsgau Danzig-Westpreußen) und Posen (ab 29. 1. 1940: Reichsgau Warthegau) wie auch die Regierungsbezirke Zichenau (in die Provinz Ostpreußen), Kattowitz (in die Provinz Schlesien) und die Regionen um Suwałki und Soldau (in die Provinz Ostpreußen) mit insgesamt etwa 10 Millionen Einwohnern eingegliedert wurden und fortan deutsches Staatsgebiet darstellten.[123] Der Erlass verfügte – in Anlehnung an das »Gesetz über den Aufbau der Verwaltung im Reichsgau Sudetenland« vom 14. April 1939[124] – zudem, dass »Bewohner deutschen und artverwandten Blutes« die deutsche Staatsbürgerschaft erhielten, während »Volksdeutschen« nach Maßgabe des Reichsbürgergesetzes eine Reichsbürgerschaft zuerkannt wurde.[125] Über den Status aller anderen Einwohner sollte im Rahmen der geplanten An- und Umsiedlungsmaßnahmen entschieden werden. Da Hitler zudem festlegte, dass der Erlass bereits am 26. Oktober 1939 in Kraft treten sollte und das Innenministerium zur »Zentralstelle für die Neuordnung der Ostgebiete« erklärte, wurde auf einer für den 23. Oktober eiligst einberufenen Staatssekretärsbesprechung das Problem erörtert, dass »abweichend von der bisher bei Wiedervereinigungen gehandhabten Übung« die im Altreich geltenden Rechtsvorschriften nicht ohne vorherige Prüfung in den eingegliederten Gebieten Geltung haben dürften.[126] Die Sonderlage der neuen Gebiete

---

[123] 1939 lebten in den am 8. Oktober eingegliederten Gebieten insgesamt 10139000 Menschen, darunter 8905000 Polen, 603000 Juden, 600000 Deutsche, 11000 Ukrainer und 21000 Menschen anderer Zugehörigkeiten. Vgl. Rutowska, Nationalsozialistische Verfolgungsmaßnahmen, in: Młynarczyk (Hg.), Polen, S. 197–216, hier S. 198.

[124] Vgl. »Gesetz über den Aufbau der Verwaltung im Reichsgau Sudetenland« vom 14. April 1939, in: RGBl I, 1939, S. 780–782.

[125] Vgl. § 6 des Führererlasses über Gliederung und Verwaltung der Ostgebiete vom 8. Oktober 1939, in: RGBl I, 1939, S. 2042–2043. Hierzu auch die 2. Durchführungsverordnung vom 2. November 1939, in: RGBl I, 1939, S. 2133–2135; »Zweiter Erlaß des Führers und Reichskanzlers zur Änderung des Erlasses über Gliederung und Verwaltung der Ostgebiete« vom 29. Januar 1940, in: RGBl I, 1940, S. 251.

[126] Die Eingliederung von Gebieten mit verschiedenen Rechtssystemen sowie einer nicht einheitlich zu handhabenden Einbürgerungspolitik brachte erheblichen Konfliktstoff mit sich. Am 23. 10. 1939 war noch völlig unklar, ob und wie Polen deutsche Staatsbürger werden konnten. Einigkeit herrschte von Anfang an aller-

erfordere dringend, »von der Einführung von Rechtsnormen des Altreiches soweit als möglich für die nächste Zeit abzusehen und die neuen Gebiete frei zu halten, damit sie sich in erster Linie dem Aufbau der Verwaltung und ihrer vordringlichsten Aufgabe, der völkischen Flurbereinigung, zuwenden können«.[127] Obwohl man sich gerade im letzten Punkt einig war, entzündeten sich unter anderem wegen der vorgesehenen Weisungsbefugnis der neu eingesetzten Reichsstatthalter gegenüber Finanz- und Justizverwaltungen erhebliche Konflikte. Hier konkretisierte sich der Widerspruch, in den formal gleichgestellten Provinzen weiterhin rechtliche Sonderregelungen durchzusetzen. Das Reichsinnenministerium sowie alle anderen beteiligten Instanzen stritten in den nachfolgenden Monaten daher über Mittel und Wege einer Territorialisierungspolitik, die sowohl auf eine endgültige Grenzziehung zwischen dem Reichsgebiet und dem Generalgouvernement zielte als auch Maßnahmen auslotete, um die seit dem 8. Oktober 1939 formal eingegliederten Gebiete unter Ausnutzung eines permanenten Sonderstatus im Sinne einer völkisch-rassischen Gesellschaftsordnung zu germanisieren.

Die ungeklärte Grenzziehung zwischen Reichsgebiet und Generalgouvernement entwickelte sich im Lauf des Jahres 1940 zu einem handfesten Streit zwischen den beteiligten Institutionen. Im ersten Schritt hatte der Reichsinnenminister am 20. Oktober 1939 eine provisorische Linie festgelegt, die »entlang dem Narew und der Weichsel bis Plock führt, alsdann nach Süden abbiegt und östlich Gostynin, Kutno und Lodz, hart westlich Tschenstochau und östlich Zawiercze, Dabrowa, Chrzanow und Saybusch verläuft«.[128] Diese zunächst der

---

dings darüber, dass Juden von vornherein ausgenommen waren. Vgl. Notizen zur Staatssekretärs-Besprechung vom 23. Oktober 1939 im Reichsinnenministerium, in: BA, R 1501/5401, Bl. 104–106.

127 Schnellbrief des Reichsinnenministers Wilhelm Frick vom 27. Oktober 1939 an die obersten Reichsbehörden, in: BA, R 43 II/646a, Bl. 178–179.

128 Schnellbrief des Innenministers vom 20. Oktober 1939, in: BA, R 43 II/647, Bl. 1. Diese Linie erklärte der RMI am 13. November 1939 zur »vorläufigen Verwaltungs- und Zollgrenze«, wobei verfügt wurde, dass die bisherige Reichsgrenze (seit 1919) durch Polizei gesichert blieb, vgl. Schnellbrief des Reichsinnenministers vom 13. November 1939, in: BA, R 43 II/1340, Bl. 51. Am 29. Dezember 1939 benannte das Reichsinnenministerium die Orte in den eingegliederten Ostgebieten um. Für die vor 1918 zum Deutschen Reich und zu Österreich gehörenden Orte galten nun wieder die alten Bezeichnungen, für alle anderen (in den Quellen als »ehemals kongreßpolnisch« bezeichneten Teile) erstellte die Publikationsstelle Berlin ein entsprechendes Änderungsverzeichnis. Es durften auch neue Vor-

Geheimhaltung unterliegende Abgrenzung wies dem Deutschen Reich wirtschaftlich lukrative Regionen mit relativ hohen polnischen und jüdischen Bevölkerungsanteilen zu, während sie dem Generalgouvernement bestehende Industriezentren wie beispielsweise Łódź sowie lokale Rohstoffreserven vorenthielt. In den ersten Wochen der Besatzung lieferten die Publikationsstelle Berlin, das Statistische Reichsamt sowie das Berliner Reichsamt für Landesaufnahme umfangreiches Karten- und Datenmaterial für den internen Dienstgebrauch, in dem sowohl die vorläufigen Reichs-, Provinz-, Bezirks- und Kreisgrenzen markiert wie auch bestehende Siedlungs- und Bevölkerungsverhältnisse erfasst und statistisch aufbereitet wurden.[129] In den politischen Verhandlungen über den Umfang und das Verfahren der territorialen Eingliederung beriefen sich die Verantwortlichen auf

---

schläge eingereicht werden. Vgl. Änderungsverfügung des Reichsinnenministers vom 29. Dezember 1939, in: BA, R 43 II/646b, Bl. 2–5; diverse Unterlagen der Publikationsstelle Berlin zur Ortsnamensänderung in den eingegliederten Ostgebieten Ende 1939, in: BA, R 153/1033.

[129] Vgl. Schreiben des Reichsinnenministeriums vom 13. Januar 1940, in: BA, R 43 II/646, Bl. 75–76; die entsprechende Karte ist in: BA, R 43 II/1340, Bl. 53; Bevölkerungsstatistiken der vormals polnischen Gebiete beiderseits der deutsch-sowjetischen Demarkationslinie vom 28. September 1939, zusammengestellt von der Publikationsstelle Berlin, in: BA, R 153/287. Dieses Material diente zum einen dazu, die zur Umsiedlung vorgesehene »volksdeutsche« Bevölkerung jenseits der Demarkationslinie (also im sowjetisch besetzten Ostpolen) zu erfassen, zum anderen wiesen die Karten und Statistiken die polnischen, jüdischen und »volksdeutschen« Bevölkerungsteile in den eingegliederten Gebieten aus, die entweder vertrieben/deportiert oder aber nach einer rassischen Überprüfung ggf. eingebürgert werden sollten. Separat fertigte die Publikationsstelle Berlin auf der Grundlage der polnischen Volkszählung von 1931 eine Liste der »Bevölkerung mosaischen Bekenntnisses« diesseits der Demarkationslinie an. Bei einer Gesamtbevölkerung von etwa 17 Millionen ermittelte die Publikationsstelle Berlin 1539719 Juden. Zwar trafen diese Zahlen für das Jahr 1939 nicht ganz zu, entscheidender ist aber, dass die Publikationsstelle Berlin hiermit konkrete Entscheidungsgrundlagen für die territorialen Homogenisierungsmaßnahmen lieferte. Vgl. BA, R 153/287. Weitere für den Dienstgebrauch zusammengestellte Materialsammlungen der Publikationsstelle Berlin vgl. Die Ostgebiete des Deutschen Reiches und das Generalgouvernement der besetzten polnischen Gebiete in statistischen Angaben, Berlin 1940; Kartenfolge zur Landes- und Wirtschaftskunde der eingegliederten Ostgebiete und des Generalgouvernements, o. Datum; Karte der Verwaltungseinteilung der deutschen Ostgebiete und der angrenzenden Länder nach dem Stand vor 1914, vor der Neuordnung des Ostraumes 1938/39 und vom März 1940, o. Datum. Eine Übersicht des von der Publikationsstelle Berlin erstellten Materials in: BA, R 43 II/1333, Bl. 47. Vgl. hierzu auch: Fahlbusch, Wissenschaft im Dienste der nationalsozialistischen Politik?

dieses Fachwissen, das vor allem die Publikationsstelle Berlin mit Rückgriff auf Expertengutachten zur Verfügung stellte. Mit der sowohl statistischen wie auch kartographischen Erfassung der eroberten Gebiete belieferte sie nicht nur die Entscheidungsträger mit Daten, sie hatte auch durch die Art der Materialaufbereitung und durch die gutachterlichen Empfehlungen Einfluss darauf, welche Regionen unter welchen Bedingungen wie eingegliedert beziehungsweise dem Generalgouvernement zugeteilt wurden. Allerdings spielten hier auch andere Instanzen eine ausschlaggebende Rolle. Dass sich bei einem solchen institutionellen Aushandlungsprozess zahlreiche Behörden dazu berufen fühlten, vor allem ihren eigenen Interessen Geltung zu verschaffen, lässt sich leicht vorstellen. So verfolgte beispielsweise das Reichswirtschaftsministerium mit seinen Vorschlägen, Tomaszów und Chadaków noch dem Reichsgebiet zuzuschlagen, gänzlich andere Ziele als der Oberpräsident der Provinz Ostpreußen Erich Koch, der im Dezember 1939 den »volksdeutschen« Anteil im Regierungsbezirk Zichenau durch Grenzkorrektur zwischen dem Warthegau und Ostpreußen deutlich zu erhöhen hoffte.[130] Bei solchen Änderungsinitiativen kollidierten vor allem ökonomische Interessen mit den bevölkerungspolitischen Homogenisierungszielen, die die jeweiligen Gau- und Provinzleitungen unter Zeit- und Handlungsdruck setzten. Vor diesem Hintergrund beantragte auch der Oberpräsident in Breslau, Josef Wagner, am 2. Februar 1940 die Zurückverlegung der vorläufigen Grenze zwischen Ostoberschlesien und dem Generalgouvernement. Es seien vor allem »volkspolitische« Gründe, so Wagner gegenüber dem Reichsinnenministerium, die ihn veranlassten, die Kreise Zawiercie, Olkusz, Bdzin, Chzanów, Wadowice und Saybusch mit insgesamt fast 400000 Einwohnern und über hundert Industrieanlagen ins Generalgouvernement zurückgliedern zu wollen. Die überwiegend »nationalpolnische Bevölkerung« belaste »allein durch ihr Dasein den Volkstumskampf im umstrittenen Ostoberschlesien aufs schwerste«. Weder aus wirtschaftlichen noch aus anderen Gründen halte er es für notwendig, diese »Nationalpolen« in den Regierungsbezirken Kattowitz und Oppeln zu belassen. Vielmehr sei es auch aus sicherheitspolizeilichen Erwägungen heraus geboten, die Grenze zum

130 Vgl. Schreiben des Oberpräsidenten der Provinz Ostpreußen vom 15. Dezember 1939 an das Reichsinnenministerium, in: BA, R 153/774, dazu das Gutachten der Publikationsstelle Berlin vom 5. Januar 1940, in: ebenda.

Generalgouvernement nach Westen vorzuziehen.[131] Der Generalgouverneur Hans Frank stimmte Wagners Plänen grundsätzlich zu, wenn auch aus anderen Motiven und mit etwas anderen Schlussfolgerungen. Sein alternativer Grenzvorschlag zielte auf eine noch umfangreichere territoriale Erweiterung des Generalgouvernements, die vor allem regionale Kohlereserven einschloss. Das Generalgouvernement müsse durch zusätzliche fossile Rohstoffe in die Lage versetzt werden, den Forderungen des Vierjahresplanes zu genügen. Die ansässige Bevölkerung sei zudem ein »Gemisch von Polen besonders minderen Rassenwertes und Juden«, die »ein sozial und kulturell kaum erziehbares Element« darstellten. Ihre Verwendung als billige Arbeitskräfte erlaube »in diesem Raume eine koloniale Wirtschaftsform [...], welche bei großer Kostenersparnis die Löhne, öffentlichen Ausgaben, soziale Fürsorge, also den gesamten Lebens- und Kulturstandard, auf einem solchen Stande belässt, wie er der vorhandenen Bevölkerung entspricht«.[132] Während sich in diesem Falle die Interessen der zuständigen NS-Führer durchaus miteinander hätten vereinbaren lassen, stießen andere territoriale Begehrlichkeiten auf massiven Widerspruch. Der Initiative von Reichsstatthalter Arthur Greiser beispielsweise, die Kreise Tomaschow und Petrikau – auch auf Wunsch dort ansässiger »Volksdeutscher« – dem Warthegau einzugliedern und die schwebende Grenzfrage alsbald vom »Führer« entscheiden zu lassen, wollte Generalgouverneur Hans Frank jedenfalls nicht zustimmen. Das Gerücht, Greiser sei bereits in die Region eingerückt und rekrutiere dort Verwaltungsgebäude, ließ den Konflikt eskalieren. Am 3. November 1940 einigten sich beide Seiten nach Intervention der Partei-Kanzlei zähneknirschend darauf, die offenen Grenzfragen generell erst nach Kriegsende zu regeln, unter anderem auch deswegen,

131 Vgl. Einladung des Innenministeriums vom 8. Februar 1939 zur Sitzung am 27. Februar 1940, in: BA, R 43 II/647b, Bl. 23–25, darin wiedergegeben der Antrag vom Oberpräsidenten in Breslau vom 2. Februar 1940. Die Sitzung selbst wurde auf den 24. Februar 1940 vorverlegt. Dazu: Materialzusammenstellung der Publikationsstelle Berlin vom 23. Februar 1940 für die einen Tag später anberaumte Sitzung, in: BA, R 153/774; Niederschrift über die Besprechung am 24. Februar 1940 im Innenministerium, in: BA, R 43 II/647b, Bl. 32–34.

132 Vorschlag des Generalgouverneurs für die besetzten polnischen Gebiete zur Änderung der vorläufigen Zoll- und Verwaltungsgrenze zwischen dem Reich und dem Generalgouvernement, ohne Datum, in: BA, R 43 II/647b, Bl. 35–37; überarbeiteter Vorschlag des Oberpräsidenten in Breslau vom 2. März 1940, in: ebenda, Bl. 38–40; Stellungnahme der Publikationsstelle Berlin zu beiden Grenzvorschlägen vom 15. März 1940, in: BA, R 153/774.

weil das Oberkommando der Wehrmacht (OKW) aus militärstrategischen Gründen Vorbehalte gegen eine vorzeitige Grenzkorrektur angemeldet hatte.[133]

Die territoriale Einverleibung Westpolens folgte seitens des Innenministeriums zunächst also keinem ausgearbeiteten Plan, wohl aber der Maßgabe, nicht nur die vor 1918 zum Deutschen Reich gehörenden Teile des besetzten Polens einzugliedern. Aber selbst in den vormals preußischen Gebieten stellte die deutsche Bevölkerung nicht die Mehrheit, schließlich hatte sich beispielsweise in der Provinz Posen der 1910 noch etwa 45 Prozent Bevölkerungsanteil nach 1919 auf etwa 15 Prozent verringert. Im östlichen Warthegau existierten ohnehin nur wenige »deutsche Streusiedlungen«, die insgesamt nicht mehr als 3 Prozent der Gesamtbevölkerung ausmachten. Im gesamten späteren Reichsgau Wartheland lebten 3,96 Millionen Polen, 366000 Juden und 327000 Deutsche.[134] Damit galten 93 Prozent der Einwohner als »rassisch unerwünscht«. Waren schon die »heimgeholten« Gebiete alles andere als homogen, traf dies für die zusätzlichen Eingliederungen noch viel weniger zu. Das Suwałki-Gebiet beispielsweise, das mit dem Hitler-Stalin-Pakt dem Deutschen Reich zuerkannt worden war, hatte vor 1918 nicht zum Deutschen Reich gehört. Es war landwirtschaftlich geprägt, strukturschwach und ökonomisch daher nicht sonderlich lukrativ, und es wies zudem eine nur geringe deutsche beziehungsweise sich als deutsch definierende Bevölkerung auf. Mögen die bereits erwähnten Interessen des Reichsaußenministers an den lokalen Jagdrevieren möglicherweise den Ausschlag gegeben haben, die Eingliederung ins Reich war wegen des deutsch-sowjetischen Grenzverlaufs in dieser Gegend eigentlich alternativlos, wollte man die Verkehrsanbindung nicht transit über sowjetisches Staatsgebiet führen. Der Regierungspräsident in

133 Vgl. Brief von Hans Frank und Arthur Greiser an Adolf Hitler vom 3. November 1940, in: BA, R 43 II/1333, Bl. 152–153. Zur Grenzkorrektur zwischen Oberschlesien und dem Generalgouvernement vgl. die Korrespondenz im September/Oktober 1940 zwischen Reichskanzlei, Generalgouverneur, Reichsinnenministerium und den zuständigen Gauleitern, in: BA, R 43 II/647b, Bl. 75–83.

134 Nur die westliche Hälfte des späteren Warthelandes hatte vor 1918 zu Preußen gehört. Die Regierungsbezirke Kalisch und Hohensalza waren bis zum Ersten Weltkrieg hingegen russisch verwaltet worden. Zum Warthegau gehörten ab 1939 sowohl niederschlesische Gebiete, große Teile der vorherigen Wojewodschaften Posen, Łódź, Pomorze sowie die westlichen Teile der Kreise Radomsko Piotrków und Brzeziny sowie der Kreis Gostynin. Zum Verwaltungsaufbau und zur Judenverfolgung im Warthegau vgl. die hervorragende Studie von Alberti, Die Verfolgung und Vernichtung der Juden.

Gumbinnen/Ostpreußen, Herbert Rohde, plädierte daher dafür, das Suwałki-Gebiet an seinen Bezirk anzubinden, allerdings nicht ohne anzumahnen, dass gerade diese Region »nach Entfernung der nationalpolnischen und jüdischen Elemente« dringend deutsche Ansiedlungsbauern benötige.[135] Der später in Suwalken umbenannte Landkreis sowie ein Teil von Augustowo wurden daraufhin am 10. November 1939 ostpreußisch. Eine vom Reichsführer-SS wenige Wochen später durchgeführte Volkszählung dokumentierte bereits die umgehend einsetzende Homogenisierung: Von den insgesamt 117384 erfassten Personen waren 6971 »Volksdeutsche«, 94556 Polen, 7611 Russen, 8059 Litauer, 151 Ukrainer und 63 Tschechen. Juden lebten dort hingegen nicht mehr. Sie waren zu dieser Zeit bereits nach Biała Podlaska im Generalgouvernement deportiert und dort ghettoisiert worden.

Das Reichsinnenministerium zielte nach Intervention Hitlers mit seiner vorläufigen Grenzziehung vom 20. Oktober 1939 also darauf ab, neben den vormals preußischen Gebieten auch diejenigen einzugliedern, die zumindest einen gewissen Anteil »volksdeutscher« Bevölkerung aufwiesen. Darüber hinaus wurden ökonomisch interessante Unternehmen und Industriestandorte annektiert, auch wenn die dort ansässige Bevölkerung mehrheitlich polnisch war. Gerade die territoriale Abgrenzung gegenüber dem Generalgouvernement erwies sich in diesem Aushandlungsprozess als besonders konfliktreich, nicht nur, weil es für die Bevölkerungen einen erheblichen Unterschied machte, ob sie inner- oder außerhalb der deutschen Staatsgrenze verblieben, sondern auch, weil die jeweiligen Gauleiter massives Interesse daran hatten, ökonomisch lukrative Regionen für sich zu reklamieren und gleichzeitig den Anteil nichtdeutscher Bevölkerungen so gering wie möglich zu halten. Denn ihre vordringlichste Aufgabe war – um es mit den Worten des Reichsinnenministers auszudrücken – die »völkische Flurbereinigung« in ihren jeweiligen Zuständigkeitsbereichen. Diese Homogenisierungspolitik war für die territoriale Aufteilung des besetzten Polens in der Regel handlungsleitend. Dabei versuchte man Ortschaften mit oftmals nur marginaler »volksdeutscher« Bevölkerung unter Wahrung einer halbwegs zweckmäßigen Grenzführung noch irgendwie einzubinden, weil man in ihnen eine Art rassisches Kapital sah. Gleichzeitig war es aber von vornherein Konsens, dass sich die Grenzführung nicht nur nach den

135 Schreiben des Regierungspräsidenten in Gumbinnen vom 22. Oktober 1939 an das Reichsinnenministerium, in: BA, R 1501/5407.

Bevölkerungsverhältnissen, sondern ebenso nach volkswirtschaftlichen und militärischen Erwägungen richten würde. Allein durch Grenzziehung waren rassisch homogene Räume, wie sie die deutschen Besatzer ideologisch anstrebten, nicht herstellbar. Das war nicht nur unstrittig, das war auch allen Beteiligten von vornherein bewusst. Ins Reich eingegliederte Gebiete mit gemischter oder sogar überwiegend »fremdrassiger« Bevölkerung sollten daher zunächst durch Bevölkerungsaustausch und durch gezielte Eindeutschungsprogramme germanisiert werden. Das territoriale Grundprinzip verkoppelte von Anbeginn an die im Hitler-Stalin-Pakt vereinbarten Umsiedlungen »volksdeutscher« Bewohner aus dem nun sowjetisch besetzten Osteuropa mit den Aussiedlungs- und Vertreibungspraktiken im annektierten Westpolen.[136] Die Erfassung »volksdeutscher« Umsiedler, ihr Abtransport und ihre Neuansiedlung im Warthegau oder in Westpreußen war elementarer Bestandteil eines umfassenden Neuordnungsprozesses, der zugleich die Vertreibung, Ghettoisierung, Aussiedlung und später auch die Ermordung derjenigen einschloss, die nicht den rassischen und auch politischen Kriterien der Volksgemeinschaft entsprachen. Das betraf vor allem polnische Juden sowie die polnische Intelligenz, die man per se für staatsgefährdend hielt. Das betraf aber auch diejenigen, die nach den Rastern des »Reichskommissars für die Festigung deutschen Volkstums« (RKF) nicht als »eindeutschungsfähig« galten, die als »Polen und andere Fremdvölkische« markiert und ausgesondert wurden.[137] Das Bestreben der Gauleiter, diesen Bevölkerungsanteil durch Vertreibungen ins Generalgouvernement, durch Deportationen ins Reich und durch Rückverlagerung der Grenzlinie nachhaltig zu verringern, erzeugte in den eingegliederten Gebieten einen erheblichen Verfolgungs- und Selektionsdruck, der zwischen September 1939 und Juni 1941 die erste Phase einer am rassisch homogenen Raum orientierten Ordnungspolitik prägte.

Unmittelbar nach dem Einmarsch der Wehrmacht in Polen begannen gezielte Verfolgungs-, Verhaftungs- und Erschießungsaktionen gegen polnische Eliten, gegen in Kriegsgefangenschaft geratene Soldaten sowie gegen polnische Juden. Letztere wurden in dieser ersten

---

[136] Diese Verkoppelung zeigt sich zum Beispiel eindrücklich in dem Geheimbefehl des Höheren SS- und Polizeiführers in Posen, Wilhelm Koppe, vom 11. November 1939, in: Friedrich, Verfolgung und Ermordung, Dok. 34, S. 131.

[137] Vgl. den Erlass des Reichsführer-SS für die Überprüfung und Aussonderung der Bevölkerung in den eingegliederten Ostgebieten vom 12. September 1940, in: BA, R 43 II/646, Bl. 32–36.

Phase vor allem bei Pogromen und bei sogenannten Vergeltungsaktionen erschossen. Wehrmacht, SS, SD und Polizei operierten bei diesen als »Befriedungsaktionen« bezeichneten Einsätzen Hand in Hand, obgleich es aufseiten der Wehrmacht auch Proteste gegen das Vorgehen der Einsatzgruppen gab.[138] Vordringlichstes Ziel war zunächst – neben der militärischen Unterwerfung – die vollständige Zerschlagung des polnischen Staates, die Ausschaltung seiner Führungsschichten, die Requirierung staatlichen und privaten Eigentums sowie die Unterbindung jeglichen Widerstandes. Verhaftungen, Folter, Deportationen, Massenexekutionen richteten sich gegen diejenigen Polen, die man als staatstragend und somit deutschfeindlich einstufte. Die genaue Anzahl der Opfer während der Militärverwaltung bis zum 25. Oktober 1939 lässt sich nur schwer abschätzen. Der ersten Terrorwelle bis Ende 1939 sollen mindestens 50000 bis 60000 Menschen zum Opfer gefallen sein.[139] Darüber hinaus verfolgte der Reichsführer-SS Heinrich Himmler in enger Kooperation mit den Chefs der Zivilverwaltungen eine radikale »Judenpolitik«, die in dieser ersten Phase – neben den bereits erwähnten Erschießungen von etwa 7000 Juden – vor allem die Registrierung und Kennzeichnung der jüdischen Einwohner, ihre Rekrutierung zur Zwangsarbeit, den Raub ihres Vermögens, ihre Festsetzung und Erschießung als Geiseln sowie ihre Ghettoisierung umfasste.[140] Hunderttausende Juden konzentrierte man unter katastrophalen Bedingungen in jüdischen Wohnbezirken, so auch in dem zunächst 160000 Menschen zählenden Ghetto der nun reichsdeutschen Industriestadt Łódź, die alsbald in Litzmannstadt umbenannt wurde.[141] Die Ghettoisierung polnischer Juden

---

[138] Zur Wehrmacht in Polen, ihren Verbrechen und Kooperationen mit SS, Einsatzgruppen, Polizei und paramilitärischen Verbänden vgl. Böhler, Auftakt zum Vernichtungskrieg. Allgemein immer noch einschlägig: Broszat, Nationalsozialistische Polenpolitik; Madajczyk/Puchert, Die Okkupationspolitik Nazideutschlands; Kleßmann (Hg.), September 1939; Hoensch, Geschichte Polens; Mallmann/Musial (Hg.), Genesis des Genozids.

[139] Vgl. Musial, »Die vierte Teilung Polens«, S. 28; Pohl, Verfolgung und Massenmord, S. 49.

[140] Diese antijüdischen Maßnahmen richteten sich vor allem nach den von Reinhard Heydrich bereits am 21. September 1939 durch Schnellbrief an die Einsatzgruppenchefs erlassenen Richtlinien für die Behandlung der Juden, in: Friedrich, Verfolgung und Ermordung, Dok. 12, S. 88–92. Zur Einrichtung des Großghettos in Łódź sowie zur Ghettoisierung im Warthegau auf Initiative unterer Verwaltungsebenen vgl. Alberti, Reichgau Wartheland, S. 145–324.

[141] Zu diesem Entrechtungs- und Konzentrationsprozess vgl. Alberti, Reichsgau Wartheland, S. 98–126. Zum Ghetto Litzmannstadt vgl. Jüdisches Museum

diente in dieser Phase zunächst als Übergangsmaßnahme für eine spätere Deportation in ein noch zu bestimmendes »Judenreservat«. Gleichzeitig war ihre Konzentrierung im Frühjahr 1940 aber auch die Konsequenz der gescheiterten Aussiedlungsaktionen ins Generalgouvernement. Ursprünglich hatte nämlich der Plan bestanden, sämtliche Juden (und Hunderttausende von Polen) innerhalb eines Jahres ins besetzte Polen abzuschieben.[142] Vor allem aus Kalisz und Łódź wurde daher bereits ab dem 1. Dezember 1939 deportiert, insgesamt erreichten bis 17. Dezember 87883 Polen und Juden aus dem Warthegau das Generalgouvernement. Hinzu kamen etwa 30000 Vertriebene, die außerhalb der organisierten Zugtransporte über die Grenze gejagt wurden.[143] Doch die Aufnahmekapazitäten im Generalgouvernement waren alsbald erschöpft. Bereits vor der zweiten Deportationswelle im Februar/März 1940, mit der nochmals mehr als 40000 Menschen aus dem Warthegau ausgesiedelt wurden, herrschte totales Chaos mit entsprechend katastrophalen Bedingungen für die Betroffenen. Generalgouverneur Hans Frank protestierte aufs Schärfste, nicht aus Sorge um Polen und Juden, sondern aus Angst vor einer totalen Eskalation in seinem Zuständigkeitsbereich. Ende März wurden die Deportationen daraufhin unterbrochen, obgleich die anvisierten Quoten keineswegs erfüllt waren. Diese »Lösung der Judenfrage« war vorerst mehr oder weniger gescheitert. Allerdings hatte man im Zuge dieser ersten Aussiedlungsmaßnahmen die bis 1919 zu Preußen gehörenden westlichen Gebiete weitgehend »judenfrei« gemacht. Alle anderen im

Frankfurt am Main (Hg.), »Unser einziger Weg ist Arbeit«; Löw, Juden im Getto Litzmannstadt; Sascha/Feuchert/Leibfried/Riecke (Hg.), Die Chronik des Gettos Lodz; Klein, Die »Gettoverwaltung Litzmannstadt«.

142 Zur Vertreibung und Verfolgung der jüdischen Bevölkerung in den ersten Monaten der deutschen Besatzung vgl. Anonymer Bericht über die Entwicklung in Kalisz bis November 1939 (vom 2. August 1941), in: Friedrich, Verfolgung und Ermordung, Dok. 47, S. 155–162; Anonymer Bericht über die Vertreibung von Juden aus Posen im November 1939 (ca. Ende 1940), in: ebenda, Dok. 48, S. 162–165.

143 Aus sämtlichen eingegliederten Gebieten deportierten die deutschen Besatzer bis Frühjahr 1941 circa 460000 Personen ins Generalgouvernement. Weit mehr als 1 Million Polen wurden bis Kriegsende dorthin verschleppt oder vertrieben. Einen Überblick über die Verfolgungs- und Umsiedlungspolitiken liefern: Aly, Endlösung, S. 59–139; Madajczyk, Allgemeine Richtlinien; Rutowska, Nationalsozialistische Verfolgungsmaßnahmen; Musial, Die »vierte Teilung Polens«. Zur ökonomischen Ausbeutung, Umstrukturierung und Anpassung der eingegliederten Gebiete vgl. Janicki, Die deutsche Wirtschaftspolitik.

annektierten Westpolen im Frühjahr 1940 noch ansässigen Juden wurden daraufhin in Ghettos oder ghettoähnlichen Wohnbezirken isoliert.[144]

Die Aussiedlungs- und Vertreibungspolitiken gegenüber Juden und Polen waren ebenso wie die Rekrutierung der etwa drei Millionen polnischen Zwangsarbeiter für das Reich elementare Bestandteile der zwischen 1939 und 1941 praktizierten räumlichen Homogenisierung der eingegliederten Gebiete. Das systematische, wenn auch nicht immer koordinierte Ineinandergreifen der Konzentrations-, Vertreibungs-, Deportations-, Aus- und Umsiedlungspolitik fußte und konkretisierte sich in den federführend vom RKF erarbeiteten »Planungsgrundlagen für den Aufbau der Ostgebiete«, die am 24. Januar 1940 auf einer Arbeitstagung des Planungsstabes mit den Landesplanern der eingegliederten Gebiete vorgelegt und besprochen wurden.[145] Dieser erste Planungsentwurf definierte die allgemeinen Grundlagen des territorialen Umbaus und formulierte darüber hinaus grundlegende siedlungspolitische, agrarwirtschaftliche sowie raumplanerische Prinzipien einer später im sogenannten »Generalplan Ost« weiter ausdifferenzierten und den territorialen Veränderungen angepassten Raumordnungspolitik. Das räumliche Muster, nach dem das vormals polnische Staatsgebiet umstrukturiert werden sollte, hatte Hitler bereits in seiner Rede vor dem Reichstag am 6. Oktober 1939 grob skizziert.[146] Noch in der Euphorie des mit Moskau geschlossenen Grenz- und Freundschaftsvertrages rechtfertigte er zunächst die mit der Sowjetunion vereinbarten Umsiedlungen von »Volksdeutschen«, betonte aber zugleich, dass »eine neue Ordnung der ethnographischen

---

[144] Von dort wurden sie dann später in die Vernichtungslager deportiert. Von den etwa 3,5 Millionen polnischen Juden wurden bis Kriegsende etwa 2,7 Millionen ermordet. Zwei Millionen starben in den Konzentrations- und Vernichtungslagern jeder Fünfte fiel den katastrophalen Bedingungen in den Ghettos und Arbeitslagern zum Opfer. Aufgrund der Massendeportationen ins Generalgouvernement kamen dort die meisten polnischen Juden ums Leben: insgesamt etwa 1,8 Millionen. Im Warthegau waren es darüber hinaus etwa 300000, in Oberschlesien etwa 100000 und in Danzig-Westpreußen etwa 32000, vgl. Rutowska, NS-Verfolgungsmaßnahmen, S. 206.

[145] Vgl. Planungsgrundlagen für den Aufbau der Ostgebiete, ausgearbeitet von der Planungshauptabteilung des RKF und vorgelegt am 24. Januar 1940, in: BA, R 49/157, Bl. 1–21, mit noch falscher Datierung abgedruckt in: Madajczyk (Hg.), Vom Generalplan Ost zum Generalsiedlungsplan, Dok. 1, S. 3–14.

[146] Vgl. Rede Adolf Hitlers am 6. Oktober 1939 vor dem deutschen Reichstag, in: Friedrich, Verfolgung und Ermordung, Dok. 17, S. 99–102.

Verhältnisse, das heißt eine Umsiedlung der Nationalitäten, so, dass sich am Abschluß der Entwicklung bessere Trennungslinien ergeben, als es heute der Fall ist«, die wichtigste Zukunftsaufgabe sei.[147] Was er damit meinte, deutete er mit Begriffen wie »Sanierungsarbeiten« an, die Deutschland und die Sowjetunion nun übernehmen würden. Ziel der Reichsregierung sei es erstens, eine Reichsgrenze zu schaffen, die den »historischen, ethnographischen und wirtschaftlichen Bedingungen« entspreche, zweitens müsse »die Ordnung des gesamten Lebensraumes nach Nationalitäten« erfolgen, was die »Lösung der Minoritätenfragen« in ganz Ost- und Südosteuropa einschließe, und drittens gehe es in diesem Zusammenhang um den »Versuch einer Ordnung und Regelung des jüdischen Problems«.[148] Vergegenwärtigt man sich die zu diesem Zeitpunkt bereits in Gang gesetzte Vertreibungs- und Umsiedlungspolitik, steckte in dieser Rede eine durchaus zutreffende Beschreibung dessen, was auf vormals polnischem Staatsgebiet bereits praktiziert wurde – man musste die Sprache nur richtig zu lesen wissen. »Ordnung nach Nationalitäten«, »Lösung von Minoritätenfragen«, »Regelung des jüdischen Problems« – Hitler kündigte damit nichts weniger als einen gigantischen Bevölkerungstransfer zur Herstellung rassisch homogener Räume an. Bereits am 29. September 1939 hatte er sich Alfred Rosenberg gegenüber ähnlich geäußert: Die vormals polnischen Gebiete wolle er »in drei Streifen teilen«: zwischen Weichsel und Bug sollten erstens alle Juden sowie »irgendwie unzuverlässigen Elemente« konzentriert werden, zweitens müsse an der bisherigen Grenze ein »breiter Gürtel der Germanisierung und Kolonisierung« entstehen: eine deutsche Kornkammer, ein »starkes Bauerntum, gute Deutsche aus aller Welt« seien dorthin umzusiedeln, und dazwischen sei drittens eine »polnische ›Staatlichkeit‹« einzurichten, über deren Germanisierung und Eingliederung später zu entscheiden sei.[149] Diese Vorstellung rassisch homogener Räume umfasste trotz aller Vorläufigkeit das Grundprinzip des gewaltsamen Bevölkerungsaustausches und damit den bis 1941 handlungsleitenden Ordnungsentwurf einer territorialen und damit räumlichen »Lösung der Judenfrage«. Dass gerade sie zumindest für die eingegliederten

---

[147] Ebenda, S. 99.

[148] Ebenda, S. 101.

[149] Vgl. Tagebucheintrag von Alfred Rosenberg am 29. September 1939 nach einem Gespräch mit Hitler in der Reichskanzlei, in: Friedrich, Verfolgung und Ermordung, Dok. 15, S. 96–97.

Gebiete Priorität besaß, zeigte sich in den Planungsgrundlagen des RKF als nüchterne Zahlenbilanz. Für die Siedlungsentwürfe wurde »im folgenden vorausgesetzt, dass die gesamte jüdische Bevölkerung dieses Gebietes von rund 560000 bereits evakuiert ist bezw. noch im Lauf dieses Winters das Gebiet verlässt«.[150] Die dem Planungsansatz zugrunde gelegte Bevölkerungsgröße war daher von vornherein um die entsprechende Anzahl reduziert. Rechnerisch galt die »Judenfrage« in den eingegliederten Gebieten bereits als gelöst. Das zweite Planungsziel betraf den Anteil der deutschen Bevölkerung in den ehemaligen preußischen Provinzen. Durch Vertreibung von etwa 3,4 Millionen Polen und gleichzeitiger Ansiedlung von mindestens ebenso vielen Deutschstämmigen sollte in den nächsten Jahren ein Siedlungsverhältnis hergestellt werden, wie es etwa 1914 bestanden habe. Damals seien deutsche und polnische Bevölkerungsanteile etwa identisch gewesen. »Ist dieses Ziel erst einmal erreicht, so verläuft die weitere Eindeutschung stetig wachsend durch die Mitwirkung der aus dem Siedlertum und neuen Gebiet selbst hervorgehenden biologischen und wirtschaftlichen Kräfte.«[151] Für die Zeit nach der vollständigen Vertreibung/Deportation der jüdischen Einwohner, nach der Aussiedlung von etwa der Hälfte der dort ansässigen Polen sowie nach der Neuansiedlung von mehreren Millionen »Volksdeutschen« vertraute der Plan auf staatlich lancierte Verdrängungsmechanismen wie ökonomische Konkurrenz, kulturelle Assimilation und einer rassenbiologischen Geburtenpolitik, um aus den eingegliederten Gebiete »blonde Provinzen« zu machen.[152] Als entscheidender Faktor für diesen Germanisierungsprozess galt den Planern der anzusiedelnde Neubauer, dessen Bodenkultivierung und dessen »Rassewert« für die »Festigung des deutschen Volkstums« substanziell seien. Gehe man von etwa einem Drittel landwirtschaftliche Bevölkerung aus, berücksichtige man darüber hinaus das bereits vorhandene Landvolk sowie den Verteilungsquotienten von Betriebsinhabern und landwirtschaftlichen Berufszugehörigen, ergebe sich ein Siedlerbedarf von »vorerst

150 RKF, Planungsgrundlagen, S. 3. Die im Dokument genannten Zahlen sind nicht korrekt. So war die eingegliederte Gesamtfläche größer als 87600 qkm, hingegen betrug der Anteil der deutschen Bevölkerung nicht 11 Prozent, sondern knapp 6 Prozent.

151 Ebenda.

152 »Blonde Provinzen« ist eine Wortschöpfung Heinrich Himmlers, die er unter anderem bei einer Rede vor Parteifunktionären am 29. Februar 1940 verwendete, in: Himmler, Geheimreden 1933 bis 1945, S. 142.

rund 200000 Familien für die Neubildung deutschen Bauerntums«.[153] Über die Dimension eines solchen Vorhabens machte man sich keine Illusionen, und letztlich wussten die Planer auch schon, wo die Schwachstellen ihres eigenen Ordnungsentwurfes lagen. Denn die vorhandene Siedlerreserve im »Altreich« genügte den Erfordernissen im Osten nicht einmal annähernd, und die Rekrutierung und Ansiedlung deutschstämmiger Neubauern aus Osteuropa oder Übersee war aufwendig, langwierig und nicht ohne Risiko, sodass nur eine großzügige Handhabung bei der »Eindeutschung« die Kontingente würde freisetzen können, die für ein solches Großsiedlungsprojekt unabdingbar waren.[154] Politisch war diese Option allerdings strittig. Die planerische und teilweise auch faktische (vor allem logistische) Verklammerung von Vertreibungen und Neuansiedlungen prägte bis Frühjahr 1940 die staatlich organisierte »Umvolkung«, dann zwangen vor allem begrenzte Transportkapazitäten dazu, dic Aus-, Um- und Neuansiedlungen stärker zu entkoppeln. Planerisch folgte daraus, das Fernziel einer vollständigen »Entjudung« der eingegliederten Gebiete sowie der Aussiedlung von etwa 3,4 Millionen Polen in einzelne Nahpläne zu unterteilen und sich zunächst auf siedlungspolitische Kerngebiete zu konzentrieren, die aus strategischen Gründen vordringlich »germanisiert« werden sollten.[155] Diese »Siedlungszone 1. Ordnung« mit etwa 44000 qkm erstreckte sich zum einen entlang der Grenze zum Generalgouvernement, zum zweiten als Ost-West-Achse zwischen »Altreich« und ebendiesem »Grenzwall«, und drittens sollte vor allem das Hinterland größerer Städte mit deutschen Bauern versorgt

Siedlungsplanung
(von Prof. Konrad Meyer, 24.01.1940)

32

[153] RKF, Planungsgrundlagen, S. 5. Zum Siedlerbedarf vgl. Mai, »Rasse und Raum«, S. 294–300; zum Kompetenzgerangel zwischen RKF und RfR bezüglich der »Siedlungszone 1. Ordnung« vgl. Rössler, Wissenschaft und Lebensraum, S. 180–182. Ergänzend zu den Planungsgrundlagen zeigte sich auch in einer Denkschrift des Rassenpolitischen Amtes der NSDAP das systematische Ineinandergreifen von »Abschiebung«, »Neubesiedlung« und »Eindeutschung«, vgl. »Die Frage der Behandlung der Bevölkerung der ehemaligen polnischen Gebiete nach rassenpolitischen Gesichtspunkten«, im Auftrag des Rassenpolitischen Amtes der NSDAP bearbeitet von Erhard Wetzel und Günther Hecht vom 25. November 1939, in: BA, R 49/75, Bl. 1–40.

[154] Vgl. zur Frage der Eindeutschung im annektierten Westpolen: Wolf, Ideologie und Herrschaftsrationalität.

[155] Zur Entstehung und Modifikation von Nah-, Zwischen- und Fernplänen, vor allem auch zur Rolle von Hans Ehlich und Adolf Eichmann vgl. die dichte Rekonstruktion von Roth, »Generalplan Ost«, vor allem S. 32–38.

werden.[156] Diese Zonen fungierten planerisch als »Kristallisationspunkte«, von denen aus dann die weitere Germanisierung auszugehen habe. Damit verfolgte das RKF eine Art Umzingelungsstrategie, mit der die noch vorhandenen polnischen Siedlungsgebiete eingeschlossen und isoliert wurden. Das Deutschtum sollte von den »arischen« Siedlungszentren aus in diese Peripherien diffundieren und die dort ansässigen Polen »erdrücken«. Allerdings berechneten die Raumplaner selbst für die erste Phase noch einen Siedlerbedarf von »ungefähr 100000 Familien von Neubauern, Landarbeitern und Dorfhandwerkern mit Kleinbesitz«.[157]

Obgleich sich der Ordnungsplan vom Januar 1940 am ausführlichsten mit der Frage der bäuerlichen Ansiedlung beschäftigte, eine an der »Hufenordnung« und am »Wehrbauernhof« orientierte Sozial- und Betriebsstaffelung entwarf und den sozial differenzierten Bauernstand als Grundsubstanz der rassischen Höherentwicklung auffasste, handelte es sich nicht um einen ausschließlich agrarwirtschaftlichen Raumordnungsplan. Gerade die reinen Agrargebiete im »Altreich« wie Pommern oder Mecklenburg mit ihren unübersehbaren Strukturproblemen veranlassten die Planer dazu, die eingegliederten Gebiete als »gemischt agrarisch-industrielle« Volkswirtschaften zu entwer-

[156] Zur »Siedlungszone 1. Ordnung« zählten zunächst die Kreise: Flatow, Stadt- und Landkreis Bromberg, Kulm, Graudenz, Czarnikau, Birnbaum, Neutomischel, Samter, Land- und Stadtkreis Posen, Obornik, Schrimm, Schroda, Gnesen, Wreschen, Konin, Koło, Turek, Tschenstochau (teilweise), Wieluń, Radomsko (teilweise), Sieradz, Lask, Petrikau (teilweise), Stadt- und Landkreis Łódź, Brzezyny (teilweise), Lêczyca, Kutno, Włocławek, Gostynin, Sochaczew (teilweise), Płock, Płońsk, Warschau (teilweise), Pułtusk, Ciechanów. Maków, Przasnysz, Ostrołęka sowie das Suwałki-Gebiet. Bis Anfang 1941 kamen auf Drängen des zuständigen Gauleiters weitere Gebiete wie Teschen und Saybusch hinzu, andere wie das Suwałki-Gebiet fielen wieder heraus. Vgl. Schreiben des Chefs der Sicherheitspolizei und des SD vom 21. Dezember 1939 mit der Ankündigung, bis April 1940 mindestens 600000 Juden zu vertreiben, in: Friedrich, Verfolgung und Ermordung, Dok. 66, S. 190–193; Übersicht des RKF über die Kreise der Siedlungszone I, Stand: Januar 1941, in: BA, R 49/2916, Karte 2; Niederschrift zu einer Besprechung im RSHA am 8. Januar 1940 über den Verlauf der Vertreibungen in das GG, in: Friedrich, Verfolgung und Ermordung, Dok. 71, S. 199–201; Vermerk über die Besprechung des Chefs der Sicherheitspolizei und des SD mit SS- und Behördenvertretern am 30. Januar 1940 über Richtlinien, Erfahrungen und Probleme bei der »Umvolkung«, in: ebenda, Dok. 82, S. 218–222; Vermerk der Inneren Verwaltung des GG vom 1. Februar 1940 zu den geplanten Zwangsumsiedlungen, in: ebenda, Dok. 83, S. 222.

[157] RKF, Planungsgrundlagen, S. 6.

fen.[158] Mit 35 Prozent Landwirtschaft sollte der Anteil im Vergleich zum übrigen Reich überdurchschnittlich, aber nicht dominant ausfallen. Die »Neubildung deutschen Bauerntums« galt zwar als Fundament der angestrebten Neuordnung, gleichwohl verfolgten die NS-Planungsinstanzen eine auf Landwirtschaft, Gewerbe, Handel und Industrie gleichermaßen fußende Strategie. Die eingegliederten Gebiete sollten keine strukturschwachen Nahrungsergänzungsräume darstellen, deren Erträge man abschöpfte. Die NS-Regierung wollte sie vielmehr zu modernen, leistungsstarken Volkswirtschaften mit einer völkisch-rassischen Gesellschaftsordnung aufbauen. Eingliederung meinte hier die sowohl ökonomische, politische wie auch bevölkerungspolitische Angleichung an die im Reich herrschende beziehungsweise auch dort noch zu etablierende Lebensordnung. Hierfür waren die Prinzipien der Volksgemeinschaft maßgeblich. Dass ein solches Vorhaben weitreichende Eingriffe in die vorhandene Sozial- und Gesellschaftsordnung wie auch in das gesamte Wirtschaftsgefüge bedeutete, veranschaulichten bereits die ersten Planungsgrundlagen im Januar 1940. Die Boden- und Besitzverhältnisse sollten umgehend an rassischen Kriterien ausgerichtet werden, Siedlungs- und Verwaltungsstrukturen würden alsbald dem Führerprinzip folgen und der Neuaufbau des klein- und mittelstädtischen Bevölkerungsanteils diente dem Abbau agrarischer Überbevölkerung, wie man sie im polnischen Staat vorzufinden meinte. Die »Verstärkung des klein- und mittelstädtischen Bevölkerungsanteils ist vielfach nur möglich bei einer mit dem Aufbau der gewerblichen Wirtschaft notwendig werdenden völligen baulichen Neugestaltung der vorhandenen Städte sowie bei einer richtigen räumlichen und größenmäßigen Zuordnung der Landgemeinden zu ihrem natürlichen Marktmittelpunkt und ihrem kulturellen Zentrum«.[159] Der Einfluss von Walter Christallers »Theorie der zentralen Orte« ist hier ebenso unverkennbar wie auch die ideologische Aufladung seines Planungsansatzes. So sei die »jetzige Gemeindeverfassung, wie wir sie von den Polen übernommen haben, [...] für den Verwaltungsaufbau des Gebietes nicht geeignet. Es dürfen Siedlungs- und Verwaltungseinheit nicht voneinander getrennt sein. Die jetzigen Großgemeinden des ehemaligen polnischen Gebiets lassen jeden gemeinschaftlichen Zusammenhalt vermissen. [...] Alles was den Gemeinschaftssinn und die Gemeinschaft fördert,

---

[158] Ebenda, S. 4.
[159] Ebenda, S. 11.

verdient höchste Beachtung.«[160] »Leitbild der Festigung deutschen Volkstums« in den eingegliederten Gebieten war ein ganzheitliches Lebensraumkonzept, das sowohl Dorf-, Stadt-, Landschafts- und Verkehrsplanung sowie volkswirtschaftliche und bevölkerungspolitische Optimierungsmaßnahmen umfasste und damit einem großräumlichen Neuordnungsimpuls folgte. Dieser Umbau basierte auf der Erfassung, Enteignung und Neustrukturierung polnischen und jüdischen Besitzes. Parallel zur Siedlungspolitik exekutierten SS-Besatzungsorgane eine »wirtschaftliche Germanisierung« zugunsten »volksdeutscher« Umsiedler.[161] Unter Führung des RKF beteiligten sich daran sämtliche Behörden, die mit Raumordnung, Siedlungsplanung, Verkehrs- und Landschaftsgestaltung sowie mit agrar- und volkswirtschaftlichen Entwicklungskonzepten befasst waren. Bestandsaufnahme, Raumplanung und deren Realisierung stellten die drei zentralen Phasen eines leistungsorientierten Umstrukturierungsprojektes dar.[162] Planerisch waren die eingegliederten Gebiete ideale Experimentierfelder, da ein erheblicher Teil der hinzugekommenen Regionen zunächst als »Neuaufbauzonen« behandelt wurden, in denen ohne Rücksicht auf gewachsene Sozial- und Wirtschaftsverhältnisse umstrukturiert werden sollte.[163] Dabei galten die Straßen- und Wegenetze ebenso wie die Bevölkerungsstruktur oder das Kleingewerbe als raumplanerische Variablen eines Aufbauprojektes, das auf eine nach rassenbiologischen Prinzipien gestaffelte Gesellschaftsordnung zielte. Ihr territoriales Kernkonzept war der rassisch homogene Raum. Die »Eroberung von Lebensraum« wandelte sich zwischen 1939 und 1941 auf diesem Wege vollständig von einem imperialen Ex-

---

160 Ebenda.

161 Vgl. zu den RuS-Einsatzgruppen, zu den Bodenämtern und Ansiedlungsstäben: Heinemann, Rasse, Siedlung, deutsches Blut, S. 201–232.

162 Diese Planungsarbeit analysiert mit Schwerpunkt auf dem ländlichen Raum überzeugend: Hartenstein, »Neue Dorflandschaften«; zur städtischen Planung in den eingegliederten Gebieten vgl. auch Gutschow, Stadtplanung im Warthegau; Klain, Warschau 1939–1945; zur Landschaftsplanung vgl. Gröning, Die »Allgemeine Anordnung Nr. 20/VI/42«.

163 Zur Differenzierung nach Ergänzungs-, Umbau- und Neuaufbauzonen in den eingegliederten Gebieten, vor allem zur Provinz Oberschlesien, vgl. Hartenstein, Neue Dorflandschaften, S. 241–299; zu den Versuchs-, Umbau- und Wiederaufbauplanungen von Dörfern vgl. ebenda, S. 300–433. Bemerkenswert bleibt, dass sich die zunächst großzügige Neuplanung von Dörfern offenbar nicht aufrechterhalten ließ und im Lauf des Krieges zunehmend Umbauplanungen an ihre Stelle traten. Auch hierzu vgl.: Hartenstein, Neue Dorflandschaften, S. 371–413.

pansionsprogramm zu einem als Großraum konzipierten Optimierungskonzept, das auf räumlicher Segregation der als ungleich definierten Volks- und Rassezugehörigkeiten beruhte.

Ein erheblicher Teil der für die eingegliederten Gebiete erarbeiteten Planungsentwürfe sollte erst nach Kriegsende umgesetzt beziehungsweise musste aufgrund des Kriegsverlaufs zurückgestellt werden. Insofern war die in den Unterlagen skizzierte Lebensraumordnung in vielerlei Hinsicht eine raumplanerische Utopie, die in dieser Form niemals realisiert wurde.[164] Allerdings trifft dies vor allem für die ökonomischen und bevölkerungspolitischen »Sanierungsarbeiten«, wie Hitler sie zynisch genannt hat, explizit nicht zu. Das Ordnen der Räume war bereits im besetzten Polen verbrecherische Realität. Denn das Leben in rassisch homogenen Räumen setzte die Aus- und Umsiedlung, setzte die gewaltsame Vertreibung derjenigen Bevölkerungen voraus, die nicht zur Volksgemeinschaft zählten.[165] In den siedlungspolitischen Kernzonen wurden 1940/41 anhand sogenannter Nahpläne die ersten Schritte einer völkisch-rassischen Homogenisierung vollstreckt.[166] Bis Mitte Dezember 1939 deportierten die deutschen Besatzer mindestens 87883 Polen und Juden aus dem Reichsgau Wartheland ins Generalgouvernement. Zwischen dem 10. Februar und dem 15. März 1940 folgten weitere 40128 Deportierte. Nach einer mehrwöchigen Unterbrechung setzte man die Aussiedlungen im Mai fort. Weitere 121594 Polen und Juden wurden bis Januar 1941 wiederum ins Generalgouvernement abgeschoben. Mit den bis März 1941 noch etwa 20000 Deportierten ergab sich daraus eine Gesamtzahl von etwa 280000 Personen, gleichwohl kann diese Summe nur als Mindestwert

[164] Zu ersten Um- und Neubauten auf dem Land, aber auch in den Städten der eingegliederten Gebiete sowie zur Umstrukturierung von Betriebsflächen vgl. Hartenstein, Neue Dorflandschaften, S. 234–240.

[165] Vgl. hierzu die einschlägigen Studien von Müller, Hitlers Ostkrieg; Aly/Heim, Vordenker der Vernichtung, vor allem S. 125–168; Wasser, Himmlers Raumplanung; Aly, »Endlösung«; Heinemann, »Rasse, Siedlung, deutsches Blut«; Wildt, Generation des Unbedingten, vor allem S. 455–506; zu den Siedlungsplanungen im Osten wie im Westen bis Juni 1941 vgl. auch Mai, »Rasse und Raum«, S. 288–319.

[166] Das Ineinandergreifen von Aus-, Um- und Vertreibungspolitik von Polen und Juden zeigte sich in dieser ersten Phase bereits an Plänen, in Nisko südwestlich von Lublin ein »Reichs-Getto« zu errichten. Schon im Oktober 1939 wurden dorthin Juden aus Wien, Kattowitz und Mährisch-Ostrau deportiert. Wohl aus militärstrategischen Gründen verfolgte man diese Pläne allerdings nicht weiter. Vgl. Goshen, Eichmann und die Nisko-Aktion; Kárny, Nisko in der Geschichte der »Endlösung«.

gelten, da sich die durchgeführten Transporte aus Danzig-Westpreußen und aus dem Warthegau nicht mehr vollständig rekonstruieren lassen und zudem Tausende Menschen jenseits des organisierten Abtransports über die Grenzen ins Generalgouvernement vertrieben wurden. Einige Schätzungen gehen daher von bis zu 650000 Deportierten aus.[167] Da weder die Logistik noch die Aufnahmeregionen im Generalgouvernement auf solche Größenordnungen eingerichtet waren, fanden die Aussiedlungen unter katastrophalen Umständen statt. Die Deportierten verloren ihre Existenzgrundlage, lebten unter völlig unzureichenden Bedingungen in Übergangs- und Sammellagern oder wurden in Ghettos eingewiesen. Wie viele Deportierte bereits die Strapazen der Vertreibungen nicht überlebten, lässt sich nicht beziffern.

Parallel zu den Aussiedlungen/Vertreibungen begann bereits im Oktober 1939 die Umsiedlung von »Volksdeutschen«, die nach dem Hitler-Stalin-Pakt aus den sowjetisch besetzten Teilen Osteuropas in die nun deutsch besetzten Gebiete verbracht wurden. Hitler hatte hierfür bereits am 7. Oktober 1939 den Reichsführer-SS Heinrich Himmler zum RKF ernannt und mit weitreichenden Kompetenzen ausgestattet, um den Bevölkerungsaustausch von Millionen Menschen zu planen, zu koordinieren und durchzuführen. Die drei Aufgabenbereiche, die der RKF-Erlass vorsah, dokumentierten bereits das ideologische, raumplanerische und organisatorische Ineinandergreifen von Vertreibung/Aussiedlung, Umsiedlung und »Eindeutschung«. So oblag Himmler als RKF erstens »die Zurückführung der für die endgültige Heimkehr in das Reich in Betracht kommenden Reichs- und Volksdeutschen im Ausland«, zweitens »die Ausschaltung des schädigenden Einflusses von solchen volksfremden Bevölkerungsteilen, die eine Gefahr für das Reich und die deutsche Volksgemeinschaft bedeuten« und drittens »die Gestaltung neuer deutscher Siedlungsgebiete durch Umsiedlung, im besonderen durch Seßhaftmachung der aus dem Ausland heimkehrenden Reichs- und Volksdeutschen«.[168] Institutionell installierte Himmler ein dichtes Netz-

---

[167] Zum organisatorischen Ablauf der Aus- und Umsiedlungen, zum Rasse- und Siedlungshauptamt-SS (RuSHA) sowie zu den – wie immer – schwierigen Schätzungen von Betroffenen und Opfern vgl. die einschlägige Studie von Heinemann, Rasse, Siedlung, deutsches Blut, S. 187–232; zur Zusammenarbeit zwischen RSHA und RKF speziell: Wildt, Generation des Unbedingten, S. 488–499.

[168] Erlaß des Führers und Reichskanzlers zur Festigung deutschen Volkstums vom 7. Oktober 1939, http://www.1000dokumente.de/index.html?c=dokument_de&dokument=0075_vot&object=context&st=&l=de [4. 10. 2011]. Zu den vordring-

werk, um die geplante »Umvolkung« voranzutreiben: Volksdeutsche Mittelstelle, Reichssicherheitshauptamt, Rasse- und Siedlungshauptamt sowie das Stabshauptamt des RKF gehörten neben den Höheren SS- und Polizeiführern zu den zentralen Instanzen der Homogenisierung. Die Umsiedlungen setzten zeitgleich zur systematischen Vertreibung von Polen und Juden ein.[169] Erste Erfahrungen sammelten die Verantwortlichen bereits im Zuge der zwischen Hitler und Mussolini am 21. Oktober 1939 vereinbarten Umsiedlung deutschsprachiger Südtiroler, die mehrheitlich für eine Abwanderung ins Reich optiert hatten.[170] Im November 1939 folgten deutsch-sowjetische Umsiedlungsvereinbarungen, auf deren Grundlage bis Februar 1940 etwa 128000 »Volksdeutsche« aus Galizien, Wolhynien und der Narew-Region ins Deutsche Reich transferiert wurden. Aus dem Generalgouvernement siedelte man bis Dezember 1940 rund 30000 Deutschstämmige um. Darüber hinaus trafen bis Frühjahr 1941 etwa 72000 Umsiedler aus Lettland und Estland, weitere etwa 48000 aus Litauen ein.[171] Insgesamt waren es bis Kriegsende mehr als eine Mil-

---

lichsten Zielen des RKF vgl. Anordnung des Reichskommissars für die Festigung deutschen Volkstums, o. Datum [nach dem 19. Oktober 1939], in: Friedrich, Verfolgung und Ermordung, Dok. 25, S. 113–114. Vgl. auch den drei Jahre später erstellten Zwischenbericht zur bereits durchgeführten »Umvolkung«: Tätigkeitsbericht des RKF/Stabshauptamtes über die Umsiedlungsmaßnahmen (Stand Ende 1942), in: Müller, Hitlers Ostkrieg, Dok. 33, S. 200–204.

169 Vgl. Himmlers Anordnung 1/II vom 30. Oktober 1939, mit der er die »Ausweisung« aller Juden aus den eingegliederten Gebieten, aller »Kongreßpolen« aus der Provinz Danzig-Westpreußen sowie einer noch zu bestimmenden Anzahl »besonders feindlicher polnischer Bevölkerung« befahl, in: BA, R 49/4, Bl. 39.

170 Davon siedelten letztendlich etwa 75000 Südtiroler tatsächlich um, nicht wie zwischenzeitlich geplant ins Elsass oder auf die Krim, sondern vorwiegend nach Tirol und Voralberg. Zur Option 1939, zur Umsiedlungsplanung sowie zu den Neuansiedlungsgebieten vgl. die Studie von Stuhlpfarrer, Umsiedlung Tirol.

171 Zu den Umsiedlungen von insgesamt etwa einer Million »Volksdeutschen« aus dem Baltikum, aus Wolhynien, Bessarabien, der Bukowina, der Dobrudscha, aus der Gottschee sowie aus Bulgarien, Kroatien, Serbien und Bosnien vgl. Hecker, Die Umsiedlungsverträge des Deutschen Reiches; Loeber, Diktierte Option; ders., Deutsche Politik gegenüber Estland und Lettland; Volkmann, Zur Ansiedlung der Deutschbalten im »Warthegau«; Jachomowski, Umsiedlung; Döring, Die Umsiedlung der Wolhyniendeutschen; Schmidt, Die Deutschen aus Bessarabien; Kotzian, Die Umsiedler; Schröder, Die Umsiedlung der Deutschbalten. Zum »Sonderfall« Litauen mit der Wiederansiedlung der zuvor umgesiedelten Litauendeutschen im Sommer 1942 vgl. Dieckmann, Plan und Praxis. Einen Gesamtüberblick über Vertreibungen, Umsiedlungen und Bevölkerungsaustausch in der ersten Hälfte des 20. Jahrhunderts liefert: Beer, Umsiedlung, Vernichtung, Vertreibung.

lion »Volksdeutsche«, die zunächst in Sammel- und Zwischenlagern erfasst und einer rassenbiologischen, gesundheitlichen, politischen und sozialen Musterung unterzogen wurden. Im Fachjargon nannte man diese Prozedur »Durchschleusung«. Zuständig hierfür war die Mitte Oktober 1939 eingerichtete Einwandererzentralstelle (EWZ) in Posen beziehungsweise ab Januar 1940 in Litzmannstadt, deren Rasseexperten die »volksdeutschen« Umsiedler begutachteten, ihre rassischen Eigenschaften definierten, ihre Einbürgerung und Ansiedlung empfahlen oder aber ablehnten und damit über das weitere Schicksal Hunderttausender Menschen entschieden.[172] Gemäß der »Ausleseordnung für die Besiedlung der neuen Reichsgaue« vom 20. Dezember 1939 kamen zunächst vier Kategorien für die Ansiedlung infrage: »volksdeutsche« Rückwanderer, bereits ansässige »Volksdeutsche«, nichtlandwirtschaftliche Siedlungsbewerber sowie »Neubauernbewerber« aus dem Altreich. Nur wer eine einwandfreie »Rasseformel« zuerkannt bekam und zudem politisch zuverlässig war, galt als siedlungstauglich.[173] Anderenfalls musste die Familie mit Zwangsarbeitseinsatz, Abschiebung ins Generalgouvernement oder in ihr Herkunftsland rechnen; die Anordnung von Zwangssterilisationen oblag ebenfalls der Entscheidungsbefugnis der Eignungsprüfer.[174] Bei steigendem Siedlerbedarf sowie einem erhöhten Arbeitskräftemangel selektierte das Rasse- und Siedlungshauptamt darüber hinaus auch unter denjenigen Polen, die ins Generalgouvernement abgeschoben werden sollten. Hierfür schufen RSHA und RKF die Umwandererzentralstelle (UWZ) mit Hauptsitz in Posen. Allerdings galten durchschnittlich nur bis zu fünf Prozent dieser in einem mehrstufigen Verfahren gemusterten Polen als »wiedereindeutschungsfähig«.[175] Sie wurden – auch gegen ihren Willen – ins Reich transportiert und dort zur Arbeit eingesetzt.

Idealiter sollte die Ansiedlung der als wertvoll gemusterten »Volksdeutschen« der Vertreibung polnischer und jüdischer Bewoh-

---

172 Vgl. hierzu die überzeugende Studie von Strippel, NS-Volkstumspolitik.

173 Zum konkreten Ablauf der rassenbiologischen Musterung vgl. Jachomowski, Umsiedlung, S. 137–144; Strippel, NS-Volkstumspolitik, S. 98–129; Heinemann, Rasse, Siedlung, deutsches Blut, S. 232–250.

174 Zur Ausdifferenzierung rassischer Selektionskriterien sowie zur Staatsbürgerschaft auf Widerruf vgl. Strippel, NS-Volkstumspolitik, S. 301–328.

175 Vgl. zur »Wiedereindeutschung«: Heinemann, Rasse, Siedlung, deutsches Blut, S. 282–301; Strippel, NS-Volkstumspolitik, S. 205–219.

ner unmittelbar folgen.[176] Die Besitzer der zuvor bereits registrierten und markierten Höfe wurden mit ihren Familien vertrieben, zu Fuß oder mit Lastwagen abtransportiert und in Zwischenlager verbracht, wo sie entsprechend rassenbiologisch, politisch und sozial selektiert wurden. Möglichst noch am gleichen Tag erfolgte die Zuweisung des enteigneten Besitzes an die neuen Eigentümer, vor allem mit der Maßgabe, die kontinuierliche Bewirtschaftung der Höfe zu gewährleisten. Oftmals legten die SS-Stäbe dabei mehrere benachbarte Betriebe zusammen, um den »volksdeutschen« Ansiedlern ein besseres Auskommen zu ermöglichen. In Oberschlesien fanden nach diesem Muster sogar erste »Hof-zu-Hof-Umsiedlungen« statt. Ganze Dörfer wurden in konstatierten Aktionen geräumt, enteignet und die dort ansässigen Polen abtransportiert. Sie durften nur ihr Transportgepäck mitnehmen und verloren damit ihre gesamte Existenzgrundlage. Ihr Eigentum ging in diesem Fall an umgesiedelte »Volksdeutsche« aus Galizien, die unmittelbar nach ihrem Abtransport die geräumten Höfe, Betriebe und Gebäude in Besitz nahmen. Dass dieser eroberte Raum im kolonialen Sinne weder *leer* war noch als solcher phantasiert werden konnte, entging wohl niemandem. In den eingegliederten Gebieten wurden Hunderttausende vertrieben, hier wurde der eroberte Raum gleichsam vor den Augen der Nutznießer brutal entleert. Daran änderte auch die Tatsache nichts, dass diese »Umvolkung« keineswegs so reibungslos verlief, wie sie die SS geplant hatte. »Himmler verschiebt augenblicklich die Völker. Nicht immer mit Erfolg«, kommentierte Joseph Goebbels nicht ohne Häme.[177] Überlastete und zerstörte Eisenbahnverbindungen, zu geringe Transportkapazitäten, der Mangel an geeigneten Betrieben, lähmendes Kompetenzgerangel sowie siedlungspolitische Fehlkalkulationen führten zu einer erheblichen Diskrepanz zwischen Ist- und Sollzustand. Die aus dem Baltikum, aus Wolhynien und Bessarabien stammenden Umsiedler mussten Monate, manchmal Jahre ohne ausreichende Versorgung in den Zwischenlagern ausharren. Die provisorische Unterbringung war jedoch für längere Aufenthalte nicht eingerichtet, hier staute sich die »volksdeutsche« Siedlerreserve. Diese Blockierung sollte sich für die

---

[176] Vgl. hierzu: Roth, Generalplan Ost, S. 35. Einen guten Überblick bietet auch der Lexikonartikel von: Heinemann, Umsiedlung.

[177] Die Tagebücher von Joseph Goebbels, hrsg. v. Elke Fröhlich, Bd. I, S. 21.

Betroffenen, vor allem aber für die jüdische Bevölkerung verheerend auswirken.[178] Denn als die Abtransporte polnischer und jüdischer Bevölkerungen ins Generalgouvernement im März 1940 unterbrochen und ein Jahr später schließlich ganz eingestellt wurden, geriet die Maschinerie der »Umvolkung« gänzlich aus den Fugen. Die räumliche Homogenisierung schuf untragbare Lebensumstände, auch für diejenigen, die man eigentlich in die Volksgemeinschaft zu integrieren beabsichtigte. Sie schuf aber vor allem auch ein Handlungsklima, in dem die territoriale Segregation der als rassisch »minderwertig« Klassifizierten zunehmend als undurchführbar und eine genozidale Lösung zunehmend als vorstellbar, ja geradezu als unvermeidlich erschien.[179]

Mittelfristig zielte die systematische Durchleuchtung in den eingegliederten Gebieten darauf ab, die gesamte Bevölkerung rassisch wie politisch vollständig zu erfassen und eine flächendeckende Bestandsaufnahme der im annektierten Westpolen ansässigen Siedlergesellschaft zu erstellen.[180] Denn das Konzept rassisch homogener Räume beruhte nicht nur auf radikalen Selektionsmaßnahmen, die das »gewünschte Menschenmaterial« vom »unerwünschten« separierten, es folgte zudem einer biopolitischen Logik, die langfristig auf Höherzüchtung der Volksgemeinschaft selbst setzte. In dreißig, fünfzig, einhundert Jahren sollten Millionen von blonden und blauäugigen Volksgenossen den »Lebensraum im Osten« besiedeln – hierfür wollte man in der gegenwärtigen Bevölkerung schon jetzt die besten Züchtungseigenschaften sichten und sichern. Die SS-Instanzen selektierten daher nicht nur die zur Aussiedlung vorgesehene polnische Bevölkerung sowie die aus Osteuropa stammenden Umsiedler, auch die in den eingegliederten Gebieten bereits ansässigen »Volksdeutschen« wurden einer entsprechenden Musterung unter-

---

178 Für das Warthegau analysiert diesen Prozess mit Blick auf die Entscheidung zur »Endlösung« überzeugend: Alberti, Reichsgau Wartheland, S. 339–372.

179 Vgl. das Protokoll einer Besprechung zwischen Generalgouverneur Hans Frank, den Höheren SS- und Polizeiführern Friedrich-Wilhelm Krüger und Wilhelm Koppe, Reichsstatthalter Arthur Greiser und dem Verwaltungschef im Warthegau Herbert Mehlhorn am 31. Juli 1940, in: Friedrich, Verfolgung und Ermordung, Dok. 145, S. 339–342.

180 Parallel dazu wurden im »Altreich« zwischen 1940 und 1943 etwa 4500 Dörfer erfasst, in denen Agrar- und Bodenreformen durchgeführt werden sollten. Auch hier deutete sich eine Kopplung von agrarpolitischen und eugenischen Überprüfungsverfahren an, vgl. Pyta, »Menschenökonomie«.

zogen.[181] Die »Deutsche Volksliste« (DVL) unterschied hierfür vier Gruppen. Die Gemusterten der beiden ersten Kategorien galten als eindeutig »deutsch« und wurden kollektiv eingebürgert. Sie erhielten die deutsche Staatsbürgerschaft mit vollen Rechten, waren wehrpflichtig und durften ihren Besitz in den eingegliederten Gebieten behalten. Die etwas zwei Millionen Menschen, die den Gruppen drei und vier zugewiesen wurden, galten in ihrer Zugehörigkeit indes als uneindeutig. Ihr Verbleib hing an einer Überprüfung, deren Ergebnis darüber entschied, ob sie »durch eine intensive Erziehungsarbeit im Altreich im Lauf der Zeit zu vollwertigen Deutschen erzogen bzw. wieder eingedeutscht« oder als »Schutzangehörige« mit eingeschränkten Selbstbestimmungsrechten abgewertet wurden.[182] Zumindest das Rasse- und Siedlungshauptamt vertrat eine rassenbiologische Vorgehensweise und forderte ihre konsequente Umsetzung, während Gau- und Zivilverwaltungen wie Reichsstatthalter Arthur Greiser die DVL-Selektionen pragmatischer ausgerichtet wissen wollten, um möglichst viele »Volksdeutsche« unabhängig von ihrem »Rassewert« einbürgern zu können. Hier lag das Hauptinteresse in der zügigen Germanisierung des eigenen Zuständigkeitsbereiches sowie in einer kriegstauglichen Handhabung der DVL.[183] Wer sich vor 1939 in Polen zum Deutschtum bekannt hatte, wer Deutsch sprach, seine Kinder deutsch erzog und zudem evangelisch war, sollte nach dieser Logik ohne langes Verfahren anerkannt werden. Auch gegenüber Polen, die in »Mischehen« lebten, wollten die Gauleiter sich großzügig zeigen. Ein solches Zugehörigkeitsverständnis war mit den rassebiologischen Auslesekriterien der SS schwer vereinbar.[184] Aufgrund der differierenden Handhabung der DVL im

---

[181] Zur DVL einschlägig: Wolf, Ideologie und Herrschaftsrationalität; ders., Deutsche Volksliste; ebenso: Heinemann, Rasse, Siedlung, deutsches Blut, S. 260–282; Gosewinkel, Einbürgern und Ausschließen, S. 404–420.

[182] So die Formulierung in dem »Erlass für die Überprüfung und Aussonderung der Bevölkerung in den eingegliederten Ostgebieten« vom 12. September 1940, mit dem Himmler das DVL-Verfahren vereinheitlichte, in: BA, R 43 II/646, Bl. 32–36, Zitat Bl. 35; übernommen in die vom Reichsinnenministerium verfügte Verordnung über die Deutsche Volksliste und die deutsche Staatsangehörigkeit in den eingegliederten Ostgebieten vom 4. März 1941, in: RGBl I, 1941, S. 118–119.

[183] Vgl. zur Praxis der Eindeutschung: Wolf, Ideologie und Herrschaftsrationalität.

[184] Zu den Konflikten zwischen Rasseexperten und Gauleitungen vgl. vor allem: Heinemann, Rasse, Siedlung, deutsches Blut, S. 269–282.

Warthegau, in Danzig-Westpreußen, Oberschlesien und Ostpreußen fiel die Eindeutschung in den eingegliederten Gebieten uneinheitlich aus. Himmler sah sich massiven Widerständen gegenüber, die flächendeckende rassische Überprüfung der Gruppe 3 durchzusetzen. Darüber hinaus demonstrierten zahlreiche Konfliktfälle wie auch der Umgang mit »Mischehen« einmal mehr die Absurdität des rassenbiologischen Klassifikationssystems und markierten seine immanenten Widersprüche.[185] Wer als »deutsch«, wer als »arisch«, wer als rassisch einwandfrei registriert wurde oder aber als »minderwertig«, »gemeinschaftsfremd« oder zumindest doch rassisch fragwürdig galt – diese Entscheidung beruhte auf uneinheitlichen, auch damaligen wissenschaftlichen Erkenntnissen widersprechenden und zudem ebenso politisch instrumentalisierbaren wie strittigen Kriterien. Die rassenbiologischen Selektionen, wie sie die SS für die »Volksdeutschen« flächendeckend umsetzen wollte, waren keineswegs widerspruchsfrei, denn die latente Vorstellung, Menschen mit uneindeutiger Herkunft durch jahrelange Indoktrination doch noch irgendwie zu vollwertigen Deutschen erziehen zu können, folgte keinem deterministischen, sondern einem eher politisch-kulturellen Konzept der Assimilierung. Aus diesem ideologischen Grundwiderspruch ist der Nationalsozialismus niemals herausgetreten, was seine mörderische Konsequenz allerdings nicht abmilderte, sondern eher noch steigerte. Diffuse Unterscheidungskriterien führten zu systemimmanenten Spannungen, die zu immer radikaleren Vereindeutigungen gegenüber denjenigen tendierten, die – wie Juden und Roma/Sinti – auf keinen Fall dazugehören sollten. Gegenüber »unsicheren Kandidaten« in der DVL, wie sie im SS-Jargon hießen, weichten im Lauf des Krieges die Maßstäbe weiter auf, als es nämlich sowohl an militärischem wie auch an arbeitseinsatzfähigem Nachschub mangelte. Auch das Rassekonzept der SS hatte sich den Kriegsnotwendigkeiten anzupassen. Im Spannungsfeld zwischen einem rassenbiologischen Selektionsverfahren, einer politisch-kulturellen Umerziehungs- und Assimilierungspolitik, einer kriegsbedingten Leistungsmobilisierung sowie dem Aufbau einer völkisch-rassischen Gesellschafts- und Sozialordnung vollzog sich im annektierten West-

[185] Zum Umgang mit »Mischehen« zwischen Polen und Deutschen vgl. Kundrus, Regime der Differenz; zur Diffusität der rassenbiologischen und volkstumspolitischen Kriterien vgl. Gosewinkel, Einbürgern und Ausschließen, S. 408–415.

polen eine auf territoriale Segregation zielende Homogenisierung, deren Scheitern einen der wohl folgenschwersten Schritte auf dem Weg zum Holocaust darstellte.[186]

»Unsere Grenze ist das Blut«[187] – Visionen einer Großraumordnung

Dass Carl Schmitt überzeugter und bekennender Antisemit war, ist kein Geheimnis. Immer wieder hat er sich aggressiv und abfällig über Juden geäußert, auch über diejenigen, die er persönlich kannte. Die Nürnberger Gesetze fanden seine uneingeschränkte Zustimmung. Seine Übereinstimmungen mit dem Nationalsozialismus, seine engen Kontakte zu führenden NS-Größen wie dem späteren Generalgouverneur Hans Frank und Hermann Göring beförderten seine steile Karriere zum juristischen Sinnstifter des NS-Staates.[188] Als Schmitt sich Ende der 1930er Jahre mit dem Raumbegriff zu beschäftigen begann, lag dieser berufliche Erfolg bereits hinter ihm. Seit Dezember 1936 sah er sich – vor allem durch Artikel im *Schwarzen Korps* – offener Kritik ausgesetzt, die dem Preußischen Staatsrat mangelnde rassenbiologische Grundüberzeugung sowie opportunistisches Verhalten vorhielt.[189] Trotz seiner Amtsenthebung blieb Schmitt als Staats- und Völkerrechtler mit Lehrstuhl in Berlin sowie als politischer Philosoph überaus einflussreich.[190] Am 1. April 1939 hielt er in Kiel im Rahmen einer Tagung über »Völker und Völkerrecht« einen Vortrag, der den intellektuellen Grundstock zu seinen raumtheoretischen Arbeiten darstellte. »Völkerrechtliche Großraumordnung mit Interventions-

---

186 Zum Scheitern der territorialen »Lösungen« vgl.: Wildt, Generation des Unbedingten, S. 486–506.

187 Reichsführer SS/Chef des Rasse- und Siedlungshauptamtes (Hg.), SS-Leitheft, 2. Jg., Heft 1 vom 22. 2. 1936, S. 13.

188 Aus der umfangreichen Forschungsliteratur zu Carl Schmitt hier zunächst nur einige eher biographiegeschichtliche Hinweise: Bendersky, Carl Schmitt; Noack, Carl Schmitt; Quaritsch, Positionen und Begriffe Carl Schmitts; Gross, Carl Schmitt und die Juden; Blasius, Carl Schmitt; Mehring, Carl Schmitt.

189 Vgl. Zeck, Das Schwarze Korps.

190 Dazu gehörte auch seine spätere Mitwirkung bei der »Aktion Ritterbusch«, vgl. Hausmann, Die Geisteswissenschaften im »Dritten Reich«; ders. (Hg.), »Deutsche Geisteswissenschaft« im Zweiten Weltkrieg.

verbot für raumfremde Mächte« lautete der Titel der überarbeiteten und 1941 mit zwei zusätzlichen Kapiteln veröffentlichten Schrift, in der Schmitt angesichts eines eskalierenden Weltkrieges eine völkerrechtliche Raumtheorie entwarf, in der er im Kern das Ende souveräner Staatlichkeit diagnostizierte.[191] »Die Epoche der Staatlichkeit geht zu Ende. Darüber ist kein Wort mehr zu verlieren« – so lautete seine ebenso schlichte wie prägnante Schlussfolgerung. Entgegen dieser Ankündigung verlor Schmitt über dieses Ende doch noch erstaunlich viele und bis heute umstrittene Worte. Die Veränderungen staatlicher Verfasstheit meinte er vor allem an der Entstehung neuartiger Völkerrechtssubjekte, an der Veränderung des bisher völkerrechtlich gehegten Krieges sowie an der Erschütterung des überkommenen Staatsverständnisses durch den Volksbegriff feststellen zu können. Dabei unterzog er die bisherige Völkerrechtslehre unter dem Gesichtspunkt der ihr zugrunde liegenden Raumprinzipien einer dezidierten Kritik, die er um den Begriff *Großraum* gruppierte.[192] In Anlehnung an die seit der Jahrhundertwende etablierte Großraumwirtschaft mit ihren Globalisierungseffekten analysierte Schmitt den zeitgenössischen Wandel der politischen Raumordnungen als ein großräumliches Verflechtungsgeschehen, dessen Folge es sein werde, dass staatlich souveräne Nationalstaaten zugunsten supranationaler Großräume an Bedeutung verlören.[193] Trotz seiner uneingeschränkten Sympathie für die Forderung bevölkerungsstarker Völker nach mehr »Raum und Boden«, sah Schmitt nicht in diesem »demographischen Recht«, sondern in der am 2. Dezember 1823 verkündeten Monroedoktrin das völkerrechtlich erfolgreichste Großraumprinzip.[194] Die Monroedoktrin stelle durch ihr Interventionsverbot außeramerikanischer Mächte ein »ordnendes Großraumprinzip« dar, das es zwar nicht

---

[191] Vgl. Schmitt, Völkerrechtliche Großraumordnung; Vorarbeiten dazu: ders., Raum und Großraum im Völkerrecht; ders., Die Auflösung der europäischen Ordnung; ders., Die Raumrevolution; ders., Großraum gegen Universalismus. Schmitt hielt den Vortrag im Rahmen einer Tagung der »Reichsfachgruppe Hochschullehrer im Nationalsozialistischen Rechtswahrer-Bund«, die aus Anlass des 25-jährigen Bestehens des Kieler Instituts für Politik und Internationales Recht stattfand.

[192] Die Forschung zu Schmitts Großraumtheorie ist mittlerweile umfangreich, vgl. zum Beispiel: Gruchmann, Nationalsozialistische Großraumordnung; Schmoeckel, Die Großraumtheorie; Blindow, Carl Schmitts Reichsordnung; Kleinschmidt, Carl Schmitt als Theoretiker sowie den Sammelband von Voigt (Hg.), Großraum-Denken; darin der Aufsatz von: Mehring, »Raumrevolution«.

[193] Vgl. Schmitt, Völkerrechtliche Großraumordnung, S. 271.

[194] Ebenda, S. 275.

wörtlich, wohl aber in seinen brauchbaren Kerngedanken auf gegenwärtige Machtkonstellationen zu übertragen gelte.[195] Denn die westlichen Demokratien beanspruchten mittlerweile, wie damals die absolute Monarchie in Europa, das Recht auf Intervention, mit dem unter humanitären Vorwänden imperialistische Ziele verfolgt würden. Die USA hätten sich im Lauf der letzten Jahrzehnte jedoch immer weiter von ihrer eigenen Doktrin entfernt, indem sie sich dem britischen Universalismus annäherten und mit dem von Wilson propagierten »Selbstbestimmungsrecht der Völker« eine Art Weltdoktrin verkündeten. In seinem berühmten Dualismus von Land und Meer pointierte Schmitt zwei für ihn gegensätzliche Raumprinzipien: das kontinentale, in zusammenhängenden Räumen verankerte Prinzip einerseits sowie das auf die Sicherung von Handels- und Verkehrswegen konzentrierte Raumverständnis von Seemächten andererseits.[196] Die völkerrechtliche Denkweise, »die einem geographisch zusammenhanglosen, über die Erde verstreuten Weltreich zugeordnet ist, tendiert von selbst zu universalistischen Argumentationen. Sie muß das Interesse am unveränderten Bestand eines solchen Reiches mit dem Interesse der Menschheit gleichsetzen, um überhaupt eine Argumentation zu haben«.[197] Folglich seien universalistische, weltumfassende Allgemeinbegriffe »die typischen Waffen des Interventionismus«.[198] Schmitts Polemik gegenüber dem britischen Empire ist hier weniger von Interesse als seine daran exemplifizierte Raumtheorie, denn für ihn zeigte sich nirgendwo drastischer als im angelsächsischen Universalismus »der Gegensatz von Straße und Lebensraum«.[199]

Die Inanspruchnahme der amerikanischen Monroedoktrin für ein zukünftiges Europa bestand für Schmitt darin, in der »Verbindung von politisch erwachtem Volk, politischer Idee und politisch von dieser Idee beherrschtem, fremde Interventionen ausschließendem Großraum« ein »echtes« Raumprinzip verwirklicht zu sehen, auf dass sich deutsche Herrschaft in Europa berufen könne.[200] »Für uns gibt es

---

[195] Zur Transformation der amerikanischen Monroedoktrin und den damit verbundenen Umarbeitungen vgl. Gruchmann, Großraumordnung, S. 20–65.

[196] Vgl. Schmitt, Land und Meer; ders., Gespräch über den Neuen Raum.

[197] Schmitt, Völkerrechtliche Großraumordnung, S. 286.

[198] Ebenda, S. 285. Zum englisch-amerikanischen »Anspruch auf die Rolle eines Weltenrichters« sowie zum japanischen Verständnis eines »Asia Monroe-Shugi« vgl. Schmitt, Großraum gegen Universalismus, S. 334–335.

[199] Schmitt, Völkerrechtliche Großraumordnung, S. 286.

[200] Ebenda, S. 283.

weder raumlose politische Ideen noch umgekehrt ideenlose Räume oder Raumprinzipien« – so Schmitt unmissverständlich, um dann seinem »Begriff des Politischen« folgend auszuführen: »Zu einer bestimmbaren politischen Idee wiederum gehört, daß ein bestimmtes Volk sie trägt und daß sie einen bestimmten Gegner im Auge hat, wodurch sie die Qualität des Politischen erhält«.[201] Dass Schmitt die politischen Feinde nicht nur in den westlichen Demokratien mit ihren universalistischen Herrschaftsansprüchen identifizierte, sondern damit vor allem »das Judenproblem« meinte, daran ließ er keinen Zweifel.[202] Der Dreiklang aus Idee, Volk und Großraum bildete fortan das Grundgerüst seiner Raumtheorie, die er an die für ihn zukünftig dominierende völkerrechtliche Größe des Reiches gebunden sah. Träger und Gestalter einer in Großräumen strukturierten Ordnung seien eben nicht mehr Staaten, sondern Reiche.[203] Sie »sind die führenden und tragenden Mächte, deren politische Idee in einen bestimmten Großraum ausstrahlt und die für diesen Großraum die Interventionen fremdräumiger Mächte grundsätzlich ausschließen«.[204] Erst wenn »die Sonne des Reichsbegriffs« aufgehe, ließe sich ein abgrenzbares Nebeneinander auf einer sinnvoll eingeteilten Welt denken.[205] Auch Schmitts Reichsbegriff lebte von der Abgrenzung gegenüber dem »individualistischen Westen« wie auch dem »weltrevolutionären Osten«: Im Unterschied zu diesen »übervölkischen Gebilden« müsse das Großdeutsche Reich nicht als Staat oder Staatenbund, sondern eben als Reich verstanden werden, das »wesentlich volkhaft« sei. Schmitts Raumordnung basierte strukturell auf dem Souveränitätsverlust der innerhalb des Großraumes existierenden Einheiten. Territoriale Integrität, staatliche Selbstbestimmung sowie das Recht, fremde Interventionen auszuschließen, blieb allein dem Reich als einziger souveräner Instanz innerhalb des Großraumes vorbehalten. Für die anderen Einheiten wurde zwar der »äußerliche territoriale Gebietsbestand mit seinen linearen Grenzen […] garantiert, nicht aber der soziale und

---

201 Ebenda, S. 282; ders., Der Begriff des Politischen.

202 Schmitt, Völkerrechtliche Großraumordnung, S. 292.

203 Dass Schmitt mit dem Reichsbegriff unendlich viele Assoziationen aufrief, zeigt: Kettenacker, Der Mythos vom Reich. Dass der Schmitt'sche Reichsbegriff in gewisser Weise die Konkursmasse seines totalen Staates darstellte, liest man bei: Blindow, Reichsordnung, S. 107–113.

204 Schmitt, Völkerrechtliche Großraumordnung, S. 295–296.

205 Ebenda, S. 296.

wirtschaftliche Inhalt der territorialen Integrität, ihre Substanz«.[206] Man könnte hierfür auch Schmitts berühmte Souveränitätserklärung außenpolitisch wenden: Souverän ist nur, wer über den Vorbehalt des Interventionsverbots entscheidet.[207] Mit dieser Konstruktion vertrat Schmitt eine Art Hegemonialkonzept, dass den untergeordneten Einheiten das Recht und die Fähigkeit absprach, die für einen modernen Staat notwendige Organisation und Ordnung zu gewährleisten. Nicht alle Völker seien imstande, diese »Leistungsprobe« zu bestehen, nur Völker, die sich auch als staatsfähig erwiesen, sollten über das Recht verfügen, souveräne Entscheidungen zu treffen. Während das Völkerrecht der liberalen Fiktion der Gleichheit gefolgt sei und die sachliche wie qualitative Verschiedenheit der Völkerrechtssubjekte grundsätzlich ignoriere, so Schmitt, ziele der Reichsbegriff – so formulierte es auch Ernst Rudolf Huber ganz im Sinne seines akademischen Lehrers – auf eine gestufte Ordnung, »in der die führende Macht die offene Verantwortung für den Bestand der Gesamtordnung und für die Existenz aller Glieder übernimmt«.[208] Huber wählte hierfür die Bezeichnung »hegemonialer Föderalismus«, die angesichts des von ihm und Schmitt vertretenen Volksgruppenrechts eher harmlos wirkt.[209] Denn die politische Idee, die seine Reichsvision trug, bestand in einer gestaffelten Völkerordnung, die allen Assimilierungs-, Absorbierungs- und Schmelztiegelidealen abschwor und stattdessen »für den mittel- und osteuropäischen Raum, in dem viele, aber – von den Juden abgesehen – einander nicht artfremde Völker und Volksgruppen leben«, ein ihrer völkischen Eigenart entsprechendes Dasein versprach.[210] Die genaue Definition von »artfremd« blieb in diesem Zusammenhang ebenso diffus wie das Schicksal derjenigen Bevölkerungen, die – wie »die Juden« – im Sinne der Schmitt'schen Kategorien tatsächlich als »artfremd« galten. In der Logik von »artfremden« und »artgleichen« Bevölkerungen konkretisierte sich die territoriale Homogenisierung des politischen Raumes, die sich nun nicht mehr auf ein Staatsgebiet, sondern auf einen vom Reichsgedanken dominierten

---

206 Schmitt, Nomos der Erde, S. 226.

207 Kritisch zu Schmitts Großraumkonzeption und dem darin strukturell verankerten Souveränitätsverlust vgl.: Gruchmann, Großraumordnung, S. 68–121; Blindow, Reichsordnung, S. 81–91; Schmoeckel, Großraumtheorie, S. 23–123.

208 Huber, Bau und Gefüge des Reiches, S. 51; ders., Positionen und Begriffe.

209 Vgl. zum Volksgruppenrecht: Salzborn, Carl Schmitts völkerrechtliches Erbe; ders., Ethnischer Selbstbestimmungsanspruch.

210 Schmitt, Völkerrechtliche Großraumordnung, S. 294.

Großraum bezog. Realisiert sah Schmitt diesen Wandel politischer Territorialität bereits im deutsch-sowjetischen Grenz- und Freundschaftsvertrag vom 28. September 1939. Im Vertragstext sei von »beiderseitigen Reichsinteressen« die Rede, die auf dem ehemals polnischen Staatsgebiet abgesteckt würden. Auch lehne Artikel 2 – ähnlich wie die Monroedoktrin – jegliche Einmischung dritter Mächte ausdrücklich ab.[211] Damit seien bereits zwei Elemente gegeben, die Schmitt für eine völkerrechtliche Neuordnung als unabdingbar ansah. Darüber hinaus verabschiede sich das deutsch-sowjetische Kooperationsabkommen von dem im Versailler Vertrag installierten Minderheitenschutz, indem die Umsiedlung der jeweils eigenen Volksgruppen als raumgestaltendes Prinzip nicht nur verabredet, sondern auch durchgesetzt würde. Daran zeige sich, dass entgegen des liberaldemokratischen Minderheitensystems ein auf dem Grundsatz der Nichteinmischung beruhendes Volksgruppenrecht bereits internationale Praxis sei.[212] Schmitt proklamierte hier die Setzung neuen Rechts. Völkerrechtliche Subjekte sollten demnach nicht mehr souveräne Staaten, sondern die in Großräumen herrschenden Reiche sein. Da der Staat ein Mindestmaß an Organisation voraussetze, um Ordnung zu garantieren, trete nicht der Volksbegriff an seine Stelle, da dieser »wesentlich Organismus« meine. Vielmehr könne nur das Reich den Staatsbegriff überwinden, nämlich als »eine von bestimmten weltanschaulichen Ideen und Prinzipien beherrschte Großraumordnung, die Interventionen raumfremder Mächte ausschließt und deren Garant

---

[211] Ebenda, S. 295. Schmitts Verweis auf den deutsch-sowjetischen Vertrag ist nicht nur als beiläufige Kommentierung aktueller Geschehnisse zu verstehen, sondern kennzeichnet seine Raumtheorie als eine vor allem zwischen 1939 und 1941 erarbeitete Konzeption. In diesem Zusammenhang könnte man auch auf den am 27. September 1940 abgeschlossenen Drei-Mächte-Pakt verweisen, in dem bei Intervention Dritter ein gegenseitiger Beistand verabredet sowie großräumige Interessensphären zwischen Italien, Japan und Deutschland abgesteckt wurden. Die Interventionsfrage war zudem vor dem Hintergrund eines drohenden Kriegseintritts der USA brandaktuell.

[212] Werner Köster ist zuzustimmen, dass eine andere Beurteilung der Sowjetunion einen immanenten Widerspruch in Schmitts Raumtheorie offengelegt hätte. Denn seine im Gegensatz von Land und Meer wurzelnde Raumordnung mit ihrer strikten Gegnerschaft gegenüber dem britischen Kolonialreich hätte sich gegenüber der Sowjetunion als klassischer Kontinentalmacht natürlich so nicht durchhalten lassen. Vgl. Köster, Rede über den Raum, S. 219. Zum Verhältnis von Schmitts Großraumtheorie und der Außenpolitik des NS-Regimes vgl. Schmoeckel, Großraumtheorie, S. 133–147.

und Hüter ein Volk ist, das sich dieser Aufgabe gewachsen zeigt«.[213] Dass vor allem das deutsche Volk ein in dieser Weise begabtes, zur Beherrschung eines modernen Großraumes prädestiniertes, um nicht zu sagen auserwähltes Volk darstellt, war für Schmitt ebenso unstrittig wie das politische System, das er für diese Herausforderung als zukunftsfähig erachtete: Die »Tat des Führers hat dem Gedanken unseres Reiches politische Wirklichkeit, geschichtliche Wahrheit und eine große völkerrechtliche Zukunft verliehen«.[214]

Raumrevolution nannte Schmitt die zeitgenössischen Veränderungen, die er nicht nur als Resultat grassierender Modernisierung, sondern auch als Erschütterung des seit 1648 bestehenden Westfälischen Systems deutete. Nicht mehr kleinstaatlich, in räumlich engen, physikalisch-mechanischen Räumen sei zu denken, sondern in weitaus größeren Dimensionen, gewissermaßen erdräumlich. Die Zukunft liege in planetarischen Ordnungskonzepten, die sich bereits im gegenwärtigen Krieg abzeichneten. Denn dieser Krieg sei unvergleichbar, hier kämpfe die Welt für oder gegen eine neue Aufteilung der Räume. Das Ringen um eine neue tragfähige Ordnung erzwinge und rechtfertige die Totalität des Krieges, denn nur der totale Krieg führe auch zu einem totalen Frieden, und nur durch ihn könne eine neue Raumordnung herbeigeführt und festgeschrieben werden.[215] Dass eine überkommene Ordnung gewaltsam überwunden und durch ein neues System ersetzt werden müsse, dieser Ordnungsglaube durchzog Schmitts Denken zeitlebens, auch noch nach seiner Hobbes-Schrift, mit der er den Staat als fundamentale Raumgröße verabschiedete.[216] Schmitts Raumtheorie argumentierte zwar explizit gegen den neuzeitlichen Flächenstaat (und gegen den konstitutionellen Verfassungsstaat), wie er sich seit der Frühen Neuzeit in Europa herausgebildet und durchgesetzt hatte, doch der Kritik, dass dieser Staat an die territoriale Geschlossenheit gebunden sei und letztlich nicht mehr als den Geltungsbereich nationalstaatlichen Rechts und somit einen bloßen Herrschafts- und Kompetenzbezirk darstelle, konnte auch sein Großraumkonzept nicht ganz entkommen. Im Kern blieb auch seine Raumvorstellung dem durch lineare Grenzen fixierten Containermodell

213 Schmitt, Völkerrechtliche Großraumordnung, S. 305.
214 Ebenda, S. 306.
215 Vgl. Schmitt, Raumrevolution, S. 391.
216 Vgl. Schmitt, Der Leviathan in der Staatslehre; dazu: Groh, Arbeit an der Heillosigkeit der Welt.

verhaftet. Allerdings proklamierte Schmitt innerhalb eines solchen Großraums eine gestaffelte Ordnung, in der er nicht nur das »Reich« als räumliche Form verwirklicht, sondern in der er auch den »Boden« als spezifisch völkischen Raumbegriff verankert sehen wollte.[217] Im Verhältnis des Volkes zu seinem gestalteten Boden konkretisierte sich nach seinem Verständnis ein geschichtserfüllter und geschichtsmächtiger Leistungsraum – ein Begriff, den Schmitt vom Neurologen Viktor von Weizsäcker[218] übernahm und mit dem er argumentativ gegen die aufklärerische Moderne im Allgemeinen und gegen das Kant'sche Raumverständnis als apriorische Form der Erkenntnis im Besonderen zu Felde zog.

Der Einfluss Schmitts auf die zeitgenössische Debatte über planetarische Kräfteverhältnisse, internationales Recht und globales Ordnungsdenken war beträchtlich. Bereits die unmittelbaren Reaktionen auf seinen Kieler Vortrag verdeutlichen, dass er mit seiner Großraumtheorie wie auch mit der Wiederbelebung des Reichsbegriffs auf eine hohe Bereitschaft stieß, bisherige Ordnungskonzepte staatlicher Verfasstheit rechtlich wie politisch zu überdenken. Bei aller Zustimmung, die er fachübergreifend zweifellos erfuhr, gab es aber auch Kritik. So hielten der Romanist Karl Heinz Bremer, damals Assistent von Paul Ritterbusch in Kiel, sowie der durch seine Naturrechtslehre hervorgetretene Hans-Helmut Dietze Schmitt entgegen, dass auch ein Großraum »durch die Völker organisch ausgefüllt werden« müsse und dass doch »wichtiger als die Räume die Völker sind, die diese Räume besiedeln«.[219] Während also Schmitts räumliche Profilierung sowohl kriti-

---

217 Zum Verhältnis von Großraum, Boden und Volksboden vgl.: Schmitt, Völkerrechtliche Großraumordnung, S. 309. Zu ergänzen wäre an dieser Stelle, dass sich die explizit raumtheoretischen Passagen seines Textes in den 1941 nachträglich hinzugefügten Kapiteln VI (Reich und Raum) und VII (Der neue Raumbegriff in der Rechtswissenschaft) befinden. Schmitts historische Herleitung seit dem 17. Jahrhundert liest sich wie eine raumtheoretische Kampfansage gegen das moderne und für das internationale Völkerrecht grundlegende Verständnis des nationalen Staatsgebietes. Zu seiner Sicht auf die Entwicklung des Jus Publicum Europaeum und der dafür konstitutiven kolonialen Landnahme vgl. die von Schmitt bereits 1945 abgeschlossene, aber erst 1950 erstmals publizierte Abhandlung: Der Nomos der Erde im Völkerrecht des Jus Publicum Europaeum. Zur kolonialen Landnahme sowie zum territorialen Status von Kolonien ausführlicher: Schmitt, Raum und Großraum, S. 241–253.

218 Vgl. Weizsäcker, Der Gestaltkreis, S. 102.

219 Bremer, Völkerordnung und Völkerrecht sowie Dietze, Politische Völkerrechtswissenschaft, in: *Deutsches Recht* 16 (1939), beides zit. n. dem Anhang in: Schmitt, Staat, Großraum, Nomos, S. 344–345. Dort auch eine Auswertung der

sche wie auch überschwänglich positive Reaktionen hervorrief, gab es schon früh Stimmen, die in seiner Großraumtheorie eine ausgearbeitete Volks- und Rassekonzeption vermissten. Die Vorstellung vom Reich bleibe bei Schmitt eine leere Form, eine beliebige Hülle im internationalen Kräftespiel, ein Ordnungskonzept ohne völkische Substanz. Im Ausland wurde Schmitts Vortrag hingegen als quasioffizielle Erklärung zur nationalsozialistischen Außenpolitik gelesen, mit der Deutschland die Vorherrschaft in Osteuropa postuliere. Der Eindruck, dass Schmitt außenpolitische Programme der NS-Regierung beeinflussen, mitgestalten und juristisch legitimieren würde, bestärkte sich noch durch die Reichstagsrede Hitlers vom 28. April 1939, in der er vier Wochen nach Schmitts Vortrag gegenüber den USA tatsächlich eine deutsche Monroedoktrin formulierte. Ob Hitler Schmitts Vortrag gekannt hat, ist unklar. Der »Führer« ließ Schmitt allerdings wissen, dass er die Originalität dieser Gedanken beanspruche.[220]

Fakt ist, dass Schmitts Großraumtheorie Ende der 1930er Jahre in der wissenschaftlichen wie auch in der politischen Debatte gleichsam in der Luft lag.[221] Die durch den Krieg verschobenen Machtkonstellationen provozierten weltweit eine intensive Auseinandersetzung mit alternativen Entwürfen der staatlichen, supranationalen und globalen Verfasstheit.[222] Auch jenseits des engen nationalsozialistischen Zirkels galten Großraumtheorien als innovative Konzepte einer internationalen Dynamik, die sich sowohl vom Modell des klassischen Nationalstaates wie auch vom Völkerbund als zwischenstaatlicher Ordnungsinstanz zunehmend lösten. Schmitt war einer ihrer profi-

---

umfangreichen Rezensionen zu Schmitts Großraumtheorie, vgl. ebenda, S. 358–371.

220 Vgl. ebenda, S. 348.

221 Schmitt legte nach 1945, vor allem in seiner Befragung durch Robert M.W. Kempner, besonderen Wert darauf festzustellen, dass er den Großraumbegriff nicht erfunden habe. Das stimmt, gleichwohl hat er ihn wie kaum ein anderer Jurist theoretisch konzipiert. Zeitgenössisch zur Großraumdebatte vgl.: Obst, Die Großraum-Idee; Daitz, Der Weg zur völkischen Wirtschaft; Bülow, Großraumwirtschaft; und vor allem: Stuckart/Best/Klopfer/Lehmann/Höhn (Hg.), Reich – Volksordnung – Lebensraum. Da hier die Koppelung von Großraum, Lebensraum und Ostexpansion im Mittelpunkt steht, bleibt nur der Verweis auf die sehr viel umfangreichere Debatte über europäische Neuordnung in den 1930er und 1940er Jahren, lesenswert dazu vor allem: Elvert, Mitteleuropa, S. 219–386; undifferenzierter: Kletzin, Europa aus Rasse und Raum.

222 Zeitgenössisch liefert einen Überblick: Suthoff-Groß, Deutsche Großraum-Lehre; dazu auch der Schüler Reinhard Höhns: Diener, Das Reich im Weltanschauungskampf.

liertesten Protagonisten. Dass seine Großraumordnung für die nationalsozialistische Eroberungspolitik zweifellos legitimierend wirkte, ist wohl unstrittig, seine Arbeit jedoch als juristische Ausarbeitung einer nationalsozialistischen Lebensraumdoktrin zu verstehen, würde ihr nicht gerecht.[223] Schmitts Großraumtheorie war nicht identisch mit dem, was von SS-Völkerrechtlern unter Lebensraum als Herrschaftskonzept verstanden wurde.[224] Auf die Unterschiede legte in den ersten Kriegsjahren vor allem die SS besonderen Wert, während Schmitt diese Diskrepanz vor allem nach 1945 für seine eigene Rechtfertigung zu instrumentalisieren wusste. Raumtheoretisch gehört der Konflikt um Großraum versus Lebensraum zu den aufschlussreichsten während des Zweiten Weltkrieges, denn in ihm gipfelte eine begriffliche Karriere, die Lebensraum zum wohl berüchtigtsten Schlagwort nationalsozialistischer Eroberungs- und Vernichtungspolitik stilisierte. Gleichzeitig stellt es eine Herausforderung dar, diesen Disput von den zweifellos politisch motivierten Anfeindungen gegenüber Schmitt zu trennen, denn schließlich galt der einstmals im politischen Katholizismus verwurzelte Schmitt seit 1936 als ideologisch unzuverlässig, manche Parteigänger sahen ihn gar als gefährlich an. Die Motive, die vor allem Reinhard Höhn, Werner Best und Wilhelm Stuckart antrieben, mit Schmitts Großraumtheorie hart ins Gericht zu gehen, müssen daher das politische Machtgefüge, in dem sich dieser Konflikt bewegte, in Rechnung stellen, doch selbst dann bleibt eine sachliche

---

[223] In diesem Punkt scheiden sich jedoch die Geister. Gruchmann sieht in Schmitts Großraumtheorie quasi eine juristische Blaupause für die nationalsozialistische Expansions- und Vernichtungspolitik, andere verweisen auf ihre weit über 1945 hinausweisende Wirkungskraft. Anzumerken bleibt, dass Schmitt seine Großraumtheorie erstmals vor Kriegsbeginn ausformulierte und sie zudem unter den damaligen Staats- und Völkerrechtlern heftig umstritten war. Gleichzeitig legitimierte die Vorstellung einer gestuften Rechtssubjektivität innerhalb eines Großraumes zweifellos eine Herrschaftsordnung, wie sie nach 1939 im Osten ansatzweise realisiert wurde.

[224] Die Kontroverse um die Großraumtheorie, die in sich heterogen und vielschichtig blieb und sich auch nicht immer trennscharf in etatistische und völkische Positionen unterteilen lässt, untersucht ausführlich, wenn auch nicht immer prägnant: Schmoeckel, Großraumtheorie, S. 152–240. Die Entwicklung von der Lebensraumforderung zum Lebensraumkonzept hebt Kletzin überzeugend heraus, allerdings ohne der historischen Vielschichtigkeit des Lebensraumbegriffs genügend Rechnung zu tragen. Vgl. Kletzin, Europa, S. 110–167. Für die historische Forschung zur radikalvölkischen Ideologie bahnbrechend: Herbert, Best, zur Großraumdebatte speziell: S. 271–289.

Diskrepanz zwischen dem von Schmitt konzipierten Großraum und der von SS-Völkerrechtlern vertretenen Lebensraumordnung.[225]

Reinhard Höhn gehörte zu den radikalsten und ideologisch profiliertesten Juristen des NS-Regimes.[226] Zunächst als Abteilungschef im SD-Hauptamt mit Reinhard Heydrich als direkten Vorgesetzten und anschließend als Direktor des »Instituts für Staatsforschung« an der Universität Berlin profilierte er sich in der »völkischen Rechts- und Staatslehre«, die er scharf und programmatisch von anderen Fachrichtungen abzugrenzen wusste. »Völkische Rechts- und Staatslehre« – das hieß für Höhn die vollständige Abkehr vom individualistischen Rechtsprinzip hin zu einer im Gemeinschaftsgedanken verankerten Rechtsordnung. Damit verabschiedete sich Höhn nicht nur von den Grundlagen einer allgemeinen Staatslehre, er ersetzte auch den Staat als Gravitationskraft des Rechtes durch das völkische Prinzip, von dem er eine gestufte Rechtsordnung ableitete. Die Großraumtheorie, wie sie Carl Schmitt und andere Staats- und Völkerrechtler zu konzipieren versuchten, sah Höhn gerade deswegen kritisch. Sie lasse einen Rückfall in ein Staatsverständnis befürchten, das einem auf völkischer Gemeinschaft beruhenden Rechtsverständnis diametral entgegenstehe. Die Gefahr, zu einem staatlichen Herrschaftssystem zurückzukehren, das Höhn bereits für überwunden hielt, trete nun in Gestalt einer Großraumordnung hervor, in der die Überwindung des Staatsbegriffs zwar behauptet, aber letztlich nicht vollzogen würde. Staatstheoretisch existiere kein Unterschied zwischen staatlicher Gebietshoheit und dem mit Raumhoheit ausgestatteten Großraum. Ganz im

---

225 Schmitt benutzte in seinen Schriften den Lebensraumbegriff so gut wie nie. Im Gefecht gegen den britischen Universalismus bemühte er zwar manchmal den Gegensatz von »Straße und Lebensraum«, begrifflich war das aber eher eine Ausnahme. Dass er sich mit der geopolitischen Literatur, so auch mit Haushofers Arbeiten beschäftigte, ist belegt. Intensiv hat er sich zudem mit den Schriften Heinrich Schmitthenners auseinandergesetzt, der einen wirtschaftsgeographischen Lebensraumbegriff vertrat. Ein klaustrophobisches Raumgefühl blieb Schmitt allerdings fremd. Grundsätzlich adaptierte er weder das geographische noch das geopolitische Vokabular, sondern blieb konsequent bei einer (völker)rechtlichen Konzeptionalisierung. Will man überhaupt eine Verbindung zu geopolitischen Ansätzen ziehen, dann lässt sich eher eine gewisse Nähe zu konservativ-nationalistischen Konzepten erkennen, wie Rudolf Kjellén sie beispielsweise in seinem Buch »Die Ideen von 1914« formuliert hatte. Vgl. zum Verhältnis Großraumtheorie und Geopolitik: Schmoeckel, Großraumtheorie, S. 81–91.

226 Vgl. Wildt, Reinhard Höhn; ders. (Hg.), Nachrichtendienst, politische Elite, Mordeinheit.

Gegenteil: Die von Schmitt vertretene Großraumordnung sei umso gefährlicher, »weil die staatliche Herrschaft nunmehr gigantische Formen annehmen kann«.[227] Im Schmitt'schen Großraum sah Höhn nichts anderes als einen monströsen Großstaat, den es seiner Logik nach gerade zu überwinden gelte.

Höhns Kritik an der von Schmitt vorgelegten Großraumtheorie stellte allerdings die Vorstellung von Großräumen keineswegs generell infrage. Großraum als wirtschaftlicher und politischer Kampfbegriff habe sich vor allem in »Abkehr von den Methoden liberalkapitalistischer Wirtschafts- und Sozialpolitik« entwickelt und »den Imperialismus im Sinne des 19. Jahrhunderts« durch völkische Neuordnungskonzepte in Europa überwunden. Zudem gehöre es zum Großraumdenken, »daß ganz bestimmte geschichtsmächtige Völker für ganz bestimmte Räume Verantwortung tragen. In Europa und dem mit ihm verbundenen Lebensraum sind es der deutsche Reichsgedanke und die faschistische Idee des Imperiums, die der Geschichte und Gegenwartsbedeutung dieser Völker Rechnung tragen.«[228] In vielen dieser Großraumelemente stimmten Höhn und Schmitt völlig überein. Konfliktpunkt war nicht die Vorstellung großräumlicher Ordnung an sich, die Diskrepanz lag vielmehr in ihrer ideologischen Substanz. Bei Schmitt sei der Großraum nach innen »mit irgendeiner politischen Idee und irgendeinem politisch erwachten Volk« erfüllt. Insofern »ist irgendein Reich jeweils der Träger irgendeiner politischen Idee und irgendeines politisch erwachten Volkes«. Nur so könne Schmitt auch von »Reichen« reden, deren Vielzahl Höhn bereits erhebliches Unbehagen bereitete.[229] Gleichzeitig griff er auch das Interventionsverbot heftig an, da dieses bei Schmitt das einzig gestaltende Prinzip großräumlicher Beziehungen darstelle. Nicht ohne Überzeugungskraft argumentierte Höhn, die Nichtintervention stelle einstweilen nur eine Art Gegenformel dar, auf deren Grundlage sich keine internationale Ordnung konzipieren lasse.[230] Die Ordnung der Völker benötige mehr als nur formale Prinzipien der äußeren Abgrenzung.

---

[227] Höhn, Großraumordnung, S. 257. Hinsichtlich der zahlreichen anderen Publikationen Höhns sei hier nur verwiesen auf: ders., Rechtsgemeinschaft und Volksgemeinschaft; ders., Gemeinschaft als Rechtsprinzip; ders., Reich – Großraum – Großmacht. Einschlägig zur völkischen Rechtslehre: Stolleis, Gemeinschaft und Volksgemeinschaft.

[228] Höhn, Großraumordnung, S. 262.

[229] Ebenda, S. 263.

[230] Ebenda, S. 274.

Schmitts Interventionsverbot bleibe ein dem amerikanischen Individualismus und dem westeuropäischen Imperialismus verhaftetes Prinzip, unabhängig davon, ob es rechtlich auf Nationalstaaten oder Großräume angewandt werde. Im Gegensatz dazu gingen in der *völkischen* Rechts- und Staatslehre die innere Ordnung des Großraumes mit der äußeren und damit auch mit der völkischen Ordnung »eng ineinander über«,[231] daher sei »das Wesen der Großräume einmal nicht vom Boden der Abgrenzung, sondern vom Boden der Substanz aus zu erfassen«.[232] Höhn unterstellte Schmitt damit mehr oder weniger direkt, er habe die spezifisch neue Herausforderung, die sich durch den europäischen Herrschaftsanspruch des Nationalsozialismus ergebe, gar nicht verstanden beziehungsweise bleibe doch in vielerlei Hinsicht den universalistischen Staats- und Völkerrechtslehren verhaftet, gegen die er anzutreten vorgebe. Die Ordnung nach Großräumen müsse hingegen auf »der Lebensgesetzlichkeit der Völker«, oder besser: auf einer »völkischen Gesamtlebensordnung« basieren, die der Nationalsozialismus bereits im völkischen Rechtsdenken erprobt habe und nun auf die Neuordnung Europas auszudehnen beginne. Diese Transformation geschehe in Form einer an der Praxis erprobten Theoriebildung. Vor allem dieser Theorie-Praxis-Bezug erlaube es noch nicht, »heute schon eine in sich geschlossene Lehre mit der entsprechenden Systematik und Begriffsbildung für den Großraum aufstellen zu wollen«.[233]

---

231 Ebenda, S. 277.

232 Ebenda, S. 283. Hierzu aus eher großwirtschaftsräumlicher Perspektive ergänzte Werner Daitz: »Ein echter Großraum ist also der natürliche Lebensraum einer Völkerfamilie und empfängt von ihrer biologischen Substanz aus Charakter, Ausdehnung und Gestalt. [...] Ein echter Großraum kann also nicht von außen, vom Raum her: von geographischen, geopolitischen Gesichtspunkten oder aber machtpolitischen Zielsetzungen anderer Räume mit ihm raumfremder biologischer Substanz her bestimmt werden.« Ders., Echte und unechte Großräume, S. 81. Darin findet man auch den abstrusen Begriff der »Umartung«. Daitz sieht es als »rassisches Grundgesetz« an, dass Rassen zwangsläufig ihre Substanz verlieren, wenn sie ihren »natürlichen Lebensraum« verlassen, sie drohen somit zu »entarten« beziehungsweise »umzuarten«. Daraus folgte für ihn der Kampf um das »Selbstbestimmungsrecht der Völkerfamilien«, die er in sechs »echte Großräume« unterteilt sah. In seiner Logik ergaben sich daraus Großostasien, Großamerika und Großeuropa mit den entsprechenden Nahrungsergänzungsräumen in Afrika, Südamerika und Indien. Ebenda, S. 85. Die Kopplung eines wirtschaftlich autarken Lebensraumes mit einer rassisch homogenen Raumordnung forderte: Backe, Um die Nahrungsfreiheit Europas.

233 Höhn, Großraumordnung, S. 287.

Auf die Frage, auf welche Art Praxis Höhn hier Bezug nahm, wird noch zurückzukommen sein. Zunächst gilt es, seinen irritierend vagen Andeutungen zu den angeblich fundamentalen »Lebensgesetzen der Völker« nachzugehen. Werner Daitz benannte diesen nebulösen Kern etwas konkreter, indem er – in eher widersprechender denn zustimmender Anlehnung an Schmitt – von einer »biologischen Monroedoktrin« sprach.[234] Hierunter seien »echte Lebensräume« statt imperialistische Konstruktionen wie die der Hemisphäre, der Pan-Idee oder andere Hegemonialkonzepte zu verstehen. Rechtssubjekt eines Großraumes sei demnach die biologisch zusammengehörige Völkerfamilie, die über das souveräne Recht verfüge, biologisch fremde Interventionen auszuschließen. Reinhard Höhn ergänzte dazu wiederum 1942, dass die Lebensrechte der Völker nicht auf einer ihnen per se zugestandenen Souveränität basierten, wie sie in der überkommenen Freiheits- und Gleichheitsideologie vertreten worden sei, sondern auf einer »Wertordnung unter den Völkern«.[235] An die Stelle des Gleichheitsprinzips von allem, was Menschenantlitz trage, trete der Gedanke der Verschiedenheit aufgrund der volkseigenen Leistungsfähigkeit. Nur in einem Großraum, der in diesem Sinne als *Lebensraum* gedacht werde, könne eine »Harmonie der Ungleichen« hergestellt werden.[236] Während Höhn begrifflich das »Völkische« vorzog und insgesamt eher zu verschleiern suchte, wie diese Neuordnung faktisch aussehen würde, sprach der damals noch in Heidelberg, später in Straßburg lehrende Rechtswissenschaftler Herbert Krüger unmissverständlich von der Homogenität der Rassen. Zwar verfüge das Reich als räumliche Größe über die Fähigkeit, Völker verschiedenster Natur

[234] Daitz, Echte und unechte Großräume, S. 86.

[235] Höhn, Reich – Großraum – Großmacht, S. 135.

[236] Was eine gestufte Rechtsordnung in Bezug auf das Staatsangehörigkeitsgesetz bedeutete, stellte Staatssekretär Wilhelm Stuckart 1943 heraus. Es ergebe sich eine »natürliche Stufung der Bevölkerung [...], als zwischen Volkszugehörigen, Fremdvölkischen und Fremdrassigen ein lebens- und naturgesetzlicher Unterschied besteht«. Reichsbürgerrecht hieß die Konstruktion, mit der die »blutsmäßige Zugehörigkeit« rechtlich festgeschrieben wurde. Während zunächst »das Rassenproblem die Kernfrage der Staatsangehörigkeits- und Reichsbürgergesetzgebung« gewesen sei, stehe nun die rechtliche Unterscheidung zwischen artverwandten und artfremden Völkern im Zentrum. Auch hier sei danach zu entscheiden, wer nach rassischer Überprüfung als erwünschter oder eben unerwünschter Zuwachs einzustufen sei. An Letzterem habe das Großdeutsche Reich »nur ein raumgebundenes, kein völkisches Interesse«. Ders., Staatsangehörigkeit und Reichsgestaltung, S. 61, 74 und 85.

in einer komplexen Einheit zu umgreifen, dies setze aber Rassengleichheit als Strukturprinzip voraus. Für den Großraum, den Krüger lieber als »äußeres Reich« bezeichnet wissen wollte, könne von diesem Grundsatz keinesfalls abgerückt werden, denn wenn Rassenzugehörigkeit meine, »daß die Rasse das tiefste Element der Bildung des einzelnen Menschen sowohl wie der Völker ist, so heißt das eben negativ, daß daneben ein Element von gleicher oder gar stärkerer Wirkungskraft nicht denkbar ist. Insbesondere kann der Raum solche Gegensätze nicht überbrücken.«[237] Krüger nahm kein Blatt vor den Mund: Völker verschiedener Rassen seien in einem als Lebensraum strukturierten Großraum nicht miteinander zu vereinbaren, das schließe vor allem »die Juden« wie auch alle anderen »raumfremden Mächte« aus. Ob dazu auch die Polen gehörten, war indes strittig.

Werner Best, bis Ende 1940 Stellvertreter Heydrichs im SD, wich den Kernfragen einer rassischen Raumordnung weit weniger aus als Reinhard Höhn.[238] Seine Stellungnahme zu Schmitts Großraumtheorie kam einem Frontalangriff gleich. Da Begriffe immer Programme seien, konfrontierte er Schmitts »völkerrechtliche Großraumordnung« mit dem Gegenbegriff einer »völkischen Großraumordnung«. Und in dieser begrifflichen Variante steckte tatsächlich ein anderes Programm: Während Best zunächst die Subjekte einer solchen Ordnung als Völker (und nicht als Staaten oder andere Einheiten) identifizierte und das völkerrechtliche Prinzip der Gleichheit zugunsten einer gestuften Völkerordnung aufgab, bekräftigte er zugleich den Führungsanspruch eines Volkes innerhalb der Großraumordnung. Darauf hätte er sich gegebenenfalls sogar mit Schmitt noch einigen können, doch Best sah hierbei völkische Lebensgesetze am Werke, die bei der Errichtung einer »völkischen Großraumordnung« über das Schicksal der »Mitwirkung« der beteiligten Völker entschieden. Es sei nicht Zweck einer Großraumordnung, »die Völker und ihre in einem bestimmten Augenblick bestehenden Volksordnungen künstlich zu konservieren. Denn dies wäre eine lebenswidrige und damit unmögliche Zwecksetzung. Das Leben wird nicht durch bewußt geschaffene ›Ordnungen‹ an Aufstieg und Niedergang gehindert«. Zudem müssten bei der Schaffung einer Großraumordnung auch unerwünschte

[237] Krüger, Der Raum als Gestalter.

[238] Vgl. Best, Völkische Großraumordnung; ders., Nochmals: Völkische Großraumordnung.

Mitwirkungen in Rechnung gestellt werden, »solange noch bewußte und fortpflanzungsfähige Substanz desselben lebt«.[239]

Trotz der sprachlichen Verrätselung lässt sich in dieser Passage die Überlegung erkennen, ob im Prozess der Großraumbildung die Fortexistenz aller im Raum vorhandenen Völker garantiert sei. Oder anders ausgedrückt: Best stellt hier die Frage nach der lebensgesetzlichen Kausalität zwischen Großraumbildung und Völkermord. Denn in seiner Umarbeitung der »völkerrechtlichen« zur »völkischen« Großraumordnung vollzog er die Transformation von einem rechtlichen zu einem lebensgesetzlichen Verhältnis. Wie Best in seiner Replik auf Schmitts dritte Buchauflage ausführte, kennzeichne der Begriff völkisch »daß an die Stelle willkürlich gesetzter ›Rechtsbeziehungen‹ zwischen willkürlich bestimmten ›Rechtssubjekten‹ die bewußte Gestaltung lebensgesetzlich bestimmter Wechselbeziehungen zwischen den schicksalgegebenen Volks›organismen‹ tritt«.[240] Ziel einer neuen Großraumordnung sei es nicht, eine neue Völkerrechtsordnung zu errichten, sondern »die Struktur des Völkerlebens« generell zu verändern. Das Verhältnis der Völker untereinander definierte er nicht als Rechts-, sondern als eine biologische Beziehung. Dazu passt sein Argument, dass »Führung auf die Dauer nie ohne oder gegen den Willen der Geführten ausgeübt werden kann«.[241] Dieser Satz meinte nicht nur das, was er auf den ersten Blick aussagt. Liest man ihn nur als Herrschaftsstrategie eines autoritären Systems, verstünde man Best grundfalsch. Seine Argumentation zielte nicht nur auf eine Strategie der Koexistenz, sondern auf die für ihn legitime Option der Vernichtung, falls ein Grundkonsens zwischen »Führung« und »Geführten« eben nicht herstellbar war. Das Verhältnis zwischen Führungsvolk und unterworfenen Völkern folgte dabei einer nüchternen Abwägung: Ein Führungsvolk könne gegenüber den übrigen Völkern dieses Raumes nur in zweifacher Weise verfahren. Entweder vernichte es »ganze Völker dieses Großraumes in ihrer gesamten lebenden Substanz« beziehungsweise verdränge sie aus dem beherrschten Großraum oder aber die Beziehungen zwischen den Völkern müssen le-

---

239 Best, Völkische Großraumordnung, S. 1007.

240 Best, Nochmals: Völkische Großraumordnung, S. 1534.

241 Dieses Zitat stammt aus dem anonym erschienenen, aber zweifelsfrei von Best stammenden Aufsatz: Herrenschicht oder Führungsvolk?, in: Reich – Volksordnung – Lebensraum, S. 140.

bensgesetzlich gestaltet werden.[242] Entscheidend an dieser Passage ist die generelle Option des Führungsvolkes, ob »die anderen Völker in dem von dem stärksten Volk beherrschten Großraum belassen werden«.[243] Ihre Vernichtung war nach Bests Auffassung zwar nicht in jedem Fall die »vernünftigste« Entscheidung, sie war aber eine Option von mehreren. An anderer Stelle formulierte er dieses Kalkül in abgründiger Offenheit: »Vernichtung und Verdrängung fremden Volkstums widerspricht nach geschichtlichen Erfahrungen den Lebensgesetzen nicht, wenn sie vollständig geschieht.«[244]

Die von Höhn, Best, Stuckart und anderen SS-Führungskräften zwischen 1940 und 1943 verfassten Texte verweisen auf die Entschlossenheit, eine Art »politische Theorie völkischer Herrschaft« auf intellektuell anspruchsvollem Niveau zu etablieren. Ihre Programmatik schärfte sich zu einem nicht unerheblichen Teil an der Kontroverse mit Carl Schmitt über die völkerrechtlichen beziehungsweise völkischen Grundprinzipen einer zukünftigen Großraumordnung in Europa. Wenn auch bestimmte Praktiken der räumlichen Homogenisierung hier oftmals hinter der angeblichen Wirksamkeit nebulöser Lebensgesetze unkenntlich gemacht wurden, überrascht die zuweilen brutale Offenheit, mit der die Option zum Völkermord intellektuell gerechtfertigt wurde. Die Behauptung Höhns, eine vollständige Systematik zur Neuordnung Europas sei jedoch noch nicht vorzeigbar, diente indes nicht nur der Verschleierung des bereits praktizierten Völkermordes, sondern entsprach tatsächlich der intellektuellen Überzeugung, die eigene politische Theorie aus der Praxis der territorialen Neuordnung heraus generieren und weiterentwickeln zu wollen. Die Homogenisierung des vormals polnischen Staatsgebietes diente hierfür als zentrales Experimentierfeld. Doch das Feld, in dem die Theorie des völkischen Großraumes fortgeschrieben werden sollte, veränderte sich am 22. Juni 1941 mit dem Kriegsbeginn gegen

242 Daran anknüpfend entwickelte Best ein Spektrum möglicher Herrschaftsmuster zwischen Führungsvolk und unterworfenen Völkern, mit dem er gestufte Intensitäten der Abhängigkeit differenzierte. Dass innerhalb der SS-Führungselite durchaus unterschiedliche Auffassungen über die zukünftige Völkerordnung existierten, wie zum Beispiel über die sogenannten »Heloten-Völker«, zeigt die instruktive Rekonstruktion bei: Herbert, Best, S. 281–289.

243 Best, Herrenschicht, S. 139.

244 Best, Großraumordnung und Großraumverwaltung, erstmals in diesem Sinne zitiert und interpretiert von: Herbert, Best, S. 283. Auch die Bezeichnung »Politische Theorie« prägte in diesem Kontext Herbert, Best, S. 297.

die Sowjetunion nochmals elementar. Während es zwischen 1939 und 1941 vornehmlich um die territoriale Homogenisierung der eingegliederten Gebiete ging, die bei aller Effizienz der dort bereits praktizierten Vertreibungs-, Umsiedlungs- und Mordpolitiken im Kern scheiterte, stellte sich nun drängender denn je die Frage, wie mit den räumlichen Herausforderungen der Sowjetunion siedlungs- und territorialpolitisch umzugehen sei. Vor allem wegen dieser anderen räumlichen Konfiguration beauftragte Himmler seinen Planungschef Konrad Meyer bereits am 24. Juni 1941 mit der Ausarbeitung eines Gesamtplanes zur Neuordnung der eroberten Ostgebiete. Der daraufhin am 15. Juli 1941 vom Planungsamt des RKF vorgelegte erste »Generalplan Ost« (GPO) grenzte »zunächst in großen Zügen den Umfang des künftigen durchführbaren Siedlungswerks ab, d.h. er behandelt den sich aus dem Vorhandensein verfügbarer Siedlerfamilien ergebenden Siedlungsanspruch, die Siedlungsgebiete und -Abschnitte sowie deren Fassungsvermögen«.[245] Diese bis heute verschollene Fassung des GPO setzte offenbar weiterhin auf eine Besiedlungs- und Germanisierungsstrategie, die nun nahezu zwangsläufig gigantische Ausmaße annehmen musste. Bei einer anvisierten Siedlungsgrenze zwischen dem Ladoga-See und Brjansk steigerten sich die »überflüssigen Bevölkerungen« in zweistellige Millionenhöhe. Der Generalplan stand im Zusammenhang mit konkurrierenden Entwürfen zur Neugestaltung des Ostens, wie sie beispielsweise Alfred Rosenberg als designierter Reichsminister für die besetzten Ostgebiete bereits im April 1941 erarbeitet hatte.[246] Mit der Aufteilung in die vier Reichskommissariate Ostland, Ukraine, Moskowien und Kaukasien sowie einem Besatzungskonzept, das zum einen die deutsche Vorherrschaft absicherte, zum anderen aber auch einer gewissen »völkischen Individualität« der besetzten Gebiete Rechnung trug, wollte Rosenberg vor allem gegenüber der Ukraine und dem Baltikum die ersten Konturen eines am europäisch-germanischen Großraum orientierten Neuord-

---

[245] Begleitschreiben Konrad Meyers an den Reichsführer SS vom 15. Juli 1941, in: Madajczyk, Generalplan Ost, Dok. 2, S. 14–15.

[246] Zu Rosenbergs Plänen vgl.: Elvert, Mitteleuropa, S. 355–366. In diesem Zusammenhang ist auch die Denkschrift von Staatssekretär Wilhelm Stuckart interessant, der sich ebenfalls für die Berücksichtigung ukrainischer Interessen aussprach und die »Pripet-Sümpfe« als natürlichen Grenzwall gegen »den auch nach einer Niederlage noch gefährlichen grossrussischen Raum« verstanden wissen wollte. Vgl. Denkschrift Wilhelm Stuckarts zur deutschen Ostgrenze vom 11. September 1941 (mit Karte), in: PAAA, Politische Abteilung XII, R 105132.

nungskonzeptes realisiert sehen. Bei Rosenbergs Überlegungen von einem integrativen Modell zu sprechen, fällt angesichts des totalitären Herrschaftsanspruches zwar schwer, gleichwohl unterschied sich sein Entwurf von den an einem »Herrenmenschentum« ausgerichteten Besatzungskonzepten, wie sie beispielsweise vom späteren Reichskommissar der Ukraine Erich Koch und vielen anderen NS-Funktionären vertreten wurden. Rosenberg hatte vor allem angesichts der ukrainischen Selbständigkeitsbestrebungen verstanden, dass sich eine nationalsozialistische Vorherrschaft in Osteuropa auf Dauer nicht gegen den Willen ganzer Völker würde aufrechterhalten lassen. Und anders als Himmler machte er sich auch weniger Illusionen über die verfügbaren Siedlerkontingente. Bei der Sitzung am 16. Juli 1941 in der Wolfsschanze konnte sich Rosenberg nicht gegen Himmler durchsetzen. Die Entscheidung, auch die hinzukommenden Gebiete Schritt für Schritt zu besiedeln und sie mit aller Macht zu germanisieren, verlängerte in territorialer Hinsicht die bereits in Polen verfolgte Strategie. Zumindest der Absicht nach: »Die Krim muß von allen Fremden geräumt und deutsch besiedelt werden. Ebenso wird das altösterreichische Galizien Reichsgebiet.« So hielt Martin Bormann die am 16. Juli getroffenen Zielvereinbarungen fest.[247] Darüber hinaus sollten unter anderem das Baltikum, das Wolgagebiet sowie die Region um Baku ins Reich eingegliedert werden, keinesfalls wegen irgendwelcher »Deutschstämmiger«, die »heim ins Reich« wollten, sondern allein aus ökonomischen wie auch aus militärstrategischen Gründen. Mit Maßnahmen wie »Erschießen, Aussiedeln etc.« müsse dieser »Riesenraum [...] so rasch wie möglich befriedet werden; dies geschehe am besten dadurch, daß man jeden, der nur schief schaue, totschieße«.[248] Während also die Richtlinien und Befehle, wie in der Sowjetunion vorzugehen sei, an Deutlichkeit nichts zu wünschen übrig ließen,[249] explodierte die Anzahl der Menschenmassen, die nun in

[247] Aufzeichnungen Martin Bormanns über die Besprechung im Führerhauptquartier vom 16. Juli 1941, in: Madajczyk, Generalplan Ost, Dok. 3, S. 15–19.

[248] Ebenda, S. 19. Vgl. hierzu auch den Erlaß des Führers über die Verwaltung der neubesetzten Ostgebiete vom 17. Juli 1941; Erster Erlaß des Führers über die Einführung der Zivilverwaltung in den neu besetzten Ostgebieten vom 17. Juli 1941 sowie Zweiter Erlaß des Führers über die Einführung der Zivilverwaltung in den neu besetzten Ostgebieten vom 20. August 1941, in: Führer-Erlasse 1939–1945, zusammengestellt von Martin Moll, Dok. 99, 101 und 107, S. 186–190 sowie S. 195.

[249] Vgl. hierzu auch die sogenannten verbrecherischen Befehle vom Mai/Juni 1941 wie den »Kriegsgerichtsbarkeitserlaß« und den »Kommissarbefehl« sowie zahlreiche weitere Richtlinien, Weisungen und Anordnungen, mit denen die völker-

einem bis zum Ural erweiterten Planungsgebiet verschoben werden sollten. Sowohl der im Juli 1941 von Konrad Meyer vorgelegte GPO als auch der von der Gruppe III B im RSHA im November 1941 erarbeitete »Gesamtplan Ost« verfolgten ein nach Regionen gestaffeltes und zeitlich auf fünfundzwanzig bis dreißig Jahre konzipiertes Besiedlungsprogramm, das die Vertreibung/Aussiedlung von insgesamt 31 Millionen »Fremdvölkischen« hinter den Ural bei gleichzeitiger Neuansiedlung von etwa 4,5 Millionen Deutschen vorsah.[250] Auch wenn die Zahlen je nach Berechnungsgrundlage und Siedlungsgebiet variierten, faktisch transferierten die Planungsstäbe das bisherige Territorialprinzip der »Umvolkung« auf die neu besetzten Ostgebiete. Gleichzeitig installierten sie mit dem Besatzungskonzept der Reichskommissariate eine Art Übergangsformat, mit dem die deutsche Vorherrschaft in dem jeweiligen Gebiet so lange gesichert werden sollte, bis sich die Germanisierungs-Frontier weiter nach Osten vorgearbeitet hatte. Reinhard Heydrich fand hierfür das eingängige Bild der »Eindeichung neuen Landes an der Küste«. So wie bei der Neulandgewinnung müsse das Gebiet zunächst durch einen Wehrwall im Osten abgeriegelt werden, dann seien Querwälle zu ziehen, »um allmählich diesen Boden für uns zu gewinnen, indem man weiterhin am Rande des eigentlichen Deutschland, das von deutschem Blut besiedelt wird, immer langsam einen deutschen Wall vorlegt nach dem anderen, damit man nach dem Osten hinaus durch deutsche Menschen, die deutschen Blutes sind, die deutsche Besiedlung vortragen kann«.[251] Andere Pläne, wie das Vier-Stufen-Programm der DAF vom November 1941 oder die Entwürfe des Reichministeriums für die besetzten Ostgebiete vom 30. Oktober 1941, bewegten sich zwar in Zeiträumen von bis zu hundert Jahren, operierten aber ebenso ungeniert mit Millionen von potenziellen Aus- wie Umsiedlern. Hitler phantasierte sich derweil in blühende Landschaften des Ostraumes: »Die zwei, drei

rechtliche Hegung der Kriegführung aufgehoben und die Einsatzbefugnisse der SS definiert wurden. Die Forschungsliteratur dazu ist umfassend, hier nur die Hinweise auf: Hamburger Institut für Sozialforschung (Hg.), Verbrechen der Wehrmacht, S. 15–74; Müller, Der Zweite Weltkrieg; Pohl, Die Herrschaft der Wehrmacht.

250 Beide Pläne sind nicht überliefert und können nur aus Quellen Dritter erschlossen werden. Hierfür zentral die Stellungnahme des im Ostministerium tätigen Referenten Erhard Wetzel vom 27. April 1942, in: Madajczyk, Generalplan Ost, Dok. 16, S. 50–81.

251 Rede Reinhard Heydrichs vom 2. Oktober 1941 in Prag, in: Madajczyk, Generalplan Ost, Dok. 5, S. 20–22, Zitat S. 21.

Millionen Menschen, die wir dazu brauchen, haben wir schneller, als wir denken; wir nehmen sie aus Deutschland, den skandinavischen Ländern, den Westländern und Amerika. Ich werde es ja wohl nicht mehr erleben, aber in zwanzig Jahren wird das Gebiet schon 20 Millionen Menschen umfassen. In dreihundert Jahren wird es eine blühende Parklandschaft von ungewöhnlicher Schönheit sein.«[252] Soweit war es allerdings noch nicht. Einstweilen war noch nicht einmal geklärt, unter welcher Federführung ein solches Zukunftsprojekt seinen Anfang nehmen sollte. Der Wettlauf um die Planungshoheit im Osten, den Himmler am 12. März 1942 endgültig für sich entscheiden konnte,[253] produzierte verschiedene, miteinander konkurrierende Neuordnungs- und Machbarkeitsstudien, die – abgesehen vom Kompetenzgerangel – vor allem an zwei Fragen zu scheitern drohten: Woher würden die Siedlermassen kommen, die den gigantischen Planungsraum germanisieren sollten? Und wie waren die Millionen »Fremdvölkischen« und »Fremdrassigen« möglichst effizient aus dem Planungsgebiet zu entfernen?

Die Grundsatzentscheidung, die neu besetzten Ostgebiete wenn auch langfristig, aber letztlich wie im annektierten Westpolen zu germanisieren, stieß nicht bei allen Raumplanern auf Zustimmung. Der Landesplaner im Gau Danzig-Westpreußen Ewald Liedecke plädierte in seiner Denkschrift vom 23. August 1941 nachdrücklich dafür, sich zunächst auf die Festigung des »deutschen Volksbodens« zu konzentrieren, denn der »Gesamtraum Asien ist vom Reich aus nicht zu beherrschen. Dazu fehlt es an Volk, jedenfalls dann, wenn der Kern des Reichs ein völkisch reines, in allen sozialen Gliederungen deutsches Gebiet bleiben soll. Dieser durch und durch deutsche und auch durch Unterwanderung nicht gefährdete deutsche Kernraum ist Voraussetzung für eine dauerhafte Herrschaft.«[254] Seine Mahnung, siedlungspolitisch nicht den fünften vor dem ersten Schritt zu machen, hing natürlich mit den bevölkerungspolitischen Realitäten im eigenen Gau zusammen. Angesichts der dort ja keineswegs abgeschlossenen »Umvolkung« erschien es in der Tat abwegig, mit der gleichen Strategie bereits das nächste, noch dazu ein vielfach größeres Terrain raumpla-

252 Adolf Hitler über die Besiedlung im Osten am 17. Oktober 1941, aufgezeichnet von Heinrich Heim, in: Madajczyk, Generalplan Ost, Dok. 7, S. 23–25, Zitat S. 24.

253 Verfügung V 2/42 über die Errichtung eines Hauptamtes für Volkstumsfragen vom 12. März 1942, in: Führererlasse, Dok. 148, S. 240.

254 Denkschrift des Landesplaners Ewald Liedecke vom 23. August 1941, in: Müller, Hitlers Ostkrieg, Dok. 12, S. 148–154, Zitat S. 148.

nerisch anzugehen. Daher konzentrierten sich seine wie auch andere Expertisen darauf, dynamische Übergangskonzepte zu entwickeln, die sich in den nächsten Jahrzehnten den jeweiligen Siedlungserfolgen würden anpassen lassen. Im Kern ging es dabei um eine Entkopplung von sofortiger Herrschaftssicherung und langfristiger Besiedlungspolitik. Auch das Referat 6 der RfR hegte massive Zweifel daran, ob die Beherrschung des Ostraumes durch »Besiedlung mit deutschen oder anderen germanischen Menschen erreicht werden kann«. Eine Aussprache mit Landesplanern kam zu dem »fast einmütigen Ergebnis, dass eine Durchsetzung des Ostraumes mit deutschen Bauern und Landwirten nicht in Frage kommen kann, da eine derartige Absiedlung und Abgabe von Menschen aus dem Altreich nicht denkbar ist. Es müssen also andere Formen der Beherrschung des Ostraumes gesucht werden.«[255] Weniger grundsätzlich argumentierte der im Ostministerium tätige Referent Erhard Wetzel, der an den Machbarkeitsstudien des RKF und des RSHA vor allem kritisierte, dass sie von falschen Voraussetzungen ausgingen.[256] Sowohl die kalkulierten Siedlerzahlen (nur 8 statt 10 Millionen) als auch die im Ansatz berücksichtigten »Fremdvölkischen« (46 statt 31 Millionen) seien schlicht falsch berechnet, zudem werde völlig außen vor gelassen, dass sich auch die im Siedlungsgebiet verbleibenden 14 Millionen »Fremdvölkischen« innerhalb der nächsten dreißig Jahre vermehrten, dies vermutlich sogar kräftiger wie die dort anzusiedelnden deutschen oder germanischen Bauern. Auch bei der »Eindeutschung«, beispielsweise von Polen oder Esten, werde mit Größenordnungen operiert, die keinerlei zuverlässige Grundlagen hätten, schließlich sei darüber erst nach einer rassischen Überprüfung zu entscheiden, deren Ergebnisse ja noch gar nicht absehbar seien. Grundsätzlich zweifelte Wetzel an, dass eine Aussiedlung von 20 Millionen »rassisch unerwünschten Polen« sowie ebenso vielen »nicht eindeutschungsfähigen« Westukrainern und Weißruthenen nach Sibirien überhaupt realistisch war. Obgleich er den Plan, die in Betracht kommenden Gebiete langfristig zu germanisieren, grundsätzlich billigte, machte seine Stellungnahme doch relativ ungeniert darauf aufmerksam, dass hier nicht nur faktisch, sondern auch raumplanerisch die meiste Arbeit noch ausstand.

---

255 Aktennotiz von Herbert von Puttkammer zur »Auswertung der Arbeitsbesprechung mit den Landesplanern«, ohne Datum, in: BA, R 113/1483.

256 Stellungnahme des im Ostministerium tätigen Referenten Erhard Wetzel vom 27. April 1942, in: Madajczyk, Generalplan Ost, Dok. 16, S. 50–81.

Wetzels Stellungnahme zum »Gesamtplan Ost« ist auch noch aus einem weiteren Grund historisch aussagekräftig, denn sie verweist darauf, dass in dem nicht überlieferten RSHA-Plan »die Juden in den genannten 45 Mill. noch enthalten sind. Insofern erscheint also der Plan offensichtlich von falschen Bevölkerungsziffern auszugehen«.[257] Wenn das RSHA im November 1941 noch damit kalkulierte, fünf bis sechs Millionen Juden »aussiedeln« zu müssen, dann demonstriert dieser Plan die zu dieser Zeit offenbar – zumindest für die Planungsstäbe – noch gültige Verkopplung von »Umvolkungs- und Judenpolitik«.[258] Die Fortschreibung der in Polen ja bereits abgebrochenen Umsiedlungspolitik, nämlich den eroberten Raum mittels Bevölkerungsaustausch germanisieren zu wollen, zeugte nicht nur von einem programmatischen Fanatismus, sondern auch von der Überzeugung, mit den neuen territorialen Spielräumen jenseits des Urals die im besetzten Polen selbst erzeugte Katastrophe doch noch irgendwie »lösen« zu können. So hatte Hitler im März 1941 Hans Frank zugesagt, das Generalgouvernement »werde als erstes Gebiet judenfrei gemacht«. Außerdem sei klar entschieden, dass »das Generalgouvernement in Zukunft ein deutscher Lebensbereich sein wird. Wo heute zwölf Millionen Polen wohnen, sollen einmal vier bis fünf Millionen Deutsche wohnen.«[259] Damit konnte nur gemeint sein, dass nicht nur alle dort ansässigen, sondern auch alle dorthin bereits ausgesiedelten Polen und Juden noch weiter nach Osten vertrieben werden sollten. Ganz offensichtlich gingen bei solchen Planspielen im Vorfeld des Ostkrieges bereits räumliche Lösungsvorschläge und Vernichtungsoptionen ineinander über, denn niemand glaubte ernsthaft daran, dass es für 30 oder 40 Millionen Vertriebene in Westsibirien oder sonst wo eine ausreichende Existenzgrundlage geben würde. Die territoriale Frage, wohin Millionen »Fremdvölkische« und »Fremdrassige« deportiert werden sollten, wandelte sich bis Ende 1941 zum vermeintlichen Sachzwang, sie möglichst schnell und möglichst effizient aus den zur Germanisierung vorgesehenen Siedlungsgebieten zu entfer-

---

[257] Ebenda, S. 54.

[258] Wetzel verfasste seine Stellungnahme im April 1942. Er benutzte dafür auch keinerlei Tarnbegriffe, zum Beispiel war es für ihn unstrittig, »dass man die Polenfrage nicht in dem Sinne lösen kann, dass man die Polen, wie die Juden liquidiert«. Wenn Wetzel also erwähnt, dass der RSHA-Plan die jüdische Bevölkerung noch in die Evakuierungen einrechnete, spricht einiges dafür, dass damit tatsächlich noch eine territoriale Vertreibung/Aussiedlung gemeint war. Vgl. ebenda, S. 63.

[259] Präg/Jacobmeyer (Hg.), Das Diensttagebuch, S. 337 und 339.

nen. Handelte es sich dabei um sowjetische Juden, geschah dies nach dem 22. Juni 1941 überwiegend durch Erschießung. Bereits in den ersten Kriegswochen hatten die Einsatzgruppen der Sicherheitspolizei und des SD in Kooperation mit Verbänden der Höheren SS- und Polizeiführer, der Ordnungspolizei, der Waffen-SS, der Wehrmacht und der Zivilverwaltung mit der Ermordung männlicher Juden begonnen, bevor sie im Spätsommer 1941 dazu übergingen, die gesamte jüdische Bevölkerung, alle Frauen, Kinder und Alten zu erschießen. Gleichzeitig experimentierte die SS mit der Tötung durch Giftgas, so wurden am 8. Dezember 1941 in Kulmhof/Chelmno erstmals Juden durch Abgase ermordet. Etwa zeitgleich vergaste die SS etwa 900 sowjetische Kriegsgefangene in der Leichenhalle des Krematoriums im KZ Auschwitz. Reinhard Heydrich traf bereits seit Ende Juli 1941 organisatorische, sachliche und materielle Vorbereitungen »für eine Gesamtlösung der Judenfrage im deutschen Einflußgebiet in Europa«.[260] Nicht am Anfang, sondern am Ende dieses Entscheidungsprozesses lud Heydrich fünfzehn Vertreter der Ministerien und der SS-Instanzen an den Berliner Wannsee ein, um dort am 20. Januar 1942 die bereits angelaufenen, initiierten und noch geplanten Mordaktionen abzustimmen, auszuweiten und in ein systematisches Vernichtungsprogramm zu überführen.[261]

Hinsichtlich der territorialen Leitbilder enthielt der wiederum unter Federführung von Konrad Meyer erarbeitete »Generalplan Ost« vom Mai/Juni 1942 kaum entscheidende Veränderungen.[262] Für die

---

260 Schreiben Hermann Görings an Reinhard Heydrich vom 31. Juli 1941, http://www.ghwk.de/deut/Dokumente/Goering.pdf [21. 10. 2011].

261 Zur sogenannten Entschlussbildung hier nur die Verweise auf: Hilberg, Die Vernichtung der europäischen Juden; Aly/Heim, Vordenker der Vernichtung; Aly, Endlösung; Gerlach, Die Wannseekonferenz; Browning, Der Weg zur »Endlösung«; Longerich, Politik der Vernichtung; Pohl, Holocaust. Zur Wannsee-Konferenz: Longerich, Die Wannsee-Konferenz; Pätzold/Schwarz, Tagesordnung: Judenmord; Roseman, Die Wannsee-Konferenz.

262 Zu diesem Plan existieren zwei Fassungen. Mit Datum vom 28. Mai 1942 übersandte Konrad Meyer eine kurze Zusammenfassung der Denkschrift »Generalplan Ost. Rechtliche, wirtschaftliche und räumliche Grundlagen des Ostaufbaus« an den Reichsführer SS, in: Madajczyk, Generalplan Ost, Dok. 20, S. 85–90. Mit Datum vom 2. Juni 1942 übersandte der Chef des Stabshauptamtes Ulrich Greifelt die vollständige Denkschrift an Himmler, in: Madajczyk, Generalplan Ost, Dok. 22 und 23, S. 90–130. Der weitaus größte Abschnitt dieses Planes (Teil B) befasste sich mit der Höhe und der Aufbringung der notwendigen Aufbaukosten für die eingegliederten Ostgebiete. Auch zu diesem Dokument sowie zum späteren »Generalsiedlungsplan«, der hier aufgrund seiner territorialen Fortschreibungen un-

Siedlungspolitik im Osten beanspruchte Himmler die zentrale Planungs-, Lenkungs- und Durchführungskompetenz, dies schloss die Verfügungsgewalt über den »Grund und Boden« ein, der nach einem dreistufigen Modell als Lehen mit Eigentumsvorbehalt vergeben werden sollte. Da eine Gesamtbesiedlung des eroberten Raumes außerhalb jeglicher Planbarkeit lag, definierte die Denkschrift – ähnlich wie in Polen die »Siedlungszonen 1. Ordnung« – drei Siedlungsmarken, die vorrangig »einzudeutschen« seien. Dabei handelte es sich um die unter dem Namen »Gotengau« geführte Krim-Cherson-Region, das zum »Reichskommissariat Ostland« gehörende Memel-Narew-Gebiet sowie das südlich von Leningrad gelegene »Ingermannland«. Alle 33
drei Siedlungsmarken sollten während ihres siedlungspolitischen Aufbaus aus den jeweiligen Territorialverbänden (Reichskommissariaten) ausscheiden und dem RKF direkt unterstellt werden.

Insbesondere der Bezirk Białystok sowie Westlitauen würden dann gemeinsam »mit den eingegliederten Ostgebieten [...] an vorderster Front des deutschen Volkstums« stehen.[263] Der Einsicht, für die »Durchdringung der großen Räume des Ostens mit deutschem Leben [...] neue Besiedlungsformen zu finden, die die Raumgröße und die jeweilig verfügbaren deutschen Menschen miteinander in Einklang bringen«, folgten allerdings nur die bereits bekannten Homogenisierungs- und Verdrängungsstrategien.[264] Die Festlegung bevorzugter Siedlungs- und Aufbauzonen stellte raumplanerisch wahrlich keine innovative Meisterleistung dar, und auch die zusätzlich vorgeschlagenen 36 Siedlungsstützpunkte, die perlenschnurartig längs der Haupteisenbahn- und Autobahnlinien sowohl eine Verbindung zum Reich als auch die deutsche Vorherrschaft gegenüber den »Umvölkern« sichern sollten, können insgesamt nicht darüber hinwegtäuschen, dass sich der Planungsstab den räumlichen Herausforderungen »im Osten« kaum gewachsen zeigte. Der Versuch, Christallers Zentrale-Orte-Theorie auf vielfach größere Pla-

berücksichtigt bleibt, existieren umfangreiche Forschungen, vgl. Aly/Heim, Vordenker der Vernichtung, S. 394–440; Müller, Ostkrieg, S. 105–114; Roth, Generalplan Ost, S. 29–95; Wasser, Himmlers Raumplanung, S. 47–132; Heinemann, Rasse, Siedlung, deutsches Blut, S. 357–376; Wildt, Generation des Unbedingten, S. 663–670; Mai, »Rasse und Raum«, S. 288–360; Leendertz, Ordnung schaffen, S. 143–186; Strippel, NS-Volkstumspolitik, S. 190–240.

263 Meyer, Denkschrift, S. 123.

264 Ebenda.

nungsgebiete zu projizieren, ist ebenso offenkundig wie dilettantisch. Der Explosion des Planungsraumes wussten man einzig und allein mit den bisherigen, für unweit kleinere Räume konzipierten Siedlungskonzepten zu begegnen. In einem Zeitraum von 25 bis 30 Jahren sollten rund 3,3 Millionen Siedler die Marken und Stützpunkte eingedeutscht haben, rechnete man den Siedlerbedarf im annektierten Westpolen mit ein, belief sich die Gesamtzahl auf knapp 4,9 Millionen. Der schleppende Siedlungsdrang der Reichsdeutschen sollte mit der Rekrutierung von umgesiedelten »Volksdeutschen«, eingedeutschten Polen, Balten und Goralen sowie von »germanischen Siedlern aus Nord- und Westeuropa« kompensiert werden. Ob sich Niederländer und Norweger in nennenswerter Zahl freiwillig auf der Krim oder am Ilmen-See würden ansiedeln lassen, ließ der Generalplan sicherheitshalber offen. Himmler rechnete sich hier sein »Großgermanisches Reich« zusammen, da konnte auf solche Details keine Rücksicht genommen werden.[265] Ebenso vage blieb die Ankündigung, die »jetzt bodenständigen Bevölkerungen […] nicht wie bisher durch Evakuierungen, sondern durch Umsetzung auf anderes Kolchose- und Sowchoseland mit gleichzeitiger Verleihung von Bodenbesitzrechten« befrieden zu wollen, da auf ihre Mitarbeit nicht verzichtet werden könne. Das hörte sich moderater an als es war, eine Überlebensgarantie stellte diese Aussicht jedenfalls nicht dar. Denn dass für eine vorgeschaltete »Auslese nach dem Leistungsprinzip« nur die »positiven Kräfte des fremden Volkstums«[266] infrage kommen würden, war für die Planer ebenso selbstverständlich wie die in ihrem Siedleransatz bereits vorausgesetzte Verringerung der Leningrader Stadtbevölkerung um etwa drei Millionen Menschen. Die seit dem 8. September 1941 praktizierte Hungerblockade der Stadt forderte zu diesem Zeitpunkt

---

265 Die von Mai vertretene These, die Vorstellung eines »Germanischen Reiches« setzte sich 1941/42 allmählich durch, überzeugt. Dass es sich hierbei allerdings um ein neues Konzept handelte, erscheint hingegen fragwürdig. Zumindest postulierte Himmler es ab 1942 nachdrücklich, was vor allem wohl mit der Expansion des Planungsraumes zusammenhing, die kaum eine andere Möglichkeit zuließ, wenn man an der territorialen Homogenisierung festhalten wollte. Dass er es mit der Anwerbung von Niederländern und Norwegern ernst meinte, demonstrierte Himmler durch Pilotprojekte in der Ukraine und in Weißrussland. Vgl. Mai, »Rasse und Raum«, S. 311–316. Zum »Großgermanischen Reich« in den unterschiedlichen Varianten vgl.: Elvert, Mitteleuropa, S. 309–379.

266 Meyer, Denkschrift, S. 128–129. Herauszuheben bleibt die im GPO gewählte Formulierung der »jetzt bodenständigen Bevölkerungen«. Der Plan setzt die »ethnische Flurbereinigung« in den entsprechenden Gebieten bereits voraus.

bereits Tausende zivile Opfer, die von den RKF-Planern nüchtern hochgerechnet und in ihre Bevölkerungsbilanzen eingearbeitet wurden. Gleiches galt für die jüdische Bevölkerung im besetzten Osten: Raumplanerisch war auch die »Lösung der Judenfrage« bereits ohne Relevanz.

Die rassische Homogenisierung der eroberten Räume blieb im Kern das territoriale Leitbild der nationalsozialistischen Eroberungspolitik.[267] Die Absicht, das Reich durch die allmähliche Verlagerung der Besiedlungsgrenze nach Osten mittel- und langfristig vollständig zu germanisieren, zielte zunächst auf das annektierte Westpolen und wurde an diesen »eingegliederten Gebieten« auch konzeptionell entwickelt. Das hierfür grundlegende Prinzip der »Umvolkung« verknüpfte Vertreibungs-, Aussiedlungs-, Umsiedlungs- und Germanisierungspolitiken zu einer Gesamtstrategie, die den gewaltsamen Bevölkerungsaustausch als entscheidenden Mechanismus des räumlichen Ordnens installierte. Die angestrebte Synchronisierung von Massenvertreibungen und Neuansiedlungen scheiterte bereits im Frühjahr 1941. Seither drängten nicht nur lokale, sondern zahlreiche der an der territorialen Ausgestaltung des Ostens beteiligten Instanzen auf eine »Endlösung der Judenfrage«, während die abgebrochene Umsiedlung der überwiegend polnischen Bevölkerung zeitlich gestreckt und die Eindeutschungspraxis gelockert wurde. Dass sich die im annektierten Westpolen selbst verursachte Katastrophe nicht durch die gigantischen Ausweichräume in der Sowjetunion würde beheben lassen, zeichnete sich in dem Moment ab, als die NS-Regierung die angestrebte Besiedlungsgrenze bis an den Ural verlegte und der Blitzkrieg im Osten scheiterte. Die Gründe, die im annektierten Westpolen ins Chaos geführt hatten, ließen sich nicht räumlich kompensieren, daher eröffnete der Krieg gegen die Sowjetunion auch keine territorialen Spielräume, sondern übersteigerte die Lage noch erheblich. Denn die schon in Polen nicht mehr zu beherrschenden Probleme, die sich aus der territorialen Homogenisierungspolitik ergaben, durften sich in der Sowjetunion auf keinen Fall wiederholen, wollte man nicht binnen kürzester Zeit mit dem Rücken an der Wand stehen. Um ein Besiedlungsprojekt bis zum Ural noch während des Krieges überhaupt auf den Weg bringen zu können, waren also nicht nur dem Raum an-

[267] Ab 1942 beherrschte der Kriegsverlauf zunehmend die Debatte über die Neuordnungspläne und ließ Konzepte für einen »Europäischen Staatenbund« aufkommen. Vgl. hierzu: Elvert, Mitteleuropa, S. 379–386.

gepasste und flexible Besatzungskonzepte notwendig, mit denen sowohl Vorherrschaft abgesichert als auch erste Germanisierungsmaßnahmen ergriffen werden konnten, nach dieser Logik sollte nun vor allem gegenüber den Juden »reiner Tisch gemacht werden«, wie Himmler sich ausdrückte.[268] Die Entscheidung zum systematischen Massenmord an den europäischen Juden fiel nicht zufälligerweise genau in dem historischen Moment, als die Besiedlungs- und Neuordnungspläne räumliche Größenordnungen von vorher unvorstellbarem Ausmaß annahmen. Wer innerhalb von dreißig Jahren ein »Großgermanisches Reich« bis an den Ural zumindest in drei großen Siedlungsmarken errichten wollte, der nahm die in den Ghettos des Generalgouvernements und des Warthegaus zusammengepferchten Juden als eine Altlast wahr, der man sich schnell, effizient und endgültig entledigen wollte. Entscheidender als der konkrete Zeitpunkt ist daher der historische Moment, in dem die Ermordung der europäischen Juden zum handlungsleitenden Programm wurde. Dabei markierte die Wannsee-Konferenz den Übergang von dem durch eher unkoordinierte Mordaktionen gekennzeichneten Entscheidungsprozess zu einem systematischen, institutionell organisierten Vernichtungsprogramm, das ab 1942 die nationalsozialistische Homogenisierungspolitik kennzeichnete. Die »Aktion Reinhardt« war für diesen qualitativen Sprung symptomatisch: Zwischen Juli 1942 und Oktober 1943 wurden knapp zwei Millionen polnische Juden aus dem Generalgouvernement sowie etwa 500000 Roma und Sinti in den dafür errichteten Vernichtungslagern Bełżec, Treblinka und Sobibór durch Gas ermordet. Zeitgleich initiierte Himmler erste Umsiedlungs- und Ansiedlungsprojekte wie beispielsweise im Kreis Zamość/Distrikt Lublin[269] sowie im Generalkommissariat Schitomir. In diesen »ersten deutschen Siedlungsgebieten« außerhalb der Reichsgrenzen vertrieb die SS nach der Deportation der ortsansässigen Juden Tausende Polen und Ukrainer. Die im November 1942 einsetzenden Aussiedlungen ähnelten dem brutalen Vorgehen im annektierten Westpolen 1939/40.

---

268 Rede Heinrich Himmlers vor SS-Führern in Berlin am 9. Juni 1942, in: Smith, Geheimreden, S. 159.

269 Vgl. zur »Aktion Zamość«: Wasser, Die »Germanisierung« im Distrikt Lublin; ders., Himmlers Raumplanung, vor allem S. 133–229; Pohl, Von der »Judenpolitik« zum Judenmord, vor allem S. 153–157; Heinemann, Rasse, Siedlung, deutsches Blut, S. 376–415. Zu Hegewald vgl.: Heinemann, Rasse, Siedlung, deutsches Blut, S. 417–473; Lower, The Holocaust and the Colonialism in Ukraine; dies., Nazi Empire-building.

Viele Menschen starben bereits bei den Räumungen wie auch während der Transporte in die Sammellager. Unmittelbar im Anschluss erreichten »volksdeutsche« Umsiedler unter anderem aus Bessarabien und Bosnien die »leeren« Dörfer. Auch für die Krim wurden Vorbereitungen zur territorialen Homogenisierung getroffen, allerdings verhinderte die dramatische Kriegslage spätestens ab 1942 konkretere Umsetzungen.[270] Dass die nationalsozialistische Territorialpolitik mit ihrem Ordnungskonzept der rassischen Homogenisierung im Ergebnis vollständig scheiterte, kann und sollte nicht darüber hinwegtäuschen, dass sie vor allem in ihren mörderischen Praktiken eine beispiellose Effizienz erlangte.

[270] Einschlägig dazu die Studie von Kunz, Die Krim unter deutscher Herrschaft. Die der germanischen Neubesiedlung vorausgehende Judenvernichtung wurde auf der Krim vor allem von der Einsatzgruppe D exekutiert, dazu die instruktive Studie von: Angrick, Besatzungspolitik und Massenmord.

VII
Fazit: Das Ordnen von Räumen

In der Zusammenschau erweist sich die nationalsozialistische Expansions- und Vernichtungspolitik keineswegs als schlichte Ausführungspraxis der von Hitler oder anderen NS-Funktionären propagierten Eroberung von Lebensraum. Rückt man die auf Planungs- und Handlungsebenen kursierenden und oftmals stark divergierenden Raumkonzepte in den Mittelpunkt der Betrachtung, wird sichtbar, dass territoriale Ordnungsmodelle in den zwölf Jahren nationalsozialistischer Herrschaft immer wieder angepasst und umgearbeitet wurden. So zeigt gerade der rasante Aufstieg der Raumplanung in den 1930er Jahren, wie das Ordnen von Räumen als Herrschaftsstrategie professionalisiert und zugleich wissenschaftlich unterfüttert wurde. Lebensraum begann sich in diesen Kontexten sowohl von seinen geographisch-geopolitischen wie auch von seinen agrarökonomischen Horizonten zu lösen und wandelte sich im Spannungsfeld zwischen rassenbiologischen und raumtheoretischen Ordnungsmustern zu einem Planungskonzept, das vorrangig auf die Eroberung, Besiedlung und Beherrschung von Großräumen ausgerichtet war. Die nationalsozialistische Territorialpolitik basierte im Kern auf der Vorstellung, den vorhandenen wie auch den eroberten Raum rassisch zu homogenisieren. Trotz gewisser Anpassungen an den vor allem nach Juni 1941 erweiterten Machtbereich sowie einer kriegsbedingt verwässerten Selektions- und Eindeutschungspraxis gegenüber Nichtjuden blieb es für die nationalsozialistische Raumpolitik kennzeichnend, dass die Umsiedlung, Vertreibung und Ermordung der rassisch wie politisch unerwünschten Bevölkerungsgruppen nicht Folge, sondern Zweck und Ziel der Territorialisierungspolitiken im eroberten Osten waren.

Im Kern liegt genau darin ein signifikanter Unterschied zur kolonialen Landnahme, für die sich gleichwohl nicht weniger eindrücklich die Übersetzung von intellektuellen Raumtheorien in politische Territorialisierungs-, Eroberungs- und Herrschaftsstrategien nachzeichnen lässt. Im Zuge der Objektkonstituierung des noch jungen Faches Geographie entwickelte vor allem Friedrich Ratzel eine am Darwinismus konturierte, evolutions- und migrationstheoretische Raumkonzeption, mit der er nicht nur die Eroberung von Lebensraum zu einem politischen Kampfbegriff erklärte, sondern mit der er vor allem die für das 19. Jahrhundert signifikanten Verdichtungsdynamiken in das Feld staatlicher Territorialisierungs- und Eroberungsprozesse transferierte. Obgleich er auf diesem Wege imperiale Eroberungen der als kulturell hoch entwickelt angesehenen Kolonialmächte ungeniert rechtfertigte, drückt sich darin weder eine spezifisch deutsche Variante imperialer Ideologie aus noch lässt sich daraus ein Automatismus ableiten, der früher oder später zu einer rassistischen Lebensraum- und Vernichtungspolitik hätte führen müssen.

Nachdem 1918 nicht nur der Krieg, sondern kurze Zeit später auch der Frieden verloren war, schienen die bisher am deutschen Nationalstaat wie auch an imperialen Herrschaftskonzepten orientierten Raumordnungen ihre Überzeugungskraft restlos eingebüßt zu haben. Mit dem Versailler Vertrag und den anschließenden Gebietsabtretungen geriet das deutsche Territorialverständnis in eine existenzielle Krise. Bisherige Angebote der nationalen und völkischen Identität schienen weder die schwelenden Zugehörigkeitsfragen zu lösen noch einen deutschen Einheitsstaat zu legitimieren. International waren die deutschen Entwürfe zur eigenen territorialen Verfasstheit jedenfalls nicht mehr durchsetzbar. Mit je nach Bedarf mal muttersprachlich, mal historisch, mal national oder völkisch, mal politisch oder auch sozial argumentierenden Zugehörigkeitskonstruktionen ließ sich im wahrsten Sinne des Wortes trotz Rekurs auf das »Selbstbestimmungsrecht der Völker« offenbar kein deutscher Staat mehr machen. Nach diesem Offenbarungseid stellte sich drängender denn je die Frage, wie Deutschland jenseits seiner aktuellen Grenzen räumlich zu entwerfen sei. Die semantischen Umarbeitungen der eigenen Territorialvorstellungen zu einem »Deutschen Raum« waren in den 1920er Jahren vor allem dadurch gekennzeichnet, dass zum einen die geltenden und völkerrechtlich legitimierten Grenzverläufe infrage gestellt, zum anderen aber auch territoriale Besitzansprüche unabhängig von den gegenwärtigen Grenz- und Besiedlungsverhältnissen hergeleitet wurden. Die Suche nach »Deutschen Raum« radikalisierte sich in der Zwischenkriegszeit unter dem Vorzeichen einer durch territoriale Verluste angeheizten Massenklaustrophobie, die den Blick noch weiter nach Osten öffnete.

Die Verklammerung von wissenschaftlicher Theoriebildung und faktischen Territorialisierungs- und Raumpolitiken geriet in den

1920er und 1930er Jahre in eine ebenso offene wie auch entscheidende Phase der Um- und Neuorientierung. Die Revision des Versailler Vertrages war gesellschaftlich zweifellos konsensfähig, gleichzeitig entstand jedoch eine Vielzahl von politischen Raumentwürfen, die zwar allesamt die kriegsbedingten Gebietsverluste zum Ausgangspunkt ihrer Überlegungen machten, die jedoch zugleich eine gewisse Bandbreite unterschiedlicher, wenn auch miteinander verwobener Ordnungsvorstellungen darstellten. So konturierte die nach 1918 entstehende »Deutschtumsforschung« ihr Raumkonzept als »Volks- und Kulturbodentheorie« und verband damit den Anspruch, sowohl siedlungsgeographische wie auch historisch-kulturelle »Beharrungskräfte« als grenz- und raumregulierende Prinzipien anzuerkennen. Ein als Kultur- und Abstammungsgemeinschaft gedachtes Volk avancierte dabei ebenso wie bei vielen geopolitischen Ordnungsentwürfen zum Subjekt von Geschichte, ohne bereits im biologischen Sinne restlos substanzialisiert zu sein. Selbst der von Geopolitikern propagierte und klaustrophobisch aufgeladene »Kampf um Lebensraum« folgte noch imperialen Raummechaniken, obgleich sich hier bereits Übergänge zu einer völkisch-rassistischen Umarbeitung andeuteten. Die eigentliche Pointe solcher und anderer ideologisierter Bedrohungsszenarien lag indes weniger in den unterschiedlichen Reichweiten des räumlichen Machtanspruches als vielmehr in der Frage, wie mit den vor Ort jeweils ansässigen Bevölkerungsgruppen unter deutscher Besatzung umzugehen sei. Während man sich selbst im politisch rechten Lager keineswegs darüber einig war, welche bevölkerungsregulierenden Maßnahmen notwendig, effektiv und legitim waren, verwies Hitler bereits Mitte der 1920er Jahre mit seiner Auffassung, es ließe sich nur *Boden* germanisieren, auf eine biologisch begründete und auf rassische Homogenisierung zielende Territorialisierungspolitik.

Insgesamt wird deutlich, dass allen Ordnungsentwürfen bestimmte Raumvorstellungen zugrunde lagen, an denen sich nicht nur politische Leitbilder und Begriffe, sondern auch konkrete Verfahren, Handlungsoptionen und Praktiken des räumlichen Ordnens konturierten, mit denen sich darüber hinaus aber auch signifikante Vorstellungen von Zugehörigkeit, Partizipation und Exklusion verbanden. Diese augenfällige Handlungsrelevanz der Kategorie Raum stützt zweifellos die Hypothese, dass sich nach einer langen Konstituierungsphase, die bis ins 16. Jahrhundert zurückreicht, allmählich die Vorstellung verfestigte, Territorialität gehöre zu den signifikanten Ordnungsprinzipien moderner Gesellschaften.[1] Während die Forschung bisher – wenn überhaupt – territoriale Ordnungsvorstellungen im Kontext von Staatsbildungsprozessen in den Blick genommen hat, erweist es sich als lohnenswert, die unterschiedlichen Formen der administrativen, ökonomischen, institutionellen wie auch infrastrukturellen Raumaneignung als Territorialisierungspraktiken zu verstehen und auf diesem Wege nicht nur die räumlichen Ordnungen als solche, sondern vor allem auch das *Ordnen von Räumen* als komplexen Vorgang der inneren oder äußeren Landnahme zu analysieren. Territorialisierungsprozesse stellen dann sowohl symbolische wie auch machtpolitische Aneignungsvorgänge dar, die in Europa zweifellos eine enge Korrelation zu nationalstaatlichen wie auch imperialen Herrschaftsformen aufweisen. Allerdings lässt sich Territorialität für das 19. und 20. Jahrhundert nicht überzeugend als ein durchgängig konstantes, überwiegend nationalstaatlich verfasstes Raumprinzip beschreiben, sondern gerade der Wandel territorialer Ordnungsvorstellungen und damit auch die immer wieder überformten Varianten der räumlichen Verfasstheit öffnen erst den Blick für die spezifischen Dynamiken territorialer Herrschaftsstrategien.

Eine solche Historisierung politischer Räumlichkeit sieht sich insbesondere zwei Herausforderungen gegenüber: Sie hat zum einen die Verschränkung von wissenschaftlicher Theoriebildung und politischer Handlungspraxis in den Blick zu nehmen, und sie steht gleichzeitig vor der Aufgabe, den Wandel politischer Raumdiskurse über Systembrüche hinweg zu analysieren. Letzteres schließt die Frage nach Kontinuitäten, Transformationen und Brüchen von kolonialen, imperialen und nationalsozialistischen Herrschaftspraktiken ein. Obgleich beide Untersuchungsparameter sinnvollerweise nicht getrennt voneinander betrachtet werden können, gilt es zunächst doch, ihren jeweils spezifischen Perspektiven nachzugehen. So lassen sich intellektuelle Ordnungskonzepte, die die räumliche Verfasstheit von Staaten und Gesellschaften systematisieren, nicht ohne weiteres mit konkreten politischen Handlungsoptionen sowie mit den unterschiedlichen Praktiken des räumlichen Ordnens verklammern. Das Verhältnis von wissenschaftlichen Raumkonzepten, wie sie seit der Frühen Neuzeit mit Rekurs auf nationalstaatliche und imperiale Herrschaftsformen in Europa entstanden sind, und einer raum- und grenzregulierenden Territorialisierungspolitik beruht vielmehr auf komplexen

[1] Vgl Maier, Consigning the Twentieth Century.

Aneignungs-, Umformungs- und Operationalisierungsdynamiken, denen man mit schlichten Anwendungsrhetoriken nicht gerecht wird. Ob im kolonialen Afrika zur Zeit des Hochimperialismus, ob in Westpreußen oder Oberschlesien nach dem Ersten Weltkrieg oder aber in den zwischen Hitler und Stalin 1939 aufgeteilten osteuropäischen Regionen – alle drei Fallstudien verweisen auf den zwar engen, aber keineswegs eindimensionalen Bezug zwischen territorialem Ordnungsdenken und den Grenzziehungspraktiken vor Ort. Der Schritt vom intellektuellen Raumkonzept zur konkreten Demarkation einer Grenze erfordert eine Vielzahl von Übersetzungs- und Symbolisierungsleistungen, ohne die politische Räume nicht herstellbar sind. Und in diesem Prozess der Raumkonstituierung kommt der kartographischen Repräsentation eine herausragende Bedeutung zu. Neben der topographischen Vermessung des Raumes, seiner statistischen und landeskundlichen Erfassung war und ist es vor allem die Kartographie, die eine interessengeleitete Aufteilung von Räumen mit Wirklichkeitsreferenzen ausstattet und die dadurch räumliche Zuordnungen herzustellen und zu vereindeutigen hilft. Die kartographische Projektion des politischen Raumes ist eben kein abbildendes Verfahren, sondern eine stets in bestimmte Wissenssysteme und Machtrelationen eingebundene Kulturtechnik der Raumkonstituierung. Besonders prägnant tritt dieser raum- und grenzkonstituierende Effekt in der Figur des *leeren Raumes* hervor. Die kartographische Verarbeitung einer routenbasierten Erschließung des kolonialen Raumes erzeugte ein von weißen Flächen und schmalen Linien dominiertes Kartenbild, mit dem räumliche Leere nicht nur erzeugt und visualisiert, sondern vor allem auch mit Handlungsaufforderungen aufgeladen wurde.

Für politische Ordnungsvorstellungen spielt somit die Handlungsrelevanz von Raum eine entscheidende Rolle. Vor allem die mörderische Praxis der in Ost- und Südosteuropa vollzogenen NS-Homogenisierungspolitik macht die Frage nach möglichen Kontinuitäten, Transformationen und Brüchen kolonialer, imperialer und nationalsozialistischer Herrschaftsstrategien zu einer zentralen Herausforderung raumtheoretischer Forschungsansätze. Angesichts von Vertreibungen, Deportationen und Völkermorden kann es nicht verwundern, dass Kontinuitätsnarrative in der Forschung ausgesprochen kontrovers diskutiert werden. Vor allem durch die These, dass der zwischen 1904 und 1907 in Deutsch-Südwestafrika gegen Herero und Nama geführte Kolonialkrieg, bei dem schätzungsweise 80 Prozent der Herero ums Leben kamen, den ersten Genozid des 20. Jahrhunderts darstellte und als unmittelbare Vorgeschichte des Holocaust zu analysieren und einzuordnen sei, hat diese Debatte neue Impulse erfahren.[2] Daran geknüpft ist die grundsätzliche Frage, ob und inwiefern die Eroberungs- und Besatzungstechniken des NS-Regimes als zwar extreme, aber gleichwohl genuin koloniale Formen von Herrschaft zu bewerten seien. Die Suche nach mentalen Mustern und Vorstrukturierungen der nationalsozialistischen Vernichtungspolitik ergebe »erstaunliche strukturelle Ähnlichkeiten« zwischen der deutschen Kolonialherrschaft in Afrika und der nationalsozialistischen Eroberungspolitik in Osteuropa, so argumentiert zumindest die eine Seite. Nicht nur die Besatzungstechniken, die ideologischen Rechtfertigungsmuster sowie die vor Ort installierten Rechtsordnungen wiesen deutliche Parallelen auf, auch die Ausbeutungs- und Kriegspolitik würden die Annahme bestätigen, dass der gegen Herero und Nama geführte Feldzug »paradigmatisch für den nationalsozialistischen Vernichtungskrieg« gewesen sei.[3] Neben personellen Kontinuitäten und institutionellen Speicherungen des kolonialen Wissens sei es vor allem die mediale Verbreitung kolonialen Gedankenguts gewesen, die eine Verflechtung von »Windhuk nach Auschwitz« nahelege. Im Ergebnis müsse im Sinne einer »wirklich globalen Geschichte militärischer oder politischer Fremdherrschaft« von der eurozentrischen Unterscheidung zwischen Besatzung in Europa und Kolonialherrschaft in Übersee Abschied genommen werden, vor allem um die nationalsozialistische Politik in den eroberten Gebieten Polens und der Sowjetunion in der »Tradition [zu] sehen, in der sie in globalgeschichtlicher Perspektive ebenfalls steht: der Kolonialherrschaft«.[4]

Diese Argumentation hat in Fachkreisen sowohl dezidierte Zustimmung als auch massive Kritik erfahren. Gewisse phänomenologische Ähnlichkeiten zwischen deutscher Kolonialherrschaft und nationalsozialistischer Eroberungspolitik werden dabei auch von den Kritikern keineswegs in Abrede gestellt, gleichzeitig wird jedoch zu bedenken gegeben, dass das deutsche Massaker an den Herero strukturell eher mit anderen Kolonialverbrechen verglichen werden müsse als mit

[2] Vor allem Jürgen Zimmerer hat diese These in zahlreichen Veröffentlichungen ausgeführt, hier der Hinweis auf: ders., Deutsche Herrschaft über Afrikaner; ders., Der Wahn der Planbarkeit; ders., Krieg, KZ & Völkermord; ders., Holocaust und Kolonialismus; ders., Geburt des »Ostlandes«.

[3] Zimmerer, Geburt des »Ostlandes«, S. 29.

[4] Ebenda, S. 43.

dem Holocaust.[5] Mit Verweis auf Kuba, Algerien und Kenia rekurrieren einige Historiker auf ein gesamteuropäisches *colonial archive,* aus dem das Wissen über asymmetrische und genozidale Herrschaftspraktiken gegenüber »Untermenschen« jederzeit abrufbar gewesen sei.[6] Gerade die vergleichende Genozid-Forschung belege, dass der deutsche Vernichtungsfeldzug gegen die Herero eben kein beispielloser »Tabubruch« gewesen sei, sondern zu den freilich extremen, aber durchaus üblichen Herrschaftstechniken des europäischen Kolonialismus zählte, vor allem dann, wenn der koloniale Staat mit massiver Gegenwehr konfrontiert war. Ein kausaler Nexus zwischen kolonialer Gewaltpraxis und nationalsozialistischer Vernichtungspolitik verliere angesichts der französischen, britischen wie auch belgischen Kolonialverbrechen sowohl seine empirische wie auch seine argumentative Überzeugungskraft.[7] Denn gegen die koloniale Wiederauferstehung der deutschen Sonderwegsthese spreche auch, dass es gerade nicht die gewalttätigsten Kolonialregime waren, die sich nach 1918 radikalisierten, sondern vor allem die Verliererstaaten des Ersten Weltkrieges.

Dass die eigentlichen deutschen Gegenstücke zu französischen und britischen Kolonien nicht Kamerun oder Deutsch-Südwestafrika waren, sondern Gebiete in Ost- und Mitteleuropa, ist eine ebenso naheliegende wie auch eingängige These.[8] Allerdings wäre es auch bei einer solchen zeitlichen Verklammerung nicht zwingend, dass es sich bei den jeweiligen Herrschafts- und Territorialisierungspolitiken durchweg um strukturell ähnliche oder gar identische Kolonialpraktiken handelte. Denn grundsätzlich bedienten sich die nationalsozialistischen Wahrnehmungs-, Beobachtungs- und Herrschaftsmuster einer kolonialen Rhetorik, schließlich lieferte sie das Reservoir, aus dem europäische Eroberungs-, Expansions- und Vernichtungspolitiken seit Jahrhunderten ihre Rechtfertigungen zogen. Allerdings muss genauer differenziert werden, inwiefern die konkrete Verwendung

[5] Vgl. Gerwarth/Malinowski, Der Holocaust als »kolonialer Genozid«?; kritische Kommentare ebenso von: Grosse, What does german Colonialism have to do with National Socialism?; Krüger, Coming to terms with the past; Kundrus, Von den Herero zum Holocaust?; dies., Kontinuitäten. Insgesamt zu diesem Komplex lesenswert: Hull, Absolute Destruction; Barth, Genozid; Semelin, Säubern und Vernichten.

[6] Vgl. Gerwarth, Holocaust als kolonialer Genozid?, S. 447.

[7] Vgl. ebenda, S. 449.

[8] Vgl. Blackbourn, Das Kaiserreich transnational, zu dieser Überlegung allerdings nur S. 322ff.

des kolonialen Vokabulars spezifische Umarbeitungen und Anpassungen aufwies. Versteht man Kolonialismus hingegen in einem sehr allgemeinen Sinne als hegemoniale Herrschaft, dann sind Kontinuitäten, Parallelen und strukturelle Ähnlichkeiten ebenso naheliegend wie analytisch unergiebig. Die Verbindungslinien zwischen Kolonialismus und Nationalsozialismus beziehen sich dann vorwiegend auf Analogien, die sich aus den systemimmanenten Anforderungen von Fremdherrschaft ergeben.[9] Die Eroberung fremden Territoriums, die Inbesitznahme eines anderen Landes sowie die eigene Herrschaftssicherung erzeugen Handlungszwänge, ohne die Fremdherrschaft weder installierbar noch stabilisierbar wäre. Der Übergang von der expandierenden zur konsolidierenden Phase entscheidet bekanntermaßen über die Zukunft eines solchen Unternehmens.[10] Es ist daher sinnvoller, nach den Transfer-, Umarbeitungs- und Eigenlogiken von expandierenden Herrschaftssystemen zu fragen als ihren allgemeinen Systemanalogien nachzugehen.

Stellt man die Kategorie *Raum* in den Mittelpunkt der Betrachtung, dann lassen sich zweifellos gewisse Kontinuitätsstränge wie auch signifikante Brüche zwischen Kolonialismus und Nationalsozialismus ausmachen. Dass die Errichtung, Konsolidierung wie auch Stabilisierung kolonialer Macht hier wie dort auf einem autoritären und zudem gewalthaften Herrschaftssystem beruhte, lässt allerdings keineswegs den Schluss zu, der deutsche Vergeltungsfeldzug gegen die Herero sei Kern einer kolonialrassistischen Vernichtungsstrategie gewesen und deswegen als zentrales Vorbild für den im Zweiten Weltkrieg verübten Massenmord zu interpretieren. Ziel kolonialer Herrschaft war nicht die rassisch-völkische Homogenisierung des eroberten Landes, sondern seine wirtschaftliche und politische Unterwerfung, was Heterogenität als Strukturprinzip voraussetzte. Selbst die deutsche Besatzungsherrschaft in Ober Ost beruhte zwar auf einem autoritären Herrschaftsmodell, zeichnete sich aber vor allem durch eine »ambivalente Gleichzeitigkeit von Zwangsmodernisierung und *development* einerseits, Gewalt und Vernichtung andererseits« aus.[11] Im Unterschied zur nationalsozialistischen Eroberungs- und Vernichtungspolitik gehörte die deutsche »Kulturmission« im Osten

---

9 Vgl. zu diesem strukturellen Analogismus: Kronenbitter/Pöhlmann/Walter (Hg.), Besatzung.

10 Vgl. Münkler, Imperien.

11 Gerwarth, Holocaust als kolonialer Genozid?, S. 455.

zu den Hauptantriebskräften der verantwortlichen Militärs. Die Eroberung von Lebensraum diente ab 1939 indes nicht mehr dazu, Deutschland im Kreis der europäischen Groß- und Kolonialmächte einen angestammten Platz zu sichern und die in den eroberten Gebieten ansässige Bevölkerungen – wenn auch gegen ihren Willen – zu »zivilisieren«. Lebensraum wurde nun zu einer existenziellen Größe umgedeutet, an der sich zukünftig die (Über-)Lebensfähigkeit von Völkern und Rassen entscheiden sollte. Koloniale Phantasien vom *leeren Raum* begleiteten diese Radikalisierung zwar, sie waren aber nicht mehr in diesem Maße handlungsrelevant. *Lebensraum* kennzeichnete nun die Totalität eines Zerstörungs- und Neuordnungswillens, der die eroberten Räume nach völkisch-rassischen Kriterien zu entleeren suchte. Hierfür war zunächst der gegen den Willen der Betroffenen exekutierte Bevölkerungsaustausch das entscheidende Instrumentarium. Diese bereits mörderische Neuordnungs- und Homogenisierungspolitik war nicht Folge, sondern Ziel einer am Großraum dimensionierten Herrschaftsvision. Sie eskalierte, als sich der koloniale Möglichkeitsraum noch nicht einmal mehr in der eigenen Phantasie »arisch« besiedeln ließ. Der Übergang zum systematischen Massenmord war in dem Moment vollzogen, als alle räumlichen Ordnungskonzepte scheiterten und die Ermordung der europäischen Juden als notwendige, wenn nicht sogar unvermeidliche Lösung der eigenen Lebensraumfrage an zynischer Überzeugungskraft gewann. »Unsere Grenze ist das Blut« – so lautete eine der zentralen Glaubensformeln der SS. Kaum ein anderes Bild kennzeichnet wohl eindrücklicher die Maßlosigkeit einer mörderischen und in vielerlei Hinsicht entgrenzten Raumordnungspolitik.

Archivmaterial

Bundesarchiv Lichterfelde (BA)

R 43	Reichskanzlei
R 49	Reichskommissar für die Festigung deutschen Volkstums
R 101	Reichstag
R 113	Reichsstelle für Raumordnung
R 151 F	Kaiserliches Gouvernement in Deutsch-Südwest-Afrika
R 153	Publikationsstelle Berlin-Dahlem
R 901	Auswärtiges Amt
R 904	Waffenstillstandskommission
R 1001	Reichskolonialamt
R 1001 K	Kartenbestand zum Reichskolonialamt
R 1002	Schutzgebiete Deutsch-Südwestafrika
R 1501	Reichsministerium des Inneren
R 8023	Deutsche Kolonialgesellschaft
R 8034 II	Reichslandbund

Deutsches Literaturarchiv Marbach (DLM)

Nachlass Hans Grimm

Geheimes Staatsarchiv Preußischer Kulturbesitz (GSta)

I. HA Rep. 77	Ministerium des Innern
I. HA Rep. 84a	Justizministerium
I. HA Rep. 90A	Staatsministerium, jüngere Registratur
I HA Rep. 151	Finanzministerium
I. HA Rep. 171	Bevollmächtigter für den Abstimmungsbezirk Ober-Schlesien
XI. HA	Allgemeine Kartensammlung des Geheimen Staatsarchivs

Institut für Länderkunde Leipzig

Nachlass Walter Christaller
Nachlass Emil Meynen
Nachlass Albrecht Penck
Nachlass Friedrich Ratzel
Nachlass Wilhelm Volz

National Archives Kew

FO 371
FO 925

Politisches Archiv des Auswärtigen Amtes (PAAA)

Abteilung Friedensvertrag
Abteilung IV, Verträge
Abteilung IV, Abstimmungsgebiete
Botschaft Moskau
Büro des Reichsministers
Delegationen, Bevollmächtigte, Kommissionen
Friedensabteilung
Geheimakten 1920–1936
Geschäftsstelle für die Friedensverhandlungen
Handakten Goeken
Handakten Göppert
Handakten Meyer
Handakten Simons
Inland II-C
Kult VIa, Deutschtum im Ausland
Politische Abteilung IV
Politische Abteilung V
Politische Abteilung XII
Politisches Archiv, Vertragsakten
Staatssekretär
Unterstaatssekretär

Staatsarchiv Stade (Sta Stade)

Rep. 27 Reichskammergericht zum Streit über das Hamburger Stapelrecht auf der Süderelbe

Yale University Library

Edward House papers

Literaturverzeichnis

Agnew, John/Katharyne Mitchell/Gerard Toal (Hg.), A Companion to Political Geography, 2. Auflage, Oxford 2005.

Akademie für Raumforschung und Landesplanung und dem Kommunalverband Großraum Hannover (Hg.), Zentrale Orte in der Raumordnung. Konzept von gestern oder Instrument der Zukunft?, Hannover 1999.

Alberti, Michael, Die Verfolgung und Vernichtung der Juden im Reichsgau Wartheland 1939–1945, Wiesbaden 2006.

Alexander, Kurt [Buchrezension zu »Volk ohne Raum«], in: *C.V. Zeitung. Organ des Centralvereins der Staatsbürger jüdischen Glaubens* 6 (1927), Heft 11, S. 143–145.

Aly, Götz/Susanne Heim, Vordenker der Vernichtung. Auschwitz und die deutschen Pläne für eine neue europäische Ordnung, Hamburg 1991.

Ders., »Endlösung«. Völkerverschiebung und der Mord an den europäischen Juden, Frankfurt am Main 1995.

Ambrosius, Gerold, Agrarstaat oder Industriestaat. Industriegesellschaft oder Dienstleistungsgesellschaft? Zum sektoralen Strukturwandel im 20. Jahrhundert, in: Reinhard Spree (Hg.), Geschichte der deutschen Wirtschaft im 20. Jahrhundert, München 2001, S. 50–69.

Andersen, Arne, Heimatschutz. Die bürgerliche Naturschutzbewegung, in: Franz-Josef Brüggemeier/Thomas Rommelspacher (Hg.), Besiegte Natur. Geschichte der Umwelt im 19. und 20. Jahrhundert, München 1987, S. 143–157.

Anderson, Benedict, Die Erfindung der Nation. Zur Karriere eines folgenreichen Konzepts [London 1983], Frankfurt am Main 1988.

Andrees Allgemeiner Handatlas in 139 Haupt- und 161 Nebenkarten, 5. völlig neubearbeitete und vermehrte Jubiläumsausgabe, Bielefeld und Leipzig 1913.

Angrick, Andrej, Besatzungspolitik und Massenmord. Die Einsatzgruppe D in der südlichen Sowjetunion 1941–1943, Hamburg 2003.

Ante, Ulrich, Die politische Geographie, Braunschweig 1981.

Arbeitsgemeinschaft für Geopolitik, Zur »notwendigen Klarstellung« von Richard Hennig, in: *Zeitschrift für Geopolitik* 13 (1936), S. 63–64.

Aretin, Karl Ottmar von, Das Alte Reich 1648–1806, 4 Bde., Stuttgart 1993–2000.

Arneil, Barbara, John Locke and America. The Defence of English Colonialism, Oxford 1996.

Aust, Martin, Adlige Landstreitigkeiten in Russland. Eine Studie zum Wandel der Nachbarschaftsverhältnisse 1676–1796, Wiesbaden 2003.

Auswärtiges Amt Berlin: Die Große Politik der Europäischen Kabinette 1871–1914. Sammlung der diplomatischen Akten des Auswärtigen Amtes, hrsg. von Johannes Lepsius, Albrecht Mendelssohn Bartholdy, Friedrich Thimme, 40 Bände, Berlin 1927.

B., F.C., [Buchrezension zu »Volk ohne Raum«], in: *Deutsche Arbeit. Zeitschrift des Volksbundes für das Deutschtum im Ausland* 26 (1926), S. 58–59.

Baberowski, Jörg/Anselm Doering-Manteuffel, Ordnung durch Terror. Gewaltexzesse und Vernichtung im nationalsozialistischen und im stalinistischen Imperium, Bonn 2006.

Ders., Ordnung durch Terror. Stalinismus im sowjetischen Vielvölkerreich, in: Isabel Heinemann/Patrick Wagner (Hg.), Wissenschaft – Planung – Vertreibung. Neuordnungskonzepte und Umsiedlungspolitik im 20. Jahrhundert, Stuttgart 2006, S. 145–172.

Bachmann-Medick, Doris, Cultural Turns. Neuorientierungen in den Kulturwissenschaften, Reinbek bei Hamburg 2006.
Backe, Herbert, Um die Nahrungsfreiheit Europas. Weltwirtschaft oder Großraum, Leipzig 1942.
Bade, Klaus J. (Hg.), Imperialismus und Kolonialmission. Kaiserliches Deutschland und koloniales Imperium, Wiesbaden 1982.
Ders., Das Kaiserreich als Kolonialmacht. Ideologische Projektionen und historische Erfahrungen, in: Josef Becker/Andreas Hillgruber (Hg.), Die deutsche Frage im 19. und 20. Jahrhundert, Augsburg 1983, S. 91–108.
Ders., Friedrich Fabri und der Imperialismus in der Bismarckzeit. Revolution – Depression – Expansion, Freiburg 1975, online: www.imis.uni-osnabrueck.de/Bade-Fabri.pdf [28. 8. 2010].
Badie, Bertrand, La fin des territories. Essai sur le désordre international et sur l'utilité sociale du respect, Paris 1995.
Bajohr, Frank/Michael Wildt (Hg.), Volksgemeinschaft. Neue Forschungen zur Gesellschaft des Nationalsozialismus, Frankfurt am Main 2009.
Balibar, Etienne/Immanuel Wallerstein, Rasse – Klasse – Nation. Ambivalente Identitäten, Hamburg 1990.
Barsch, Achim/Peter M. Hejl (Hg.), Menschenbilder. Zur Pluralisierung der Vorstellung von der menschlichen Natur, Frankfurt am Main 2000.
Barth, Boris, Genozid. Völkermord im 20. Jahrhundert. Geschichte – Theorien – Kontroversen, München 2006.
Barthel, Ernst, Deutschlands und Europas Schicksalsfrage, in: *Zeitschrift für Geopolitik* 3 (1926), I. HB, S. 303–309.
Bassin, Mark, Imperialism and the Nation-State in Friedrich Ratzel's Political Geography, in: *Progress in Human Geography* 11 (1987), S. 473–495.
Bauer, Markus/Thomas Rahn (Hg.), Die Grenze. Begriff und Inszenierung, Berlin 1997.
Baumann, Max, Raum und Staat. Eine Entgegnung, in: *Zeitschrift für Geopolitik* 10 (1933), S. 554–559.
Baumgart, Winfried, Deutsche Ostpolitik 1918. Von Brest-Litowsk bis zum Ende des Ersten Weltkrieges, Wien 1966.
Baxa, Jakob, Einführung in die romantische Staatswissenschaft, 2. erweiterte Auflage, Jena 1931.
Bayerl, Günter, Prolegomenon der »Großen Industrie«. Der technisch-ökonomische Blick auf die Natur im 18. Jahrhundert, in: Werner Abelshauser (Hg.), Umweltgeschichte. Umweltverträgliches Wirtschaften in historischer Perspektive (*Geschichte und Gesellschaft*, Sonderheft 15), Göttingen 1994, S. 29–56.
Bayly, Christopher A., Die Geburt der modernen Welt. Eine Globalgeschichte 1780–1914, deutsche Studienausgabe, Frankfurt am Main 2008.
Beck, Hanno, Moritz Wagner als Geograph, in: *Erdkunde* 7 (1953), S. 125–128.
Becker, Joachim/Andrea Komlosy (Hg.), Grenzen weltweit. Zonen, Linien, Mauern im historischen Vergleich, Wien 2004.
Beer, Mathias, Umsiedlung, Vernichtung, Vertreibung. Nationale Purifizierung in Europa während und am Ende des Zweiten Weltkrieges, in: ders. (Hg.), Auf dem Weg zum ethnisch reinen Nationalstaat? Europa in Geschichte und Gegenwart, Tübingen 2004, S. 119–144.
Behr, Hartmut, Transnationale Politik und die Frage der Territorialität, in: Karl Schmitt (Hg.), Politik und Raum, Baden-Baden 2002, S. 59–78.
Behringer, Wolfgang, Mit der Karte auf Grand Tour. Infrastrukturbildung und Mental Mapping in der Frühen Neuzeit, in: Christof Dipper/Ute Schneider (Hg.), Kar-

tenwelten. Der Raum und seine Repräsentation in der Neuzeit, Darmstadt 2006, S. 77–93.
Behrisch, Lars (Hg.), Vermessen, Zählen, Berechnen. Die politische Ordnung des Raums im 18. Jahrhundert, Frankfurt am Main u.a. 2006.
Ders., »Politische Zahlen«. Statistik und Rationalisierung der Herrschaft im späten Ancien Régime, in: *Zeitschrift für Historische Forschung* 31 (2004), S. 551–577.
Belina, Bernd/Boris Michel (Hg.), Raumproduktionen. Beiträge der Radical Geography. Eine Zwischenbilanz, Münster 2007.
Bendersky, Joseph W., Carl Schmitt. Theorist for the Reich, Princeton 1983.
Bennold, Martin, Mitteleuropa. Eine deutsche Politiktradition. Zu Friedrich Naumanns Konzeption und ihren Folgen, in: *Blätter für deutsche und internationale Politik* 8 (1992), S. 977–989.
Berding, Helmut (Hg.), Mythos und Nation, Frankfurt am Main 1996.
Ders. (Hg.), Nationales Bewusstsein und kollektive Identität, 3. Auflage, Frankfurt am Main 1996.
Ders., Völkische Erinnerungskultur und nationale Mythenbildung zwischen dem Kaiserreich und dem »Dritten Reich«, in: Horst Walter Blanke/Friedrich Jaeger/Thomas Sandkühler (Hg.), Dimensionen der Historik. Geschichtstheorie, Wissenschaftsgeschichte und Geschichtskultur heute. Jörn Rüsen zum 60. Geburtstag, Köln 1998, S. 83–91.
Berghahn, Volker, Das Kaiserreich 1871–1914 (Gebhardt. Handbuch der deutschen Geschichte, Bd. 16), Stuttgart 2003.
Bergien, Rüdiger, Vorspiel des Vernichtungskrieges? Die Ostfront des Ersten Weltkrieges und das Kontinuitätsproblem, in: Gerhard P. Groß (Hg.), Die vergessene Front – der Osten 1914/15. Ereignis, Wirkung, Nachwirkung, Paderborn 2006, S. 393–408.
Bermann, Russel A., Enlightenment of Empire. Colonial Discourse in German Culture, London 1998.
Berry, Brian/Allen Pred, Central Place Studies. A Bibliography of Theory and Application, Philadelphia 1961.
Best, Werner, Völkische Großraumordnung, in: *Deutsches Recht* 10 (1940), S. 1006–1007.
Ders., Nochmals: Völkische Großraumordnung statt. Völkerrechtliche Großraumordnung, in: *Deutsches Recht* 11 (1941), S. 1533–1534.
[Ders.], Herrenschicht oder Führungsvolk?, in: *Reich – Volksordnung – Lebensraum* 3 (1942), S. 122–141.
Ders., Großraumordnung und Großraumverwaltung, in: *Zeitschrift für Politik* 32 (1942), S. 406–412.
Bielefeld, Ulrich, Ethnizität und Gewalt. Kollektive Leidenschaft und die Existentialisierung von Ethnizität und Gewalt, in: Ulrike Jureit (Hg.), Politische Kollektive. Die Konstruktion nationaler, rassischer und ethnischer Gemeinschaften, Münster 2001, S. 144–162.
Ders., Nation und Gesellschaft. Selbstthematisierungen in Deutschland und Frankreich, Hamburg 2003.
Black, Jeremy, Geschichte der Landkarte. Von der Antike bis zur Gegenwart, Leipzig 2005.
Blackbourn, David, A Sense of Place. New Directions in German History, London 1998.
Ders., Das Kaiserreich transnational. Eine Skizze, in: Sebastian Conrad/Jürgen Osterhammel (Hg.), Das Kaiserreich transnational. Deutschland in der Welt 1871–1914, Göttingen 2004, S. 302–324.

Ders., Die Eroberung der Natur. Eine Geschichte der deutschen Landschaft, München 2007.

Blasius, Dirk, Carl Schmitt. Preußischer Staatsrat in Hitlers Reich, Göttingen 2001.

Blindow, Felix, Carl Schmitts Reichsordnung. Strategie für einen europäischen Großraum, Berlin 1999.

Blotevogel, Hans Heinrich, Zentrale Orte. Zur Karriere und Krise eines Konzepts in der Regionalforschung und Raumordnungspraxis, in: *Informationen zur Raumentwicklung* 10 (1996), S. 617–620.

Böckenförde, Ernst-Wolfgang, Organ, Organismus, Organisation, politischer Körper, in: Geschichtliche Grundbegriffe, Bd. 4, Stuttgart 1978, S. 519–622.

Ders., Der Staat als Organismus. Zur staatstheoretisch-verfassungspolitischen Diskussion im frühen Konstitutionalismus, in: ders., Recht, Staat, Freiheit. Studien zur Rechtsphilosophie, Staatstheorie und Verfassungsgeschichte, Frankfurt am Main 1991, S. 263–272.

Boden, Ragna, Die Weimarer Nationalversammlung und die deutsche Außenpolitik. Waffenstillstand, Friedensverhandlungen und internationale Beziehungen in den Debatten von Februar bis August 1919, Frankfurt am Main 2000.

Boeckh, Katrin, Von den Balkankriegen zum Ersten Weltkrieg. Kleinstaatenpolitik und ethnische Selbstbestimmung auf dem Balkan, München 1996.

Boehm, Max Hildebert, Die deutschen Grenzlande, Berlin 1930.

Ders., Das eigenständige Volk. Volkstheoretische Grundlagen der Ethnopolitik und Geisteswissenschaften, Göttingen 1932.

Boesler, Klaus-Achim, Politische Geographie, Stuttgart 1983.

Bohlender, Matthias, Metamorphosen des Gemeinwohls. Von der Herrschaft guter polizey zur Regierung durch Freiheit und Sicherheit, in: Herfried Münkler/Harald Bluhm (Hg.), Gemeinwohl und Gemeinsinn. Historische Semantiken politischer Leitbegriffe, Berlin 2001, S. 247–274.

Böhler, Jochen, Auftakt zum Vernichtungskrieg. Die Wehrmacht in Polen 1939, Frankfurt am Main 2006.

Böhme, Hartmut (Hg.), Topographien der Literatur. Deutsche Literatur im transnationalen Kontext, Stuttgart 2005.

Bohn, Robert, Geschichte Schleswig-Holsteins, München 2006.

Bolland, Jürgen, Die Hamburger Elbkarte aus dem Jahre 1568 gezeichnet von Melchior Lorichs (Veröffentlichungen aus dem Staatsarchiv der Freien und Hansestadt Hamburg, Band VIII), Hamburg 1964.

Bollati, Ambrogio, Hans Grimm. Volk ohne Raum e Der Ölsucher von Duala, in: *Rivista delle colonie. Ressegna dei possidimenti italiani I stranieri d'oltrema* 14 (1940), Heft 7, S. 1023.

Borchardt, Knut, Globalisierung in historischer Perspektive, München 2001.

Ders., Wirtschaftliches Wachstum und Wechsellagen 1800–1914, in: Hermann Aubin/Wolfgang Zorn (Hg.), Handbuch der deutschen Wirtschafts- und Sozialgeschichte, Bd. 2: Das 19. und 20. Jahrhundert, Ludwigsburg 1976, S. 198–275.

Bornhak, Conrad, Allgemeine Staatslehre, Berlin 1896.

Borodziej, Włodzimierz, Geschichte Polens im 20. Jahrhundert, München 2010.

Borowsky, Peter, Deutsche Ukrainepolitik 1918 unter besonderer Berücksichtigung der Wirtschaftsfragen, Lübeck 1970.

Borscheid, Peter, Das Tempo-Virus. Eine Kulturgeschichte der Beschleunigung, Frankfurt am Main 2004.

Borsó, Vittoria/Reinhold Görling (Hg.), Kulturelle Topographien, Stuttgart 2004.
Bosma, Koos, Verbindungen zwischen Ost- und Westkolonisation, in: Mechtild Rössler/Sabine Schleiermacher (Hg.), Der »Generalplan Ost«. Hauptlinien der nationalsozialistischen Planungs- und Vernichtungspolitik, Berlin 1993, S. 198–214.
Bowler, Peter J., Evolution. The History of an Idea, Berkeley 1989.
Bracher, Karl Dietrich, Die nationalsozialistische Machtergreifung, Köln 1962.
Braig, Marianne/Ottmar Ette/Dieter Ingenschay/Günter Maihold (Hg.), Grenzen der Macht – Macht der Grenzen. Lateinamerika im globalen Kontext, Frankfurt am Main 2005.
Brand, Hartwig/Ewald Grothe (Hg.), Quellen zur Alltagsgeschichte der Deutschen 1815–1870, Darmstadt 2005.
Brandes, Detlef/Holm Sundhaussen/Stefan Troebst (Hg.), Lexikon der Vertreibungen. Deportation, Zwangsaussiedlung und ethnische Säuberung in Europa des 20. Jahrhunderts, Wien 2010.
Bratvogel, Friedrich W., Stadtentwicklung und Wohnverhältnisse in Bielefeld unter dem Einfluß der Industrialisierung im 19. Jahrhundert, Dortmund 1989.
Braune, Hans, [Buchrezension zu Volk ohne Raum], in: *Deutschlands Erneuerung* 11 (1927), S. 263–264.
Brendecke, Arndt, Imperium und Empirie. Funktionen des Wissens in der spanischen Kolonialherrschaft, Köln 2009.
Breuer, Stefan, Die Völkischen in Deutschland. Kaiserreich und Weimarer Republik, Darmstadt 2008.
Breuilly, John, Nationalism and the State, Chicago 1985.
Ders., Nationalismus und moderner Staat, Köln 1999.
Bright, Charles/Michael Geyer, World History in a Global Age, in: *The American Historical Review* 100 (1995), Heft 4, S. 1034–1060.
Dies., Globalgeschichte und die Einheit der Welt, in: *Comparativ* 4 (1994), Heft 5, S. 13–45.
Brockhaus, Allgemeine deutsche Real-Encyclopädie, 7. Auflage, Leipzig 1827.
Brockhaus, Der Große, Conversations-Lexikon der Gegenwart in vier Bänden, Leipzig 1838.
Brockhaus Bilder-Conservations-Lexikon, Leipzig 1841.
Brockhaus Konversations-Lexikon, 14. Auflage, Leipzig 1892–1895.
Brosses, Charles de, Lettres familières sur l'Italie, hrsg. von Yvonne Bézard, Paris 1931.
Broszat, Martin, Nationalsozialistische Polenpolitik 1939–1945, Stuttgart 1961.
Browning, Christopher R., Der Weg zur »Endlösung«. Entscheidungen und Täter, Bonn 1998.
Brubaker, Roger, Nationalism Reframed. Nationhood and the National Question in the New Europe, Cambridge 1996.
Brubaker, Rogers, Staats-Bürger. Deutschland und Frankreich im Vergleich, Hamburg 1994.
Bruendel, Steffen, Volksgemeinschaft oder Volksstaat. Die »Ideen von 1914« und die Neuordnung Deutschlands im Ersten Weltkrieg, Berlin 2003.
Brüggemeier, Franz-Josef/Thomas Rommelspacher (Hg.), Besiegte Natur. Geschichte der Umwelt im 19. und 20. Jahrhundert, München 1987.
Brunner, Otto, Land und Herrschaft. Grundfragen der territorialen Verfassungsgeschichte Österreichs im Mittelalter (1939), Nachdruck der 5. Auflage, Darmstadt 1984.

[Buchrezension zu Volk ohne Raum], in: *Deutsche Blätter in Polen. Monatsschrift für die Deutschen in Polen* 3 (1926), S. 520.

[Buchrezension zu Volk ohne Raum], in: *Der deutsche Auswanderer. Veröffentlichungen des evangelischen Vereins für deutsche Ansiedler und Auswanderer* 23 (1927), S. 19.

Bülow, Friedrich, Gedanken zu einer volksorganischen Standortlehre, in: *Raumforschung und Raumordnung* 1 (1937), S. 385–390.

Ders., Zur Standorttheorie des Wirtschaftsliberalismus, in: *Raumforschung und Raumordnung* 1 (1937), S. 353–358.

Ders., Zur Problematik des Raumbegriffs, in: *Archiv für Wirtschaftsplanung* 1 (1941), S. 137–149.

Ders., Großraumwirtschaft, Weltwirtschaft und Raumordnung, Leipzig 1941.

Burgdörfer, Friedrich, Der Geburtenrückgang und seine Bekämpfung. Die Lebensfrage des deutschen Volkes, Berlin 1929.

Ders., Volk ohne Jugend. Geburtenschwund und Überalterung des deutschen Volkskörpers. Ein Problem der Volkswirtschaft, der Sozialpolitik, der nationalen Zukunft, Berlin 1932.

Ders., Deutsches Volk in Not, Bielefeld 1935.

Buschmeier, Matthias/Christian Fieseler, Ästhetische Zahlen. Goethes Schweizer Reisen, in: Lars Behrisch (Hg.), Vermessen, Zählen, Berechnen. Die politische Ordnung des Raums im 18. Jahrhundert, Frankfurt am Main u.a. 2006, S. 151–177.

Buttmann, Günther, Friedrich Ratzel. Leben und Werk eines deutschen Geographen 1844–1904, Stuttgart 1977.

Carell, Erich, Abnehmender Bodenertragszuwachs, in: Handwörterbuch der Sozialwissenschaften, Stuttgart u.a. 1956, Bd. 1, S. 7–9.

Carmichael, Cathie, Genocide before the Holocaust, New Haven 2009.

Carrol, Eber Malcolm/Fritz Theodor Epstein (Hg.), Das nationalsozialistische Deutschland und die Sowjetunion 1939–1941. Akten aus dem Archiv des Deutschen Auswärtigen Amts, Berlin 1948.

Cassirer, Ernst, Mythischer, ästhetischer und theoretischer Raum (1931), in: ders., Symbol, Technik, Sprache. Aufsätze aus den Jahren 1927–1933, Hamburg 1985, S. 93–119.

Certeau, Michel de, Kunst des Handelns (1980), Berlin 1988.

Ders., Das Schreiben der Geschichte, Frankfurt am Main 1991, http://www.uni-bielefeld.de/geschichte/abteilung/arbeitsbereiche/lateinamerika/cuadframe.htm [6. 8. 2010].

Chickering, Roger, We men feel most German. A cultural study of the Pan-German League, Boston 1984.

Christadler, Maike, Giovanni Stradanos America. Allegorie als Ikone der Postcolonial Studies, in: *Kunst und Politik* 4 (2002), S. 17–33.

Christaller, Walter, Die zentralen Orte in Süddeutschland. Eine ökonomisch-geographische Untersuchung über die Gesetzmäßigkeit der Verbreitung und Entwicklung der Siedlungen mit städtischen Funktionen, Jena 1933 (Neudruck 1968).

Ders., Die ländliche Siedlungsweise im Deutschen Reich und ihre Beziehungen zur Gemeindeorganisation, Stuttgart 1937.

Ders., Die Kultur- und Marktbereiche der zentralen Orte im deutschen Ostraum und die Gliederung der Verwaltung, in: *Raumforschung und Raumordnung* 4 (1940), S. 498–504.

Ders., Grundgedanken zum Siedlungs- und Verwaltungsaufbau im Osten, in: *Neues Bauerntum* 32 (1940), S. 305–312.

Ders., Die zentralen Orte in den Ostgebieten und ihre Kultur- und Marktbereiche, Leipzig 1941.
Ders., Raumtheorie und Raumordnung, in: *Archiv für Wirtschaftsplanung* 1 (1941), S. 116–135.
Ders., Land und Stadt in der deutschen Volksordnung, in: *Deutsche Agrarpolitik* 1 (1942), S. 53–56.
Claß, Heinrich, Denkschrift betreffend die national-, wirtschafts- und sozialpolitischen Ziele des deutschen Volkes im gegenwärtigen Kriege vom 18. September 1914, o.J. [1914].
Claudius, Hermann, [Buchrezension zu Volk ohne Raum], in: *Hamburger Fremdenblatt* vom 26. 11. 1927, S. 26–27.
Commission Polonaise des Travaux Préparatoires au Congrés de la Paix, Questions Relatives aux Territoires Polonais sous la Domination Prussienne, Paris 1919.
Conrad, Sebastian, Doppelte Marginalisierung. Plädoyer für eine transnationale Perspektive auf die deutsche Geschichte, in: *Geschichte und Gesellschaft* 27 (2001), S. 145–169.
Ders./Jürgen Osterhammel (Hg.), Das Kaiserreich transnational. Deutschland in der Welt 1871–1914, Göttingen 2004.
Ders., »Eingeborenenpolitik« in Kolonie und Metropole. »Erziehung zur Arbeit« in Ostafrika und Ostwestfalen, in: ders./Jürgen Osterhammel (Hg.), Kaiserreich transnational – Deutschland in der Welt, Göttingen 2004, S. 107–128.
Ders., Globalisierung und Nation im Deutschen Kaiserreich, München 2006.
Ders./Andreas Eckert/Ulrike Freitag (Hg.): Globalgeschichte. Theorien, Ansätze, Themen, Frankfurt am Main 2007.
Ders./Andreas Eckert, Globalgeschichte, Globalisierung, multiple Modernen. Zur Geschichtsschreibung der modernen Welt, in: dies./Ulrike Freitag (Hg.), Globalgeschichte. Theorien, Ansätze, Themen, Frankfurt, New York 2007, S. 7–49.
Conze, Eckart/Norbert Frei/Peter Hayes/Moshe Zimmermann, Das Amt und die Vergangenheit. Deutsche Diplomaten im Dritten Reich und in der Bundesrepublik, München 2010.
Conze, Vanessa, »Unverheilte Brandwunden in der Außenhaut des Volkskörpers«. Der deutsche Grenz-Diskurs der Zwischenkriegszeit (1919–1939), in: Wolfgang Hardtwig (Hg.), Ordnungen in der Krise. Zur politischen Kulturgeschichte Deutschlands 1900–1933, München 2007, S. 21–48.
Conze, Werner, Die ländliche Übervölkerung in Polen, in: Arbeiten des XIV. Internationalen Soziologen-Kongresses in Bukarest, Bukarest 1940, S. 40–48.
Ders., Nationalstaat oder Mitteleuropa? Die Deutschen des Reichs und die Nationalitätenfrage Ostmitteleuropas im Ersten Weltkrieg, in: ders. (Hg.), Deutschland und Europa. Historische Studien zur Völker- und Staatenordnung des Abendlandes, Düsseldorf 1951, S. 201–239.
Ders., Vom Pöbel zum Proletariat. Sozialgeschichtliche Voraussetzungen für den Sozialismus in Deutschland, in: *Vierteljahresschrift für Sozial- und Wirtschaftsgeschichte* 41 (1954), S. 333–364.
Ders., Polnische Nation und deutsche Politik im Ersten Weltkrieg, Köln 1958.
Ders., Sozialgeschichte 1850–1918, in: Hermann Aubin/Wolfgang Zorn (Hg.), Handbuch der deutschen Wirtschafts- und Sozialgeschichte, Bd. 2: Das 19. und 20. Jahrhundert, Ludwigsburg 1976, S. 602–684.
Cvetkovski, Roland, Modernisierung durch Beschleunigung. Raum und Mobilität im Zarenreich, Frankfurt am Main 2006.

Czerwinski, Peter, Gegenwärtigkeit. Simultane Räume und zyklische Zeiten, Formen von Regeneration und Genealogie im Mittelalter, München 1993.
Daitz, Werner, Der Weg zur völkischen Wirtschaft und zur europäischen Großraumwirtschaft, Dresden 1941.
Ders., Echte und unechte Großräume. Gesetze des Lebensraumes, in: *Reich – Volksordnung – Lebensraum* 2 (1942), S. 75–96.
Danckelman, Alexander von, Grenzfestsetzungen, Grenzregulierungen und Grenzexpeditionen, in: Schnee (Hg.), Deutsches Kolonial-Lexikon, Bd. 1, Leipzig 1920, S. 752–756.
Ders., Routenaufnahmen, in: Schnee (Hg.), Deutsches Kolonial-Lexikon, Bd. 3, Leipzig 1920, S. 186–187.
Danton, George H., Hans Grimms Volk ohne Raum, in: *Monatshefte für deutschen Unterricht. A Journal Devoted to the Teaching of German in the Schools and Colleges of America* 27 (1935), Heft 2, S. 33–43.
Darré, Richard Walther, Neuadel aus Blut und Boden, München 1930.
Ders., Das Bauerntum als Lebensquell der Nordischen Rasse, München 1933.
Ders., Stellung und Aufgaben des Landstandes in einem nach lebensgesetzlichen Gesichtspunkten aufgebauten deutschen Staate (1930), in: ders., Um Blut und Boden. Reden und Aufsätze, München 1940, S. 163–169.
Ders., Um Blut und Boden. Reden und Aufsätze, München 1940.
Darwin, Charles, On the Origin of Species. Or The Preservation of Favoured Races in the Struggle for Life, London 1859, online: http://www.gutenberg.org/files/1228/1228-h/1228-h.htm [16. 9. 2010].
Ders., Über die Entstehung der Arten durch natürliche Zuchtwahl oder die Erhaltung der begünstigsten Rasse im Kampfe ums Dasein (1859), nach der Übersetzung von J. Viktor Carus, Neuausgabe, Hamburg 2008.
Ders., Die Abstammung des Menschen und die geschlechtliche Zuchtwahl, deutsche Übersetzung von J. Victor Carus, 3. überarbeitete Auflage, Bd. II, Stuttgart 1875.
Dehs, Volker, Jules Verne. Eine kritische Biographie, Düsseldorf 2005.
Delaney, David, Territory. A Short Introduction, Malden 2005.
Deleuze, Gilles/Felix Guattari, Tausend Plateaus. Kapitalismus und Schizophrenie II (1980), Berlin 1992.
Mazza, Ethel Matala de, Der verfasste Körper. Zum Projekt einer organischen Gemeinschaft in der Politischen Romantik, Freiburg 1999.
Demhardt, Imre Josef, Deutsche Kolonialgrenzen in Afrika. Historisch-geographische Untersuchungen ausgewählter Grenzräume von Deutsch-Südwestafrika und Deutsch-Ostafrika, Hildesheim 1997.
Ders., Die Entschleierung Afrikas. Deutsche Kartenbeiträge von August Petermann bis zum Kolonialkartographischen Institut, Gotha 2000.
Demm, Eberhard, Das deutsche Besatzungsregime in Litauen im Ersten Weltkrieg. Generalprobe für Hitlers Ostfeldzug und Versuchslabor des totalitären Staates, in: ders., Ostpolitik und Propaganda im Ersten Weltkrieg, Frankfurt am Main 2002, S. 329–339.
Dieckmann, Christoph, Plan und Praxis. Deutsche Siedlungspolitik im besetzten Litauen 1941–1944, in: Isabel Heinemann/Patrick Wagner (Hg.), Wissenschaft – Planung – Vertreibung. Neuordnungskonzepte und Umsiedlungspolitik im 20. Jahrhundert, Stuttgart 2006, S. 93–118.
Diekmann, Irene/Peter Krüger/Julius H. Schoeps (Hg.), Geopolitik. Grenzgänge im Zeitgeist, 2 Bde., Potsdam 2000.

Diener, Roger, Das Reich im Weltanschauungskampf und Theorienstreit, in: *Reich – Volksordnung – Lebensraum* 6 (1943), S. 216–352.
Dietrich, Bruno, Die natürliche Grenze des nordöstlichen Oberschlesiens, Breslau 1921.
Ders., Oberschlesien, seine Stellung innerhalb der deutschen Ostmarken und seine Grenzen, in: Walter Behrmann (Hg.), Wissenschaftliche Abhandlungen des 21. Deutschen Geographentages zu Breslau vom 2. bis 4. Juni 1925, Berlin 1926, S. 97–122.
Diner, Dan, »Grundbuch des Planeten«. Zur Geopolitik Karl Haushofers, in: *Vierteljahrshefte für Zeitgeschichte* 32 (1984), S. 1–28.
Ders., Das Jahrhundert verstehen. Eine universalhistorische Deutung, München 1999.
Dipper, Christof/Lutz Raphael, Raum in der Europäischen Geschichte, in: *Journal of Modern European History* 9 (2011), Heft 1, S. 27–40.
Ditt, Karl, Raum und Volkstum. Die Kulturpolitik des Provinzialverbandes Westfalen 1923–1945, Münster 1988.
Dmowski, Roman, Problems of Central and Eastern Europe, London 1917.
Domarus, Max, Hitler. Reden und Proklamationen 1932–1945, Würzburg 1962.
Döring, Jörg/Tristan Thielmann (Hg.), Spatial Turn. Das Raumparadigma in den Kultur- und Sozialwissenschaften, Bielefeld 2008.
Döring, Stephan, Die Umsiedlung der Wolhyniendeutschen in den Jahren 1939 bis 1940, Frankfurt am Main 2000.
Dörries, Matthias, Krakatau 1883: Die Welt als Labor und Erfahrungsraum, in: Iris Schröder/Sabine Höhler (Hg.), Welt-Räume. Geschichte, Geographie und Globalisierung seit 1900, Frankfurt am Main 2005, S. 51–73.
Doyle, Michael W., Empires, New York 1986.
Dülffer, Jost, Versailles und die Friedensschlüsse des 19. und 20. Jahrhunderts, in: Gerd Krumeich (Hg.), Versailles 1919. Ziele, Wirkungen, Wahrnehmungen, Essen 2001, S. 17–34.
Ders., Selbstbestimmung, Wirtschaftsinteressen und Großmachtpolitik. Grundprinzipien für die Friedensregelung nach dem Ersten Weltkrieg, in: Mathias Beer (Hg.), Auf dem Weg zum ethnisch reinen Nationalstaat? Europa in Geschichte und Gegenwart, 2. Auflage, Tübingen 2007, S. 41–67.
Dünne, Jörg, Pilgerkörper. Pilgertexte. Zur Medialität der Raumkonstitution in Mittelalter und früher Neuzeit, in: ders./Hermann Doetsch/Roger Lüdeke (Hg.), Von Pilgerwegen, Schriftspuren und Blickpunkten. Raumpraktiken in medienhistorischer Perspektive, Würzburg 2004, S. 79–97.
Ders./Stephan Günzel (Hg.), Raumtheorie. Grundlagentexte aus Philosophie und Kulturwissenschaften, Frankfurt am Main 2006.
Ders., Die Karte als Operations- und Imaginationsmatrix. Zur Geschichte eines Raummediums, in: Jörg Döring/Tristan Thielmann (Hg.), Spatial Turn. Das Raumparadigma in den Kultur- und Sozialwissenschaften, Bielefeld 2008, S. 49–69.
Ders., Ortung und Zeichenordnung im Códice Valentim Fernandes. Die portugiesische Atlantikschifffahrt zwischen Raumkalkül und Raumsymbolisierung, in: Tanja Michalsky/Felicitas Schmieder/Gisela Engel (Hg.), Aufsicht – Ansicht – Einsicht. Neue Perspektiven auf die Kartographie an der Schwelle zur Frühen Neuzeit, Berlin 2009, S. 141–160.
Ders., Die kartographische Imagination. Erinnern, Erzählen und Fingieren in der Frühen Neuzeit, München 2011.

Dussler, Hildebrand (Hg.), Reisen und Reisende in Bayerisch-Schwaben und seinen Randgebieten in Oberbayern, Franken, Württemberg, Vorarlberg und Tirol, Reiseberichte aus elf Jahrhunderten, 2 Bde., Weißenhorn 1968/1974.

Dwinger, Edwin Erich, Wir rufen Deutschland. Heimkehr und Vermächtnis, Jena 1932.

Ebeling, Frank, Geopolitik 1919–1945. Karl Haushofer und seine Raumwissenschaft, Berlin 1994.

Echternkamp, Jörg, Der Aufstieg des deutschen Nationalismus 1770–1840, Frankfurt am Main 1998.

Eckart, Andreas/Albert Wirz, Wir nicht, die Anderen auch, in: Sebastian Conrad/Shalini Randeria (Hg.), Jenseits des Eurozentrismus. Postkoloniale Perspektiven in den Geschichts- und Kulturwissenschaften, Frankfurt am Main 2002, S. 372–392.

Ders., Kolonialismus, Frankfurt am Main 2006.

Ders./Michael Pesek, Bürokratische Ordnung und koloniale Praxis. Herrschaft und Verwaltung in Preußen und Afrika, in: Sebastian Conrad/Jürgen Osterhammel (Hg.), Das Kaiserreich transnational. Deutschland in der Welt 1871–1914, Göttingen 2006, S. 87–106.

Eckart, Wolfgang U., Medizin und Kolonialimperialismus. Deutschland 1884–1945, Paderborn 1997.

Ehmer, Josef, Bevölkerungsgeschichte und Historische Demographie 1800–2000, München 2004.

Eichner, Karsten, Briten, Franzosen und Italiener in Oberschlesien 1920–1922. Die Interalliierte Regierungs- und Plebiszitkommission im Spiegel der Britischen Akten, St. Katharinen 2002.

Eigmüller, Monika/Georg Vobruba (Hg.), Grenzsoziologie. Die politische Strukturierung des Raumes, Wiesbaden 2006.

Dies., Grenzsicherungspolitik. Funktion und Wirkung der europäischen Außengrenze, Wiesbaden 2007.

Einstein, Albert, Raum, Äther und Feld in der Physik, in: *Forum Philosophicum* I (1930), S. 173–180.

Elias, Norbert, Die Gesellschaft der Individuen (1939), in: ders., Die Gesellschaft der Individuen, hrsg. von Michael Schröter, Frankfurt am Main 1987, S. 15–98.

Ders., Über den Prozeß der Zivilisation. Soziogenetische und psychogenetische Untersuchungen, Bd. 1: Wandlungen des Verhaltens in den weltlichen Oberschichten des Abendlandes, Taschenbuchausgabe, Frankfurt am Main 1976.

Ders., Über den Prozeß der Zivilisation. Soziogenetische und psychogenetische Untersuchungen, Bd. 2: Wandlungen der Gesellschaft. Entwurf zu einer Theorie der Zivilisation, 14. Auflage, Taschenbuchausgabe, Frankfurt am Main 1994.

Elvert, Jürgen, Mitteleuropa! Deutsche Pläne zur europäischen Neuordnung (1918–1945), Stuttgart 1999.

Engels, Eve-Marie, Darwins Popularität im Deutschland des 19. Jahrhunderts. Die Herausbildung der Biologie als Leitwissenschaft, in: Achim Barsch, Peter M. Hejl (Hg.), Menschenbilder. Zur Pluralisierung der Vorstellungen von der menschlichen Natur (1850–1914), Stuttgart 2000, S. 91–145.

Engels, Friedrich, Die Lage der arbeitenden Klasse in England (1845), in: Karl Marx/Friedrich Engels, Werke, Bd. 2, Berlin 1972.

Erb, Wilhelm, Über die nächsten Aufgaben der Nervenpathologie, in: *Deutsche Zeitschrift für Nervenheilkunde* 1 (1891), S. 3.

Erdmann, Karl D./Egmont Zechlin (Hg.), Krieg und Frieden. Politik und Geschichte. Europa 1914, Kiel 1985.

Espagne, Michel, Transferanalyse statt Vergleich. Interkulturalität in der sächsischen Regionalgeschichte, in: Hartmut Kaelble/Jürgen Schriewer (Hg.), Vergleich und Transfer-Komparatistik in den Sozial-, Geschichts- und Kulturwissenschaften, Frankfurt am Main, S. 419–438.

Etzemüller, Thomas, Ein ewigwährender Untergang. Der apokalyptische Bevölkerungsdiskurs im 20. Jahrhundert, Bielefeld 2007.

Faber, Karl-Georg, Zur Vorgeschichte der Geopolitik. Staat, Nation und Lebensraum im Denken deutscher Geographen vor 1914, in: Heinz Dollinger/Horst Gründer/Alwin Hanschmidt (Hg.), Weltpolitik – Europagedanke – Regionalismus. Festschrift für Heinz Gollwitzer zum 65. Geburtstag, Münster 1982, S. 389–406.

Fabri, Friedrich, Bedarf Deutschland der Colonien? Eine politisch-ökonomische Betrachtung, Gotha 1879.

Fahlbusch, Michael, »Wo der deutsche ... ist, ist Deutschland!« Die Stiftung für deutsche Volks- und Kulturbodenforschung in Leipzig 1920–1933, Bochum 1994.

Ders., Wissenschaft im Dienste der nationalsozialistischen Politik? Die »Volksdeutschen Forschungsgemeinschaften« von 1931–1945, Baden-Baden 1999.

Fechter, Paul, Das große Buch der Zeit, in: *Deutsche Handelswacht. Zeitschrift des deutsch-nationalen Handlungsgehilfen-Verbandes* 38 (1931), S. 325–326.

Feder, Gottfried, Die Neue Stadt. Versuch der Begründung einer neuen Stadtplanungskunst aus der sozialen Struktur der Bevölkerung, Berlin 1939.

Feest, David, Ethnische Spaltung, nationale Konsolidierung. Die Folgen des Hitler-Stalin-Paktes im Baltikum, in: *Osteuropa* 59 (2009), S. 187–201.

Feiten, Josef, [Buchrezension zu Volk ohne Raum], in: *Bücherwelt. Zeitschrift des Boromäusvereins* 24 (1927), S. 390–392.

Ferdinand, Ursula, Das Malthusische Erbe. Entwicklungsstränge der Bevölkerungstheorie im 19. Jahrhundert und deren Einfluß auf die radikale Frauenbewegung in Deutschland, Berlin 1999.

Dies., Der Geburtenrückgang als Herausforderung an die Bevölkerungswissenschaft in Deutschland, in: Rainer Mackensen/Jürgen Reulecke/Josef Ehmer (Hg.), Ursprünge, Arten und Folgen des Konstrukts »Bevölkerung« vor, im und nach dem »Dritten Reich«. Zur Geschichte der deutschen Bevölkerungswissenschaft, Wiesbaden 2009, S. 229–287.

Ferrari, Massimo, Cassirer und der Raum. Sechs Variationen über ein Thema, in: *Internationale Zeitschrift für Philosophie* 1 (1992), S. 167–188.

Feuchert, Sascha/Erwin Leibfried/Jörg Riecke (Hg.), Die Chronik des Gettos Lodz/Litzmannstadt, Göttingen 2007.

Fieseler, Christoph, Der vermessene Staat. Politik und Kartographie im 18. Jahrhundert, unveröffentlichtes Manuskript der gleichnamigen Dissertation, Bielefeld 2009.

Fisch, Jörg, Die europäische Expansion und das Völkerrecht. Die Auseinandersetzungen um den Status der überseeischen Gebiete vom 15. Jahrhundert bis zur Gegenwart, Stuttgart 1984.

Ders., Das Selbstbestimmungsrecht. Opium für die Völker, in: Erich Reiter (Hg.), Grenzen des Selbstbestimmungsrechts. Die Neuordnung Europas und das Selbstbestimmungsrecht der Völker, Graz 1996, S. 11–33.

Ders., Das Volk im Völkerrecht. Volk und Individuum im internationalen Recht am Ende des Ersten Weltkrieges, in: Manfred Hettling (Hg.), Volksgeschichten im Europa der Zwischenkriegszeit, Göttingen 2003, S. 38–64.

Ders., Das Selbstbestimmungsrecht der Völker. Die Domestizierung einer Illusion, München 2010.

Fisch, Maria, Der Caprivizipfel während der deutschen Zeit 1890–1914, Köln 1996.
Fischer, Alois, Zur Frage der Tragfähigkeit des Lebensraumes, in: *Zeitschrift für Geopolitik* 2 (1925), II. HB, S. 762–779, 842–858.
Fischer, Fritz, Weltmacht oder Niedergang. Deutschland im Ersten Weltkrieg (1965), Frankfurt am Main 1968.
Ders., Krieg der Illusionen: Die deutsche Politik von 1911 bis 1914 (1969), Düsseldorf 1998.
Ders., Griff nach der Weltmacht. Die Kriegszielpolitik des kaiserlichen Deutschland 1914/18 (1961), Nachdruck, Düsseldorf 2000.
Fischer, Hans-Jörg, Die deutschen Kolonien. Die koloniale Rechtsordnung und ihre Entwicklung nach dem ersten Weltkrieg, Berlin 2001.
Fischer, Wolfram, Expansion, Integration, Globalisierung. Studien zur Geschichte der Weltwirtschaft, Göttingen 1998.
Fleischhauer, Ingeborg, Der Pakt. Hitler, Stalin und die Initiative der deutschen Diplomatie 1938–1939, Berlin 1990.
Florack, Franz, Die Schutzgebiete, ihre Organisation in Verfassung und Verwaltung, Tübingen 1905.
Foucault, Michel, Der Wille zum Wissen, Frankfurt am Main 1977.
Ders., Andere Räume (1967), in: Karlheinz Barck/Peter Gente/Heidi Paris/Stefan Richter (Hg.), Aisthesis. Wahrnehmung heute oder Perspektiven einer anderen Ästhetik, Leipzig 1991, S. 34–46.
Ders., Sicherheit, Territorium, Bevölkerung. Geschichte der Gouvernementalität I, Frankfurt am Main 2006.
Ders., Die Geburt der Biopolitik. Geschichte der Gouvernementalität II, Frankfurt am Main 2004.
Fox, John P., Der Fall Katyn und die Propaganda des NS-Regimes, in: *Vierteljahrshefte für Zeitgeschichte* 30 (1982), S. 462–499.
François, Curt von, Mitteilungen von Forschungsreisenden und Gelehrten aus den deutschen Schutzgebieten, Berlin 1891.
François, Etienne/Jörg Seifarth/Bernhard Struck (Hg.), Die Grenze als Raum, Erfahrung und Konstruktion. Deutschland, Frankreich und Polen vom 17. bis zum 20. Jahrhundert, Frankfurt am Main 2007.
Frank, Michael C./Bettina Gockel/Thomas Hauschild/Dorothee Kimmich/Kirsten Mahlke (Hg.), Räume. Themenheft der Zeitschrift für Kulturwissenschaften, Heft 2, Bielefeld 2008.
Franzen, Erich, [Buchrezension zu Volk ohne Raum], in: *Die literarische Welt* 2 (1927), S. 5.
Freud, Sigmund, Vorlesungen zur Einführung in die Psychoanalyse, in: Gesammelte Werke, Bd. XI, S. 173–186.
Fricke, Gerhard, Hans Grimm. Zum 60. Geburtstag des Dichters, in: *Zeitschrift für Deutschkunde* 49 (1935), S. 88–100.
Funke, Manfred (Hg.), Hitler, Deutschland und die Mächte. Materialien zur deutschen Außenpolitik des Dritten Reiches, Düsseldorf 1978.
Galison, Peter, Einsteins Uhren, Poincarés Karten. Die Arbeit an der Ordnung der Zeit, Frankfurt am Main 2003.
Gallagher, Edward J., America by Johannes Stradanus (1997), online: http://www.lehigh.edu/~ejg1/ed/strad1.html [20. 8. 2010].
Ganslmayr, Herbert, Moritz Wagner und seine Bedeutung für die Ethnologie, in: *Verhandlungen des 38. Internationalen Amerikanistenkongresses* 4 (1972), S. 459–470.

Gehrke, Roland, Der polnische Westgedanke bis zur Wiedererrichtung des polnischen Staates nach Ende des Ersten Weltkrieges. Genese und Begründung polnischer Gebietsansprüche gegenüber Deutschland im Zeitalter des Nationalismus, Marburg 2011.
Geisler, Walter, Die Sprachen- und Nationalitätenverhältnisse an den deutschen Ostgrenzen und ihre Darstellung. Kritik und Richtigstellung der Spett'schen Karte (Ergänzungsheft Nr. 127 zu »Petermanns Mitteilungen«), Gotha 1933.
Geiss, Imanuel, Der polnische Grenzstreifen 1914–1918. Ein Beitrag zur deutschen Kriegszielpolitik im Ersten Weltkrieg, Lübeck 1960.
Gelfand, L.E., The Inquiry. American Preparations for Peace 1917–1919, New Haven 1963.
Gellner, Ernest, Nations and Nationalism, Oxford 1983.
Ders., Nationalism, London 1997.
Georges, David Lloyd, War Memoirs of David Lloyd Georges, London 1936.
Geppert, Alexander C. T./Uffa Jensen/Jörn Weinhold (Hg.), Ortsgespräche. Raum und Kommunikation im 19. und 20. Jahrhundert, Bielefeld 2005.
Dies., Verräumlichung. Kommunikative Praktiken in historischer Perspektive 1840–1930, in: dies. (Hg.), Ortsgespräche. Raum und Kommunikation im 19. und 20. Jahrhundert, Bielefeld 2005, S. 15–49.
Gerhard, Dietrich, Neusiedlung und institutionelles Erbe. Zum Problem von Turners ›Frontier‹, eine vergleichende Geschichtsbetrachtung (1957), in: ders., Alte und neue Welt in vergleichender Geschichtsbetrachtung, Göttingen 1962, S. 108–140.
Gerlach, Christian, Die Wannseekonferenz, das Schicksal der deutschen Juden und Hitlers Grundsatzentscheidung, alle Juden Europas zu ermorden, in: *Werkstatt Geschichte* 18 (1997), S. 7–44.
Gerson, Louis L., Woodrow Wilson und die Wiedergeburt Polens 1914–1920, Würzburg 1956.
Gertenbach, Lars/Henning Laux/Hartmut Rosa/David Strecker, Theorien der Gemeinschaft zur Einführung, Hamburg 2010.
Gerwarth, Robert/Stephan Malinowski, Der Holocaust als »kolonialer Genozid«? Europäische Kolonialgewalt und nationalsozialistischer Vernichtungskrieg, in: *Geschichte und Gesellschaft* 33 (2007), S. 439–466.
Geulen, Christian, Wahlverwandte. Rassendiskurs und Nationalismus im späten 19. Jahrhundert, Hamburg 2004.
Geyer, Michael/Charles Bright, Globalgeschichte und die Einheit der Welt im 20. Jahrhundert, in: *Comparativ* 4 (1994), Heft 5, S. 13–45.
Ders./Sheila Fitzpatrick (Hg.), Beyond Totalitarianism. Stalinism and Nazism Compared, Cambridge 2009.
Gironda, Vito, Die Politik der Staatsbürgerschaft. Italien und Deutschland im Vergleich 1800–1914, Göttingen 2010.
Glaser, Albert (Hg.), Deutsche Literatur. Eine Sozialgeschichte, Bd. 9, 1918–1945, Reinbek 1989.
Głowacki, Albin, Generelle Richtlinien der sowjetischen Besatzungspolitik in Polen, in: Jacek Andrzej Młynarczyk (Hg.), Polen unter deutscher und sowjetischer Besatzung 1939–1945, Osnabrück 2009, S. 53–76.
Göhre, Paul, Drei Monate Fabrikarbeiter und Handwerksbursche, Leipzig 1891, zit. n.: Quellen zur deutschen Wirtschafts- und Sozialgeschichte von der Reichsgründung bis zum Ersten Weltkrieg, hrsg. von Walter Steitz, Darmstadt 1985, S. 151–159.

Golczewski, Frank, Deutsche und Ukrainer 1914–1939, Paderborn 2010.
Gosewinkel, Dieter, Einbürgern und Ausschließen. Die Nationalisierung der Staatsangehörigkeit vom Deutschen Bund bis zur Bundesrepublik Deutschland, Göttingen 2001.
Ders., Rückwirkungen des kolonialen Rechts? Deutsche Staatsangehörigkeit zwischen Rassestaat und Rechtsstaat, in: Sebastian Conrad/Jürgen Osterhammel (Hg.), Kaiserreich transnational. Deutschland in der Welt 1871–1914, Göttingen 2004, S. 236–256.
Ders., Die Nationalisierung der Staatsangehörigkeit im Deutschen Kaiserreich, in: Sven Oliver Müller/Cornelius Torp (Hg.), Das Deutsche Kaiserreich in der Kontroverse, Göttingen 2008, S. 394–405.
Goshen, Seev, Eichmann und die Nisko-Aktion im Oktober 1939. Eine Fallstudie zur NS-Judenpolitik in der letzten Etappe vor der Endlösung, in: *Vierteljahrshefte für Zeitgeschichte* 29 (1981), S. 74–96.
Gotthard, Axel, Das Alte Reich 1495–1806, Darmstadt 2003.
Ders., In der Ferne. Die Wahrnehmung des Raums in der Vormoderne, Frankfurt am Main 2007.
Gottmann, Jean, The Significance of Territory, Charlottesville 1973.
Gottschalk, Karin, Wissen über Land und Leute. Administrative Praktiken und Staatsbildungsprozesse im 18. Jahrhundert, in: Peter Collin/Thomas Horstmann (Hg.), Das Wissen des Staates. Geschichte, Theorie und Praxis, Baden-Baden 2004, S. 149–174.
Gould, Steven J., The Structure of Evolutionary Theory, Cambridge 2002.
Grabowsky, Adolf, Raum als Schicksal. Das Problem der Geopolitik, Berlin 1933.
Graml, Hermann, Europas Weg in den Krieg. Hitler und die Mächte 1939, München 1990.
Grimm, Hans, Übervölkerung und Kolonialproblem, in: Arthur Moeller van den Bruck/Heinrich von Gleichen/Max Hildebert Boehm (Hg.), Die Neue Front, Berlin 1922, S. 329–351.
Ders., Volk ohne Raum, einbändige Ausgabe, 341. bis 365. Tausend, München 1926.
Ders., Buchbesprechungen, in: *Volk und Reich* 3 (1927), S. 276–277.
Groh, Ruth, Arbeit an der Heillosigkeit der Welt. Zur politisch-theologischen Mythologie und Anthropologie Carl Schmitts, Frankfurt am Main 1998.
Grosch, Waldemar, Deutsche und polnische Propaganda während der Volksabstimmung in Oberschlesien 1919–1921, Dortmund 2002.
Gross, Raphael, Carl Schmitt und die Juden, Frankfurt am Main 2000.
Grosse, Pascal, Kolonialismus, Eugenik und bürgerliche Gesellschaft in Deutschland 1850–1918, Frankfurt am Main 2000.
Ders., What does german Colonialism have to do with National Socialism? A Conceptual Framework, in: Eric Ames/Marcia Klotz/Lora Wildenthal (Hg.), Germany's Colonial Pasts, Lincoln 2005, S. 115–134.
Große Kracht, Klaus, Die zankende Zunft. Historische Kontroversen in Deutschland nach 1945, Göttingen 2005.
Großklaus, Götz, Medien-Zeit, Medien-Raum. Zum Wandel der raumzeitlichen Wahrnehmung in der Moderne, Frankfurt am Main 1995.
Gruchmann, Lothar, Nationalsozialistische Großraumordnung. Die Konstruktion einer »deutschen Monroe-Doktrin«, Stuttgart 1962.
Gründer, Horst, Geschichte der deutschen Kolonien, 5. verbesserte und ergänzte Auflage, Paderborn 2004.

Gruner, Wolf, Die Verfolgung und Ermordung der europäischen Juden durch das nationalsozialistische Deutschland 1933–1945, Bd. 1: Deutsches Reich 1933–1938, München 2008.
Gümbel, Annette, Instrumentalisierte Erinnerung an den Ersten Weltkrieg. Hans Grimms Volk ohne Raum, in: Helmut Berding/Klaus Heller/Winfried Speitkamp (Hg.), Krieg und Erinnerung. Fallstudien zum 19. und 20. Jahrhundert, Göttingen 2000, S. 93–111.
Ders., »Volk ohne Raum«. Der Schriftsteller Hans Grimm zwischen national-konservativem Denken und völkischer Ideologie, Darmstadt 2003.
Günther, Dagmar, Das nationale Ich? Autobiographische Sinnkonstruktionen deutscher Bildungsbürger des Kaiserreichs, Tübingen 2004.
Günther, Hans Friedrich Karl, Kleine Rassenkunde des deutschen Volkes, Berlin 1922.
Ders., Kleine Rassenkunde Europas, München 1925.
Ders., Die Verstädterung. Ihre Gefahren für Volk und Staat vom Standpunkte der Lebensforschung und der Gesellschaftswissenschaft, Leipzig 1934.
Ders., Das Bauerntum als Lebens- und Gemeinschaftsform, Leipzig 1939.
Günzel, Stephan (Hg.), Topologie. Zur Raumbeschreibung in den Kultur- und Medienwissenschaften, Bielefeld 2007.
Gugerli, David/Daniel Speich, Topographien der Nation. Politik, kartographische Ordnung und Landschaft im 19. Jahrhundert, Zürich 2002.
Gur'ianov, Aleksandr, Die sowjetische Repressionspolitik in den besetzten polnischen Ostgebieten 1939–1941, in: Jacek Andrzej Młynarczyk (Hg.), Polen unter deutscher und sowjetischer Besatzung 1939–1945, Osnabrück 2009, S. 217–232.
Gutsche, Willibald, Mitteleuropaplanungen in der Außenpolitik des deutschen Imperialismus vor 1918, in: *Zeitschrift für Geschichtswissenschaft* 20 (1972), S. 533–549.
Haar, Ingo, Historiker im Nationalsozialismus. Deutsche Geschichtswissenschaft und der »Volkstumskampf« im Osten, Göttingen 2000.
Ders./Michael Fahlbusch (Hg.), Handbuch der völkischen Wissenschaften. Personen – Institutionen – Forschungsprogramme – Stiftungen, München 2008.
Hädecke, Wolfgang, Poeten und Maschinen. Deutsche Dichter als Zeugen der Industrialisierung, München 1993.
Haeckel, Ernst, Natürliche Schöpfungsgeschichte, Berlin 1868.
Hafeneder, Rudolf, Deutsche Kolonialkartographie 1884–1919, München 2008.
Häfner, Ernst, Wie werden die im Osten besetzten Teile verwaltet?, Berlin 1918.
Hahn, Hans-Werner, Die industrielle Revolution in Deutschland, München 1998.
Hamacher, Paul, Woodrow Wilsons Idee vom Selbstbestimmungsrecht der Völker, Köln 1955.
Hamann, Christof/Alexander Honold, Kilimandscharo. Die deutsche Geschichte eines afrikanischen Berges, Berlin 2011.
Hamburger Institut für Sozialforschung (Hg.), Verbrechen der Wehrmacht. Dimensionen des Vernichtungskrieges 1941–1944, Hamburg 2002.
Handwörterbuch der Sozialwissenschaften, Stuttgart u.a. 1956.
Handwörterbuch der Staatswissenschaften, 4. überarbeitete Auflage, Jena 1924.
Hangula, Lazarus, Die Grenzziehungen in den afrikanischen Kolonien Englands, Deutschlands und Portugals im Zeitalter des Imperialismus 1880–1914, Frankfurt am Main 1991.
Hankel, Gerd, Die Leipziger Prozesse. Deutsche Kriegsverbrechen und ihre strafrechtliche Verfolgung nach dem Ersten Weltkrieg, Hamburg 2003.

Häpke, Rudolf, Die deutsche Verwaltung in Litauen 1915–1918, Berlin 1921.
Harbeck, Hans, Melchior Lorichs. Ein Beitrag zur deutschen Kunstgeschichte des 16. Jahrhunderts, Hamburg 1911.
Harbeck, Karl-Heinz, Die »Zeitschrift für Geopolitik« 1924–1944, Diss. Universität Kiel, 1963.
Hard, Gerhard, Der Spatial Turn, von der Geographie her beobachtet, in: Jörg Döring/Tristan Thielmann (Hg.), Spatial Turn. Das Raumparadigma in den Kultur- und Sozialwissenschaften, Bielefeld 2008, S. 263–315.
Harich, Walter, [Buchrezension zu Volk ohne Raum], in: *Der deutsche Gedanke. Zeitschrift für auswärtige Politik, Wirtschaft und Auslandsdeutschtum* 4 (1927), S. 329–335.
Harley, John B., The New Nature of Maps. Essays in the History of Cartography (1988), Baltimore 2001.
Harnisch, Hartmut, Agrarstaat oder Industriestaat. Die Debatte um die Bedeutung der Landwirtschaft in Wirtschaft und Gesellschaft Deutschlands an der Wende vom 19. zum 20. Jahrhundert, in: Heinz Reif (Hg.), Ostelbische Agrargesellschaft im Kaiserreich und in der Weimarer Republik. Agrarkrise – junkerliche Interessenpolitik – Modernisierungsstrategien, Berlin 1994, S. 33–50.
Hartenstein, Michael, »Neue Dorflandschaften«. Nationalsozialistische Siedlungsplanung in den »eingegliederten Ostgebieten« 1939 bis 1944 unter besonderer Berücksichtigung der Dorfplanung, Bonn 1998.
Hartmann, Christian/Johannes Hürter/Ulrike Jureit (Hg.), Verbrechen der Wehrmacht. Bilanz einer Debatte, München 2005.
Hartung, Günter, »Volk ohne Raum« von Hans Grimm, in: *Weimarer Beiträge* 35 (1989), S. 1655–1676.
Harvey, David, Between Space and Time. Reflections on the Geographical Imagination, in: *Annals of the Association of American Geographers* 80 (1990), Heft 1, S. 418–434.
Haslinger, Peter, Nation und Territorium im tschechischen politischen Diskurs 1889–1938, München 2010.
Hasse, Ernst, Deutsche Weltpolitik, München 1897.
Ders., Deutsche Grenzpolitik, München 1906.
Hastings, Donnan/Thomas M. Wilson, Borders. Frontiers of Identity, Nation and State, Oxford 1999.
Haupt, Heinz-Gerhard/Peter Marschalck (Hg.), Städtische Bevölkerungsentwicklung in Deutschland im 19. Jahrhundert. Soziale und demographische Aspekte der Urbanisierung im Vergleich, St. Katharinen 1994.
Ders./Jürgen Kocka (Hg.), Geschichte und Vergleich. Ansätze und Ergebnisse international vergleichender Geschichtsschreibung, Frankfurt am Main 1996.
Haushofer, Karl, Das Japanische Reich in seiner geographischen Entwicklung, Wien 1921.
Ders./Josef März, Zur Geopolitik der Selbst-Bestimmung, München 1923.
Ders., Politische Erdkunde und Geopolitik (1925), in: Matznetter (Hg.), Politische Geographie, S. 138–161.
Ders., Nachschrift zu Otto Maull: Politische Geographie und Geopolitik, in: Matznetter (Hg.), Politische Geographie, S. 180–182.
Ders., Grenzen in ihrer geographischen und politischen Bedeutung, Berlin 1927.
Ders./Erich Obst/Hermann Lautensach/Otto Maull, Bausteine zur Geopolitik, Berlin 1928.
Ders., Geopolitik der Pan-Ideen, Berlin 1931.

Ders., Wehr-Geopolitik: geographische Grundlagen einer Wehrkunde, Berlin 1932.
Ders., Der nationalsozialistische Gedanke in der Welt, München 1933.
Ders., Fromme Wünsche ... Die slawische Idee der Absperrung des Deutschtums im Osten, in: *Zeitschrift für Geopolitik* 10 (1933), I. HB, S. 330–333.
Ders., Atemweite, Lebensraum und Gleichberechtigung auf Erden, in: *Zeitschrift für Geopolitik* 11 (1934), I. HB, S. 1–14.
Ders., Geopolitische Anmerkungen zum Reichserbhofgesetz, in: *Zeitschrift für Geopolitik* 11 (1934), I. HB, S. 211–215.
Ders./Hans Röseler, Das Werden des deutschen Volkes. Von der Vielfalt der Stämme zur Einheit der Nation, Berlin 1939.
Ders., Japan baut sein Reich, Berlin 1941.
Hausleitner, Mariana, Der Pakt, die Sowjetisierung und die Folgen. Bessarabien und die Nordbukowina 1940–1941, in: *Osteuropa* 59 (2009), S. 203–218.
Hausmann, Frank-Rutger (Hg.), »Deutsche Geisteswissenschaft« im Zweiten Weltkrieg. Die Aktion Ritterbusch (1940–1945), Dresden 1998.
Ders., Diesseits von Afrika. Zu Hans Grimm: Volk ohne Raum, in: Deutsches Literaturarchiv Marbach (Hg.), Denkbilder und Schaustücke. Das Literaturmuseum der Moderne, Marbach 2006, S. 204–208.
Ders., Die Geisteswissenschaften im »Dritten Reich«, Frankfurt am Main 2011.
Hausmann, Guido, Das Territorium der Ukraine. Stepan Rudnyc'kyjs Beitrag zur Geschichte räumlich-territorialen Denkens über die Ukraine, in: Andreas Kappler (Hg.), Die Ukraine. Prozesse der Nationsbildung, Köln 2010, S. 145–157.
Hecker, Hellmuth, Die Umsiedlungsverträge des Deutschen Reiches während des Zweiten Weltkrieges, Hamburg 1971.
Hegel, Georg Wilhelm Friedrich, Grundlinien der Philosophie des Rechts (= Sämtliche Werke, Bd. 7), 4. Auflage, Stuttgart 1964.
Heidegger, Martin, Die Räumlichkeit des Daseins (1927), in: ders., Sein und Zeit, Tübingen 2001, S. 104–113
Heil, Peter, Zum Selbstbild von Raumplanern zwischen Nationalsozialismus und Bundesrepublik, in: Burkhard Dietz/Helmut Gabel/Ulrich Tiedau (Hg.), Griff nach dem Westen. Die »Westforschung der völkisch-nationalen Wissenschaften zum nordwesteuropäischen Raum (1919–1960), 2 Bde., Münster 2003.
Heim, Susanne/Ulrike Schaz, Berechnung und Beschwörung. Übervölkerung. Kritik einer Debatte, Berlin 1996.
Dies., Die Verfolgung und Ermordung der europäischen Juden durch das nationalsozialistische Deutschland 1933–1945, Bd. 2: Deutsches Reich 1938/1939, München 2008.
Heine, Heinrich, Lutetia LVII, 5. Mai 1843, in: Sämtliche Schriften, Bd. 9, München 1976, S. 449.
Heineberg, Heinz (Hg.), Innerstädtische Differenzierung und Prozesse im 19. und 20. Jahrhundert, Köln 1987.
Heinemann, Isabel, »Rasse, Siedlung, deutsches Blut«. Das Rasse- und Siedlungshauptamt der SS und die rassenpolitische Neuordnung Europas, Göttingen 2003.
Dies., Wissenschaft und Homogenisierungsplanungen für Osteuropa. Konrad Meyer, der »Generalplan Ost« und die Deutsche Forschungsgemeinschaft, in: dies./Patrick Wagner (Hg.), Wissenschaft – Planung – Vertreibung. Neuordnungskonzepte und Umsiedlungspolitik im 20. Jahrhundert, Stuttgart 2006, S. 45–72.
Heinritz, Günter, Zentralität und zentrale Orte. Eine Einführung, Stuttgart 1979.

Heintz, Georg, Volk ohne Raum, in: Kindler Literaturlexikon, CD-ROM-Ausgabe, München 2000.

Helmig, Jan, Geopolitik. Annäherung an ein schwieriges Konzept, in: *Aus Politik und Zeitgeschichte* 20–21 (2007), S. 31–37.

Hennig, Richard, Geopolitik und Rassenkunde. Eine notwendige Klarstellung, in: *Zeitschrift für Geopolitik* 13 (1936), S. 58–63.

Herb, Guntram Henrik, Under the Map of Germany. Nationalism and Propaganda 1918–1945, London 1997.

Herberstein, Siegmund von, Autobiographie, in: Fontes Rerum Austriacarum, Erste Abtheilung: Scriptores, Bd. 1, Wien 1855, S. 67–396.

Herbert, Ulrich, Biographische Studien über Radikalismus, Weltanschauung und Vernunft 1903–1989, Bonn 1996.

Hering, Rainer, Konstruierte Nation. Der Alldeutsche Verband 1890 bis 1939, Hamburg 2003.

Hermes, Stefan, Täter- und Opfermythen in der Kolonialliteratur. Von Gustav Frenssens Peter Moors Fahrt nach Südwest zu Hans Grimms Volk ohne Raum, in: ders./Amir Muhič (Hg.), Täter als Opfer? Deutschsprachige Literatur zu Krieg und Vertreibung im 20. Jahrhundert, Hamburg 2007, S. 149–163.

Herrmann, Max, [Buchrezension zu Volk ohne Raum], *Frankfurter Zeitung* vom 31. Oktober 1926.

Hesse, Fritz, Das Gesetz der wachsenden Räume, in: *Zeitschrift für Geopolitik* 1 (1924), I. HB, S. 1–4.

Hilberg, Raul, Die Vernichtung der europäischen Juden, Frankfurt am Main 1990.

Hildebrand, Klaus, Das vergangene Reich. Außenpolitik Deutschlands 1871–1945, Köln 1995.

Ders., Das deutsche Ostimperium 1918, in: Wolfram Pyta/Ludwig Richter (Hg.), Gestaltungskraft des Politischen. Festschrift für Eberhard Kolb, Berlin 1998, S. 109–124.

Hilger, Gustav, Aufzeichnungen des Legationsrates Gustav Hilger vom 28. und 30. September 1939, in: *Vierteljahrshefte für Zeitgeschichte* 39 (1991), S. 453–470.

Hill, Christopher L., Nationalgeschichten und Weltsysteme. Die Beispiele Japan, Frankreich und Vereinigte Staaten, in: Sebastian Conrad/Andreas Eckert/Ulrike Freitag (Hg.), Globalgeschichte. Theorien, Ansätze, Themen, Frankfurt am Main 2007, S. 220–247.

Hillgruber, Andreas, Deutschlands Rolle in der Vorgeschichte der beiden Weltkriege, Göttingen 1967.

Ders., Hitlers Strategie und Kriegsführung 1940–1941, Frankfurt am Main 1968.

Hilpold, Peter (Hg.), Das Selbstbestimmungsrecht der Völker. Vom umstrittenen Prinzip zum vieldeutigen Recht?, Frankfurt am Main 2009.

Ders., Die Sezession. Zum Versuch der Verrechtlichung eines faktischen Phänomens, in: ders. (Hg.), Das Selbstbestimmungsrecht der Völker. Vom umstrittenen Prinzip zum vieldeutigen Recht?, Frankfurt am Main 2009, S. 11–44.

Hinz, Paul Erich, Die Rechtsbegriffe »Inland« und »Ausland« in Anwendung auf die deutschen Schutzgebiete, Leipzig 1908.

Hipler, Bruno, Hitlers Lehrmeister. Karl Haushofer als Vater der NS-Ideologie, St. Ottilien 1996.

Hitler, Adolf, Mein Kampf (1925/27), 270–274. Tausend, München 1937.

Hobsbawm, Eric, Nationen und Nationalismus. Mythos und Realität seit 1780, Frankfurt am Main 1991.

Hobsbawm, Erik J./Terence Ranger (Hg.), Invention of Tradition, Cambridge 1983.

Hoensch, Jörg K., Geschichte Polens, Stuttgart 1983.
Hoffacker, Heinz, Entstehung der Raumplanung. Konservative Gesellschaftsform und das Ruhrgebiet 1918–1933, Bonn 1989.
Höhn, Reinhard, Gemeinschaft als Rechtsprinzip, in: *Deutsches Recht* 4 (1934), S. 301–302.
Ders., Rechtsgemeinschaft und Volksgemeinschaft, Berlin 1935
Ders., Großraumordnung und völkisches Rechtsdenken, in: *Reich – Volksordnung – Lebensraum* 1 (1941), S. 256–288.
Ders., Reich – Großraum – Großmacht, Darmstadt 1942.
Honold, Alexander, Flüsse, Berge, Eisenbahnen: Szenarien geographischer Bemächtigung, in: ders./Klaus R. Scherpe (Hg.), Das Fremde. Reiseerfahrungen, Schreibformen und kulturelles Wissen, Frankfurt am Main 2000, S. 149–174.
Ders., Pfadfinder. Zur Kolonialisierung des geographischen Raumes, in: Alexander C.T. Geppert/Uffa Jensen/Jörn Weinhold (Hg.), Ortsgespräche. Raum und Kommunikation im 19. und 20. Jahrhundert, Bielefeld 2005, S. 137–156.
Ders., Raum ohne Volk. Zur Imaginationsgeschichte der kolonialen Geographie, in: Mihran Dabag/Horst Gründer/Uwe-K. Ketelsen (Hg.), Kolonialismus. Kolonialdiskurs und Genozid, Paderborn 2004, S. 95–110.
Hottes, Ruth, Walter Christaller. Ein Überblick über Leben und Werk, in: Geographisches Taschenbuch und Jahrweise für Landeskunde 1981/82, Wiesbaden 1981, S. 59–70.
Dies., Werk und Leben Walter Christallers, in: *Standort. Zeitschrift für Angewandte Geographie* 1 (1997), S. 28–30.
Hroch, Miroslav, Das Europa der Nationen. Die moderne Nationsbildung im europäischen Vergleich, Göttingen 2005.
Huber, Ernst Rudolf, Bau und Gefüge des Reiches, Hamburg 1941.
Ders., Positionen und Begriffe. Eine Auseinandersetzung mit Carl Schmitt, in: *Zeitschrift für die gesamte Staatswissenschaft* 101 (1941), S. 1–44.
Hürter, Johannes, Das Auswärtige Amt, die NS-Diktatur und der Holocaust. Kritische Bemerkungen zu einem Kommissionsbericht, in: *Vierteljahrshefte für Zeitgeschichte* 59 (2011), S. 167–192.
Hull, Isabell, Absolute Destruction. Military Culture and the Practices of War in Imperial Germany, Ithaka 2005.
Hurd, Madeleine (Hg.), Borderland Identities. Territory and Belonging in North, Central and East Europe, Eslöv 2006.
Iseli, Andrea, Gute Policey. Öffentliche Ordnung in der Frühen Neuzeit, Stuttgart 2009.
Isenberg, Gerhard, Die Verteilung der Bevölkerung und der Berufe auf die Strukturtypen der Städte im neuen Osten, in: *Raumforschung und Raumordnung* 5 (1941), S. 134–148.
Ders., Die Tragfähigkeit des deutschen Ostens an landwirtschaftlicher und gewerblicher Bevölkerung, Leipzig 1941.
J., M.D., [Buchrezension zu Volk ohne Raum], in: *Hammer. Blätter für deutschen Sinn* 25 (1926), Heft 582, S. 466.
Jachomowski, Dirk, Die Umsiedlung der Bessarabien-, Bukowina- und Dobrudschadeutschen. Von der Volksgruppe in Rumänien zur »Siedlungsbrücke« an der Reichsgrenze, München 1984.
Jäckel, Eberhard, Hitlers Weltanschauung. Entwurf einer Herrschaft, 4. Auflage, Stuttgart 1991.
Jacob, Ernst Gerhard (Hg.), Deutsche Kolonialpolitik in Dokumenten, Leipzig 1938.

Jacobsen, Hans-Adolf, Karl Haushofer. Leben und Werk, 2 Bde., Boppard am Rhein 1979.
Ders., »Kampf um Lebensraum«. Zur Rolle des Geopolitikers Karl Haushofer im Dritten Reich, in: *German Studies Review* 4 (1981), S. 79–104.
Jahn, Bernhard, Raumkonzepte der Frühen Neuzeit. Zur Konstruktion von Wirklichkeit in Pilgerberichten, Amerikabeschreibungen und Prosaerzählungen, Frankfurt am Main u.a. 1993.
Jakob, Rainer/Ludwig Trepl, Moritz Wagners »Migrationsgesetz der Organismen« in seiner Bedeutung für die Entwicklung einer expansionistischen Staatsideologie, http://www.wzw.tum.de/loek/publikationen/abstracts/87.pdf [9. 11. 2010].
Janicki, Tadeusz, Die deutsche Wirtschaftspolitik in den eingegliederten polnischen Gebieten 1939–1945, in: Jacek Andrzej Młynarczyk (Hg.), Polen unter deutscher und sowjetischer Besatzung 1939–1945, Osnabrück 2009, S. 79–102.
Jantke, Carl/Dietrich Hilger (Hg.), Die Eigentumslosen. Der deutsche Pauperismus und die Emanzipationskrise in Darstellungen und Deutungen der zeitgenössischen Literatur, Freiburg im Breisgau 1965.
Jantzen, Walther, Geopolitik als Unterrichtsgrundsatz in der Schulerdkunde, Heidelberg 1939.
Jaworski, Rudolf, Kartographische Ortsbezeichnungen und nationale Emotionen. Ein deutsch-tschechischer Streitfall aus den Jahren 1924/25, in: Franz Quarthal/Wilfried Setzler (Hg.), Stadtverfassung – Verfassungsstaat – Pressepolitik. Festschrift für Eberhard Naujoks zum 65. Geburtstag, Sigmaringen 1980, S. 250–261.
Ders., Die aktuelle Mitteleuropadiskussion in historischer Perspektive, in: *Historische Zeitschrift* 240 (1988), S. 529–550.
Ders./Marian Wojciechowski (Hg.), Deutsche und Polen zwischen den Kriegen. Minderheitenstatus und »Volkstumskampf« im Grenzgebiet. Amtliche Berichterstattung aus beiden Ländern 1920–1939, München 1997.
Jeismann, Michael, Das Vaterland der Feinde. Studien zum nationalen Feindbegriff und Selbstverständnis in Deutschland und Frankreich 1792–1918, Stuttgart 1992.
Jellinek, Georg, Über Staatsfragmente, in: Festgabe zur Feier des 70. Geburtstages Seiner Königlichen Hoheit des Herzogs Friedrich von Baden, dargebracht von den Mitgliedern der juristischen Fakultät der Universität Heidelberg, Heidelberg 1896.
Ders., Allgemeine Staatslehre (1914), 3. Auflage, Berlin 1929.
Jordan, Botho, Die Staatsgewalt des Deutschen Reiches in den Schutzgebieten, Halle 1895.
Jüdisches Museum Frankfurt am Main (Hg.), »Unser einziger Weg ist Arbeit«. Das Getto in Lodz 1940–1944, Wien 1990.
Jureit, Ulrike (Hg.), Politische Kollektive. Die Konstruktion nationaler, rassischer und ethnischer Gemeinschaften, Münster 2001.
Dies., Imagination und Kollektiv. Die »Erfindung« politischer Gemeinschaften, in: dies. (Hg.), Politische Kollektive. Zur Konstruktion rassistischer, nationaler und ethnischer Gemeinschaften, Münster 2001, S. 7–20.
Dies., Wissenschaft und Politik. Der lange Weg zu einer Wissenschaftsgeschichte der »Ostforschung«, in: *Neue Politische Literatur* 55 (2010), S. 77–88.
Justi, Johann Heinrich Gottlob von, Die Grundveste zu der Glückseeligkeit der Staaten oder ausführliche Vorstellung der gesamten Policeywißenschaft (1760/61), 2 Bde., Königsberg 1760/61.
Kadell, Franz, Katyn. Das zweifache Trauma der Polen, München 2011.

Kaelble, Hartmut, Der historische Vergleich. Eine Einführung zum 19. und 20. Jahrhundert, Frankfurt am Main 1999.
Kaiser, Gerd, Katyn. Das Staatsverbrechen – das Staatsgeheimnis, Berlin 2002.
Kaiser, Gerhard/Andrzej Leszek Szcześniak, Katyn. Der Massenmord an polnischen Offizieren, Berlin 1991.
Kamenetsky, Ihor, German Colonization Plans in Ukraine during World Wars I and II, in: Hans-Joachim Torke/John-Paul Hinka (Hg.), German-Ukrainian Relations in Historical Perspective, Edmonton 1994, S. 95–109.
Kant, Immanuel, Kritik der reinen Vernunft. Der Transzendentalen Elementarlehre erster Teil: Die Transzendentale Ästhetik (1781), in: ders., Werke, Bd. 3, S. 69–79.
Kárny, Miroslav, Nisko in der Geschichte der »Endlösung«, in: *Judaica Bohemiae* XXII (1987), S. 69–84.
Karski, Sigmund, Albert (Wojciech) Korfanty. Eine Biographie, Dülmen 1990.
Ders., Der Abstimmungskampf in Oberschlesien 1920–1921, in: *Oberschlesisches Jahrbuch* 12 (1996), S. 137–161.
Kaschuba, Wolfgang, Die Überwindung der Distanz. Zeit und Raum in der europäischen Moderne, Frankfurt am Main 2004.
Kaufmann, Doris (Hg.), Geschichte der Kaiser-Wilhelm-Gesellschaft im Nationalsozialismus. Bestandsaufnahme und Perspektiven der Forschung, 2 Bde., Göttingen 2000.
Kegler, Karl/Alexa Stiller, Konrad Meyer, in: Ingo Haar/Michael Fahlbusch (Hg.), Handbuch der völkischen Wissenschaften. Personen – Institutionen – Forschungsprogramme –Stiftungen, München 2008, S. 415–422.
Ders., Walter Christaller, in: Ingo Haar/Michael Fahlbusch (Hg.), Handbuch der völkischen Wissenschaften. Personen – Institutionen – Forschungsprogramme – Stiftungen, München 2008, S. 89–93.
Keményfi, Róbert, Karten machen – Macht der Farben. Zur Frage der Visualisierung des ungarischen nationalen Raumes, in: Sabine Tzschaschel/Holger Wild/Sebastian Lentz (Hg.), Visualisierung des Raumes. Karten machen – die Macht der Karten, Leipzig 2007, S. 55–65.
Kern, Stephen, The Culture of Time and Space 1880–1918, Cambridge 1983.
Kershaw, Ian, Hitler 1889–1936, Stuttgart 1998.
Ders., »Volksgemeinschaft«. Potenzial und Grenzen eines neuen Forschungskonzepts, in: *Vierteljahrshefte für Zeitgeschichte* 59 (2011), S. 1–17.
Ketelsen, Uwe-K., Der koloniale Diskurs und die Öffnung des europäischen Ostens im deutschen Roman, in: Mihran Dabag/Horst Gründer/Uwe-K. Ketelsen (Hg.), Kolonialismus. Kolonialdiskurs und Genozid, Paderborn u.a. 2004, S. 67–94.
Ders., Literatur und das Dritte Reich, Schernfeld 1992.
Kettenacker, Lothar, Der Mythos vom Reich, in: Karl Heinz Bohrer (Hg.), Mythos und Moderne. Begriff und Bild einer Rekonstruktion, Frankfurt am Main 1983, S. 261–289.
Kirchmann, Kay, Verdichtung, Weltverlust und Zeitdruck. Grundzüge einer Theorie der Interdependenzen von Medien, Zeit und Geschwindigkeit im neuzeitlichen Zivilisationsprozess, Opladen 1998.
Kirsch, Edgar, Hans Grimm als Wegbereiter nordischer Gesamtschau, Leipzig 1937.
Kjellén, Rudolf, Geopolitische Betrachtungen über Skandinavien, in: *Geographische Zeitschrift* 11 (1905), S. 657–671.
Ders., Die Ideen von 1914. Eine weltgeschichtliche Perspektive (1915), Leipzig 1915.

Ders., Die Großmächte der Gegenwart (1915), Leipzig 1916.
Ders., Die politischen Probleme des Weltkrieges (1915), 8. Auflage, Leipzig 1918.
Ders., Der Staat als Lebensform (1916), Berlin 1924.
Ders., Warum ich es mit Deutschland in diesem Weltkriege halte, Berlin 1918.
Ders., Grundriß zu einem System der Politik, Leipzig 1920.
Klain, Barbara, Warschau 1939–1945. Vernichtung durch Planung, in: Mechthild Rössler/Sabine Schleiermacher/Cordula Tollmien (Hg.), Generalplan Ost. Hauptlinien der nationalsozialistischen Planungs- und Vernichtungspolitik, Berlin 1993, S. 294–327.
Klein, Peter, Die »Gettoverwaltung Litzmannstadt« 1940 bis 1944. Eine Dienststelle im Spannungsfeld von Kommunalbürokratie und staatlicher Verfolgungspolitik, Hamburg 2009.
Kleinschmidt, Harald, Carl Schmitt als Theoretiker der internationalen Beziehungen (Studien zur internationalen Politik), Hamburg 2004.
Kleßmann, Christoph (Hg.), September 1939. Krieg, Besetzung, Widerstand in Polen, Göttingen 1997.
Kletzin, Birgit, Europa aus Rasse und Raum. Die nationalsozialistische Idee der Neuen Ordnung, 2. Auflage, Münster 2002.
Klingemann, Carsten, Soziologie und Politik. Sozialwissenschaftliches Expertenwissen im Dritten Reich und in der frühen westdeutschen Nachkriegszeit, Wiesbaden 2009.
Knichen, Andreas, De iure territorii (1600), Frankfurt am Main 1658.
Kocka, Jürgen, Arbeitsverhältnisse und Arbeiterexistenzen. Grundlagen der Klassenbildung im 19. Jahrhundert, Bonn 1990.
Ders., Das lange 19. Jahrhundert (Gebhardt. Handbuch der deutschen Geschichte, Bd. 13), Stuttgart 2001.
Kolb, Eberhard, Der Frieden von Versailles, München 2005.
Kolb, Herbert, Frühgeschichte des Wortes Grenze, in: *Archiv für das Studium der neueren Sprachen und Literaturen* 141 (1989), S. 344–357.
Köllmann, Wolfgang/Peter Marschalck (Hg.), Bevölkerungsgeschichte, Köln 1972.
Ders., Bevölkerung in der industriellen Revolution. Studien zur Bevölkerungsgeschichte Deutschlands, Göttingen 1974.
Korinman, Michel, Quand l'Allemagne pensait le monde. Grandeur et décadence d'une géopolitique, Paris 1990.
Kornat, Marek, Der Weg zum Ribbentrop-Molotow-Pakt, in: Jacek Andrzej Młynarczyk (Hg.), Polen unter deutscher und sowjetischer Besatzung 1939–1945, Osnabrück 2009, S. 17–35.
Koselleck, Reinhart, Volk, Nation, Nationalismus, Masse, in: Geschichtliche Grundbegriffe, Bd. 7, Stuttgart 1992, S. 141–431.
Ders., Zeitschichten. Studien zur Historik, Frankfurt am Main 2000.
Ders., Diesseits des Nationalstaats. Föderale Strukturen der deutschen Geschichte, in: ders., Begriffsgeschichten. Studien zur Semantik und Pragmatik der politischen und sozialen Sprache, Frankfurt am Main 2006, S. 486–503.
Köster, Werner, »Raum, politischer«, in: Historisches Wörterbuch der Philosophie, hrsg. von Karlfried Gründer und Joachim Ritter, Bd. 8, Sp. 122–131.
Ders., Die Rede über den Raum. Zur semantischen Karriere eines deutschen Konzepts, Heidelberg 2002.
Kotzian, Ortfried, Die Umsiedler. Die Deutschen aus Bessarabien, der Bukowina, der Dobrudscha, Galizien, der Karpaten-Ukraine und West-Wolhynien, München 2004.

Kraft, Claudia/Alf Lüdtke/Jürgen Martschukat (Hg.), Kolonialgeschichten. Regionale Perspektiven auf ein globales Phänomen, Frankfurt am Main 2010.
Kracauer, Siegfried, Über Arbeitsnachweise. Konstruktionen eines Raumes (1929), in: ders., Schriften, Bd. 5, Frankfurt am Main 1990, S. 185–192.
Krämer-Badoni, Thomas/Klaus Kuhm (Hg.), Die Gesellschaft und ihr Raum. Raum als Gegenstand der Soziologie, Opladen 2003.
Krasmann, Susanne/Michael Volkmer (Hg.), Michel Foucaults »Geschichte der Gouvernementalität« in den Sozialwissenschaften. Internationale Beiträge, Bielefeld 2007.
Krekeler, Norbert, Revisionsanspruch und geheime Ostpolitik der Weimarer Republik. Die Subventionierung der deutschen Minderheit in Polen, Stuttgart 1973.
Kreutzer, Leo, Deutsche Heimat und afrikanische Wahlheimat in Hans Grimms Roman Volk ohne Raum. Zur Dekolonisierung eines ›Kolonialismus ohne Kolonien‹ (2007), online: www.leokreutzer.de/html/02_07.htm [24. 8. 2011].
Krieger, Martin, Transnationalität in vornationaler Zeit. Ein Plädoyer für eine erweiterte Gesellschaftsgeschichte der Frühen Neuzeit, in: *Geschichte und Gesellschaft* 30 (2004), S. 125–136.
Kritische Geographie (Hg.), Geopolitik: zur Ideologiekritik politischer Raumkonzepte, Wien 2001.
Kronenbitter, Günther/Markus Pöhlmann/Dierk Walter (Hg.), Besatzung. Funktion und Gestalt militärischer Fremdherrschaft von der Antike bis zum 20. Jahrhundert, Paderborn 2006.
Krüger, Gesine, Coming to terms with the past, in: *German Historical Institute Bulletin* 37 (2005), S. 45–49.
Krüger, H. K. E., Zur Frage der Umwertung des menschlichen Lebensraumes, in: *Zeitschrift für Geopolitik* 6 (1929), II. HB, S. 1098–1109.
Krüger, Herbert, Der Raum als Gestalter der Innen- und Außenpolitik, in: *Reich – Volksordnung – Lebensraum* 1 (1941), S. 77–176.
Krüger, Peter, Versailles, 2. Auflage, München 1993.
Krumeich, Gerd (Hg.), Versailles 1919: Ziele – Wirkung – Wahrnehmung, Essen 2001.
Kuhnle, Till R., Das Fortschrittstrauma. Vier Studien zur Pathogenese literarischer Diskurse, Tübingen 2005
Kundrus, Birthe, Moderne Imperialisten. Das Kaiserreich im Spiegel seiner Kolonien, Köln 2003.
Dies., Von den Herero zum Holocaust? Einige Bemerkungen zur aktuellen Debatte, in: *Mittelweg 36* 14 (2005), S. 82–91.
Dies., Kontinuitäten, Parallelen, Rezeptionen. Überlegungen zur »Kolonialisierung« des Nationalsozialismus, in: *WerkstattGeschichte* 43 (2006), S. 45–62.
Dies., Regime der Differenz. Volkstumspolitische Inklusionen und Exklusionen im Warthegau und im Generalgouvernement 1939–1944, in: Frank Bajohr/Michael Wildt (Hg.), Volksgemeinschaft. Neue Forschungen zur Gesellschaft des Nationalsozialismus, Frankfurt am Main 2009, S. 105–123.
Kunz, Norbert, Die Krim unter deutscher Herrschaft. Germanisierungsutopie und Besatzungsrealität, Darmstadt 2005.
Laak, Dirk van, Kolonien als »Laboratorien der Moderne«?, in: Sebastian Conrad/Jürgen Osterhammel (Hg.), Kaiserreich transnational. Deutschland in der Welt 1871–1914, Göttingen 2004, S. 257–279.
Laband, Paul, Das Staatsrecht des Deutschen Reiches, 4. Auflage, Bd. 2, Tübingen 1901.

Lamar, Howard/Leonard Thompson (Hg.), The Frontier in History. North America and Southern Africa Compared, New Haven 1981.
Lamezan, Hugo Freiherr von, Der Kampf um die Gestaltung der Lebensräume, in: *Zeitschrift für Geopolitik* 5 (1928), II. HB, S. 593–599.
Lamprecht, Karl, Deutsche Geschichte der jüngsten Vergangenheit und Gegenwart, Bd. 1: Geschichte der wirtschaftlichen und sozialen Entwicklung in den siebziger bis neunziger Jahren des 19. Jahrhunderts, Berlin 1912.
Landwehr, Achim, Der Raum als ›genähte‹ Einheit. Venezianische Grenzen im 18. Jahrhundert, in: Lars Behrisch (Hg.), Vermessen, Zählen, Berechnen. Die politische Ordnung des Raums im 18. Jahrhundert, Frankfurt am Main 2006, S. 45–64.
Ders., Die Erschaffung Venedigs. Raum, Bevölkerung, Mythos 1570–1750, Paderborn u.a. 2007.
Lange, Friedrich, Volksdeutsche Kartenskizzen, Berlin 1934.
Lange, Helene, Ein deutsches Epos, in: *Die Frau. Monatsschrift für das gesamte Frauenleben unserer Zeit* 34 (1926), S. 34–38.
Lange, Karl, Der Terminus »Lebensraum« in Hitlers »Mein Kampf«, in: *Vierteljahrshefte für Zeitgeschichte* 13 (1965), S. 426–437.
Langen, Gustav, Deutscher Raum. Deutsche Heimat. Die Grundlagen deutschen Lebensraumes, Düsseldorf 1937.
Ders., Deutscher Lebensraum. Ein Beitrag zur deutschen Raumwirtschaft und zur Gesamtrationalisierung in Wirtschaft, Siedlung und Volksleben, Berlin 1929.
Langewiesche, Dieter, Nation, Nationalismus, Nationalstaat in Deutschland und Europa, München 2000.
Ders., Reich, Nation, Föderation. Deutschland und Europa, München 2008.
La Perrière, Guillaume de, Le miroir politique, Paris 1567.
Lappenberg, Martin, Die Elbkarte des Melchior Lorichs vom Jahre 1568, Hamburg 1847.
Läpple, Dieter, Essay über den Raum. Für ein gesellschaftswissenschaftliches Raumkonzept (1991), online: http://www.rainer-rilling.de/gs-villa07-Dateien/laepple.pdf [23. 11. 2011].
Lattmann, Dieter, Raum als Traum. Hans Grimm und seine Saga von der Volkheit, in: Karl Schwedhelm (Hg.), Propheten des Nationalismus, München 1969, S. 243–263.
Launhardt, Wilhelm, Mathematische Begründung der Volkswirtschaftslehre, Leipzig 1885.
Lausecker, Werner, »Übervölkerungs«konstruktionen in der deutschen Bevölkerungsgeschichte und Paul Momberts Kritik 1933. Eine Fallstudie zur Produktion und Dekonstruktion wissenschaftlicher Mythen 1929–1976, in: Josef Ehmer/Werner Lausecker/Alexander Pinwinkler (Hg.), Bevölkerungskonstruktionen in Geschichte, Sozialwissenschaften und Politiken des 20. Jahrhunderts. Transdisziplinäre und internationale Perspektiven, Sonderheft *Historische Sozialforschung* 31 (2006), S. 131–147.
Leendertz, Ariane, Ordnung schaffen. Deutsche Raumplanung im 20. Jahrhundert, Göttingen 2008.
Lefebvre, Henri, La production de l'espace, Paris 1974.
Lehn, Patrick, Deutschlandbilder. Historische Schulatlanten zwischen 1871 und 1990, Köln 2008.
Lehnert, Gertrud (Hg.), Raum und Gefühl. Der Spatial Turn und die neue Emotionsforschung, Bielefeld 2011.
Lemberg, Hans, »Ethnische Säuberung«. Ein Mittel zur Lösung von Nationalitätenproblemen?, in: *Aus Politik und Zeitgeschichte*, B 46/92, S. 27–38.

Ders. (Hg.), Grenzen in Ostmitteleuropa im 19. und 20. Jahrhundert. Aktuelle Forschungsprobleme, Marburg 2000.
Ders., Grenzen und Minderheiten im östlichen Mitteleuropa. Genese und Wechselwirkungen, in: ebenda, S. 159–181.
Lenger, Friedrich, Werner Sombart 1863–1941. Eine Biographie, München 1994.
Ders., Großstädtische Eliten vor den Problemen der Urbanisierung. Skizze eines deutsch-amerikanischen Vergleichs 1870–1914, in: *Geschichte und Gesellschaft* 21 (1995), S. 313–337.
Ders., Industrielle Revolution und Nationalstaatsgründung (1849–1870er Jahre), (Gebhardt. Handbuch der deutschen Geschichte, Bd. 15), Stuttgart 2005.
Ders./Klaus Tenfelde (Hg.), Die europäische Stadt im 20. Jahrhundert. Wahrnehmung – Entwicklung – Erosion, Köln 2006.
Lenz, Wilhelm, Deutsche Siedlungspläne im Baltikum während des Ersten Weltkrieges, in: Ortwin Pilc/Gertrud Pickhan (Hg), Zwischen Lübeck und Novgorod. Wirtschaft, Politik und Kultur im Ostseeraum vom frühen Mittelalter bis ins 20. Jahrhundert, Lüneburg 1996, S. 391–406.
Leonhard, Jörn/Ulrike von Hirschhausen (Hg.), Empires und Nationalstaaten im 19. Jahrhundert, Göttingen 2009.
Dies. (Hg.), Comparing Empires. Encounters and Transfers in the Long Nineteenth Century, Göttingen 2011.
Lepsius, M. Rainer, Nation und Nationalismus in Deutschland, in: ders., Interessen, Ideen und Institutionen, Opladen 1990.
Ders., Soziologische Theoreme über die Sozialstruktur der »Moderne« und die »Modernisierung«, in: ders., Interessen, Ideen und Institutionen, Opladen 1990, S. 211–231.
Ley, Robert, Vorwort, in: Planungsabteilung des Reichsheimstättenamtes (Hg.), Städtebild und Landschaft, Berlin 1939.
Lipinsky, Jan, Das Geheime Zusatzprotokoll zum deutsch-sowjetischen Nichtangriffsvertrag vom 23. August 1939 und seine Entstehungs- und Rezeptionsgeschichte von 1939 bis 1999, Frankfurt am Main 2004.
Lippuner, Roland/Julia Lossau, In der Raumfalle. Eine Kritik des Spatial Turns in den Sozialwissenschaften, in: Georg Mein/Markus Riefer-Ladich (Hg.), Soziale Räume und kulturelle Praktiken. Über den strategischen Gebrauch von Medien, Bielefeld 2004, S. 47–63.
Ders., Raum – Systeme – Praktiken. Zum Verhältnis von Alltag, Wissenschaft und Geographie, Stuttgart 2005.
Liulevicius, Vejas Gabriel, Kriegsland im Osten. Eroberung, Kolonisierung und Militärherrschaft im Ersten Weltkrieg, Hamburg 2002.
Ders., The German Myth of the East – 1800 to the Present, Oxford 2009.
Loeber, Dietrich A., Diktierte Option. Die Umsiedlung der Deutsch-Balten aus Estland und Lettland 1939–1941, Neumünster 1974.
Ders., Deutsche Politik gegenüber Estland und Lettland. Die Umsiedlung der deutsch-baltischen Volksgruppe im Zeichen der Geheimabsprache mit der Sowjetunion von 1939, in: Manfred Funke (Hg.), Hitler, Deutschland und die Mächte. Materialien zur Außenpolitik des 3. Reiches, Düsseldorf 1976, S. 675–706.
Loesch, Karl C., Die deutsche Volksgemeinschaft, in: ders./Ludwig Vogt (Hg.), Das deutsche Volk, sein Boden und seine Verteidigung, 2. Auflage, Berlin 1938, S. 253–400.
Longerich, Peter, Die Wannsee-Konferenz vom 20. Januar 1942. Planung und Beginn des Genozids an den europäischen Juden, Berlin 1998.

Ders., Politik der Vernichtung. Eine Gesamtdarstellung der nationalsozialistischen Judenverfolgung, München 1998.
Lorenz, Richard (Hg.), Das Verdämmern der Macht. Vom Untergang großer Reiche, Frankfurt am Main 2000.
Lösch, August, Was ist vom Geburtenrückgang zu halten?, 2 Bde., Heidenheim 1932.
Ders., Bevölkerungswellen und Wechsellagen, Jena 1936.
Ders., Die räumliche Ordnung der Wirtschaft. Eine Untersuchung über Standort, Wirtschaftsgebiete und internationalem Handel, Jena 1940.
Löw, Andrea, Juden im Getto Litzmannstadt. Lebensbedingungen, Selbstwahrnehmung, Verhalten, Göttingen 2006.
Löw, Martina, Raumsoziologie, Frankfurt am Main 2001.
Lower, Wendy, Nazi Empire-building and the Holocaust in Ukraine, Chapel Hill 2005.
Dies., The Holocaust and the Colonialism in Ukraine. A Case Study of the Generalbezirk Zhytomyr, Ukraine 1941–1944, online: http://www.ushmm.org/research/center/publications/occasional/2005–10/paper.pdf [23. 10. 2011].
Lübbe, Hermann, Modernisierung und Folgelasten. Trends kultureller und politischer Evolution, Berlin 1997.
Ders., Gegenwartsschrumpfung, in: Klaus Backhaus/Holger Bonus (Hg.), Die Beschleunigungsfalle oder der Triumph der Schildkröte, 3. erw. Auflage, Stuttgart 1998, S. 129–164.
Ludendorff, Erich, Meine Kriegserinnerungen 1914–1918, Berlin 1919.
Ludowici, Johann Wilhelm, Das deutsche Siedlungswerk, Heidelberg 1935.
Lundgreen-Nielsen, Kay, The Polish Problem at the Paris Peace Conference. A Study of the Policies of the Great Powers and the Poles 1918–1919, Odense 1979.
Lynar, Ernst Wilhelm Graf (Hg.), Deutsche Kriegsziele 1914–1918, Frankfurt am Main 1964.
Mackenroth, Gerhard, Bevölkerungslehre. Theorie, Soziologie und Statistik der Bevölkerung, Berlin 1953.
Mackensen, Rainer/Lydia Thill-Thouet/Ulrich Stark (Hg.), Bevölkerungsentwicklung und Bevölkerungstheorie in Geschichte und Gegenwart, Frankfurt am Main 1989.
Ders. (Hg.), Bevölkerungslehre und Bevölkerungspolitik im »Dritten Reich«, Opladen 2004.
Mackiewicz, Josef, Katyn – ungesühntes Verbrechen, Zürich 1949.
Mackinder, Halford J., The Influence of Seapower upon History 1660–1783, New York 1890.
Ders., Der geographische Drehpunkt der Geschichte), 1904, in: Matznetter, Politische Geographie, S. 54–77.
Madajczyk, Czesław/Berthold Puchert, Die Okkupationspolitik Nazideutschlands in Polen 1939–1945, Berlin 1988.
Madajczyk, Czesław, Das Drama von Katyn, Berlin 1991.
Ders., Allgemeine Richtlinien der deutschen Besatzungspolitik in Polen, in: Jacek Andrzej Młynarczyk (Hg.), Polen unter deutscher und sowjetischer Besatzung 1939–1945, Osnabrück 2009, S. 37–51.
Ders. (Hg.), Vom Generalplan Ost zum Generalsiedlungsplan, München 1994.
Mai, Uwe, »Rasse und Raum«. Agrarpolitik, Sozial- und Raumplanung im NS-Staat, Paderborn 2002.
Ders., »Neustrukturierung des deutschen Volkes«. Wissenschaft und soziale Neuordnung im nationalsozialistischen Deutschland 1933–1945, in: Isabel Heinemann/

Patrick Wagner (Hg.), Wissenschaft – Planung – Vertreibung. Neuordnungskonzepte und Umsiedlungspolitik im 20. Jahrhundert, Stuttgart 2006, S. 73–92.
Maier, Charles S., Consigning the Twentieth Century to History. Alternativ Narratives for the Modern Era, in: *American Historical Review* 105 (2000), S. 807–831.
Ders., Transformations of Territoriality 1600–2000, in: Gunilla Budde/Sebastian Conrad/Oliver Janz (Hg.), Transnationale Geschichte. Themen, Tendenzen und Theorien, Göttingen 2006, S. 32–55.
Maier, Hans, Die ältere deutsche Staats- und Verwaltungslehre, München 1986.
Mallmann, Klaus-Michael/Bogdan Musial (Hg.), Genesis des Genozids. Polen 1939–1941, Darmstadt 2004.
Malthus, Robert, Essay on the Principle of Population (1798), deutsch: Eine Abhandlung über das Bevölkerungsgesetz (1807), 2. Auflage, Jena 1924.
Manela, Erez, Die Morgenröte einer neuen Ära. Der »Wilsonsche Augenblick« und die Transformation der kolonialen Ordnung der Welt 1917–1920, in: Sebastian Conrad/Andreas Eckert/Ulrike Freitag (Hg.), Globalgeschichte. Theorien, Ansätze, Themen, Frankfurt am Main 2007, S. 282–312.
Ders., The Wilsonian Moment. Self-determination and the International Origins of Anticolonial Nationalism, Oxford 2007.
Mann, Michael, Globalization, Macro-Regions and Nation-State, in: Gunilla Budde/Sebastian Conrad/Oliver Janz (Hg.), Transnationale Geschichte. Themen, Tendenzen und Theorien, Göttingen 2006, S. 21–31.
Ders., Die dunkle Seite der Demokratie, Hamburg 2007.
Mannori, Luca (Hg.), Kataster und moderner Staat in Italien, Spanien und Frankreich (18. Jahrhundert), Baden-Baden 2001.
Marchal, Guy P. (Hg.), Grenzen und Raumvorstellungen (11.–20. Jahrhundert), Zürich 1996.
Maresch, Rudolf/Niels Werber, Raum – Wissen – Macht, Frankfurt am Main 2002.
Marschalck, Peter, Bevölkerungsgeschichte Deutschlands im 19. und 20. Jahrhundert, Frankfurt am Main 1984.
Martens, Herbert, [Buchrezension zu Volk ohne Raum], in: *Deutsche Rundschau* 53 (1926), S. 294–297.
Martinez, Oscar, US-Mexico Borderlands, Wilmington 1996.
Marung, Steffi/Katja Naumann, Territorialisierung in Ostmitteleuropa in der zweiten Hälfte des 19. Jahrhunderts, Konzeptpapier zum Workshop: »Ostmitteleuropa transnational«, online: http://db.uni-leipzig.de/~ifabdez5/_veranstaltungen/data/dokumente/php20101018165138.pdf [28. 11. 2011].
Marung, Steffi, Vom Eisernen Vorhang zur EU-Nachbarschaft. Territorialisierung und der Wandel des Grenzregimes von der deutsch-polnischen zur polnisch-ukrainischen Ostgrenze der EU, Leipzig 2012 (im Erscheinen).
Mattiolo, Aram, »Volksgrenzen« oder Staatsgrenzen? Wissenschaft und Ideologie in der Debatte um die Hochrheingrenze (1925–1947), in: Guy P. Marchal (Hg.), Grenzen und Raumvorstellungen (11.–20. Jahrhundert), Zürich 1996, S. 285–311.
Matz, Klaus-Jürgen, Pauperismus und Bevölkerung. Die gesetzlichen Ehebeschränkungen in den süddeutschen Staaten während des 19. Jahrhunderts, Stuttgart 1980.
Matznetter, Josef (Hg.), Politische Geographie, Darmstadt 1977.
Maull, Otto, Über politischgeographische-geopolitische Karten, in: ders./Karl Haushofer/Erich Obst/Hermann Lautensach (Hg.), Bausteine zur Geopolitik, Berlin 1928, S. 325–342.

Ders., Politische Geographie und Geopolitik (1926), in: Matznetter (Hg.), Politische Geographie, S. 162–179.
Ders., Die Umwertung des menschlichen Lebensraumes in naher und ferner Zukunft, in: *Zeitschrift für Geopolitik* 5 (1928), I. HB, S. 79–88.
Mazower, Mark, Der dunkle Kontinent. Europa im 20. Jahrhundert, Berlin 2000.
Medick, Hans, Zur politischen Sozialgeschichte der Grenzen in der Neuzeit Europas, in: *SOWI. Sozialwissenschaftliche Informationen* 20 (1991), S. 157–163.
Ders., Grenzziehungen und die Herstellung des politisch-sozialen Raumes. Zur Begriffsgeschichte und politischen Sozialgeschichte der Grenzen in der Frühen Neuzeit, in: Bernd Weisbrod (Hg.), Grenzland. Beiträge zur Geschichte der deutsch-deutschen Grenze, Hannover 1993, S. 195–211.
Mehmel, Astrid, Deutsche Revisionspolitik in der Geographie nach dem Ersten Weltkrieg, in: *Geographische Rundschau* 47 (1995), S. 498–505.
Mehring, Reinhard, »Raumrevolution« als Rechtsproblem. Zum politischen Kontext und Wandel von Carl Schmitts Großraumdenken, in: Rüdiger Voigt (Hg.), Großraum-Denken. Carl Schmitts Kategorie der Großraumordnung, Stuttgart 2008 S. 99–117.
Ders., Carl Schmitt. Aufstieg und Fall. Eine Biographie, München 2009.
Mejstrik, Alexander, Welchen Raum braucht Geschichte? Vorstellungen von Räumlichkeit in den Geschichts-, Sozial- und Kulturwissenschaften, in: *Österreichische Zeitschrift für Geschichtswissenschaften* 17 (2006), S. 9–64.
Meschiari, Alberto, Artikel »Verdichtung«, in: Historisches Wörterbuch der Philosophie, Bd. 11, Sp. 605–608.
Meyers Großes Konversations-Lexikon, 4. Auflage, Leipzig 1885–1892.
Meyers Großes Konservations-Lexikon, 6. Auflage, Leipzig 1902–1920.
Meyer, Georg, Lehrbuch des Deutschen Staatsrechtes, Leipzig 1899.
Meyer, Konrad, Raumforschung, in: *Raumforschung und Raumordnung* 1 (1936), S. 2–4.
Michalka, Wolfgang, Ribbentrop und die deutsche Weltpolitik 1933–1940. Außenpolitische Konzeptionen und Entscheidungsprozesse im Dritten Reich, München 1980.
Michalsky, Tanja, Raum visualisieren. Zur Genese des modernen Raumverständnisses in Medien der Frühen Neuzeit, in: Alexander C.T. Geppert/Uffa Jensen/Jörn Weinhold (Hg.), Ortsgespräche. Raum und Kommunikation im 19. und 20. Jahrhundert, Bielefeld 2005, S. 287–310.
Dies./Felicitas Schmieder/Gisela Engel (Hg.), Aufsicht – Ansicht – Einsicht: Neue Perspektiven auf die Kartographie an der Schwelle zur Frühen Neuzeit, Berlin 2009.
Middell, Matthias, Kulturtransfer und Historische Komparatistik. Thesen zu ihrem Verhältnis, in: *Comparativ* 10 (2000), S. 7–41.
Mittler, Elmar/Mechthild Schüler (Hg.), Weltbild – Kartenbild. Geographie und Kartographie in der frühen Neuzeit, Göttingen 2002.
Mohler, Armin, Autorenporträt. Karl Haushofer, in: *Criticón* 56 (1979), S. 260–263.
Mohnhaupt, Heinz, Rechtliche Instrumente der Raumbeherrschung, in: *Ius commune* 14 (1987), S. 159–181.
Mommsen, Hans, Amoklauf der »Volksgemeinschaft«? Kritische Anmerkungen zu Michael Wildts Grundkurs zur Geschichte des Nationalsozialismus, in: *Neue Politische Literatur* 53 (2008), S. 15–20.
Mommsen, Wolfgang J., Max Weber und die deutsche Politik 1890–1920, Tübingen 1974.
Ders., Der autoritäre Nationalstaat. Verfassung, Gesellschaft und Kultur des deutschen Kaiserreichs, Frankfurt am Main 1990.

Ders., Großmachtstellung und Weltpolitik. Die Außenpolitik des Deutschen Reiches 1870 bis 1914, Frankfurt am Main 1993.
Ders., Der Erste Weltkrieg. Anfang vom Ende des bürgerlichen Zeitalters, Frankfurt am Main 2004.
Ders., Der »polnische Grenzstreifen«. Anfänge der »völkischen Flurbereinigung« und der Umsiedlungspolitik, in: ders., Der Erste Weltkrieg. Anfang vom Ende des bürgerlichen Zeitalters. Frankfurt am Main 2004, S. 118–136.
Motyl, Alexander J., Imperial Ends. The Decay, Collapse, and Revival of Empires, New York 2001.
Mroczko, Marian, Eugeniusz Romer 1871–1954. Biographia polityczna, Słupsk 2008.
Muhs, Hermann, Die Raumordnung in der nationalsozialistischen Staatspolitik, in: *Raumforschung und Raumordnung* 1 (1937), S. 517–523.
Müller, Adam, Die Elemente der Staatskunst (1809), Nachdruck Wien 1922.
Müller, Gerhard H., Friedrich Ratzel (1844–1904): Naturwissenschaftler, Geograph, Gelehrter. Neue Studien zu Leben und Werk und sein Konzept der »Allgemeinen Biogeographie«, Stuttgart 1996.
Müller, Michael G./Cornelius Torp, Conceptualising Transnational Spaces in History, in: *European Review of History* 16 (2009), Heft 5, S. 609–617.
Müller, Rolf-Dieter, Hitlers Ostkrieg und die deutsche Siedlungspolitik, Frankfurt am Main 1991.
Ders., Der Zweite Weltkrieg 1939–1945, Stuttgart 2004.
Müller, Sven Oliver, Nation als Waffe und Vorstellung. Nationalismus in Deutschland und Großbritannien im Ersten Weltkrieg, Göttingen 2002.
Ders./Cornelius Torp, Das Bild des Deutschen Kaiserreiches im Wandel, in: dies. (Hg.), Das Deutsche Kaiserreich in der Kontroverse, Göttingen 2009, S. 9–27.
Münk, Dieter, Die Organisation des Raumes im Nationalsozialismus. Eine soziologische Untersuchung ideologisch fundierter Leitbilder in Architektur, Städtebau und Raumplanung des Dritten Reiches, Bonn 1993.
Münkler, Herfried, Imperien. Die Logik der Weltherrschaft vom Alten Rom bis zu den Vereinigten Staaten, Berlin 2005.
Muret, Maurice, La Littérature de la croix gammée, in: *Revue Bleue. Politique et Littéraire* 73 (1935), S. 545–550.
Murphy, David Thomas, The Heroic Earth. Geopolitical Thought in Weimar Germany 1918–1933, Kent 1997.
Musial, Bogdan, Bilder einer Ausstellung. Kritische Anmerkungen zur Wanderausstellung »Vernichtungskrieg. Verbrechen der Wehrmacht 1941 bis 1944«, in: *Vierteljahrshefte für Zeitgeschichte* 47 (1999), S. 563–591.
Ders., »Konterrevolutionäre Elemente sind zu erschießen«. Die Brutalisierung des deutsch-sowjetischen Krieges im Sommer 1941, Berlin 2000.
Ders., Die »vierte Teilung Polens«, in: Manuel Becker/Holger Löttel/Christoph Studt (Hg.), Der militärische Widerstand gegen Hitler im Lichte neuer Kontroversen, Berlin 2010, S. 25–50.
Nagl, Dominik, Grenzfälle. Staatsangehörigkeit, Rassismus und nationale Identität unter deutscher Kolonialherrschaft, Frankfurt am Main 2007.
Naimark, Norman N., Flammender Hass. Ethnische Säuberungen im 20. Jahrhundert, München 2004.
Natter, Wolfgang, Umstrittene Konzepte. Raum und Volk bei Karl Haushofer und in der »Zeitschrift für Geopolitik«, in: Matthias Middell/Ulrike Sommer (Hg.), Historische West- und Ostforschung in Zentraleuropa zwischen dem Ersten und dem Zweiten Weltkrieg: Verflechtung und Vergleich, Leipzig 2004, S. 1–28.

Naumann, Friedrich, Mitteleuropa, Berlin 1915.
Neitzel, Sönke, Weltmacht oder Untergang. Die Weltreichslehre im Zeitalter des Imperialismus, Paderborn 2000.
Ders. (Hg.), 1900: Zukunftsvisionen der Großmächte, Paderborn 2002.
Nelson, Harold L., Land and Power. British and Alliied Policy on Germany's Frontiers 1916–1919, London 1963.
Nelson, Robert L. (Hg.), Germans, Poland, and Colonial Expansion to the East – 1850 through the Present, New York 2009.
Neuhaus, Stefan, Literatur und nationale Einheit in Deutschland, Tübingen 2002.
Neumann, Joachim, Begriffsgeschichtliches um den Kartographen, in: *Kartographische Nachrichten* 38 (2008), Heft 6, S. 321–323.
Neupert, Karl, Siedlungsgestaltung des Deutschen Volkes, in: Reichsheimstättenamt (Hg.), Siedlungsgestaltung aus Volk, Raum und Landschaft, Berlin 1940, S. 5–6.
Newman, David, Population, Settlement and Conflict. Israel and the West Bank, Cambridge 1991.
Noack, Paul, Carl Schmitt. Eine Biographie, Frankfurt am Main 1993.
Nordman, Daniel, Frontières de Frances. De l'espace au territoire XVIe–XIXe siècle, Paris 1998.
Noyes, John, Colonial Space. Spatiality in the Discourse of German South Africa 1884–1915, Chur 1992.
NS-Forschung und Genozidforschung, in: *Zeithistorische Forschungen/Studies in Contemporary History* 5 (2008), online: http://www.zeithistorische-forschungen.de/16126041-Debatte-3–2008 [17. 2. 2011].
Nutzinger, Hans G. (Hg.), Schriften zur industriellen Standortlehre (Alfred-Weber-Gesamtausgabe, Bd. 6), Marburg 1998.
Oberbefehlshaber Ost (Hg.), Das Land Ober Ost – Deutsche Arbeit in den Verwaltungsgebieten Kurland, Litauen und Bialystok-Grodno, Stuttgart 1917.
Oberkrome, Willi, Geschichte, Volk und Theorie. Das »Handwörterbuch des Grenz- und Auslanddeutschtums«, in: Peter Schöttler (Hg.), Geschichtsschreibung als Legitimationswissenschaft 1918–1945, Frankfurt am Main 1997, S. 104–127.
Ders., Volksgeschichte. Methodische Innovation und völkische Ideologisierung in der deutschen Geschichtswissenschaft 1918–1945, Göttingen 1993.
Obst, Erich, Wir fordern unsere Kolonien zurück!, in: *Zeitschrift für Geopolitik* 3 (1926), I. HB, S. 151–160.
Ders., Die Großraum-Idee – in der Vergangenheit und als tragender politischer Gedanke unserer Zeit, Breslau 1941.
Oekonomische Encyklopädie, hrsg. von D. Georg Johann Krünitz, Berlin 1810.
Oetinger, Johann, tractatus de jure et controversiis limitum, ac finibus regundis. Oder Gründlicher Bericht. Von den Gräntzen und Marcksteinen, Ulm 1642.
Onken, Dirk, Das Problem des »Lebensraums« in der deutschen Politik vor 1914, Heidelberg 1948.
Osterhammel, Jürgen, Kolonialismus. Geschichte – Formen – Folgen, München 1995.
Ders., Die Wiederkehr des Raumes. Geopolitik, Geohistorie und historische Geographie, in: *Neue Politische Literatur* 43 (1998), S. 374–397.
Ders., Raumbeziehungen. Internationale Geschichte, Geopolitik und historische Geographie, in: ders./Wilfried Loth (Hg.), Internationale Geschichte. Themen, Ereignisse, Aussichten, München 2000, S. 287–308.
Ders., Geschichtswissenschaft jenseits des Nationalstaates. Studien zu Beziehungsgeschichte und Zivilisationsvergleich, Göttingen 2001.

Ders., Raumerfassung und Universalgeschichte, in: ders., Geschichtswissenschaft jenseits des Nationalstaats. Studien zu Beziehungsgeschichte und Zivilisationsvergleich, Göttingen 2001, S. 151–169.
Ders., Der europäische Nationalstaat des 20. Jahrhunderts. Eine globalhistorische Annäherung, in: ders., Geschichtswissenschaft jenseits des Nationalstaats. Studien zu Beziehungsgeschichte und Zivilisationsvergleich, Göttingen 2001, S. 322–341.
Ders., Transnationale Gesellschaftsgeschichte. Erweiterung oder Alternative?, in: *Geschichte und Gesellschaft* 27 (2001), S. 464–479.
Ders./Niels P. Petersson, Geschichte der Globalisierung. Dimensionen, Prozesse, Epochen, München 2003.
Ders., Weltgeschichte. Ein Propädeutikum, in: *Geschichte in Wissenschaft und Unterricht* 56 (2005), S. 452–479.
Ders., Imperien, in: Gunilla Budde/Sebastian Conrad/Oliver Janz (Hg.), Transnationale Geschichte. Themen, Tendenzen und Theorien, Göttingen 2006, S. 56–67.
Ders., Die Verwandlung der Welt. Eine Geschichte des 19. Jahrhunderts, München 2009.
ÓTuathail, Gearóid, Critical Geopolitics. The Politics of Writing Global Space, Minneapolis 1996.
Ders./Simon Dalby (Hg.), Rethinking Geopolitics, London 1998.
Paasi, Anssi, Territories, Boundaries and Consciousness. The Changing Geographies of the Finnish-Russian Border, Chichester 1996.
Patel, Klaus K., Transatlantische Perspektiven transnationaler Geschichte, in: *Geschichte und Gesellschaft* 29 (2003), S. 625–647.
Pätzold, Kurt/Erika Schwarz, Tagesordnung – Judenmord. Die Wannsee-Konferenz am 20. Januar 1942, Berlin 1998.
Paulmann, Johannes, Internationaler Vergleich und interkultureller Transfer, in: *Historische Zeitschrift* 267 (1998), S. 649–685.
Penck, Albrecht, Die Deutschen im polnischen Korridor, in: *Zeitschrift der Gesellschaft für Erdkunde zu Berlin* (1921), S. 169–185.
Ders., Deutscher Volks- und Kulturboden, in: Karl Cristian Loesch, Volk unter Völkern, Bd. 1, Breslau 1925, S. 62–73.
Peschel, Andreas, Friedrich Naumanns und Max Webers »Mitteleuropa« – eine Betrachtung ihrer Konzeptionen im Kontext mit den »Ideen von 1914« und dem Alldeutschen Verband, Dresden 2005.
Petermann, August, Notiz über den kartographischen Standpunkt der Erde, in: *Geographisches Jahrbuch* 1 (1866), S. 582.
Plenge, Johann, 1789 und 1914. Die symbolischen Jahre in der Geschichte des politischen Geistes, Berlin 1916.
Pohl, Dieter, Holocaust – die Ursachen, das Geschehen, die Folgen, Freiburg 2000.
Ders., Verfolgung und Massenmord in der NS-Zeit 1933–1945, Darmstadt 2003.
Ders., Die Herrschaft der Wehrmacht. Deutsche Militärbesatzung und einheimische Bevölkerung in der Sowjetunion 1941 bis 1944, München 2008.
Pöls, Werner, Deutsche Sozialgeschichte. Dokumente und Skizzen, Bd. 1: 1815–1870, München 1973.
Porter, Roy/Mikuláš Teich (Hg.), Die Industrielle Revolution in England, Deutschland, Italien, Berlin 1998.
Präg, Werner/Wolfgang Jacobmeyer (Hg.), Das Diensttagebuch des deutschen Generalgouverneurs in Polen 1939–1945, Stuttgart 1975.

Prange, Hubertus, Der Versailler Vertrag und die deutsch-polnische Grenze 1918–1921, Kiel 1991.
Prehn, Ulrich, »Volk« und »Raum« in zwei Nachkriegszeiten. Kontinuitäten und Wandlungen in der Arbeit des Volkstumsforscher Max Hildebert Boehm, in: Habbo Knoch (Hg.), Das Erbe der Provinz. Heimatkultur und Geschichtspolitik nach 1945, Göttingen 2001, S. 50–72.
Preuß, Hugo, Gemeinde, Staat, Reich als Gebietskörperschaften, Berlin 1889.
Puschner, Uwe/Walter Schmitz/Justus H. Ulbricht (Hg.), Handbuch zur »völkischen Bewegung« 1871–1918, München 1999.
Ders., Die völkische Bewegung im wilhelminischen Kaiserreich. Sprache – Rasse – Religion, Darmstadt 2001.
Pyta, Wolfram, »Menschenökonomie«. Das Ineinandergreifen von ländlicher Sozialraumgestaltung und rassenbiologischer Bevölkerungspolitik im NS-Staat, in: *Historische Zeitschrift* 273 (2001), S. 31–94.
Quaritsch, Helmut, Positionen und Begriffe Carl Schmitts, 3. überarbeitete und ergänzte Auflage, Berlin 1995.
Radkau, Joachim, Das Zeitalter der Nervosität. Deutschland zwischen Bismarck und Hitler, München 2000.
Raphael, Lutz, Die Verwissenschaftlichung des Sozialen als methodische und konzeptionelle Herausforderung für eine Sozialgeschichte des 20. Jahrhunderts, in: *Geschichte und Gesellschaft* 22 (1996), S. 165–193.
Ders., Radikales Ordnungsdenken und die Organisation totalitärer Herrschaft: Weltanschauungseliten und Humanwissenschaftler im NS-Regime, in: *Geschichte und Gesellschaft* 27 (2001), S. 5–40.
Ratzel, Friedrich, Sein und Werden der organischen Welt. Eine populäre Schöpfungsgeschichte, Jena 1869.
Ders., Anthropo-Geographie oder Grundzüge der Anwendung der Erdkunde auf die Geschichte, Stuttgart 1882.
Ders., Wider die Reichsnörgler. Ein Wort zur Kolonialfrage aus Wählerkreisen, München 1884.
Ders., Studien über politische Räume, in: *Geographische Zeitschrift* (1895), S. 163–182, 286–302.
Ders., Der Staat und sein Boden – Geographisch betrachtet, Leipzig 1896.
Ders., Die Gesetze des räumlichen Wachstums der Staaten. Ein Beispiel zur wissenschaftlichen politischen Geographie (1896), in: Matznetter (Hg.), Politische Geographie, S. 29–53.
Ders., Politische Geographie (1897), 3. Auflage, München 1923.
Ders., Der Ursprung der Arier in geographischem Licht, in: *Die Umschau* 3 (1899), S. 825–827, 839–841.
Ders., Der Lebensraum. Eine biogeographische Studie (1901), Neudruck, Darmstadt 1966.
Ders., Nationalitäten und Rassen, in: Kleine Schriften, hrsg.von Hans Helmolt, Bd. 2, München 1906, S. 462–487.
Ders., Jugenderinnerungen, hrsg. von Friedhelm Kemp, München 1966.
Rauch, Karl, Ein Volksbuch deutschen Schicksals, in: *Vorstoß. Wochenschrift für die deutsche Zukunft* 1 (1931), S. 1699–1700.
Redepenning, Marc, Wozu Raum? Systemtheorie, Critical Geopolitics und raumbezogene Semantiken, Leipzig 2006.
Ders., Eine selbst erzeugte Überraschung: zur Renaissance von Raum als Selbstbeschreibungsformel der Gesellschaft, in: Jörg Döring/Tristan Thielmann (Hg.),

Spatial Turn. Das Raumparadigma in den Kultur- und Sozialwissenschaften, Bielefeld 2008, S. 317–340.
Reepen, Hans, [Buchrezension zu Volk ohne Raum], in: *Der Kolonialfreund. Illustrierte Kolonial- und Auslandszeitung* (1926), S. 242–243; auch abgedruckt in: *Afrika-Nachrichten* 7 (1927), S. 322–323.
Reif, Heinz, Metropolen. Geschichte – Begriffe – Methoden, Berlin 2006, online: http://www.geschundkunstgesch.tu-berlin.de/uploads/media/001–2006.pdf [5. 3. 2010].
Reinhard, Wolfgang (Hg.), Verstaatlichung der Welt? Europäische Staatsmodelle und außereuropäische Machtprozesse, München 1999.
Ders., Geschichte der europäischen Expansion, 4 Bde., Stuttgart 1983–1990.
Ders., Geschichte der Staatsgewalt. Eine vergleichende Verfassungsgeschichte Europas von den Anfängen bis zur Gegenwart, München 1999.
Ders., Geschichte des modernen Staates. Von den Anfängen bis zur Gegenwart, München 2007.
Ders., Kleine Geschichte des Kolonialismus, 2. überarbeitete und erweiterte Auflage, Stuttgart 2008.
Renz, Otto, Der neue Kunstwille in Hans Grimm: Volk ohne Raum, in: *Akademischer Beobachter. Kampfblatt des Nationalsozialistischen Deutschen Studentenbundes* 1 (1929), S. 222–223; ebenso in: *Hallische Universitätszeitung* 6 (1930), S. 6.
Reuber, Paul/Günter Wolkersdorfer (Hg.), Politische Geographie. Handlungsorientierte Ansätze und Critical Geopolitics, Heidelberg 2002.
Reulecke, Jürgen, Geschichte der Urbanisierung in Deutschland, Frankfurt am Main 1985.
Rheinbaben, Freiherr von, Die deutsche Formel, in: *Zeitschrift für Geopolitik* 4 (1927), I. HB, S. 100–107.
Richter, Dirk, Nation als Form, Opladen 1996.
Riedel, Manfred, Vom Biedermeier zum Maschinenzeitalter. Zur Kulturgeschichte der ersten Eisenbahnen in Deutschland, in: *Archiv für Kulturgeschichte* 43 (1961), Heft 1, S. 100–123.
Rißler-Pipka, Nanette, Be- und Entgrenzungen. Theatralität und Räumlichkeit in den Abenteuerromanen Jules Vernes, in: Jörg Dünne/Sabine Friedrich/Kirsten Kramer (Hg.), Theatralität und Räumlichkeit. Raumordnungen und Raumpraktiken im theatralen Mediendispositiv, Würzburg 2009, S. 125–136.
Ritter, Gerhard A./Klaus Tenfelde (Hg.), Arbeiter im Deutschen Kaiserreich 1871 bis 1914, Bonn 1992.
Rohrbach, Paul, Deutschland unter den Weltvölkern. Materialien zur auswärtigen Politik, Berlin 1903.
Rohrkrämer, Thomas, Eine andere Moderne? Zivilisationskritik, Natur und Technik in Deutschland 1880–1933, Paderborn 1999.
Röhricht, Reinhold, Heinrich Meisner (Hg.), Deutsche Pilgerreisen nach dem Heiligen Lande, Tübingen 1884.
Roos, Hans, Geschichte der Polnischen Nation 1918–1978. Von der Staatsgründung bis zur Gegenwart, 3. Auflage, Stuttgart 1979.
Rosa, Hartmut, Beschleunigung. Die Veränderung der Zeitstrukturen in der Moderne, Frankfurt am Main 2005.
Roseman, Mark, Die Wannsee-Konferenz. Wie die NS-Bürokratie den Holocaust organisierte, München 2002.
Rosenberg, Alfred, Der Mythus des 20. Jahrhunderts. Eine Wertung der seelisch-geistigen Gestaltenkämpfe unserer Zeit (1930), 3. Auflage, München 1932.

Rössler, Mechthild, Die Institutionalisierung einer neuen Wissenschaft im Nationalsozialismus: Raumforschung und Raumordnung 1933–1945, in: *Geographische Zeitschrift* 75 (1987), S. 177–194.

Dies., Wissenschaft und Lebensraum. Geographische Ostforschung im Nationalsozialismus. Ein Beitrag zur Disziplingeschichte der Geographie, Berlin 1990.

Roth, Karl Heinz, »Generalplan Ost« – »Gesamtplan Ost«. Forschungsstand, Quellenprobleme, neue Ergebnisse, in: Mechthild Rössler/Sabine Schleiermacher/Cordula Tollmien (Hg.), Der »Generalplan Ost«. Hauptlinien der nationalsozialistischen Planungs- und Vernichtungspolitik, Berlin 1993, S. 25–117.

Roth, Paul, Die Entstehung des polnischen Staates. Eine völkerrechtlich-politische Untersuchung, Berlin 1926.

Das Staats-Lexikon. Encyklopädie der sämmtlichen Staatswissenschaften für alle Stände, hrsg. von Carl Rotteck und Carl Welcker, 2. Auflage, Altona 1846.

Rudorff, Ernst, Über das Verhältnis des modernen Lebens zur Natur, in: *Preußische Jahrbücher* 45 (1880), S. 261–276.

Ders., Heimatschutz, in: *Die Grenzboten* (1897), Heft 2, S. 401–414, 455–468.

Ders., Abermals zum Heimatschutz, in: *Die Grenzboten* (1897), Heft 3, S. 111–117.

Rutowska, Maria, Nationalsozialistische Verfolgungsmaßnahmen gegenüber der polnischen Zivilbevölkerung in den eingegliederten polnischen Gebieten, in: Jacek Andrzej Młynarczyk (Hg.), Polen unter deutscher und sowjetischer Besatzung 1939–1945, Osnabrück 2009, S. 197–216.

Rykiel, Zbigniew, The Geographical Conditionality of the Polish Western Boundary, in: Georg Stöber/Robert Maier (Hg.), Grenzen und Grenzräume in der deutschen und polnischen Geschichte. Scheidelinie oder Begegnungsraum?, Hannover 2000, S. 57–70.

Sachse, Carola (Hg.), »Mitteleuropa« und »Südosteuropa« als Planungsraum. Wirtschafts- und kulturpolitische Expertisen im Zeitalter der Weltkriege, Göttingen 2010.

Sack, Robert D[avid], Conceptions of Space in Social Thought. A Geographic Perspective, London 1980.

Ders., Human Territoriality. Its Theory and History, Cambridge 1986.

Saldern, Adelheid von, Häuserleben – zur Geschichte städtischen Arbeiterwohnens vom Kaiserreich bis heute, Bonn 1995.

Salzborn, Samuel, Carl Schmitts völkerrechtliches Erbe. Volksgruppenrechtstheorie und europäisches Großraum-Denken vom Ende des Zweiten Weltkriegs bis in die Gegenwart, in: Rüdiger Voigt (Hg.), Großraum-Denken. Carl Schmitts Kategorie der Großraum-Ordnung, Stuttgart 2008, S. 145–166.

Ders., Ethnischer Selbstbestimmungsanspruch contra demokratisches Selbstbestimmungsrecht, in: Peter Hilpold (Hg.), Das Selbstbestimmungsrecht der Völker. Vom umstrittenen Prinzip zum vieldeutigen Recht?, Frankfurt am Main 2009, S. 107–130.

Sandl, Marcus, Ökonomie des Raumes. Der kameralwissenschaftliche Entwurf der Staatswirtschaft im 18. Jahrhundert, Köln u.a. 1999.

Ders., Zirkulationsbegriff, kameralwissenschaftliche Wissensordnung und das disziplingeschichtliche Gedächtnis der ökonomischen Wissenschaften, in: Harald Schmidt/Marcus Sandl (Hg.), Gedächtnis und Zirkulation – der Diskurs des Kreislaufs im 18. und frühen 19. Jahrhundert, Göttingen 2002, S. 63–79.

Ders., Bauernland, Fürstenstaat, Altes Reich. Grundzüge einer Poetologie politischer Räume im 18. Jahrhundert, in: Cornelia Jöchner (Hg.), Politische Räume. Stadt und Land in der Frühneuzeit, Berlin 2003, S. 145–165.

Sandmann, Jürgen, Der Bruch mit der humanitären Tradition. Die Biologisierung der Ethik bei Ernst Haeckel und anderen Darwinisten seiner Zeit, Stuttgart 1990.
Sanford, George, Katyn and the Soviet Massacre of 1940. Truth, Justice and Memory, London 2005.
Sarkowicz, Hans, Zwischen Sympathie und Apologie. Der Schriftsteller Hans Grimm und sein Verhältnis zum Nationalsozialismus, in: Karl Corino (Hg.), Intellektuelle im Bann des Nationalsozialismus, Hamburg 1980, S. 120–135.
Sauer, Bernhard, »Auf nach Oberschlesien« – die Kämpfe der deutschen Freikorps 1921 in Oberschlesien und den anderen ehemaligen deutschen Ostprovinzen, in: *Zeitschrift für Geschichtswissenschaft* 58 (2010), S. 297–320.
Scattola, Merio, Die Grenze der Neuzeit. Ihr Begriff in der juristischen und politischen Literatur der Antike und Frühmoderne, in: Markus Bauer/Thomas Rahn (Hg.), Die Grenze. Begriff und Inszenierung, Berlin 1997, S. 37–69.
Schattkowsky, Ralph, Deutschland und Polen von 1918/19 bis 1925. Deutsch-polnische Beziehungen zwischen Versailles und Locarno, Frankfurt am Main 1994.
Scheerer, E., Organismus, in: Historisches Wörterbuch der Philosophie, Bd. 6, Basel 1984, Sp. 1336–1348.
Schelhaas, Bruno/Ute Wardenga, »Die Hauptresultate der Reisen vor die Augen bringen« – oder: Wie man Welt mittels Karten sichtbar macht, in: Christian Berndt/Robert Pütz (Hg.), Kulturelle Geographien. Zur Beschäftigung mit Raum und Ort nach dem Culture Turn, Bielefeld 2007, S. 143–166.
Schenk, Frithjof Benjamin, Das Paradigma des Raumes in der osteuropäischen Geschichte, in: *Zeitenblicke* 6 (2007), Heft 2, online: http://www.zeitenblicke.de/2007/2/schenk [28. 11. 2011].
Scherzer, Karl von, Moritz Wagner – ein deutsches Forscherleben, Stuttgart 1888.
Schieder, Theodor, Das Deutsche Kaiserreich von 1871 als Nationalstaat, Köln 1961.
Ders., Typologie und Erscheinungsformen des Nationalstaats in Europa (1966), in: ders., Nationalismus und Nationalstaat. Studien zum nationalen Problem im modernen Europa, Göttingen 1991, S. 65–86.
Schildknecht, Jörg, Bismarck, Südwestafrika und die Kongokonferenz. Die völkerrechtlichen Grundlagen der effektiven Okkupation und ihre Nebenpflichten am Beispiel des Erwerbs der ersten deutschen Kolonie, Münster 2000.
Schivelbusch, Wolfgang, Geschichte der Eisenbahnreise. Zur Industrialisierung von Raum und Zeit im 19. Jahrhundert, Frankfurt am Main 1979.
Schlögel, Karl, Die Wiederkehr des Raumes. Die Konkretwerdung der Welt nach dem Verschwinden der Systeme, *Frankfurter Allgemeine Zeitung*, Nr. 139 (19. 6. 1999).
Ders., Im Raume lesen wir die Zeit. Über Zivilisationsgeschichte und Geopolitik, München 2003.
Ders., Terror und Traum. Moskau 1937, München 2008.
Schlottau, Ralf, Deutsche Kolonialrechtspflege. Strafrecht und Strafmacht in den deutschen Schutzgebieten 1884 bis 1914, Frankfurt am Main 2007.
Schmale, Wolfgang/Reinhard Stauber (Hg.), Menschen und Grenzen in der Frühen Neuzeit, Berlin 1998.
Schmid, Christian, Stadt, Raum und Gesellschaft. Henri Lefebvre und die Theorie der Produktion des Raumes, München 2005.
Schmid, Julia, Kampf um das Deutschtum. Radikaler Nationalismus in Österreich und dem Deutschen Reich 1890–1914, Frankfurt am Main 2009.
Schmidt, Ludwig Benjamin Martin, Lehre von der Staatswirthschaft. Zu den Vorlesungen auf der Kameral Hohen Schule zu Lautern, 2 Bde., Mannheim 1780.

Schmidt, Ute, Die Deutschen aus Bessarabien. Eine Minderheit in Südosteuropa 1814 bis heute, Köln 2004.
Schmidt-Linsenhoff, Viktoria, Amerigo findet America. Zu Jan van der Straets Kupferstichfolge Nova Reperta, in: Heide Wunder/Gisela Engel (Hg.), Geschlechterperspektiven. Forschungen zur Frühen Neuzeit, Königstein 1998, S. 372–394.
Schmiechen-Ackermann, Detlev (Hg.), »Volksgemeinschaft«. Mythos, wirkungsmächtige soziale Verheißung oder soziale Realität im »Dritten Reich«? Propaganda und Selbstmobilisierung im NS-Staat, Paderborn 2011.
Schmitt, Carl, Der Leviathan in der Staatslehre des Thomas Hobbes. Sinn und Fehlschlag eines politischen Symbols, Hamburg 1938.
Ders., Gespräch über den Neuen Raum (1955), Berlin 1994.
Ders., Staat, Großraum, Nomos. Arbeiten aus den Jahren 1916–1969, hrsg. von Günter Maschke, Berlin 1995.
Ders., Der Begriff des Politischen (1932), 6. Auflage, 4. Nachdruck der Ausgabe von 1963, Berlin 1996.
Ders., Großraum gegen Universalismus. Der völkerrechtliche Kampf um die Monroedoktrin, in: *Zeitschrift der Akademie des Deutschen Rechts* 6 (1939), S. 333–337.
Ders., Der Nomos der Erde im Völkerrecht des Jus Publicum Europaeum, 4. Auflage, Berlin 1997.
Ders., Land und Meer (1942), 4. Auflage, Stuttgart 2001.
Schmitz, Walter/Clemens Vollnhals (Hg.), Völkische Bewegung, Konservative Revolution, Nationalsozialismus. Aspekte einer politisierten Kultur, Dresden 2005.
Schmoeckel, Mathias, Die Großraumtheorie. Ein Beitrag zur Geschichte der Völkerrechtswissenschaft im Dritten Reich, insbesondere der Kriegszeit, Berlin 1994.
Schnee, Heinrich (Hg.), Deutsches Kolonial-Lexikon, Leipzig 1920.
Schneider, Erich (Hg.), Optimales Wachstum und optimale Standortverteilung, Berlin 1962.
Schneider, Ute, Die Macht der Karten. Eine Geschichte der Kartographie vom Mittelalter bis heute, Darmstadt 2004.
Dies., »Den Staat auf einem Kartenblatt übersehen!« Die Visualisierung der Staatskräfte und des Nationalcharakters, in: Christof Dipper/Ute Schneider (Hg.), Kartenwelten. Der Raum und seine Repräsentation in der Neuzeit, Darmstadt 2006, S. 11–25.
Schnurbein, Stefanie von/Justus H. Ulbricht (Hg.), Völkische Religion und Krisen der Moderne. Entwürfe »arteigener« Glaubenssysteme seit der Jahrhundertwende, Würzburg 2001.
Schöller, Peter, Wege und Irrwege der Politischen Geographie und Geopolitik, in: *Erdkunde* 11 (1957), S. 1–20.
Schröder, Iris/Sabine Höhler (Hg.), Welt-Räume. Geschichte, Geographie und Globalisierung seit 1900, Frankfurt am Main 2005.
Dies., Welt-Räume: Annäherungen an eine Geschichte der Globalität im 20. Jahrhundert, in: dies. (Hg.), Welt-Räume. Geschichte, Geographie und Globalisierung seit 1900, Frankfurt am Main 2004, S. 9–47.
Schröder, Matthias, Die Umsiedlung der Deutschbalten in den »Warthegau« 1939/40 im Kontext nationalsozialistischer Bevölkerungspolitik, in: Sabine Mecking/Stefan Schröder (Hg.), Kontrapunkt. Vergangenheitsdiskurse und Gegenwartsverständnis, Essen 2005, S. 57–69.
Schroer, Markus, Politik und Raum – diesseits und jenseits des Nationalstaats, in: ders./Armin Nassehi (Hg.), Der Begriff des Politischen, Baden-Baden 2003, S. 325–356.

Ders., Räume, Orte, Grenzen. Auf dem Weg zu einer Soziologie des Raums, Frankfurt am Main 2006.
Schubert, Markus, Die Mitteleuropa-Konzeption Friedrich Naumanns und die Mitteleuropa-Debatte der 80er Jahre, Sindelfingen 1993.
Schultz, Heinz-Dietrich, Die Situation der Geographie nach dem Ersten Weltkrieg. Eine unbekannte Umfrage aus dem Jahre 1919, historisch kommentiert, in: *Die Erde* 108 (1977), Heft 1/2, S. 75–102.
Ders., Die deutschsprachige Geographie von 1800 bis 1970. Ein Beitrag zur Geschichte ihrer Methodologie, Berlin 1980.
Ders., Versuch einer Historisierung der Geographie des Dritten Reiches am Beispiel des geographischen Großraumdenkens, in: Geographie und Nationalsozialismus. 3 Fallstudien zur Institution Geographie im Deutschen Reich und der Schweiz, Kassel 1989, S. 1–75.
Ders., Fortschrittsfreunde! Die andere Seite der Geographie am Beispiel der »Philosophischen Erdkunde« Ernst Kapps, in: Heinz Peter Brogiato/Hans-Martin Cloß (Hg.), Geographie und ihre Didaktik. Festschrift für Walter Sperling (= Materialien zur Didaktik der Geographie, Heft 16), Teil 2, Trier 1992, S. 65–93.
Ders., Die deutsche Geographie im 19. Jahrhundert und die Lehre Friedrich Ratzels, in: Irene Diekmann/Peter Krüger/Julius H. Schoeps (Hg.), Geopolitik. Grenzgänge im Zeitgeist, Bd. 1.1: 1890 bis 1945, Potsdam 2000, S. 39–84.
Ders., Raum als kartographische Repräsentation von Politik. Verirrungen der (Schul-)Geographie vor 1945 am Beispiel Deutschlands, in: Michael Geier/Armin Hüttermann (Hg.), Raum und Erkenntnis. Eckpfeiler einer verhaltensorientierten Geographiedidaktik, Köln 2007, S. 148–161.
Ders., Sie wussten, was sie taten! Die propagandistische »Kraft der Karte« in der deutschen Schulgeographie der Zwischenkriegszeit, in: Sabine Tzschaschel/Holger Wild/Sebastian Lentz (Hg.), Visualisierung des Raumes. Karten machen – die Macht der Karten, Leipzig 2007, S. 13–37.
Ders., Das Kartenbild als Waffe im Geographieunterricht der Zwischenkriegszeit, in: *Kartographische Nachrichten* 58 (2008), Heft 1, S. 19–27.
Ders., Friedrich Ratzel. Bellizistischer Raumtheoretiker mit Naturgefühl oder Vorläufer der NS-Lebensraumpolitik?, in: Claus Deimel/Sebastian Lentz/Bernhard Streck (Hg.), Auf der Suche nach Vielfalt. Ethnographie und Geographie in Leipzig, Leipzig 2009, S. 125–142.
Ders., »Eines schickt sich nicht für Alle«. Rassen, Völker und Nationen im länderkundlichen Denken Friedrich Ratzels, in: Dorothea E. Schulz/Jochen Seebode (Hg.), Spiegel und Prisma. Ethnologie zwischen postkolonialer Kritik und Deutung der eigenen Gesellschaft, Hamburg 2010, S. 115–132.
Schulze, Hagen, Freikorps und Republik 1918–1920, Boppard am Rhein 1969.
Ders., Staat und Nation in der europäischen Geschichte, 2. Auflage, München 2004.
Schumacher, Ruprecht von, Zur Theorie der Raumdarstellung, in: *Zeitschrift für Geopolitik* 11 (1934), II. HB, S. 635–652.
Schwabe, Klaus, Deutsche Revolution und Wilson-Frieden. Die amerikanische und deutsche Friedensstrategie zwischen Ideologie und Machtpolitik 1918/19, Düsseldorf 1971.
Ders. (Hg.), Quellen zum Friedensschluss von Versailles, Darmstadt 1997.
Schwarzwälder, Herbert und Inge (Hg.), Reisen und Reisende in Nordwestdeutschland, Hildesheim 1987.

Seiner, Franz, Ergebnisse einer Bereisung des Gebietes zwischen Okawango und Sambesi (Caprivi-Zipfel) in den Jahren 1905 und 1906, in: Mitteilungen aus den Deutschen Schutzgebieten, hrsg. v. Dr. Freiherr von Danckelman, Bd. 22, Berlin 1909, S. 1–111 mit 32 Fotos und einer Karte des Gebietes zwischen Okawango und Sambesi im Maßstab 1: 500000, gezeichnet von Georg Krause unter Leitung von Paul Sprigade.

Sémelin, Jacques, Säubern und Vernichten. Die Politik der Massaker und Völkermorde, Hamburg 2007.

Sieber-Lehmann, Claudius, »Regna colore rubeo circumscripta«. Überlegungen zur Geschichte weltlicher Herrschaftsgrenzen im Mittelalter, in: Guy P. Marchal (Hg.), Grenzen und Raumvorstellungen (11.–20. Jh.), Zürich 1996, S. 79–91.

Sieferle, Rolf Peter, Fortschrittsfeinde? Opposition gegen Technik und Industrie von der Romantik bis zur Gegenwart, München 1984.

Ders., Bevölkerungswachstum und Naturhaushalt. Studien zur Naturtheorie der klassischen Ökonomie, Frankfurt am Main 1990.

Siegenthaler, Hansjörg, Supranationalität, Nationalismus und regionale Autonomie. Erfahrungen des schweizerischen Bundesstaates. Perspektiven der Europäischen Gemeinschaft, in: *Traverse* 1 (1994), S. 117–143.

Sieger, Robert, Unterschiede zwischen dem Wachstum der Staaten und dem der Nationen, in: *Zeitschrift für Geopolitik* 1 (1924), I. HB, S. 101–111.

Siegrist, Hannes, Perspektiven der vergleichenden Geschichtswissenschaft. Gesellschaft, Kultur und Raum, in: Hartmut Kaelble/Jürgen Schriewer (Hg.), Vergleich und Transfer. Komparatistik in den Sozial-, Geschichts- und Kulturwissenschaften, Frankfurt am Main 2003, S. 305–339.

Siemens, Werner von, Das naturwissenschaftliche Zeitalter, Berlin 1886.

Simmel, Georg, Philosophie des Geldes (1900), Bd. 6, 9. Auflage, Frankfurt am Main 2011, S. 168.

Ders., Soziologie des Raumes (1903), in: ders., Aufsätze und Abhandlungen 1901–1908, Bd. 1, Frankfurt am Main 1995, S. 132–183.

Ders., Über räumliche Projektionen sozialer Formen (1903), in: ebenda, S. 201–220.

Ders., Die Großstädte und das Geistesleben (1903), in: Aufsätze und Abhandlungen 1901–1908, Bd. 1, Frankfurt am Main 1995, S. 116–131.

Ders., Untersuchungen über die Formen der Vergesellschaftung (= Gesamtausgabe Bd. 2), Frankfurt am Main 1992, S. 687–790.

Simon, Thomas, »Gute Policey«. Ordnungsleitbilder und Zielvorstellungen politischen Handelns in der Frühen Neuzeit, Frankfurt am Main 2004.

Sloterdijk, Peter, Eurotaoismus. Zur Kritik der politischen Kinetik, 2. Auflage, Frankfurt am Main 1989.

Sluč, Sergej, 17. September 1939. Der Eintritt der Sowjetunion in den Zweiten Weltkrieg. Eine historische und völkerrechtliche Bewertung, in: *Vierteljahrshefte für Zeitgeschichte* 48 (2000), S. 219–254.

Ders., Der Weg in die Sackgasse. Die UdSSR und der Molotow-Ribbentrop-Pakt, in: *Osteuropa* 59 (2009), S. 75–95.

Smith, Bradley, Agnes Peterson (Hg.), Heinrich Himmler. Geheimreden und andere Ansprachen 1933–1945, Frankfurt am Main 1974.

Smith, Woodruff D., The German Colonial Empire, Chaper Hill 1978.

Ders., The Ideological Origins of Nazi Imperialism, New York 1986.

Ders., Friedrich Ratzel and the Origin of Lebensraum, in: *German Studies Review* 3 (1980), No. 1, S. 51–68.

Ders., The Colonial Novel as Political Propaganda: Hans Grimm's Volk ohne Raum, in: *German Studies Review* 2 (1983), S. 215–235.
Smolka, Wolfgang J., Völkerkunde in München. Vorraussetzungen, Möglichkeiten und Entwicklungslinien ihrer Institutionalisierung (ca. 1850–1933), Berlin 1994.
Snyder, Timothy, Bloodlands. Europe between Hitler and Stalin, New York 2010 (deutsche Ausgabe: Bloodlands. Europa zwischen Hitler und Stalin, München 2011).
Soja, Edward, Vom »Zeitgeist« zum »Raumgeist«. New Twists on the Spatial turn, in: Jörg Döring (Hg.), Spatial Turn. Das Raumparadigma in den Kultur- und Sozialwissenschaften, Bielefeld 2008, S. 241–262.
Sombart, Werner, Die deutsche Volkswirtschaft im neunzehnten Jahrhundert, 3. überarbeitete Auflage, Berlin 1913.
Ders., Der moderne Kapitalismus, Bd. III: Das Wirtschaftsleben im Zeitalter des Hochkapitalismus (1927), 2. Halbband, Nachdruck, München 1987, S. 816–883.
Ders. (Hg.), Volk und Raum. Eine Sammlung von Gutachten zur Beantwortung der Frage: »Kann Deutschland innerhalb der bestehenden Grenzen eine wachsende Bevölkerung erhalten?«, Hamburg 1928.
Sontheimer, Kurt, Antidemokratisches Denken in der Weimarer Republik. Die politischen Ideen des deutschen Nationalismus zwischen 1918 und 1933, 4. Auflage, München 1994.
Spandau, Max, Staat und Boden: Abgrenzung von Untersuchungen ihres gegenseitigen Verhältnisses, in: *Zeitschrift für Geopolitik* 2 (1925), I. HB, S. 37–49, 108–119.
Spang, Christian W., Karl Haushofer und die Geopolitik in Japan. Zur Bedeutung Haushofers innerhalb der deutsch-japanischen Beziehungen nach dem Ersten Weltkrieg, in: Irene Dieckmann/Peter Krüger/Julius H. Schoeps (Hg.), Geopolitik. Grenzgänge im Zeitgeist 1890 bis zur Gegenwart, Potsdam 2000, Bd. 2, S. 591–629.
Spencer, Herbert, The Principles of Biology, 2 Bde., New York 1897.
Spiliotis, Susanne-Sophia, Das Konzept der Transterritorialität oder Wo findet Gesellschaft statt?, in: *Geschichte und Gesellschaft* 27 (2001), S. 480–488.
Spittler, Gerd, Abstraktes Wissen als Herrschaftsbasis. Zur Entstehungsgeschichte bürokratischer Herrschaft im Bauernstaat Preußen, in: *Kölner Zeitschrift für Soziologie und Sozialpsychologie* 32 (1980), S. 574–604.
Sprengel, Rainer, Kritik der Geopolitik. Ein deutscher Diskurs 1914–1944, Berlin 1996.
Springenschmid, Karl, Die Staaten als Lebewesen. Geopolitisches Skizzenbuch, Leipzig 1933.
Stahlberg, Walter, Das Kartenbeispiel um Oberschlesien, in: *Die Grenzboten* 80 (1921), S. 6–27.
Steinhauer, H., A Literary Survey of Republican Germany, in: *Quarterly Review* (1934), S. 315–326.
Stengel, Karl von, Die Rechtsverhältnisse der deutschen Schutzgebiete, Tübingen 1901.
Stichweh, Rudolf, Die Weltgesellschaft. Soziologische Analysen, Frankfurt am Main 2000.
Stingelin, Martin (Hg.), Biopolitik und Rassismus, Frankfurt am Main 2003.
Stockhammer, Robert (Hg.), TopoGraphien der Moderne. Medien zur Repräsentation und Konstruktion von Räumen, München 2005.
Ders., Kartierung der Erde. Macht und Lust in Karten und Literatur, München 2007.

Stoler, Ann Laura/Frederick Cooper, Between Metropole and Colony. Rethinking a Research Agenda, in: dies. (Hg.), Tensions of Empire. Colonial Cultures in a Bourgeois World, Berkeley 1997, S. 1–56.
Stollberg-Rilinger, Barbara, Der Staat als Maschine. Zur politischen Metaphorik des absoluten Fürstenstaates, Berlin 1986.
Dies., Das Heilige Römische Reich Deutscher Nation. Vom Ende des Mittelalters bis 1806, München 2006.
Stolleis, Michael, Gemeinschaft und Volksgemeinschaft. Zur juristischen Terminologie im Nationalsozialismus, in: *Vierteljahrshefte für Zeitgeschichte* 20 (1972), S. 16–38.
Ders., Geschichte des öffentlichen Rechts in Deutschland, Bd. 1: Reichspublizistik und Policeywissenschaft 1600–1800, München 1988.
Ders., Geschichte des öffentlichen Rechts in Deutschland, Bd. 2: Staatsrechtslehre und Verwaltungswissenschaft 1800–1914, München 1992.
Stone, Norman, The Eastern Front 1914–1917, London 1975.
Strachan, Hew, Die Ostfront. Geopolitik, Geographie und Operationen, in: Gerhard P. Groß (Hg.), Die vergessene Front – Der Osten 1914/15. Ereignis, Wirkung, Nachwirkung, Paderborn 2006, S. 11–26.
Strazhas, Abba, Die deutsche Militärverwaltung Oberost. Prototyp der geplanten Kolonialadministration »Neuland« (1915–1918), in: *Wissenschaftliche Zeitschrift der Pädagogischen Hochschule Dr. Theodor Neubauer* 8 (1971), S. 39–44.
Ders., Deutsche Ostpolitik im Ersten Weltkrieg: der Fall Ober Ost 1915–1917, Wiesbaden 1993.
Strippel, Andreas, NS-Volkstumspolitik und die Neuordnung Europas – rassenpolitische Selektion der Einwandererzentralstelle des Chefs der Sicherheitspolizei und des SD (1939–1945), Paderborn 2011.
Struck, Bernhard, Vom offenen Raum zum nationalen Territorium. Grenzen in der deutschen Reiseliteratur über Polen und Frankreich um 1800, in: Arnd Bauerkämper/Hans Erich Bödeker/Bernhard Struck (Hg.), Die Welt erfahren. Reisen als kulturelle Begegnung von 1780 bis heute, Frankfurt am Main 2004, S. 71–94.
Struve, Kai, Oberschlesien nach den Ersten Weltkrieg. Studien zu einem nationalen Konflikt und seiner Erinnerung, Marburg 2003.
Stuchtey, Benedikt, Die europäische Expansion und ihre Feinde. Kolonialismuskritik vom 18. bis in das 20. Jahrhundert, München 2010.
Stuckart, Wilhelm/Werner Best/Gerhard Klopfer/Rudolf Lehmann/Reinhard Höhn (Hg.), Reich – Volksordnung – Lebensraum. Zeitschrift für völkische Verfassung und Verwaltung, 6 Bde., Darmstadt 1941 bis 1943.
Stuhlpfarrer, Karl, Umsiedlung Tirol 1939–1940, 2 Bde., Wien 1985.
Stupperich, Robert, Siedlungspläne im Gebiet des Oberbefehlshabers Ost (Militärverwaltung Litauen und Kurland) während des Weltkrieges, in: *Jomsburg* 5 (1941), S. 348–367.
Sundhausen, Holm, Die Ethnisierung von Staat, Nation und Gerechtigkeit. Zu den Anfängen nationaler »Homogenisierung« im Balkanraum, in: Mathias Beer (Hg.), Auf dem Weg zum ethnisch reinen Nationalstaat? Europa in Geschichte und Gegenwart, 2. Auflage, Tübingen 2007, S. 69–90.
Süssmilch, Johann Peter, Die göttliche Ordnung in den Veränderungen des menschlichen Geschlechts, aus der Geburt, dem Tode und der Fortpflanzung desselben erwiesen, Erster Teil, 2. Auflage, Berlin 1761, S. 76–77, http://echo.mpiwg-berlin.mpg.de/ECHOdocuView/ECHOzogiLib?url=/mpiwg/online/permanent/echo/mpi_rostock/suessmilch_1761/use r&pn=1&mode=image path [27. 2. 2010].

Suthoff-Groß, Rudolf, Deutsche Großraum-Lehre und -Politik, in: *Deutsches Recht* 13 (1943), S. 625–628.
Tantner, Anton, Ordnung der Häuser, Beschreibung der Seelen. Hausnummerierung und Seelenkonskription in der Habsburgermonarchie, Innsbruck 2007.
Tenbruck, Friedrich H., Gesellschaftsgeschichte oder Weltgeschichte?, in: *Kölner Zeitschrift für Soziologie und Sozialpsychologie* 41 (1989), S. 417–439.
Teuteberg, Hans Jürgen (Hg.), Urbanisierung im 19. und 20. Jahrhundert – historische und geographische Aspekte, Köln 1983.
Ders./Clemens Wischermann, Wohnalltag in Deutschland 1850–1914, Münster 1985.
Thabe, Sabine (Hg.), Räume der Identität – Identität der Räume, Dortmund 1999.
Thamer, Hans-Ulrich/Simone Erpel (Hg.), Hitler und die Deutschen. Volksgemeinschaft und Verbrechen, Ausstellungskatalog, Dresden 2010.
Theiner, Peter, »Mitteleuropa«-Pläne im Wilhelminischen Deutschland, in: Helmut Berding (Hg.), Wirtschaftliche und politische Integration in Europa im 19. und 20. Jahrhundert, Göttingen 1984, S. 128–148.
Ther, Philipp, Deutsche Geschichte als imperiale Geschichte. Polen, slawophone Minderheiten und das Kaiserreich als kontinentales Empire, in: Sebastian Conrad/Jürgen Osterhammel (Hg.), Kaiserreich transnational. Deutschland in der Welt 1871–1914, Göttingen 2004, S. 129–148.
Ders., Die dunkle Seite der Nationalstaaten. »Ethnische Säuberungen« im modernen Europa, Göttingen 2011.
Thrower, Norman J. W., Maps & Civilization. Cartography in Culture and Society, London 1972.
Thünen, Johann Heinrich von, Der isolierte Staat in Beziehung auf Landwirtschaft und Nationalökonomie oder Untersuchungen über den Einfluß, den die Getreidepreise, der Reichthum des Bodens und die Abgaben auf den Ackerbau ausüben, Hamburg 1826.
Tiessen, Ernst, Der Friedensvertrag von Versailles und die politische Geographie, in: *Zeitschrift für Geopolitik* 1 (1924), Heft 4, S. 203–220.
Tilly, Richard, Globalisierung aus historischer Perspektive und das Lernen aus der Geschichte, Köln 1999.
Timofeeva, Tatjana, »Ob gut, ob schlecht, das ist Geschichte«. Russlands Umgang mit dem Hitler-Stalin-Pakt, in: *Osteuropa* 59 (2009), S. 257–271.
Torp, Cornelius, Weltwirtschaft vor dem Weltkrieg. Die erste Welle ökonomischer Globalisierung vor 1914, in: *Historische Zeitschrift* 279 (2004), S. 561–609.
Ders., Die Herausforderung der Globalisierung. Wirtschaft und Politik in Deutschland 1860–1914, Göttingen 2005.
Tocqueville, Alexis de, Notizen von einer Reise nach England (1835), in: ders., Das Zeitalter der Gleichheit, Auswahl aus dem Gesamtwerk, hrsg. von Siegfried Landshut, Stuttgart 1954.
Trotha, Trutz von, Koloniale Herrschaft. Zur soziologischen Theorie der Staatsentstehung am Beispiel des »Schutzgebietes Togo, Tübingen 1994.
Turner, Frederick Jackson, The Frontier in American History (1893), New York 1962.
Uhlig, Ingo, Die Fiktion der Linie. Historische Raumbilder der Kartographie und der Kunst zwischen Gegenständlichkeit und Abstraktion, in: Sabine Tzschaschel/Holger Wild/Sebastian Lentz (Hg.), Visualisierung des Raumes. Karten machen – die Macht der Karten, Leipzig 2007, S. 39–53.
Ullmann, Hans-Peter, Das Deutsche Kaiserreich 1871–1918, Frankfurt am Main 2008.
Ullrich, Volker, Die polnische Frage und die deutschen Mitteleuropapläne im Herbst 1915, in: *Historisches Jahrbuch* 104 (1984), S. 348–371.

Vasilache, Andreas, Der Staat und seine Grenzen. Zur Logik politischer Ordnungen, Frankfurt am Main 2007.
Verne, Jules, In 80 Tagen um die Welt. Ein abenteuerlicher Roman (1873), Heilbronn 1965.
Verwaltungsrat der Stiftung für deutsche Volks- und Kulturbodenforschung (Hg.), Stiftung für deutsche Volks- und Kulturbodenforschung Leipzig. Die Tagungen der Jahre 1923–1929 (Wilhelm Volz zum 60. Geburtstag), Leipzig o.J. [1930].
Viefhaus, Erwin, Die Minderheitenfrage und die Entstehung der Minderheitenschutzverträge auf der Pariser Friedenskonferenz 1919. Eine Studie zur Geschichte des Nationalitätenproblems im 19. und 20. Jahrhundert, Würzburg 1960.
Vogel, Richard, Deutsche Presse und Propaganda der Abstimmungskämpfe in Oberschlesien, Beuthen 1931.
Voigt, Rüdiger (Hg.), Großraum-Denken. Carl Schmitts Kategorie der Großraumordnung, Stuttgart 2008.
Volkmann, Hans-Erich, Zur Ansiedlung der Deutschbalten im »Warthegau«, in: *Zeitschrift Führung + Organisation* 30 (1981), S. 527–558.
Volz, Wilhelm, Zwei Jahrtausende Oberschlesien – in acht Karten dargestellt, Breslau 1920.
Ders., Das Deutschtum in den Kreisen Rybnik und Pleß, Breslau 1921.
Ders., Die völkische Struktur Oberschlesiens, Breslau 1921.
Ders., Oberschlesien und die oberschlesische Frage, Breslau 1922.
Ders., Besiedlungskarte von Oberschlesien, Breslau 1922.
Ders. (Hg.), Der ostdeutsche Volksboden. Aufsätze zu den Fragen des Ostens, Breslau 1924.
Ders. (Hg.), Der westdeutsche Volksboden. Aufsätze zu den Fragen des Westens, Breslau 1925.
Ders., Lebensraum und Lebensrecht des deutschen Volkes, Hamburg 1925.
Ders./Hans Schwalm, Die deutsche Ostgrenze. Unterlagen zur Erfassung der Grenzzerreißungsschäden, Leipzig 1929.
Waechter, Matthias, Die Erfindung des amerikanischen Westens. Die Geschichte der Frontier-Debatte, Freiburg 1996.
Wagner, Hans-Ulrich, Volk ohne Raum. Zur Geschichte eines Schlagwortes, in: *Sprachwissenschaften* 17 (1992), S. 68–109.
Wagner, Moritz, Die Darwin'sche Theorie und das Migrationsgesetz der Organismen, Leipzig 1868.
Ders., Die Entstehung der Arten durch räumliche Sonderung. Gesammelte Aufsätze, hrsg. von Moriz Wagner nach letztwilliger Bestimmung des Verstorbenen, Basel 1889.
Wagner, Philipp, Moritz Wagner und sein Werk, in: *Münchner Beiträge zur Völkerkunde* 12 (2008), S. 25–53.
Walkenhorst, Peter, Nation – Volk – Rasse. Radikaler Nationalismus im Deutschen Kaiserreich, Göttingen 2007.
Wambaugh, Sarah, Plebiscites since the World War – with a collection of official documents, 2 Bde., Washington 1933.
Wasser, Bruno, Himmlers Raumplanung im Osten. Der Generalplan Ost in Polen 1940–1944, Basel 1993.
Weber, Claudia, »Too closely identified with Dr. Goebbels«. Die Massenerschießungen von Katyn in der Geschichte des Zweiten Weltkrieges und des Kalten Krieges, in: *Zeithistorische Forschungen* 8 (2011), Heft 1, http://www.zeithistorische-forschungen.de/16126041-Weber-1–2011 [20. 9. 2011].

Weber, Rudolf W., Die Entstehungsgeschichte des Hitler-Stalin-Paktes 1939, Frankfurt am Main 1980.
Wehler, Hans-Ulrich, Bismarck und der Imperialismus, Köln 1969.
Ders., Polenpolitik im Deutschen Kaiserreich, in: ders., Krisenherde des Kaiserreichs 1871–1918. Studien zur deutschen Sozial- und Verfassungsgeschichte, Göttingen 1970, S. 184–202.
Ders., Deutsche Gesellschaftsgeschichte, Bd. 2., München 1987.
Ders., Deutsche Gesellschaftsgeschichte, Bd. 3, München 1995.
Ders., Nationalismus. Geschichte, Formen, Folgen, 2. Auflage, München 2001.
Ders., Transnationale Geschichte – der neue Königsweg historischer Forschung?, in: Gunilla Budde Sebastian Conrad Oliver Janz (Hg.), Transnationale Geschichte. Themen, Tendenzen und Theorien, Göttingen 2006, S. 161–174.
Ders., Nationalismus: Geschichte – Formen – Folgen, 3. Auflage, München 2007.
Weigel, Sigrid, Zum »topographical« turn. Kartographie, Topographie und Raumkonzepte in den Kulturwissenschaften, in: *KulturPoetik* 2 (2002), Heft 2, S. 151–165.
Weinberg, Gerhard L., Germany and the Soviet Union 1939–1941, Leiden 1954.
Ders. (Hg.), Hitlers zweites Buch. Ein Dokument aus dem Jahr 1928, Stuttgart 1961.
Weingart, Peter, Verwissenschaftlichung der Gesellschaft. Politisierung der Wissenschaft, in: *Zeitschrift für Soziologie* 12 (1983), S. 225–241.
Ders./Jürgen Kroll/Kurt Bayertz, Rasse, Blut und Gene. Geschichte der Eugenik und Rassenhygiene in Deutschland, Frankfurt am Main 1988.
Ders./Peter Richerson/Sandra Mitchell/Sabine Maasen (Hg.), Human by Nature. Between Biology and the Social Sciences, London 1997.
Ders., Biologie als Gesellschaftstheorie, in: Achim Barsch/Peter M. Hejl (Hg.), Menschenbilder. Zur Pluralisierung der Vorstellung von der menschlichen Natur, Frankfurt am Main 2000 S. 146–166.
Ders., Die Stunde der Wahrheit? Zum Verhältnis der Wissenschaft zu Politik, Medien und Wirtschaft in der Wissensgesellschaft, Weilerswist 2001.
Ders., Wissenschaftssoziologie, Bielefeld 2003.
Weipert, Matthias, »Mehrung der Volkskraft«. Die Debatte über Bevölkerung, Modernisierung und Nation 1890–1933, Paderborn 2006.
Weisbrod, Bernd (Hg.), Grenzland. Beiträge zur Geschichte der deutsch-deutschen Grenze, Hannover 1993.
Weißbuch des Auswärtigen Amtes, Die Friedensverhandlungen in Versailles, Berlin 1919.
Weizsäcker, Viktor von, Der Gestaltkreis. Theorie der Einheit von Wahrnehmen und Bewegen, Leipzig 1940.
Wendt, Bernd Jürgen, »Mitteleuropa«. Zur Kontinuität deutscher Raumpolitik im 20. Jahrhundert, in: Wolfgang Bachofer/Holger Fischer (Hg.), Ungarn. Deutschland. Studien zu Sprache, Kultur, Geographie und Geschichte, München 1983, S. 299–333.
Werlen, Benno, Sozialgeographie alltäglicher Regionalisierungen, 2 Bde., Stuttgart 1995 und 1997.
Ders., Gesellschaftliche Räumlichkeit, 2 Bde., Stuttgart 2009.
Werner, Michael/Benedict Zimmermann, Vergleich, Transfer, Verflechtung. Der Ansatz der Histoire croisée und die Herausforderung des Transnationalen, in: *Geschichte und Gesellschaft* 28 (2002), S. 607–636.
Wesely, Daniel, Steuerreform und Katasterkartographie im Fürstentum Fürstenberg im 18. Jahrhundert, Frankfurt am Main 1995.

Westerhoff, Christian, Zwangsarbeit im Ersten Weltkrieg? Rekrutierung von Arbeitskräften aus Polen und dem Baltikum für die deutsche Kriegswirtschaft 1914–1918, in: Dieter Bingen (Hg.), Interesse und Konflikt. Zur politischen Ökonomie der deutsch-polnischen Beziehungen 1900–2007, Wiesbaden 2008, S. 143–160.

Wierzbicki, Marek, Sowjetische Wirtschaftspolitik in den besetzten Ostgebieten Polens 1939–1941, in: Jacek Andrzej Młynarczyk (Hg.), Polen unter deutscher und sowjetischer Besatzung 1939–1945, Osnabrück 2009, S. 131–155.

Wigard, Franz (Hg.), Stenographischer Bericht über die Verhandlungen der deutschen konstituierenden Nationalversammlung zu Frankfurt a.M., 9 Bde., Frankfurt am Main 1848/49.

Wildenthal, Lora, German Women for Empire, 1884–1945, London 2001.

Wildt, Michael, Generation des Unbedingten. Das Führungskorps des Reichssicherheitshauptamtes, Hamburg 2002.

Ders. (Hg.), Nachrichtendienst, politische Elite, Mordeinheit. Der Sicherheitsdienst des Reichsführers SS, Hamburg 2003.

Ders., Volksgemeinschaft als Selbstermächtigung. Gewalt gegen Juden in der deutschen Provinz 1919 bis 1939, Hamburg 2007.

Ders., Geschichte des Nationalsozialismus, Göttingen 2008.

Ders., »Volksgemeinschaft«. Eine Antwort auf Ian Kershaw, in: *Zeithistorische Forschungen/Studies in Contemporary History, Online-Ausgabe,* 8 (2011), H 1, http://www.zeithistorische-forschungen.de/16126041-Wildt-1-2011 [5. 12. 2012].

Ders., Reinhard Höhn. Vom Reichssicherheitshauptamt zur Harzburger Akademie, online: http://www.lueders-kunden.net/wildt/download/protect/Wildt%20H%C3%B6hn%2016-03-2009%20neu.pdf [17. 10. 2011].

Willeke, Eduard, Sozialstruktur und Raumordnung, in: *Raumforschung und Raumordnung* 2 (1938), S. 492–497.

Willoweit, Dietmar, Rechtsgrundlagen der Territorialgewalt. Landesobrigkeit, Herrschaftsrechte und Territorium in der Rechtswissenschaft der Neuzeit, Köln 1975.

Wilson, Timothy, Frontiers of Violence. Conflict and Identity in Ulster and Upper Silesia 1918–1922, Oxford 2010.

Wilson, Woodrow, War and Peace. Presidential Messages, Addresses and Public Papers 1917–1924, Nachdruck, New York 1970.

Wintzer, Joachim, Deutschland und der Völkerbund 1918–1926, Paderborn 2006.

Wirsching, Andreas, »Man kann nur Boden germanisieren«. Eine neue Quelle zu Hitlers Rede vor den Spitzen der Reichswehr am 3. Februar 1933, in: *Vierteljahrshefte für Zeitgeschichte* 49 (2001), S. 517–550.

Wirz, Albert, Körper, Kopf und Bauch. Zum Problem des kolonialen Staates im subsaharischen Afrika, in: Wolfgang Reinhard (Hg.), Verstaatlichung der Welt? Europäische Staatsmodelle und außereuropäische Machtprozesse, München 1999, S. 253–271.

Ders., Für eine transnationale Gesellschaftsgeschichte, in: *Geschichte und Gesellschaft* 27 (2001), S. 489–498.

Wnuk, Rafał, Zwischen Scylla und Charybdis. Deutsche und sowjetische Besatzung Polens 1939–1941, in: *Osteuropa* 59 (2009), S. 157–172.

Wolf, Gerhard, Ideologie und Herrschaftsrationalität. Nationalsozialistische Germanisierungspolitik in Westpolen, Hamburg 2012.

Wolff, Carl, Historischer Atlas. 19 Karten zur Mittleren und Neueren Geschichte, Berlin 1877.

Wolkersdorfer, Günter, Politische Geographie und Geopolitik zwischen Moderne und Postmoderne, Heidelberg 2001.
Wollstein, Günter, Das »Großdeutschland« der Paulskirche. Nationale Ziele in der bürgerlichen Revolution 1848/49, Düsseldorf 1977.
Wolter, Heike, »Volk ohne Raum«. Lebensraumvorstellungen im geopolitischen, literarischen und politischen Diskurs der Weimarer Republik. Eine Untersuchung auf der Basis von Fallstudien zu Leben und Werk Karl Haushofers, Hans Grimms und Adolf Hitlers, Münster 2003.
Wrobel, Ignaz (alias Kurt Tucholsky), Grimms Märchen, in: *Die Weltbühne* vom 4. 9. 1928, S. 353.
Würtenberger, Thomas/Gernot Sydow, Versailles und das Völkerrecht, in: Gerd Krumeich (Hg.), Versailles 1919. Ziele, Wirkung, Wahrnehmung, Essen 2001, S. 35–52.
Zaslavsky, Victor, Klassensäuberung. Das Massaker von Katyn, Berlin 2007.
Zechlin, Erich, Litauen und seine Probleme, in: *Internationale Monatsschrift für Wissenschaft, Kunst und Technik* 10 (1915), S. 257–286.
Zechlin, Egmont, Krieg und Kriegsrisiko. Zur deutschen Politik im Ersten Weltkrieg, Düsseldorf 1979.
Zeck, Mario, Das Schwarze Korps. Geschichte und Gestalt des Organs der Reichsführung SS, Tübingen 2002.
Zedler, Johann Heinrich, Grosses vollständiges Universal-Lexicon, Halle, Leipzig 1732–1754.
Zellinger, Reinhard, Geopolitische Begründung nationalstaatlicher Grenzen: Robert Sieger und seine »Geographische Kritik der Grenzlinie des Vertragsentwurfes« von 1919, in: Geopolitik. Zur Ideologiekritik politischer Raumkonzepte, Wien 2011, S. 64–77.
Ziegfeld, Arnold Hillen, Die deutsche Kartographie nach dem Weltkriege, in: Karl Christian von Loesch (Hg.), Volk unter Völkern. Bücher des Deutschtums, Bd. 1, Breslau 1925, S. 429–445.
Ders., Karte und Schule, in: ebenda, Bd. 2, S. 705–729.
Ders., Kartengestaltung. Sport oder Waffe?, in: *Zeitschrift für Geopolitik* 12 (1935), S. 243–247.
Ziegler, Dieter, Die Industrielle Revolution, Darmstadt 2005.
Zimmerer, Jürgen, Deutsche Herrschaft über Afrikaner. Staatlicher Machtanspruch und Wirklichkeit im kolonialen Namibia, Münster 2001.
Ders., Holocaust und Kolonialismus. Beiträge zu einer Archäologie des genozidalen Gedankens, in: *Zeitschrift für Geschichtswissenschaft* 51 (2003), S. 1098–1119.
Ders., Der Wahn der Planbarkeit: Vertreibung, unfreie Arbeit und Völkermord als Elemente der Bevölkerungsökonomie in Deutsch-Südwestafrika, in: *Comparativ* 13 (2003), S. 96–113.
Ders., Krieg, KZ & Völkermord. Der erste deutsche Genozid, in: ders./Joachim Zeller (Hg.), Völkermord in Deutsch-Südwestafrika. Der Kolonialkrieg (1904–1908) in Namibia und seine Folgen, Berlin 2003, S. 45–63.
Ders., Holocaust und Kolonialismus. Beitrag zu einer Archäologie des genozidalen Gedankens, in: *Zeitschrift für Geschichtswissenschaft* 51 (2003), S. 1098–1119.
Ders., Im Dienste des Imperiums. Die Geographen der Berliner Universität zwischen Kolonialwissenschaften und Ostforschung, in: *Jahrbuch für Universitätsgeschichte* 7 (2004), S. 73–100.
Ders., Die Geburt des »Ostlandes« aus dem Geist des Kolonialismus. Die nationalsozialistische Eroberungs- und Beherrschungspolitik in (post)kolonialer Perspektive, in: *Sozial.Geschichte* 19 (2004), Heft 1, S. 10–43.

Zimmermann, Peter, Kampf um den Lebensraum. Ein Mythos der Kolonial- und der Blut-und-Boden-Literatur, in: Horst Denkler/Karl Prümm (Hg.), Die deutsche Literatur im Dritten Reich: Themen, Traditionen, Wirkungen, Stuttgart 1976, S. 165–182.

Zimmermann, Rainer E., Die außerordentlichen Reisen des Jules Verne. Zur Wissenschafts- und Technikrezeption im Frankreich des 19. Jahrhunderts, Paderborn 2006.

Zorn, Philipp, Das deutsche Reichsstaatsrecht, 2. Auflage, Bd. 1, Leipzig 1913.

Bildnachweise

Abb. 1: Staatsarchiv Hamburg, 720-1_126-5=1568.1
Abb. 2: bpk/The Metropolitan Museum of Art, 50120584
Abb. 3: Bundesarchiv Lichterfelde, BA, R 1001 KART, 1784 b
Abb. 4: Bundesarchiv Lichterfelde, BA, R 1001 KART, 1784 c
Abb. 5: Bundesarchiv Lichterfelde, BA, R 1001 KART, 1782 b
Abb. 6: Bundesarchiv Lichterfelde, BA, R 1001 KART, 1795 a
Abb. 7: Bundesarchiv Lichterfelde, BA, R 1001 KART, 1795 b
Abb. 8: National Archives of Namibia, SWAA-A99/3
Abb. 9: Bundesarchiv Lichterfelde, BA, R 1001 KART, 1502 d
Abb. 10: Bundesarchiv Lichterfelde, BA, R 1001 KART, 1501 c
Abb. 11: Bundesarchiv Lichterfelde, BA, R 1001 KART, 2183 e
Abb. 12: Rijksmuseum Amsterdam, RP-T-1914-17-3-A
Abb. 13: Ernst Klett Verlag GmbH, Zweigniederlassung Gotha
Abb. 14: Geheimes Staatsarchiv Preußischer Kulturbesitz, GSta, I. HA Rep. 77 Ministerium des Innern, 856/87, Bl. 77
Abb. 15: Geheimes Staatsarchiv Preußischer Kulturbesitz, GSta, I. HA Rep. 77 Ministerium des Innern, 856/87, Bl. 311
Abb. 16: Geheimes Staatsarchiv Preußischer Kulturbesitz, GSta, I. HA Rep. 77 Ministerium des Innern, 856/87, Bl. 312
Abb. 17: aus: Andrees Allgemeiner Handatlas in 139 Haupt- und 161 Nebenkarten, 5. völlig neubearbeitete und vermehrte Auflage (Jubiläumsausgabe), Bielefeld und Leipzig 1913, S. 31
Abb. 18: Geheimes Staatsarchiv Preußischer Kulturbesitz, XI. HA, AKS, B 51244
Abb. 19: aus: Nelson, Harold I., Land and Power, Routledge & Kegan Paul (Taylor & Francis Group), London 1963, S. 195
Abb. 20: Edward Mandell House Papers (MS 466). Manuscripts and Archives, Yale University Library
Abb. 21: PAAA, Politisches Archiv des Auswärtigen Amtes, Berlin, Vertragsakten 1811–1932, Verträge 24: Friedensverhandlungen mit den gegnerischen Mächten, R 143252, Karte 1
Abb. 22: The National Archives of the UK, ref. MPK1/379 (3)
Abb. 23: The National Archives of the UK, ref. MPK1/379 (4)
Abb. 24: Bayerisches Hauptstaatsarchiv, MA 108045
Abb. 25: aus: Ruprecht von Schumacher, Zur Theorie der Raumdarstellung, in: *Zeitschrift für Geopolitik 11* (1934), II. HB, S. 635–652; Abbildung 7, S. 644
Abb. 26: aus: Ruprecht von Schumacher, Zur Theorie der Raumdarstellung, in: *Zeitschrift für Geopolitik 11* (1934), II. HB, S. 635–652; Abbildung 8, S. 645
Abb. 27: aus: Karl Springenschmid, Die Staaten als Lebewesen. Geopolitisches Skizzenbuch, Leipzig 1933, Abbildungen 79–81, S. 18
Abb. 28: aus: Otto Maull, Über politischgeographische-geopolitische Karten, ders./Karl Haushofer/Erich Obst/Hermann Lautensach (Hg.), Bausteine zur Geopolitik, Berlin 1928, S. 325–342; Fig. 18, S. 333
Abb. 29: Buchumschlag, hier die ungekürzte einbändige Ausgabe 341. bis 365. Tausend, Albert Langen, München 1926
Abb. 30: aus: Walter Christaller, Die Zentralen Orte in den Ostgebieten und ihre Kultur- und Marktbereiche, Leipzig 1941

Abb. 31: PAAA, Politisches Archiv des Auswärtigen Amtes, Berlin, Bilaterale Verträge des Deutschen Reiches, Sowjetunion, Lagernr. 56
Abb. 32: »http://de.wikipedia.org/w/index.php?title=Datei:Siedlungsplanung_Warthegau.jpg&filetimestamp=20110209215927« (gemeinfrei)
Abb. 33: »http://de.wikipedia.org/w/index.php?title=Datei:PlanGPnn.jpg&filetimestamp=20110206014250« (gemeinfrei)

Ulrike Jureit

Karten und Abbildungen

Das Ordnen von Räumen

Hamburger Edition
Institut für Sozialforschung

1 Elbkarte von Melchior Lorichs, 1567 (Ausschnitt).*

* Copyrights der Karten und Abbildungen siehe Anhang im Buch, Bildnachweise.

2 »America«, Kolorierter Kupferstich von Jan van der Straet und Theodore Galle, 1589.

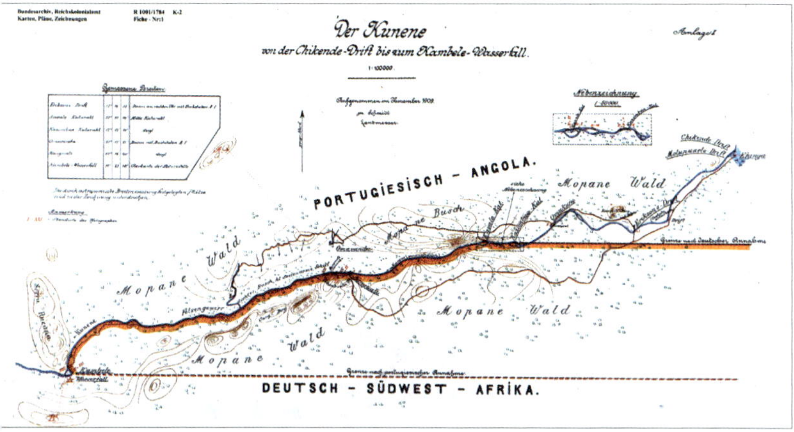

3 »Der Kunene von der Chikende-Drift bis zum Kambele-Wasserfall«, Max Schmidt, 1909.

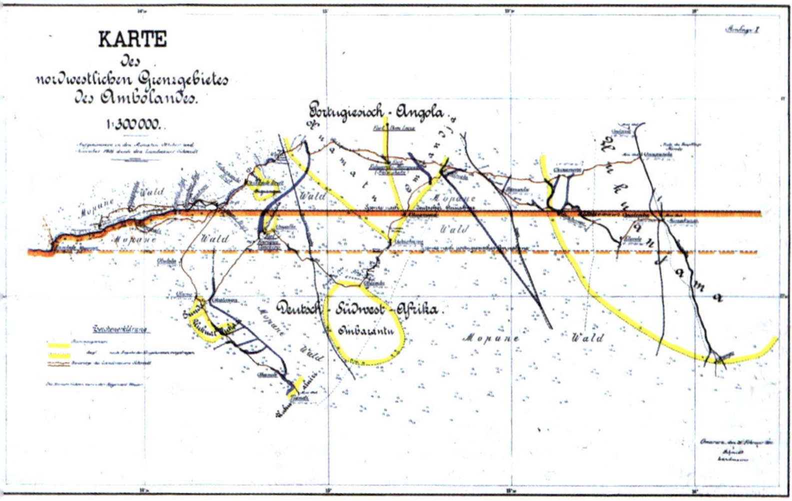

4 Nordwestliches Grenzgebiet des Ambolandes, Max Schmidt, 1910.

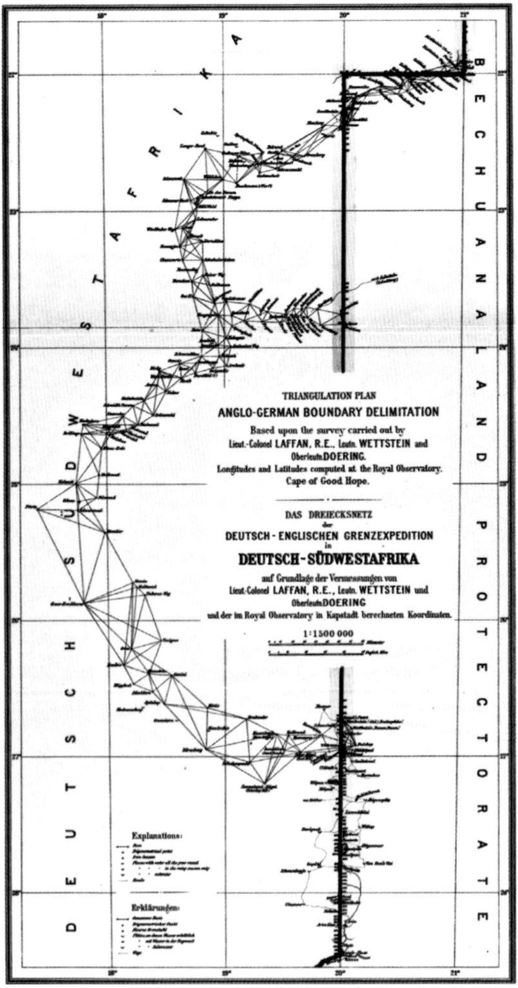

5 »Das Dreiecksnetz der deutsch-englischen Grenzexpedition in Deutsch-Südwestafrika«, 1904.

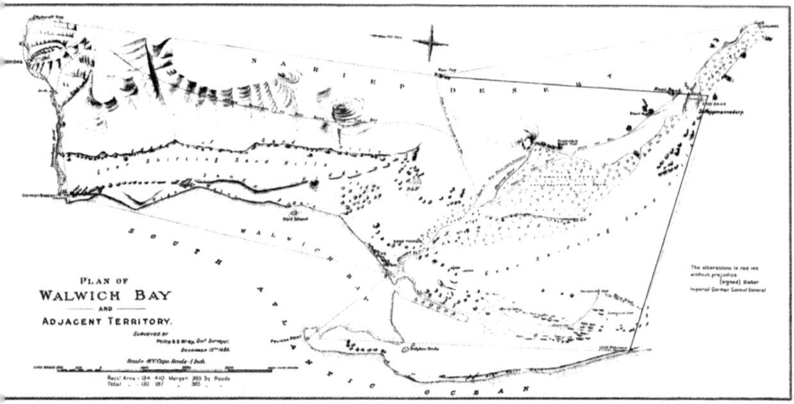

6 Walwich Bay, Phillip B. S. Wrey, 1885.

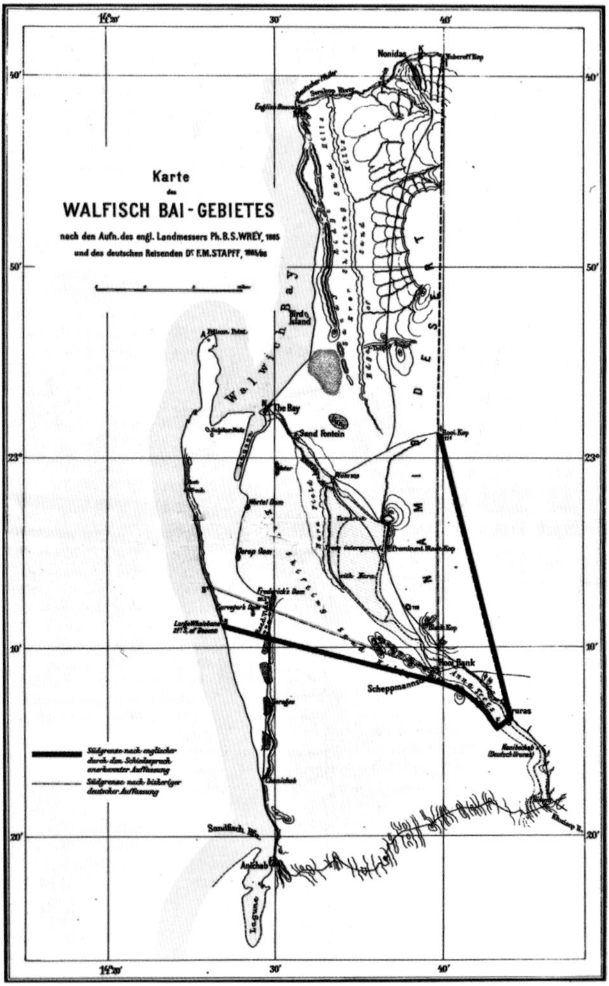

7 Walfisch-Bai-Gebiet, Ph. B. S. Wrey und F. M. Stapff, 1885/86.
Die Karte zeigt bereits die durch den Schiedsspruch definierte Grenze.

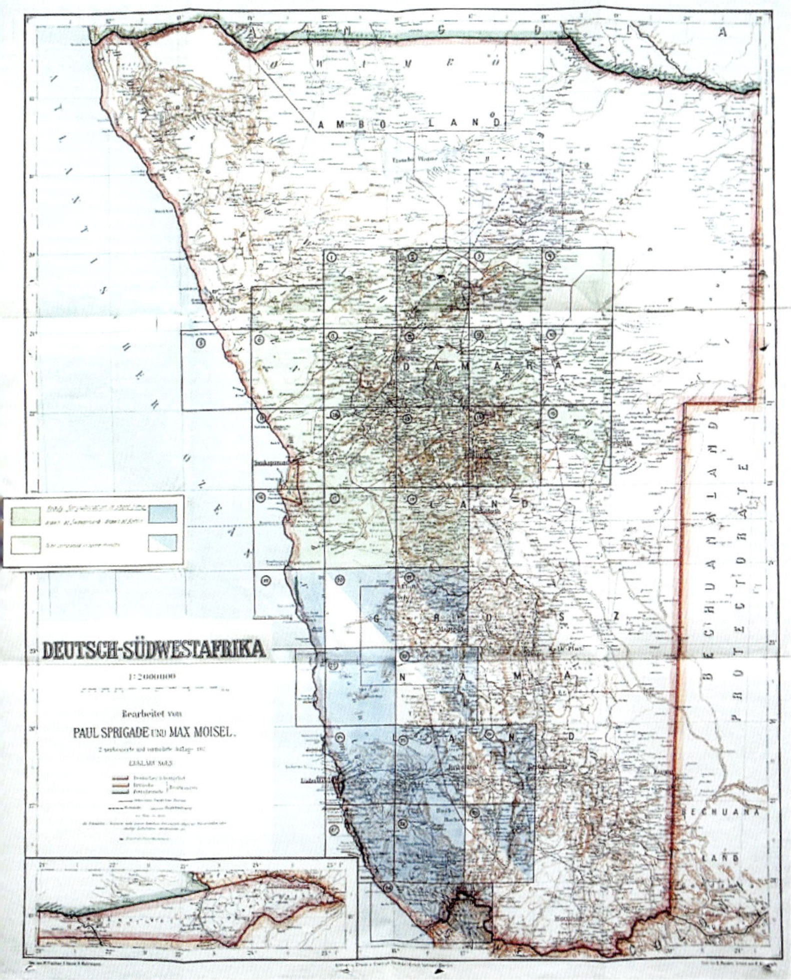

8 »Deutsch-Südwestafrika«, Paul Sprigade und Max Moisel, 1912.

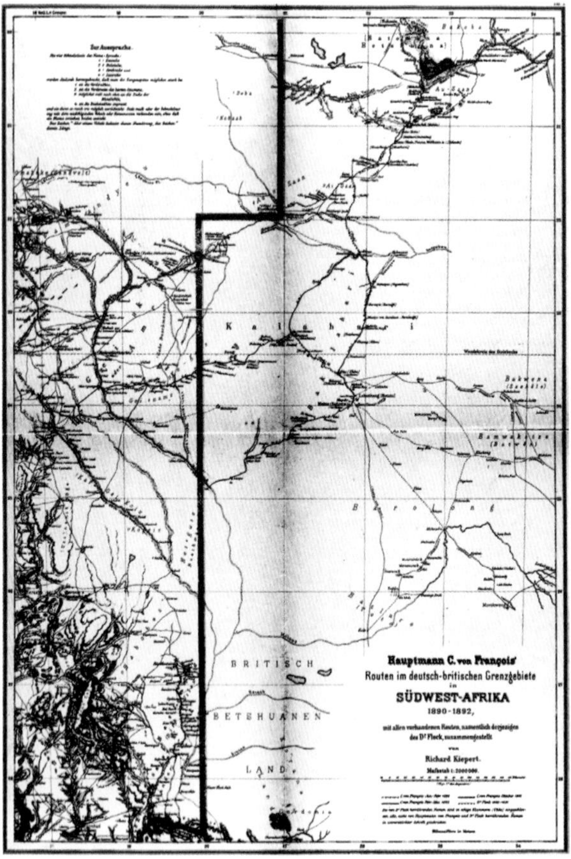

9 Deutsch-britische Grenzgebiete in Südwest-Afrika, Hauptmann C. von François, 1890–1892.

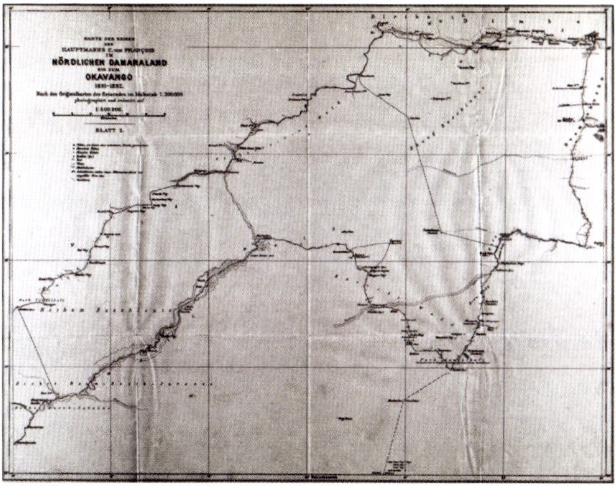

10 Nördliches Damaraland bis zum Okavango, Hauptmann C. von François, 1891–1892.

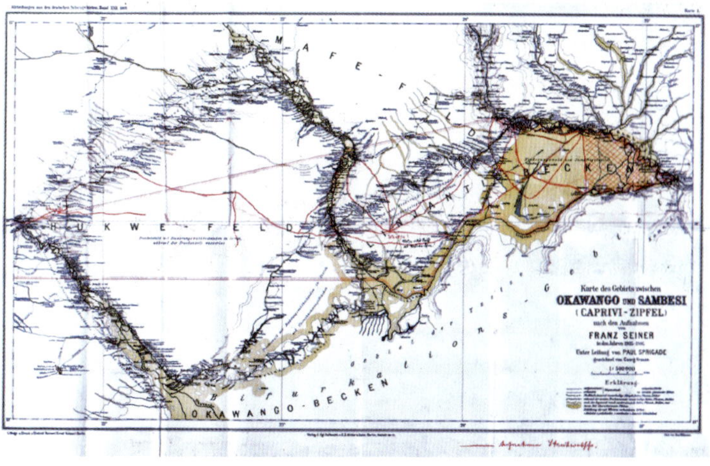

11 Gebiet zwischen Okawango und Sambesi (Caprivi-Zipfel), Franz Seiner, 1905–1906.

12 Großnamaqualand vom Oranje-Fluß bis zu den Karasbergen, um 1790.

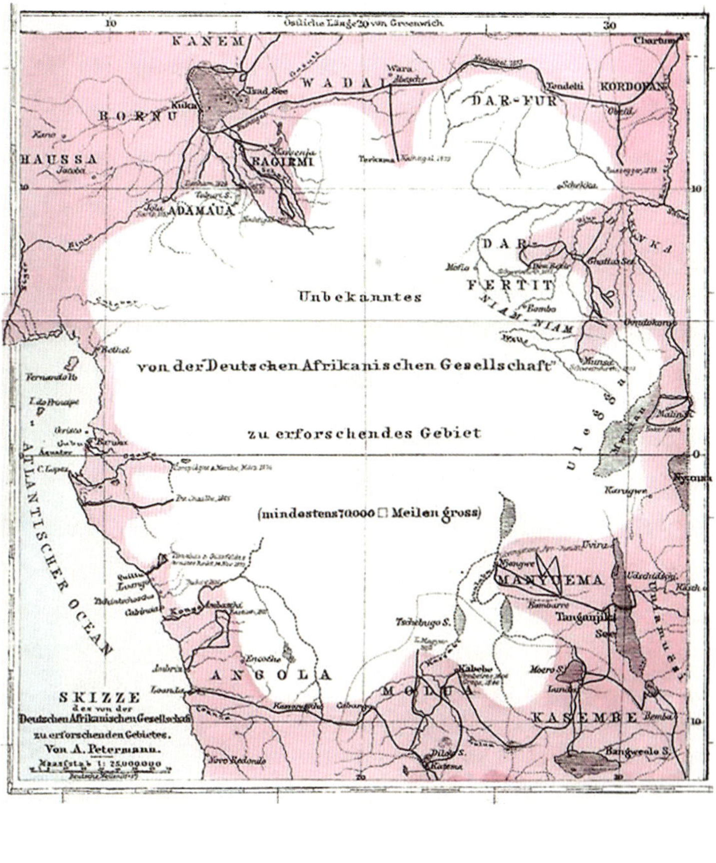

13 »Unbekanntes von der Deutsch-Afrikanischen Gesellschaft zu erforschendes Gebiet«, 1875.

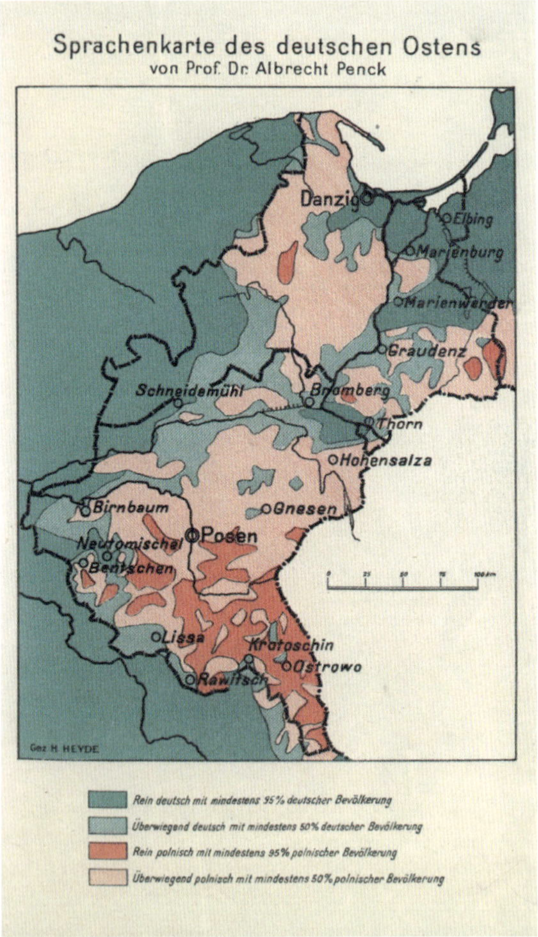

14 »Sprachenkarte des deutschen Ostens«, Albrecht Penck, 1919.

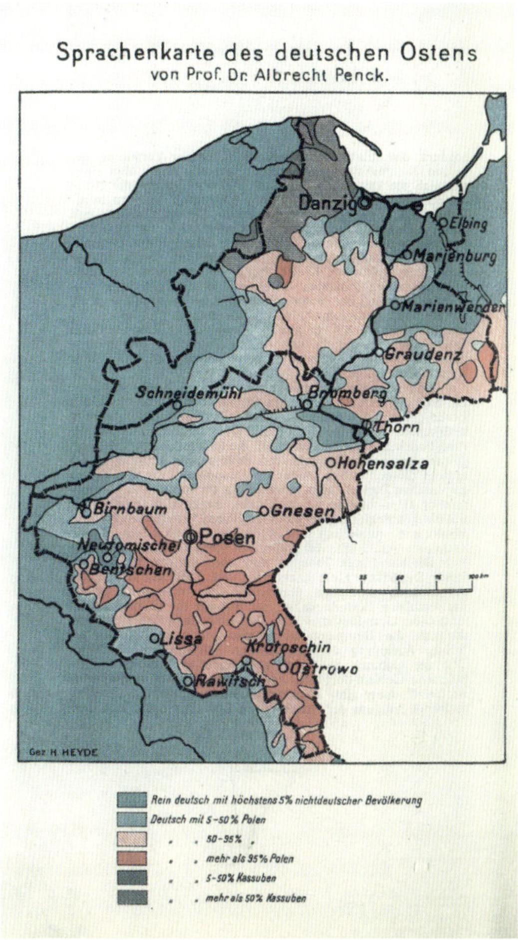

15 »Sprachenkarte des deutschen Ostens«, Albrecht Penck, überarbeitete Fassung, 1919.

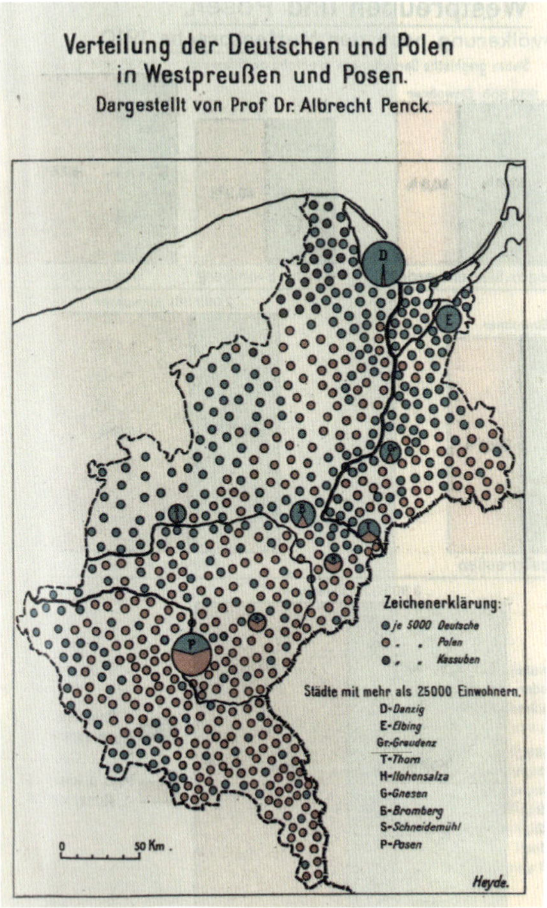

16 »Verteilung der Deutschen und Polen in Westpreußen und Posen«, Albrecht Penck, 1919.

17 »Mitteleuropa: Völker und Sprachgebiete«, Andrees Allgemeiner Handatlas, 1913.

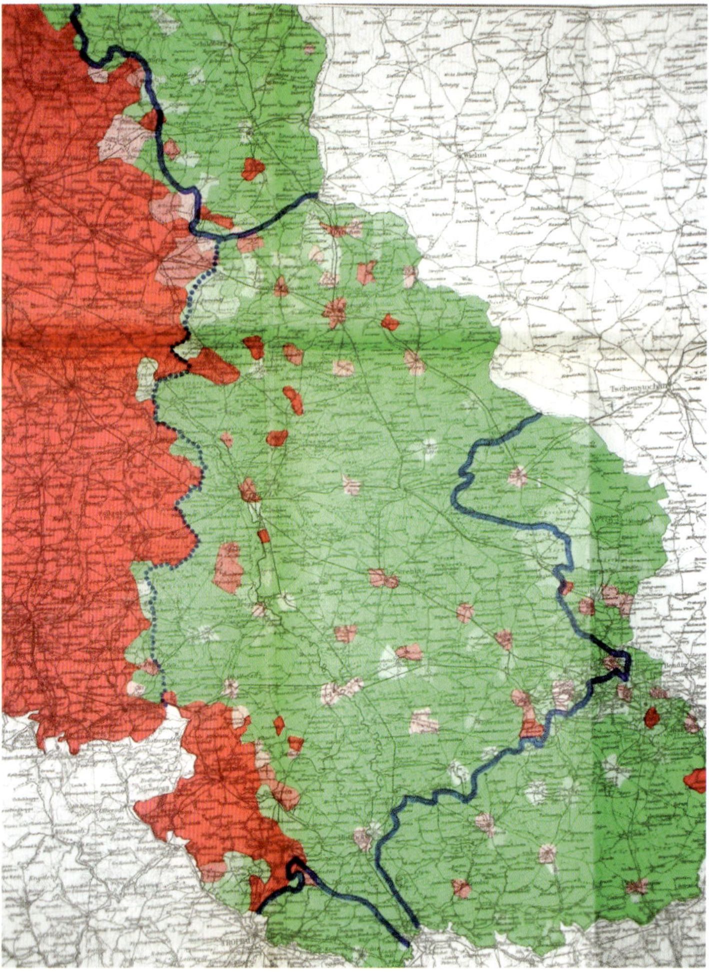

18 »Nationalitätenkarte der östlichen Provinzen des Deutschen Reiches«, Jakob Spett, 1918 (Ausschnitt).

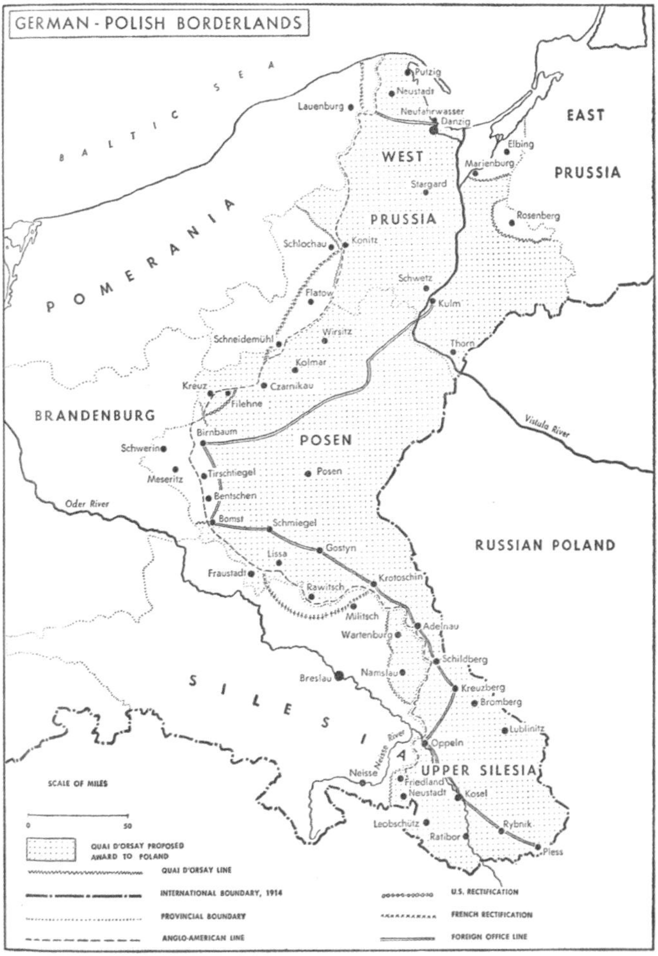

19 »German-Polish Borderlands«, unterschiedliche Grenzvorstellungen in der Unterkommission Februar/März 1919.

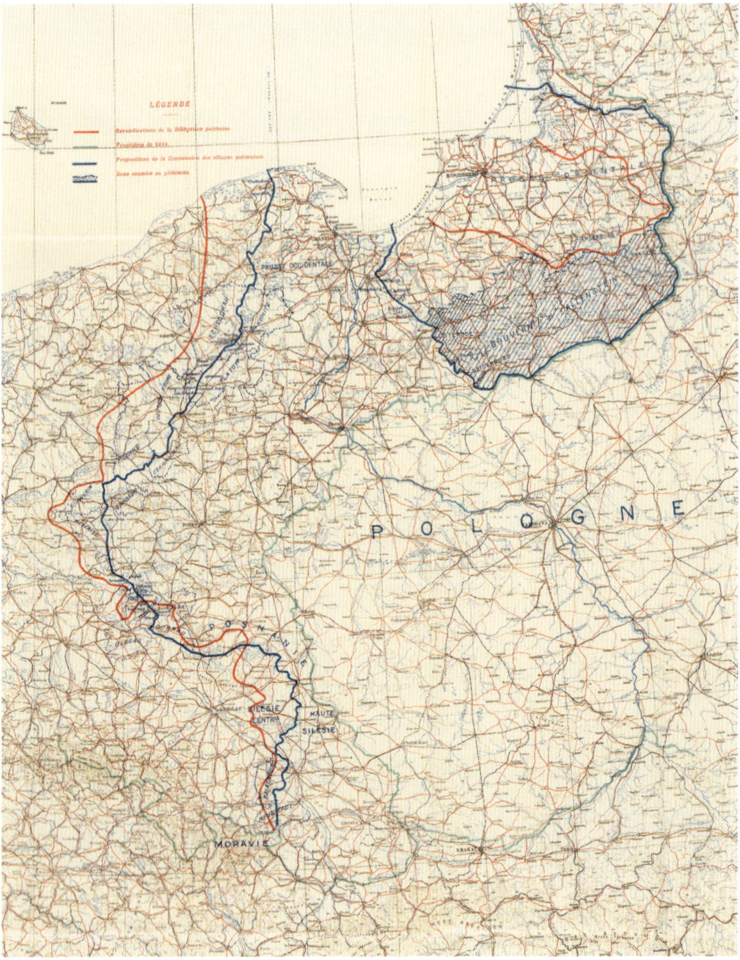

20 Grenzvorstellungen der *Commission on Polish Affairs*, dem *Council of Ten* vorgelegt am 19. März 1919 (Ausschnitt).

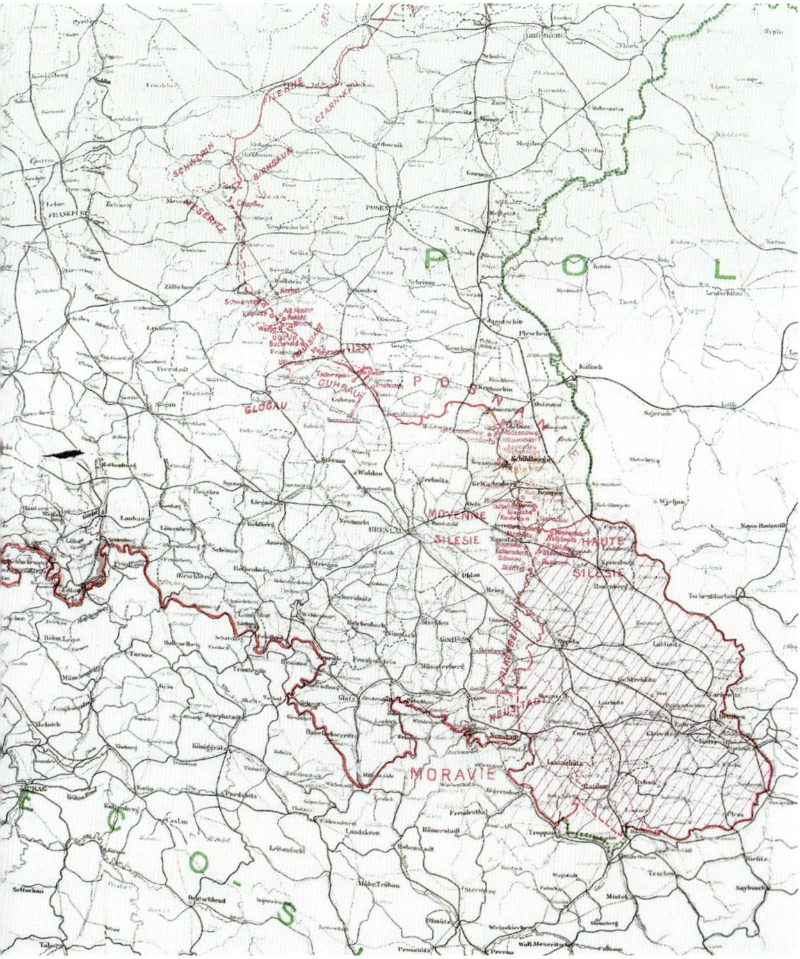

21 Amtliche Karte zum Friedensvertrag vom 28. Juni 1919,
Ausschnitt: Abstimmungsgebiet Oberschlesien.

22 Unterschiedliche Grenzvorschläge in der *Upper Silesia Commission*, Karte 3, August 1921.

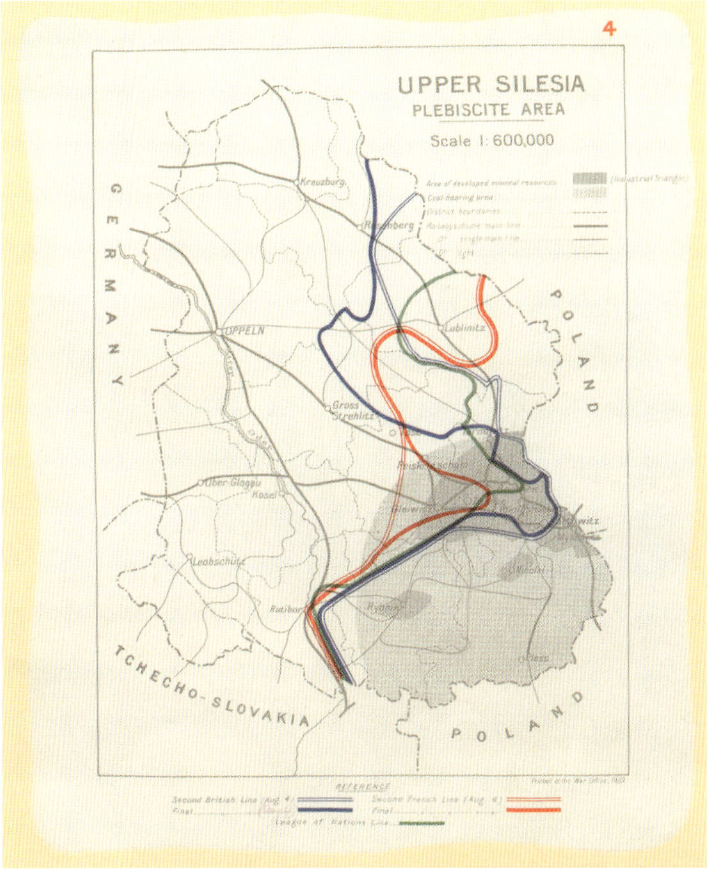

23 Alternative Grenzvorschläge in der *Upper Silesia Commission* sowie die spätere Grenzentscheidung des Völkerbundes, Karte 4, August 1921.

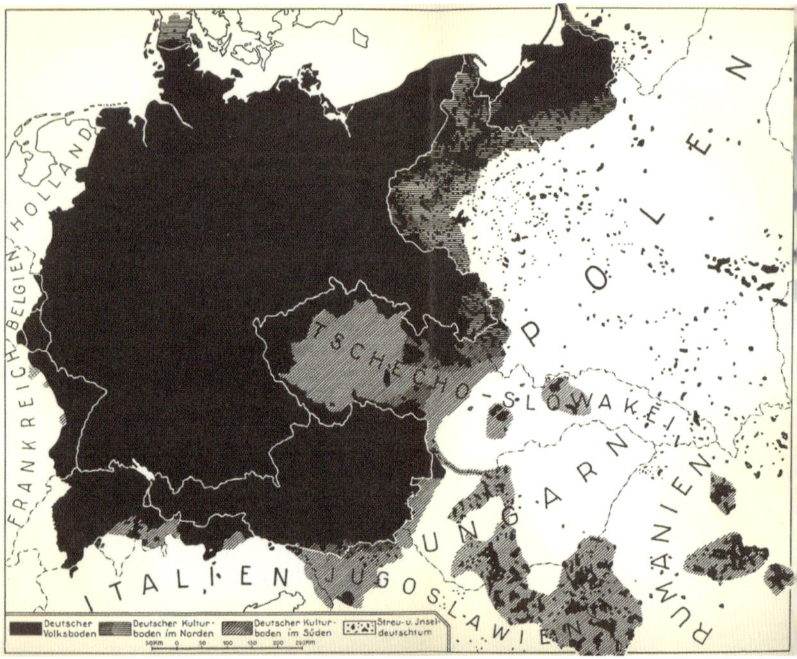

24 »Karte des deutschen Volks- und Kulturbodens«, Albrecht Penck, 1925.

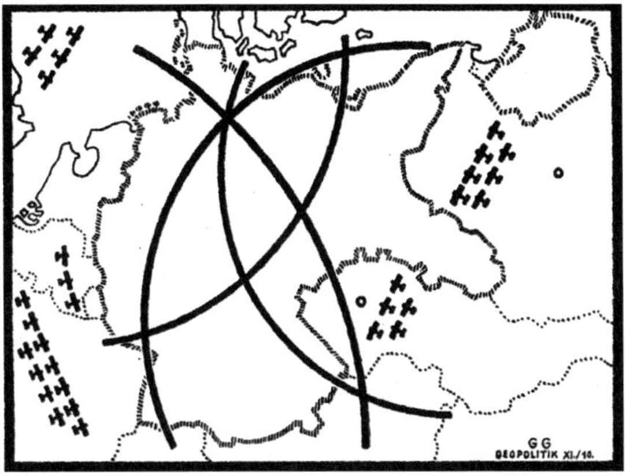

25 »Die Flugbedrohung Deutschlands.«, Rupert von Schumacher, 1934.

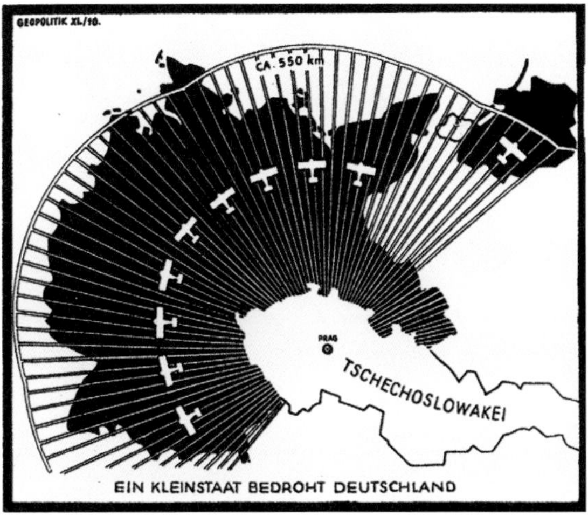

26 »Die Luftbedrohung Deutschlands durch die Tschechoslowakei«, Rupert von Schumacher, 1934.

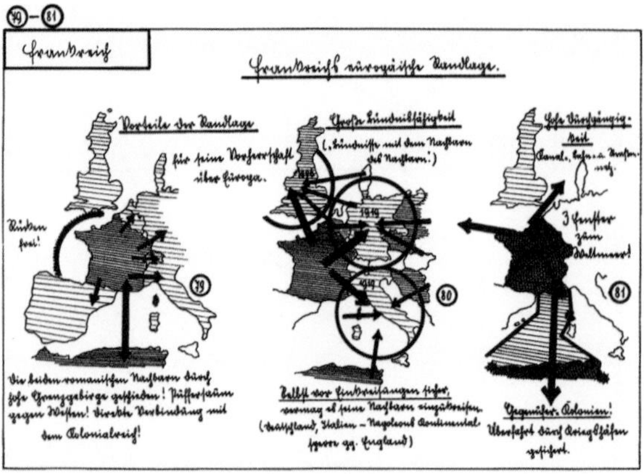

27 »Frankreichs europäische Randlage«, Karl Springenschmid, 1933.

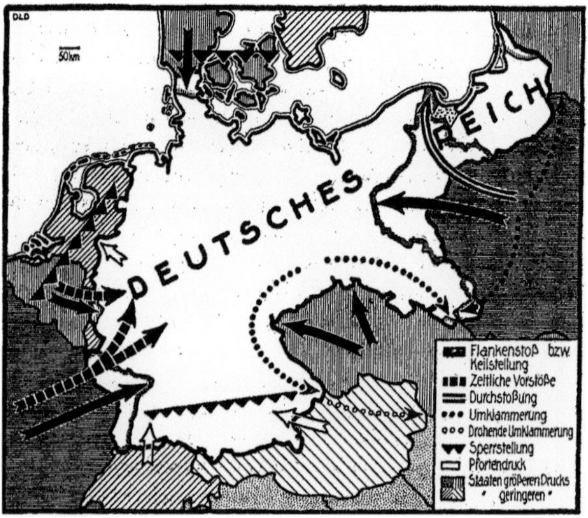

28 »Über politischgeographische-geopolitische Karten«, Otto Maull, 1928.

29 Buchumschlag »Volk ohne Raum«, 1926.

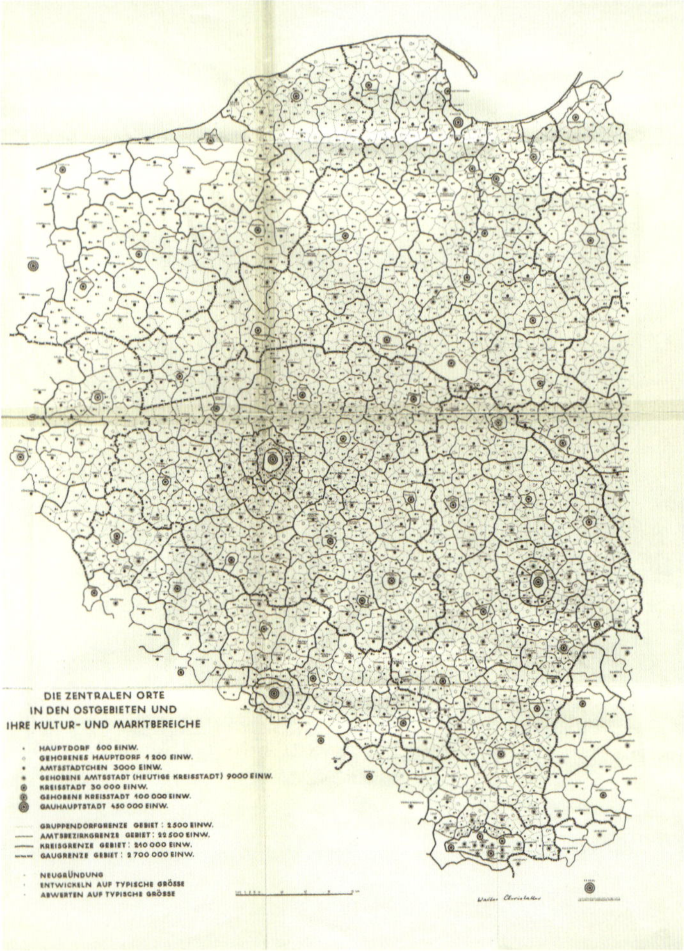

30 »Die Zentralen Orte in den Ostgebieten und ihre Kultur- und Marktbereiche« Walter Christaller, 1941.

31

Stalin und Ribbentropp signierten die Kartenblätter, auf denen sie am 28. September 1939 die deutsch-sowjetische Demarkationslinie festlegten (Ausschnitt).

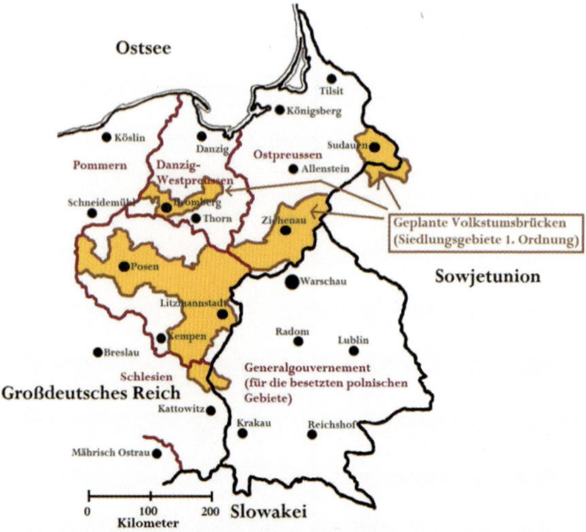

Siedlungsplanung

(von Prof. Konrad Meyer, 24.01.1940)

32 »Geplante Volkstumsbrücken (Siedlungsgebiete 1. Ordnung)«, Januar 1940

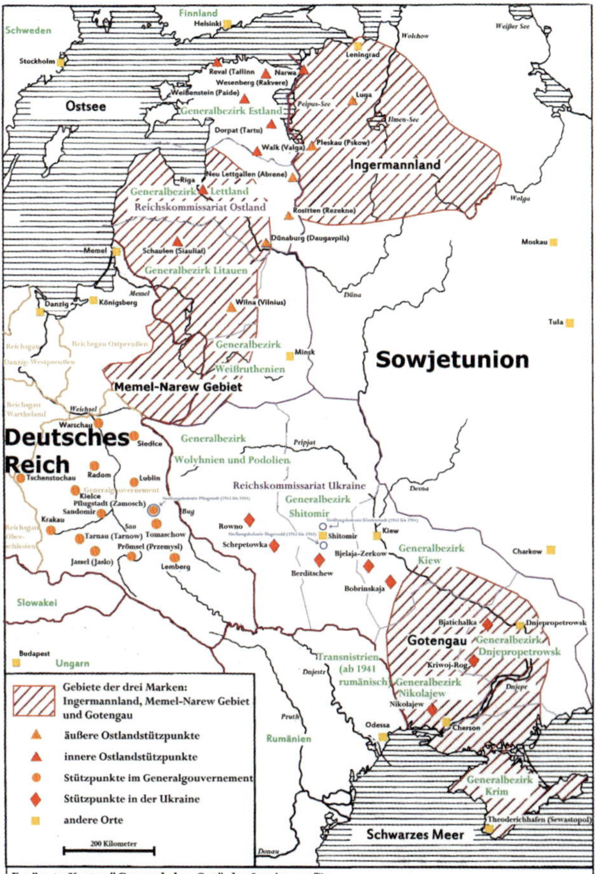

Ergänzte Karte: "Generalplan Ost" des Institutes für Agrarwesen und Agrarpolitik der Friedrich-Wilhelms-Universität (Berlin) vom Mai 1942

33 Karte zum »Generalplan Ost« vom 28. Mai 1942.

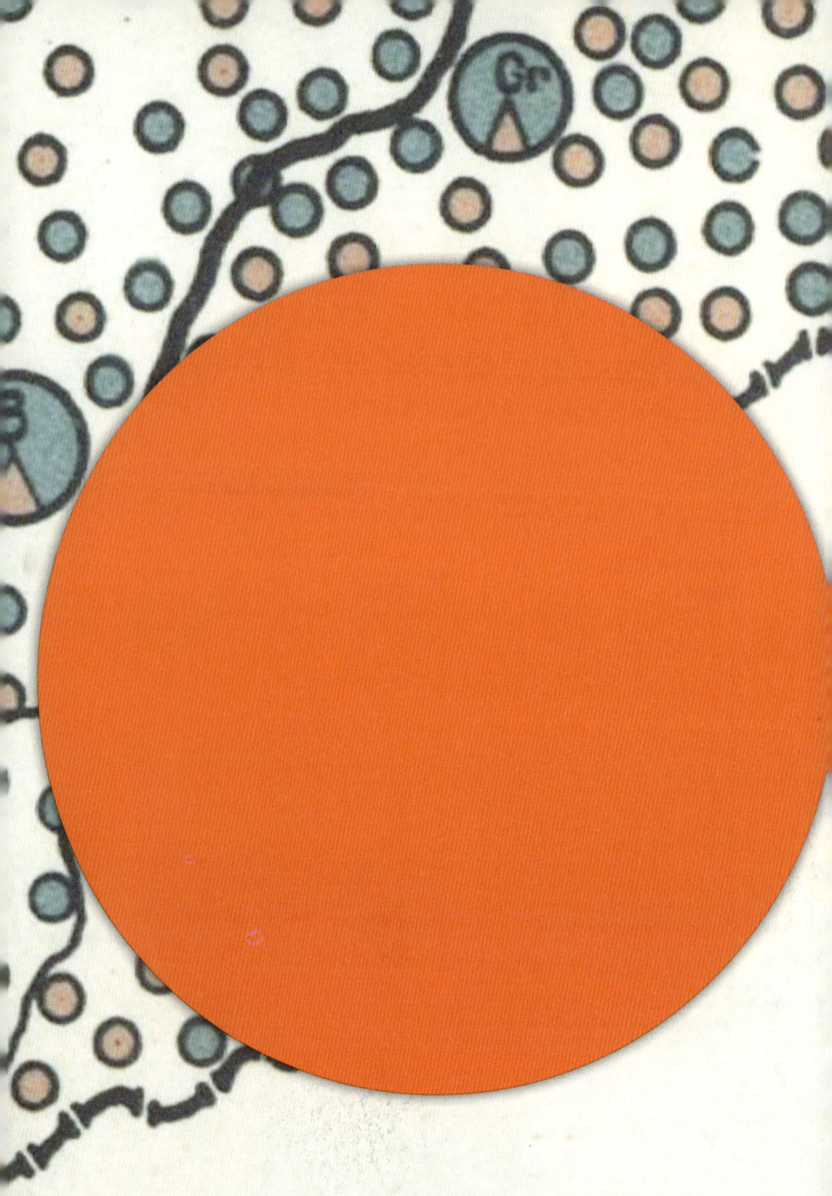

Hamburger Edition HIS Verlagsges. mbH | www.hamburger-edition.de
 | Gestaltung: Wilfried Gandras
Druck: CPI-Clausen & Bosse, Leck
ISBN 978-3-86854-248-6